Springer-Lehrbuch

Springer
*Berlin
Heidelberg
New York
Barcelona
Budapest
Hongkong
London
Mailand
Paris
Singapur
Tokio*

Arno Rolf

Grundlagen der Organisations- und Wirtschaftsinformatik

unter Mitarbeit von:

Andreas Möller und Bernd Wolff

und

Carsten Bruckmann, Michael Duvigneau, Manuel Gottschick,
Jan Hedemann, Bernd Hort, Inga Isbarn, Dr. Ralf Klischewski,
Anita Krabbel, Antonio Liu, Julian Mack, Matthias Mayer,
Peter Müller-Beilschmidt, Jörg Rodenhagen, Marcus Röhrs,
Matthias Schade, Roswitha Schöps, Karina Tönnies, Mirko Weinert,
Dr. Ingrid Wetzel

http://owi-www.informatik.uni-hamburg.de

 Springer

Professor Dr. Arno Rolf
Fachbereich Informatik
Universität Hamburg
Vogt-Kölln-Straße 30
D-22527 Hamburg

Mit 138 Abbildungen

ISBN 3-540-63881-4 Springer-Verlag Berlin Heidelberg New York

Die Deutsche Bibliothek – CIP-Einheitsaufnahme
Rolf, Arno:
Grundlagen der Organisations- und Wirtschaftsinformatik / Arno Rolf. Unter Mitarb. von Andreas Möller... -
Berlin ; Heidelberg ; New York ; Barcelona ; Budapest ; Hongkong ; London ; Mailand ; Paris ; Singapur ; Tokio :
Springer, 1998
(Springer-Lehrbuch)
ISBN 3-540-63881-4

Dieses Werk ist urheberrechtlich geschützt. Die dadurch begründeten Rechte, insbesondere die der Übersetzung, des Nachdrucks, des Vortrags, der Entnahme von Abbildungen und Tabellen, der Funksendung, der Mikroverfilmung oder der Vervielfältigung auf anderen Wegen und der Speicherung in Datenverarbeitungsanlagen, bleiben, auch bei nur auszugsweiser Verwertung, vorbehalten. Eine Vervielfältigung dieses Werkes oder von Teilen dieses Werkes ist auch im Einzelfall nur in den Grenzen der gesetzlichen Bestimmungen des Urheberrechtsgesetzes der Bundesrepublik Deutschland vom 9. September 1965 in der jeweils geltenden Fassung zulässig. Sie ist grundsätzlich vergütungspflichtig. Zuwiderhandlungen unterliegen den Strafbestimmungen des Urheberrechtsgesetzes.

© Springer-Verlag Berlin Heidelberg 1998
Printed in Germany

Die Wiedergabe von Gebrauchsnamen, Handelsnamen, Warenbezeichnungen usw. in diesem Werk berechtigt auch ohne besondere Kennzeichnung nicht zu der Annahme, daß solche Namen im Sinne der Warenzeichen- und Markenschutz-Gesetzgebung als frei zu betrachten wären und daher von jedermann benutzt werden dürften.

Umschlaggestaltung: *design & production* GmbH, Heidelberg
Satz: Reproduktionsfertige Vorlagen des Autors
SPIN: 10661248   33/3142 - 5 4 3 2 1 0 - Gedruckt auf säurefreiem Papier

Vorwort

Vorworte sind häufig Nachworte. Im Vorwort sichert sich der Autor üblicherweise ab. Er macht deutlich, wie der Leser das Buch verstehen sollte und was (eigentlich) die Botschaft des Buches ist. Zuweilen weist er auch darauf hin, was alles unbearbeitet geblieben ist und macht Hoffnung, was in der nächsten Auflage zu erwarten sein wird. In diesem Sinne auch hier einige Anmerkungen.

Das vorliegende Lehrbuch ist aus meiner Lehr- und Forschungstätigkeit am Fachbereich Informatik der Universität Hamburg im Schwerpunkt Informatiksysteme in Organisationen entstanden. Die hier eingenommene Perspektive hat viele Gemeinsamkeiten mit dem Erkenntnisinteresse der Wirtschaftsinformatik. Sie ist jedoch nicht deckungsgleich, vielmehr ein interdisziplinär erweiterter Blick.

Die klassische Wirtschaftsinformatik ist darauf bedacht, Betriebswirtschaftslehre und angewandte Informatik zusammenzubringen. Gemessen an den wissenschaftlichen Disziplinen ist das betrachtete Feld in diesem Lehrbuch umfassender: Es gehen auch Forschungsergebnisse aus Organisationstheorie, Arbeitswissenschaften, Industriesoziologie, Umweltökonomie und Volkswirtschaftslehre ein. Es ist der Versuch, parallel laufende Stränge in verschiedenen Disziplinen, die alle den Gegenstandbereich Informationstechnik, Ökonomie, Organisation, Gesellschaft, Umwelt, Arbeit und Mensch mit unterschiedlicher Schwerpunktsetzung bearbeiten, zu verknüpfen.

Dies muß zuweilen eher kursorisch bleiben, es mag negativ ausgedrückt an der ein oder anderen Stelle für den jeweiligen Fachexperten auch dilettantisch wirken. Wichtiger ist, daß die Schnittstellen zwischen den Disziplinen deutlich werden und erkennbar wird, wie lohnend Kooperationen und Kommunikation sein können. Die Organisationstheorie übernimmt hier eine Leitfunktion, so erklärt sich auch der Begriff Organisations- und Wirtschaftsinformatik (OWI). In der Einführung werden wir diese Perspektive ausführlich begründen.

Was ist die Begründung für den Versuch, den Gegenstandbereich in dieser Weise zu vernetzen? Nur so sind die komplexen Fragen, die mit dem Einzug moderner Informationstechniken in Organisationen auftauchen, in den Blick zu bekommen. Dies kann nicht nur aus betriebswirtschaftlichen Gründen geschehen. Die interdisziplinäre Vorgehensweise kann auch die dabei auftretenden sozialen Probleme transparent machen, sie kann die Basis für einen umfassenden Gestaltungsansatz sein. Die Reduktion auf lineare Problemlösungen greifen zumindest heute bei den im doppelten Sinne vielfach vernetzten Techniken zu kurz. Wissenschaften wie die Wirtschaftsinformatik müssen darauf reagieren, in dem sie, wie

Peter Glotz es fordert, vom linearen zum vernetzten Denken und vom Faktenlernen zur strukturellen Orientierung übergehen.

Diese Vorgehensweise ist auch eine Antwort auf Vorwürfe, die die Universität von vielen Stellen, insbesondere aus der Industrie zu hören bekommt. Die Kritik lautet, daß sie sich zu stark akademisch ausgerichtet habe, daß die Forschungsfragen nicht mehr vermittelbar oder nicht ausreichend transparent sind, und daß die Wissenschaft sich an der Fragmentierung und Spezialisierung des Wissens orientiere. Im übrigen drücke sie ihre Ergebnisse in einer dem Praktiker und Bürger nicht mehr verständlichen Sprache aus. Vieles von dem läßt sich durch einen in einer globalen Gesellschaft notwendigerweise hochkomplex gewordenen Forschungsbetrieb erklären. Richtig ist aber auch, daß die Wissenschaftler sich bei ihrem Weg der Spezialisierung und Fragmentierung kaum die Frage nach dem konkreten Ertrag für Akteure, Organisationen oder Gesellschaft stellen. Auf Rückkopplung und Vernetzung wird wenig Rücksicht genommen.

Das vorliegende Lehrbuch ist auch ein Beispiel für eine kooperative Arbeit. Zahlreiche Studierende, Diplomanden und Mitarbeiter haben in Form von Haus-, Studien- und Diplomarbeiten oder Diskussionen mitgewirkt. Sie alle haben einen wichtigen Beitrag geleistet, für den ich mich hier ausdrücklich bedanken möchte. Einige, wenn auch nicht alle sind als Mitautoren genannt. Dank sage ich auch Monika, Moritz und Justus. Sie mußten so manches Wochenende auf mich verzichten.

Hamburg im April 1998   Arno Rolf

Inhalt

Pfadfinder   x

I.
Herausforderungen für die Wirtschaftsinformatik   3

II.
Der methodische Ansatz der Organisations- und Wirtschaftsinformatik   15
*1. Technikentwicklung und -anwendung im „Konstruktionskorridor"
15 – 2. Die Rückkehr von Akteuren und Konflikten in die
Wirtschaftsinformatik 18 – 3. Wirtschaftsinformatik als
Gestaltungsforschung 32*

III.
Technikprojekte und Techniknutzungspfad   41
*1. Das erste Technikprojekt: Der Aufbau von „Management-
Informations-Systemen (MIS)" in Organisationen 45 – 2. Das zweite
Technikprojekt: Nutzung von Personalcomputern in Organisationen
52*

A
Von den „Randerscheinungen" der Wirtschaftsinformatik

I.
Organisatorische und softwaretechnische Grundlagen   67
*1. Organisationsschätze und Organisationsmoden 67 – 2. Optionen
der softwaretechnischen Repräsentation von Verrichtungen und
Objekten 85*

II.
Softwareprodukte und Softwarekonzepte für Organisationen   97
1. SAP R/3 97 – 2. WAM 125 – 3. Lotus Notes 134 – 4. SOM 140

B
Modelle, Methoden und Software

III.
Ein Gestaltungsmodell 147

1. Was tun wir, wenn wir was tun? 147 – 2. Die Aufgaben der Organisations- und Wirtschaftsinformatik 152 – 3. Entwurf des OWI-Gestaltungsmodells 154

IV.
Organisationsoptionen 169

1. Das Verhältnis von Technik und Arbeitsorganisation 170 – 2. Klassifikation von Organisationsoptionen 173 – 3. Aktuelle ablauforganisatorische Orientierungen: Formalisierbare Prozesse, Kooperationsbeziehungen, Aufgaben und Objekte 176 – 4. Aktuelle aufbauorganisatorische Orientierungen: Modularisierung, organisationsinterne und -übergreifende Netzwerke 182

V.
Technikoptionen 205

1. Klassifikation von IT-Optionen 206 – 2. Technikoption Komponentensoftware 210 – 3. Technikoption Intranet 214 – 4. Optionen bei Technikoptionen 219 – 5. Schlußfolgerungen für das OWI-Gestaltungsmodell 225

C
Entwicklungspfade der Organisations- & Wirtschaftsinformatik

I.
Leitbild Informationsgesellschaft 239

1. Szenarien der Informationsgesellschaft 239 – 2. Informationsgesellschaft und Arbeitsmarkt 243 – 3. Informationsgesellschaft und Umwelt 245 – 4. Informationsgesellschaft, Wirtschaftsinformatik und Technikfolgenabschätzung & -bewertung (TA) 249

II.
Softwaregestütztes Stoffstrommanagement 253

1. Leitbilder des betrieblichen Umweltschutzes – Von der End-of-Pipe-Sicht zum Life-Cycle-Design und Stoffstrommanagement 253 – 2. Modelle und Methoden – Produktökobilanz, Betriebsökobilanz, Stoffstrommanagement, Stoffstromnetze 260 – 3. Softwareunterstützung für den betrieblichen Umweltschutz 271 – 4. Aufbau eines Stoffstrommanagements in einem Handelsunternehmen – Ein Beispiel 281

III.
Informationsgesellschaft und Nachhaltige Entwicklung 293

1. Option: Globale und regionale Nachhaltigkeit 294 – 2. Schlußfolgerungen 302

I. F. W. Taylor und Henry Ford	305	**D** Dokumente und Texte	
II. Sichtweisen und Methoden der Technikfolgenabschätzung und -bewertung	317		
III. Orientierungen für Nachhaltige Wachstumspfade	329		
IV. Bildschirm- und Büro-Ergonomie	333		
V. Anstelle eines Schlußwortes	353		
I. Literaturverzeichnis	359	**E** Anhang	
II. Index	379		

PFADFINDER
GRUNDLAGEN DER ORGANISATIONS- & WIRTSCHAFTSINFORMATIK (OWi)

TEIL A. — WI-BLICKE, BLINDE FLECKE, RÜCKBLICKE

- **I. Kapitel:** Wi-Blicke & blinde Flecke
- **II.** Wi-Randerscheinungen auf einen Blick
- **III.** Rückblicke aus OWi-Sicht

TEIL B. — MODELLE, METHODEN, SOFTWARE

- **I.** Organisatorische & softwaretechnische Grundlagen, Modelle & Schätze
- **II.** Ziel: IT-unterstützte Gestaltung von Organisationen — WIE?

  TOP-DOWN ?
  - Konzepte
  - Modelle
  - Methoden
  - Produkte

  Unternehmensorganisation → Arbeitsgruppe → Arbeitsplatz

  SAP R/3
  WAM
  Lotus Notes
  SOM

  BOTTOM-UP ?

- **III.** OWi-GESTALTUNGSMODELL
  - "Was tun wir, wenn wir was tun?"
  - "Wie wir es tun könnten"

- **IV. / V.** ORGANISATIONS- & TECHNIKOPTIONEN
  "Schwimmenlernen im Meer der ORGANISATIONSOPTIONEN & TECHNIKOPTIONEN"

  - Modularisierung — Intranet
  - Prozesse — Prozeßsoftware
  - Netzwerke — Kooperationssoftware
  - Kooperation — Komponenten
  - Gruppenarbeit — Desktopsoftware

TEIL C. ENTWICKLUNGSPFADE FÜR OWI°

  I. ORIENTIERUNGSHILFEN

  > Informationsgesellschaft <—vs.?∞—> Nachhaltige Entwicklung

  II. EINE NACHHALTIGE OPTION

  > Softwaregestütztes Stoffstrommanagement
  > Weitere Optionen:
  > end-of-pipe   Kreislaufwirtschaft
  > Ökobilanzen   BUIS

  III. DAS LEITBILD

  > Option: Globale & regionale Nachhaltigkeit

TEIL D. DOKUMENTE & TEXTE

  BLICKE IN ORIGINALTEXTE

  I. F. W. Taylor   H. Ford

  II. Technikfolgenabschätzung & -bewertung

  III. Nachhaltige Wachstumspfade

  IV. Bildschirm- & Büro-Ergonomie

TEIL E.

  > DAS ÜBLICHE
  > Literaturverzeichnis
  > Index

Teil A

Von den „Randerscheinungen" der Wirtschaftsinformatik

Modelle, Akteure und Leitbilder

I.
Herausforderungen für die Wirtschaftsinformatik
Seite 3

II.
Der methodische Ansatz der Organisations- und Wirtschaftsinformatik
Seite 15

III.
Technikprojekte und Techniknutzungspfad
Seite 41

I.
Herausforderungen für die Wirtschaftsinformatik

Einführung

> „Es ist schlimm genug, rief Eduard, daß man jetzt nichts mehr für sein ganzes Leben lernen kann. Unsere Vorfahren hielten sich an den Unterricht, den sie in ihrer Jugend empfangen; wir aber müssen jetzt alle fünf Jahre umlernen, wenn wir nicht ganz aus der Mode kommen wollen."
> J.W. von Goethe, „Wahlverwandtschaften", 1. Teil, 4. Kapitel

Die Wirtschaftsinformatik gehört heute an den Universitäten und Fachhochschulen zu den etablierten Studienfächern. Ursprünglich angefangen unter dem Firmenschild Betriebliche Datenverarbeitung und dann in Betriebsinformatik umbenannt, hat sich heute der Begriff Wirtschaftsinformatik allenthalben durchgesetzt. Die Zukunftsaussichten stehen gut: Es gibt keine Anzeichen, daß sie von ihren „Eltern" der Betriebswirtschaftslehre und der Informatik erdrückt wird, im Gegenteil: die Betriebswirtschaftslehre wird ohne eine stärkere Informatisierung nicht auskommen, und in der Informatik ist der betriebliche Anwendungsbezug in Forschung und Lehre immer stärker zu spüren.

Angesichts dieser Erfolge ist es naheliegend, nach dem gemeinsamen Selbstverständnis der Wirtschaftsinformatik im deutschsprachigen Raum zu fragen. Ein Blick in die Lehrbücher anerkannter Fachvertreter zeigt das für junge, schnell wachsende Disziplinen nicht ungewöhnliche Bild eines eher heterogenen Spektrums an Orientierungen, Leitbildern und Schwerpunktsetzungen (vgl. Mertens u.a. 1998, Scheer 1995, Ferstl/Sinz 1994a)

Darüber hinaus finden sich Fachvertreter, denen ihr Unbehagen über den bislang erreichten wissenschaftlichen Diskussionsstand anzumerken ist: So Heinrich (1993, S. 324), der mehr oder minder große Defizite feststellt, weil kaum deutlich wird, was der Gegenstand der Wirtschaftsinformatik ist, worin ihre Erklärungsaufgabe und ihre Gestaltungsaufgabe besteht und welches ihre Methoden sind. In ähnlicher Weise argumentieren auch Lehner u.a. (1995), die sich der verdienstvollen Kärrnerarbeit unterzogen haben, die im Laufe der Jahre in der

Wirtschaftsinformatik angesammelten Begriffe, Modelle und Methoden zu strukturieren und ihre unterschiedlichen Interpretationen offenzulegen. Sie selber verstehen ihre Arbeit als Vorarbeit zu einer theoretischen Grundlage der Wirtschaftsinformatik.

Auch ein Blick in die Jahrgänge 1994 und 1995 der Zeitschrift „Wirtschaftsinformatik" und in den Tagungsband „Wirtschaftsinformatik 97" (vgl. Krallmann 1997) zeigt – sofern eine solche Zufallsauswahl gestattet wird – eine große thematische Spannbreite, wobei eine Häufung bei Themen wie *Workflow Management*, Geschäftsprozeßmanagement, Electronic Commerce und SAP-Standardsoftware ins Auge fällt. Eine Selbstverständnis-Diskussion ist ansatzweise in einem Leserbrief erkennbar, der auf das von Mertens vorgetragene Langfristziel der Wirtschaftsinformatik („Sinnhafte Vollautomation des Unternehmens") eingeht. Eher versteckt taucht die Diskussion auch auf bei den kontroversen Meinungsäußerungen zum Thema: „SAP R/3 in der Wirtschaftsinformatik-Lehre und -Forschung an Hochschulen?". Aktuelle Anzeichen, sich dem Thema „Wirtschaftsinformatik und Wissenschaftstheorie" zu nähern, werden durch die Veranstaltung einer gleichlautenden Tagung in Münster im Herbst 1997 erkennbar.

Mein Eindruck ist, daß eine kontroverse Diskussion über das Selbstverständnis der Wirtschaftsinformatik kaum stattfindet. Verglichen mit den kontroversen Debatten, die über Informatik und Computer Science seit Ende der 80er Jahre hinweggegangen sind, bewegt sich die Wirtschaftsinformatik, aus der Einschätzung eines Informatikers, der sich schwerpunktmäßig mit Angewandter Informatik in Organisationen beschäftigt, in ruhigem Fahrwasser. Die Debatte in der Informatik wurde durch einige der renommiertesten Fachvertreter initiiert (vgl. Dijkstra 1989, Winograd 1989, Denning 1992; in Deutschland u.a.: Coy 1992, Siefkes 1992). Im Kern geht es um die „Brandmauer" der Informatik: Ist es Aufgabe der Informatik, für korrekte Programme und Algorithmen zu sorgen oder hat sie auch einzubeziehen, daß ihre Programme dem Kontext, den sie abbildet und verändert, angemessen sein müssen (correctness- und pleasantness-Problem)?

Nach meinem Eindruck haben die kontroversen Debatten die Informatik in Lehre und Forschung ein ganzes Stück vorangebracht: Unterschiedliche Auffassungen, die latent stets vorhanden waren und sich häufig in Aversionen, Ausgrenzungen und Sprachlosigkeit ausdrückten, wurden auf den Punkt gebracht und zum Teil auch geklärt. Es wird mehr miteinander gesprochen, zum Teil auch gemeinsam geforscht oder es werden Lehrveranstaltungen organisiert.

Allerdings erscheint mir eine Übertragung der Diskussion und Metapher „Brandmauer" auf die Wirtschaftsinformatik als unpassend und das Problem wenig treffend. Dennoch sind auch hier einige Punkte klärungsbedürftig, Heinrich (1993) hat sie mit seiner Kritik angesprochen. Hinzu kommt, daß angesichts einer sich verstärkenden Informatisierung der Gesellschaft, die mit Metaphern wie „Informationsgesellschaft" oder „Datenhighway" nur die Oberfläche beschreibt, ganz neue Herausforderungen auf die Wirtschaftsinformatik einstürzen. Welche sind dies und wie kann die Wirtschaftsinformatik damit umgehen? Bevor dies angegangen werden kann, sollte sich die Wirtschaftsinformatik nach meiner Auffassung einige grundsätzliche Fragen nach ihrem Selbstverständnis

Workflow Management ist die Organisation von Geschäftsprozessen zwischen mehreren Beschäftigten. Sie werden formalisiert und teilautomatisiert.

stellen. Im folgenden sind dazu einige Thesen in konstruktiver Absicht formuliert.

These 1: Es ist bislang nicht zu erkennen was sich verändert hat, seitdem aus der *Betrieblichen Datenverarbeitung* die *Wirtschaftsinformatik* geworden ist.

Gegenstandsbereich in Forschung und Lehre war und ist ganz überwiegend das mit sich im Konsens lebende, private Großunternehmen. Das Präfix „Wirtschaft" statt „Betrieb" läßt aber vermuten, daß in zweifacher Weise eine Erweiterung stattgefunden haben könnte: Zum ersten eine Ergänzung auf weitere Akteure des wirtschaftlichen Geschehens, also Klein- und Mittelbetriebe, öffentliche Organisationen, Systementwickler, Forschungs- und Entwicklungspolitik, Verbraucher, Benutzer, Consultings und Softwarehäuser. Abgesehen von den beiden letztgenannten spielen die übrigen Akteure in der Wirtschaftsinformatik nach meinem Eindruck allenfalls eine Statistenrolle. Wirtschaft als einen monolithischen Block zu verstehen, der mit sich und den übrigen beteiligten Akteuren in friedlicher Harmonie lebt, ist jedoch eine unrealistische Annahme. Sie ist als Grundlage für die Theorie-, Modell- und Methodenentwicklung nicht tragfähig.

Von einer *Wirtschafts*informatik wäre zu erwarten, daß sie ihren Gegenstandsbereich um die genannten Akteure erweitert und Modelle und Methoden entwickelt, welche die Vielfalt unterschiedlicher Interessen und die daraus entstehenden Konflikte angemessen beschreiben können. Ebenso müßten Methoden und Werkzeuge gelehrt werden, die dem Verständnis und der Handlungsfähigkeit aller beteiligten Akteure entgegenkommen.

Zum zweiten: Wirtschaftsinformatik suggeriert im Gegensatz zur Betriebsinformatik, daß auch relevante gesamtwirtschaftliche Tatbestände einbezogen werden sollen. Davon gibt es in der Wirtschaftsinformatik in der Tat eine ganze Reihe: Globalisierung, strategische Netzwerke, über den Einzelbetrieb hinausgehende Wertschöpfungsketten, Informationsgesellschaft, Informatik als Standortfaktor im internationalen Wettbewerb etc. Bislang jedoch übernimmt sie diese Worthülsen unbesehen wie ein Staffelholz. Ihr Verständnis und Erkenntnisinteresse geht kaum über das hinaus, was Medien und Politiker „im Augenblick dazu so meinen". Natürlich können die Fachvertreter nicht die volkswirtschaftliche oder industriesoziologische Analyse mitübernehmen. Sie können aber einen Austausch mit Volkswirten und Sozialwissenschaftlern organisieren. In jedem Fall müssen sie halbwegs über den Kenntnisstand informiert sein und sollten nicht Vorurteile durchreichen. Sie sollten darauf verzichten, schnellen und zumeist flüchtigen Leitbildern hinterherzuhecheln, die als Theorieersatz in der Wirtschaftsinformatik ein mehr oder eher minder langes Leben führen.

Wirtschaftsinformatik als wissenschaftliche Disziplin sollte hier stärker verweilen und absichern, was über den Tag hinaus Bestand hat, um so den Einfluß von Moden und Mythen zu reduzieren. Vermutlich wird sie dies aber nur leisten können, wenn sie bereit ist, das alte und bequeme Denken in Sachzwängen aufzugeben. Die Entwicklung von Informationstechnik und Software muß demzufolge als komplexe Auseinandersetzung zahlreicher mächtiger, global agierender und scheinbar unbedeutender Akteure, die in unzähligen Projekten und Arenen aufeinandertreffen, begriffen werden. Es könnte ein Ziel der Wirtschaftsinformatik sein, sich um Bereitstellung und Verbreitung eines entsprechenden theoretischen Konzeptes, das ein empirisch abgesichertes Modell des Informationstechnik- und Softwaretechnik-Entwicklungsprozesses sein sollte, zu bemühen. Die Übergabe des Staffelstabes wäre dann auch von den Wirtschaftsinformatikern zu kontrollieren, sodaß auch ein Stück Souveränitätsgewinn damit verbunden sein könnte. Volkswirtschaftslehre, Sozialwissenschaften und andere angrenzende Disziplinen halten für die Modellentwicklung einige Angebote bereit, die zum Teil durchaus widersprüchlich sind (vgl. Castells 1996, Giddens 1988, Luhmann 1995, Krugman 1996).

These 2: Das Verhältnis von Theorie und Praxis ist in der Wirtschaftsinformatik unklar.

Betriebliche Organisationen mit all ihren Akteuren und die dort eingesetzten Anwendungssysteme sind das Praxisfeld der Wirtschaftsinformatik. Die Funktion der Hochschulforschung ist es zuallererst, die Praxis zu reflektieren und mit Alternativen zu konfrontieren, Optionen anzubieten.

Das Leitbild Business Process Reengineering (BPR) macht exemplarisch deutlich, daß neue Einsichten zur Zeit nicht etwa von den Universitäten und ihrem wirtschaftswissenschaftlichen Mainstream verbreitet werden, sondern aus Managementbüchern kommen (vgl. Hammer/Champy 1993, Davenport 1993). Daran ändert auch nichts, daß die Kernaussagen seit Jahrzehnten vorliegen, und zwar erarbeitet von der deutschen Organisationsforschung (vgl. Nordsieck 1968, Kosiol 1968, Gaitanides 1983). Was wir auf dem Feld der Technikentwicklung – Stichwort: Vermarktung der „deutschen" Erfindung Telefax durch die Japaner – oft beklagen, hat auf dem weniger spektakulären Gebiet der Generierung neuer Organisationsorientierungen eine Parallele. Und dies ist nach meiner Einschätzung nur ein Beispiel von zahlreichen.

Der Einfluß der Wirtschaftsinformatik auf die Praxis kann ohne empirische Befunde nur schwer eingeschätzt werden. In eine Problemzone scheint mir die Wirtschaftsinformatik aber durch das lange dominierende Leitbild Business Process Reengineering und den überragenden Erfolg der Industriestandardsoftware SAP R/2 bzw. R/3 und ihrer Implikationen, z.B. Workflow Management, geraten zu sein. Die Reflexion der Praxis verläuft zu häufig in den Grenzen dieser Vorgaben. Alternativen werden vor allem in diesem Schatten vorgestellt, d.h. grundsätzliche, darüber hinausgehende Optionen sind rar, wobei auch hier Ausnahmen die Regel bestätigen.

Die Wirtschaftsinformatik muß sich bewußt sein, daß sie bei zu enger Anbindung an aktuelle Trends Gefahr läuft, sich als wissenschaftliche Disziplin in Frage zu stellen und in die Funktion des Softwarehauses hineinzurutschen. Dies mag politisch durchaus gewünscht sein, zumal die Politik einen engen Anwendungsbezug und schnell verwertbare Ergebnisse für den Standort Deutschland fordert. Angesichts des weltweiten Erfolges von SAP mag es weltfremd sein, auf ein Dilemma hinzuweisen: Die Wirtschaftsinformatik ist eine der wenigen Instanzen, der es ermöglicht wird, über den Tag hinauszudenken. Sie sollte das Vorliegende und Offensichtliche mit ihrem Methodenschatz bewerten, grundlegend neue Wege aufzeigen und so Optionen und ihre Kontextbedingungen erschließen. Die Wirtschaftsinformatik muß sich auch als Grundlagenforschung verstehen.

Auch Lehre und studentische Ausbildung müssen über die Vermittlung aktueller Trends, Standards und handwerklicher Kompetenzen hinausgehen. Tun sie dies nicht, so ist eine zweite häufig zu hörende politische Forderung nicht einzulösen: Der Wunsch, den Studierenden Unabhängigkeit durch Vermittlung von Wissen mit einer hohen Halbwertzeit in einer sich permanent beschleunigenden Praxis mitzugeben. Daraus resultiert, daß die Wirtschaftsinformatik ihre Priorität bei der Entwicklung und Vermittlung von Methoden, Modellen und theoretischen Konzepten, aber auch von Orientierungswissen sehen muß. Sie sind die adäquate Plattform, von der aus immer wieder Neuland betreten werden kann.

Praxis und Praxiskonzepte sind „nur" das notwendige empirische Feld. Die Wirtschaftsinformatik braucht sie aus mancherlei Gründen: z.B., um mit ihren Fragestellungen „am Ball zu bleiben", um die Praxis bei ihren Lösungen auf eventuelle methodische Defizite aufmerksam zu machen oder als Auslöser für eigene Forschungen und Modellentwicklungen. Darüber hinaus ist die Praxis ideal als didaktisches Prinzip für die Lehre zu nutzen: an Softwarelösungen der Praxis lassen sich die zu vermittelnden Methoden, Modelle und Werkzeuge mit Leben füllen.

Insofern kann beispielsweise die Beschäftigung mit der Standardsoftware SAP R/3 in diesem Sinne nur als Nebeneffekt verstanden werden. Weil R/3 viele interessante aber auch methodisch fragwürdige Konzepte sowohl der Betriebswirtschaftslehre wie der Softwaretechnik enthält, ist sie ein empfehlenswertes empirisches Feld für Lehre und Forschung. Priorität sollten dabei jedoch die durchaus egoistischen Ziele der Wirtschaftsinformatik haben. Wenn die Studierenden auf diese Art und Weise die Business Workbench, ABAP 4, das ARIS-Toolset oder eine Release-Version als Beigabe kennenlernen, um so besser.

These 3: Theoretische Konzepte lassen sich für die Wirtschaftsinformatik vor allem durch eine stärkere Einbindung organisationstheoretischer Erkenntnisse und Modelle gewinnen.

Die Entwicklung organisatorischer Konzepte ist heute nicht mehr ohne Einbeziehung der Informations- und Softwaretechniken denkbar. Anderseits verändern *Informationstechniken (IT)* fast immer Strukturen und Abläufe einer Organisation. So war die organisatorische Neuorientierung an Geschäftsprozessen nicht realisierbar ohne entsprechende Softwarekonzepte. Diese legen wiederum neue Strukturkonzepte (u.a. Team- und Gruppenorganisation) nahe.

Die Wirtschaftsinformatik hat nach meiner Einschätzung eine eigentlich banale aber grundlegende Angelegenheit bisher kaum zum Ausgangspunkt für eine theoretische Fundierung gemacht: In Software gehen zum Teil sowohl die Mittel zur Ausführung der Arbeit als auch die Gegenstände, auf die sich die Arbeit bezieht, ein. Mit der Einbindung traditioneller Arbeitsmittel und Arbeitsge-

Wenn im folgenden allgemein über **Informationstechniken** *gesprochen wird, benutzen wir die Abkürzung* **IT***. Darunter fallen dann auch Softwarekonzepte.*

genstände in Software können sie beliebig gespeichert und transportiert werden. Darüber hinaus ergeben sich daraus neue Möglichkeiten der Arbeitsgestaltung und neue organisatorische Strukturen. Je mehr sich die physikalischen Dinge wie Rechnungsformulare, Lieferscheine, Auftragsbestätigungen etc. und auch die Wege dieser Dokumente durch die Organisation in der Software wiederfinden, desto mehr findet sich die Organisation, ihre Struktur und die Arbeitsabläufe in der Software wieder. Eine Betrachtung von Software und Organisation, die beide nicht zusammenführt, wird aus diesem Blickwinkel schnell anachronistisch.

M. Schade (vgl. 1997, S. 17) hat darauf aufmerksam gemacht, daß mit Nutzung der Software als Transportmedium und dem Eingehen der Dinge in die Software, sich nun nicht nur die allgemein zu bearbeitenden Dinge, sondern auch das Wissen einer Organisation über sich selbst in Teilen in der Software wiederfindet. Das Wissen einer Organisation: Wissen über ihren Aufbau, die Arbeitsmittel in ihr, Zuständigkeiten etc. ist Teil der Software geworden. Wurden vormals die sozialen Hierarchien einer Organisation in Organigrammen dargestellt, die dann in räumlichen Strukturen („Chefetage") ihre Entsprechungen fanden, so drücken sich diese Strukturen jetzt durch den Mediencharakter von Software in Form von Zugriffsrechten etc. aus. Hatte ein physikalisches Dokument durch seine Lokalität automatisch immer auch einen räumlichen Zugriffsschutz, so muß jetzt festgelegt werden, wer es sehen darf.

Doch nicht nur der statische Aspekt, sondern auch das Wissen einer Organisation über ihre Dynamik und ihre normativen Abläufe ist in der Software enthalten. Indem dieses Wissen einer Organisation über ihre arbeitsteiligen Abläufe sich in der Software wiederfindet, wird Software zum Medium organisatorischer Gestaltung. Deutlich wird dies im Workflow Management, bei dem die Abläufe aktiv gesteuert werden. Hier müssen die Abläufe explizit definiert werden, damit ihre Ausführung durch Software zentral gesteuert werden kann. Die zentrale Steuerung ist dabei sowohl ein organisatorisches Gestaltungselement als auch eine Eigenschaft der Software. Hier wird überaus deutlich, wie sehr das Verständnis einer Organisation mit ihren Abläufen und die einzusetzende Software einander bedingen.

Diese Sicht ist weder in der Organisationstheorie noch in der Wirtschaftsinformatik verbreitet. Die Wirtschaftsinformatik konzentriert ihren Blick auf die Entwicklung von Informationssystemen und Softwareprodukten. Ihre Realisierung wird mehr oder minder ausschließlich als technische Konstruktion von Informationssystemen betrachtet (Ausnahmen u.a.: Floyd u.a. 1997, Kilberth u.a. 1994). Dies ist deshalb widersprüchlich, weil sie in den meisten Fällen soziale Organisationssysteme sind.

Noch aus einem weiteren Aspekt ist der Wirtschaftsinformatik zu empfehlen, die Organisationstheorie als eine ihrer Leitdisziplinen zu betrachten: Die Wirtschaftsinformatik sieht sich heute in der Pflicht, für zahlreiche Branchen und betriebliche Funktionsbereiche Lösungen anbieten zu müssen. Belege hierfür liefern die „Rahmenempfehlungen für Diplom-Studiengänge Wirtschaftsinformatik an Universitäten" des Fachbereichs 5 der GI und der Wissenschaftlichen Kommission Wirtschaftsinformatik aus dem Jahre 1992. Hier werden zahlreiche Branchen erwähnt, die im Studium der Wirtschaftsinformatik Beachtung finden sollen. Wird die Wirtschaftsinformatik außerdem um die eingangs angesprochenen Akteure wie Klein- und Mittelbetriebe, Benutzer etc. erweitert, so ergibt sich eine Komplexitätserhöhung, die nur mit einer vom einzelnen Betrachtungsfall abstrahierenden Theorie beherrschbar ist. Ein solches theoretisches Angebot stellt meines Erachtens die Organisationstheorie bereit.

Wenn Organisationstheorie und Informations- und Softwaretechniken im Zentrum der Wirtschaftsinformatik stehen, so liegt die Integration ihrer Gegenstandsbereiche und Entwicklungsprozesse nahe. Es wird dann um softwaregestützte Organisationsmodelle, Organisationsgestaltung und -entwicklung bzw. um Softwareentwicklungen gehen, die sich an organisatorischen Strukturen, Abläufen, Arbeits- und Organisationssituationen orientieren. Die Entwicklung von Methoden, Modellen und Werkzeugen, die von Anfang an beide Perspektiven einbeziehen, wird dann die neue Herausforderung für die Wirtschaftsinformatik sein. Die Metapher Organisations- und Wirtschaftsinformatik im Titel dieses Buches wird so vielleicht verständlich.

Die Empfehlung, die Organisationstheorie zu einer Leitdisziplin der Angewandten Informatik zu machen, ist nicht ganz neu und hat keineswegs hier ihren Urheber. Bereits zu Beginn der 70er Jahre, bei der Diskussion um die Ausrichtung der Informatik im deutschsprachigen Raum, hat einer ihrer Pioniere, Heinz Zemanek, die organisationstheoretische Fundierung der Informatik gefordert. Seine Begründung war: die Anwendungsprobleme zwingen die Informatiker dazu, sich um die Lösung von Organisations- und Verwaltungsproblemen zu kümmern. Der Informatiker sei nicht nur für das Funktionieren einer programmierten Problemlösung zuständig, er habe auch die Aufgabe der betriebsorganisatorischen Einbettung wahrzunehmen (vgl. Zemanek 1971). Auch amerikanische Kollegen sprechen seit Beginn der 90er Jahre von „Organizational Informatics" (vgl. Kling 1993).

These 4: Die Wirtschaftsinformatik hat in ihrer kurzen Geschichte einen beachtlichen Fundus an Verfügungswissen bereitgestellt. Dabei ist die Erarbeitung und Vermittlung von Orientierungswissen zu kurz gekommen. Die breite Diskussion um die Informationsgesellschaft bzw. um das, was als zukunftsfähige bzw. nachhaltige Entwicklung (*sustainable development*) bezeichnet wird, eröffnet ihr die Chance, diese Defizite aufzuarbeiten (siehe hierzu Teil C).

Sustainable development ist ein Leitbild mit einer ökonomischen und ökologischen Dimension. Eine nachhaltige oder zukunftsfähige Wirtschaftsweise ist diejenige, die die heutigen Bedürfnisse so befriedigt, daß die Bedürfnisbefriedigung der kommenden Generationen nicht gefährdet ist.

Unter Verfügungswissen ist das konstruktive und handwerkliche Wissen zu verstehen, das den Wirtschaftsinformatiker befähigt, funktionsfähige Algorithmen, Programme oder Informationssysteme zu entwickeln. Es ist seine informationstechnische Kompetenz, die ganz entscheidend seine Expertise, seinen Marktwert und seine Anerkennung ausmacht.

Die Entwicklung von Softwaresystemen für Organisationen ist jedoch immer in einen doppelten Kontext eingebunden. Dies führt über die Rolle des IT-Experten hinaus. Die qualitativ gute softwaretechnische Lösung ist zugleich vom Verstehen des Kontextes einer Organisation und der dort tätigen Menschen abhängig. Dazu braucht der IT-Experte Orientierungswissen: also z.B. Wissen um die Einbindung von Technik in menschliche Kooperationszusammenhänge, Kenntnisse über mikropolitische Machtspiele, die den alltäglichen Aufbau und Einsatz von Macht in Organisationen begleiten etc. Dies wiederum hat Einfluß auf die Methoden- und Werkzeugentwicklung, hat also Auswirkungen auf das Verfügungswissen.

Das Orientierungswissen ist jedoch über die softwaretechnische Ebene hinaus auf die Ebene der Entwicklung der Informationstechniken zu erweitern. Weil die Wirtschaftsinformatiker in der jetzt ausgerufenen Informationsgesellschaft einflußreiche Promotoren sein werden, reicht auch hier eine unreflektierte Adaptierung der von Politikern und Medien zugeworfenen Begriffe und Interpretationen nicht aus. Vielmehr kann sich ihre unkritische Übernahme als zeitraubende Schleife im Innovationswettbewerb erweisen.

Telearbeit, Multimedia, Teleshopping, virtuelle Unternehmen oder Videoconferencing enthalten aber auch beträchtliche gesellschaftliche Konfliktpotentiale und unterschiedliche Ausgestaltungsmöglichkeiten. Die Wirtschaftsinformatiker als Change Agents müssen verschiedene Optionen dieser Entwicklung kennen. Sie sollten darüber hinaus mit der ein oder anderen empirischen Studie zur Technikfolgenabschätzung neuer Informationstechniken während des Studiums konfrontiert worden sein.

Dazu gehört nach meiner Auffassung auch, die eigenen handlungsleitenden Motive und Leitbilder explizit zu machen. Wirtschaftsinformatik war und ist primär auf der Suche nach Rationalisierungs- und Produktivitätspotentialen. Das Engagement bei den zahlreichen Projekten zur „Verschlankung von Organisationen" ist hierfür nur ein Beleg aus der jüngeren Zeit. Natürlich wäre es völlig absurd, sich diesem Trend zu entziehen, wenn die Wirtschaftsinformatik attraktiv bleiben will. Dennoch sollten sich Wissenschaftler mit dem Privileg der Forschungsautonomie auch um Themen bemühen, die grundlegende gesellschaftliche Probleme, wie den Abbau von Arbeitslosigkeit, betreffen. Die übliche Exculpation, durch technische Rationalisierungen schaffe man auf Dauer wettbewerbsfähige Arbeitsplätze, verhindert und tabuisiert Bemühungen, die in diese Richtung gehende kreative Innovationen fördern. Was hindert die Wirtschaftsinformatik daran, die Frage ins Zentrum zu rücken, mit welchen softwaregestützten Produkten und Dienstleistungen arbeitsmarktpoltische Erfolge zu erzielen sind?

Angesichts immer drängenderer globaler Umweltprobleme fragen sich manche Wissenschaftler und Politiker auch, ob Metaphern wie Datenhighway, Multimedia etc., die mit der Vision „Informationsgesellschaft" verknüpft werden, die einzig denkbaren Antworten sind. Die Diskussionen haben sich im Leitbild „Nachhaltige Entwicklung" (sustainable development) gebündelt. Die Metapher sustainable development wurde von der UN-Weltkommission für Umwelt und Entwicklung, der sog. Brundtland-Kommission geprägt. Nachhaltige bzw. dauerhafte Entwicklung meint, einen Entwicklungspfad anzusteuern, der u.a. den globalen Ressourcenverbrauch, den Investitionsfluß, die Ausrichtung der technologischen Entwicklung mit künftigen wie gegenwärtigen Bedürfnissen in Einklang zu bringen versucht.

Die Wirtschaftsinformatik kümmert sich um dieses Thema bislang nur ganz am Rande (vgl. Haasis 1997, Kraus/Scheer 1997, Rautenstrauch 1997). Es findet dagegen ein beträchtliches Echo in der Umweltinformatik (vgl. Rolf/Möller 1996). Vordergründig besteht die Herausforderung für die Wirtschaftsinformatik lediglich darin, bestehende Informationssysteme um ein betriebliches Umweltinformationssystem zu ergänzen, oder dem klassischen softwaregestützten betrieblichen Rechnungswesen ein ökologisches hinzuzufügen. Dies sind für sich genommen schon beträchtliche Herausforderungen, auch für die Wirtschaftsinformatik.

Vermutlich werden die Veränderungen jedoch subtiler und grundlegender sein: Sie stellen die bisherige Form des Wirtschaftens in Frage. Heute selbstverständlich gewordene Metaphern und Leitbilder werden sich rechtfertigen müssen: Weshalb extensive Globalisierung und nicht verstärkte Regionalisierung? Warum nur Optimierung der Wertschöpfungskette und nicht Ausweis der damit verbundenen „Schadschöpfungen"? Was sind die „Übel" der produzierten Güter (vgl. Dyckhoff 1994)?

Früher oder später wird die Wirtschaftsinformatik mit diesen Themen konfrontiert werden. Sie werden ihre bisherigen Orientierungen verändern. Es liegt darin aber auch eine große Chance, denn es werden grundlegend neue Modelle und Methoden gefragt sein. Mit Metaphern wie Recyclinggerechte Konstruktion oder Life-Cycle-Design bei der Entwicklung von Produkten deutet sich dies bereits an. Die Wirtschaftsinformatik sollte diese Herausforderungen annehmen (siehe hierzu Abschnitt C.II.1.).

Zum vorliegenden Lehrbuch

Das Buch wird erste Strukturen, Modelle und Methoden für die angesprochenen Fragen anbieten. Der Begriff Organisationsinformatik weist auf die erweiterte Sichtweise hin, das Präfix Wirtschaft geht jetzt über betriebswirtschaftliche Fragestellungen der Wirtschaftsinformatik hinaus.

Manches ist an den Vorschlägen und Konzepten sicherlich noch vorläufig, es ist auch nicht für die Ewigkeit gedacht. Es erschien uns dennoch ratsam, den hier betretenen Pfad vorzustellen und auszudifferenzieren, weil wir der Auffassung sind, daß Wirtschaftsinformatiker und Organisationsgestalter noch besser auf die Herausforderungen der zukünftigen Praxis vorbereitet werden können. Die ausgerufene sog. Informationsgesellschaft erfordert das grundsätzliche Überdenken des bisherigen Curriculums der Wirtschaftsinformatik, ein Schritt dazu wird hier gemacht.

Einige weitere Punkte charakterisieren das Selbstverständnis dieses Buches, sie sollen deshalb hier kurz aufgelistet werden.

Die Organisations- und Wirtschaftsinformatik hat die Aufgabe, allen Akteuren Optionen aufzeigen

Das Buch will dem Wirtschaftsinformatiker in erster Linie Optionen anbieten. Es gibt nicht die beste Lösung oder das alles überragende Produkt, sondern für bestimmte Arbeits- und Organisationssituationen angemessene oder weniger

12 Von den „Randerscheinungen" der Wirtschaftsinformatik

angemessene Lösungen, wobei dies von der Perspektive der beteiligten Akteure abhängig ist. Daraus folgt, daß bei Entwicklung bzw. Auswahl der Modelle, Methoden, Werkzeuge und Softwareprodukte die Vielfalt der Akteure berücksichtigt werden muß und nicht nur eine Akteursgruppe, z.B. das Management, bedient werden sollte.

WAM ist ein Softwareentwicklungskonzept: Werkzeug, Automat, Material

Die Darstellung der Optionen erfolgt indem Spannungsfelder aufgebaut werden, die die unterschiedlichen methodischen Annahmen der Optionen in den Mittelpunkt rücken. So entsteht ein Methodenrahmenwerk, mit dem auch nicht behandelte Optionen eingeordnet und bewertet werden können. Beispielsweise wird der Standardsoftware SAP R/3, die ganze Unternehmensorganisationen modelliert, das *WAM-Konzept* gegenübergestellt, das die Softwareunterstützung von Einzelarbeitsplätzen im Blick hat.

Es geht um die IT-unterstützte Gestaltung in und von Organisationen
Die hier vorgestellte Organisations- und Wirtschaftsinformatik (OWI) will explizit den Prozeß der Organisationsgestaltung unterstützen, insbesondere durch Nutzung moderner Verfahren, Produkte und Methoden der Informations- und Softwaretechnik. Wir nennen dies im folgenden IT-unterstützte Organisationsgestaltung, in Kapitel B.III und Kapitel B.IV wird ein entsprechendes Vorgehensmodell entwickelt. Zum Grundverständnis gehört hier, daß die Entwicklung einer Organisation sowohl durch soziale als auch durch technische Potentiale gefördert werden kann.

Die Entscheidung, den Ausgangspunkt bei der IT-unterstützten Gestaltung von Organisationen zu nehmen, räumt der sozialen Organisation gegenüber der Technik als Instrument Priorität ein. Es ist der Versuch, den Einsatz von Informationstechnik in Organisationen wieder „vom Kopf auf die Füße zu stellen": Der primäre „Wirtschaftsinformatikerblick" hat sich in der Vergangenheit unseres Erachtens nicht in jedem Fall bewährt. Durch ihn werden in Organisationen insbesondere soziale Zusammenhänge und Wechselwirkungen zur Arbeitsorganisation übersehen, nicht für relevant gehalten oder die Zuständigkeit dafür geleugnet.

Die Entscheidung für die IT-unterstützte Organisationsgestaltung trifft sich mit Entwicklungen, die darauf hindeuten, daß die zunehmende Flexibilität softwaretechnischer Systeme (Stichwort Internet oder Komponentensoftware) das Gleichgewicht erkennbar von der technischen zur organisatorischen Infrastruktur verschiebt. Die Organisationsgestaltung hat dadurch viel stärker als in der Vergangenheit die Chance, an Gestaltungskraft zu gewinnen, indem sie die Informations- und Softwaretechnik nach ihren Vorstellungen zu nutzen vermag.

Die Organisations- und Wirtschaftsinformatik (OWI) hat die Vielfalt vorhandener Organisations- und Technikoptionen zu strukturieren und Entscheidungshilfen für deren Einsatz in Organisationen zu entwickeln
Ganz offensichtlich besteht kein Mangel an Softwarekonzepten und -produkten. Eine kleine Auswahl werden wir in Teil B und Teil C vorgestellten. Auf Messen und in Fachzeitschriften werden fast rund um die Uhr neue Produkte und Konzepte präsentiert, viele verschwinden rasch wieder, das Rad dreht sich immer

schneller. Aber auch bei den Produkten und Konzepten, die sich durchgesetzt haben, bleibt oft unklar, wie sie von Organisationen, die in unterschiedlichen Kontexten stehen, genutzt werden können.

Bei der heutigen Vielfalt und Komplexität von Technik- und Organisationsoptionen fällt der Organisations- und Wirtschaftsinformatik nach unserer Auffassung deshalb zu allererst die Aufgabe zu, Strukturen, Rahmen und Entscheidungshilfen für diese Vielfalt zu entwickeln. Es müssen Modelle für Organisations- und Technikoptionen erarbeitet und Methoden entworfen werden, um die Optionen mit den jeweils ausgewählten Perspektiven und Organisationssituationen zusammenbringen zu können. Die Unterstützung dieses Auswahl-, Koordinations- und Matchingprozesses muß im Zentrum des Analyse- und Gestaltungsprozesses stehen. Er ersetzt nicht die Aufgaben hochspezialisierter Softwareentwickler und Implementierer, sondern ergänzt sie. Lehrbücher der Wirtschaftsinformatik haben sich in der Vergangenheit zuweilen zu sehr auf die Ausformulierung eigener Modelle konzentriert und sich zu wenig bemüht, Orientierungs- und Bewertungshilfen für das Dickicht an Organisations- und Technikoptionen bereitzustellen.

Selbstverständlich muß sich jedes Lehrbuch einer Qualitätskontrolle unterziehen. Vielleicht sind die verkauften Auflagen ein Kriterium, eher schon die Diskussionen, die das Buch auslöst. Lehner u.a. haben Anforderungen an eine Theorie der Wirtschaftsinformatik als richtungsweisende Forderungen formuliert, die dem Leser vielleicht helfen können, den vorliegenden Entwurf zu bewerten (vgl. Lehner u.a. 1995, S. 71):

- Die wesentlichen Grundbegriffe der Wirtschaftsinformatik müssen erkannt und präzisiert werden.
- Die Methodenentwicklung in der Wirtschaftsinformatik muß über die Anwendung von neuen Techniken hinausgehen, die Übernahme der praktischen und angewandten Informatik reicht als Basis für eine Theoriebildung nicht aus.
- Der Kern der Theoriebildung sollte die Modellierung und Gestaltung betrieblicher und sozialer Prozesse sowie die Abschätzung ihrer ökonomischen und sozialen Auswirkungen sein.
- Modelle und Methoden der Wirtschaftsinformatik sollten einbeziehen, daß Modellierung und Gestaltung mit Konflikten verbunden sind.
- Die Theoriebildung muß die Formalisierung „schwieriger Begriffe" wie Aufgabenangemessenheit, Qualität oder Benutzungsfreundlichkeit zu ihrem Thema machen.

14　Von den „Randerscheinungen" der Wirtschaftsinformatik

Literaturempfehlungen

- zur Wirtschaftsinformatik

    H. R. Hansen: Wirtschaftsinformatik I. 7. Aufl., Stuttgart 1996

    P. Mertens, F. Bodendorf, König, Picot, Schumann: Grundzüge der Wirtschaftsinformatik. 5. Aufl. Berlin Heidelberg 1998

    F. Lehner, K. Hildebrand, K. Maier: Wirtschaftsinformatik – Theoretische Grundlagen. München Wien 1995

    L. Heinrich: Wirtschaftsinformatik: Einführung und Grundlegung. München Wien 1993

- zur Organisationstheorie

    A. Kieser, H. Kubicek: Organisation. 3. Aufl. Berlin New York 1992

    Gareth Morgan (Hrsg.): Creative Organization Theory. A Resourcebook. SAGE Publications 1989

    G. Ortmann: Das Kleist Theorem. In: Birke/Burschel/Schwarz 1997, S. 23–91

    A. Picot, R. Reichwald, R. T. Wigand: Die grenzenlose Unternehmung. Wiesbaden 1996

II.
Der methodische Ansatz der Organisations- und Wirtschaftsinformatik

„Technik entsteht als Produkt sozialer Prozesse, in ihre Sachgestalt schreiben sich die Sozialstrukturen ein, und vom Umgang mit der Technik gehen wiederum Folgen für den sozialen Wandel aus. Technik herzustellen gilt ebenso als soziales Handeln ebenso wie Technik zu verwenden. Der „Stand der Technik" ist ebenso eine soziale Institution wie das herrschende Recht. Und das Ensemble der Techniken in einer Gesellschaft zeigt nicht nur ihr technologisches Niveau an; Gestalt und Richtung ihrer technischen Entwicklung... verraten die prägenden Werte einer Kultur."
Rammert 1993, S. 3

1. Technikentwicklung und -anwendung im „Konstruktionskorridor"

Unser Thema ist die Entwicklung und Anwendung von Informationstechnik in Organisationen. In Abschnitt A.II.1. werden wir die traditionellen Orientierungen der Wirtschaftsinformatik beschreiben. Die Metapher „Konstruktionskorridor" weist schon darauf hin, daß wir diese Sichtweise, um sie deutlich herauszuarbeiten, etwas überzeichnen. In Abschnitt A.II.2. wird mit dem Akteursmodell eine alternative Orientierung entwickelt.

1.1 Klassische Orientierungen

Viele Lehrbücher der Wirtschaftsinformatik enthalten zwischen den Zeilen ein ganz bestimmtes Selbstverständnis über die Entwicklung und Anwendung von Technik. Es fällt dabei auf, daß die Technikentwicklung von der Technikanwendung relativ strikt getrennt ist und als Prozeß verstanden wird, der in Phasen eingeteilt werden kann (Abb. A.II.1).

16   Von den „Randerscheinungen" der Wirtschaftsinformatik

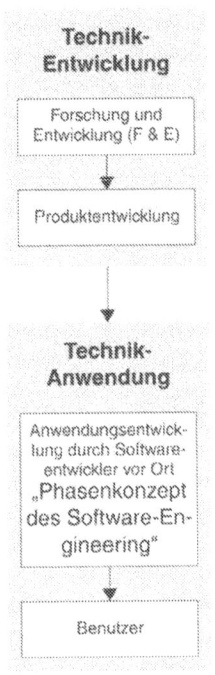

Abb. A.II.1
Der „Konstruktions-
korridor"

Die Technikentwicklung
Die Technikentwicklung besteht aus den Phasen Forschung und Entwicklung
(F & E) sowie Produktentwicklung. Dies ist das Tätigkeitsfeld vieler Ingenieure
und Informatiker.

Leider liegen Erklärungsmodelle, die den Prozeß der Technikentwicklung genauer beschreiben und Ausgangspunkt für Lehrbücher und Lehrveranstaltungen der Wirtschaftsinformatik sein könnten, nicht vor. Verbreitet ist die Auffassung, technischen Fortschritt als technischen Sachzwang zu begreifen, der durch staatliche Förderprogramme beschleunigt werden kann. Zuweilen wird er auch als naturgegeben aufgefaßt.

Wirtschaftsinformatiker und Informatiker sehen ihre Aufgabe in erster Linie darin, unter den gegebenen Bedingungen gute, d.h. fehlerfreie Entwürfe bereitzustellen. Große Forschungsleistungen gehen in dieser Sicht in der Vergangenheit auf einzelne herausragende Köpfe zurück. Heute sind es vor allem Projekte und Teams, die Spitzenleistungen und Innovationen vorantreiben.

Dieses Verständnis von Technikentwicklung läßt sich etwa wie folgt beschreiben. Die Informatik-Forschung, als ein wichtiger Teil der gesamten Informationstechnik-Entwicklung, schafft die mathematischen sowie die hard- und softwaretechnischen Grundlagen. Die mathematisch-orientierten Informatiker als eine Gruppe sehen ihre Aufgabe vor allem darin, korrekte formale Methoden zu entwickeln. Die Hard- und Softwaretechniker in der Informatik wollen in erster Linie Methoden, Techniken und Werkzeuge bereitstellen, um beispielsweise die Beherrschbarkeit der Komplexität von Softwaresystemen zu verbessern. Schließlich bemühen sich wiederum andere Informatikspezialisten, vor allem die Informationstechnik-Hersteller, um die Umsetzung der F & E-Ergebnisse in marktfähige Hardware- und Software-Produkte.

Die Technikanwendung
Die von Informatik-Forschung und Informationstechnik-Herstellern erarbeiteten Modelle, Methoden, Techniken und Produkte – z.B. Datenbankmodelle, Betriebssysteme, Programmiersprachen, Programm- und Geräteentwicklungen – werden vor allem in Organisationen eingesetzt und angewendet. Dieser Prozeß der Umsetzung in Organisationen wird üblicherweise als Anwendungs- bzw. Softwareentwicklung bezeichnet.

Eine herausragende Rolle kommt bei der Anwendungsentwicklung den System- und Software-Entwicklern zu: Sie sorgen vor Ort für den Transfer von Informatik-Forschung und IT-Produkten. Sie greifen dabei zumeist auf Modelle, Methoden und Werkzeuge der Softwaretechnik zurück. Ihre Kompetenz besteht vor allem darin, die Resultate der Informatik-Forschung und die Produkte der Hard- und Softwarehersteller in Organisationen umsetzen zu können. Dies kann auch so aussehen, daß Standardsoftwareprodukte wie z.B. SAP/R3 an die jeweiligen betrieblichen Bedingungen angepaßt werden.

Die Benutzer treten erst in der letzten Phase dieses „Durchsack-Modells" in Erscheinung. Sie sind die Empfänger der Lösungen, die die Technikexperten in den vorhergehenden Phasen entwickelt haben. Ihnen ist, wie Rammert etwas zy-

Der methodische Ansatz 17

nisch formuliert, die Rolle von Vollzugsinstanzen oder Opfern zugewiesen (vgl. Rammert 1993, S. 94).

In dieser Sicht ist die Anwendungs- bzw. Softwareentwicklung eine Konstruktionsaufgabe, die mit einem hard- und softwaretechnischen Methoden- und Werkzeugkasten erfolgreich realisiert werden kann: Kommunikation zwischen denen, die mit dem System arbeiten (Benutzer) und denen, die es entwerfen (System- und Software-Entwickler), ist in dieser Orientierung nicht vorgesehen und wird auch nicht als erfolgversprechender Faktor angesehen.

Wir wollen diese etwas überspitzt dargestellte Sicht als „Konstruktionskorridor" bezeichnen. Der Begriff „Konstruktionskorridor" soll ausdrücken, daß hier vorrangig technisch-konstruktive Elemente interessieren und Rückkopplungen von der Anwendungs- zur Technikentwicklung nicht auftreten. Alles, was außerhalb dieses Korridors geschieht, fällt als „nichttechnische Randerscheinungen" aus der Betrachtung heraus.

1.2 Kritik an der Sicht „Konstruktionskorridor"

In der „Konstruktionskorridor"-Sicht wird unterstellt, daß Gestaltung für den einzelnen Benutzer ein rein passiver Vorgang ist: er wird sozusagen gestaltet. Demnach lassen sich Konzepte entweder allein aufgrund ihrer technischen Funktionalität und Güte oder aber per Dekret durchsetzen. Tatsächlich ist dies, wie die Praxis immer wieder zeigt, in den meisten Fällen ein Irrtum. Die Benutzer akzeptieren Produkte und Konzepte keineswegs unbesehen, vielmehr werden die Planungen häufig unterlaufen, zurechtgebogen oder verworfen.

Die Sicht „Konstruktionskorridor" ist solange angemessen, wie es um die Formalisierung von technischen Prozessen geht. Beim heutigen Einsatz von Informationstechniken in Organisationen geht es vor allem um die Formalisierung von Prozessen oder um die Unterstützung von kooperativen Arbeitsprozessen. Sie verändern Arbeitsverteilung, verursachen Kommunikationsveränderungen, erweitern oder verengen Handlungsspielräume. Ein widerspruchsloses „Durchsacken" bis zu den Benutzern ist bei solchen Änderungen eher unwahrscheinlich. Aus diesen Gründen empfiehlt sich die Einbeziehung dieser „nichttechnischen Randerscheinungen" in ein realitätsnahes Modell. Anders ausgedrückt: Die Tatsache, daß Benutzer, Anwender oder sonstige Akteure in den Modellen allenfalls als Randerscheinungen vorkommen, könnte eine Ursache für das Scheitern vieler Softwareprojekte sein: Solange wichtige Akteure in den Modellen nicht existieren, wird es auch ein Methodendefizit bei der Softwareentwicklung geben.

Die Kritik geht jedoch noch darüber hinaus:
- Die Perspektive „Konstruktionskorridor" ist nicht nur aus Sicht der Anwendungs- und Softwareentwicklung kaum tragfähig, sie drückt auch ein überholtes Verständnis von Technikentwicklungs- und Innovationsprozessen angesichts globaler Märkte aus. F & E findet heute vor allem unter strategischen, weltweiten Konkurrenzaspekten statt.

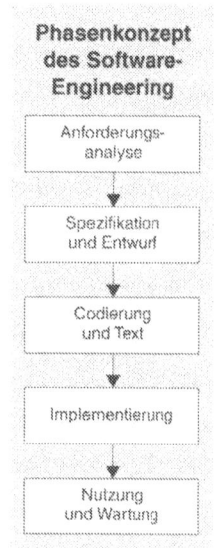

Abb. A.II.2
Übliche Verfeinerung des Software-Engineering-Konzeptes

"Der Streit entzündet sich daran, daß Programme Geschöpfe sind, die in parallel existierenden Welten leben. Zum Beispiel als Objekte der Mathematik: Sind sie widerspruchsfrei? Oder als Konstruktion des Ingenieurs: Erfüllen sie ihren vorgegebenen Zweck? Folgerichtig gabelt sich die Lehre von der Software in einen theoretischen und einen praktischen Zweig. Dabei würden es viele Computerwissenschaftler gerne belassen. Andere fordern indes einen erweiterten Forschungsgegenstand: Software schließt Menschen unterschiedlicher Interessen und Sichtweisen zu arbeitsteiligen Gruppen zusammen" (Randow 1992).

- Die „Konstruktionskorridor"-Sicht könnte eine Ursache sein, weshalb der Transfer von Forschungsergebnissen in marktfähige Produkte und Systeme nicht gelingt oder zu lange dauert: Das Herumwerkeln von Wissenschaftlern, ohne die Anwendung permanent mitzudenken, führt zu Zeitverzögerungen und Umsetzungsproblemen bei der Nutzung, schlimmstenfalls zu nicht gebrauchsfähigen Produkten.
- Ein im Verständnis des „Konstruktionskorridors" ausgebildeter Informatiker bzw. Wirtschaftsinformatiker ist auf die Anwendungspraxis mit ihren Konflikten und verwirrenden Organisationsprozessen nicht vorbereitet.

2. Die Rückkehr von Akteuren und Konflikten in die Wirtschaftsinformatik

Modell- und Methodenrahmen

Technikentwicklung und Technikanwendung sind dynamische Prozesse mit vielen Akteuren, bei denen es um Konflikte, ökonomische Vorteile und Herrschaft geht. Um das besser verstehen zu können, sind erst in zweiter Linie informationstechnische Kenntnisse gefragt. In erster Linie geht es um ökonomische und sozialwissenschaftliche Zusammenhänge.

Zum Modellbegriff:

„Die gesamte Wissenschaft... ist geprägt durch das Denken in Modellen und durch die fortwährende Anwendung für die Darstellung, die Erklärung, das Verstehen und die Gestaltung der Wirklichkeit. Modelle werden u. a. verwendet, um die Komplexität der Realität zu vermindern..., zur Erfassung der Dynamik von Systemen und zur Typisierung von Phänomenen..."
(Lehner u.a. 1995, S. 26)
Das hier zugrundeliegende Akteursmodell mit Techniknutzungspfad, Leitbildern und Gestaltungssicht ordnet sich in die Kategorien Erklärungsmodell und Gestaltungsmodell ein:

Erklärungsmodelle sind Interpretationsschemata zum Zwecke der Analyse konkreter empirischer Systeme z.B. Unternehmen, Produktionsablauf, Softwaresystem. Sie wollen Zusammenhänge und Abläufe erklären.
Gestaltungsmodelle fassen „das Verständnis bestimmter Phänomene oder Problembereiche zusammen oder beinhalten Ansatzpunkte für Manipulationen an einem System, für ein steuerndes Eingreifen oder für die Gestaltung eines Realitätsausschnittes" (Lehner u.a. 1995, S. 38). Der Zweck ist die praktische Umsetzung von theoretischem Wissen.

*Abb. A.II.3
Zum Modellbegriff*

2.1 Das Akteursmodell

Wie kann ein Modell aussehen, das die Akteure der Technikentwicklung und Anwendungsentwicklung nicht mehr als Randerscheinungen behandelt?

Der Wirtschaftsinformatiker, egal ob in Unternehmen, Softwarehäusern oder in der Wissenschaft tätig, ist in Strategien und Aktionen vieler Akteure eingebunden. Auch er ist einer der Akteure. Alle Akteure werden von Interessen, Werten und Vorstellungen geleitet und sie wollen diese nach Möglichkeit durchsetzen. Sowohl bei der IT-Entwicklung als auch bei ihrer Anwendung sind Systementwickler und Informatiker, Akteure aus der Forschungspolitik, Computerhersteller, Verbände, Kommissionen und Benutzer beteiligt. Zwischen ihnen laufen eine Vielzahl von nicht nur harmonischen Interaktionen ab, die zu Korrekturen, Ermutigungen oder neuen Allianzen führen. Es finden permanent Rückkopplungen und Wechselwirkungen statt.

So versuchen Hersteller von Informationstechniken, die Anwender und Systementwickler von ihren Produkten, Orientierungen und Leitbildern zu überzeugen. Sie nennen ihre Leitbilder und Orientierungen oft „die Philosophie unseres Hauses". Die Forschungspolitik versucht zu steuern, indem sie bestimmte Forschungsrichtungen fördert und andere unbeachtet läßt. Forschungspolitik des Staates A konkurriert mit der Forschungspolitik des Staates B. Informatik und insbesondere Softwaretechnik entwickeln Modelle und Theorien mit der Absicht, auf Systementwickler, Softwarehersteller oder Management Einfluß zu nehmen. Umgekehrt nimmt die Informatik Orientierungen der Praxis auf und entwickelt vor diesem Hintergrund Modelle, Methoden und Produkte. Benutzer und Beschäftigte haben eigene Vorstellungen über die technische und soziale Gestaltung ihres Arbeitsplatzes oder der Arbeitsabläufe. Sie werden versuchen, diese erkennbar oder verdeckt in die Systementwicklung einzubringen. Welcher Akteur mit welchem anderen Akteur in Wechselwirkungen tritt, ist in der jeweiligen Situation zu ermitteln.

Dieses komplexe und chaotische Bild von *Akteuren*, Interaktionen und Konflikten, die bei der Technikentwicklung und Anwendungsentwicklung „mitspielen", kommt der Realität, unserer Auffassung nach, näher als die Sicht „Konstruktionskorridor".

Technologie wird jetzt als soziales Phänomen verstanden, das aus Handlungen von Menschen, Gruppen, Organisationen oder Regierungen entsteht. Damit erhalten Akteure eine wichtige Funktion bei der Technikentwicklung zugewiesen. Das Akteursmodell steht im Kontrast zum Bild des „blinden technischen Fortschritts", das die Beteiligten zu Vollzugsinstanzen und Opfern der technologischen Entwicklung macht.

Akteure haben folgende Merkmale:
- Akteure nehmen Bezug auf einen gemeinsamen kulturellen Hintergrund und formulieren daraus strategische Orientierungen, z.B. Leitbilder.
- Akteure haben erkennbare Abgrenzungen und Beziehungen zu anderen Akteuren (vgl. Rammert 1993, S. 101).

Akteure sind nach Rammert zumeist „kollektive Handlungseinheiten"; sie entstehen, indem Mitglieder mit gleichen Werten oder Interessen ihr Handeln koordinieren und Allianzen oder Konkurrenzen zu anderen Akteuren aufbauen.
Auf der Ebene der Anwendungs- und Softwareentwicklung in Organisationen können die Akteure auch Einzelpersonen sein.
Der Akteur ist als theoretischer Begriff in die Handlungssystemtheorie von Touraine 1984 eingeführt worden.

> „Ob Management oder organisierte Arbeiterschaft, ob politische Gremien oder Wissenschaftler- und Ingenieurgruppen, ob einzelne Pioniere oder kollektive Bewegungen, allen wird eine Konstruktions- und Kontrollmacht für technische Produkte zugestanden, der nur die Gegenmacht anderer Akteure im Spiel der gesellschaftlichen Kräfte die Grenzen setzt" (Rammert 1993, S. 170).

> Die perspektivische Verknüpfung wird für das später zu entwickelnde Gestaltungsmodell eine zentrale Bedeutung erhalten.

> „Was wir heute als technisch effektivste Konstruktionslösung hinstellen, ist unter dem vorgeschlagenen Blickwinkel das Ergebnis sozialer Strategien der Technisierung verschiedener sozialer Akteure, das sich unter wechselnden Macht- und Interessenkonstellationen durchgesetzt hat" (Rammert 1993, S. 55).

Wirtschaftsinformatik-Lehrbücher vermitteln in der Regel ein harmonisches Bild, das unausgesprochen eher dem Bild vom „blinden technischen Fortschritt" ähnelt. Nur selten ist von Akteuren die Rede oder von Konflikten, Konkurrenz und Spannungsfeldern. Die Autoren schneiden die konstruktiven Probleme heraus und abstrahieren von den Akteuren. Sie beschränken sich auf den formalen Teil der Technik- und Anwendungsentwicklung. Es sind weder Fragen nach dem „Überbau", also der Zusammenhänge bei der Technikentwicklung, von Interesse, noch die Einbindung der Technik in den spezifischen Anwendungskontext.

Akteure treffen sowohl bei der Technikentwicklung als auch bei der Technikanwendung, also beim Prozeß der Software- und Systementwicklung in Organisationen, aufeinander. Dabei entstehen zwangsläufig Konflikte. Anders als bei der „Konstruktionskorridor-Sicht", wo vom „Durchsacken" die Rede war, finden jetzt eine Vielzahl von Rückkopplungen zwischen Technikentwicklung und Technikanwendung statt. Offensichtlich sind die sozialen und technischen Prozesse untrennbar miteinander verwoben.

Mit dem Akteursmodell soll diese chaotische Realität transparent und plausibel gemacht werden. Das Modell hat unabhängig vom Einzelfall Erklärungswert und ist auch bei technischen und sozialen Innovationen stabil.

Im folgenden werden die Akteurshandlungen aus zwei Perspektiven, der Technikentwicklung und der Anwendungsentwicklung, betrachtet. Tatsächlich sind beide Perspektiven eng verknüpft. Erst die perspektivische Verknüpfung erklärt den Gesamtkomplex IT-Entwicklung.

Das Akteursmodell aus Sicht der IT-Entwicklung

Der Prozeß der IT-Entwicklung läßt sich als Modell mit zahlreichen Akteuren in verschiedenen Handlungsfeldern, sog. Arenen beschreiben. So werden in einer Arena schwerpunktmäßig Akteure aus Politik, Verbänden sowie Herstellern aufeinandertreffen und dabei um Technikentwicklungslinien, „Philosophien" oder Produkte kämpfen.

In einer zweiten Arena, in der vor allem Wissenschaftler in Universitäten und Forschungsinstituten streiten, geht es um die Entwicklung von Modellen, Methoden und Produkten, beispielsweise um die Entwicklung und Durchsetzung unterschiedlicher Programmkonzepte.

Mit Diskursen und Konflikten tragen in einer dritten Arena Akteure, die an der Software- und Anwendungsentwicklung vor Ort beteiligt sind, ihre unterschiedlichen Sichtweisen, Interessen und Werte aus. Dies betrifft vor allem das Management, Softwarehäuser, Benutzer, Systementwickler oder Betriebsräte. Es ist durchaus möglich, daß Akteure in verschiedenen Rollen in mehreren Arenen gleichzeitig aktiv sind.

Die Arenen sind als analytisches Bild zu verstehen, andere Aufteilungen der Handlungsfelder oder weitere Differenzierungen aufgrund spezifischer Konstellationen können durchaus sinnvoll sein. In jedem Fall sind die Arenen nicht als geschlossene Einheiten zu interpretieren, auch wenn sie in der jeweiligen Situation ein Stück „Heimatzugehörigkeit" ausdrücken. Die Akteure kommunizieren in vielfältiger Weise auch über die Grenzen ihrer Arena miteinander. Auf diese Weise finden ständig Rückkopplungen innerhalb und zwischen den Arenen statt.

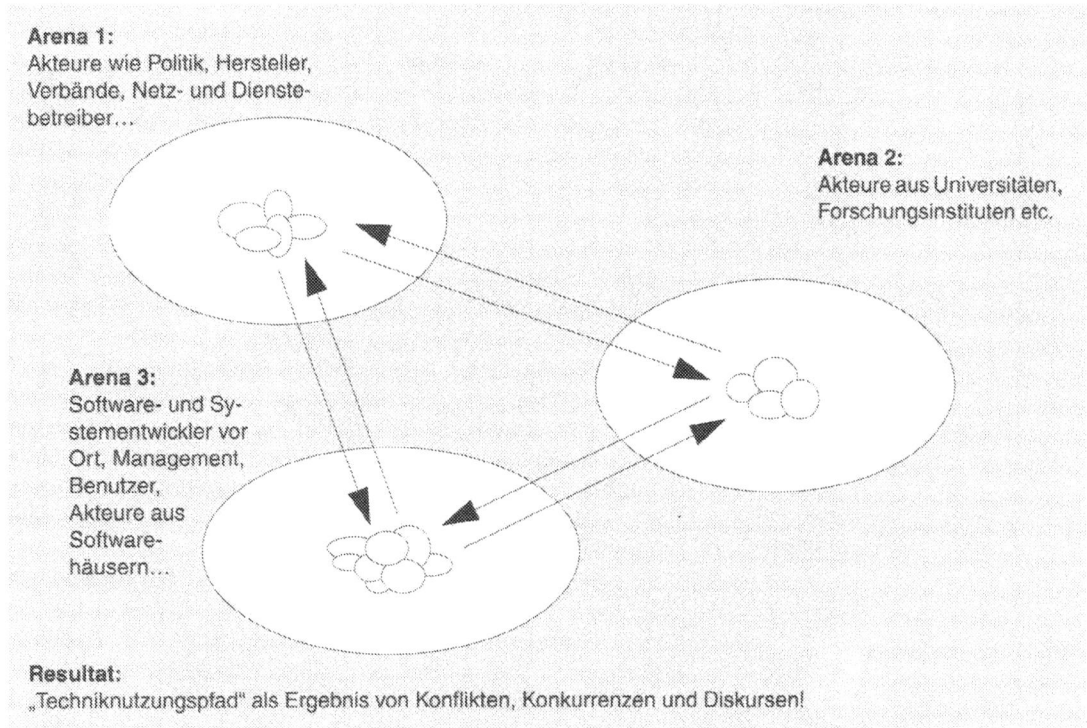

Abb. A.II.4
Das Akteursmodell aus Sicht der Technikentwicklung

Das Modell läßt auch erkennen, daß die Akteure der Anwendungsentwicklung, also Systementwickler oder Benutzer, Einfluß auf die Technikentwicklung nehmen.

Das Akteursmodell aus Sicht der Software- und Anwendungsentwicklung in Organisationen

Anwendungs- und Softwareentwicklungen in Organisationen sind vom „Überbau" der Technikentwicklung und vice versa abhängig: Beim Prozeß der Anwendungsentwicklung kann nur eingesetzt werden, was vorher Hersteller an Hard- oder Softwareprodukten entwickelt und durchgesetzt haben, bzw. was von Forschungsinstituten an Produkten, Modellen und Methoden entwickelt wurde. Andererseits müssen sich die Software- und Hardwareprodukte oder die von der Informatik entwickelten Methoden und Modelle ständig in Organisationen bewähren, andernfalls werden sie aus den Anwendungsprojekten ausgeschieden: Sie fallen dann auch aus dem Technikentwicklungsprozeß heraus. Diese Verknüpfung von Technikentwicklung und konkreter Technikanwendung aus der Perspektive von Anwendungsprojekten zeigt die Abb. A.II.5. Die Pfeile symbolisieren die beschriebenen Rückkopplungen, also wechselseitige Kommunikations- und Lernprozesse, aber eben auch Auseinandersetzungen. Während es in den Arenen der Technikentwicklung um Prozesse auf dem „F & E-Markt" geht, steht bei der Ebene der Anwendungsentwicklung das konkrete Anwendungsprojekt im Vordergrund.

Die Software- und Anwendungsentwicklung ist jedoch nicht nur ein Teil der IT-Entwicklung. Auch hier geht es, anders als im traditionellen Software-Engineering-Modell, um Konflikte und Interessen, um Gewinnenwollen und Vermeiden von Niederlagen in Organisationen. Die Einführung oder Veränderung von Technik ist der ideale Nährboden, um in Organisationen diese Machtspiele spielen zu können.

Jeder Praktiker weiß, daß Softwareentwicklung mit Konflikten verbunden ist: Manager haben andere Vorstellungen als Arbeitnehmervertreter, Hersteller bzw. einzelne Informatiker rivalisieren untereinander, Systementwickler stehen häufig in einem ambivalenten Verhältnis zu den Vorstellungen der Benutzer.

„These arenas provide a place for actors – who also act as representatives of a professional community, organizational unit, setting work places, or political group – to meet and debate design issues" (Gärtner/Wagner 1996, S. 192)

Konfliktaustragungen in dieser Arena finden oft direkt zwischen Personen statt, sie basieren zumeist auf Interaktion und Austausch oder Verheimlichen von Informationen. Es gibt jedoch auch Grenzen, Konflikte sichtbar und in Organisationen debattierbar zu machen, selbst wenn sich Systementwickler durch Partizipation darum bemühen. Konflikte bei der Softwareentwicklung in Organisationen haben oft ihren Ursprung in anderen Arenen und werden sozusagen übernommen (vgl. Gärtner/Wagner 1996, S. 196).

Softwareeinführungen aus der Akteurs-Perspektive zu betrachten, gehen zurück auf mikropolitische Ansätzen der Organisationstheorie (vgl. Crozier u.a. 1995). Diese Ansätze interpretieren Organisationsprozesse als eine Reihe von „Machtspielen, deren formelle und informelle Regeln auf indirektem Wege den Zusammenhalt der widersprüchlichen mikropolitischen Strategien der Organisationsmitglieder bewirken." (Ortmann 1988, S. 33) Neben dem Spielbegriff ist der Machtbegriff von zentraler Bedeutung. Macht wird hier jedoch nicht als Besitzstand, sondern als eine gegenseitige Austauschbeziehung zwischen Akteuren definiert, wobei sich die einen aufgrund von Vorteilen gegenüber anderen durchsetzen. Fairneß gehört nicht zur Definition dieser Machtspiele. Worum es den sog. mikropolitischen Autoren geht, kommt im folgenden Zitat von Ortmann zum Ausdruck:

„All diese Ansätze erlauben es besser zu verstehen, daß es ungerade Frontverläufe und wechselnde Fronten gibt, ohne daß eine Beliebigkeit der Machtverteilungen oder gar innerbetriebliche Harmonie unterstellt werden müßte. Partielle Interessenkonvergenzen, zeitweise Koalitionen, Mauscheleien, Intrigen und Grabenkämpfe, side payments, bargaining-Prozesse, trojanische Pferde, Regimekritiker und Résistance, aber auch Übereifer, eigene Wünsche, Ängste und Konsensbedürfnisse der Beschäftigten machen das Bild auf bedeutsame Weise unordentlich. Auf bedeutsame Weise: das meint, daß dies nicht durch eine allzu ordentliche Theorie mit allen klaren Fronten verdeckt werden darf, wenn wir zu einem angemessenen Verständnis des Handelns und des mikropoltischen Tauziehens in Betrieben kommen wollen" (Ortmann 1988, S. 35).

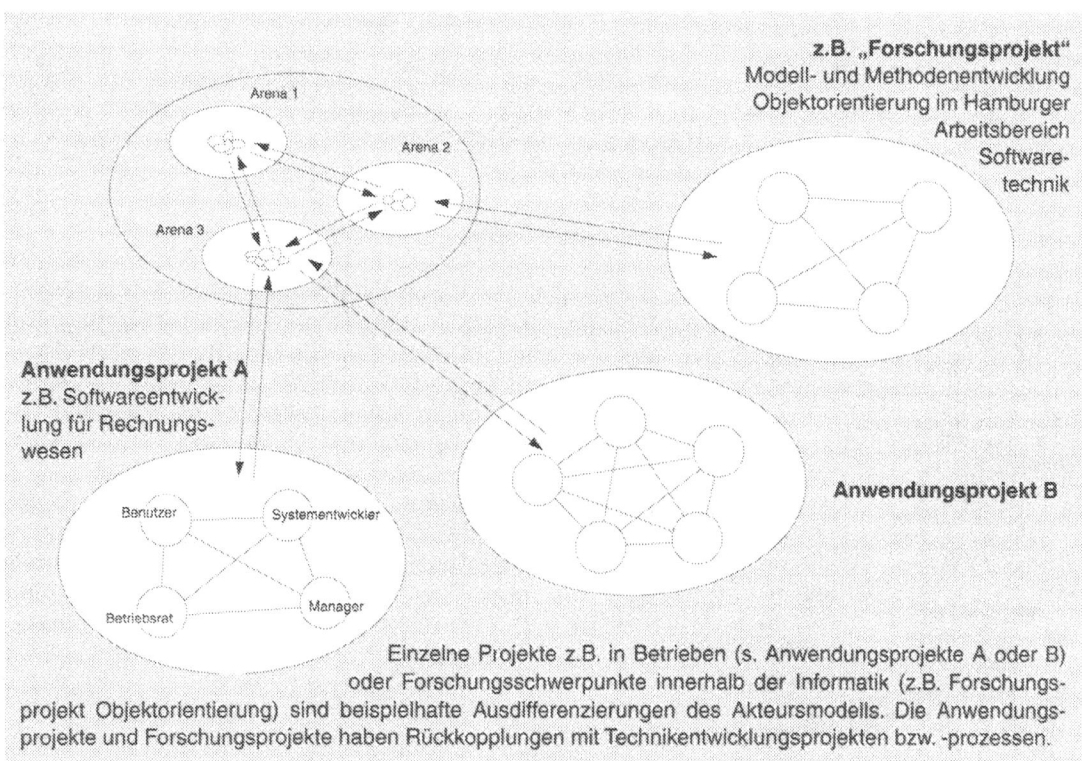

Einzelne Projekte z.B. in Betrieben (s. Anwendungsprojekte A oder B) oder Forschungsschwerpunkte innerhalb der Informatik (z.B. Forschungsprojekt Objektorientierung) sind beispielhafte Ausdifferenzierungen des Akteursmodells. Die Anwendungsprojekte und Forschungsprojekte haben Rückkopplungen mit Technikentwicklungsprojekten bzw. -prozessen.

Eine interessante Erweiterung der Akteurssicht nehmen Gärtner und Wagner mit dem Akteursnetzwerk-Ansatz vor (vgl. Gärtner/Wagner 1996). Zu den Netzwerken gehören hier nicht allein menschliche Akteure sondern auch Artefakte. Diese Artefakte können Dokumente, Texte, Fallbeschreibungen oder technischer Natur, z.B. in Form von Computersystemen sein. Akteure und Artefakte stehen in Wechselwirkung. In einem Softwareentwicklungsprozeß schreiben die Akteure ihre Ziele, Problemdefinitionen und Designideen in das System ein. Diese „Einschreibungen" vermitteln andererseits dann die sozialen Beziehungen im Akteursnetzwerk. In dieser Perspektive bedeuten Designprozesse das Vorantreiben eines Pfades, der ständig evaluiert, differenziert, komplettiert und dessen (Zwischen-)Lösung schließlich genutzt wird. Der Designprozeß wird koordiniert und ausgehandelt in einem evolutionären Akteursnetzwerk. Der Akteursnetzwerk-Ansatz versteht technische Systeme mehr als Vermittler von sozialen Interaktionen und nicht als Produkt.

Beide Perspektiven, das Akteursmodell aus Sicht der Technikentwicklung wie aus Sicht der Anwendungsentwicklung, sind bislang Erklärungsmodelle. Sie können die Prozesse der Technikentwicklung und Anwendungsentwicklung plausibler erklären als die Sicht „Konstruktionskorridor". Informatiker, Systementwickler und Benutzer sind so besser in der Lage, Klarheit über ihre Rolle zu

Abb. A.II.5
Das Akteursmodell aus Sicht der IT- und Anwendungsentwicklung: Die beiden Perspektiven Technikentwicklung einerseits und Software- und Anwendungsentwicklung in Organisationen andererseits verknüpfen sich; zusammen können sie die Komplexität der IT-Entwicklung beschreiben.

bekommen und sich als „agents of change" im Spannungsfeld vielfältiger Interessen zu definieren. Beide Sichtweisen ergeben jedoch noch kein Gestaltungsmodell. Dazu ist eine Unterstützung in Form von geeigneten Methoden und Werkzeugen erforderlich, die z.B. die Kommunikation zwischen den Akteuren unterstützen oder die Analyse der Akteurskonstellationen erleichtern. Hierauf werden wir im Abschnitt A.II.3. eingehen.

2.2 IT-Entwicklung und Techniknutzungspfad

Der Techniknutzungspfad dokumentiert den historischen Prozeß der Technikgestaltung durch Akteure wie Hersteller, Anwender, Politik, Informatiker, Benutzer etc. Rückblickend betrachtet ist er ein Pfad, der vor allem die Resultate der Technikentwicklung und -anwendung beschreibt; die aktuelle Bestandsaufnahme ist nicht mehr als ein Schnappschuß.

Mit der Metapher *Techniknutzungspfad* wollen wir deutlich machen, daß der Prozeß der Technikentwicklung das Resultat von Konflikten, Konkurrenzen und Diskursen vieler Akteure in unterschiedlichen Arenen ist. In ihm wird erkennbar, was an IT auf dem Markt bzw. in Organisationen oder in der Informatik an Methoden, Modellen und Werkzeugen zur Diskussion steht und sich schließlich durchsetzt. Viele Akteure sind daran beteiligt und der Pfad ist auch nicht durch technische Logik vorherbestimmt oder ein für allemal festgelegt, sondern er ist je nach Akteurskonstellationen zu verändern.

Der Techniknutzungspfad ist rückblickend die geronnene Struktur der „Sieger" von Konflikten und Konkurrenzen; auf diese Weise tritt der Techniknutzungspfad den heute handelnden Akteuren als Struktur gegenüber. Er kann zwar in seiner historischen Entwicklung rückblickend gedeutet werden. In seinem aktuellen Zustand ist er jedoch nicht mehr als eine Momentaufnahme. Neue Entwicklungen und Orientierungen schreiben diesen Prozeß fort. Das Bild des Pfades unterscheidet sich von dem des Korridors; es weist darauf hin, daß wir es nicht mit einer eng begrenzten und linearen Strecke zu tun haben; es sind Verzweigungen, Abweichungen, Richtungskorrekturen und Alternativen möglich.

„Die Beziehungen zwischen den Akteuren sowohl hinsichtlich ihres Konfliktpotentials als auch hinsichtlich ihrer kulturellen Orientierungen bestimmen ihr Handeln" (Rammert 1993, S. 32).

Die vielen Akteure verfügen nicht über gleiche Gestaltungschancen in diesem Netzwerk: Die Stärke der Akteure ist von ihrer Verhandlungs- und Definitionsmacht abhängig. Mächtige Akteure wie Hersteller, Forschungspolitik oder die sogenannte herrschende Meinung in der Informatik und Wirtschaftsinformatik haben größere Chancen, mit ihren Konzepten Wirkungen zu erzeugen, und das heißt, auf den Techniknutzungspfad Einfluß zu nehmen. Ob sie sich durchsetzen, ist damit nicht sichergestellt, vor allem wird dies nicht ohne Konflikte abgehen, die wiederum Momente der Veränderung enthalten.

Der Unterschied zur Sicht „Konstruktionskorridor" kommt besonders darin zum Ausdruck, daß Informatik-Forschungsergebnisse oder Systementwürfe sich nie Top-down durchsetzen. Vielmehr folgt der Aktion stets die Reaktion davon betroffener Akteure. Dies kann stillschweigend passieren, z.B. durch passiven Widerstand. Zumeist liegen dieser Reaktion Kommunikationsprozesse zugrunde, beispielsweise auf Konferenzen, in Fachzeitschriften, auf Messen oder auf dem Büroflur oder in der Kantine.

Letztlich kann selten von einem einzigen Ursachenzentrum gesprochen werden. Es gibt viele Handlungszentren, die Akteure wirken gegeneinander, miteinander und nebeneinander. Richtung, Inhalte und Veränderungsgeschwindigkeit des Techniknutzungspfades bestimmen nicht nur die Akteure mit den größten Machtpotentialen, sondern auch diejenigen, die die aktivsten, artikulationsfähig-

Warum konnten Informatik und Wirtschaftsinformatik bislang auf Akteure verzichten?

In weiten Teilen der Softwaretechnik und der Wirtschaftsinformatik herrscht ein eher akteurfreies und harmonisches Bild der Anwendungsentwicklung vor. Der Verzicht auf die Einbindung der Akteure, ihrer Konflikte und Interessen in ihre Modelle und Methoden hat vor allem die Orientierung an der Systemsicht möglich gemacht. Bekanntlich taucht der Systembegriff in Softwaretechnik und Wirtschaftsinformatik überall auf. Informationssysteme, Systemanalyse, Systemintegration, Systementwickler stehen häufig für Sachverhalte, die eher unscharf sind und der näheren Erläuterung bedürften.

Mit der Definition eines Systems wird zunächst nur beabsichtigt, einen Betrachtungsausschnitt festzulegen, um so komplexe Situationen zu beherrschen, Strukturen zu erkennen und raum- und zeitübergreifend zu ordnen. Softwaretechnik und Wirtschaftsinformatik sind jedoch bei ihrer Systemdefinition unbemerkt einen entscheidenden Schritt weiter gegangen, der es ihnen erlaubt, Akteure und Konflikte zu vernachlässigen: Sie orientieren sich am Leitbild des computergestützten hierarchischen Systems und machen dieses System dadurch beherrschbar, daß sie den „Akteuren" abgegrenzte Funktionen eindeutig zuweisen und unterstellen, daß diese sich auch daran halten. Konflikte können in diesem Modell nicht auftreten, sie sind neutralisiert. Akteure sind jedoch nicht nur Komponenten in dem so modellierten System, sondern gleichzeitig auch Subjekte der gesellschaftlichen Entwicklung „im Kleinen" (am Arbeitsplatz, in der Organisation) wie „im Großen" (bei der Technikentwicklung).

Auch das Akteursmodell kann nicht auf eine Rollenzuweisung der Akteure und auf Eingrenzung des Systemausschnitts verzichten. Die Prozesse der Technikentwicklung wie der Anwendungsentwicklung lassen sich nur nicht so „friedvoll" beschreiben, wie es Softwaretechnik und Wirtschaftsinformatik in großen Teilen bisher getan haben.

Das Akteursmodell hat Auswirkungen auf die Methoden- und Modellentwicklung. Erforderlich werden jetzt Methoden, Modelle und Werkzeuge, die dem Verstehen und Handeln aller beteiligten Akteure und nicht nur der Systementwickler vor Ort förderlich sind. „Intelligente" Methodenentwicklung heißt nicht mehr nur die Bereitstellung generell verwertbarer Regelwerke, sondern von Werkzeugen und Methoden, die sich in nicht unmittelbar vorhersehbaren Situationen bewähren müssen. Neben formalen werden kommunikative Methoden notwendig, die Diskurs und Konsensherstellung bei unterschiedlichen Auffassungen unterstützen.

Die Frage ist, welchen konkreten Nutzen der einzelne Systementwickler, Wirtschaftsinformatiker oder Benutzer vom Akteursmodell hat? Jeder kann sich in einer konkreten Situation sein Akteursmodell definieren. Das macht ihn handlungsfähiger als die Definition eines Systemausschnitts. Die Handlungs- und Kommunikationsfähigkeit steigt. Es werden so zwar keine unmittelbaren Verhaltens- und Handlungsvorschriften bereitgestellt, dafür jedoch Orientierungshilfen.

(s. auch Klischewski 1995, S. 140ff)

26 Von den „Randerscheinungen" der Wirtschaftsinformatik

sten und innovativsten Akteure dieses Dreiecks als Bündnispartner für sich gewinnen können.

Es lohnt sich deshalb für Systemgestalter wie Benutzer durchaus, eigene Entwürfe in die Diskussion zu bringen. Allerdings können alte Systeme und Techniken nicht von heute auf morgen verschwinden. Hard- und Software haben sich in bestimmten Technikanwendungen oder bereits abgeschlossenen F & E - Projekten vergegenständlicht. Deshalb müssen sich neue Entwürfe und Orientierungen immer mit den alten, in Technik und Software gegossenen Formen auseinandersetzen. Dies ist auch ein Hinweis darauf, daß sich die Resultate der Auseinandersetzungen über Einsatz und Nutzung der IT in den geronnenen Strukturen beispielsweise einer Organisation wiederfinden.

Leitbilder sind Orientierungsschneisen, stille Organisations- und Arbeitsanweisungen. Sie können Orientierungs- und Vermittlungshilfen zur Komplexitätsreduzierung sein und damit ein Sinnangebot. Häufig werden sie allerdings zur Akzeptanzherstellung und zur Vermittlung nur scheinbarer Sachzwänge genutzt.

Forschung, Entwicklung und Anwendungen in diesem Spannungsfeld zu interpretieren, ist nicht die übliche Sichtweise der Wirtschaftsinformatik. Dieses Szenario aus Konflikten, Spannungen, Kompromissen und Konsens eröffnet jedoch die Möglichkeit, Informatikentwicklung und Nutzung der IuK-Techniken als sozialen Prozeß zu verstehen, der für Gestaltung offen ist. Und es wird verständlich, daß Informatik- und Softwareentwicklung weder allein in der Informatik stattfindet noch auf den Software- und Systementwurf vor Ort zu reduzieren ist. Sie findet auch bei der Aushandlung von Forschungs- und Entwicklungslinien statt, ebenso wie bei der Aneignung und Ablehnung durch Nutzer und Anwender in Organisationen.

2.3 Werte, Leitbilder und Kommunikation

„In Leitbildern bündeln sich Orientierungen, Werte, Sinn wie Zeitgeist. Leitbilder bringen komplexe Zusammenhänge oder Situationen „auf einen Begriff"; dadurch wird es unnötig, die gewünschte Botschaft detailliert auszubuchstabieren. Diese bildliche Beschreibung ist eher mehrdeutig und deshalb selten völlig falsch. Von Leitbildern hängt es ab, wie man etwas sieht, interpretiert, bewertet oder übersieht. Informationstechnikgestaltung ist zu einem guten Teil Kampf um die Etablierung von Leitbildern und ihre Interpretation" (Rolf u.a. 1990).

Akteursmodell und Techniknutzungspfad nehmen Abschied von der überragenden Rolle technologischer Zwänge. Stattdessen werden die „Machtspiele" zwischen den Akteuren in den Vordergrund gestellt. Die spannende Frage, die sich jetzt stellt, lautet, ob diese Konflikte und „Machtspiele" eine über den Einzelfall hinausgehende Regelmäßigkeit aufweisen.

Die Wurzel der Konflikte liegt in unterschiedlichen Werten, Interessen und Leitbildern der Technikentwicklung und -nutzung. Begriffe wie Orientierungen, Sichtweisen oder Leitbilder machen darauf aufmerksam, daß Technik- und Softwarentwicklungsprozesse nicht nur einen konstruktiven Aspekt haben. Werte und Interessen der Akteure spielen eine große Rolle, sie werden in erster Linie über Leitbilder und Metaphern ausgetragen bzw. kommuniziert.

Die meisten Wirtschaftsinformatiker kennen vermutlich die Situation, daß sie durch Fachzeitschriften oder in Gesprächen mit Kollegen mit Alltagswissen über die nähere oder fernere Entwicklung und Anwendung der Informatik konfrontiert werden. Es fehlt dabei meist nicht an Vorstellungen, wie diese Entwicklungen Büro, Betrieb, Branchen, Märkte und Gesellschaft verändern werden. Die Konturen sind häufig eher unscharf, weil zu Worthülsen reduzierte Begriffe wie Integration, Systemintegration, Systemanbindung, Informationssystem, Vernetzung auftauchen und oft fast beliebig aneinander gereiht werden. Man weiß Bescheid, ohne genaueres zu wissen.

Heute stehen Bilder im Mittelpunkt, in denen Unternehmen und Organisationen als computergestützte Netzwerke dargestellt werden, deren Knoten Arbeitsplatz- oder Abteilungsrechner sind. Das Bild geht zumeist über die Grenzen einer einzelnen Organisation hinaus und beschreibt dann zwischen- und überbetriebliche Vernetzungen. Hier sind Unternehmen weltweit mit ihren Lieferanten und Kunden verknüpft. Computerfachzeitschriften benutzen dafür auch gern die Metapher Global Marketplace. Der Rechner soll hierbei die Funktion des Werkzeugs, Mediums oder des Partners übernehmen, der die Arbeit erleichtert und beschleunigt und gleichzeitig den weltweiten Informationsaustausch und -zugriff ermöglicht.

Diese Leitbilder haben sich in den letzten Jahren auf wundersame Weise verändert. Sie überdecken Orientierungen von der weitgehend automatisierten Organisation, die die Informatik und Wirtschaftsinformatik in den 70er und 80er Jahren beherrscht haben, und die uns heute zuweilen anachronistisch erscheinen. Besonders verbreitet war damals das Leitbild Management-Informations-System (MIS). Ein anderes Leitbild, das besonders spektakulär und zugleich sehr langlebig gewesen ist, war die Vision vom papierlosen Büro. Zahlreiche Konferenzen und Lehrbücher haben sich daran abgearbeitet, vielen Systementwicklern und Organisatoren waren diese Bilder – trotz mancher Zweifel – unbewußt Kompaß in der täglichen Arbeit.

Leitbilder befinden sich in den Köpfen des Managements ebenso wie in denen der IT-Hersteller und Wirtschaftsinformatiker. Sie bilden einen (zumeist vorübergehenden) gemeinsamen Weltausschnitt. Sie sind der gemeinsame Nenner, über den man sich nicht weiter im Detail unterhalten muß. Die Bilder werden meist weiter heruntergebrochen und tauchen dann in Metaphern bei Benutzern und Systemgestaltern auf. In ihnen drückt sich zum Teil die Organisationssicht der Wirtschaftsinformatik aus. Sie finden sich in allen Wirtschaftsinformatikbereichen wieder. Mit ihrer Hilfe werden Orientierungen und Grundannahmen transportiert, die als richtige Wahrnehmung und richtiges Denken in Bezug auf

Abb. A.II.6
Metaphern und Leitbilder sind Verengungen der Vieldeutigkeit und Komplexität. Leitbilder und Metaphern können in doppelter Weise „Welt" interpretieren. Einerseits lassen sich für den gleichen Weltausschnitt unterschiedliche Leitbilder und Metaphern generieren. Andererseits kann ein und dasselbe Leitbild (Metapher) unterschiedlich interpretiert werden.

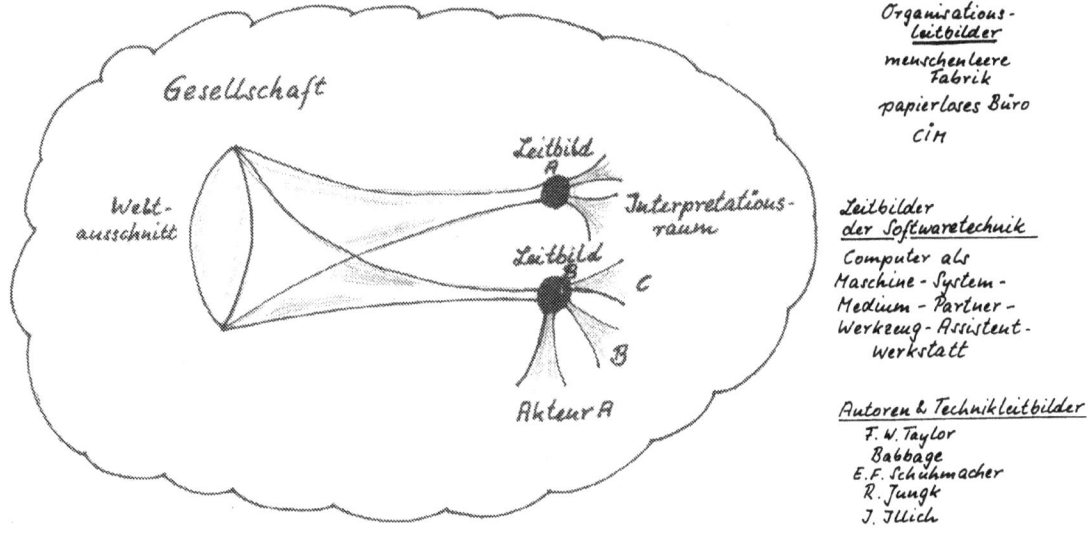

*In der Informatik wird der Begriff **Metapher** als sprachlicher Vergleich gebraucht: technische Systeme oder Funktionen werden in Assoziationen eingebunden, die dem Menschen aus seinem täglichen Umgang geläufig und je nach Absicht sympathisch oder unsympathisch sind (»Computer als Werkzeug bzw. als Automat«)*

ein Problem angesehen werden sollen. Die transportierten Ideen werden als vorgegeben angenommen und nur selten bewußt gemacht.

Die Abgrenzung der Begriffe Leitbild und Metapher ist nicht ganz eindeutig. Metaphern sind, so die Sprachphilosophen Lakoff und Johnson (1979), Bedeutungen, durch die wir verstehen, was wir erfahren. Während wir aufwachsen, nehmen wir hunderte von unbewußten Metaphern auf, die in unsere Sprache eingebaut sind. Wir denken, handeln und träumen in diesen Metaphern. Sie sind Kommunikations-Codes, die zahlreiche Elemente unserer kulturellen Identität enthalten und befördern. Sie sind nicht von heute auf morgen veränderbar.

Leitbilder dagegen sind oftmals gröber und mehrdeutig. Leitbilder müssen unmittelbar einsichtig und auf den ersten Blick vernünftig sein, wodurch sie sinnstiftend oder handlungsleitend werden. Leitbilder sind interpretationsnotwendig, d.h. vieldeutig. Sie können zurechtgebogen werden. Leitbilder sind offen, so daß sie mit eigenen Präferenzen und Interpretationen verknüpft werden können. Zunächst liegt ihre Funktion darin, als Vermittlungshilfen zur Komplexitätsreduzierung oder als Sinnangebot zu dienen. Allerdings werden sie viel häufiger als Sachzwang, als naturwüchsig oder als einzig umsetzbare Möglichkeit verstanden. Dadurch fällt von Anfang an das Denken in Alternativen schwer. Leitbilder werden dann zu Gestaltungsgrenzen der Techniknutzung.

Technologiepolitik und -entwicklung sind in weiten Teilen Kampf um Begriffe und Interpretationen. Das, was an Orientierungen in den Köpfen der Akteure ist, beruht auf Leitbildern. Orientierungen und Werte liegen wie ein Schleier über allen Entscheidungen und Handlungen der beteiligten Akteure an Technik- und Softwareentwicklungsprozessen. Die Akteure kommunizieren vor allem über Leitbilder und Metaphern miteinander. Auch wenn sich vieles in der Realität nicht umsetzt, so muß ein anderes Bild von Realität dagegen aufgebaut werden.

Oberquelle vermutet nicht zu unrecht, daß die Geschichte der angewandten Informatik und Systempraxis mit großem Erkenntnisgewinn als Geschichte ihrer Leitbilder und Metaphern geschrieben werden kann: Die Sprache der Informatik ist voll von maschinen- und systemorientierten Metaphern, die im Laufe der Zeit zu einem Teil der professionellen Sprache der Systemdesigner und zuweilen auch zu einem scheinbaren Sachzwang für die Benutzer geworden sind: „Maschine" – „System" – „Medium" – „Partner" – „Assistent" – „Werkzeug" – „Werkstatt" (Oberquelle 1991a).

Informatiker und Wirtschaftsinformatiker setzen sich mit diesen Bildern selten auseinander, obwohl ihre Arbeit davon wesentlich bestimmt wird. Für die meisten drücken sie Vorgaben oder Sachzwänge aus, die jenseits des Interesses der Wirtschaftsinformatik liegen.

Die Etablierung und Durchsetzung von Leitbildern ist wesentlicher Teil des Konflikt- und Konkurrenzkampfes der Technik- und Anwendungsentwicklung. Insbesondere mächtige Akteure wie Hersteller, Verbände, Wissenschaften oder Politik versuchen, Orientierungen über „vernünftige" Techniknutzung zu generieren und zu verbreiten, sie sollen zu Vorgaben und Leitbildern werden. Sofern die Akteure damit Erfolg haben, werden Leitbilder oftmals zu tatsächlichen oder vermeintlichen Handlungsgrenzen. Über Konferenzen, Fachzeitschriften, Literatur werden sie multipliziert, verstärkt und in ihren Aussagen differenziert und ausgeleuchtet. Daran angepaßte Forschungsprogramme oder entsprechende Forschungen an Hochschulen sind die Folge.

Auch Wissenschaftler und Wissenschaftsautoren sind an der Orientierungsbildung beteiligt, indem sie frühzeitig Zukunftskonzepte und Visionen entwerfen. In ihnen verschränken sich Techniknutzungspfad und gesellschaftliche Entwicklung oftmals zu einem vermeintlichen Sachzwang. Informatik und Wirtschaftsinformatik formen die präsentierten Leitbilder in Wissenschaft und Lehre aus, verfeinern sie und setzen sie um, häufig ohne ihr Zustandekommen mitzureflektieren.

Akteure kommunizieren und kooperieren über Leitbilder und Metaphern. In Leitbildern und Metaphern drücken sich unsere Kultur, unsere Werte, Wünsche, Hoffnungen, Visionen aber auch Verdrängungen, Defizite und Unkenntnis aus. Darin wird auch der Wunsch nach Komplexitätsreduzierung sichtbar, nach dem Begreifenwollen eines Weltausschnittes wie die Sehnsucht nach Halt, Orientierung und Identifikation.

2.4 Zwischenbilanz und sozialwissenschaftliche Einordnung

Wichtige Ergebnisse sind:
- Informatik, Wirtschaftsinformatik und Gesellschaft stehen in einer engen Beziehung. Zahlreiche Akteure beeinflussen ihre Forschungen, sie alle formen den Techniknutzungspfad. Informatik und Wirtschaftsinformatik prägen mit ihren Forschungen die Gestalt der Industriegesellschaft entscheidend mit. Auch die Informatiker und Wirtschaftsinformatiker sind Akteure.
- Die Ausrichtung der Informatik und Wirtschaftsinformatik auf technische und konstruktive Aspekte läßt wichtige Aspekte der Entwicklung als sog. Randerscheinungen außer Acht. Sie läßt Informatiker und Wirtschaftsinformatiker darüber hinaus orientierungslos. Sie sind kaum in der Lage, ihre Handlungen in Zusammenhänge einzubinden. Dies wäre jedoch eine Voraussetzung für die Übernahme einer bewußten Akteursrolle und nicht zuletzt für ein verantwortungsvolles Betreiben von Forschung und Entwicklung.
- Gewicht haben auch die Aktionen der Benutzer: Sie kommen zur Geltung, indem sie sich die Technik in ihrem Interesse aneignen oder indem sie sie zu verhindern bzw. ihre Nutzung zu vermeiden suchen. Diese Tatsache ist bislang weder ausreichend Teil der Modelle der Wirtschaftsinformatik noch für die Anwendungsentwickler selbstverständlich.
- In Leitbildern und Metaphern drücken sich Vorstellungen und Visionen der Akteure aus. Sie bringen bestimmte Lösungsvorstellungen auf den Punkt und stellen andere durch Nichtbeachtung ins Abseits. Sie bieten in der Regel einen

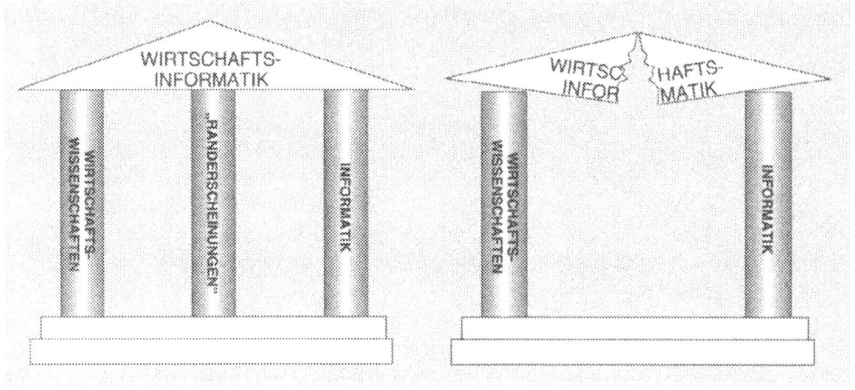

Abb. A.II.7
Die Säulen der Organisations- und Wirtschaftsinformatik: Zu den „Randerscheinungen" zählen Akteure, Leitbilder und Organisationswissen.

Auf einen Blick: Die traditionelle Sicht und das Akteursmodell

Traditionelle Sicht der Wirtschaftsinformatik

Die Wirtschaftsinformatik setzt sich bislang kaum mit den Einflußfaktoren der IT-Entwicklung auseinander. Für sie stehen eher technisch-konstruktive Ziele im Zentrum. Nach ihrem Selbstverständnis verbinden sich externe, häufig ökonomische Vorgaben mit einer technisch-wissenschaftlichen Logik. Darüber hinausgehende nichttechnische Überlegungen fallen in den Aufgabenbereich anderer Disziplinen und Experten.

Die stärker mathematisch-orientierten Informatiker sehen ihre Aufgabe vor allem darin, elegante formale Methoden zu entwickeln, um korrekte Programme entwerfen zu können. Die eher softwaretechnisch orientierten Wissenschaftler vermuten, daß die „Rätsel der Informatik" vielmehr in der Komplexität von Softwaresystemen liegen. Ihre Antwort ist die Entwicklung von neuen Methoden, Tools und Technologien. Beide Gruppen stimmen mit den Wirtschaftsinformatikern meist darin überein, daß Informatikentwicklung und Softwaregestaltungsprozeß ohne große Interaktion von Designern und Nutzern ablaufen können. Gute Informatikentwicklungen zeichnen sich demnach dadurch aus, daß der Markt sie akzeptiert. Ganz ähnlich wird Softwareentwicklung als Produktentwicklung verstanden, indem formale Spezifikationen in Programme übertragen werden, die dann auch korrekt funktionieren, wenn sie vor Ort genutzt werden: Modelle, Methoden und Techniken der Informatik „sacken" zu den Systemexperten und Benutzern durch, die Realität kann problemlos in Softwareprogrammen abgebildet werden. Zwischen Informatikern und Softwaregestaltern einerseits und Praxis und Nutzern andererseits existiert sozusagen ein einseitiges Belieferungsverhältnis: weitgehend formal, ohne große Kommunikation und Kooperation, mit klarer Arbeitsteilung und scheinbar bestens funktionierend. Diese stille Annahme findet sich in den meisten Lehrbüchern wieder.

Die Wirtschaftsinformatik orientiert sich heute in der Softwareentwicklung wie bei der IT-Entwicklung insgesamt eher am „Konstruktionskorridor-Modell": Ökonomische und technische Sachzwänge sind danach die Vorgaben für die Wirtschaftsinformatiker. Informatik und Wirtschaftsinformatik entwickeln daraus „angemessene" Modelle, Methoden und Produkte, die von den Systemgestaltern übernommen und für die Benutzer aufbereitet werden.

Akteursmodell

Das Akteursmodell der Organisations- und Wirtschaftsinformatik geht demgegenüber davon aus, daß Technik- wie Informatik- und Softwareentwicklung nicht ohne Einbeziehung von Akteuren und Akteursgruppen verstanden werden kann. Akteure handeln einzeln oder durch ihre Vertreter in ihren Umgebungen, wir nennen dies Arenen. In allen Arenen sind es Individuen und soziale Gruppen, die miteinander in Beziehung stehen, Konflikte austragen, Werte und Interessen in Leitbildern ausdrücken. Es gibt kein einziges Ursachenzentrum, sondern viele Handlungen. Die Akteure wirken gegeneinander, miteinander, nebeneinander und übereinander. Allerdings sind sie mit unterschiedlicher Macht ausgestattet. Dennoch kann niemand den Gang des Ganzen bestimmen. Durch konkurrierende Interessen und Werte wird der Informatik- wie der Softwareentwicklungsprozeß vorangebracht, z.B. zwischen Management und Arbeitnehmern, Herstellern und Anwendern, Systemgestaltern und Benutzern, Arbeitgebern und Gewerkschaften, Forschungspolitik Staat A und Staat B etc., wobei ständige Rückkopplungen stattfinden. Das Resultat ist der sog. Techniknutzungspfad, in ihm dokumentieren sich die (hard- und softwaretechnischen) Produkte. Die Entstehung des Pfades hat Elemente eines anarchischen bzw. chaotischen Prozesses: Vorhersagen sind nur schwer möglich, zuweilen tauchen „Davids" auf, die die „Goliaths" angreifen und besiegen.

Der Techniknutzungspfad mag als schwer zu überwindender Konstruktionskorridor oder gar als Sachzwang erscheinen. Tatsächlich ist er eine mehr oder minder stabile Momentaufnahme. Er ist eine sich fortspinnende Handlungskette, an der viele Akteure zu jeder Zeit teilnehmen. Richtung, Inhalte und Geschwindigkeit des Pfades bestimmen nicht nur die Akteure mit dem größten Machtpotential, sondern diejenigen, die die aktivsten, artikulationsfähigsten und innovativsten Elemente dieses Dreiecks als Bündnispartner für sich gewinnen. Sie bestimmen den Bewegungstakt des Techniknutzungspfades, den keine Akteursgruppe allein bestimmen kann.

breiten Interpretationsraum, so daß unterschiedliche Auffassungen der Akteure oft nicht deutlich werden.
- Das Konstruktionswissen muß um Orientierungswissen ergänzt werden. Die sog. Randerscheinungen müssen in die Modelle einbezogen werden.

Die Sozialwissenschaften unterscheiden *strukturalistische* und *interaktionistische* Ansätze. *Strukturalistische* Sichtweisen gehen davon aus, daß Technikentwicklung durch eine dominierende Strukturlogik, beispielsweise die Eigengesetzlichkeit der Technik oder die Logik der Kapitalverwertung bestimmt wird. Technikentwicklung ist dann kaum beeinflußbar.

Die Kritik an dieser Sicht – soziale Prozesse der Erzeugung und Umformung von Strukturen werden nicht erklärt – nimmt der *interaktionistische* Ansatz auf: Er geht von der Technikentwicklung als Resultat der Strategien verschiedener sozialer Akteure aus. Politische Arenen, technische Diskussionen und Akteure mit unterschiedlichen Orientierungen und Machtpotentialen bilden den Ausgangspunkt dieser Überlegungen.

Das *Akteursmodell* ist interaktionsorientiert, es enthält aber auch strukturalistische Komponenten: die Strukturmerkmale einer Gesellschaft – Wertesystem, kulturelle Leitbilder etc. – bestimmen Technikentwicklung und Technisierung maßgeblich mit. Auch der in der Vergangenheit realisierte Techniknutzungspfad dokumentiert den „geronnenen" Technikstand, er gibt Strukturen vor, aus denen wiederum technische Optionen entstehen.

Technikentwicklung ist ein historischer Prozeß, und der bisherige Verlauf schafft eine Vielzahl von sozialen, ökonomischen und technischen Bedingungen, die den weiteren Verlauf sowohl präjudizieren als auch neue Optionen eröffnen. Die vorantreibenden Kräfte sind Akteure, sie wirken in zahlreichen Projekten auf die Technikentwicklung ein. Das Zusammenwirken aller Akteure befördert sowohl die einzelne Technik- bzw. Softwareentwicklung als auch den historischen Verlauf der Techniknutzung, wie er sich im Techniknutzungspfad zeigt.

Am Ende dieses Abschnitts ein kurzer Hinweis auf aktuelle sozialwissenschaftliche Diskurse zum Akteursmodell: Es gibt eine lebhafte Kontroverse zwischen Anhängern akteurs- und strukturtheoretischer Modelle. Die Strukturtheoretiker spielen die Bedeutung des Akteurshandelns herunter: Akteure sind „eher als Marionetten denn als autonome Herren (oder Damen) ihres Schicksals zu betrachten (vgl. Krafft/Ulrich 1997, S. 109). Die Strukturtheoretiker kritisieren, daß die Akteurstheorien nicht erklären können, wie sich die individuellen zu kollektiven Handlungen zusammenfügen. Nach Talcott Parsons, dem Begründer der strukturfunktionalistischen Systemtheorie, findet eine Koordination der Akteure durch ihre Orientierung an gegebenen Werten und Normen statt. Diese umschließen ihre individuellen Zwecke und Ziele. Demnach können die Akteure gar nicht anders, als die Verbindlichkeit der geltenden Normen und Werte anzuerkennen, die Realität tendiert zu einem harmonischen Gleichgewicht.

An der Auflösung des Widerspruchs von Akteur und Struktur hat insbesondere Anthony Giddens (1988) gearbeitet. Akteure stellen nach seiner Auffassung keine ausführenden Organe übermächtiger Strukturen dar, sondern verfügen über soviel Kompetenz und Intelligenz, daß sie auch über ihr eigenes Schicksal entscheiden können. Sie sind aber auf vorgängige Strukturen angewiesen, weil diese erst Handeln ermöglichen; Strukturen sind umgekehrt auf Akteure angewiesen, weil sie nicht unabhängig von deren Handlungen existieren können: „In ihrem Alltagshandeln beziehen sich die Akteure immer und notwendig auf die strukturellen Momente übergreifender sozialer Systeme, welche strukturellen Momente sie so zugleich reproduzieren" (Giddens 1988, S. 76).

3. Wirtschaftsinformatik als Gestaltungsforschung

Bislang haben wir uns darauf konzentriert, ein Erklärungsmodell für die Wirtschaftsinformatik zu entwerfen, das die Prozesse der Technikentwicklung und der Anwendungs- und Softwareentwicklung in betrieblichen Organisationen plausibel machen kann. Jetzt stellt sich die Frage, ob auf dieser Grundlage auch ein konstruktives Gestaltungsmodell entwickelt werden kann. Ein solches Modell wollen wir in Kapitel B.III und Kapitel B.IV ausführlich darstellen, die Richtung soll im folgenden angedeutet werden.

Zuvor einige Anmerkungen zum Gestaltungsbegriff und zu den zwei Welten, die im Erklärungs- und Gestaltungsmodell zum Ausdruck kommen. Dahinter verbergen sich zwei wissenschaftliche Kulturen, die Sozial- und Geisteswissenschaften einerseits sowie die Ingenieurwissenschaften und Informatik andererseits, wobei sich die Wirtschaftsinformatiker bislang wohl eher bei der zweiten Kategorie verorten.

3.1 Von Machern und Lamentierern

Ingenieuren und Informatikern wird zuweilen der Vorwurf gemacht, daß sie die Welt ausschließlich aus der „Macher-Perspektive" betrachten. Der Arbeitswissenschaftler W. Volpert hat sich mit dieser Macher-Sicht besonders pointiert auseinandergesetzt. Er spricht vom „unbekümmerten Macher" und beschreibt ihn in seiner schärfsten Ausprägung als den Typus des vom Zwang des Herstellens technischer Artefakte geleiteten, orientierungslosen Informatikers, der übersieht, daß er mit seinem Machen in komplexe Lebensprozesse eingreift. Für diesen „Macher" ist Handeln gleichbedeutend mit Lösung von technischen Problemen. Volpert fordert vom Informatiker, in manchen Situationen innezuhalten und nicht zu „machen", um einfach „nur" zu erhalten. Er wirft dem „Macher" Unfähigkeit vor, seinen Fortschrittsglauben zu reflektieren und seinen Tatendrang zu zähmen (vgl. Volpert 1992).

Dies ist der eine Pol eines breiten Spannungsbogens, an dessen anderem Ende einige Vertreter sozialwissenschaftlicher Technikpositionen stehen, die sich schwer damit tun, über den „Interpretierer" hinausgehende Rollen zu akzeptieren. Zuweilen hat man den Eindruck, daß manche das Treiben der Akteure ausschließlich aus der sicheren Entfernung betrachten möchten, um Konflikten aus dem Wege zu gehen. Böse Zungen nennen diese Spezies zuweilen auch „Lamentierer".

Die „Brandmauer" der Informatik

Die Gestaltungssicht ist auch eine Antwort auf die vom Informatiker E. W. Dijkstra (1989) geforderte Errichtung einer „Brandmauer", die das sog. Pleasantness- vom Correctness-Problem trennt: Während es beim „Pleasantness-Problem" darum geht, den Weltausschnitt angemessen zu formalisieren, steht beim „Correctness-Problem" die Frage im Zentrum, ob die Formalisierung mathematisch korrekt ist (vgl. Abb. A.II.8). Informatik-Studenten haben sich dann konsequenterweise nicht mit den Anforderungen des Kontextes zu beschäftigen, sondern ausschließlich mit dem effizienten Gebrauch formaler Methoden. Dijkstra begründet diese strenge Trennung vor allem mit einer befürchteten Überforderung, die aus den unterschiedlichen Methoden und Modellen resultieren und nicht miteinander vereinbar sind. In diesem Sinne besteht die Hauptaufgabe des Informatikers darin, den formalen Beweis zu erbringen, daß der Programmentwurf die formale Spezifikation trifft.

Die Gestaltungssicht unterstützt dagegen die Positionen von P. Denning (1992), T. Winograd (1989): danach ist die Krise des Selbstverständnisses der Informatik und die Unzufriedenheit der Praxis mit Absolventen und Produkten auf den Mangel an Einsicht zurückzuführen, daß Computer in eine Welt menschlicher Aktivitäten eingebettet sind. Die Voraussetzungen für sinnvolle und leistungsfähige Modelle und Methoden sind nach Denning, das Bewußtsein, daß Alltagspraxis nicht in Regeln und Prinzipien explizit gemacht werden kann.

Abb. A.II.8

Von den „Randerscheinungen" der Wirtschaftsinformatik

Auf die prinzipiellen Schwierigkeiten, die viele haben, um Veränderungen mitzugestalten, hat der Philosoph P. Sloterdijk, aufmerksam gemacht. Es scheint deshalb für viele schwierig, weil sie eigentlich viel eher ein allgemeines Nein zum prinzipiellen Verlauf des Veränderungsprozesses sagen möchten. Seine Aufforderung: „Es ist wichtig, nicht einfach blind verschlungen zu werden von einem Unheilsprozeß, der schon vorher da war und der über mich hinweglaufen wird. Es ist der Ausgangspunkt zu suchen, von dem das Mitmachen bestimmter Dinge überhaupt bejahbar wird" (Sloterdijk 1990). Sloterdijk fordert die Interpretierer auf, von umfassenden Zukunftsentwürfen Abschied zu nehmen und sich stattdessen auf viele kleine sinnvolle Dinge einzulassen. Es wird dann erforderlich, Störungen zu integrieren und etwas von der Stellung aufzugeben, die man zu halten versucht. Es ist der Versuch, Klippen intelligenter zu umfahren und Konflikte auszutragen. Es heißt, so Sloterdijk, mehr in die Beweglichkeit zu investieren und nicht in die Kraft, mit der man Gegenkräfte bekämpft. Es geht darum, kluge Prozesse einzufädeln. In der Tat könnte sich die Wirtschaftsinformatik als Disziplin verstehen, die sich am Brückenbau zwischen den Machern und Interpretierern beteiligt.

3.2 Vom Erklärungsmodell zur Gestaltung

Im Originaltext heißt es dazu bei C. Alexander: „The ultimate object of design is form... A general way of stating design problems... is based on the idea that every design problem begins with an effort to achieve fitness between two entities: the form in question and its context. The form is the solution to the problem; the context defines the problem. In other words, when we speak of design, the real object of discussion is not the form alone, but the ensemble comprising the form and its context. Good fit is a desired property of this ensemble which relates to some particular division of the ensemble into form and context" (Alexander 1964).

Weder die Rolle des Machers noch die des Interpretierers allein sind tragfähige Orientierungen. Denn Informatiker und Wirtschaftsinformatiker können sich nicht mit dem Interpretieren, z.B. von Technikverläufen oder Akteurskonstellationen begnügen, sie müssen auch etwas „machen"; sie wollen und müssen Technik- und Softwareprodukte entwickeln, diese Fachexpertise wird in erster Linie vom Arbeitsmarkt nachgefragt. Umgekehrt sind sie ohne ein plausibles Erklärungsmodell orientierungslos. Mit dem Akteursmodell ist ein Interpretations- und Erklärungsmodell vorhanden. Wir wissen jetzt in Ansätzen, „wie's mit der Technik- und Anwendungsentwicklung läuft". Was fehlt ist eine Hilfe fürs Machen.

Wir werden im folgenden vom Gestaltungsbegriff ausgehen, das hat zwei Vorteile: er gibt uns die Möglichkeit, Akteure, Leitbilder und andere soziale „Randerscheinungen" in die Modellsicht hereinzuholen, und er unterstützt das Bemühen, den Prozeß der Technikkonstruktion mit sozialen Prozessen rückzukoppeln. Hierzu noch einige Erläuterungen.

Für die Informatik haben T. Winograd und F. Flores (1985) in ihrem Buch „Understanding Computers and Cognition" auf den Gestaltungsbegriff (im englischen Originaltext: Design) aufmerksam gemacht, ihn definiert und auf die Chancen für die Modellbildung der Informatik hingewiesen: Während Konstruktion die Herstellung oder Entwicklung eines technischen Produktes, der Form meint, stellt Gestaltung nicht nur auf das Machen der Form ab, sondern rückt das Zusammenspiel von Verstehen und Herstellen bzw. Kontext und Form in den Vordergrund.

Der Gestaltungs- bzw. Designbegriff spielt in der Architektur eine große Rolle. Für C. Alexander – einer der großen Architekturtheoretiker – bedeutet gestalten, ein Objekt so zu formen, daß die zu gestaltende Form und ihr Kontext eine mög-

Architekt und Anwalt
Leitbilder für den Wirtschaftsinformatiker?

Parallelen zur Architektur

Die Gestaltungssichtweise rückt Gestaltungsbegriff, Gestaltungsprozeß, Gestaltungsnormen und Herstellungszwang ins Zentrum. Die Architektur orientiert sich ebenfalls am Gestaltungsbegriff. Viele Architekten sehen sich in einem Spannungsfeld von funktional Konstruktivem, sozialen und ästhetischen Kategorien; Gestaltung hängt hier nicht nur von den Kompetenzen des Designers, seinen individuellen Vorstellungen oder denen des Auftraggebers ab, sondern ist Auseinandersetzung über Wandel und Gestaltung der Industriegesellschaft. Viele Architekten sind sich bewußt, daß sie Beteiligte, Mitinitiatoren und Gestalter von gesellschaftlichen Prozessen sind, daß sie in Lebens-, Arbeits- und Wohnprozesse eingreifen. Der Architekt nimmt die in der Gesellschaft vorhandenen Wertorientierungen auf, zugleich beeinflußt er oder sie durch seine Entwürfe.

In der Architektur haben sich im Laufe der Zeit zahlreiche „Schulen" herausgebildet; sie berufen sich auf unterschiedliche Weltsichten, soziale Orientierungen und ästhetische Mittel. Sie streiten zum Teil heftig um den „richtigen" Weg. Die Architektur enthält deshalb auch viel Brisanz. Die großen unter den Architekten dieses Jahrhunderts wie Gropius („Bauen heißt Gestalten von Lebensvorgängen") und Le Corbusier sind weit über den Funktionalismus des technischen Entwurfs hinausgegangen, sie hatten den Anspruch, Grundsätze der modernen Technologie und Kultur zum Ausdruck zu bringen.

Obwohl die Wirtschaftsinformatik heute nicht minder stark in den Wandel der Gesellschaft eingreift, sehen heute nur wenige Wirtschaftsinformatiker die Parallelen zur Architektur. In Vergessenheit geraten ist auch, daß in den Gründungsjahren der deutschen Informatik einige hervorragende Fachvertreter, über die klassische Ingenieursichtweise hinausgehende Konzepte für die Informatik entworfen haben, die der Sichtweise der Architektur nahe kamen, zu erinnern ist hier v.a. an den Österreicher Zemanek (1971).

Der Wirtschaftsinformatiker mag es als angenehm empfinden, sich nicht im Kampf um Schulen und Dogmen aufreiben zu müssen und sich auf das Konstruktive konzentrieren zu können. Es bedeutet aber auch, nicht mit einem fundierten Orientierungswissen wuchern zu können und den Verzicht auf eine selbstbewußte Akteursrolle im Prozeß des industriellen Wandels. Vom Architekten kann er lernen, daß er durch sein Handeln in soziale Prozesse eingreift. Und was verändert heute Arbeit, Leben und Kultur mehr als der Einsatz von IT?

Parallelen zur Jurisprudenz

Auf Parallelen zum Juristen weist R. Valk hin (1997). Auch der Jurist ist mit einem quasi formalen System befaßt (die Gesetze sowie ihre Auslegung und Anwendung), das normativ soziale Bezüge gestaltet. Der Informatiker ist in ähnlichen Rollen wie der Jurist tätig, wenn es um interessentangierende Regelungen durch ein Softwaresystem geht: Beratung, Vermittlung, Schlichtung, Richten. „Softwaresysteme greifen gestaltend oder regelnd in soziale Prozesse ein, an denen in der Regel mehr als eine Partei mit spezifischer Interessenlage beteiligt ist. Bei Konflikten sollte der Informatiker eine neutrale Position einnehmen... Wie der Rechtsanwalt kann oder muß er dabei mitunter die einseitige Interessenlage einer Partei vertreten. Jede (Interessen-) Partei hält sich gewissermaßen „ihren" Informatiker wie „ihren" Rechtsanwalt... So wie der Jurist primär in den Mechanismen von Recht und Gesetz auszubilden ist und geradezu darin trainiert wird, die Abbildung der Gesetzeslage auf die Realität in gewissen Grenzen schematisch anzuwenden, so hat der Informatiker zunächst in den Gestaltungsfreiheiten von Informatiksystemen kompetent und zudem in der Lage zu sein, den Beratungsdialog mit dem Nutzer adäquat führen zu können" (Valk 1997, S. 97).

Der Vergleich mit dem Juristen hat natürlich so seine Tücken: Der Informatiker wird von der Unternehmensleitung bezahlt. Damit stürzt er in Konflikte, sofern er eine neutrale Postion aufrechterhalten will. Leider gibt es auch noch keine Möglichkeit, daß sich der Nutzer einen (Informatik-)Anwalt engagieren kann. Das Leitbild – Informatiker als Anwalt – ist wohl eher als wünschenswerte Vision denn als Realität zu verstehen.

36 Von den „Randerscheinungen" der Wirtschaftsinformatik

lichst spannungsfreie Beziehung bilden. Für ihn wie die moderne Designtheorie ist Gestaltung die Einheit von Kontext und Form: Während der Kontext das Problem definiert, ist die Form die Lösung des Problems. Das tatsächliche Objekt ist also nicht allein die Form, sondern das Ensemble von Form und Kontext.

Gestaltung gibt sich nicht mit dem Abarbeiten von scheinbaren oder tatsächlichen ökonomischen bzw. technischen Sachzwängen zufrieden. Gestaltung bezieht die Akteure und ihre Interessen und Leitbilder sowohl bei der Technikentwicklung als auch bei der Anwendungs- und Softwareentwicklung mit ein. Verstehen und Integration des Kontextes zum Zwecke der Herstellung der angemessenen Form ist der Kern des Gestaltungsbegriffs.

Wirtschaftsinformatiker und Softwareexperten werden dieser Interpretation des Gestaltungsbegriffes entgegenhalten, daß ihre Tätigkeit nie allein ein Machen ist, sondern das Verstehen voraussetzt. Indes will sich dieses Verstehen auf das Begreifen der technischen Möglichkeiten und Zusammenhänge beschränken: Es konzentriert sich auf Funktionen und Funktionalität. Das Erkennen der technischen Machbarkeit steht im Vordergrund. Mit der Gestaltungsperspektive soll nachvollzogen werden, daß Modelle, Produkte oder Methoden von Informatik und Wirtschaftsinformatik nur begrenzt technischen Sachzwängen oder Gütekriterien gehorchen: Konzepte, Modelle oder Produkte der Wirtschaftsinformatik sind kontextabhängig. Technische Zwänge sind also allenfalls ein Teil der Wahrheit: Programmiersprachen, Datenbanksysteme etc. sind Technikformen, in die Interessen, Werte und kulturelle Leitvorstellungen eingegangen sind. Sie sind auch beeinflußt durch das, was überhaupt als Problem angesehen wird bzw. übersehen wird und einer technischen Lösung zugeführt werden soll. Der Gestaltungsprozeß bringt das Bemühen, die soziale Einbindung zu verstehen, mit dem Technikentwicklungsprozeß zusammen (s. Abb. A.II.9).

Was bedeutet dies für die Wirtschaftsinformatiklehre? Bislang hat das Machen das Verstehen erdrückt. Das Verstehen setzt zu allererst Orientierungswissen voraus. Das, was J. Pflüger (1994) für die Ausrichtung der Informatik geschrieben hat, kann auf die Wirtschaftsinformatik übertragen werden. Die Merkmale der zukünftigen Informatik bestehen, so J. Pflüger, in der „Teilhabe an den

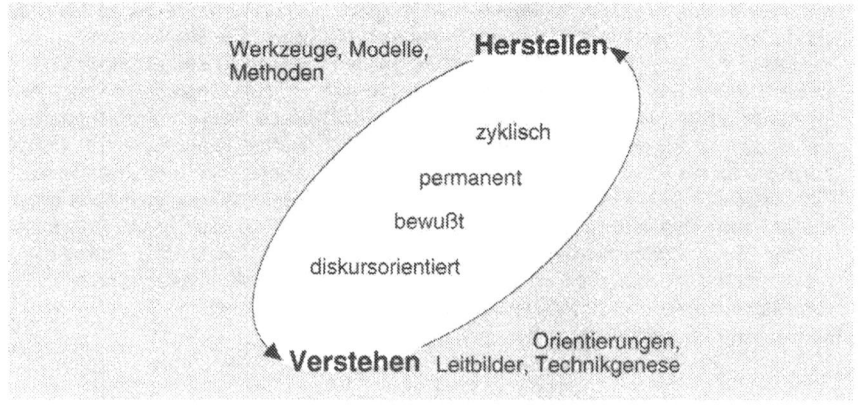

Abb. A.II.9

heterogenen Welten der formalen Modelle und ihrer Wirklichkeit, in der Vermittlung von Korrektheit und Angemessenheit". Es werden Qualifikationen notwendig, „die weder durch mathematischen Formalismus noch durch ingenieurstechnische Grundlagen zu lernen sind, sondern die zum Ausbildungsziel der Geistes- und Sozialwissenschaften gehören". Gleichzeitig gilt es, „die der Informatik eigentümliche Aufgabe zu beachten, (soziale) Realität auf formale, technische Modelle zu transformieren oder zu reduzieren, die sich... bewähren müssen und selbst neue Realität konstituieren. Es kann also nicht genügen, den anderen Fächern ein weiteres hinzuzugesellen, sondern es muß darum gehen, die Spanne zwischen Verstehen, Formalem und Technik als solche zu lehren" (Pflüger 1994, S. 10).

Die Aufgabe des Systemgestalters besteht dann auch darin, zu beobachten, zu vergleichen, zu erfragen, zu beurteilen, einzuschätzen, zu kommunizieren, Wirkungen vorauszudenken, Konflikte zu sehen und sie durchzustehen. Dies sind Qualifikationen, die die Wirtschaftsinformatik heute nicht so sehr im Blickfeld hat, sie gehören jedoch zum Spannungsbogen von Verstehen, Formalem und Technik. Damit verbunden ist eine Sprachfähigkeit, in der Differenzen artikuliert und Konflikte moderiert werden.

3.3 Skizze eines Gestaltungskonzeptes für die Anwendungs- und Softwareentwicklung in Organisationen

Wir wollen uns an dieser Stelle darauf beschränken, einige Konturen eines Gestaltungskonzeptes zu skizzieren, ausführlich werden wir das in Kapitel B.III und Kapitel B.IV tun.

Ein Gestaltungskonzept sollte einbeziehen, daß Gestaltung ein zyklischer Prozeß von Kontextverstehen und Formherstellen ist, in den Gestaltungsprozeß zahlreiche Akteure aktiv oder passiv involviert sind und sie jeweils eigene Orientierungen und Leitbilder über das Gestaltungsobjekt haben und diese auch durch „Machtspiele" einbringen.

Die Aufgabe besteht also darin, den analytischen Akteursansatz zu einem konsistenten Gestaltungskonzept fortzuschreiben: Hier kann uns wiederum der Techniknutzungspfad helfen, und zwar müssen wir ihn jetzt in die Zukunft extrapolieren. Für die Knoten des Techniknutzungspfades, die für die Vergangenheit Konflikte und Weichenstellungen für neue Techniklinien, Softwarekonzepte oder Software- und Anwendungssituationen in betrieblichen Organisationen symbolisierten, können jetzt Szenarien entwickelt werden. Ein Szenario beschreibt einen unter den gegebenen Bedingungen möglichen Zukunftsentwurf, in diesem Fall für eine Organisation zu einem bestimmten Zeitpunkt.

Ein konkretes Vorgehen könnte folgende Stichworte enthalten:
- Erarbeitung wünschbarer softwareunterstützter Anwendungen für die Organisation durch Kommunikationsprozesse mit den beteiligten Akteuren; Erarbeitung ihrer Vorstellungen, Wünsche, Konflikte und Leitbilder.

„Evolutionäre Systementwicklung"
Ein Beispiel für eine Akteurssicht bei der Softwareentwicklung in betrieblichen Organisationen

Ch. Floyd hat unter Beteiligung von R. Keil-Slawik, J. Pasch und F.-M. Reisin mit STEPS einen Methodenrahmen für Softwareentwicklungsprozesse entwickelt (vgl. Floyd 1995). Sie spricht von der Design-Sicht und betrachtet Softwareentwicklung als einen Kommunikations- und Lernprozeß mit dem Ziel, Software so zu erstellen, daß menschliches Arbeitshandeln sinnvoll unterstützt wird. C. Floyd kontrastiert STEPS bewußt der klassischen Vorgehensweise des Software-Engineering, sie betrachtet stattdessen Software als partizipativen und evolutionären Entwurfsprozeß zwischen Menschen mit unterschiedlichen Perspektiven. Sie schreibt dazu:

„Kennzeichnend für STEPS ist die Betrachtung von Software im Einsatzkontext, wobei die Einbettung in die unterstützten Arbeits- und Kommunikationsprozesse im Vordergrund steht. Da von einem Zusammenspiel von Softwareeinführung und organisatorischer Veränderung ausgegangen wird, wird Software-Entwicklung als integrativer Teil einer übergreifenden Organisationsentwicklung gesehen. Zur Erarbeitung dieses Zusammenhangs dient die aufgabenbezogene Anforderungsermittlung. Als übergreifendes Leitbild dient die Unterstützungssicht der Software-Entwicklung, bei der die Gebrauchsqualität von Software im Kontext qualifizierter Arbeit maßgeblich ist.

STEPS beruht auf einem zyklischen Projektmodell, das die Aufgaben der Entwickler und Anwender sowie ihre Koordination verdeutlicht und Partizipation begünstigt. Jeder Entwicklungszyklus dient der Bereitstellung einer Systemversion (z.B. Ausbaustufe), die in der Organisation eingesetzt wird und für die eine entsprechende „Umfeldvorbereitung" in Form von Qualifikationsmaßnahmen und organisatorischen Anpassungen zu leisten ist. Innerhalb eines jeden Zyklus kommen die verschiedenen Formen des Prototyping zum Tragen".

Die Leitidee ist, daß die einem Programm zugrundeliegende Formalisierung weder eine objektive Abbildung der Realität sein kann noch sein sollte. Vielmehr wird bei jeder Softwareentwicklung durch die beteiligten Akteure eine neue Realität konstruiert.

Der Softwareentwicklungsprozeß vollzieht sich durch gegenseitiges Lernen der Beteiligten im Entwicklungsteam. Die Softwareentwicklung wird als kreativer und kooperativer Prozeß z.B. zwischen Systementwicklern und Benutzern verstanden. Da der Prozeß in jeweils unterschiedliche Anwendungskontexte eingebettet ist, kann sich die methodische Unterstützung nicht auf vordefinierte Phasen und Methoden, wie z.B. strukturierte Analysen, beschränken. Diese betrachten lediglich formalisierbare Informationsaspekte des Einsatzkontextes. Damit dieser kooperative Prozeß zwischen Entwicklern und Benutzern erfolgreich sein kann, braucht es neue bzw. angepaßte Methoden und Werkzeuge.

Sie müssen weggehen
- vom linearen hin zu einem zyklischen Projektmodell mit Prototypen, Ausbaustufen und verschiedenen Versionen,
- von frühzeitiger Arbeitsteilung zur koordinierten Kooperation im Entwicklungsteam
- von einem regelhaften Methodenverständnis zur situativen Auswahl und Anpassung von Methoden."

Die traditionelle Software-Engineering-Orientierung mit der darin verankerten Sicht von der Softwareentwicklung als Produktion ohne Akteure („Konstruktionskorridor"), ist im Floydschen Modell überwunden.

Folgende Gemeinsamkeiten lassen sich zwischen STEPS und dem von uns entworfenen Akteurs- und Gestaltungsmodell der Organisations und Wirtschaftsinformatik (OWI) identifizieren:

- Beide verbindet der zugrundegelegte Technikbegriff: Technik wird nicht nur als fertiges Produkt, sondern auch im Prozeß ihrer Entwicklung betrachtet. Die soziale Beeinflußbarkeit sowie die Wechselwirkungen zwischen der eingesetzten Informationstechnik und ihrem Einsatzkontext werden thematisiert.
- Durch den Einsatz von IT sind verschiedene Personengruppen tangiert. Die beteiligten bzw. be-

troffenen Personen sind Akteure mit spezifischen Interessen und Vorstellungen, sie sind eingebunden in Strategien und Aktionen anderer Akteure, die wiederum jeweils ihre eigenen Interessen durchsetzen möchten. Es geht nicht um die menschenunabhängig korrekte Lösung, sondern um eine von den Beteiligten gewählte, passende Lösung.

- Die Werte der Beteiligten spielen eine entscheidende Rolle, sie werden in erster Linie über Leitbilder und Metaphern ausgedrückt. Für die Software- und Organisationsentwicklung gestatten Leitbilder und Metaphern auf den Erfahrungshorizont der Beteiligten aufzubauen.

Es lassen sich auch Unterschiede feststellen: Der Akteurs- und Gestaltungsansatz versucht zunächst die gesamtgesellschaftlichen Phänomene der Technikentwicklung und -nutzung zu erklären, von da aus integriert er mit der Methode des Akteursmodells die Software- und Anwendungsentwicklung. So können sowohl die Mikro- wie Makroebene verknüpft werden und zugleich ihre Wechselwirkungen aufgezeigt werden.

STEPS dagegen ist ausschließlich am Softwareentwicklungsprozeß in Organisationen interessiert und stellt hierfür einen reichhaltigen und ausdifferenzierten Methoden- und Werkzeugschatz zur Verfügung. Der Prozeß der Technikentwicklung in der Informatik wird nicht thematisiert. Es liegt darüber hinaus ein stärkeres Gewicht auf der Gestaltung der Arbeitssituation als auf der Organisationssituation.

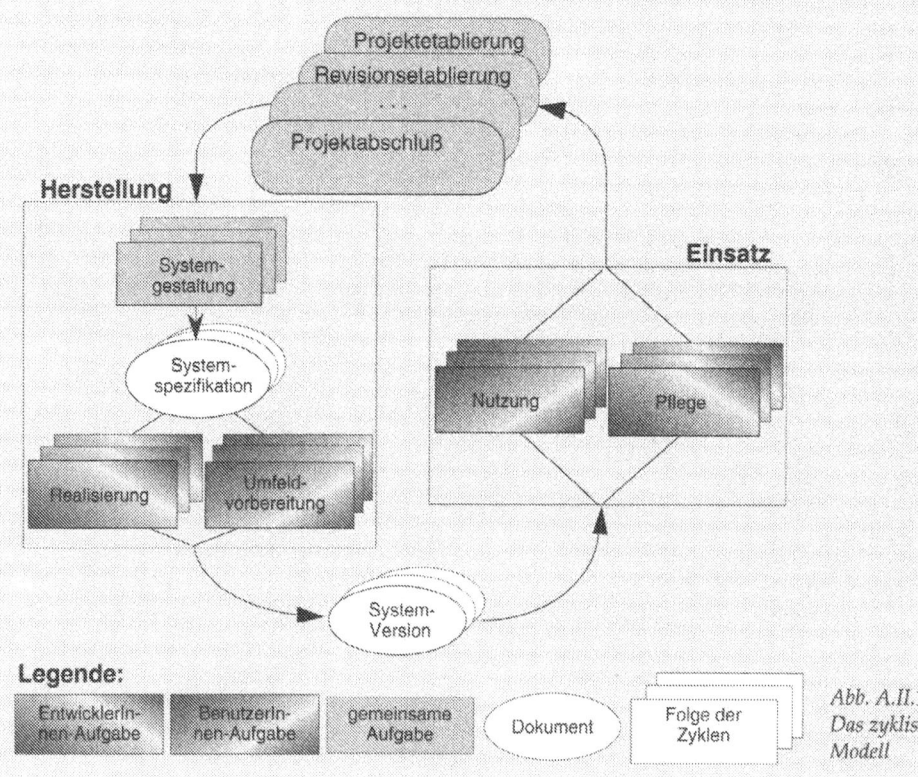

Abb. A.II.10
Das zyklische STEPS-Modell

- Kooperativer Gestaltungsprozeß und Auswahl von Organisations- und Technikoptionen.
- Erarbeitung zukünftiger Arbeitsplatz- und Organisationssituationen; Leitbilddiskurse.
- Softwareentwicklung, Implementierung, Optimierung.

Die Aufzählung hat lediglich die Aufgabe, deutlich zu machen, daß das Akteursmodell in ein Gestaltungsmodell überführt werden kann (s. hierzu Kapitel B.III und Kapitel B.IV).

Literaturempfehlungen

J. Friedrich, T. Herrmann, M. Peschek, A. Rolf: Informatik und Gesellschaft. Heidelberg Berlin Oxford 1995

H. D. Hellige (Hrsg.): Technikleitbilder auf dem Prüfstand. Berlin 1996

III.
Technikprojekte und Techniknutzungspfad

Eine exemplarische Darstellung von IT-Projekten der 70er und 80er Jahre, ihren Optionen, Akteuren und Strategien

Mit der Beschreibung von Ausschnitten des Techniknutzungspfades wird beabsichtigt, sowohl
- den vorgestellten Akteursansatz zu verdeutlichen,
- auf Akteursstrategien und Optionen hinzuweisen und das Verständnis zu fördern, daß
- Technikentwicklung und -anwendung soziale Entwicklungsprozesse sind.

Mit der exemplarischen Beschreibung des *Techniknutzungspfades* soll das Spannungsfeld von Akteuren, ihren Interessen und Leitbildern transparent werden. So wird deutlich werden, daß technischer Fortschritt weniger mit dem überragenden Erfindergeist von einzelnen Menschen, aber viel mit Kämpfen und Strategien zwischen Wettbewerbern und Menschen zu tun hat.

Aus dem Techniknutzungspfad werden im folgenden zwei zusammenhängende Abschnitte herausgegriffen. Es entstehen so zwei „Technikprojekte". Unter einem Projekt wird nicht, wie in der Wirtschaftsinformatik üblich, ein konkretes Vorhaben im Sinne von Forschungs- oder Anwendungsprojekten verstanden, sondern abgrenzbare, technische Entwicklungen und Anwendungen. Die Einteilung sollte plausibel sein, andere sind sicherlich auch begründbar. Wichtig ist, daß das jeweils ältere Technikprojekt nicht durch das nachfolgende obsolet wird, es ist vielmehr Grundlage für sich anschließende. Allerdings bringt jede neue informationstechnische Phase auch Verwerfungen alter Konzepte, Modelle und Methoden mit sich.

*Der **Techniknutzungspfad** soll Technikentwicklungen und -anwendungen in Organisationen, ihre Konzepte, Akteure und Leitbilder beschreiben und Handlungsspielräume aufzeigen. Auf diese Weise können auch die daraus entstehenden konstruktiven Formen (hard-, softwaretechnische und organisatorische Methoden, Modelle und Werkzeuge) transparent werden.*

Es werden folgende Projektabgrenzungen vorgenommen:

1. Technikprojekt:
   Der Aufbau von „Management-Informations-Systemen (MIS)" in Organisationen:
   Die zentrale Frage ist hier: Soll das Leitbild „MIS" eher als „Betriebliche Systemintegration" oder als Aufbau eines „Soziotechnischen Systems" interpretiert werden?

2. Technikprojekt:
   Nutzung von Personalcomputern und PC-Anwendungssoftware in Organisationen:
   Das Spannungsfeld lautet hier: „Schließen der Formalisierungslücke" oder „PC als Werkzeug und Medium im Netzwerk"?

Bevor wir mit der Beschreibung des 1. Technikprojektes beginnen, noch einige Erläuterungen zum Selbstverständnis und zu den, in den beiden Technikprojekten aufgebauten Polen:

„Of course technology does not determine society. Neither does society script the course of technology change, since many factors, including industrial inventiveness and enterpreneuralism, intervene in the process of scientific discovery, technological innovation and social application, so that the final outcome depends on a complex pattern of interaction. Indeed, the dilemma of technological determinism is probably a false problem, since technology is society, and society cannot be understood or represented without its technological tools."
(Castells 1996, S. 5)

(1) Der Techniknutzungspfad ist auch das Resultat permanent stattfindender Wechselwirkungen von kulturellen und gesellschaftlichen Prozessen und technischen Entwicklungen.

Neue Technikentwicklungen bauen auf den vorhandenen Methoden, Modellen, Werkzeugen und (Software- und Hardware-) Produkten auf. Ihre Weiterentwicklung und Durchsetzungschancen sind abhängig von den jeweils anzutreffenden Akteurskonstellationen. Deren Leitbilder und Interessen sind eingebunden in herrschende gesellschaftliche Diskussionen und kulturelle Leitbilder (z. B. „Globalisierung" oder „small is beautiful"). Gesellschaftliche und kulturelle Prozesse haben so jederzeit Einfluß auf die Entwicklung von Modellen, Methoden oder Produkten der Informationstechnik. Umgekehrt wirken technische Entwicklungen auch auf gesellschaftliche Diskussionen zurück. Die permanenten Rückkopplungen von kulturellen und technischen Entwicklungsprozessen drücken sich in der Wirtschaftsinformatik durch Leitbilder in Lehrbüchern aus.

(2) Bei vielen Konflikten der Technikentwicklung und -nutzung geht es dem Management darum, Produktivitätsverbesserungen durch Rationalisierungen zu erzielen und die Integration der Beschäftigten zu verbessern. Dies drückt sich in dem Wunsch nach zentral geplanten Organisationsstrukturen und formalisierten Abläufen aus. Andererseits wollen die Mitarbeiter durch neue Techniken nicht (weg)rationalisiert werden, ihre Autonomie und Handlungsspielräume sichern bzw. ausweiten. Neue Techniken sind zumeist auch mit Lernen und Umstellungen verbunden, nicht jeder ist dazu bereit oder in der Lage.

In den Begriffen Zentralisierung und Dezentralisierung bzw. Hierarchie und Netzwerk haben sich diese unterschiedlichen Interessen in Organisationen lange Zeit wiedergefunden. Sie sind die beiden Pole eines Spannungsfeldes, zwischen denen sich die Optionen der Technikentwicklung und -nutzung einordnen lassen. Diese Pole verstecken sich nicht nur in manchen Leitbildern, sie haben in der Vergangenheit auch ganz wesentlich die Entwicklung von Modellen, Methoden und Softwareprodukten beeinflußt oder auch verhindert.

Unser Jahrhundert ist geprägt durch hierarchische Organisationsmodelle, z.B. durch Max Webers Bürokratiemodell oder F. W. Taylors Scientific Management (s. Dokument I.1, „F. W. Taylor" bzw. Taylor 1919). Hierarchie und Zentralisierung standen lange Zeit für klare Weisungsbefugnis, eindeutige Kontrolle und hohe Effizienz. Dezentrale Organisationsmodelle waren dagegen Visionen von sog. Weltverbesserern, erst in den 90er Jahren haben sie praktische Bedeutung bekommen. Sie haben eher einen geringen Grad an horizontaler Arbeitsteilung, eine geringe Anzahl an Hierarchieebenen, sie koordinieren sich stärker durch Selbstabstimmung und ausgehandelte Pläne. Es sind andere Koordinationsformen als beim hierarchisch-bürokratischen Organisationsmodell erforderlich. Dezentrale Modelle wurden lange Zeit nicht nur mit Herrschaftsverlust gleichgesetzt, sondern auch als ökonomisches Risiko eingestuft, das zu Chaos und Anarchie führt, weil sie nicht in der Lage sind, so die Befürchtungen, die organisatorische Integration zu sichern. (s. Abb. A.III.1)

Ein Beispiel für ein auf Zentralisierung und Hierarchie ausgerichtetes Modell wird mit dem Management-Informations-System im 1. Technikprojekt vorgestellt. Der Konflikt von Zentralisierung und Dezentralisierung ist in allen Technikprojekten eine entscheidende Triebfeder von Auseinandersetzungen. Viele Strategien und Modelle können schnell durchschaut werden, wenn dieser Spannungsbogen beachtet wird. Es sollte jedoch nicht außer Acht gelassen werden, daß es eine Vielzahl von Mischformen in der Praxis gibt, so daß zuweilen z.B. dezentrale Arbeitsgruppen außerordentlich subtile hierarchische Einbindungen erkennen lassen („Mit der langen Leine herrschen").

(3) Der Konflikt von Zentralisierung und Dezentralisierung wird überlagert durch die nie abschließend zu lösende Kernfrage der Wirtschaftsinformatik: Was sollte formalisiert und automatisiert werden und was nicht, weil es ökonomisch kontraproduktiv wäre? Es ist die ewige Suche nach der sinnvollen „Formalisierungslücke".

Der Versuch, Kommunikation, Regelungen und Arbeit einer Organisation möglichst weitgehend zu formalisieren, unterschätzt den ökonomischen Wert der „organisierten Anarchie". Organisationen sind, so Hans Brinckmann, „Meere der Willkür" mit vielen anarchischen, informellen und ungeregelten Abläufen; in diesen Meeren befinden sich zwar Inseln geregelter Bereiche, mit routinehafter Kommunikation und voraussehbaren, häufig wiederkehrenden Abläufen; sie sind dadurch in ihrer Komplexität bereits reduziert und so auch eher formalisierbar. Dies gilt dagegen nicht für seltene oder neue Kommunikationswege und alle Bereiche der informellen Kontakte zwischen Organisationsmitgliedern, die quer

44   Von den „Randerscheinungen" der Wirtschaftsinformatik

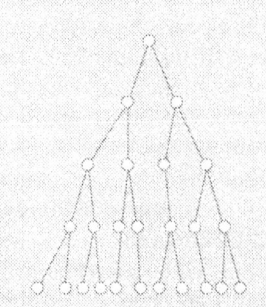 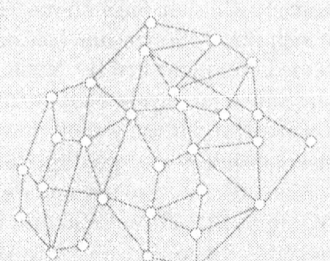

Ausprägungen

- **Zentralisierung:**
  Hierarchie, Weisung, Kontrolle.

- **IT als Systemtechnik:**
  Organisation als Management-
  Informations-System (MIS).

- **Informationsfluß:**
  Wird eher von „oben" geregelt und
  strukturiert (v. a. durch Formalisierung).

- **Arbeitsorganisation:**
  Hierarchische Abteilungsorganisa-
  tion, vorgegebene Techniknutzung.

- **Softwaretechnik:**
  eher eingebunden in Standardanwen-
  dungssoftwaresysteme.

- **Dezentralisierung:**
  Koordination, Kommunikation,
  Vernetzung.

- **IT als Werkzeugtechnik:**
  Autonome IT-Nutzung als Werkzeug
  und Medium.

- **Informationsfluß:**
  Selbstorganisierte Kommunikations-
  struktur.

- **Arbeitsorganisation:**
  Dezentrale Arbeitsgruppen,
  IT als Werkzeug.

- **Softwaretechnik:**
  eher Individualsoftwareentwicklung
  und PC-Anwendungssoftware.

Abb. A.III.1 zeigt die beiden idealtypischen Pole möglicher Organisationsausprägungen: Hierarchie und Zentralisierung sowie Netzwerk und Dezentralisierung. In der betrieblichen Realität finden wir heute v.a. (subtile) Mischformen.

zur Hierarchie liegen (kurzer Dienstweg), aber auch für viele Beziehungen nach außen. Beide Bereiche sind für die Effektivität von Organisationen entscheidend. Sie sind für das Überleben und die Aufgabenerfüllung einer Organisation, deren Umwelt sich ständig verändert, wichtiger als das Formalisierbare. Der prinzipielle Widerspruch und Konflikt liegt zwischen den Erfordernissen flexibler, überlebens- und anpassungsfähiger Organisationen in einer Innovationen fordernden Konkurrenzwirtschaft und dem Wunsch möglichst vollständiger Abbildung der betrieblichen Organisation auf das technische System.

Es gibt offensichtlich eine Formalisierungslücke, deren Erhalt für eine Organisation überlebenswichtig ist. Hier liegen die Grenzen für weitergehende Automatisierungen.

1. Das erste Technikprojekt:
Der Aufbau von „Management-Informations-Systemen (MIS)" in Organisationen

Das Spannungsfeld:
„Betriebliche Systemintegration" oder „Soziotechnisches System"?

*Als **betriebliche Systemintegration** wird der Versuch bezeichnet, das Unternehmen oder die Organisation als Ganzes, in seinen Abläufen und Hierarchien als System abzubilden.*

Zu Beginn des Computereinsatzes in Organisationen gab es die Stapel- bzw. Batchverarbeitung: Teure Großcomputer, die heute von ihrer Leistungsfähigkeit her eher bescheiden erscheinen, sind im Rechenzentrum konzentriert, auf den Schreibtischen der Büroangestellten sind noch keine Personal-Computer oder Bildschirmterminals zu finden.

Die Arbeitsteilung zwischen Rechenzentrum und Fachabteilung ist exakt festgelegt. Die zu verarbeitenden Unterlagen – zumeist massenhaft anfallende Daten und Routinevorgänge in Buchhaltung oder Lohnabrechnung – müssen zu festgesetzten Zeiten im Rechenzentrum abgeliefert werden. Hier werden zunächst maschinenlesbare Datenträger, in der Regel Lochkarten, durch sogenannte Locherinnen erstellt. Die Lochkarten werden im Stapel eingelesen und mit Hilfe von Programmen und Dateien verarbeitet. Die Ausgabe erfolgt zumeist auf Listen oder Formularen, die an die Fachabteilungen zur weiteren Nutzung gebracht werden (s. Abb. A.III.2).

In dieser Entwicklungsstufe dienen Computer dazu, formalisierbare Routineaufgaben und -vorgänge in Organisationen „abzuarbeiten", sie zu automatisieren.

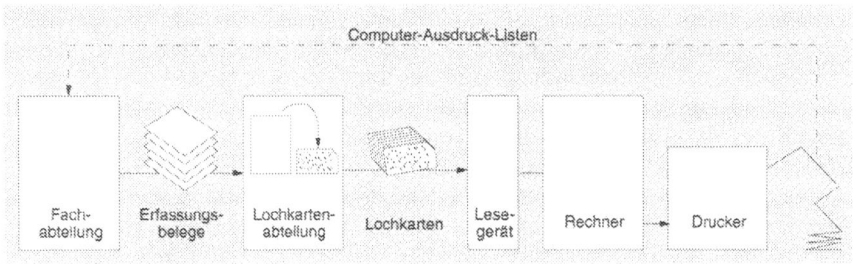

Abb. A.III.2 Organisationsablauf bei Stapel- bzw. Batchverarbeitung.

1.1 Das Management-Informations-System (MIS) als betriebliche Systemintegration

Eine neue Entwicklungsstufe der Datenverarbeitung setzt mit der sog. Dialogverarbeitung ein. Sie ist durch viele Bildschirmterminals auch äußerlich sofort erkennbar. Sie sind sternförmig mit dem Rechenzentrum vernetzt. So steht vielen Akteuren ein Eingabe- und Ausgabemedium zur Verfügung, die Benutzer müssen nun nicht mehr, wie bei der Stapelverarbeitung, tagelang warten, sie sind auch nicht mehr auf kiloschwere „grüne Listen" angewiesen.

Was nicht sichtbar wird ist das, was Manager von DV-Herstellern gern als „unsere Philosophie", und wir als Leitbild bezeichnen: Zentralrechner (zu Anfang häufig IBM 360 oder 370), Datenbanken und Programme sollen nicht für einzelne Arbeitsplätze, Abläufe, Funktionen oder Abteilungen genutzt werden, sondern den gesamten Betrieb als ein komplexes Informationssystem organisieren.

Durch Informationssysteme soll möglichst die ganze Unternehmensorganisation mit ihren Informationen, Abteilungen und formalisierbaren Abläufen, aber auch die Hierarchie mit den in Organisationsplänen und Arbeitsplatzbeschreibungen niedergeschriebenen Leitungs- und Kontrollstrukturen abgebildet und formalisiert werden.

Die Vision „Management-Informations-System" (MIS) wird bis heute, wenn auch mit unterschiedlichen Deutungen, diskutiert. Bis Mitte der 80er Jahre ging es um die betriebliche Systemintegration: Vor allem große Hardware-Hersteller aber auch manche Manager hofften, ein Unternehmen in seiner Hierarchie, seinen Funktionen und Abläufen in großen Teilen automatisieren und quasi selbststeuernd kontrollieren zu können. Es ist die Vorstellung vom „Knopfdruck-Management" einer Organisation mit Hilfe von Informationstechnik.

Die Organisationstheoretiker Kirsch und Klein (1977) haben früh versucht, die Motive für diesen Traum zu identifizieren: Sie vermuten, daß die MIS-Diskussion weitgehend durch ein mechanistisches Weltbild geprägt ist: „Das Ideal eines mechanistischen Managementsystems ist die Maschine als mechanisches System. Eine Organisation ist ideal, wenn sie wie eine Maschine funktioniert und auch wie eine Maschine vollständig ‚durchkonstruiert' ist... Die Mitglieder einer Organisation sollten sich unter Zurückstellung ihrer Persönlichkeit wie ‚Rädchen' in das Gesamtsystem einordnen. Ihre Funktion ist dabei ganz genau zu beschreiben. Durch geeignete Lohn- und Anreizsysteme und durch umfassende Kontrollmechanismen ist ein funktionsgerechtes Arbeiten der Teile des Systems zu garantieren. Das ‚Ineinandergreifen der Rädchen' soll unpersönlich bleiben. Das Schlimmste sind ‚Reibungsverluste' durch Konflikte. Die Vorgesetzten mit ihren klaren Weisungen geben die Steuerimpulse für die einzelnen Maschinenteile, wobei durch die Realisierung des Prinzips der Einheit der Auftragserteilung sicherzustellen ist, daß die einzelnen Maschinen nicht sich widersprechende Steuerimpulse erreichen. Alle Teile sind so zu konzipieren, daß die Zielsetzungen der Maschine, die durchaus auch als relativ flexible Mehrzweckmaschine konstruiert werden kann, optimal erreicht werden. Mit anderen Worten: Aus dem Studium einer störungsfrei laufenden Maschine kann man einiges für den Entwurf von Organisationen lernen." (Kirsch/Klein II 1977, S. 123ff.)

Für das Management ist natürlich faszinierend, auf diese Weise Transparenz für ihre Organisation in einer komplexen Umwelt zu erhalten und gleichzeitig den Führungs- und Entscheidungsprozeß rationalisieren zu können.

Auf den Punkt gebracht: MIS in diesem Verständnis sollen keine Benutzersysteme, sondern Führungs- und Kontrollsysteme für die Unternehmensleitung sein. Sie unterstellen, daß

- die Realität objektiv abgebildet werden kann,
- es nur eine relevante Perspektive gibt, nämlich die Führungsperspektive,
- die Führungskräfte die „Benutzer" sind, und die Mitarbeiter als „Beplante" die Rolle von Datenlieferanten übernehmen,
- die Aufgabe des Systementwicklers darin besteht, entsprechende Programme zu entwickeln, was als Ingenieuraufgabe verstanden wird,
- Koordination, Kooperation oder Kommunikation für eine Organisation keine entscheidenden Faktoren sind, im Vordergrund steht vielmehr die Zielsetzung der Integration der Organisationsmitglieder.

Gründe für den Mißerfolg
Diese MIS-Vision stand in einem merkwürdigen Kontrast zu den tatsächlichen Realisierungen der Praxis. Die Erfolge bei der Umsetzung dieses Leitbildes waren außerordentlich gering.

Es fällt heute nicht ganz leicht zu verstehen, weshalb neben Hardwareherstellern insbesondere angelsächsische Organisationstheoretiker, die in der deutschen Betriebswirtschaftslehre schnell Anhänger fanden, zu glühenden Anhängern der MIS-Bewegung wurden. Zum Leitbild konnte das MIS nur werden, weil in den 60er und 70er Jahren die Kybernetik ihren Siegeszug durch viele Wissenschaftsdisziplinen angetreten hatte. So lag es nahe, das Führungssystem einer

Abb. A.III.3 zeigt am Beispiel einer Bank das Modell einer betrieblichen Systemintegration: Die bei den täglichen Geschäftsvorfällen anfallenden Daten werden über Sparteninformationssysteme abgewickelt und über kundenbezogene Leitinformationssysteme zu sog. Führungsinformationssystemen für die Hierarchiespitze verdichtet. Das Informationssystem automatisiert Abläufe und bildet zugleich die Hierarchien ab. (Schwarz 1974, S. 7)

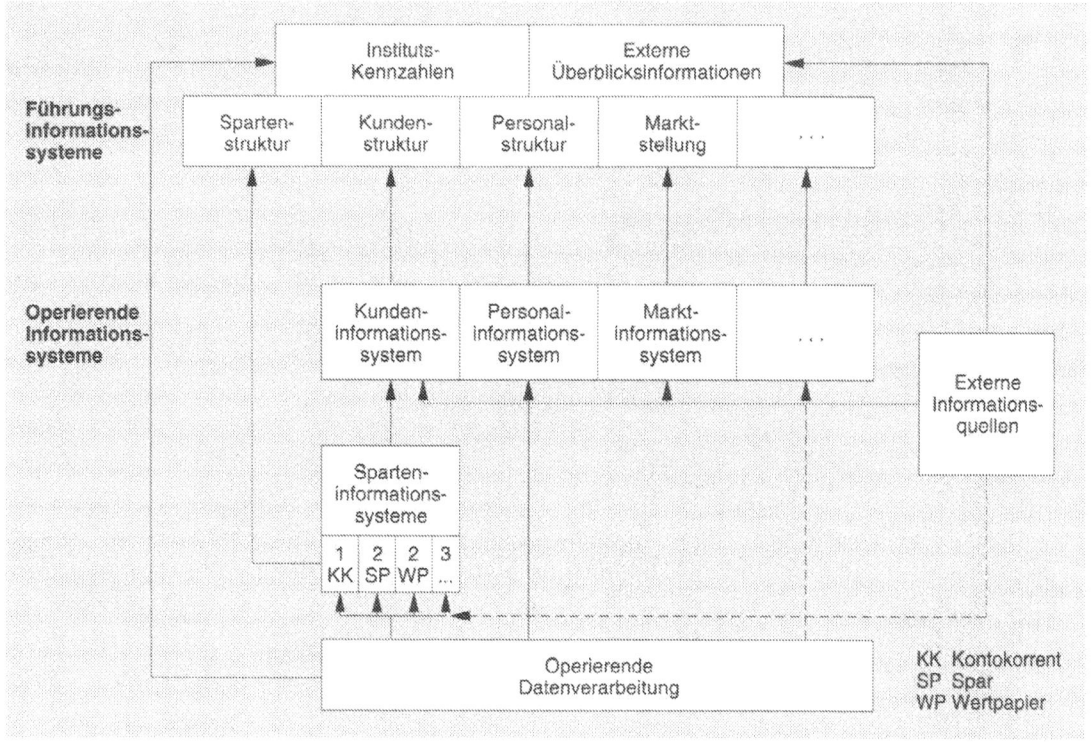

48 Von den „Randerscheinungen" der Wirtschaftsinformatik

Auch das Management kritisiert die MIS-Konzeption: es werden zu viele irrelevante Informationen bereitgestellt, es ist nicht im voraus möglich, die jeweils notwendig werdenden Informationen zu benennen, es ist schwierig die bereitgestellten Informationen auszuwerten, es herrscht Unkenntnis über Funktionen und Benutzung des Systems. Die Kritik gipfelt in dem Satz: „MIS ist die Entwicklungszeit nicht wert."

Organisation als hierarchisches System vermaschter Regelkreise zu betrachten, bei der die Regler höherer Ordnung Parameter der Regelungssysteme niederer Ordnung manipulieren. Aber auch Politik und Kultur waren in diesen Jahren von der Planbarkeit komplexer Prozesse und Systeme überzeugt, die sozial-liberale Koalition in Bonn etablierte erstmals einen Planungsminister.

Als Gründe für die Mißerfolge dieser Interpretation des Leitbildes MIS werden zumeist genannt: der hohe Entwicklungs- und Pflegeaufwand solcher Systeme, die fehlende Leistungsfähigkeit der damals vorhandenen Datenbanksysteme und die geringe Flexibilität des MIS bei turbulenter Unternehmensumwelt. Ebenso entscheidend sind aber wohl die naiven Vorstellungen über das Verhalten der Benutzer eines MIS: Weder bei den Führungskräften als potentielle Adressaten noch bei den Mitarbeitern konnte eine nennenswerte Akzeptanz erzielt werden. Die Software-Ergonomie steckte zu der Zeit noch in den Kinderschuhen.

Was allerdings hier seine Geburtsstunde hatte und woran bis heute gearbeitet wird ist das, was die Sozialwissenschaften *Computer als Organisationstechnologie* nennen: Informationssysteme sollen Akteure wie Kunden, Lieferanten, Personal etc. und alle notwendigen Daten wie Aufträge, Lieferungen, Buchhaltungsdaten erfassen, vorhalten und über Programme verknüpfen. Als Benutzer wird heute aber nicht mehr allein das Management gesehen. Alle betrieblichen Akteure sollen mit unterschiedlichen Zugriffsrechten jederzeit auf die Daten zugreifen können und es sollen viele Prozesse automatisch ablaufen. Neben Rationalisierung geht es darum, interne und externe Prozesse besser in den Griff zu bekommen, um so Informationsvorteile zu erlangen und um Kunden, Lieferanten, Klienten und Personal – die unbekannten und schwer kalkulierbaren Wesen dieser Prozesse – in ihren Verhaltensdispositionen und Interessen transparenter zu machen (s. Abb. A.III.4).

Die Arena Wissenschaft

Auch die Wirtschaftsinformatik betrachtet MIS in jenen Jahren überwiegend aus der Perspektive des Managements. Als positive Wirkungen dieser Nutzungsform werden Rationalisierungseffekte, sichere Unternehmensplanung, schnelleres Controlling, Vorhersagbarkeit und Disponierbarkeit herausgestellt. Das Modell selbst wird nicht als ein mögliches Konzept unter anderen sondern als objektives Abbild der Wirklichkeit verstanden.

Auch Organisationstheoretiker haben damals die Interpretation *betriebliche Systemintegration* nicht prinzipiell in Frage gestellt. Sie gaben kaum Anstöße zur Entwicklung alternativer Technik- und Organisationsleitbilder.

Mischarbeit bedeutet, die tägliche Arbeitszeit nur maximal zur Hälfte als Bildschirmarbeit zu verrichten.

*Bei der **integrierten Vorgangsbearbeitung** soll ein Arbeitsablauf möglichst weitgehend von einer Person abgewickelt werden. Dies reduziert Einarbeitungszeiten. Diese Orientierung findet sich heute in Geschäftsprozessen wieder.*

Die Anstrengungen der Arbeitswissenschaft gingen dahin, Arbeit und Arbeitsorganisation für die Angestellten im Rahmen dieses Leitbildes zu optimieren. So kam die Forderung nach *Mischarbeit* auf, oder der Ruf nach verstärkter Reduzierung der Arbeitsteilung durch *integrierte Vorgangsbearbeitung*. Es entstanden daraus auch Forderungen nach softwareergonomischer Gestaltung der Benutzerschnittstelle und nach partizipativer Systemgestaltung.

Betriebliche Systemintegration vs. soziotechnisches System

So...?
Im MIS sind die Büroangestellten lediglich Datenlieferanten für die „Benutzer", das Management.

oder

So?
Bei der soziotechnischen Systemgestaltung sind alle Mitarbeiter Benutzer und Elemente des Informationssystems. Sie wollen an der Gestaltung der Arbeitsorganisation beteiligt sein.

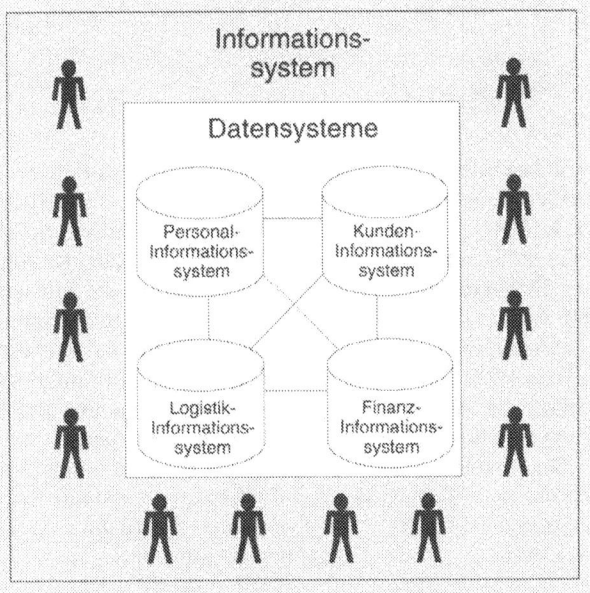

*Abb. A.III.4
Interpretationsrahmen des MIS-Leitbildes*

Anstöße zur Deutung des MIS-Leitbildes jenseits der Systemintegration kamen interessanterweise aus der Informatik, ohne daß sie Informatik oder Wirtschaftsinformatik entscheidend beeinflussen konnten. Heute ist es schwer vorstellbar, daß mit den damals vorhandenen technischen Möglichkeiten andere Interpretationen oder gar andere Leitbilder hätten verwirklicht werden können.

Carl Adam Petri (1983) konnte sich dies vorstellen. In verschiedenen Arbeiten hat er bereits in den 70er Jahren die Systemperspektive kritisiert. Er wollte dem Computer eine sozial nützliche Rolle zuzuweisen, um so seine Einsatzvielfalt zu beschränken. Nach Petris Auffassung sollte der Computer ein Kommunikationsmedium zwischen Menschen sein, er sollte den Menschen weder in ein System integrieren noch ihn verdrängen.

Ein Informationssystem ist nach Nygaard ein Teil der Welt, das als Ganzes betrachtet wird, aus trennbaren Komponenten besteht, wobei jede Komponente durch Eigenschaften charakterisiert ist, die als relevant angesehen werden, und durch Übergangszustände charakterisiert ist, die als Handlungen betrachtet werden. (vgl. Nygaard 1986)

Kirsten Nygaard (1986), ein norwegischer Informatiker und zusammen mit Dahl Entwickler der Programmiersprache Simula, hat in den 70er Jahren die scheinbar selbstverständliche Systemorientierung prinzipiell in Frage gestellt. Er hat darauf hingewiesen, daß in jedem System bzw. Informationssystem eine spezifische Perspektive festgeschrieben ist. Für ihn ist ein System ein Weltausschnitt, den eine Person oder eine Gruppe auswählt, um diesen für sich als Einheit zu betrachten. Kein Weltausschnitt ist aus sich heraus ein System, sondern es entsteht durch Akteure, die eine bestimmte – unter vielen anderen Systemperspektiven denkbare – Perspektive auswählen und dadurch, daß andere diese Sicht akzeptieren (müssen).

Nygaard wie Petri waren zu ihrer Zeit einsame Rufer in der Informatik-Arena. Bis in die Arena Wirtschaftsinformatik sind ihre Rufe nie vorgedrungen, die Kommunikation zu DV-Herstellern war stärker als zu Informatik-Diskussionen. Ihre Vorstellungen erleben heute eine Renaissance.

1.2 Konflikte und Deutungen der betrieblichen Akteure: Management-Informations-Systeme (MIS) als soziotechnische Systeme

Viele Beschäftigte in deutschen Unternehmen und insbesondere ihre Betriebsräte standen dem Leitbild MIS in der Ausprägung der betrieblichen Systemintegration, soweit eine Umsetzung überhaupt versucht wurde, eher kritisch gegenüber.

Es gab schon früh Versuche der DV-Hersteller, das Augenmerk stärker auf die sog. Dialogverarbeitung zwischen Rechner und Bildschirmterminal zu lenken und ihr mit der Werkzeugmetapher ein positives Leitbild zu geben. Sie waren nicht sehr erfolgreich, wohl auch deshalb, weil das Management selbst diese Technik nicht beherrschte und sie deshalb kaum nutzte. Auf die mangelnde Akzeptanz der Beschäftigten reagierten Management und Hersteller zuweilen mit dem pauschalen Vorwurf der Technikfeindlichkeit.

Der Benutzer erfährt bei seinem Umgang mit dem Computer zuerst und sinnlich die sog. Mensch-Maschine-Schnittstelle, damals häufig Benutzeroberfläche genannt. Ulrich Klotz (1992) vermutet, daß es ganz wesentlich von ihrer Gestaltung abhängt, ob der Computer als autoritäres Herrschaftsinstrument oder als beherrschbares Werkzeug, erfahren wird. In dieser Ära steht der Austausch von

Zeichenketten wie Kommandos, Fehlermeldungen vom Menschen zur Maschine und umgekehrt im Vordergrund. Der Benutzer ist gezwungen, seine Absichten hochgradig formalisiert zu definieren, nur so ist eine Interaktion möglich. Syntaktische Fehler oder Tippfehler werden mit nur schwer zu interpretierenden Systemreaktionen bestraft. Der Benutzer erlebt, daß er die Konditionen des Computers akzeptieren muß. Es ist eine besondere Form des Rätsellösens. Dies ist schon allein deshalb nicht jedermanns Sache, weil der Benutzer zu allererst seine Arbeitsaufgabe zu erledigen hat. Die zusätzlich notwendig werdenden Bedienungsanforderungen sind lästiger Ballast, der die eigentliche Arbeitsaufgabe kompliziert und viel Zeit kostet. Die üblichen Dialogformen gehen über Masken, die sich zumeist an der Ausfüllung von Formularen orientieren. „Auf diese Weise in ein rigides Korsett von Bildschirmmasken, Menüführungen und hochgradig determinierten Arbeitsabläufen eingezwängt, nehmen Benutzer den Computer vorwiegend als stoisches, gängelndes und kontrollierendes Zwangsinstrument wahr, das Angst vor Fehlern, Unzulänglichkeits- und Ohnmachtsgefühle auslöst" (Klotz 1992, S. 23).

Die Kritik beschränkt sich jedoch nicht auf die wenig optimale Gestaltung der Mensch-Maschine-Schnittstelle. Viele Büroangestellte nehmen die betriebliche Systemintegration als Prozeß wahr, bei dem sie Wissen über ihre Arbeit offenlegen, und der für sie mit Risiken wie Rationalisierung und Qualifikationsentwertung verbunden sein kann. Sie wollen in einer Situation, in der die Arbeit neu gestaltet und verteilt wird, und die durch hohe Wachstumsraten und Gewinne gekennzeichnet ist, Einfluß nehmen, um bessere Arbeits- und Organisationsformen durchzusetzen. Sie rechtfertigen diese Forderung als Entgelt für Wissenspreisgabe, als Mitbestimmungsrecht oder als ein Stück demokratische Gewaltenteilung im Betrieb.

Mit der mangelnden Akzeptanz wächst nach und nach die Einsicht, daß Beschäftigte und Benutzer „mitmachen" müssen. Ohne daß sie ihr Wissen über die Arbeit in den Softwareentwicklungsprozeß einbringen und ohne daß sie die Mensch-Maschine-Teilung mittragen, kann nicht sichergestellt werden, daß die bei diesem Umstellungsprozeß nur schwer zu verhindernden Grabenkämpfe und andere Konflikte das Vorhaben nicht verzögern oder gänzlich zum Scheitern bringen. Die alte Auffassung, daß es sich hier allein um ein Technikproblem handelt, ist damit in Frage gestellt: Systementwicklung in Organisationen wird nicht mehr nur als technische Systembildung mit dem Restfaktor Mensch betrachtet. Es wird zunehmend akzeptiert, daß Benutzer wichtige Träger des Informationssystems sind, es deshalb zweckmäßig ist, die Entwicklung von soziotechnischen Systemen zur Grundlage zu machen (s. Abb. A.III.4).

Die Forderungen der Benutzer nach Beteiligung am Systemgestaltungsprozeß und die Einsicht der Systemgestalter in die Notwendigkeit der Beteiligung wurde von Teilen der Informatikforschung unterstützt: Sie entwickelten Softwaremethoden, die die Benutzer stärker in die Gestaltung einbeziehen, z.B. das Rapid Prototyping oder Methoden der Projektorganisation.

Die ursprünglich geltende Deutung vom MIS als „Managementprojekt im Konstruktionskorridor" hat sich durch die geringe Akzeptanz vieler betrieblicher Akteure nicht durchsetzen lassen: Sie wurde von vielen Beschäftigten unterlau-

Besonders kritisch sind Personalinformationssysteme. Entsprechend hat der Gesetzgeber in § 87, Absatz 1, Ziffer 6, des Betriebsverfassungsgesetzes reagiert: Bei allen Einführungen und Anwendungen von technischen Einrichtungen, die dazu bestimmt sind, das Verhalten oder die Leistung der Arbeitnehmer zu überwachen, wird dem Betriebsrat ein Mitbestimmungsrecht eingeräumt. Entsprechende Aushandlungen zwischen Unternehmensleitung und Betriebsrat sind in Betriebsvereinbarungen niederzulegen.

fen und erwies sich als betriebswirtschaftlich ineffizient. Die soziotechnische Orientierung erschien erfolgversprechender.

Es ist auch eine Bestätigung dafür, daß Konflikte und Spannungen bei der Anwendungsentwicklung auf die Technikentwicklung zurückwirken.

2. Das zweite Technikprojekt: Nutzung von Personalcomputern in Organisationen

Das Spannungsfeld:
„Schließen der Formalisierungslücke" oder „PC als Werkzeug und Medium im Netzwerk der Benutzer"?

Der Aufbau von Organisationen als MIS stößt spätestens mit dem Siegeszug der Personalcomputer auf grundsätzliche Fragen. Sie zeigen sich darin, daß

- die „Produktivität der Formalisierungslücke" auf Dauer nicht übersehen werden kann. Anders ausgedrückt: Formalisierungen können nicht beliebig ausgeweitet werden ohne Verlust an Flexibilität und Marktfähigkeit der Organisation,
- die mit MIS einhergehende technische Komplexität nur schwer zu beherrschen ist,
- die Akzeptanz bei den Beschäftigten gering ist,
- der Aufwand für System- und Programmentwicklung bei qualifizierten oder nicht massenhaft anfallenden Tätigkeiten sehr hoch ist und
- das MIS-Konzept kaum auf Klein- und Mittelbetriebe übertragbar ist.

Im großen und ganzen wurden durch die tatsächlich realisierten DV-Anwendungen beim MIS viele wiederkehrende Aufgaben automatisiert, die früher häufig mit Hilfe von Buchungsautomaten, Karteikästen oder Formularen abgewickelt wurden. Es sind vor allem relativ starre Abläufe wie z.B. Buchungen von Ein- und Auszahlungen in der Bank, monatliche Gehaltsabrechnungen, Lagerzu- und -abgänge oder Teile der Auftragsabwicklung.

Über Automationssysteme hinausgehende Führungsinformationssysteme sind bis weit in die 80er Jahre hinein noch relativ selten. Die meisten Manager müssen, um ihren dringendsten Informationsbedarf zu decken, immer noch eine DV-Anweisung ausfüllen, einen Programmierer oder ein ganzes Programmiererteam damit beauftragen und warten. Die häufigste Antwort ist dann: „Das geht nicht!"

MIS-Konzepte haben gerne verdrängt, daß der Erhalt der Formalisierungslücke für eine Organisation lebenswichtig ist. MIS-Anhänger neigen eher dazu, die Formalisierungslücke mit technischen Mitteln zu schließen. Es fällt ihnen schwer, sich auf die Unterstützung der Lücke mit Hilfe innovativer Technikkonzepte zu bescheiden. Dies ist der Ausgangspunkt des 2. Projektes. Es geht hier um die Nutzung des Personalcomputers in Organisationen.

Die Janusköpfigkeit von Personalcomputern in Organisationen

Seit Beginn der 80er Jahre erobern Personalcomputer und sog. Workstations die Büros und beginnen damit, die Bildschirmterminals zu ersetzen. Anders als ihre „dummen" Vorgänger werden sie jetzt von vielen, die sich nicht unbedingt als Computerfreaks bezeichnen würden, als handhabbar und nützlich beurteilt. Dazu haben vor allem Textverarbeitungs-, Grafik-, Tabellenkalkulationsprogramme und viele andere PC-Anwendungsprogramme beigetragen. Sie haben die Computernutzung enorm beschleunigt. Die PC-Nutzung in Organisationen wird zuweilen auch als ungeplante Computernutzung bezeichnet.

In diesem Stadium verstehen die Benutzer (wobei sich dieser Begriff jetzt nicht mehr auf das Management beschränkt) vielleicht erstmals die abgegriffene Metapher vom „Computer als Werkzeug". Die Nutzung ist durchschaubarer, sie ist kaum kontrollierbar, weitgehend autonom, und muß offensichtlich nicht als Teil eines Gesamtsystems erfolgen. Die Benutzer können sich unabhängig von Experten kundigmachen, sie versuchen ihre Arbeitsabläufe mit dem PC zu unterstützen.

Die universell einsetzbare Anwendungssoftware, häufig einfach als Tools bezeichnet, gestatten dem Benutzer eine weitgehende Selbstorganisation seiner Arbeit und die Beibehaltung seiner Vorstellungen von der Arbeit. Im Vordergrund muß nicht mehr die Datenverarbeitung mit Datensätzen (auch wenn sie dafür ebenfalls nutzbar ist), sondern es kann die Bearbeitung von Dokumenten und Texten, also von unformatierten Informationen, stehen. Der PC kann sowohl zur

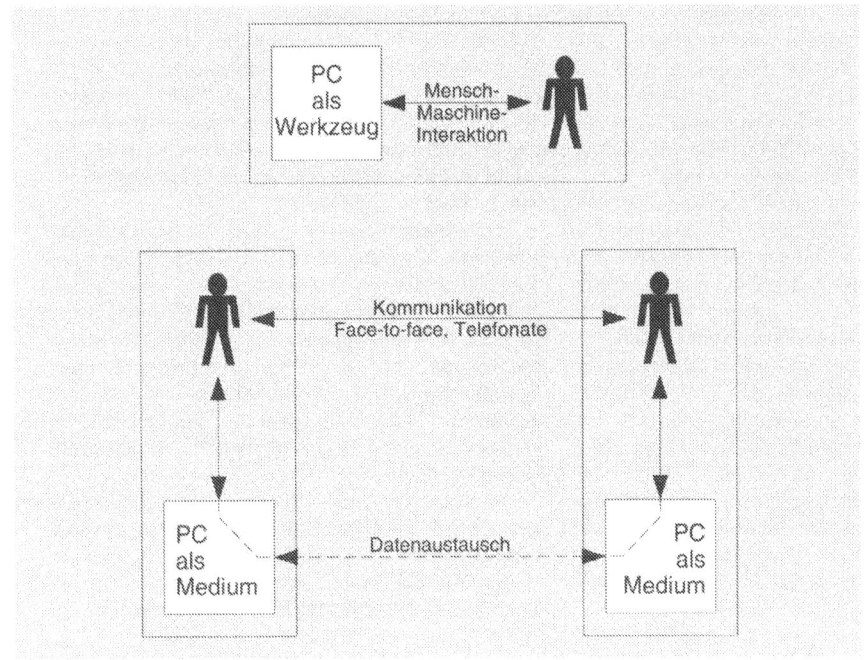

Abb. A.III.5
PC-Welt und Vernetzung durch Benutzer
„*Instead of incorporating models of human activity in the system, let human beings act themselves... Then we need not content ourselves with a simplified model*"
(Nurminen 1988)

Zur Geschichte des Personalcomputers
Einige Skizzen aus der F & E-Arena

Kaum eine zweite Technik hat seit den 80er Jahren Organisationen, Arbeit und Qualifikationen der Angestellten so verändert wie der PC. Die Entwicklungsgeschichte des PC, so August Tepper, dessen Text die Grundlage für diesen Beitrag lieferte, entspricht ganz und gar nicht der beliebten Darstellung „Ein Mann und seine Vision". Es kamen sehr unterschiedliche Akteure mit unterschiedlichen Ideen und Leitbildern zusammen, die auch politisch zum Teil sehr gegensätzlich waren.

Gedanken von Vannevar Bush aus dem Jahre 1945 werden häufig als erste Ideen zur Entwicklung des PC zitiert. Bush wollte wissenschaftliche Ziele für die Forschung der Nachkriegszeit formulieren. Sein Vorschlag lautete: eine bessere Unterstützung der Wissensverarbeitung (vgl. Bush 1945).

Zu diesem Zweck entwickelte er das Konzept Memex: „Memex is a device in which an individual stores all his books, records, and communications, and which is mechanized so that it may be consulted with exceeding speed and flexibility. It is an enlarged intimate supplement to his memory. It consists of a desk, and while it can presumably be operated from a distance, it is primarily the piece of furniture at which he works. On top are slanting translucent screens, on which material can be projected for convenient reading. There is a keyboard, and sets of buttons and levers. Otherwise it looks like an ordinary desk... Any book of his library can thus be called up and consulted with far greater facility than if it were taken from a shelf. As he has several projection positions, he can leave one item in position while he calls up another. He can add marginal notes and comments..."

Als weiterer PC-Pionier gilt Doug Engelbart, ein Elektrotechniker, der schon früh mit grafikfähigen Radar-Bildschirmgeräten arbeitete, und sich seit 1957 für intelligente Computer-Nutzungskonzepte interessierte. Engelbart und seine Mitstreiter am Stanford Research Institute (SRI) benutzten immer wieder das Verb „to augment" *(vermehren, vergrößern, Zunahme)* als Motiv ihres Anliegens: „By augmenting human intellect we mean increasing the capability of a man to approach a complex problem situation..." (Engelbart 1962, S. 1-206). Menschliche Fähigkeiten und technische Leistungen sollten zu einer Symbiose verschmelzen. Sie sprachen schon damals von der steigenden Bedeutung von Wissen und Qualifikation in der Dienstleistungsgesellschaft. Dazu seien Lösungen wie ein „augmented knowledge workshop" erforderlich.

Informatikkollegen haben die Ideen damals ganz offensichtlich nicht verstanden. Als Engelbart auf einer Konferenz ein präsentables technisches System vorstellte, reagierten die Kollegen mit Desinteresse: „You can´t imagine the relief when it worked. It went for 90 minutes, and afterwards we thought for sure that the world would be talking about everybody staring to augment now. Well, it didn´t happen, but we went ahead anyway."

Auch wenn Engelbart wichtige Entwicklungen wie die Maus und das Konzept für Hypertext angestoßen hat, so ist er doch nur ein Vorläufer von vielen für die PC-Entwicklung. Offensichtlich wurden die Arbeiten, wie Engelbart selber schreibt, beeinflußt durch „wilde politische Zeiten" (Studentenrevolution, Gegenkultur, womens liberation, Vietnam): Die „new-age-Bewegung spaltete seine Forschungsgruppe in zwei Lager: „those who were techies at heart, concerned only with the advancement of the state of the computing art, and those who saw augmentation as an integral part of the wider countercultural revolution that was going on around them".

In die Geschichte eingegangen sind auch die Vorstellungen über die Funktionsweise eines persönlichen Rechners von Kay und Goldberg: „We envision a device as small and portable as possible which could both take in and give out information in quantities approaching that of human sensory systems" (Kay/Goldberg 1977). Der persönliche Computer wird als Medium definiert, das aktiv ist, Fragen beantwortet, Experimente erlaubt und mit dem Benutzer kommunizieren kann.

Nach diesen Quellen hat Xerox Star den ersten funktionsfähigen Personalcomputer gebaut. Er wurde 1981 der Öffentlichkeit vorgestellt. Es ist daran zu erinnern, daß die verschiedenen technischen Entwicklungen in einem überschaubaren lokalen Raum stattfanden, rund um San Francisco. Viele Entwickler kannten sich persönlich, auch wenn sie in ganz unterschiedlichen Projekten oder Firmen arbeiteten. Das Forschungszentrum Xerox Parc in Palo Alto war in jenen Tagen stolz darauf, „58 der besten 100 Computerexperten unter seinem Dach zu haben". Zu den Gründungsmitgliedern gehörte auch Alan Kay.

Xerox entwickelte mit dem Alto und dem Bravo zunächst zwei Prototypen eines Personalcomputers. Der Star wurde als Computer für „Professionals" in Büroorganisationen geplant. Xerox Parc erwarb die Lizenz für die Maus vom Stanford Research Institute, die Idee, Icons zu verwenden wurde von ehemaligen Mitarbeitern des Pygmalion-Projektes eingebracht. Andererseits gingen offensichtlich einige Xerox-Konzepte über Mitarbeiter-Transfer auch in die Apple Lisa-Entwicklung ein. Interessant z.B., daß Apple für die Lisa ursprünglich eine ganz andere Benutzeroberfläche plante als Bildsymbole: „We went to the National Computer Conference when the star was announced and looked at it. And in fact it did have an immediate impact. A few months after looking at it we made some changes to our user interface based on ideas that we got from it... We decided to change ours to the icon base."

Heute stellt sich die Frage, weshalb Xerox nie eine große Rolle bei der industriellen Vermarktung des Personalcomputers spielte. Xerox wollte den technischen Vorsprung halten und entschied sich aus diesem Grunde dafür, die Innovationen exklusiv zu vermarkten. Heute weiß man, daß ein technischer Vorsprung offensichtlich nur zu halten ist, wenn durch eine großzügige Lizenzvergabe ein Standard gesetzt werden kann (Roszak 1986, S. 202ff).

Theodore Roszak sagt in seinem Buch „Der Verlust des Denkens" einiges über Kultur und Machtverhältnisse zu Beginn der 80er Jahre. In der Bürowelt spielten die PCs noch keine Rolle, sie wurde von IBM („Big Blue") und ihren Jumbo-Rechnern beherrscht: „nie wäre die IBM auf den Gedanken gekommen, Computer an die breite Öffentlichkeit zu verkaufen. Man wollte lieber große, oft maßgeschneiderte Computer an große Kunden verkaufen. Und noch lieber vermietete man seine Produkte, um sie so unter eigener Kontrolle zu behalten... Ende der sechziger Jahre tauchte eine andere Art von Hacker am Horizont auf, die hauptsächlich an der Westküste aus den Reihen der Kriegsgegner hervorging. Das waren die radikalen oder „Guerilla-Hacker", denen es vorbehalten war, dem Computer ein vollkommen verändertes Image und eine politische Ausrichtung zu geben, die er niemals von Big Blue oder ihren Vasallen im Hauptstrom der Industrie hätte gewinnen können. In ihren Händen sollte sich die Informationstechnologie beinahe in ein Instrument demokratischer Politik verwandeln."

Sehr wahrscheinlich hat Apple erstmals die Werkzeugmetapher im großen Maßstab populär gemacht. Das Leitbild des Computers als Werkzeug statt als Maschine durchzieht fast alle Arbeiten von Wissenschaftlern und Visionären, die mit dem PC einen anderen Gestaltungsansatz verfolgt haben.

Wie paßt das alles damit zusammen, daß der strahlende Sieger des 2.Technikprojektes Bill Gates mit seiner Firma Microsoft heißt? Zur Wahrheit gehört, daß er den PC mit seinem MS-DOS wie ein Time-Sharing-Terminal aussehen ließ und die Benutzer mit Überbleibseln aus der längst vergessenen Fernschreiberzeit traktierte: „Bei dieser Art des Umgangs mit dem Computer muß man immer noch Schriftgelehrter sein. Der Mensch muß sich der Maschine anpassen, so wie er anfänglich Latein pauken mußte, um ein Buch überhaupt lesen zu können." (Klotz 1992, S. 10)

Die Grundlage für diesen Text lieferte Tepper 1996

56 Von den „Randerscheinungen" der Wirtschaftsinformatik

Bearbeitung von Fachaufgaben als auch zum Austausch von Dokumenten und zur Koordination mit anderen Benutzern genutzt werden. (s. Abb. A.III.5).

Durch die Verbreitung der an Objekten orientierten Benutzeroberfläche geschieht ein enormer Push in der Benutzerakzeptanz. Apple MacIntosh ist hier der Vorläufer, Microsoft folgt mit seiner Windows-Oberfläche. Dadurch werden Einarbeitungsmühsal und Einstiegsschwelle erheblich verringert. Anders als bei der Dialog-Metapher des 1. Projektes, bei der die Orientierung an Maschine und Formalismus im Vordergrund stand, ist es jetzt möglich, ursprünglich komplexe Programmiersachverhalte ohne große Fachkenntnisse abzubilden und zu manipulieren. An die Stelle des abstrakten Zeichenkettenaustausches treten Interaktionen, deren Merkmale im Wortsinne „handhabbare" Objekte sind. So schreibt Klotz (1992): „Diese Objekte repräsentieren unter anderem Gegenstände und Vorgänge aus der gewohnten Arbeitsumgebung und Erfahrungswelt der Benutzer in Gestalt intuitiver Metaphern. Entscheidend dabei ist, daß die Benutzer direkt in der simulierten Modell-Welt agieren können, ohne auf die abstrakte (und den Arbeitsablauf störende) Vermittlungsebene der versteckten Programme eingehen zu müssen. Durch anschaulich-unmittelbares Feedback entsteht beim Benutzer der Eindruck, als würde er direkt mit den Objekten des jeweiligen Gegenstandsbereichs umgehen, und nicht nur mit den (über viele Schichten komplexer Software vermittelten) symbolischen Repräsentationen dieser Objekte. Herkömmliche Dialog-Systeme stellen das Material als Arbeitsgegenstand nicht dar,

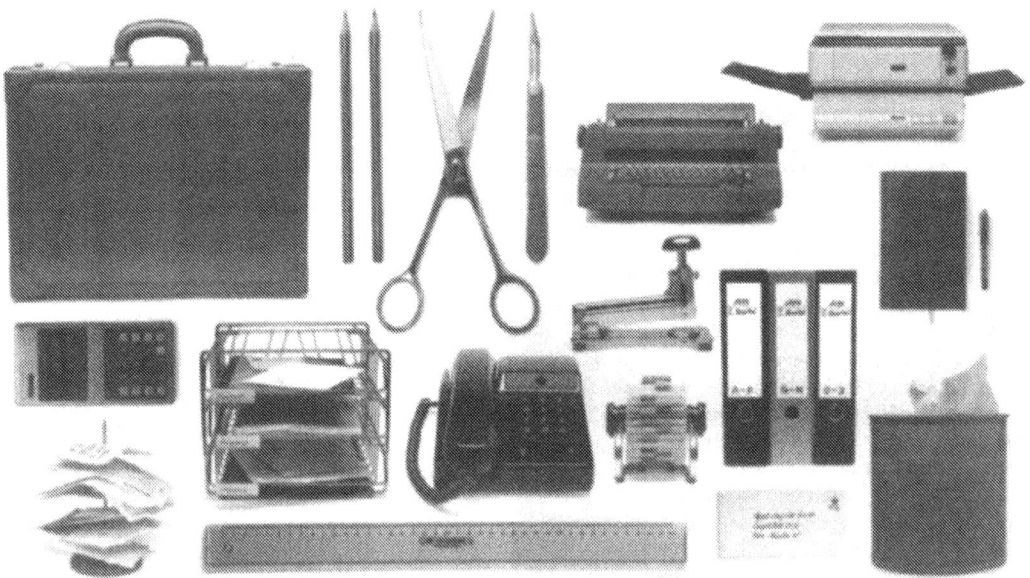

Abb. A.III.6
Die Schreibtischmetapher in der Apple-Werbung

sie beantworten die Anweisungen des Benutzers lediglich mit einer Beschreibung dessen, was passiert ist... Ganz anders bei werkzeugbasierten Systemen: Sie sind im Wortsinne ‚anschaulich', da der Benutzer die Gegenstände seiner Arbeit und deren Veränderung ständig vor Augen hat. An die Stelle der Aktionsvorschrift tritt die Aktion selbst... Es geht nicht um Oberflächen als optische Verpackung von Anwendungen, sondern um Interaktionsformen – um die Frage, ob man Operationen erst maschinengerecht beschreiben muß oder direkt ausführen kann" (Klotz 1992, S. 25).

Einige mächtige Akteure aus der Welt der Hostrechner-Systeme, aber auch Management und Systementwickler sehen die Verbreitung der Personalcomputer in Organisationen – oder wie sie gerne sagen: den „Wildwuchs" – mit einem weinenden und einem lachenden Auge: Man beäugt eher mißtrauisch, daß sich da ungeplant ein neues Technikkonzept verbreitet, das die abgenutzten, aber nie tatsächlich umgesetzten Leitbilder „Werkzeug und Medium" einzulösen vermag. Die neuen Akteure, Hersteller wie Microsoft und Apple, werden von den Etablierten lange Zeit nicht Ernst genommen: sie räumen den PC-Hard- und Softwareherstellern allenfalls Marktchancen für den Homecomputerbereich ein, jedoch nicht für Organisationen. Die Systemgestalter sind deshalb skeptisch, weil dafür anfangs keine oder kaum erprobte Verfahren und Methoden der Softwaretechnik zur Verfügung stehen, aber auch, weil ihr Expertenstatus plötzlich in Frage gestellt ist.

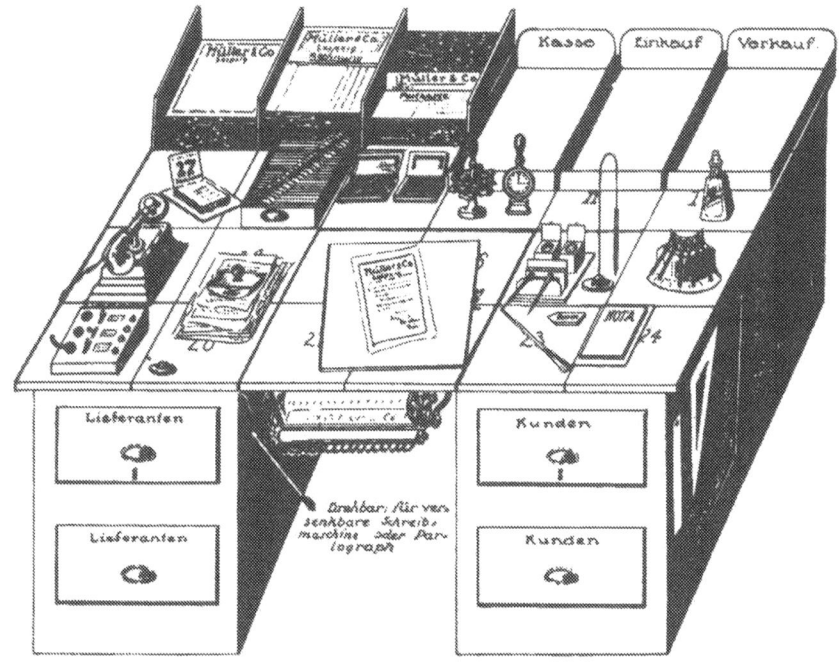

Abb. A.III.7
Der tayloristische Schreibtisch

58   Von den „Randerscheinungen" der Wirtschaftsinformatik

Das lachende Auge der etablierten Akteure sieht, daß sich hier ein unerwarteter und von vielen Benutzern akzeptierter oder gar gewünschter Einsatz der IT ankündigt, der dem auf der Strecke bleibenden Projekt MIS neuen Schwung geben kann. Indem man die Werkzeugnutzung akzeptiert, gleichzeitig aber die Personalcomputer sternförmig mit dem Host vernetzt, verspricht man sich mehr MIS-Akzeptanz, Freiwilligkeit und Motivationssteigerungen von solchen Personenkreisen, die sich mit der Computernutzung bisher eher schwertun.

In diesen beiden Nutzungskonzepten liegt die *Janusköpfigkeit* der Personalcomputer, zugleich werden die Pole eines neuen Spannungsfeldes erkennbar:

- Der PC kann als Terminalemulation eingesetzt werden, so daß mit ihm das MIS-Projekt und auch die Verdichtung der Formalisierungslücke vorangebracht werden. In diesem Fall dient der Personalcomputer als Systemendgerät.
- Der Personalcomputer kann auch als autonomes Werkzeug des Benutzers genutzt werden, das zugleich als Medium auch die Koordination mit anderen Arbeitsplätzen und Gruppen erlaubt. Diese Vision ist weit weg von MIS, betrieblicher Systemintegration, Zentralisierung und Hierarchie. Sie hat viel mit Dezentralisierung, Autonomie und Selbstorganisation zu tun, die mit PC, PC-Anwendungsprogrammen und Netzwerken realisiert werden soll. Dies ist der Spannungsbogen, der mit dem Aufkommen der Personalcomputer in Organisationen erkennbar wird (vgl. Abb. A.III.1).

Bei den DV-Herstellern spiegelt sich die Janusköpfigkeit in den Vertriebsstrategien wider. Je nach Zielgruppe und Marktsegment findet sich die Propagierung der beiden kontroversen Leitbilder: Solange die Hersteller den PC-Benutzer ansprechen, stellen sie die Werkzeugperspektive in den Vordergrund, beim DV-

Optionen der PC-Nutzung in Organisationen

(1) Terminalemulation

    Schließen der Formalisierungslücke in der „MIS-Welt"

(2) Werkzeug und Medium im Netzwerk der Akteure

    Unternehmensorganisation als PC-Netzwerk

(3) Mischform: Terminal, Werkzeug und Medium

    Werkzeug bzw. Medium und Terminal in „MIS-Welt"

(4) Minirechner für Klein- und Mittelbetriebe

Abb. A.III.8

Die Option (1) ist laut Nurminen ein zu vermeidendes Übel, weil sie ein zu simples, der Realität nicht angemessenes Modell repräsentiert. Option (2) dagegen bindet Wissen und Informationen an ein Subjekt oder eine Gruppe, die im Unterschied zum Rechner Informationsgehalt und Anwendungskontext einzuordnen wissen. Im Vordergrund stehen Koordination und Kommunikation, das Problem der Komplexität ist zum großen Teil auf die Ebene der Koordination und Vernetzung der Personalcomputer verschoben. Es hat deshalb an Gewicht verloren, weil es jetzt kein Problem der Systementwicklung und -integration mehr ist, sondern der organisatorischen Koordination (vgl. Nurminen 1988, 125ff).

Management dagegen wird lange Zeit das Systemendgerät und das MIS ins Blickfeld gerückt. Besonders deutlich kommt die Werkzeugperspektive beim Hersteller Apple und seinen Macintosh-Rechnern zum Ausdruck. Da er fast ausschließlich das Marktsegment Endbenutzer anpeilt, tritt die Integrationsperspektive in den Hintergrund.

Für viele Klein- und Mittelbetriebe bietet der Personalcomputer den Einstieg in die Datenverarbeitung. Durch PC und Branchenanwendungsprogramme wird der Einsatz der Datenverarbeitung für diese Betriebe finanziell erschwinglich. Im Vordergrund der Nutzung steht hier der Einsatz als Automations- und Informationssystem für Fakturierung, Buchhaltung und Auftragsabwicklung.

Ist die Orientierung „PC als Werkzeug und Medium im Netzwerk der Akteure" ein tragfähiges Leitbild für die IT-Gestaltung der gesamten betrieblichen Organisation?

Wir wissen heute, daß die neue Orientierung alte Denktraditionen aufzurauhen vermocht hat und neue organisatorische Wege aufgezeigt hat. Informatik-Konzepte wie „client-server- Architekturen" oder „verteilte Systeme" sind ebenfalls in diese Richtung gegangen, auch wenn sie nicht zwangsläufig entsprechende Organisationskonzepte nach sich ziehen müssen.

In jedem Fall wurde die „MIS-Welt" etwas angekratzt, die mehr als zwei Jahrzehnte als einzig denkbare Alternative galt.

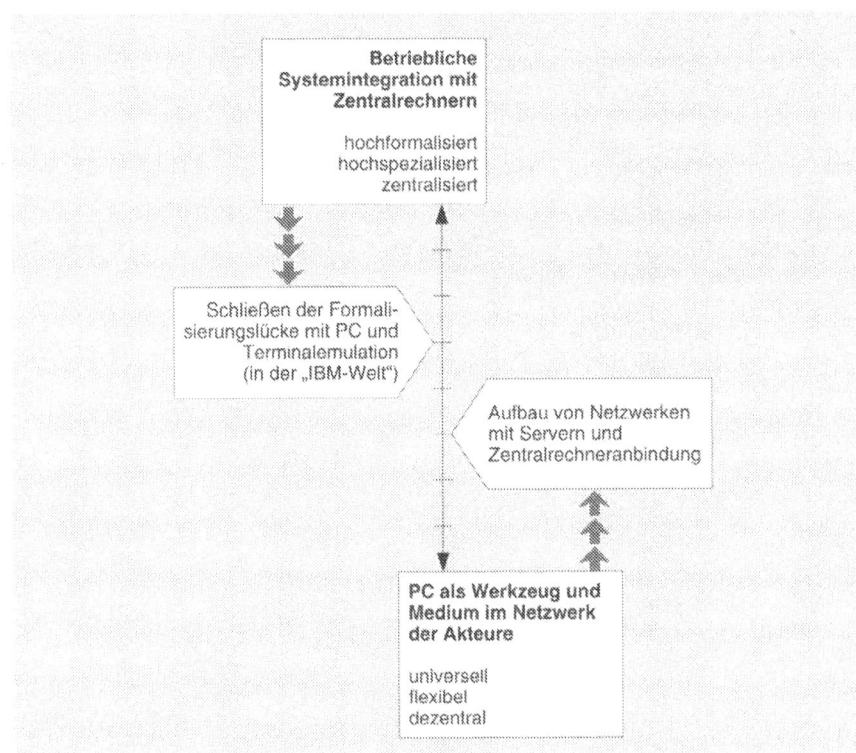

Abb. A.III.9
Zwischen den Polen des Spannungsfeldes

Vom „dummen" Terminal zum Internet-PC

Wie wir heute wissen, ist die Technikentwicklung nicht beim PC und client-server-Systemen stehengeblieben. Um den Übergang von den beiden historischen Projekten zur Gegenwart herzustellen, im folgenden einige Anmerkungen zu aktuellen Diskussionen.

Der Oracle-Chef Larry Ellison nennt den PC ein historisches Mißgeschick. Seiner Auffassung nach ist der PC ein Gerät, das Ingenierue lieben können (Der Spiegel 1988). Sein Favorit ist der Netzcomputer bzw. Intranet-PC; er ist eine neue Option im Techniknutzungspfad mit einem Hauptspeicher von 8 Megabyte, ohne Festplattenkapazität und einem Preis um 200 Dollar. Daten und Software bezieht der Rechner über das Netz. Die neue Idee soll mit der Programmiersprache Java realisiert werden: Der Nutzer soll nicht mehr das gesamte Softwareprogramm kaufen und in seinem PC vorrätig halten, sondern nur die jeweils benötigten Portionen bzw. Komponenten „on demand" abrufen. Die Software liegt in der Sun-Programmiersprache Java in Form kompakter Module, sogenannter Applets, auf dem Server bereit und wird bei Bedarf über das Netz an die jeweiligen Internet-PC transferiert. Wer eine Textverarbeitung nutzen oder ein Spiel spielen will, least entsprechende Applets und bezahlt jeweils nach Gebrauchsdauer.

Die Furcht vor Java und Sun Microsystems hat bei etablierten Herstellern hektische Aktivitäten ausgelöst: Microsoft wird Milliarden Dollar in Projekte investieren, um gemeinsam mit Intel die Integration von Microsoft-Programmen in das Internet voranzutreiben. Im Vordergrund stehen Standards für Bild-, Sprachen- und Datenkommunikation. Dennoch ist der Chip-Hersteller Intel wenig glücklich, Intel-Manger Carl Everett laut Spiegel 13/1996, S. 212: „Wer das propagiert, will die Uhr des Fortschritts zurückdrehen. PC-Benutzer wollen Rechenleistung und keine Kompromisse." Die IBM steht dieser Entwicklung dagegen positiv gegenüber, sieht sie doch eine Renaissance der Jumborechner und der fast dummen Terminals kommen. Ohne gleichzeitigen Ausbau der Netzkapazitäten wird der heute bereits vorhandene Datenstau im Internet allerdings weiter wachsen und diese Entwicklung stoppen.

Für Anwenderorganisationen könnte die Java-Option interessant sein: Firmennetze lassen sich für ein internes Internet, das sog. Intranet, nutzen. Die Applets werden auf dem Firmenserver bereitgestellt. Im Vergleich zum Firmen-PC ist der Internet-PC günstig, der Wartungsaufwand vor allem verursacht durch Software-Updates und Hardware-Aufrüstungen wird sinken, langwierige Fehlersuchen können vermieden und Spielprogramme während der Arbeitszeit unter Kontrolle gehalten werden.

Der Internet-PC könnte auch die Umsetzung von Organisationskonzepten beschleunigen, die darauf abzielen, die Bindung des Mitarbeiters an einen festen Arbeitsplatz aufzulösen. Der Internet-PC erlaubt den Arbeitsplatzwechsel, ohne den Zugriff auf persönliche Informationen zu verlieren. Dies bringt dem Unternehmen Kostenvorteile, weil auch heute schon viele Mitarbeiter in verschiedenen Projekten parallel arbeiten und häufig nicht an ihrem Arbeitsplatz sitzen, er aber dennoch vorgehalten wird. Auch Telearbeit, die in der Regel mit einer zeitweisen Anwesenheit im Firmenbüro verbunden sein wird, könnte diese neue technische Option attraktiv machen.

Die Entwicklung vom „dummen" Terminal zum Internet-PC zeigt die nebenstehende Abb. A.III.10.

Technikprojekte und Techniknutzungspfad 61

Abb. A.III.10

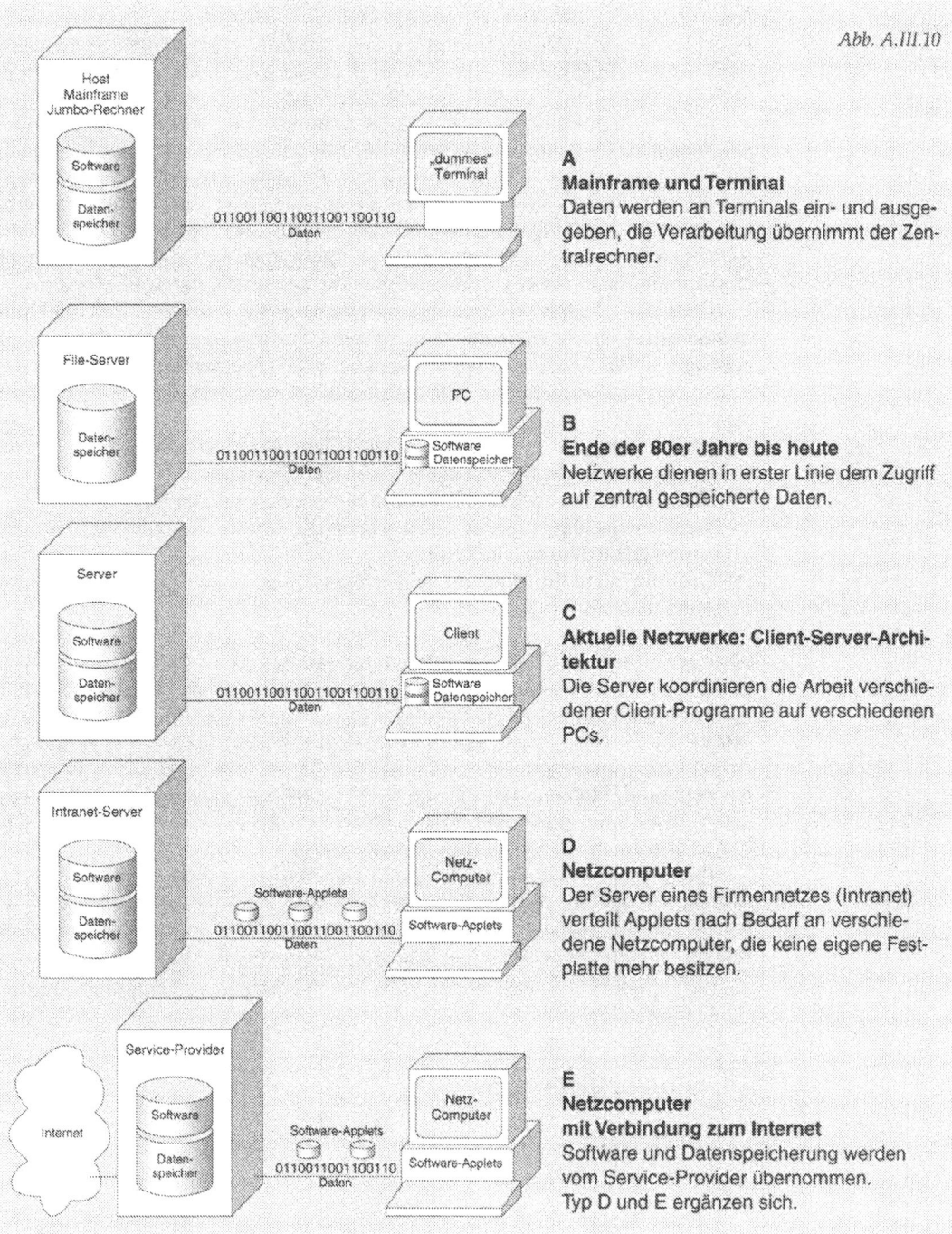

A
Mainframe und Terminal
Daten werden an Terminals ein- und ausgegeben, die Verarbeitung übernimmt der Zentralrechner.

B
Ende der 80er Jahre bis heute
Netzwerke dienen in erster Linie dem Zugriff auf zentral gespeicherte Daten.

C
Aktuelle Netzwerke: Client-Server-Architektur
Die Server koordinieren die Arbeit verschiedener Client-Programme auf verschiedenen PCs.

D
Netzcomputer
Der Server eines Firmennetzes (Intranet) verteilt Applets nach Bedarf an verschiedene Netzcomputer, die keine eigene Festplatte mehr besitzen.

E
Netzcomputer mit Verbindung zum Internet
Software und Datenspeicherung werden vom Service-Provider übernommen. Typ D und E ergänzen sich.

Neue Orientierungen in Gesellschaft und Wissenschaft

Es sind nicht allein Personalcomputer, die neue Trends und Modelle in Organisationen unterstützen. Auch kulturelle und wissenschaftliche Orientierungen gehen in den 80er Jahren in eine ähnliche Richtung.

In der Organisationstheorie werden Stimmen laut, die dem Management empfehlen, stärker auf Selbstorganisation und selbstgesteuerte Koordination der Mitarbeiter zu setzen. Hier geht es um Selbstorganisation, selbstreferentielle Systeme und Chaostheorie. Der Glaube daran, daß vieles planbar oder steuerbar ist, die große Hoffnung der 60er und 70er Jahre, nimmt rapide ab. Die Organisationstheorie erwartet vom Leitbild Selbstorganisation weniger Bürokratie, mehr Flexibilität und ein besseres Ausschöpfen der Kreativität der Beschäftigten.

Die klassische System- und Organisationstheorie unterstellt, daß die Unternehmensumwelt die Elemente eines Systems direkt ansteuert und dadurch vorhersagbare Wirkungen eintreten. Die neue Sicht argumentiert, daß das System durch externe Parameter zur Selbstorganisation veranlaßt wird. Sie geht davon aus, daß

- sich die Elemente eines Systems in ständiger Wechselwirkung befinden, wodurch neue Strukturen entstehen (Evolutionsprinzip),
- es keine starren Strukturen, sondern Bewegungsprozesse gibt,
- Wechselwirkungsprozesse nicht vorrangig lineare Kausalketten, sondern vernetzte Strukturen sind und
- Ordnung nicht durch äußere Steuerungsorgane sondern durch Selbstorganisation entsteht.

Softwaretechnik und Software-Ergonomie sind seit Mitte der 80er Jahre, ausgehend von Skandinavien und Nordamerika, daran beteiligt, betriebliche Nutzungskonzepte für vernetzte Personalcomputer zu entwickeln. Auf der Basis der Metaphern Werkzeug und Medium werden Softwarekonzepte für kooperative Arbeit (Computer-supported-cooperative-work: cscw bzw. Groupware) erarbeitet. Winograd/Flores entwickelten den „Coordinator", eine der ersten marktfähigen Softwareprodukte, zahlreiche weitere cscw-Produkte folgten. Heute wird diese Software in vielen Organisationen genutzt.

Das 2. Projekt setzt auf den Computer als Werkzeug oder Medium. Dabei ist erstaunlich, daß das Kernprodukt des 2. Projektes geboren wurde als Kind des kalten Krieges *und* der Blumenkinder, von Weltverbesserern *und* Elektronik-Freaks, von Großkonzernen *und* Garagenfirmen, von Wissenschaftlern, die den Gewerkschaften, *und* anderen, die dem amerikanischen Verteidigungsministerium nahestanden.

Literaturempfehlungen

M. Nurminen: People or Computers: The Ways of looking at information systems. Lund 1988

Werner Rammert: Technik aus soziologischer Perspektive. Opladen 1993

Teil B

Modelle, Methoden und Software

Gestaltung von Informationssystemen in Organisationen

I.
Organisatorische und softwaretechnische Grundlagen
Seite 67

II.
Softwareprodukte und Softwarekonzepte für Organisationen
Seite 97

III.
Ein Gestaltungsmodell
Seite 169

IV.
Organisationsoptionen
Seite 169

V.
Technikoptionen
Seite 205

In diesem Abschnitt geht es um das „Herstellen", es steht die konstruktive Gestaltung von Informationssystemen im Mittelpunkt. Bekanntlich sieht die *Wirtschaftsinformatik* ihre Hauptaufgabe darin, Ausschnitte der Realität in Informationssystemen zu repräsentieren. Zu diesem Zweck entwickelt sie Modelle, Methoden, Werkzeuge, Software etc. mit der Absicht, Wissen, Analyse, Entwurf, Implementierung oder Installierung von Informationssystemen voranzubringen. Die Frage, die im folgenden vor allem interessiert ist, wie bekommen wir die vielfältigen Modelle, Methoden, Softwareentwicklungen und Informationssysteme in den Griff?

*Heinrich (1993, S. 13) spricht von der **Wirtschaftsinformatik** als „(Re-)Konstruktionslehre für Informationssysteme".*

Die Dramaturgie von Teil B ist erklärungsbedürftig. Sie verfolgt das Ziel, nach und nach ein Verständnis für eine erweiterte Sichtweise der Wirtschaftsinformatik zu entwickeln. Erst am Ende von Teil B wird die vollständige Plattform erkennbar. Die einzelnen Abschnitte bauen aufeinander auf.

Zunächst geht es um einige organisatorische und softwaretechnische Grundlagen (Kapitel B.I). Sie sind notwendig, um die Vielzahl der in Unternehmenspraxis und Wirtschaftsinformatik heute diskutierten Modelle, Methoden, Anwendungsentwicklungen und Standardsoftwarepakete zu verstehen. Wir werden dann vier Optionen exemplarisch herausgreifen, wobei zwei, die Standardanwendungssoftware SAP R/3 und die Softwareentwicklungsmethode WAM, zwei Pole bei der Gestaltung von Informationssystemen darstellen (Kapitel B.II). SAP R/3 steht dabei für eine weltweit erfolgreiche Standardanwendungssoftware und für ein die gesamte Unternehmensorganisation abdeckendes Prozeßmodell. WAM dagegen orientiert sich an Individualsoftwareentwicklung, objektorientierter Modellierung und Unterstützung des Einzelarbeitsplatzes. Hier steht die Unterstützung des qualifizierten Sachbearbeiters im Vordergrund. Zwischen diesen Polen liegen viele denkbare und tatsächliche Optionen. Wir werden auf zwei weitere, das Softwareprodukt Lotus Notes und das Semantische Objektmodell (SOM) von Ferstl/Sinz, eingehen.

Wir setzen uns damit dem Vorwurf aus, Äpfel mit Birnen zu vergleichen, also Methoden mit Softwareprodukten. In der Praxis ist die Entscheidung zwischen solchen oder ähnlichen Optionen durchaus die typische Konstellation.

Es sprechen mehrere Gründe für den Aufbau dieses Spannungsfeldes und der beiden Pole: Zum einen gestatten sie eine didaktisch befriedigende Darstellung der Vielzahl der aktuell diskutierten Modelle und Methoden. Zum zweiten weisen sie auf das grundlegende Dilemma jeder Organisations- und Softwareentwicklung in Unternehmen hin: Ist vom Individuum oder von den überindividuellen Anforderungen von Organisationen auszugehen? Was hat Priorität: das Individuum oder die Organisation? Diesem Dilemma, so schon ein Ergebnis in Kapitel A.III, müssen sich Wirtschaftsinformatik und Softwarepraxis stellen. Wir erhoffen uns durch dieses Vorgehen eine Lösung dieses Dilemmas. Mit der Darstellung eines Gestaltungsmodells für die Organisations- und Wirtschaftsinformatik (OWI) legen wir einen entsprechenden Entwurf vor (Kapitel B.III).

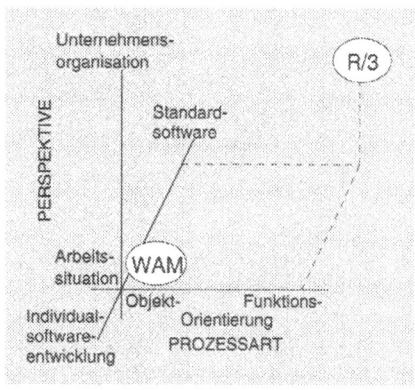

Abb. B.0.1: Einordnung von SAP und WAM

66 Modelle, Methoden und Software

Eine wichtige Konsequenz des OWI-Gestaltungsmodells ist, daß die Wirtschaftsinformatik vor allem ihr Aufgabenfeld in der Aufbereitung, Klassifizierung, Bewertung und Weiterentwicklung von Technik- und Organisationsoptionen sehen muß. Entsprechend wird ausführlich auf Organisationsoptionen (Kapitel B.IV) und IT-Optionen (Kapitel B.V) eingegangen.

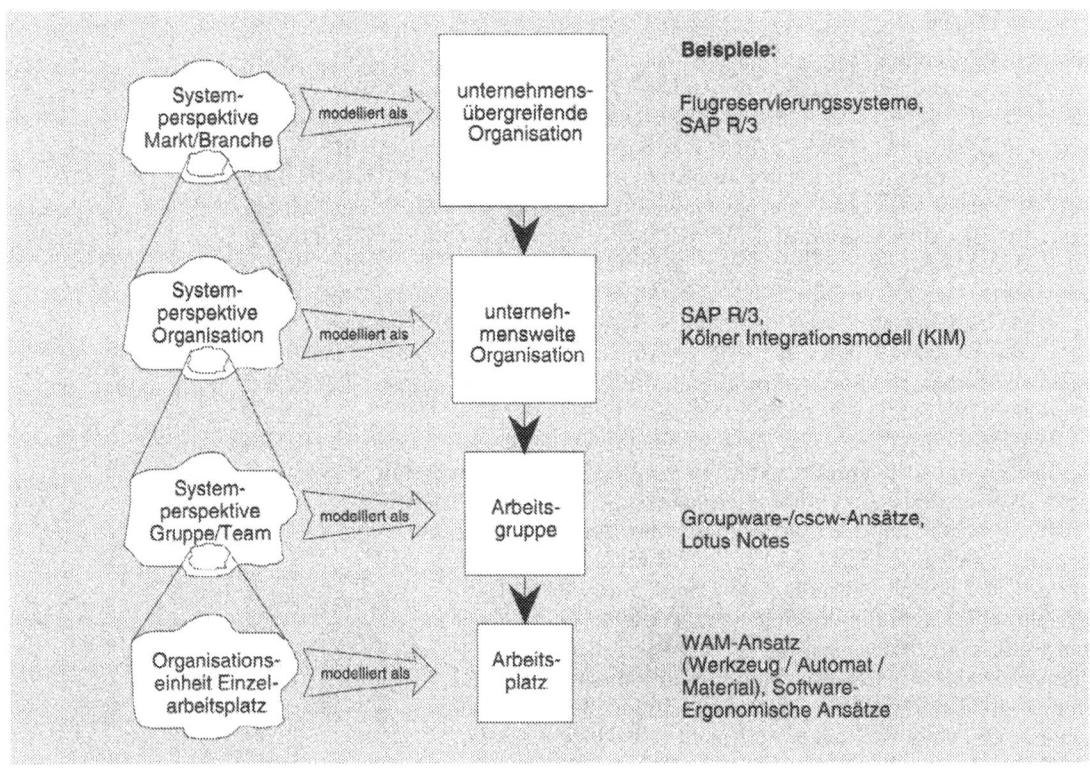

Abb. B.0.2: *Sichtweisen der Wirtschaftsinformatik auf die Gestaltung von Informationssystemen (IS)*
Die Abbildung gestattet eine erste Einordnung der heute diskutierten Entwicklungen und Ansätze in der Wirtschaftsinformatik: So legen z.B. Groupware-Ansätze den Blick auf die Organisationseinheit Gruppe. SAP R/3 läßt sich bei den Perspektiven unternehmensweite und -übergreifende Organisation einordnen usw. Der Gegenstand der Gestaltung von Informationssystemen liegt sowohl bei der Modellierung der jeweiligen Anwendungsdomäne wie bei der Einbindung des fokussierten Informationssystems. Dabei gehen die meisten Modellierungsansätze von einer Top-down-Sicht aus: Was zentral geplant ist, kommt problemlos unten an.

I.
Organisatorische und softwaretechnische Grundlagen

1. Organisationsschätze und Organisationsmoden

Im Zuge rasanter Marktveränderungen seit Ende der 80er Jahre ist in vielen Unternehmen Unruhe aufgekommen. Die sich verstärkende Internationalisierung der Märkte hat den Veränderungsdruck verstärkt. Zahlreiche unscharfe Begriffe sind in aller Munde, sie sollen Unternehmen durch Reorganisation „fitmachen": Lean Management, Lean Production, Just-In-Time, Workflow Automation oder Business Process Reengineering heißen die neuen Modewörter der Managementliteratur. Sie haben alle etwas mit Prozeßorientierung zu tun. Es fällt oft schwer, das Neue an diesen Konzepten zu entdecken, sie kommen uns zuweilen aufgewärmt vor. Skepsis ist auch angebracht hinsichtlich ihres „Verfallsdatums". Um dies erkennen zu können, sollen in diesem Abschnitt einige in Vergessenheit geratene „Organisationsschätze gehoben" werden.

1.1 Zeitgeist, Leitbilder und Prozeßgenese

Die seit Jahrzehnten rückblickend recht stabilen Strukturen in Organisationen genügen offensichtlich nicht mehr den neuen Bedingungen, die Prozeßorientierung bzw. sog. Geschäftsprozesse rücken in Organisationen in den Vordergrund. Die bislang hierarchisch gegliederte, eher statische Aufbauorganisation wird von einer dynamischen, die Prozesse und weniger die Struktur als den Kern einer Organisation begreifende Sicht, abgelöst („structure follows process").

Um die zahlreichen Facetten der aktuellen Diskussionen, auf die sich viele Organisations- und Softwarekonzepte beziehen, zu verstehen, werden im folgenden zunächst die Begriffe Funktions-, Verrichtungs- und Prozeßorientierung erklärt.

Funktions- und Verrichtungsorientierung

Traditionell sind Unternehmen eher funktionsorientiert organisiert. Während unter Funktionen eher Aufgaben wie Schreiben, Buchen, Kommunizieren oder Verhandeln verstanden werden, stehen bei Verrichtungen zumeist körperliche Aktivitäten im Vordergrund.

Beim funktions- oder verrichtungsorientierten Organisationsprinzip führen die Mitarbeiter häufig nur wenige Funktionen bzw. Verrichtungen an wenigen Objekten aus, diese werden dann an andere Mitarbeiter weitergegeben. Objekte können dabei sowohl Formulare wie Lieferscheine oder Rechnungen als auch Maschinen oder Artikel im Produktionsbereich sein. Schwerpunkt der Sichtweise ist die Elementarisierung der Funktionen bzw. Verrichtungen bei Fixierung auf stellen- oder abteilungsgebundene Arbeitsumfänge: Dieses Denken dokumentiert sich in der betriebswirtschaftlichen Organisationslehre. Es ging ihr um die Aufgabenanalyse und Aufgabensynthese, d. h. eine Aufgabe wurde in Teilaufgaben unterteilt und Stellen zugewiesen. Die Ablaufgestaltung war zweitrangig, sie hatte sich dem Vorgang der Aufgabenanalyse und -synthese unterzuordnen. So sind beispielsweise in der Auftragsabwicklung viele Köpfe und Hände mit der kleinteiligen Bearbeitung beschäftigt. Der Ablauf ist fehleranfällig. Es sind viele Übergaben notwendig, die koordiniert werden müssen. Jede Übergabe bringt Liege- und Wartezeiten mit sich, die Steuerung der verteilten Verrichtungen wird zum Problem.

Bei dieser arbeitsteiligen Organisation müssen die Mitarbeiter nicht besonders qualifiziert sein, da sie lediglich kleine Ausschnitte mit häufig hohem Wiederholungsgrad erledigen und nur hierfür verantwortlich sind. Die Arbeit bleibt billig, da fast jeder dafür zu gebrauchen ist. Überblick und Verantwortung für den Gesamtablauf gehen so zwangsläufig verloren. Es ist häufig nicht bekannt, wo sich das Bearbeitungsobjekt gerade befindet. Der Ablauf ist durch die vielen Übergaben fehleranfällig und langsam. Jeder Bearbeitungsschritt erfordert in der Regel eine überschaubare Zeit der Einarbeitung. Entscheidungen sind schwierig, da viele Stellen ihre Zustimmung geben müssen. Schnelle Anpassungen an den Markt sind kaum möglich. Strukturänderungen können wegen der vielen Beteiligten nur in kleinen Schritten vorgenommen werden. Die zur Steuerung und Kontrolle eingerichteten hierarchischen Strukturen nehmen wiederum nur Teilbereiche in den Blick.

Die hier beschriebene Arbeitsorganisation hat u.a. ihre Wurzeln in den Arbeiten von F.W.Taylor und Henry Ford. Beide haben einen großen Einfluß auf die Organisation des 20. Jahrhunderts gehabt. Deshalb sind einige Originaltexte in Teil D. abgedruckt.

Prozeßorientierung

Prozeßorientierung ist zunächst eine neue Sichtweise auf die Organisation eines Unternehmens mit großen Auswirkungen: Bei der Ablauforientierung steht der zweckmäßige Zuschnitt von Funktionen oder Verrichtungen auf Stellen und Abteilungen im Vordergrund, bei der Prozeßorientierung interessiert dagegen der Durchlauf des Auftrages bzw. Produktes durch das Unternehmen. Während in der traditionellen Organisationslehre die Stellenbildung betrachtet und erst dann der *Ablauf* geplant wurde, haben jetzt Teilprozesse und ihre Verknüpfung zu sog. Prozeßketten Priorität, die Stellenbildung ist nachrangig geworden (siehe hierzu die Box „Das Analyse-Synthese-Konzept", S. 70). Absicht ist, die Unternehmensaktivitäten organisatorisch zu verknüpfen und Transparenz über Prozesse und Betriebsgeschehen herzustellen.

Für den einzelnen Mitarbeiter bedeutet Prozeßorientierung, daß er für einen Kundenauftrag innerhalb der Prozeßkette, und dementsprechend alle Prozeßbeteiligten für das Gesamtergebnis ihrer Prozesse verantwortlich sind. Das Management verspricht sich von der Prozeßorientierung neben erhöhter Transparenz, Arbeitskräfte und Materialressourcen einzusparen und den Auftragsdurchlauf durch reduzierte Liegezeiten zu beschleunigen. Rationalisierungsmaßnahmen können jetzt besser in ihren Gesamtauswirkungen für den Betrieb beurteilt werden.

Nach Eversheim (1996, S. 19) sind zwei Prozeßketten – er nennt sie Kernprozesse – besonders wichtig und wettbewerbsentscheidend: Einmal der Prozeß der Produktentwicklung in Unternehmen der Serien- und Massenproduktion und zum anderen die Auftragsabwicklung in der Einzel- und Kleinserienproduktion. Die Teilprozesse eines Unternehmens sollen, ähnlich einem Flußdelta, mit dem Kernprozeß zusammenlaufen.

In diesem Sinne ist auch ein Unterschied zwischen Prozeß und **Ablauf** *zu machen: Die Ablauforganisation folgt der Stellenbildung nach, bei Prozessen ergibt sich aus der Prozeßgestaltung häufig eine neue Aufbauorganisation*

Prozesse lassen sich durch einige gemeinsame Merkmale beschreiben, sie
- sind abteilungsübergreifend,
- besitzen einen definierten Beginn und ein definiertes Ende,
- betrachten Parameter wie Personen, Material, Daten, Durchlaufzeiten,
- setzen sich aus Teilprozessen zusammen, die sequentiell oder parallel ausgeführt werden können und
- integrieren externe Parameter wie Kunden und Lieferanten in die Prozesse.

Die Hinweise zur Prozeßorientierung haben an dieser Stelle nur einführenden Charakter. Ausführlicher werden wir uns mit der Frage, ob jeder Prozeßmodellierung nicht ein Prozeßverstehen vorausgehen muß, in B.I.1.1 auseinandersetzen.

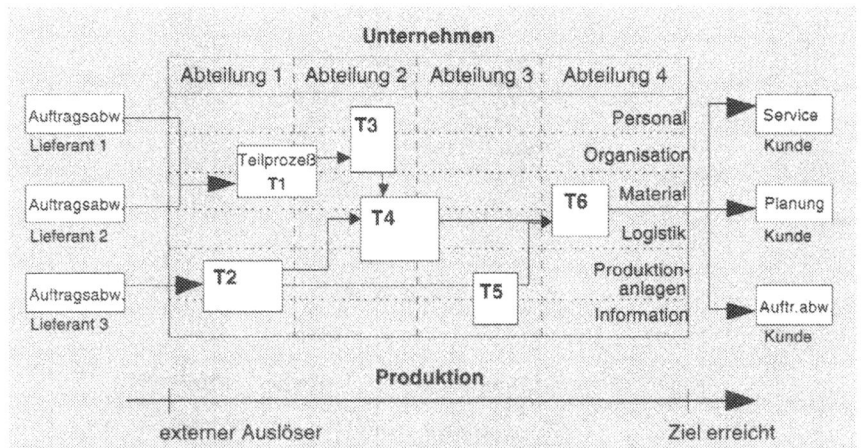

Abb. B.I.1
Geschäftsprozesse (vgl. Bullinger 1993)

Das Analyse-Synthese-Konzept
Ein aufbauorganisatorisches Modell von Kosiol

Neben Nordsiecks Beziehungs- und Ablauflehre gehört das Analyse-Synthese-Konzept von Kosiol zu den Grundlagen der klassischen betriebswirtschaftlichen Organisationslehre.

Kosiol übernimmt die Trennung von Aufbau- und Ablauforganisation. Während sich die Aufbauorganisation auf „die Gliederung des Betriebes in aufgabenteilige Einheiten und ihre Koordination bezieht, handelt es sich bei der Ablauforganisation um die raum-zeitliche Strukturierung der Arbeits- und Bewegungsvorgänge. Hierbei wird der Betrieb als Prozeßphänomen behandelt, wobei es um die Bestimmung von Arbeitsgängen und ihre Zusammenfassung zu Arbeitsgangfolgen, die Leistungsabstimmung, die Regelung der zeitlichen Belastung von Arbeitsträgern sowie um die Ermittlung kürzester Durchlaufwege geht" (Kosiol 1973, S. 174f).

Entscheidend für Kosiols Sicht ist seine Absicht, daß er das „Zusammenpacken" von Aufgaben auf einzelne Stellen optimieren möchte. Er hat dabei die Stellen und Abteilungen, jedoch nicht die Gesamtorganisation im Blick. Erst nach Lösung der Stellenbildung interessiert ihn die Ablauforganisation.

Kosiol schlägt vor, zunächst von der raum-zeitlichen Prozeßstrukturierung (Ablauforganisation) zu abstrahieren, um die Aufgabenstruktur (Aufbauorganisation) eines Betriebes herausschälen zu können: „Diese methodisch wichtige, gedanklich isolierende Abstraktion von Aufbau und Ablauf erweist sich für das schwierige Anliegen einer Gebilde- und Prozeßstrukturierung als sehr fruchtbar, da sie ein stufenweises Vorgehen ermöglicht... Beide Teilstrukturen bedingen sich gegenseitig und bauen aufeinander auf, wobei die Aufbauorganisation den zugrundeliegenden aufgabenmäßigen Rahmen für den Vollzug des Arbeitsprozesses darstellt" (S. 174).

Ausgangspunkt für Kosiols aufbauorganisatorisches Gestaltungsmodell ist das Begriffspaar *Aufgabenanalyse* und *Aufgabensynthese*.

Mit der Durchführung einer *Aufgabenanalyse* werden die zur Erfüllung der Gesamtaufgabe notwendigen Teilaufgaben analytisch ermittelt. Es wird eine schrittweise Zerlegung oder Aufspaltung der Gesamtaufgabe in ihre einzelnen Bestandteile vorgenommen. Dadurch werden alle für die Erreichung des Betriebszieles erforderlichen Teilaufgaben festgestellt, unabhängig von der erst später bei der Aufgabensynthese zu gestaltenden Aufbauorganisation. Bei der Aufgabenanalyse geht es darum, die Aufgaben einer Organisation oder eines Aufgabenträgers (Person) inhaltlich zu bestimmen und in verteilungsfähige Teilaufgaben zu zerlegen.

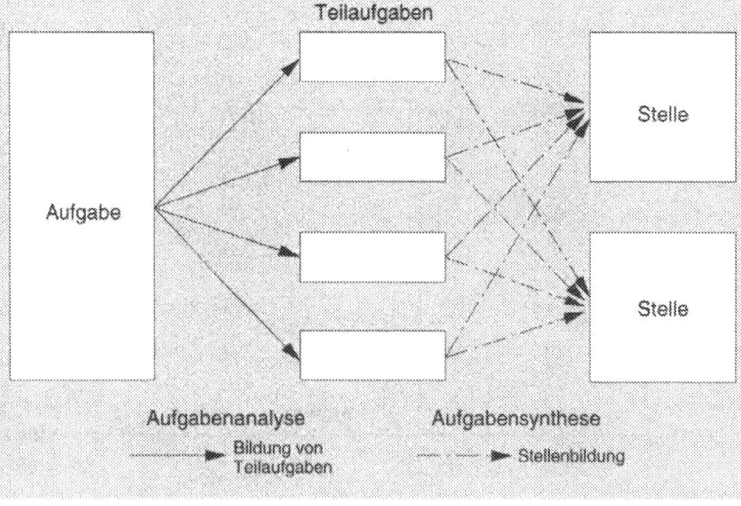

Abb. B.I.2
Das Analyse-Synthese-Konzept von Kosiol

Die Aufgabenanalyse stellt nur eine vororganisatorische Tätigkeit dar, der eigentliche ordnende Eingriff beginnt mit der *Aufgabensynthese*. Die Aufgabensynthese besteht aus der Bündelung und Zuordnung von Aufgaben zu Stellen. Der Stellenbildung folgt die Stellenbesetzung, also der Zuordnung der Stellen auf Aufgabenträger. Es schließt sich die Zusammenfassung der Stellen zu organisatorischen Einheiten an.

Aufgaben sind das zentrale Element organisatorischer Gestaltung. Offen ist dabei noch, nach welchen Grundsätzen Aufgaben bei der Analyse zerlegt bzw. bei der Synthese gebündelt bzw. zusammengefaßt werden können.

Bei der Aufgabenanalyse wie bei der Aufgabensynthese können das *Verrichtungsprinzip* (Zusammenfassung gleichartiger Verrichtungen an unter Umständen unterschiedlichen Objekten) oder das *Objektprinzip* (Zusammenfassung der Teilaufgaben, die sich auf die gleichen Objekte beziehen) zur Anwendung kommen. Die Zusammenfassung gleichartiger Verrichtungen bedeutet also zugleich eine Zusammenfassung ungleichartiger Objekte. Stehen gleichartige Objekte im Vordergrund, so sind damit ungleichartige Verrichtungen verbunden.

Die Begriffe Verrichtung und Objekt sind sehr allgemein, zugleich liegt darin ihre Leistungsfähigkeit. Der Begriff Verrichtung resultiert vor allem aus der in den 60er Jahren noch großen Bedeutung des Produktionsbereiches. Begriffe wie Handlung, Tätigkeit, Funktion und Operation sind uns heute geläufiger, da der Dienstleistungsbereich wesentlich an Bedeutung gewonnen hat.

Kosiol stellt, ausgehend vom Analyse-Synthese-Konzept, mit der Arbeitsanalyse und -synthese ein analoges, ablauforganisatorisches Modell vor. Doch es wird schnell deutlich, daß er aufbauorganisatorischen Fragen erheblich größere Bedeutung beimißt. So ist Kosiol vor allem durch sein aufbauorganisatorisches Analyse-Synthese-Konzept in Erinnerung geblieben.

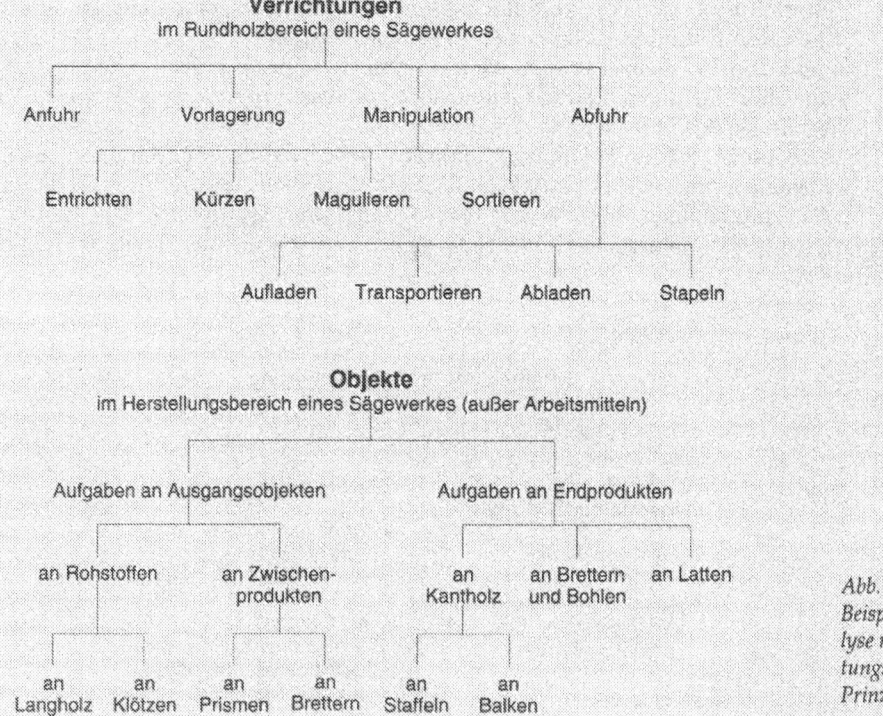

Abb. B.I.3
Beispiele für eine Analyse nach dem Verrichtungs- und Objekt-Prinzip

Ablaufsteuerung versus objektorientierte Prozesse

Irrtümlicherweise setzen viele Autoren Prozeßgestaltung mit Ablaufsteuerung gleich. So z.B. Österle (1995, S. 62), für den ein Prozeß eine Menge von Aufgaben ist, „die in einer vorgegebenen Ablauffolge zu erledigen sind und durch Applikationen der Informationstechnik unterstützt werden." Tatsächlich gibt es neben dieser Ablaufsteuerung eine Prozeßorientierung, bei der über die an den jeweiligen Objekten vorzunehmenden Verrichtungen, Funktionen oder Aktivitäten vom Mitarbeiter als „Prozeßverantwortlichem" situativ entschieden wird. Während bei der Ablaufsteuerung Aufgabenabwicklung und Koordination von Anfang an durch Dritte zuerst Top-down geplant und dann festgeschrieben wird, werden im zweiten Fall die jeweils in der Situation auszuübenden Funktionen bzw. Verrichtungen an Objekten durch die beteiligten Mitarbeiter eher Bottom-up getroffen. Prozesse können also auch objektorientiert organisiert werden.

Beim ablaufgesteuerten Prozeß ist der Mitarbeiter „Beplanter", er hat die *Ausführungsverantwortung*; beim objektorientierten Prozeß sind die Chancen für ihn größer, *Gestaltungsverantwortung* für Prozeß und Arbeitssituation übernehmen zu können. Diese Unterscheidung wird in den folgenden Abschnitten noch von Bedeutung sein.

Business Process Reengineering (BPR)

Es gibt verschiedene Möglichkeiten, Prozeßorientierung in Unternehmen umzusetzen. Business Process Reengineering ist heute in Managementkreisen die am häufigsten diskutierte. Hinter den Begriffen Reengineering, Business Redesign oder Business Process Reengineering verbirgt sich eine als radikal geltende Reorganisationsmethode, die fundamentale Rationalisierungserfolge verspricht. Als Begründer des BPR werden zumeist die amerikanischen Unternehmensberater Davenport (1993) und Hammer/Champy (1994) genannt. Ihre Definition lautet: „Reengineering ist das fundamentale Neuüberdenken und radikale Redesign von Unternehmen oder wesentlichen Unternehmensprozessen. Das Resultat sind Verbesserungen um Größenordnungen in entscheidenden, heute wichtigen

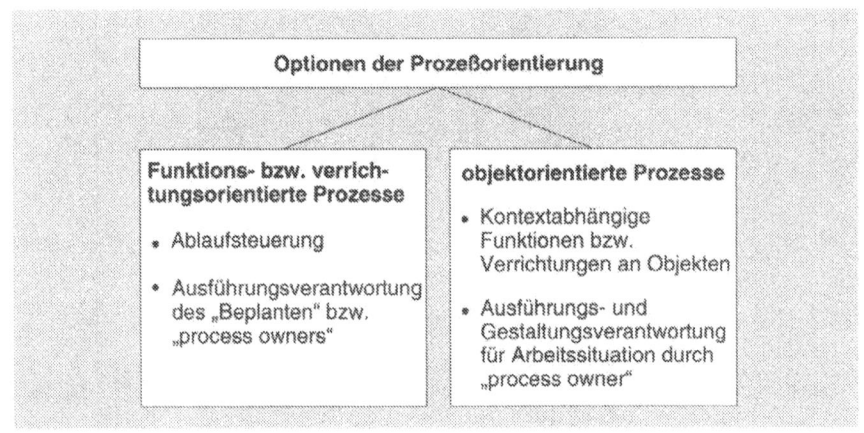

Abb. B.I.4 Optionen der Prozeßorientierung

und meßbaren Leistungsgrößen in den Bereichen Kosten, Qualität, Service und Zeit" (Hammer/Champy 1994).

Unter einem Unternehmensprozeß verstehen die Autoren ein „Bündel von Aktivitäten, für das ein oder mehrere unterschiedliche Inputs benötigt werden und das für den Kunden ein Ergebnis von Wert erzeugt." Sie vermuten, daß ein Unternehmen aus etwa zehn übergeordneten Kernprozessen besteht, die jeweils noch einmal in maximal sechs Unterprozesse aufgeteilt werden können. Business Process Reengineering interessiert sich für diese Kernprozesse, die möglichst einfach gehalten werden sollten. BPR will sich nicht mit der Frage aufhalten, ob die bisherigen Arbeitsschritte schneller oder besser organisiert werden könnten: „Statt veraltete Prozesse in Silikon und Software zu packen, sollten wir sie lieber abschaffen und neu anfangen" (Hammer/Champy 1994).

Das Managementkonzept geht also über eine Neuausrichtung der Organisation auf Prozesse hinaus. In der Managementliteratur sind bislang eine Flut von Aufsätzen erschienen, die ähnliche betriebliche Reorganisationsmaßnahmen mit dem Logo BPR versehen haben.

Es werden eine Reihe von Maßnahmen zum BPR gezählt, die schon bei der Prozeßorientierung eine Rolle gespielt haben: So die Verringerung von arbeitsteiligen Vorgängen. Die Bearbeitung eines Kundenauftrages sollte von möglichst wenigen Mitarbeitern durchgeführt werden. Die Übertragung von Prozeßtätigkeiten auf einen Mitarbeiter (von Hammer und Champy auch als Caseworker beschrieben) wird als horizontale Komprimierung bezeichnet. Dem Mitarbeiter wird mehr Verantwortung eingeräumt, so können einzelne Entscheidungen durch das Management entfallen. Der Koordinationsaufwand sinkt, die Unternehmenshierarchie flacht ab, man spricht von vertikaler Komprimierung. Insgesamt sollen sich so Kosten und Entscheidungszeiten vermindern, eine schnellere Reaktion auf Kundenwünsche soll möglich werden.

Eine weitere Maßnahme besteht in der Vereinfachung der Prozesse durch Abbau der als überflüssig bewerteten oder redundanten Tätigkeiten bei gleichzeitiger Optimierung der Reihenfolge der Prozesse. Die Aufteilung der Vorgänge in Prozeßvarianten teilt Vorgänge in Routine- oder Sonderfälle. Die prozeßorientierte Betrachtungsweise des Unternehmens ermöglicht auch eine abteilungs- und unternehmensübergreifende Integration der Geschäftsprozesse. Prozesse können an Abteilungsgrenzen Halt machen. Sie können aber auch durch alle Bereiche des Betriebes bis zum Auftraggeber geplant werden. Aus dieser Gesamtübersicht des Betriebes kann dann eine Neuorganisation der Bereiche (optimale Segmentbildung) und ihrer Zuständigkeiten stattfinden.

BPR-Konzepte wie Prozeßorientierung setzen den Einsatz von hochentwickelten Informationstechniken und entsprechenden Softwaretechnikkonzepten voraus. Datenbank- und Softwarekonzepte sind erforderlich, um diese neuen Organisationsleitbilder rationell realisieren zu können. Bei der Beschreibung der Standardsoftware SAP R/3 wird die Schlüsselfunktion der Informationstechnik für das Business Process Reengineering noch deutlicher werden.

Ordnungskomponenten von Arbeitsabläufen

Bereits 1874 hat sich Max Haushofer mit ablauforganisatorischen Aspekten, „der zeitlichen Aufeinanderfolge der einzelnen Arbeitsfunctionen", befaßt, so schreibt er: „Grundgesetz der Wiedervereinigung ist die Verhältnismässigkeit der getheilten Arbeiten. Wenn z.B. in einem Geschäft, welches sich mit Herstellung irgend einer Art von Holzwaaren befaßt, die Arbeiten des Sägens, des Hobelns, des Drechselns, des Leimens, des Polirens etc. unter 20 Arbeiter vertheilt wären, so muß auf das sorgfältigste beachtet werden, daß nach Massgabe dessen, was zu sägen, zu hobeln, zu polieren etc. ist, deren Arbeitsleistung mit den Arbeitsleistungen der übrigen genau correspondirt. Denn sowie an einem Theile der Gesamtarbeit zu viel, an einem anderen zu wenig gearbeitet würde, träten Stockungen, Zeitverluste, Zinsverluste ein" (Haushofer 1874, S. 171).

Bei der Aufbauorganisation geht es um die Strukturierung funktionsfähiger Teileinheiten und ihrer Beziehungen. Die raumzeitliche Gestaltung der Aufgabenerfüllung bleibt bei der Aufbauorganisation dagegen offen. Sie ist Aufgabe der Ablauforganisation.

Aufbauend auf Arbeiten von Nordsieck und Kosiol hat sich die betriebswirtschaftliche Organisationslehre bemüht, ein ablauforganisatorisches Konzept zu entwickeln. Die Aufgabe des ablauforganisatorischen Gestaltungsprozesses wird dabei vor allem darin gesehen, Art und Menge der durchzuführenden Verrichtungen mit den materiellen und immateriellen Objekten, an denen die Verrichtungen durchzuführen sind, in eine Reihenfolge zu bringen. Im Zentrum steht die Festlegung von Arbeitsgängen, die als geschlossene Abfolge von Verrichtungen an einem Objekt definiert werden. In heutigen Begriffen ausgedrückt, geht es um verrichtungsorientierte und nicht um objektorientierte Ablaufgestaltung.

Ein ablauforganisatorisches Modell von Witte

Mit dem Modell Ordnungskomponenten von Arbeitsabläufen hat Witte schon zu Beginn der 70er Jahre ein Konzept vorgestellt, das die rationale Gestaltung von Arbeitsabläufen zum Ziel hat (Witte 1973, S. 24ff). Es ist eine gute Grundlage, um aktuelle Diskussionen über Prozeß- und Objektorientierung verstehen zu können.

Es geht um die Verrichtung an Objekten: Die Festlegung von Ordnungskomponenten bewirkt eine Zunahme des Organisationsgrades eines Betriebes. Als Ordnungskomponenten werden genannt: Der Arbeitsinhalt (mit seinen Präzisierungen Objekte und Verrichtungen), die Arbeitszeit (mit Reihenfolge, Zeitdauer und Zeitpunkt), der Arbeitsraum und die Arbeitszuordnung. Jede Komponente tritt in mehreren Präzisierungsschichten auf.

Objekte und Verrichtungen:

Arbeitsprozesse bestehen aus einer Reihe von Vorobjekten als Vorstufen des Endobjektes. Wird eine Aufgabe oder ein Prozeß benannt, so ist damit die Objektstruktur des Arbeitsprozesses noch weitgehend offen, sie bietet deshalb auch Gestaltungsalternativen. Die Vorobjekte der geistigen Teilarbeiten sind den beteiligten Personen oft nicht bewußt. Witte vermutet, daß eine erhebliche organisatorische Anstrengung notwendig ist, um die Struktur der Vorobjekte vor dem Arbeitsprozeß zu präzisieren. Geschieht dies, so ist ein hoher Organisationsgrad erreicht (Witte 1973, S. 26). Durch die Bestimmung der Vorobjekte kann der Gesamtprozeß unterteilt werden. Die Festlegung der Vorobjekte kann so lückenlos und detailliert erfolgen, daß die jeweils den Objektfortschritt bewirkende Verrichtung benannt wird.

Verrichtungen werden begrifflich-hierarchisch eingebettet in Arbeitsgänge, Arbeitsstufen, Teilarbeiten, Arbeitsarten und Arbeitselemente. Als weitere Präzisierungsschicht nennt Witte Gesamtprozeß, Teilprozesse, Prozeßschritte, Programmschritte. Hier ist also erstmals eine begriffliche Abgrenzung und Hierarchisierung der auch heute weitgehend willkürlich benutzten Prozeßbegriffe zu erkennen. Zumeist ist mit der Präzisierung der Verrichtungen die Vorgabe des technologischen Verfahrens und nicht selten auch eines bestimmten Sachmittels bzw. Werkzeugs verbunden. Damit wird klar, daß die Bestimmung der Verrichtungen (und der Vorobjekte) nicht ausschließlich unter organisatorischen Gesichtspunkten entschieden werden kann.

Reihenfolge, Zeitdauer und Zeitpunkt:

Durch Fixierung der Reihenfolge wird angegeben, welche Teilarbeit vor welcher anderen stattfinden soll. Damit ist nur das Vorher und Nachher geregelt, jedoch nicht der unmittelbare zeitliche Anschluß. Kommt dieser hinzu, so wird von Verkettung gesprochen. Gleichzeitigkeit wird als Simultanität bezeichnet. Eine schwache Ordnung der Zeitdauer liegt vor, wenn lediglich die Gesamtdauer des Arbeitsprozesses, nicht jedoch die Dauer der einzelnen Teilarbeiten vorgegeben ist.

Arbeitsraum:
Er wird deshalb als Ordnungskomponente aufgeführt, weil durch Lokalität von Teilarbeiten Prozesse örtlich begrenzt, eingeengt oder sogar unausweichlich determiniert werden. Wir werden noch genauer darauf eingehen, daß insbesondere die lokale Begrenzung die Gestaltung von Arbeitsabläufen lange Zeit enorm eingeengt hat. Mit dem Aufkommen moderner Datenbank- und Informationssysteme wurden hier völlig neue Möglichkeiten geschaffen, die Arbeitsorganisation radikal zu verändern (s. Abschnitt B.IV.1.).

Arbeitszuordnung:
Sie legt fest, welche Menschen die Arbeiten übernehmen sollen. Der Grenzfall ist die Nichtzuordnung. Sie läßt offen, welche Menschen mit welchen Sachmitteln eine bestimmte Arbeit leisten. Die nächste präzisierende Schicht ist die Kompetenzerklärung für einzelne (z.B. Prokurist) oder eine Gruppe. Die eindeutige Arbeitszuordnung ist gleichzusetzen mit der Stellenbildung, sie schlägt den Bogen zur Aufbauorganisation.

Der gänzliche Verzicht auf ablauforganisatorische Regelungen wird von Witte nur dann für sinnvoll gehalten, wenn die Arbeitsabläufe erst ad hoc festgelegt werden können oder wenn, wie er es formuliert, „die mit der Aufgabe betraute Person wegen des schöpferischen oder allgemein geistig gestaltenden Arbeitsinhaltes die Freiheit zur Selbstordnung ihrer Arbeit beansprucht" (Witte 1973, S. 22). Aus diesem Grunde werden Leitungsfunktionen zumeist nicht der ablauforganisatorischen Gestaltung unterworfen. Ablauforganisatorische Eingriffe werden in der Regel bei ausführenden Arbeiten für zweckmäßig gehalten.

Bewertung:
Witte hat mit seinem Modell der Ordnungskomponenten von Arbeitsabläufen ein präzises Muster der Genese von Abläufen entwickelt. Die Aufgabentransparenz ist erheblich größer als bei der Aufbauorganisation, wo lediglich die Arbeitsinhalte in groben Aufgabenblöcken umrissen und den Stellen zugewiesen werden. Hier dagegen werden die Arbeitsinhalte durch Objekt- und Verrichtungsbestimmung beschrieben und die Teilarbeiten durch Reihenfolge, Zeitdauer und Zeitpunkt sowie hinsichtlich des Raumes und der Zuordnung präzisiert. Insgesamt eine brauchbare Hilfe, um später prozeß- und objektorientierte Softwarekonzepte einordnen zu können.

Auch wenn dieses Modell einiges klar strukturiert, so ist dennoch auf seine Grenzen bei der heutigen Diskussion um Prozeßorientierung hinzuweisen. Bleibt man in der Argumentationslinie der betriebswirtschaftlichen Organisationslehre, so kann die Ablauforganisation erst einsetzen, wenn die Stellenbildung abgeschlossen ist. Entsprechend bleibt für die ablauforganisatorische Gestaltung eigentlich nur noch die Reihenfolgeplanung übrig.

Dies ist nicht mehr zeitgemäß. Reorganisationsprozesse in der Praxis zeichnen sich insbesondere dadurch aus, daß sie stellen- bzw. abteilungsbezogene, ja selbst unternehmensbezogene Einschränkungen der ablauforganisatorischen Gestaltung nicht mehr zulassen. Abläufe werden heute auf der Ebene von Wertschöpfungs- oder Vorgangsketten betrachtet, die sich über Bereiche und Abteilungen hinweg, häufig über die überbetriebliche Ablauflogik hinaus definieren. Beispiele sind Auftragsabwicklungs-, Produktentwicklungs- oder Logistikketten. Insofern kann die aufbauorganisatorische der Gestaltung der Prozeßgestaltung nur nachfolgen.

Modelle, Methoden und Software

Gründliche Antworten zur Prozeßmodellierung verdanken wir Michael Gaitanides und Michael Porter. Gaitanides hat bereits seit Beginn der 8oer Jahre, also lange bevor die amerikanische Managementwelle nach Deutschland flutete, grundlegende Arbeiten vorgelegt (vgl. Gaitanides 1983).

„Die Vorstellung, ein Prozeß sei ein sequentieller Fluß intermittierender Prozeßschritte, wird durch Beispiele aus der Auftragsabwicklung oder Beschaffung verstärkt. Gemeinhin wird ein hoher Grad an sequentieller Interdependenz unterstellt... Verbesserungsmaßnahmen wie ‚Eliminieren', ‚Änderung der Reihenfolge', ‚Hinzufügen fehlender Schritte', ‚Integration' bzw. ‚Zusammenfassung einzelner Schritte', ‚Beschleunigen' oder ‚Parallelisieren' setzen Sequentialität im Ausgangsprozeß voraus" (Gaitanides u.a. 1994a).

Prozeßanalyse und Prozeßverstehen

Gaitanides schlägt eine differenzierte Betrachtung der Prozeßorientierung vor. Er unterscheidet die Begriffe Prozeßverstehen und Prozeßanalyse (vgl. Gaitanides 1995, S. 69ff.).

Bei der *Prozeßanalyse* geht es um die Verbesserung der Funktionsweise von Prozessen. Die Makroprozesse werden dabei in detaillierte Teilprozesse zerlegt, redundante Tätigkeiten werden eliminiert, Meßlatte ist der „schlanke" Prozeß. Häufig entsteht aus der Prozeßanalyse ein Fluß intermittierender Prozeßschritte. Der Prozeßanalyse geht es um die Herstellung des „schlanken" Ablaufes.

Mit *Prozeßverstehen* ist gemeint, das angestrebte Prozeßergebnis zu reflektieren und Ziele und Probleme des Prozeßkunden zu erkennen. Prozeßverstehen will allein die Funktion des Prozesses, also nicht die Funktionsweise erkennen. Dazu reichen einfache Prozeßskizzen, die Prozesse abstrahiert von der Ist-Situation beschreiben, in den meisten Fällen aus. Für eine erfolgreiche Kundenbeziehung ist es wichtiger, so Gaitanides, die für die Organisation wichtigen Prozesse zu *verstehen*, als die Verbesserung der Funktionsweise.

Beim Prozeßverstehen steht vor allem anderen die Auseinandersetzung mit den Leistungsprozessen einer Organisation im Zentrum. Nach Möglichkeit sollten alle Organisationsmitglieder die Prozesse der Leistungserstellung verstehen, nicht nur das Management. Es wird hier für die Beschäftigten nicht nur die Transparenz der unmittelbaren Arbeitsumgebung gefordert sondern derjenigen der gesamten Organisationssituation. Das Verstehen der Leistungsprozesse hat damit eine grundsätzlich andere Qualität als die Prozeßanalyse und Modellierung von sequentiellen Prozessen.

Bei der Prozeßmodellierung wird eine Vorstellung über sinnvolle und/oder rationale Prozeßverläufe entwickelt. Sie kann schon mit dem Prozeßverstehen enden, sie kann auch die Prozeßanalyse einschließen.

Singuläre und allgemeine Prozesse

Prozesse und Prozeßzusammenhänge, so Gaitanides, sind oft unscharf, mehrdeutig, uneinheitlich, variabel, zufällig, neuartig und assoziativ. Jeder Prozeß wird definiert, indem Beginn, Ende und Randelemente festgelegt werden. Ausgrenzungen werden notwendig, sie sind vom Betrachter abhängig: „Die Definition dessen, was als Prozeß abzubilden ist, entspringt also der subjektiven Problemsicht, setzt kreative und konstruktive Akte voraus und ist mithin nicht immer aus Beobachtungen realer Vorgänge ableitbar" (Gaitanides 1983, S. 64f). Bevor ein Prozeß analysiert werden kann, müssen Entscheidungen über die anzuwendenden Gliederungskriterien und über die angestrebte Gliederungstiefe getroffen werden. Allein aus der Definition des Prozesses läßt sich der Gliederungsvorgang nicht herleiten, es kommt auf die subjektive Wahrnehmung der Problemsituation an.

Gaitanides unterscheidet zwei Prozeßmodelle (Gaitanides 1983, S. 75):
- **Singuläre Prozesse** sind in jedem Unternehmen unterschiedlich, sie sind von den jeweiligen Kontextbedingungen abhängig und müssen entsprechend den Kundenbedürfnissen und der Wettbewerbssituation von erfahrenen Mitar-

beitern *induktiv* generiert werden. Konkret bedeutet dies: ausgehend von den Kundenbedürfnissen werden die kundenorientierten Kernprozesse (Kernleistung) und die sie unterstützenden Supportprozesse (Supportleistung) identifiziert. Die Prozeßidentifikation stellt eine kreative und innovative Handlung dar. In den Kern- und Supportprozessen dokumentieren sich die spezifischen Stärken und Schwächen des Unternehmens im Vergleich zu den Mitbewerbern.

- **Allgemeine Prozesse** sind allgemeingültige, grundlegende Rahmenprozesse, die in allen Unternehmen gleich sind, sie werden *deduktiv* auf der Basis idealtypischer Geschäftsprozesse identifiziert und branchen- bzw. unternehmensspezifisch angepaßt. Probleme tauchen immer dann auf, wenn Markt- oder Kundenbedingungen sich ändern und das Prozeßmodell geändert werden muß. Die allgemeinen Rahmenprozesse sind branchen- oder unternehmensspezifisch anzupassen, wobei die Prozesse jedoch anders als bei singulären Prozessen nicht identifiziert, sondern lediglich beschrieben werden müssen.

Eine mögliche Schlußfolgerung daraus hat sehr viel mit aktuellen Diskussionen über Innovationsdefizite von Unternehmen zu tun: Nur wenn es einem Unternehmen gelingt, sich durch relevante Prozeßleistungen zu profilieren, die eine einzigartige Kompetenz ausweisen, lassen sich strategiebedingte Gewinne erzielen. Die Bestrebungen von Unternehmen müssen also geradezu darauf gerichtet sein, singuläre Prozesse aufzubauen, die nicht imitierbar und auch nicht substituierbar sind. Wenn kundennahe Prozeßleistungen nicht unterschiedlich sind können keine Wettbewerbsvorteile entstehen. Allein das Augenmerk auf das „Schlankmachen" allgemeiner Prozesse zu legen, reicht dann nicht aus. Das Reorganisationsziel lautet dann: Aufbau einer Organisationskultur für innovative, singuläre Leistungsprozesse und Einbindung möglichst vieler Akteure.

Das Prozeßmodell von Gaitanides

Im von Gaitanides u.a. (1994a) entworfenen Prozeßmodell sind Kunden grundsätzlich Abnehmer von Prozeßleistungen. Kunden können z.B. auch andere Unternehmen, Verbraucher oder Lieferanten sein. Die Unternehmensprozesse werden in Kernprozesse (Kernleistungen) und Supportprozesse (Supportleistungen) unterteilt. Ein Unternehmen erbringt prinzipiell sechs Leistungen für seine Kunden (s. Abb. B.I.5):

- Leistung: Identifikation von Leistungen, für die bei potentiellen Kunden eine Nachfrage besteht.
- Design: Produkt- bzw. Leistungsspezifikation der Kundenwünsche.
- Produkt: Produktion in der vom Kunden gewünschten Qualität.
- Angebot: Darstellung des Kundennutzens und Arrangieren eines kundenspezifischen Angebotes.
- Service: Ergänzung des Produktes durch kundenbezogene Nebenleistungen, z.B. Schulung.
- Auftrag: Bereitstellung der Leistung nach Kundenwünschen.

78 Modelle, Methoden und Software

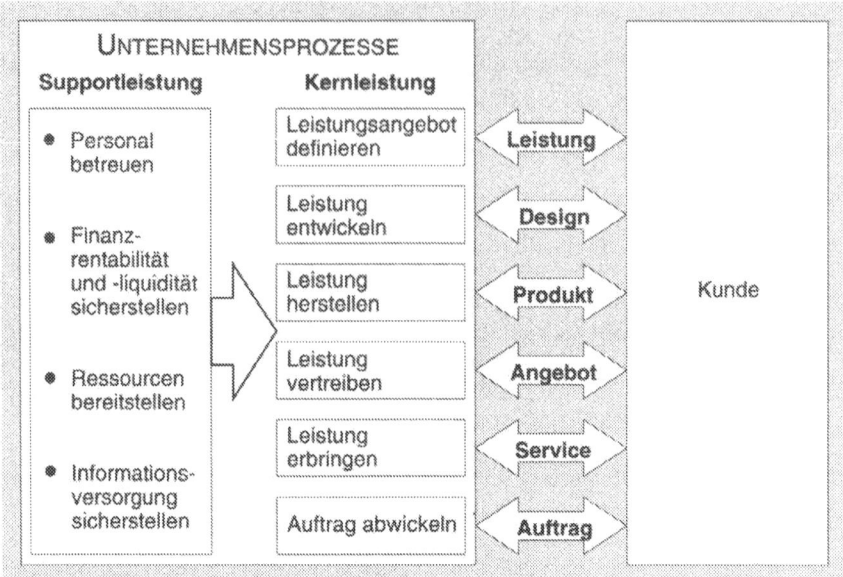

Abb. B.I.5
Ein kundenorientiertes
Unternehmensmodell

Diese sechs Relationen zwischen Unternehmen und Markt definieren die sechs Kernprozesse der Organisation: Leistungsangebot definieren, Leistung entwickeln, herstellen, vertreiben, erbringen und den Auftrag abwickeln.

Die Kernprozesse stehen in einem Kundenverhältnis zu den Supportprozessen, die ihre Funktionsfähigkeit gewährleisten. Unterstützende Prozesse sind:

- Personal betreuen,
- Liquidität sicherstellen,
- Ressourcen bereitstellen und
- Informationsversorgung sicherstellen.

1.1 Die Wechselwirkungen von Informationstechnik und Prozeßorientierung

Der Einsatz von Informationstechnik verändert die Arbeitsorganisation, sie fördert die Entwicklung neuer organisatorischer Konzepte, zugleich werden dadurch weitere informationstechnische Entwicklungen stimuliert. Aus dem Zusammenspiel von Prozeßmodellierung und Informationstechnik können sich auch neue aufbauorganisatorische Strukturen ergeben.

Integrierte Informationssysteme und Prozeßorientierung
Die Prozeßorientierung ist eng verbunden mit dem Aufkommen integrierter Informationssysteme. Den Unternehmen stehen jetzt zentrale Datenbanken zur Verfügung, im ersten Technikprojekt sind wir ausführlich darauf eingegangen.

Organisatorische und softwaretechnische Grundlagen 79

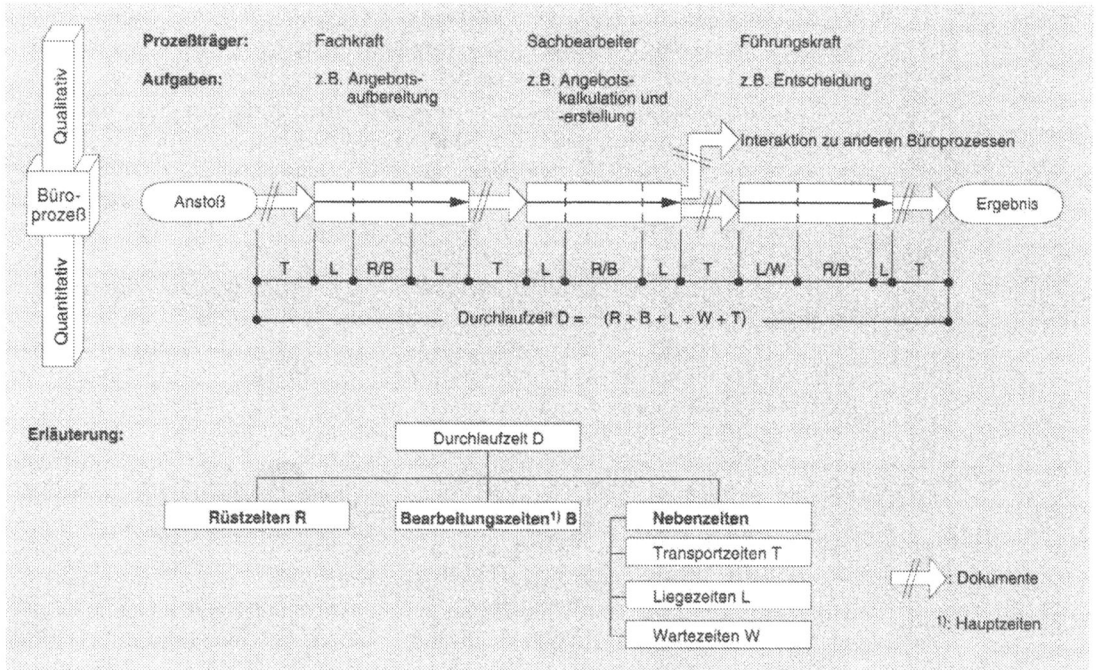

Abb. B.I.6
Organisations-
Engineering im Büro:
Beispiel einer Aufga-
benverkettung zum
Büroprozeß
(Siemens o.J., S. 24)

Das Neue aus arbeitsorganisatorischer Perspektive ist, daß Kundenvorgänge und -daten nicht mehr, wie zu Zeiten der Stapelverarbeitung oder davor, dezentral in „Karteitrögen" in Abteilungen vorliegen und verwaltet werden, sondern in Datenbanken gespeichert sind und über Dialogverarbeitung, wenn gewünscht, von jedem Arbeitsplatz aus zugreifbar sind.

Solange die abteilungs- oder bereichbezogene Arbeitsorganisation vorherrschte, versprachen sich Management und Organisatoren vom stellen- und abteilungsbezogenen Verrichtungsprinzip – also von der Zusammenfassung gleichartiger Verrichtungen bzw. Funktionen an unterschiedlichen Objekten – die Optimierung der Arbeitsorganisation. Auf diese Weise waren relativ enge Aufgabenzuschnitte mit einer hohen Wiederholungshäufigkeit in Büro und Produktion an der Tagesordnung. Die Sicht auf die Optimierung einzelner Stellen, Abteilungen oder Unternehmensbereiche stand im Vordergrund.

Typisch war eine hochgradige Arbeitsteilung, z.B. sah sie in einem Versicherungsunternehmen so aus: Der Schadensfall wurde von einem anderen Sachbearbeiter entgegengenommen als von demjenigen, der dem Kunden die Schadensanzeige bestätigt; dies war wiederum getrennt von der tatsächlichen Schadensbearbeitung, die wiederum nach Versicherungsart unterteilt war.

Durch die Etablierung von zentralen rechnergestützten Informationssystemen wurde die abteilungsbezogene Funktions- bzw. Verrichtungsoptimierung überflüssig, die Organisation kann sich jetzt am Kunden mit seinen Anforderungen und den daraus entstehenden Prozessen orientieren. Beispielsweise können jetzt Funktionen an relevanten Objekten (wie Schadensfall, Auszahlung, Rechnung etc.) festgelegt werden und zu Vorgängen bzw. Prozessen festgeschrieben werden, um sie so vollständig oder in Teilen automatisieren zu können.

Je mehr Funktionen zu Geschäftsprozessen „aneinandergereiht" werden, um so offensichtlicher wird, daß die traditionellen Abteilungsstrukturen nicht mehr zweckmäßig sind. Kein Wunder, wurden sie doch einmal für ganz andere Aufgabenzuschnitte konzipiert. IT-unterstützte Prozeßorientierung übt offensichtlich auf ehemals durchaus plausible aufbauorganisatorische Konzepte Veränderungsdruck aus.

Die Vorteile haben Industriesoziologen schon früh erkannt. So sprechen Baethge/Oberbeck (1986) vom „Abschied vom Taylorismus": „Die technisch neue Kapazität der Datenverarbeitung heutzutage ermöglicht auf lange Sicht eine Zurücknahme dieser Funktionsaufteilung und eine Integration der Geschäftsaktivitäten eines Kunden in der Hand eines Sachbearbeiters" (Baethge/Oberbeck 1986, S. 29). Die Arbeitsteilung wird, so die Einschätzung, zurückgenommen und die sog. integrierte Vorgangsbearbeitung wird eingeführt. Das Leitbild ist die in wenigen Händen liegende, schnelle Bearbeitung eines Produktes vom Beginn bis zur Fertigstellung. Es wird auf ein großes Rationalisierungspotential hingewiesen, weil sich Einarbeitungszeiten und Liegezeiten reduzieren; zugleich wird eine verbesserte Kundenberatung und erhöhte Motivation der Mitarbeiter erwartet: „Für Unternehmen dieser Dienstleistungsbranchen ist eine solche... Integration deswegen so attraktiv, weil sie sich eine bessere Erfassung des einzelnen Kunden für die unternehmenseigenen Dienstleistungsangebote, mehr Kundennähe und eine höhere Kulanz bei der Erstellung der Dienstleistung versprechen."

Arbeitsteilung bei IT-unterstützter Prozeßorientierung
Haben die Soziologen Baethge/Oberbeck recht, wenn sie vom Abschied des Taylorismus sprechen? Die Aussage ist mit Vorsicht zu genießen, sofern damit das Ende rigider Arbeitsteilung gemeint ist. Neue Formen der Arbeitsteilung können, müssen aber nicht, in einem neuen Gewand auftreten.

Wenn es um Prozeßorientierung geht, fällt der Blick heute sofort auf die sog. Workflows. Es handelt sich dabei um dokumentenorientierte Vorgangssteuerungssysteme, die die aktive Steuerung arbeitsteiliger Prozesse übernehmen. Der Durchlauf eines Vorgangs durch eine Organisation wird auf diese Weise gesteuert. Der Sachbearbeiter hat einen eingeschränkten Handlungsspielraum, andererseits kann er dadurch auch von einer gewissen „Weiterleitungsroutine" entlastet werden (vgl. Engelmann 1995, S. 105). Interessanterweise werden beim Workflow Management die neuen Formen der Arbeitsteilung kaum diskutiert, obwohl sie in der Praxis weit verbreitet sind und dabei mit brisanten Auswirkungen zu rechnen ist. Am Beispiel des Dienstleistungsbereichs lassen sich die beiden Pole demonstrieren. Prozesse lassen sich in kundenorientierte Routine- und Nicht-Routinefälle aufteilen:

- Die **Routinefälle** werden als sog. *anlaßgesteuerte Sachbearbeitung*, organisiert: Bei diesen Workflows wird angestrebt, die Fallbearbeitung, bis auf die Einga-

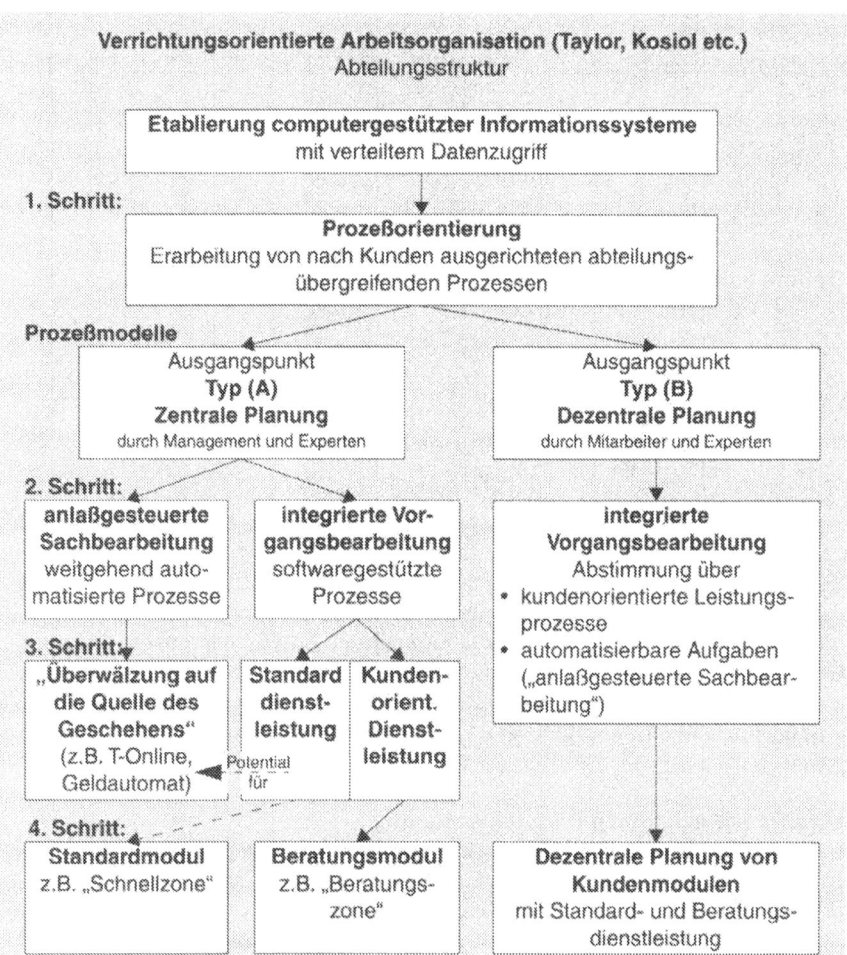

Abb. B.I.7
Prozeßorientierte Arbeitsteilung und Modularisierung sowie zwei Typen der Arbeitsteilung durch IT-Einsatz

be des Anstoßes und einiger notwendiger Vorgangsdaten, möglichst vollständig zu automatisieren. Nach Möglichkeit ist auch der Anlaß durch den Einsatz von Automaten oder Diensten (Selbstbedienungsautomaten, T-Online) auf den Verbraucher zu überwälzen.

- Die **Nicht-Routinefälle** dagegen sind als sog. *integrierte Vorgangsbearbeitung* zu behandeln: Der Vorgang kann nach Kunde, Lieferant, Mitarbeiter, Rechnung, Lieferschein etc. ausgerichtet werden und kann soweit wie möglich in einer Hand verbleiben, wobei automatisierte Teilvorgänge in die Vorgangsbearbeitung einfließen (s. Abb. B.I.7).

Zwischen diesen beiden Polen, die aber in vielen Fällen angestrebt werden, liegen Workflow-Zwischenformen. Seit den 80er Jahren haben zahlreiche Unternehmen, insbesondere Banken und Versicherungen versucht, ihre Unternehmensorganisation auf diese Pole auszurichten. Es ist heute vielfach der state-of-the-art. Es werden ständig neue Standard- bzw. Routinefälle („08/15-Fälle") isoliert und von den Fällen getrennt, die Spezial- bzw. Expertenwissen erfordern. Als Faustregel kann gelten: Experten sollen einen kleinen Ausschnitt gründlich bearbeiten, während die Routinefälle automatisiert, überwälzt oder von Standardsachbearbeitern abgewickelt werden. Diese Strategie ist Ursache für einen guten Teil der arbeitsmarktrelevanten Rationalisierungspotentiale.

Optionen der Arbeitsteilung bei IT-unterstützter Prozeßorientierung
Es gibt Alternativen zur bisher dargestellten prozeßorientierten Arbeitsteilung. Abb. B.I.7 weist neben dem zentralen Planungstyp (A) eine dezentrale arbeitsorganisatorische Option aus: Beim Typ (B) werden Standard- bzw. Routinefälle nicht von vornherein von den Beratungs- bzw. Nicht-Routinefällen getrennt. Denkbar ist etwa, daß eine Arbeitsgruppe über die vorzunehmende Aufgabenverteilung entscheidet. Die Fallbearbeitung kann so durchaus auch als Mischarbeit für die Arbeitsgruppe und den einzelnen Sachbearbeiter organisiert werden.

Eine weitergehende Option besteht darin, der Arbeitsgruppe und den Sachbearbeiter die Entscheidung über automatisierbare Routine- und Nicht-Routinefälle oder auf den Kunden zu überwälzende Prozesse zu übertragen. In diesem Fall ist der Mitarbeiter nicht mehr in der Rolle des „Beplanten" mit *Ausführungsverantwortung*, er ist eher in der Rolle des Akteurs mit *Gestaltungsverantwortung*. Offen bleibt die Frage, wie Arbeitsgruppen ihre Prozesse mit unternehmensweiten Prozessen koordinieren können, wie also die „Architektur des Flußdeltas" auszusehen hätte. In Kapitel B.III werden wir versuchen, darauf eine Antwort zu geben.

Modularisierung durch Prozeßorientierung
Für das klassische aufbauorganisatorische Paradigma waren Abteilungs- bzw. Bereichsgliederung, hierarchische Gliederung und klar abgrenzbare Funktionen unverrückbare Positionen. Stabilität sollte durch starre organisatorische Strukturen erreicht werden. Mit der Prozeßorientierung wird diese Orientierung brüchig, sie ist für Prozesse nicht mehr zweckmäßig. Prozesse gehen über alte Abteilungsgrenzen hinweg, sie können schneller und effektiver abgewickelt werden, wenn kleine, überschaubare Organisationseinheiten entlang der neu auftretenden Prozesse gebildet werden. Diese modularen Organisationseinheiten haben mittlerweile viele Namen: Bildung von Segmenten, Fraktalen, Modulen, teilautonome oder dezentrale Gruppen oder einfach nur Arbeitsgruppen oder Gruppenorganisation. Sofern sie aus der Prozeßorientierung resultieren, können sie als prozeßorientierte Module bezeichnet werden (s. Abb. B.I.7 und Abb. B.I.8, sowie ausführlich dazu Abschnitt B.IV.3.).

1.1 Modelle der Organisationsgestaltung

Jetzt geht es um die Frage, welche Strategien vorhanden sind, um Reorganisationsmaßnahmen, beispielsweise also die Einführung von prozeßorientierten

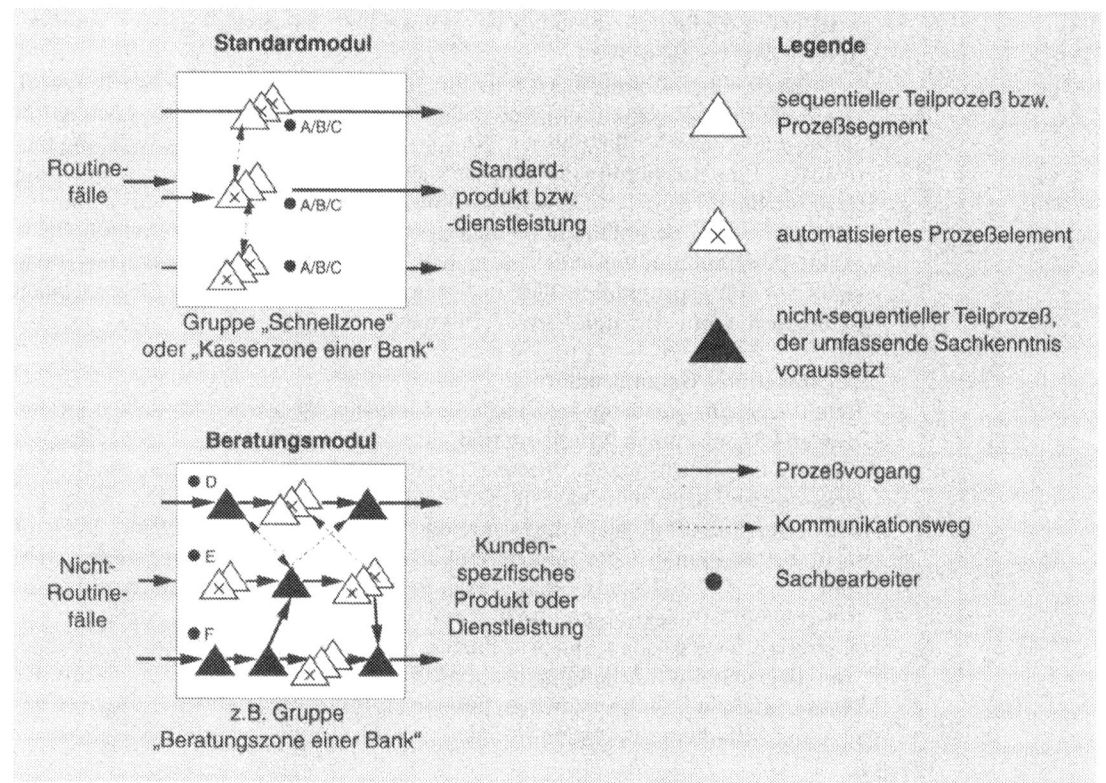

Abb. B.I.8: *Beispiele für prozeßorientierte Modularisierung*
In den 80er Jahren haben sich zuerst in Banken in Folge der Prozeßorientierung zwei gruppenorganisatorische Modelle herausgebildet: Das Kundencenter- und das Dreierzonen-Modell. Das Prinzip ist in vielen Dienstleistungsbereichen, z.B. in der Versicherungsbranche, anzutreffen. Beim Kundencenter-Modell werden alle bisherigen Sparten (Spar-, Giro-, Wertpapierabteilung etc.) in mehrere Kundencenter verteilt. In jedem Kundencenter wird die Kundenbearbeitung entweder nach Routine- (Einzahlung, Sparbuchauszahlung etc.) und beratungsintensiveren Fällen (Wertpapier-, Kreditberatung etc.) getrennt, oder es erfolgt eine Allroundbearbeitung (Kundenmodul). Beim Dreierzonen-Modell gibt es drei unterschiedliche Organisationseinheiten: das Beratungsmodul, die Schnellzone für Routinefälle sowie die Kassenzone, beides Standard-Module.

Modularisierungen, in Unternehmen voranzubringen. Im folgenden werden vier unterschiedliche Modelle vorgestellt:

Klassisches Organisations-Design

Bei der klassischen Vorgehensweise zur Einleitung organisatorischer Veränderungen in einem Unternehmen nehmen interne oder externe Organisatoren bzw. Berater eine organisatorische Schwachstellenanalyse vor. Diese wird in einem ausführlichen Gutachten der Geschäftsführung vorgestellt. Sofern es externe Berater sind, ziehen sie sich an dieser Stelle gerne zurück. Der Vorteil für die Geschäftsleitung liegt darin, daß sie von „neutraler Seite" und mit Hilfe „wissenschaftlicher Methoden" bestätigt bekommen hat, daß grundlegender Veränderungsbedarf vorhanden ist.

Dieser Reorganisationsansatz steht in der Tradition der klassischen Trennung von Planung, Realisation und Kontrolle. Die Umsetzung der neuen Lösung gilt als unproblematisch, allenfalls wird sie als Problem der richtigen Anweisung thematisiert. Eine Beteiligung der von der Reorganisation Betroffenen erfolgt häufig nicht, vielmehr wird ihre Akzeptanz vorausgesetzt. Ist sie nicht vorhanden, so wird gerne von Akzeptanzproblemen gesprochen. Gefordert ist eine möglichst exakte Beschreibung der neuen Aufgaben, Strukturen und Kompetenzen sowie ein Umstellungsprogramm. Die in diesem Modell beschriebene Sicht ist auch heute noch in Theorie und Praxis verbreitet.

Organisations-Transformation
Eine als neu ausgegebene verschärfte Variante des klassischen Modells trägt den Namen Organisations-Transformation. Dazu zählt das Business Process Reengineering. Das BPR-Konzept unterstellt, daß inkrementelle organisatorische Verbesserungen nicht mehr hoch im Kurs stehen. Stattdessen wird das „white-paper-design", die radikale Transformation der Organisation, favorisiert. Sie baut nicht auf kontinuierliches und partizipatives Vorgehen, sondern ihre Empfehlung ist das Top-down-Design: Viele Erscheinungen sind danach organisatorische Fehlentwicklungen, die nur mit einschneidenden Änderungen der Organisation, so wie es das Business Process Reengineering beschreibt, zu beheben sind. Begründet wird die Organisations-Transformation unter anderem mit der Notwendigkeit, Druck ausüben zu müssen, aufgrund großen Beharrungsvermögens der Mitarbeiter in Organisationen.

Organisations-Entwicklung
Ausgangspunkt einer eigenständigen Lehre der geplanten organisatorischen Entwicklung war die Erkenntnis, daß die erfolgreiche Umstellung auf neue Organisationsstrukturen und Aufgaben ganz wesentlich von der Einstellung der Organisationsmitglieder zu diesen Strukturen und weiter von der allgemeinen emotionalen Einstimmung auf diese abhängt.

Diese verhaltenswissenschaftlich orientierte Organisationslehre geht auf Kurt Lewin Ende der 30er Jahre zurück. Er ging von einer notwendig werdenden Auflockerungsphase der Organisationsmitglieder aus, in der die Bereitschaft zur Entwicklung erzeugt wird und von einer Beruhigungsphase, die die vollzogene Entwicklung stabilisiert. OE wurde so mehr und mehr zu einer Beratungsaufgabe, in der Spezialisten die organisatorische Entwicklung „coachen". In Deutschland ist sie durch die Moderatorentechnik weithin bekannt geworden; sie hat sich mittlerweile bei organisatorischen Umstellungen durchgesetzt, allerdings weniger bei softwaretechnischen Veränderungsprozessen.

Organisations-Lernen
Allen drei bisher vorgestellten Modellen ist die Episodenhaftigkeit und Steuerung der organisatorischen Entwicklung durch sachkundige Fachkräfte gemeinsam. Neuere Organisationskonzepte grenzen sich von zentraler Steuerung der

organisatorischen Entwicklung ab. Organisationen sind aufgrund von Umweltdynamik, Technikentwicklung und Akteurshandeln immanent unruhig, ein ständiger Prozeß des Entstehens und Vergehens ist für sie typisch. Weder die abrupte anordnende Veränderung organisatorischer Strukturen noch die Steuerung dieser Entwicklungsprozesse durch Spezialisten erscheint angemessen. Vielmehr wird vorgeschlagen, die episodenhafte Perspektive zu durchbrechen und Entwicklung in Organisationen als permanente Anforderung zu betrachten. Dem soll ein Konzept der lernenden Organisation Rechnung tragen. Organisatorisches Geschehen stellt sich als fortlaufender Lernprozeß dar, der von allen Ebenen einer Organisation zu leisten ist.

Das Organisationslernen trägt der Tatsache Rechnung, daß eine Organisation allenfalls in Ausschnitten die Komplexität ihrer Akteure und Umwelt durchdringen kann, sie muß jederzeit mit Unvorhergesehenem rechnen. Für die Organisation bedeutet dies wenn schon nicht fortlaufende Veränderung, so doch zumindest fortlaufende Veränderungsbereitschaft. Lernfähigkeit der Organisation ist dann Sicherstellung der Veränderungsbereitschaft. Das Leitbild ist dann nicht mehr das harmonische Gleichgewicht einer Organisation, sondern die lernende Veränderung, die Unruhe. Der Ausnahmezustand wird jetzt zum Dauerzustand.

Organisatorisches Lernen ist kein fest organisierbarer oder beschreibbarer Prozeß mehr, der einer umfassenden Planung zugänglich wäre. Der Gestaltungsaspekt verlagert sich, es geht um die Schaffung und Bereitstellung der Bedingungen und von Möglichkeiten. Organisationslernen ist ein ständiger Prozeß bestehend aus Selbstauslegung, Selbstinterpretation sowie Verbesserung einer Organisation und ihres eigenen Handelns.

Unterstützende Voraussetzungen von den Organisationsstrukturen sind: Lose Kopplung der Organisationseinheiten; sie sind der Entwicklungs- und Lernfähigkeit der Organisationen besonders förderlich, da hier Kommunikation und hierarchiefreie Vernetzung an die Stelle strikter struktureller Verordnungen treten.

Mit der Vorstellung dieser organisatorischen Konzepte haben wir jetzt ein Gerüst zum Verständnis von der Informationstechniknutzung in Organisationen. In Kapitel B.IV werden wir das Thema weiter vertiefen, indem auf Organisationsoptionen eingegangen wird.

2. Optionen der softwaretechnischen Repräsentation von Verrichtungen und Objekten

2.1 Zerlegungsstrategien und Methoden der Systemanalyse

Zur Modellierung eines Informationssystems benötigen wir brauchbare Methoden der Systemanalyse. Genauer: Wir benötigen Zerlegungsstrategien, die die Gesamtaufgabe schrittweise in ihre Bestandteile zerlegen und so das Anwendungsfeld für die Softwareübernahme „aufbereiten". Sie sind die Grundlage, um

Unter einem Datenmodell wird die strukturierte Darstellung der Daten (Datenstruktur) eines Ausschnitts der Wirklichkeit, z. B. einer Organisation (Unternehmensdatenmodell), verstanden. Daten stehen dann für die Elemente der betrieblichen Realität. Bevor Daten in die Datenbank eingehen können, müssen die aufzunehmenden Datenstrukturen, das konzeptionelle Datenmodell, entworfen werden. Diese Modellbildung ist weder unkompliziert noch unkritisch: sie vereinfacht und idealisiert die Wirklichkeit nicht nur, sondern es manifestiert sich auch eine bestimmte Perspektive der Organisation. Andererseits ist die Modellbildung Voraussetzung für eine Formalisierung und systematische Darstellung. (vgl. Heinrich 1993, S. 226).

dann unter Verwendung einer geeigneten Programmiersprache ein Softwaresystem aufbauen zu können. Keinesfalls sollte der Weg umgekehrt sein.

Bertrand Meyer hat darauf hingewiesen, daß der Systemgestalter bei der Modellierung eines Informationssystems zu Beginn vor einer grundsätzlichen Entschidung steht: Soll die Struktur auf Funktionen (gleichbedeutend mit Verrichtungen oder Aktionen) oder auf Objekten (Daten) beruhen: „Die wichtigste Frage ist..., was als erstes Kriterium zur Beschreibung von Zerlegungsstrukturen auf höchster Ebene dienen soll. Dieser Frage kann man sich nicht entziehen: Der Entwerfer muß sich entscheiden" (Meyer 1990, S. 44).

Der funktionsorientierte Ansatz

Hier werden im ersten Schritt die für die Modellierung des betreffenden Anwendungssystems relevanten Funktionen identifiziert, die dann in einem zweiten Schritt in eine logische Reihenfolge, die die Anwendung vorgibt, gebracht werden. In einem dritten Schritt sind die dazugehörigen Daten herauszuarbeiten und in einem *Datenmodell* zu strukturieren, auf das die Funktionen zugreifen.

Dieser Ansatz hat eine lange Tradition, allerdings weniger als Entwurfsmethode konzeptioneller Modelle als vielmehr für den Programmentwurf. So findet sich die „Philosophie" des funktionalen Ansatzes in Programmablaufplänen, Struktogrammen, Datenflußplänen oder in der Structured Analysis (SA) wieder. (siehe Box „Das Beispiel Structured Analysis (SA)", S. 88)

Die Tradition ist leicht nachvollziehbar: Anwendungsentwicklung bedeutete lange Zeit, vom Rechner und seinen technischen Begrenzungen her zu denken. Die Architektur des Von-Neumann-Rechners und das Ziel einer hohen Ausführungsgeschwindigkeit legten imperative Programmiersprachen nahe. Sie bestehen aus einer Reihe von Befehlszeilen. Die einzelnen Befehle greifen teilweise direkt auf Daten zu. Diese technische Lösung korrespondiert mit dem verbreiteten Paradigma der Funktions- bzw. Verrichtungsorientierung in Organisationen.

Üblicherweise geht die funktionsorientierte Zerlegungsstrategie von der jeweiligen Anwendungsdomäne aus, bringt die zu modellierenden Funktionen in die gewünschte Reihenfolge und verfeinert sie bis zur Ebene von elementaren, d.h. programmierfähigen Prozeduren. Nach und nach werden auch die damit verbundenen Daten der Objekte, also die Daten von Bestellungen, Rechnungen etc. hinzugefügt. Im Zentrum steht die Frage nach den Funktionen und ihrer Reihenfolge, die damit verbundenen Gegenstände und Sachverhalte sind eher zweitrangig.

Der datenorientierte Ansatz

Beim datenorientierten Ansatz werden im ersten Schritt die in einem Unternehmen anfallenden Daten in einem Datenmodell strukturiert und erst dann die Funktionen identifiziert und zugeordnet, die die Daten erzeugen, löschen oder benutzen. Das Datenmodell hat seine Wurzeln im Entity-Relationship-Modell (ERM) von Chen (1976).

Die Datenmodellierung nach ERM hat eine doppelte Aufgabe: mit ihr soll zum einen eine datenorientierte Systemanalyse eines Anwendungsfeldes durchgeführt und darüber hinaus die Grundlagen für den Datenbankentwurf geschaf-

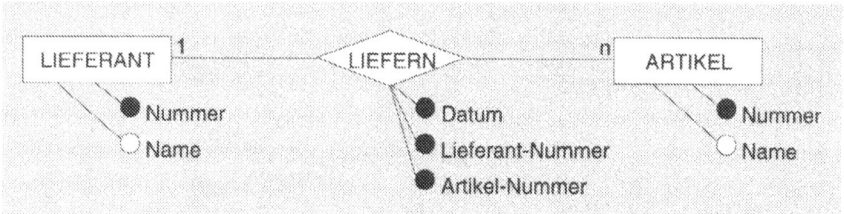

Abb. B.I.9

fen werden. Der datenorientierte Ansatz ist in der Praxis die am stärksten verbreitete Methode. Er ist aber eher der Entwurfs- als der Analysephase zuzuordnen (s. Abb. B.I.9 – Abb. B.I.11).

Der objektorientierte Ansatz

Beim objektorientierten Ansatz stehen die Objekte des Anwendungssystems im Vordergrund, sie enthalten Daten und Funktionen. Mit den Objekten im Zentrum werden die einzelnen Module des Systems analysiert und entworfen. Es werden zunächst die Objekte mit ihren Attributen definiert und dann die dazugehörigen Funktionen (Operationen) beschrieben.

„Wirkliche Systeme haben keine Spitze"
(Meyer 1990, S. 51)

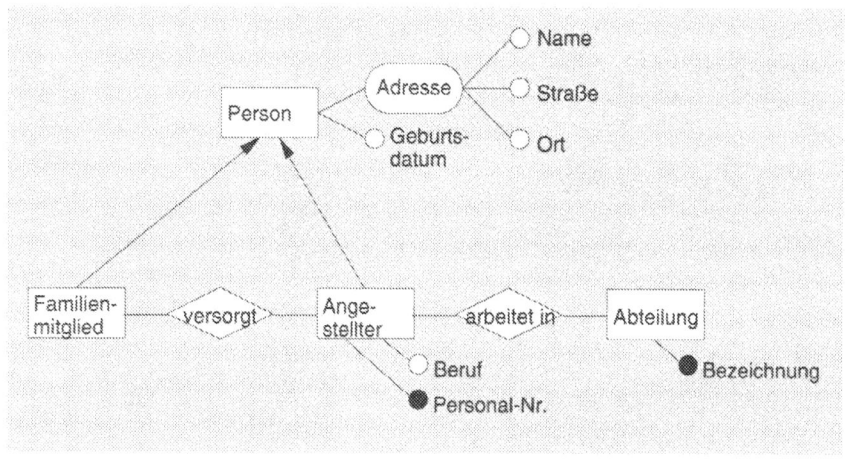

Abb. B.I.10
Beispiel für ein ERM-Diagramm
(Frank 1994, S. 91)

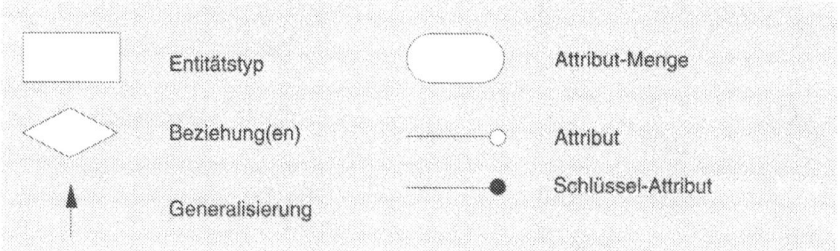

Abb. B.I.11
Die wesentlichen Konzepte des ERM und ihre Symbolisierung
(Frank 1994, S. 91)

Methoden und Darstellungstechniken
Das Beispiel Structured Analysis (SA)

Structured Analysis ist mit den Namen DeMarco (1978) und Yourdon (1989) verbunden; sie ist eine wichtige Methode der Systemanalyse. SA kann für Erfassung und Analyse des Istzustandes genauso eingesetzt werden. Abb. B.I.12 zeigt ein Datenflußdiagramm (DFD) mit seinen Darstellungselementen, eine Grundlage von SA. Es geht dabei um die Modellierung der einzelnen Funktionen (Prozesse) und der Datenflüsse wie Angebots-, Auftrags- oder Lieferscheindaten.

SA geht Top-down vor, d.h. es wird zunächst der zu modellierende Systemausschnitt mit seinen Schnittstellen betrachtet. So gehen beispielsweise bei der Auftragabwicklung eine Reihe von Datenflüssen in das System Auftragsabwicklung herein und heraus. Sie müssen identifiziert und benannt werden.

Anschließend findet eine Formalisierung und Verfeinerung der relevanten Datenflüsse durch Datenflußdiagramme und Bildung von Diagrammhierarchien statt. Ausgangspunkt der Hierarchie ist das sog. Kontext- oder Vaterdiagramm. Jede Funktion

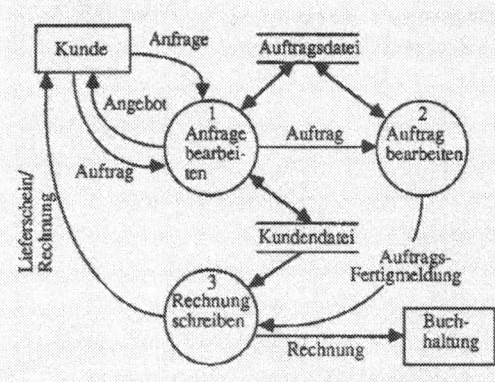

Abb. B.I.12: Beispiel für ein Datenflußdiagramm

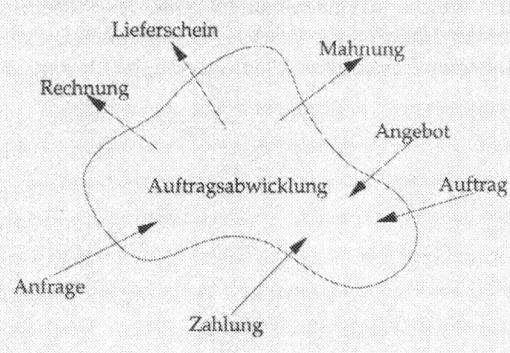

Abb. B.I.13: Systemschnittstellen

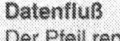

Datenfluß
Der Pfeil repräsentiert einen Kanal, durch den Daten, deren Struktur bekannt ist, zwischen den übrigen Komponenten (Prozeß, Datenspeicher, Endknoten) fließen.

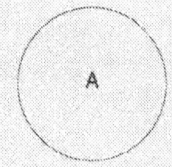

Prozeß (Funktion, Knoten)
Ein Prozeß ist eine komplexe Aktion, die einen oder mehrere eingehende Datenflüsse in einen oder mehrere ausgehende Datenflüsse transformiert.

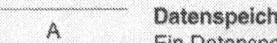

Datenspeicher
Ein Datenspeicher repräsentiert eine manuelle oder automatisierte Ablage für Daten.

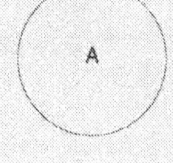

Endknoten (Terminator)
Ein Endknoten ist eine Stelle, wo Daten ins System einfließen (Quelle) oder es wieder verlassen (Senke).

bzw. jeder Prozeß im Vaterdiagramm wird verfeinert (Top-down-Vorgehen), so daß aus jedem Vaterdiagramm eine Reihe von Sohn-Diagrammen entstehen. Die Zerlegung endet mit dem gewünschten Detaillierungsgrad, damit sind die sog. Grundfunktionen oder Primitiv-Prozesse erreicht. Es müssen dann die Datenflüsse benannt werden. Datenflußdiagramme enthalten keine Kontrollstrukturen wie Bedingungen, Verzweigungen, Alternativen etc., hierdurch unterscheiden sie sich von Flußdiagrammen.

SA bietet ein Datenlexikon an, indem alle für das System relevanten Daten, Funktionen bzw. Prozesse und Begriffe sowie der strukturelle Aufbau von Datenflüssen und Datenspeicher, gespeichert und definiert sind.

Structured Analysis erlaubt die funktions- mit der datenorientierten Darstellung zu verbinden: Aus dem Datenflußdiagramm können neue Sichtweisen generiert werden, die sowohl ein Datenmodell als auch organisatorische Perspektiven wie Aufgabenstrukturbild, Organigramm oder die Darstellung der Teilvorgänge in Vorgangsketten erlaubt.

Alle Abbildungen dieser Box stammen aus Lehner u.a. 1991, S. 285ff.

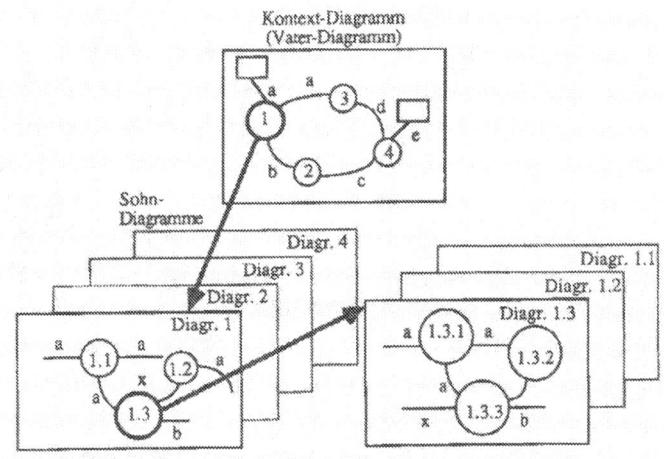

Abb. B.I.15: Diagrammhierarchie

Abb. B.I.16: Structured Analysis im organisatorischen Zusammenhang

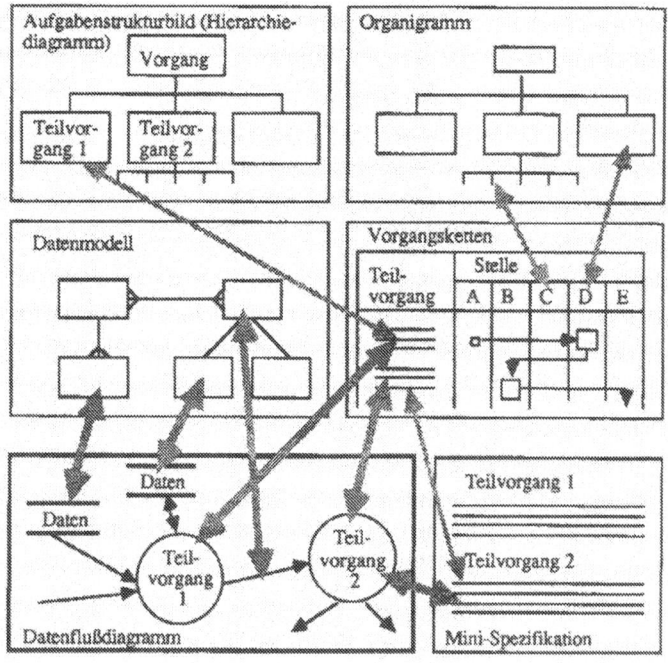

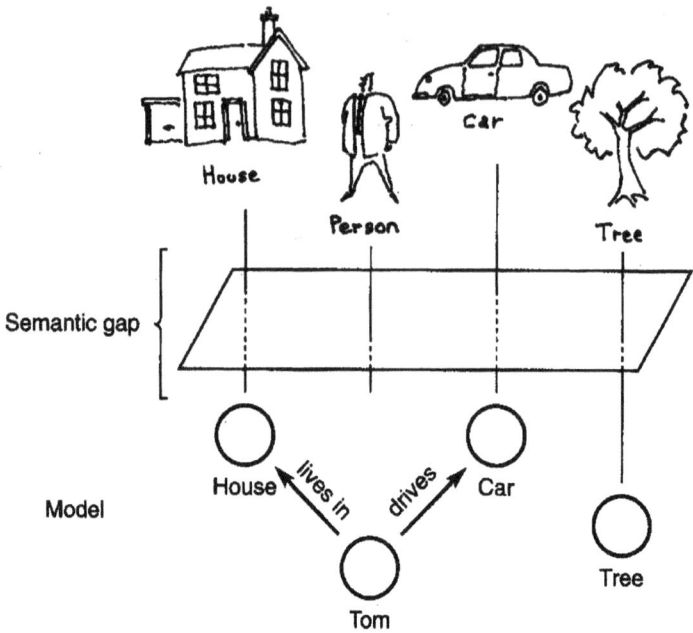

Abb. B.I.17
„Minor semantic gap"
zwischen Realität und
Modell
(Jacobson u.a. 1995)

Objektorientierte Ansätze versuchen, die konzeptionellen Fragen der Anwendungsdomäne gleich zu Anfang in den Vordergrund zu rücken und sie nicht mehr aus den Augen zu lassen. Objektorientierte Entwicklung ist, laut Rumbaugh u.a. (1991) sowie Jacobson u.a. (1995), eine neue Art zu denken und nicht nur eine Programmiertechnik. Sie wird als ein Medium für alle Phasen der Softwareentwicklung und als ein Modellierungsansatz gesehen, der die Softwareentwicklung mit der Organisationssicht zusammenbringen kann. Jacobson u.a. sprechen in diesem Zusammenhang vom *„minor semantic gap"* zwischen Realität und Modell: Die Methode modelliert die Anwendungsdomäne sehr nah an den realen Dingen (siehe Abb. B.I.17). Deshalb sind die Modelle auch für Nichtfachleute einfacher zu verstehen. In der nachfolgenden Box werden wir auf die objektorientierte Modellbildung eingehen.

2.2 Bewertung der Ansätze

Funktionsorientierte Ansätze versuchen, die Komplexität der Anwendungsdomäne durch Zerlegung in detaillierte Handlungsanweisungen zu beherrschen. Typisch für funktionsorientierte Ansätze sind daher Programme, die an bestimmten Stellen Eingabeanforderungen an den Benutzer enthalten. Der Benutzer wird auf diese Weise in den Abarbeitungsprozeß eingebunden. Objektorientierte Modellierungsansätze fordern auf, daß etwas zu tun ist (vgl. Klotz 1996). Objektorientierte Software wird in aller Regel für interaktive Benutzeroberflächen entwickelt.

Flexibilität. Der funktionsorientierte Ansatz räumt einer fest vorgegebenen kausalen Reihenfolge der Funktionen Priorität ein, er engt damit bereits am Anfang die Flexibilität des Anwendungssystems ein. Beim objektorientierten Entwurf definiert der Entwickler die verschiedenen Operationen, die auf einem Objekt ausführbar sind, schiebt aber die Festlegung der Reihenfolge, in der diese Operationen angewendet werden können, möglichst lange auf. Bertrand Meyer spricht vom „Einkaufszettel-Ansatz": „Benenne die gebrauchten Operationen, aber nicht ihre Reihenfolge-Einschränkungen" (Meyer 1990, S. 50).

Stetigkeit und Erweiterbarkeit. Bertrand Meyer sieht das Schlüsselargument bei der Beantwortung der Frage, ob man um Funktionen oder um Objekte herum strukturieren soll im Problem der Erweiterbarkeit bzw. Stetigkeit eines Softwaresystems: Eine Entwurfsmethode erfüllt das Kriterium der Stetigkeit dann, wenn sie Architekturen erzeugt, die nicht wegen jeder kleinen Änderung der Systemanforderungen geändert werden muß. Dabei ist Stetigkeit auf den gesamten Entwicklungsprozeß, einschließlich Weiterentwicklung und Anpassung, zu beziehen. Hier ist die objektorientierte Sicht der funktionalen überlegen (vgl. Meyer 1990, S. 44).

Bertrand Meyer argumentiert, daß ein erfolgreiches System sich nicht auf statische Abbildung beschränken darf in der Hoffnung, daß sich die Realität schon so schnell nicht ändern wird. Vielmehr antizipiert es bereits bei der Wahl der Entwurfsmethode soweit wie möglich die auf Dynamik und Veränderung angelegte Realität. Die funktionale Methode kann nicht gewährleisten, daß die Weiterentwicklung des Systems mit der Realität Schritt hält (vgl. Meyer 1990, S. 45).

Stabilität und Stetigkeit sind deshalb entscheidend, weil ein betriebliches Softwaresystem permanent mit Veränderungen konfrontiert ist: Beispielsweise verändern sich Marktkonstellationen, die Einfluß auf die Auftragsabwicklung nehmen. Programmkorrekturen werden auch durch Gesetzesänderungen, z.B. bei der Lohn- und Gehaltsabrechnung, erzwungen. Im Werdegang eines Systems, so Bertrand Meyer, sind Funktionen die flüchtigen Teile, während sich bei den Objekten, auf denen gearbeitet wird, sehr viel mehr Beständigkeit findet.

Andererseits ist der Einwand von Yourdon zu berücksichtigen: „Nur wenige objektorientierte Analyse- und Entwurfsverfahren liefern eine gute Unterstützung der betrieblichen Analyse zu Beginn eines Projekts. Die meisten beschränken sich auf den Entwicklungsprozeß an sich, während die Modellierung des Unternehmens, die normalerweise der Systementwicklung vorausgehen sollte, ignoriert wird" (Yourdon u.a. 1996, S. 52).

Planbarkeit. Die Planbarkeit eines Systems hängt eng mit den Parametern Flexibilität und Erweiterbarkeit zusammen. Bei funktionsorientierten Entwürfen legt der Programmierer mit seinen Programmen ziemlich genau fest, was der Benutzer auszuführen hat und wie er es zu machen hat. Dieses enge Korsett schränkt die Möglichkeiten des Benutzers erheblich ein, auf vom Entwickler nicht vorausgedachte Situationen angemessen zu reagieren. Dahinter wird das alte tayloristische Leitbild der Planbarkeit und Kontrollierbarkeit der Arbeit erkennbar. Es ist in einer Zeit schneller Veränderungen für Nichtroutinetätigkeiten kontraproduk-

Was heißt objektorientierte Modellierung?
Ein Schnelldurchlauf durch die Objektorientierung

Im folgenden werden wir uns auf Grundlagen beschränken, die zum Verständnis der objektorientierten Modellierung erforderlich sind. Es werden dabei Begriffe erklärt, die von allen Autoren der Objektorientierung in ähnlicher Weise verstanden werden. Die zahlreichen spezifischen Ausformungen müssen bei den einzelnen Autoren nachgelesen werden (Meyer 1990, Jacobson u.a. 1995, Rumbaugh u.a. 1991).

„Vom Standpunkt der menschlichen Wahrnehmung betrachtet, kann ein Objekt folgendes sein:
- Eine berührbare und/oder sichtbare Sache,
- Etwas, das man intellektuell erfassen kann,
- Etwas, auf das Gedanken oder Aktionen ausgerichtet werden.

Ein Objekt hat einen Zustand, ein Verhalten und eine Identität. Die Struktur und das Verhalten ähnlicher Objekte werden in deren Klasse definiert" (Booch 1994).

„Der objektorientierte Ansatz versucht, die unausweichliche Komplexität realer Probleme dadurch in den Griff zu bekommen, daß Wissen abstrahiert und in Objekten gekapselt wird. Um diese Objekte zu finden oder zu erzeugen, müssen wir Wissen und Aktivitäten strukturieren können" (Wirfs-Brock u.a. 1990).

Objektorientierung wurde in Informatik und Softwarepraxis überwiegend als Programmiersprachen-Paradigma diskutiert. Zunehmend geht es nicht mehr nur um Implementierung, sondern auch um Analyse und Entwurf.

Objekt, Klasse, Operation, Attribut, Wert

Ein modelliertes Objekt, so Jacobson (1995, S. 48), ist bedeutungsvoll für das betrachtete Anwendungsfeld. Beispielsweise ist ein Bankkonto ein Objekt in einer Bank, genauso wie es der Bankkunde ist. Ein Auto ist ein Objekt im zentralen Fahrzeugregister, es ist auch ein Objekt im Abrechnungssystem eines Autohändlers. Alle Erscheinungen, auf die bei einer Analyse unsere Aufmerksamkeit fällt, sind potentielle Objekte.

Dabei abstrahieren wir bewußt von Eigenschaften eines Objektes, die für das betreffende Ereignis bedeutungslos sind, z.B. den Kopfumfang des Bankkunden. Er wäre wahrscheinlich ein sinnvolles Attribut für einen Mediziner, aber nicht für eine Bank. Die Abstraktion impliziert die Konzentration auf die essentiellen Teile eines Objektes, für das Ereignis irrelevante Eigenschaften bleiben unbeachtet.

Ein Objekt ist von anderen abzugrenzen, es hat eine eigene Identität. Es hilft uns, die reale Welt zu verstehen und reale Sachverhalte in Software zu übertragen. Wir tun dies, indem wir eine Zerlegung bzw. Dekomposition eines Problems in Objekte vornehmen, wobei die konkrete Umsetzung immer auch Ermessenssache ist.

In einer Organisation finden sich zahlreiche Objekte gleichen Typs. Weil sie die gleichen Eigenschaften (Attribute) und Verhaltensmuster (Operationen) haben, sind sie Objekte derselben Klasse (Objektklasse). Worin sie sich unterscheiden sind die Werte, die die Attribute annehmen können. Beispielsweise haben wir die Objekte Bankkunde Funke und Bankkunde Franke. Sie haben gemeinsam die Attribute Name, Beruf, Kontostand etc. und die Operationen einzahlen, auszahlen, überweisen usw. Sie unterscheiden sich allerdings in ihren Attributwerten, also bei der Höhe des Kontostandes, durch ihren Beruf und ihren Wohnort. Jedes Objekt gehört zur (Objekt-) Klasse „Bankkunde". Der Vorteil der Zusammenfassung von Objekten zu Klassen liegt darin, daß alle Objekte desselben Typs in ihren Operationen und Attributen nur einmal beschrieben werden müssen.

Verknüpfungen und Assoziationen

Gebrauch und Nutzen eines Objektes sind in seinen Operationen festgelegt, die es anderen Objekten in seinem Umfeld anbieten kann. Operationen sind die „tools", die Objekte nutzen, wenn sie mit anderen Objekten etwas tun wollen. Ein Objekt kann nur über seine Operationen von anderen Objekten erreicht werden.

Ein System wie z.B. das Modell einer Organisation besteht aus einer Vielzahl von miteinander verbundenen Objekten. Im Modell müssen die Verknüpfungen bzw. Assoziationen dargestellt werden, wobei es unterschiedliche Arten von Verbindungen gibt. Jacobson u.a. definieren Assoziationen als eine gerichtete zweiseitige Relation, die stets zwei Objekte ver-

Vererbung

Eine Objektklasse kann einer anderen Objektklasse Operationen und Attribute vererben, so daß diese sie (wieder)verwenden kann. Üblicherweise erbt eine Unterklasse die Eigenschaften der Oberklasse und fügt ihre individuellen Eigenschaften hinzu. Der Vorteil der Vererbung liegt vor allem darin, daß durch die Auslagerung der gemeinsamen Eigenschaften in eine Oberklasse, die Redundanzen in Entwürfen und Programmen wesentlich reduziert werden können.

Kapselung

Unter Kapselung wird die Fähigkeit eines Objektes verstanden, eine Trennung in für andere Objekte zugängliche und verborgene Teile vorzunehmen. Den Fremdobjekten bleiben zumeist interne Implementierungsdetails verborgen. So sind dem Umfeld weder die Attributwerte noch die Detailstruktur der Operationen bekannt. Worauf andere Objekte zugreifen können sind die Namen der Operationen, die im Objekt angesprochen werden können.

binden. Es ist immer das die Verbindung initiierende Objekt, welches das Partnerobjekt kennt und auf ihm agiert, und nicht umgekehrt.

Auf diese Weise gewinnt ein Entwurf an Stabilität, er wird dadurch „überarbeitungsfreundlicher", denn die Implementierung eines Objektes kann dann leichter ohne Folgen für die Anwendungen verändert werden. Hierin liegt ein großer Vorteil gegenüber funktionsorientierten Ansätzen, bei denen Korrekturen häufig nicht mehr beherrschbare Seiteneffekte auslösen.

Polymorphie

Ein Objekt kann eine Nachricht an ein anderes Objekt schicken, ohne sich darum kümmern zu müssen, zu welcher Klasse das betreffende Objekt gehört. So kann eine gleichlautende Operation in unterschiedlichen Klassen unterschiedliches auslösen: Das Verhalten der Operation „auflösen" ist z.B. in der Klasse Bankkonto ein anderes als in der Klasse Wohnung. Polymorphie bezeichnet also den Vorgang, daß dieselbe Operation bzw. derselbe Objekttyp mehrere Formen annehmen kann. Operationen dürfen somit unterschiedliche Realisierungen in unterschiedlichen Klassen haben.

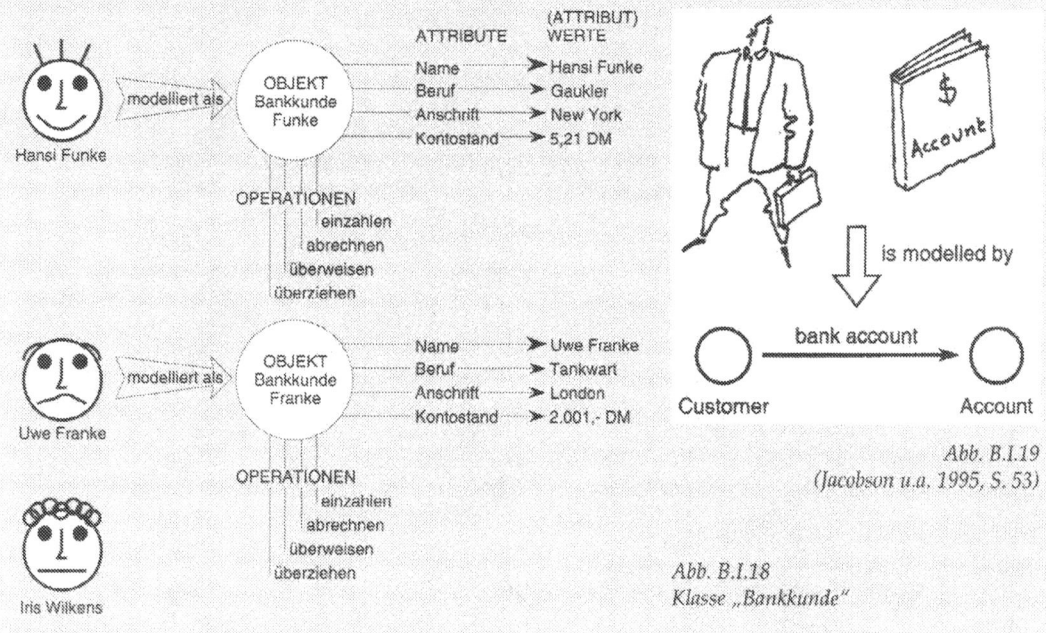

Abb. B.I.18
Klasse „Bankkunde"

Abb. B.I.19
(Jacobson u.a. 1995, S. 53)

Die Abbildung einer Versicherungsorganisation:
Das Projekt ELIAS II

ELIAS II wurde 1981 von einer Expertengruppe als neue IT-Konzeption einer Großversicherung entwickelt. Es soll deshalb ausführlicher vorgestellt werden, weil es so konsequent wie kaum ein zweites Anwendungskonzept bereits zu Beginn der 80er Jahre auf Prozeßanalyse setzt. Darüber hinaus ist eine Verwandtschaft zu aktuellen Standardanwendungssoftwaresystemen zu erkennen.

ELIAS II galt zu Anfang der 80er als wegweisendes IT-Konzept im deutschen Dienstleistungsbereich. Es wollte die Gesamtorganisation des Betriebes in seinen wesentlichen Funktionen der betrieblichen Realität auf DV-technischer Basis repräsentieren. Man versprach sich, so den Versicherungsmarkt schneller, kompetenter und kostengünstiger bedienen zu können und dies bei Einsparung von Personalkosten. Ziele, „Philosophie" und wichtige Teilelemente sollen im folgenden kurz beschrieben werden.

Über allem schwebt PARIS

Das „Partner-Informations-System" (PARIS) ist branchen- und einzelvertragsbezogen aufgebaut. Ein kontinuierlicher Ausbau unseres Versicherungsgeschäfts und unserer Finanzanlagen erfordert eine verstärkte Kundenorientierung nicht nur im Vertrieb, sondern auch in der Verwaltung. Die Zeichnung von Versicherungsgeschäften, die Schadenregulierung, die Feststellung der Rentabilität und die Sanierung sollte stets unter Berücksichtigung der gesamten Kundenverbindung erfolgen. Ein kundenorientiertes Verwaltungssystem ist auch Voraussetzung für Verkaufs- und Steuerungsmaßnahmen im Vertrieb und für eine zielgruppenorientierte Produktgestaltung. Das Partner-Informations-System bildet die technische Grundlage zur Verwirklichung dieser Zielsetzungen.

Die zentrale Dimension im ELIAS II-System ist der Begriff des sog. Partners bzw. der Partner-Nummer. Dahinter verbirgt sich nicht nur der Kunde der Versicherung, sondern jeder, der mit der Versicherung in Beziehung steht; darunter fällt der Beschäftigte der Versicherung ebenso wie der Mieter einer versicherungseigenen Mietwohnung, Anwälte oder Geschädigte. PARIS ist also eine personenbezogene Datensammlung, die schnelle Profile aller Kundenbeziehungen und damit entsprechende Strategien ermöglichen soll: „Eine Verknüpfung von Dateien mit personenbezogenen Daten wird durch das Partner-informationssystem gewährleistet. Daten von Beschäftigten sind dann mit Daten derselben als Kunden verknüpfbar. Profile der einzelnen Beschäftigten könnten Aufschlüsse auch über außerbetriebliche Verhältnisse geben. Eingeschlossen sind hierbei auch Beziehungen zu anderen „Partnern" der Versicherungsgesellschaften.

Die „anlaßgesteuerte Sachbearbeitung"

Das ELIAS II-Konzept hat, früher als industriesoziologische Forschungen, Hinweise gegeben, in welche Richtung sich Büroarbeit und Arbeitsorganisation verändern; sie drücken sich in Metaphern wie „anlaßgesteuerte Sachbearbeitung" oder „Überwälzung auf die Quelle des Geschehens" aus:

Untersuchungen der innerbetrieblichen Arbeitsabläufe ergaben, daß sich ca. 75–80 Prozent der anfallenden Arbeit – stückzahlmäßig gesehen – standardisieren läßt. Für diese Bearbeitungsvorgänge wurden einheitliche Bearbeitungskriterien erstellt, die eine weitgehende Automatisierung ermöglichen.

Für jeden Arbeitsvorgang wird ein „Anlaß" definiert, der in Verbindung mit vorgegebenen und gespeicherten Informationen (Daten) die Arbeitsschritte in logisch-konsequenter Weise bestimmt. Mit Hilfe einer dialogorientierten Datenbank können die einzelnen Arbeitsschritte und durch Eingabe des Anlasses der Vorgang insgesamt computerunterstützt abgewickelt werden. Für diese Bearbeitungsart wird der Begriff ‚anlaßgesteuerte Sachbearbeitung' gewählt.

Bis zu achtzig Prozent aller Geschäftsvorfälle sollen so vollautomatisch ablaufen, d.h. es sollen z.B. die richtigen Briefe zur richtigen Zeit geschrieben werden oder die Versicherungsbedingungen in jedem Fall kundengerecht interpretiert werden. Für den Sachbearbeiter verbleibt in diesen Fällen das Eingeben der Kundenanlässe.

Voraussetzungen

Voraussetzungen für die anlaßgesteuerte Sachbearbeitung sind die Definition der Anlässe und je Anlaß eine eingehende Analyse der in der Sachbearbeitung anfallenden Funktionen.

Als „Abfallprodukt" fallen die nach außen sichtbaren Aktivitäten (Versicherungsschein, Nachtrag, Brief, Buchung usw.) an. Das setzt voraus, daß

- alle denkbaren Varianten für Versicherungsscheine, Nachträge, Briefe usw. analysiert,
- die entsprechenden Bausteine für Texte, Tarife, Beitragsberechnungen, Versicherungsbedingungen, Klauseln gespeichert und
- die Einflußkriterien für den einzelnen Arbeitsvorgang gespeichert und/oder vorgebbar sind.

Das Programm sollte so gestaltet werden, daß es Vorgänge erkennt, die von den vorgegebenen Normen abweichen und deshalb nicht mehr vollmaschinell abgewickelt werden können. Der Sachbearbeiter erhält in diesen Fällen ein Signal, den Vorgang – gegebenenfalls teilweise (z.B. Briefausgabe) – individuell zu bearbeiten.

Der Aufwand für die Analyse und für die Programmierung stellt an die beteiligten Sachbearbeiter und Programmierer hohe Anforderungen; er ist jedoch für die einzelnen Anlässe dann vertretbar, so die Meinung der Planer, wenn damit eine entsprechend große Zahl von Vorgängen computergestützt abgewickelt werden kann.

Die Vorteile sind, so die Planer:
- Produktivitätsverbesserung, da Arbeitsschritte vom Sachbearbeiter in den Computer verlagert werden;
- erhöhte Sicherheit in der Fallbearbeitung, da die programmtechnische Durchführung Mängel und Irrtümer reduziert;
- stärkere Kundenbezogenheit und Verständlichkeit des Briefes, da die Texte als Ganzbrief sachverständig und für den Kunden verständlich vorformuliert werden;
- größere Individualität, bezogen auf den jeweiligen Anlaß, wenn in der Analyse alle Bearbeitungsvarianten erfaßt werden und sich in einer entsprechenden Briefvielfalt niederschlagen. Die Anzahl der verschiedenen Briefe je Anlaß kann durchaus größer sein als ein Sachbearbeiter normalerweise beherrscht.

„Überwälzung auf die Quelle des Geschehens"

Wenn sich nach Angaben der Experten ca. 75-80 Prozent der anfallenden Arbeit standardisieren läßt und lediglich noch der Anlaß in eine Bildschirmmaske eingegeben werden muß, so ist es naheliegend, sich Gedanken über den verbleibenden Rest zu machen; hier können sich die Planer vorstellen, daß unter Nutzung des damaligen Fernmeldedienstes Bildschirmtext (Btx) die Eingabe des Anlasses entweder auf den Kunden oder auf Außendienstmitarbeiter überwälzt wird. Die Übertragung auf den Kunden empfiehlt sich, weil dann keine Personalkosten für die Versicherung mehr anfallen. Eine Eingabe durch den Außendienstmitarbeiter kann in den Fällen zweckmäßig sein, wo er das beim Kunden zu einer Nachfrage nutzt und zugleich andere Versicherungsgeschäfte akquiriert; der Kundenanlaß ist sozusagen das Entrée für den Außendienstmitarbeiter.

Bewertung ELIAS II

1. Das Unternehmen wird als System betrachtet, das mit Hilfe von Informationssystemen in seinen Prozessen abgebildet wird.
2. Geschäftsvorfälle werden in ihren Abläufen vorgedacht und soweit es sich mengenmäßig lohnt vollständig automatisiert; Restfunktionen sollen nach Möglichkeit durch IT auf Dritte überwälzt werden.
3. Nicht benannte Orientierungen, Leitbilder und Metaphern spielen bei der Architektur eine herausragende Rolle, z.B.:

Das Unternehmen ist ein Management-Informations-System (MIS), durch „MIS" hat man „alles im Griff", der Mensch als Unsicherheitsfaktor ist weitgehend auszuschalten, anlaßerfassende Sachbearbeitung und Überwälzung auf die Quelle des Geschehens als Leitbilder für die Arbeitsorganisation, die Mitarbeiter machen ständig Fehler und können sich nicht verständlich formulieren, deshalb muß menschliche Arbeit reduziert werden.

4. Offene Fragen:
   - Liegen die Wurzeln in technischen oder ökonomischen Sachzwängen oder in Leitbildern?
   - Wer sind die Akteure der Technikentwicklung und -nutzung? Hersteller, Management, Systemgestalter, Beschäftigte?
   - Welche Aufgabe fällt Wirtschaftsinformatikern und Beschäftigten zu?
   - Ist die geplante Konzeption schon Realität?

tiv. Der objektorientierte Ansatz unterstützt eher die Kontextabhängigkeit von Arbeitssituationen: In turbulentem Umfeld ist der Experte vor Ort am ehesten in der Lage, angemessen zu reagieren.

Wiederverwendbarkeit. Objektklassen können als Komponenten entwickelt und genutzt werden. Werden neue Klassen geschaffen, so können die Eigenschaften der bereits definierten Klassen wiederbenutzt werden.

Literaturempfehlungen

Thomas Engelmann: Business Process Reengineering. Wiesbaden 1995

Michael Gaitanides, Rainer Scholz, Alwin Vrohlings, Max Raster (Hrsg.): Prozeßmanagement: Konzepte, Umsetzungen und Erfahrungen des Reengineering. München Wien 1994

A. Kieser: Moden & Mythen des Organisierens. Die Betriebswirtschaft 1/1996 (56. Jhg.), S. 21–39

II.
Softwareprodukte und Softwarekonzepte für Organisationen

Zwei Pole bei der IT-unterstützten Gestaltung von Organisationen

Mit der Darstellung von SAP R/3 und WAM sollen die beiden Pole eines Spannungsfeldes aufgezeigt werden: Während SAP R/3 für Standardanwendungssoftware, Ablaufsteuerung und eine zentralgeplante, prozeßorientierte Unternehmensorganisation steht, ist WAM eine Methode der Individualsoftwareentwicklung, sie orientiert sich an objektorientierter Modellierung und Unterstützung des Einzelarbeitsplatzes und der Arbeitssituation. Zwischen diesen Polen liegen eine Reihe von denkbaren und tatsächlich existierenden Softwareoptionen. Das Spektrum denkbarer Modellierungen von Organisationen wird durch das Aufzeigen dieser Spannungsfelder transparenter, die verschiedenen Ansätze in Wissenschaft und Praxis können besser eingeordnet werden. Ein weiteres Softwareprodukt – Lotus Notes, es liegt zwischen den beiden Polen – wird beschrieben und bewertet. Schließlich wird noch ein objektorientierter Architekturrahmen zur Modellierung von Geschäftsprozessen in Organisationen, das SOM-Modell von Ferstl/Sinz, vorgestellt.

1. SAP R/3

Eine Standardanwendungssoftware für funktionsorientierte Prozeßmodellierung und Top-down-Gestaltung von Organisationen

Das Softwarehaus SAP („Systeme, Anwendungen, Produkte") wurde 1972 in Walldorf/Baden von fünf ehemaligen IBM-Mitarbeitern gegründet. Die SAP AG

98 Modelle, Methoden und Software

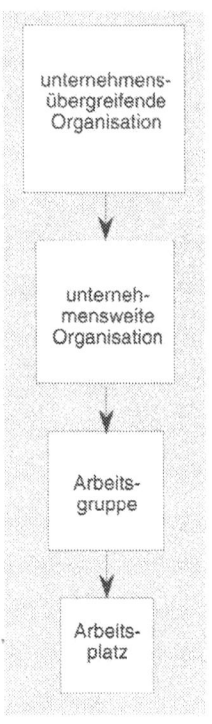

Abb. B.II.1
R/3-Perspektive

ist heute mit Abstand das größte deutsche Softwareunternehmen mit weltweit weit mehr als 10.000 Mitarbeitern. Weitere Zahlenangaben verbieten sich, da sie schnell überholt sind. Ihre beiden Produkte haben die Bezeichnungen R/2 und R/3.

1.1 Einordnung und Leitbild von SAP R/3

Die SAP hat mit ihren Produkten R/2 und R/3 integrierte Standardanwendungssoftwarepakete auf den Markt gebracht, die vom Funktionsumfang wie von den Umsatzzuwächsen her bislang mit kaum einer anderen Standardanwendungssoftware vergleichbar sind. Rasant entwickelten sich die Installationen bei zahlreichen Großunternehmen in der Bundesrepublik und weltweit. SAP R/2 oder R/3 wurden in vielen Fällen zum Muß.

R/3 ist das Nachfolgeprodukt von R/2 (Realtime 2), das für Großunternehmen und Großrechnerumgebungen entwickelt wurde. R/3 wurde als ein neues System mit einer vollkommen neuen Architektur auf einer neuen Plattform konzipiert, es versteht sich nicht als Wiederauflage von R/2. Allgemein wird erwartet, daß R/3 nach und nach R/2 verdrängen wird.

R/3 nimmt die unternehmensübergreifende und -weite Perspektive auf die Organisation ein. Arbeitsgruppe und Arbeitsplatz leiten sich aus dieser Topdown-Sicht ab. Tatsächlich spielen sie kaum eine Rolle, ihre Integration wird als unproblematisch eingeschätzt; es werden jedenfalls hierfür bislang außer Schulungen keine besonderen Methoden oder Hilfen angeboten. Beim WAM-Ansatz wird deutlich werden, daß diese Perspektive nur eine von mehreren möglichen ist: Ebenso denkbar ist z.B., vom Einzelarbeitsplatz statt vom gesamten Unternehmen auszugehen und die Koordination „Bottom-up" voranzutreiben (s. Abb. B.II.1).

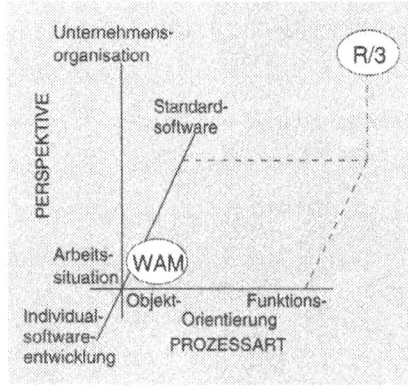

Abb. B.II.2
R/2 bzw. R/3 zählen zur Gruppe der Standardanwendungssoftware. Das Ziel ist, sie in vielen Unternehmen und Branchen mit möglichst geringen Anpassungen einzusetzen.

Standardanwendungssoftware. Standardanwendungssoftware sind Programmsysteme zur Lösung von Anwendungsproblemen, die für einen anonymen Markt entwickelt werden (vgl. Scheer 1990, S. 134). Individualsoftware wird dagegen für einen Auftraggeber entwickelt und auf dessen spezielle Gegebenheiten zugeschnitten. Standardanwendungssoftware eignet sich besonders für die Automatisierung von Funktionen und Abläufen, denen ein hoher Formalisierungsgrad zugesprochen wird. In professionelle Standardanwendungssoftware gehen mit der Zeit die Erfahrungen vieler betrieblicher Anwendungen ein. Durch die Rückkopplungen wird sie so fast von selbst besser und stabiler. Standardanwendungssoftware wie die Produkte SAP R/2 und R/3 lassen Anpassungen und Modifikationen durch die Anwender zu.

Als Argument für den Einsatz von Standardsoftware wird oft die Unabhängigkeit von Software-Programmierern genannt. Dieses Argument verliert zumindest bei R/3 angesichts der hohen Komplexität des Systems an Bedeutung. Es setzt erfahrene Spezialisten voraus, die sich mit dem Funktionsumfang auskennen. Das Problem wird also hier von den Programmierern im eigenen Haus zu den SAP-Beratern verlagert. Eine dauerhafte Abhängigkeit von SAP kann darüber hinaus durch die fortlaufenden Releasewechsel entstehen.

Integrierte Standardanwendungssoftware

SAP R/3 ist darüberhinaus eine integrierte Standardanwendungssoftware. Über integrierte Systeme sollen unternehmensweite bis -übergreifende Geschäftsprozesse realisiert werden. Das R/3-System besitzt einen hohen Integrationsgrad. Alle Module kommunizieren miteinander und befinden sich in gegenseitiger Abhängigkeit. Durch die zentrale Datenhaltung sollen Redundanzen weitgehend vermieden werden und ein jederzeit aktueller Datenstand erreicht werden. Änderungen werden sofort im ganzen System wirksam. Es treten keine Schnittstellenprobleme auf, da alle Daten, die in verschiedenen Modulen und Teilfunktionen verwendet werden, dasselbe Datenformat aufweisen (s. Abb. B.II.3).

So sind z.B. die Zeiten für die Produktion eines Produktes nicht nur in der Produktionsplanung bekannt, sondern auch im Versand und auch bei der anschließenden Rechnungsstellung (Faktura). Auf diese Weise lassen sich die Abläufe von der Auftragserteilung seitens des Kunden bis hin zum Fertigungsauftrag in der Produktion verfolgen. Durch die zentrale Datenhaltung und Verfügbarkeit der Informationen in allen Teilmodulen können Tätigkeiten wie Datenerfassung und -weiterleitung auf ein Minimum reduziert werden.

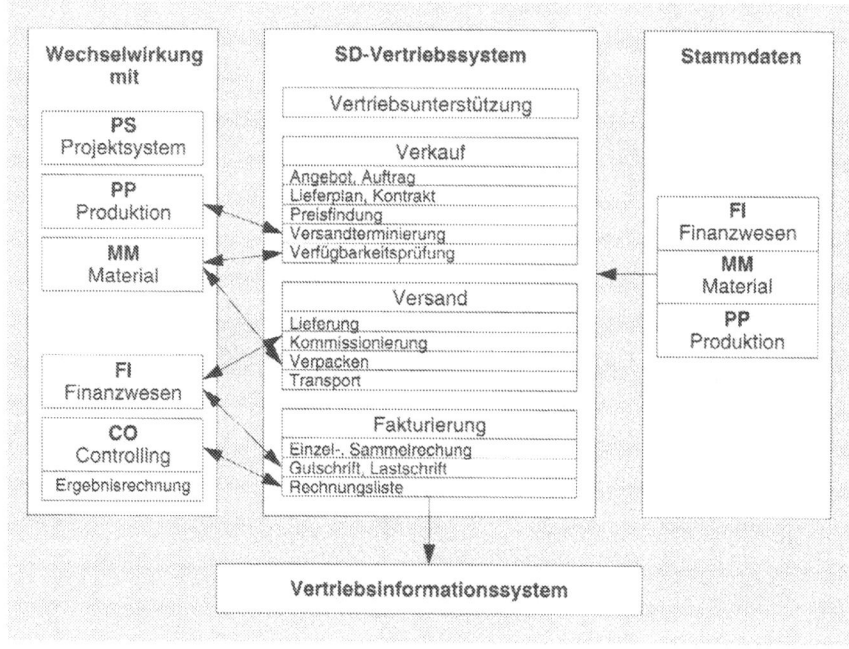

Abb. B.II.3
Integration am Beispiel des Vertriebs (SD) im R/3-System
(Liebig 1995)

100 Modelle, Methoden und Software

Bei hoher Integration erhöht sich allerdings auch das Risiko von Datenschutzproblemen. Zugleich tritt eine hohe Abhängigkeit des gesamten Unternehmens von der Verfügbarkeit des Informationssystems auf. Diese Probleme sind auch von anderen stark integrierten Systemen wie CIM-Komplettlösungen bekannt.

Das Hauptproblem einer Standardanwendungssoftware wie R/3 besteht darin, die im System enthaltenen, formalisierten Funktionen und Geschäftsprozesse, die den Erfahrungsschatz zahlreicher Anwendungen in den unterschiedlichsten Unternehmen beinhalten, an die spezifischen Bedingungen des jeweiligen Unternehmens anzupassen. Dies ist deshalb nicht trivial, weil jede andere Anwendungssoftware ein bestimmtes Organisationsleitbild mitliefert. Bei R/3 ist es die ablaufgesteuerte Geschäftsprozeßorientierung.

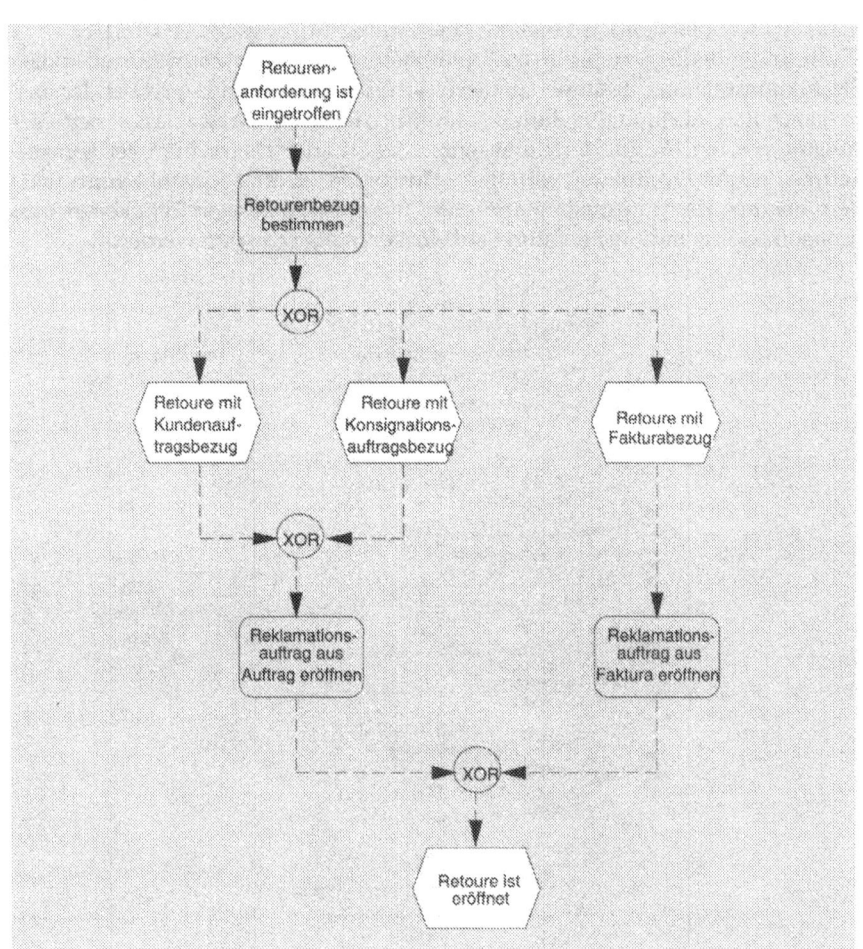

*Abb. B.II.4
Beispiel einer Ereignisgesteuerten Prozeßkette (EPK)
(Liebig 1995)*

Prozeßorientierung und Ablaufsteuerung bei R/3

Mit der R/3 Software werden die für ein Unternehmen relevanten betriebswirtschaftlichen Funktionen prozeßorientiert modelliert. In Marketingunterlagen wird von R/3 als Software für Business Process Reengineering gesprochen.

Ausgangspunkt für die Entwicklung von prozeßorientierten Informationssystemen sind bereichs- und abteilungsübergreifende Prozesse, in R/3 als sog. Ereignisgesteuerte Prozeßketten (EPK) dargestellt. Die Kernelemente einer EPK sind Ereignisse und Funktionen: Auf ein Ereignis hin, z.B. Eingang einer Lieferantenrechnung, wird eine bestimmte Funktion angestoßen, die wiederum ein neues Ereignis bewirkt. Ereignisse stoßen Funktionen an und Ereignisse werden von Funktionen als Ergebnis generiert (s. Abb. B.II.4).

Grundlage der EPK sind verrichtungs- bzw. funktionsorientierte Prozesse: Es werden Funktionen in Reihenfolge gebracht und formalisiert, die von Ereignissen angestoßen werden. Es sollen möglichst viele Prozesse mit ihren Eventualitäten durch die R/3 Planer „vorweggedacht" und durch EPK formalisiert werden, um so eine weitgehende *Ablaufsteuerung* zu erreichen. Unterschiedliche Bedingungen und Kontexte einer Organisation werden durch optionale EPK modelliert. Die Benutzer als „Beplante" übernehmen in diesem Konzept die Ausführungsverantwortung.

In jeder Organisation gibt es eine Vielzahl von Routineprozessen, die über lange Zeit keinen Änderungen unterliegen. Bei turbulenten Umweltbedingungen und aufgrund der vielen beteiligten Akteure kann nicht immer eingeschätzt werden, welche Prozesse auf Dauer unter diese Kategorie fallen und welche nicht. Aufgrund des hohen Integrationsgrades von R/3 und der primär auf Ablaufsteuerung basierenden Prozesse können anfallende Veränderungen deshalb mit einem hohen Aufwand verbunden sein.

R/3 ist ein *Client/Server-System*

Client/Server-Systeme bieten Präsentations-, Applikations- und Datenbankfunktionalitäten, die auf einem Rechner oder auf mehreren verteilt werden können. Client/Server-Architekturen haben einige Vorteile: Im Vergleich zu Großrechnerlösungen haben sie eine große Flexibilität bei der Systemkonfiguration, es können Anforderungen der Benutzer sowie Service und Funktionalität der Anwendung in den Vordergrund gerückt werden, die angemessene Verteilung knapper Hardware-Ressourcen ist nicht mehr das Nadelöhr (s. Abb. B.II.5).

Anwendungsbereiche und Modulkonzept. Basis der Architektur sind Anwendungsbereiche und Module. Es gibt drei Anwendungsbereiche, die sich in Module unterteilen:
- Rechnungswesen, Logistik mit PPS,
- Vertrieb und Materialwirtschaft sowie
- Personal.

Module entsprechen dabei Organisationseinheiten auf oberster Ebene, auf der nachfolgenden hierarchischen Ebene finden sich Komponenten (s. Abb. B.II.6). Beispielsweise gehören zum Vertriebsmodul die Komponenten Verkauf, Vertrieb

---

„Ablaufsteuerung bedeutet, Operationen zu implementieren, die menschliches Arbeitshandeln regeln und kontrollieren. Die Kontrolle über den Ablauf der Arbeitsschritte des Menschen liegt bei der Maschine. Generell wird bei der Automatisierung das Ziel verfolgt, menschliches Arbeitshandeln durch Maschinen zu ersetzen oder bis auf die notwendige Dateneingabe (Input) zu reduzieren. Dazu werden Pläne und Vorschriften verwendet, die im Idealfall durch Algorithmen auf Maschinen implementiert werden" (Gryczan 1995, S. 221).

Client/Server-Systeme sind miteinander verbundene Rechner, von denen einige (server) bestimmte Softwareleistungen, wie z.B. Bereitstellung von Daten anbieten und andere (client) diese Leistung in Anspruch nehmen. Jeder Server kann dabei selbst Client sein und eigene oder andere Leistungen nutzen. Client/Server-Systeme unterscheiden sich von zentralen Informationssystemen durch die Verteilung der Leistungen auf mehrere Rechner.

102   Modelle, Methoden und Software

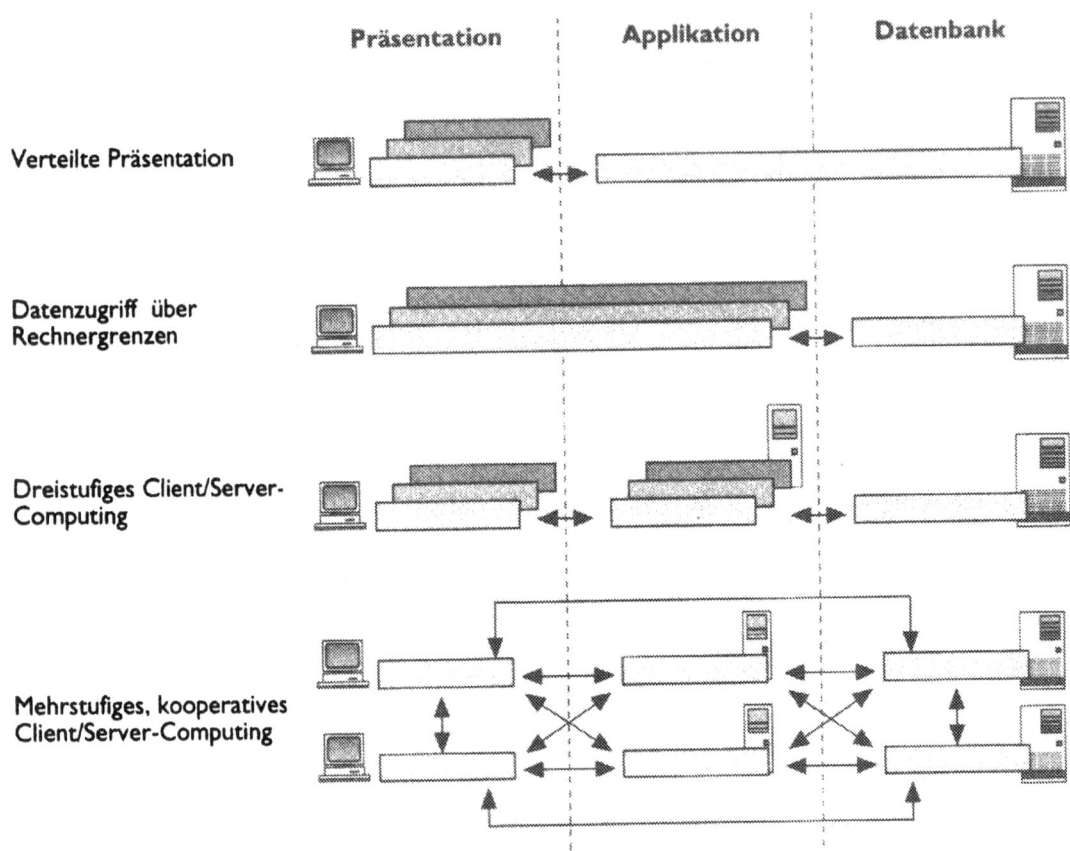

Abb. B.II.5
Die Client/Server-
Technologie des
SAP-Systems R/3
(Buck-Emden/
Galimow 1996)

(Lieferung), die Faktura etc. Die Module müssen möglichst perfekt aufeinander abgestimmt sein, damit Schnittstellen entfallen können. Die Grundlage hierfür ist die einheitliche Datenmodellierung und integrierte Datenspeicherung, die dann, sofern erforderlich, in alle Module eingehen und dort verwendet werden können.

Mandantenfähigkeit

Zur Philosophie von R/3 gehört insbesondere die Berücksichtigung der spezifischen Bedürfnisse von Großunternehmen, die typischen Partner von SAP. Diese Organisationen bestehen oft aus handelsrechtlich, organisatorisch und datentechnisch selbständigen Unternehmen. Dem wird mit der sog. Mandantentechnik Rechnung getragen: Die Firmen, die unterschiedliche Anwendungs- und Bewegungsdaten, eigene Benutzerstämme und Kontenpläne haben, können unabhängig voneinander in einer R/3 Installation betrieben werden (vgl. Buck-Emden/Galimow 1996, S. 210). Über die Mandantennummer wird der Zugriff auf die Daten des ausgewählten Mandanten gesteuert.

Softwareprodukte und Softwarekonzepte für Organisationen 103

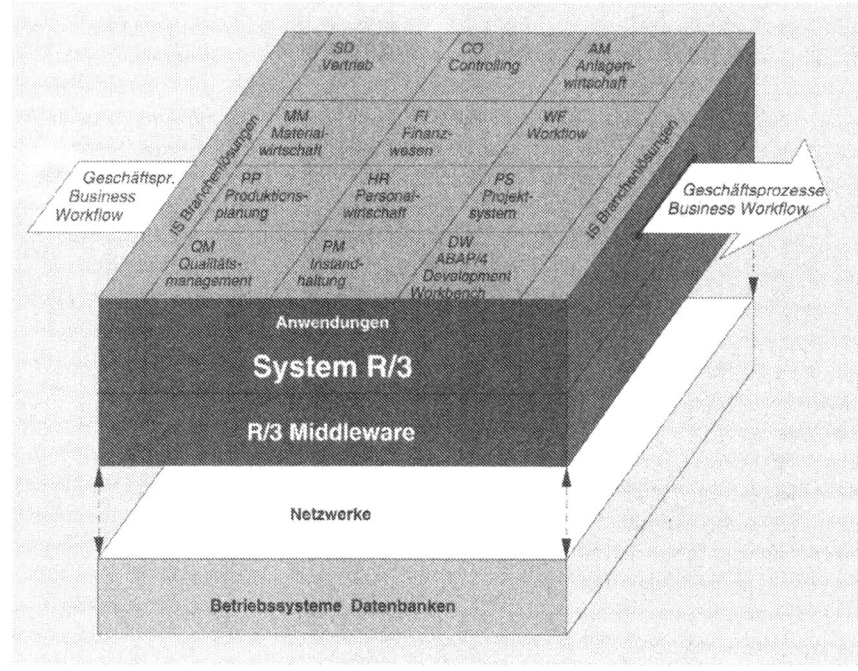

*Abb. B.II.6
Architekturschema der
R/3-Anwendungen
(Buck-Emden/Galimow 1996)*

Internationale Softwarelösung

SAP wollte von Anfang an mit R/2 und R/3 eine internationale Softwarelösung entwickeln. Im Rahmen global agierender Unternehmen wurde bereits frühzeitig darauf geachtet, Mehrsprachigkeit und unterschiedliche landesspezifische Funktionen wie Steuern oder Zahlungsverkehr zu berücksichtigen. R/3 wird z.Zt. in über zwanzig Sprachversionen angeboten, weitere werden vorbereitet. R/3 ist auch, was für multinationale Unternehmen wichtig ist, länderübergreifend einsetzbar.

Mit dem Release 3.0 wurde die bisherige Branchenstrategie modifiziert. Stärker als bisher, stehen seitdem R/3 Standardanwendungen für Branchen (sog. Industrial Solutions, IS) zur Verfügung. Branchenorientierte Informationssysteme gibt es z.B. für Insurance, Hospital, Oil & Gas, Publishing etc.

1.2 Die Architektur von R/3

Das R/3 Referenzmodell

Ein Herzstück von SAP R/3 ist das Referenzmodell; es ist ein „Bauplan", der Organisationen in den frühen Phasen der Gestaltung ihrer Geschäftsprozesse als Anleitung dienen soll. Es ist eine geschlossene Darstellung von R/3 mit einer umfassenden Repräsentation der im System R/3 verfügbaren Prozesse unter

*Referenzmodell:
Modell, das Anhaltspunkte für eine sinnvolle Systemgestaltung oder ein empfehlenswertes Verhalten bietet. Dabei kann es sich z.B. um ein idealtypisches Fachkonzept handeln, das betriebliche Informationssysteme nach einem bestimmten Integrationsansatz branchenabhängig oder für eine bestimmte Betriebsklasse so beschreibt, daß ein der Branche oder Betriebsklasse angehörender Betrieb daran sein eigenes Fachkonzept und DV-Konzept orientieren kann (Hansen 1997).*

B.II.1.2 wurde unter Mitarbeit von Jörn Rodenhagen erstellt. Wir greifen dabei vor allem auf SAP-Quellen zurück (vgl. hierzu Meinhardt 1994, Keller 1995, Keller/Popp 1996, Buck-Emden/Galimow 1996).

*Die **EPK** werden ausführlich im nachfolgenden Abschnitt beschrieben*

Obwohl es für Außenstehende schwierig ist, zwischen SAP R/3 und ARIS zu trennen, gibt es einige Unterschiede: So ist z.B. im ARIS Toolset neben der prozeßorientierten auch eine verrichtungs- oder objektorientierte Dekomposition möglich.

Verwendung der Technik der Ereignisgesteuerten Prozeßketten (EPK). Im folgenden wird auf das Referenzmodell, das zur vollständigen (semiformalen) Dokumentation des R/3, seiner Architektur und seiner Funktionalität verwendet wird, detailliert eingegangen.

Das R/3 Referenzmodell bietet mehrere Top-down-Sichten auf Organisationen an. In Anlehnung an das ARIS-Konzept (Architektur integrierter Informationssysteme) von A.-W. Scheer werden zur Beschreibung des R/3-Systems im zugehörigen Referenzmodell verschiedene Techniken verwendet. Mit dem Einsatz verschiedenartiger Techniken soll das System und seine Funktionalität aus unterschiedlichen Sichten beleuchtet werden. Jede der verwendeten Techniken ist einer der vier Sichten Funktionssicht, Datensicht, Organisationssicht und Steuerungssicht zugeordnet. Zum einen werden die Techniken dazu verwendet, um das R/3 System Top-down visualisieren zu können. Zum anderen kann so jedes einzelne R/3-Modul mit Hilfe der aufgeführten Techniken im Detail beschrieben werden.

Funktionssicht: Das zentrale Objekt der Funktionssicht ist die Funktion, die eine „fachliche Aufgabe bzw. Tätigkeit an einem Objekt zur Unterstützung eines oder mehrerer Unternehmensziele" repräsentiert (IDS o.J.). Mit Hilfe der Technik *Funktionsbaum* werden die relevanten Funktionen des Anwendungsbereiches soweit dekomponiert, bis eine elementare Ebene erreicht ist. Es ist damit lediglich

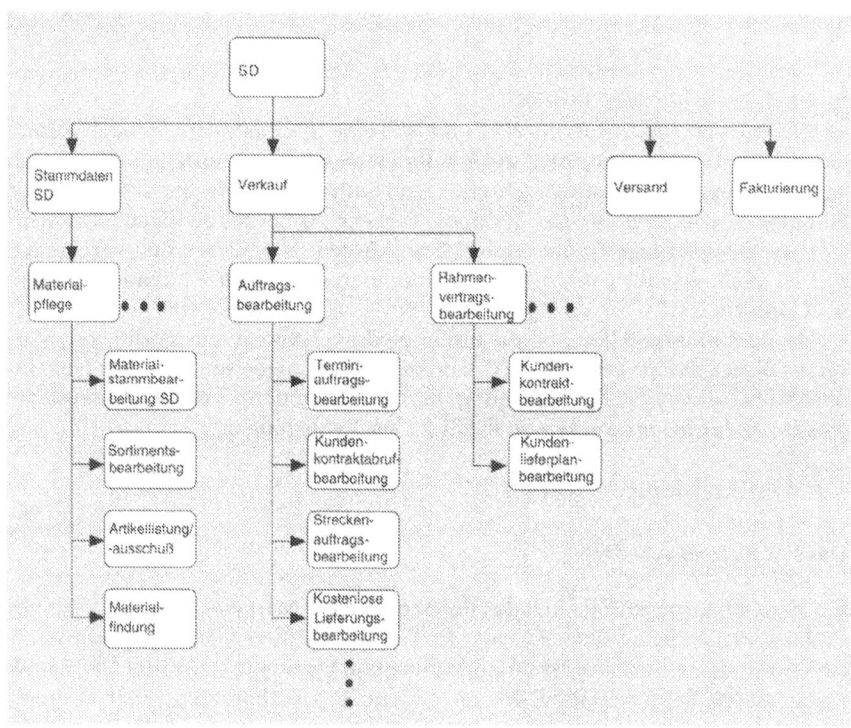

Abb. B.II.7 Funktionsbaum SD

eine inhaltliche Zerlegung einzelner Aktivitäten dargestellt; weder Reihenfolge noch zeitliche Anordnungen sind im Funktionsbaum ersichtlich. In R/3 sind die Funktionsbäume des Referenzmodells ausschließlich nach prozeßorientierten Prinzipien zerlegt. Der Funktionsbaum der obersten Abstraktionsebene stellt die Zerlegung des Systems in die einzelnen Module dar.

Datensicht: Unter Verwendung der Technik *SAP-SERM*, eine eigene Notation auf der Grundlage des Entity-Relationship-Modells (ERM) von Chen, werden die im Anwendungsbereich relevanten Daten als *Informationsobjekte* in einem (Unternehmens-)Datenmodell abgebildet (s. Abb. B.II.8). Um diese Datenmodelle im Sinne eines Referenzmodells möglichst allgemeingültig zu halten, haben sie lediglich den Charakter einer Sammlung relevanter Entitytypen bzw. Datencluster (als Vereinigung inhaltlich zusammengehöriger Entitytypen). Weder Beziehungen noch Attribute sind Bestandteil der Referenz-Datenmodelle, diese können jedoch im Rahmen des Customizing ergänzt werden (s. B.II.1.3, „Customizing", S. 112).

Informationsobjekte im ARIS-Konzept sind im weiteren Sinne auch einzelne Attribute und Beziehungen.

Organisationssicht: In ihr wird unter Verwendung der Technik *Organigramm* die Aufbauorganisation des Anwendungsbereiches statisch beschrieben (s. Abb. B.II.8). Die im Referenzmodell enthaltenen Organigramme beinhalten Systemorganisationseinheiten, wie z.B. ein Werk, eine Versandstelle und Verkaufsbüros als zentrale Objekte. Grundsätzlich werden in Organigrammen die verschiedenen Elemente einer Organisation und ihre Beziehungen zueinander (disziplinarische und fachliche Vorgesetztenbeziehungen, hierarchische Unterordnungen etc.) definiert.

Im ARIS-Konzept werden weitere Elemente wie Stellen, Gruppen bis hin zu konkreten Personen (Müller, Meyer etc.) bereitgestellt.

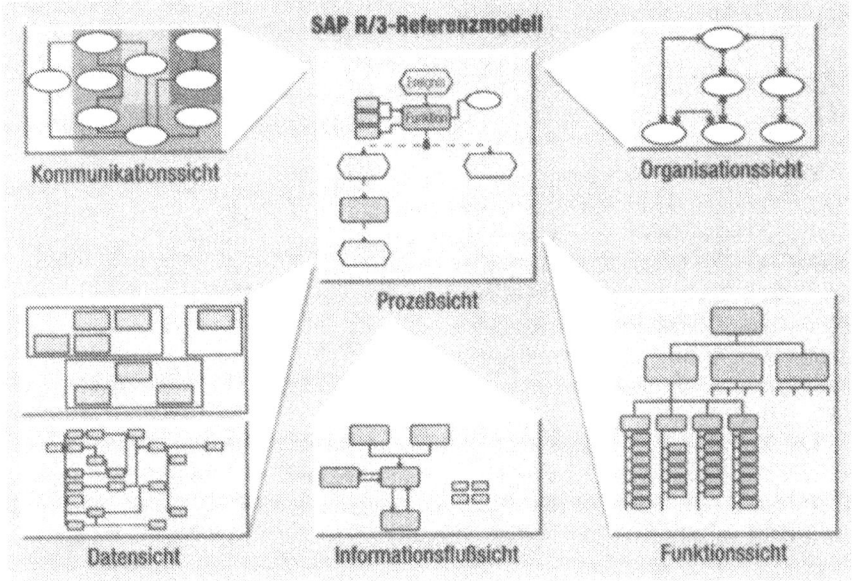

Abb. B.II.8 Sichten im R/3-Referenzmodell (Keller 1995, S. 11)

Modelle, Methoden und Software

Steuerungssicht: Die Steuerungssicht, auch Prozeßsicht genannt, ist die zentrale und dominierende unter den vier Sichten. Das gilt sowohl für das zugrundegelegte ARIS-Konzept als auch für das R/3-Referenzmodell. Sie beinhaltet eine Reihe von Techniken, die sichtenübergreifende Zusammenhänge unter dynamischen und organisatorischen Gesichtspunkten darstellen. Die entscheidende Technik ist die *Ereignisgesteuerte Prozeßkette (EPK)*. Aufgrund ihrer zentralen Stellung wird auf sie noch detaillierter eingegangen. Ergänzend dazu dienen *Prozeßauswahlmatrizen* zur übersichtlichen Darstellung bzw. Gegenüberstellung verschiedener Prozesse und Szenarien (s. Abb. B.II.9). Auch sie werden noch separat beschrieben.

Zur Konkretisierung, welche Informationen denn genau übermittelt werden, kann jeder dieser Kanten ein eigenes Datenmodell hinterlegt werden, welches die betroffenen Entitytypen enthält. Informationsflußdiagramme sind vom Charakter modifizierte Datenflußdiagramme (DFD) aus der Methode Structured Analysis.

Weitere Techniken der Steuerungssicht sind das Informationsflußdiagramm und das Kommunikationsflußdiagramm. Im *Informationsflußdiagramm* wird der Austausch von Informationen zwischen den Hauptfunktionen eines R/3-Moduls dargestellt. Beispielsweise sind die Hauptfunktionen des Moduls SD Vertrieb u.a. Verkauf, Versand und Fakturierung: Zwischen ihnen fließen bei Ausführung konkreter Aktivitäten Informationen. Eine Informationsflußkante zwischen zwei Hauptfunktionen transportiert diese Informationen.

Mit Hilfe von *Kommunikationsflußdiagrammen* wird unter organisatorischen Aspekten visualisiert, welche der Organisationseinheiten bei der Ausführung der Prozesse miteinander kommunizieren.

Ereignisgesteuerte Prozeßketten

Die EPK wurde an der Universität Saarbrücken von A.-W. Scheer und seinen Mitarbeitern entwickelt (Keller u.a. 1992, Scheer 1992).

Im aktuellen Release 3.0 des R/3 Systems sind über 800 einzelne vorgefertigte Prozeßbausteine implementiert, die im R/3 Referenzmodell jeweils mit Hilfe der semiformalen Technik Ereignisgesteuerte Prozeßkette (EPK) dokumentiert sind. Sie wird im Referenzmodell dazu verwendet, das dynamische Verhalten einzelner Prozeßbausteine durch eine zeitlich-logische Anordnung der auszuführenden Aktivitäten (Funktionen) strukturell zu spezifizieren. Mit einer um Elemente des Datenmodells und des Organigramms *erweiterten EPK (eEPK)* läßt sich neben der Dynamik auch die Wirkung der Ausführung dieser Funktionen auf den Datenbestand des Systems sowie die Rolle beteiligter organisatorischer Elemente darstellen.

Die „schlanke" Ereignisgesteuerte Prozeßkette (EPK) besteht prinzipiell aus einer alternierenden Folge von Ereignissen und Funktionen. Ein Ereignis ist ein passives Element und repräsentiert einen Zustand, eine Funktion ist dagegen das aktive Element in der EPK. Auf diese Weise kann ein Prozeß beliebiger Länge, losgelöst von jeden organisatorischen Grenzen, strukturell beschrieben werden. Da nach den Prinzipien der Prozeßorientierung ein jeder Prozeß sowohl einen definierten Anfang als auch ein definiertes Ende besitzt, beginnt jede EPK mit mindestens einem Starterignis und endet mit mindestens einem Endereignis (s. Abb. B.II.4).

Das Konzept der Ereignissteuerung besagt, daß das Eintreten eines Ereignisses zur Ausführung der nachfolgenden Funktion und das Ende der Funktionsausführung zum Eintreten des folgenden Ereignisses führt. Mit dieser Semantik entspricht eine EPK einem reaktiven Automaten, der durch das Eintreten des

Startereignisses angestoßen wird und nach endlich vielen Schritten ein definiertes Ergebnis liefert, zu erkennen am eingetretenen Endereignis (s. Abb. B.II.10). Das auslösende Eintreten des Startereignisses kann dabei nicht vom System selbst, sondern ausschließlich durch seine Umwelt bestimmt werden. Das System kann nur gemäß der Prozeßspezifikation darauf reagieren. Typische

„*Data Warehouse*:
Ein auch im Deutschen gebräuchlicher, englischer Ausdruck (deutsch: Daten-Lagerhaus) für ein umfassendes Konzept zur Entscheidungsunterstützung von Mitarbeitern aller Bereiche und Ebenen. Kern ist eine integrierte Datenbank mit entscheidungsrelevanter Information über die Geschäftsfelder, die aus den operativen Datenbanken und externen Quellen bedarfsgerecht destilliert wird. Der direkte Zugriff wird den Endbenutzern durch einen Informationskatalog (Metadatenbank) erleichtert, der über die Inhalte, Formate und Auswertungsmöglichkeiten des Data Warehouse Auskunft gibt. Eine dritte wesentliche Komponente sind die Softwarewerkzeuge und Anwendungsprogramme, mit denen die Daten des Warehouse abgefragt, transformiert, analysiert und präsentiert werden können"
(Hansen 1997).

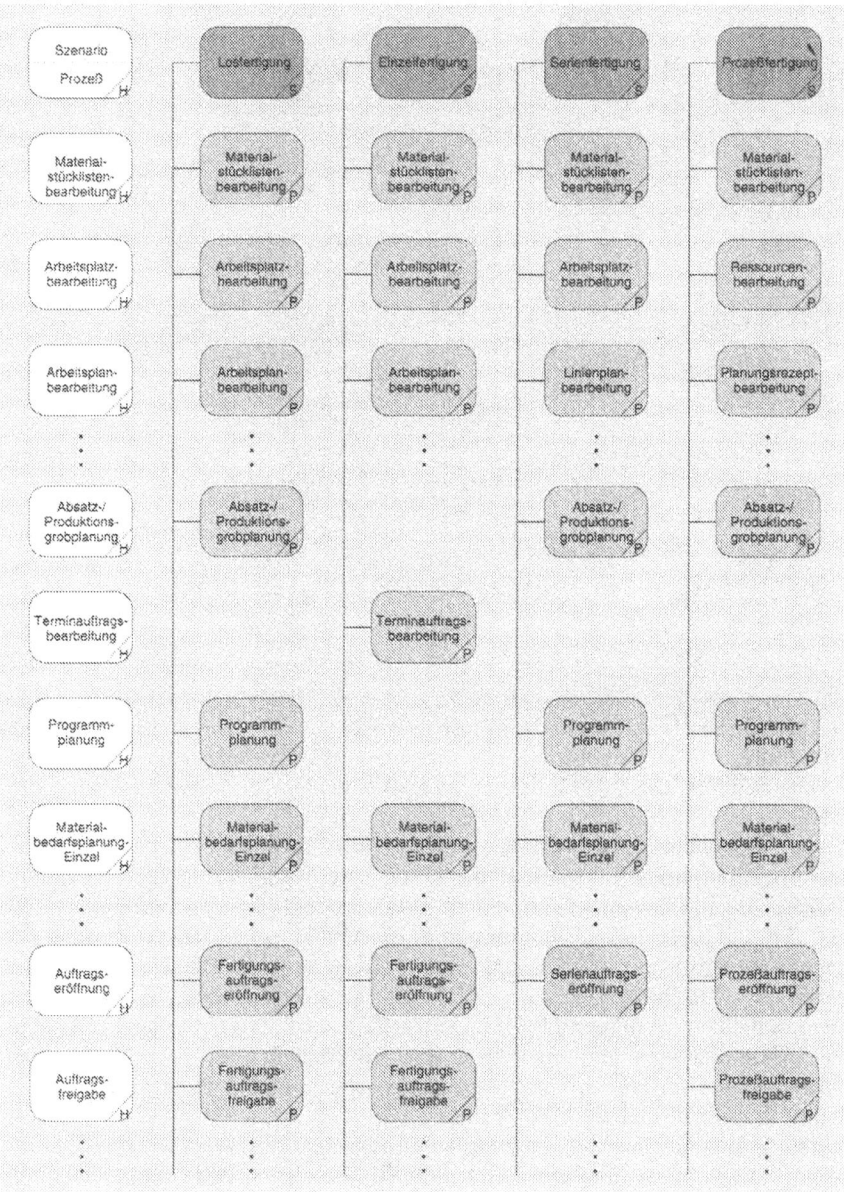

Abb. B.II.9
Ausschnitt aus der Prozeßauswahlmatrix
(Weihrauch 1996, S. 34)

108 Modelle, Methoden und Software

Bezeichnung	Symbol	Definition	Beispiel
Ereignis		Das Ereignis beschreibt das Eingetretensein eines Zustands, der eine Folge bewirkt	Auftrag ist eingetroffen
Funktion		Die Funktion beschreibt die Transformation von einem Eingangszustand in einen Ausgangszustand	Auftrag prüfen
Organisatorische Einheit		Die organisatorische Einheit beschreibt die Gliederungsstruktur eines Unternehmens. Im R/3-System ist die organisatorische Einheit eine Systemorganisationseinheit.	Vertriebsorganisation
Informationsobjekt		Ein Informationsobjekt ist eine Abbildung eines Gegenstandes in der realen Welt (z.B. Geschäftsobjekt, Entität).	Kundenauftrag Prüfergebnis
Prozeßwegweiser		Der Prozeßwegweiser zeigt die Verbindung von einem bzw. zu einem anderen Prozeß (Navigationshilfe).	Lieferungsbearbeitung
Verknüpfungsoperator		Der Verknüpfungsoperator beschreibt die logischen Verbindungen zwischen Ereignissen und Funktionen.	„XOR", „AND", „OR"
Kontrollfluß		Der Kontrollfluß beschreibt die zeitlich-sachlog. Abhängigkeiten von Ereignissen und Funktionen bzw. Prozessen.	
Informations-/ Materialfluß		Der Informations-/Materialfluß beschreibt, ob von einer Funktion gelesen, geändert oder geschrieben wird.	
Ressourcen-/ Organisatorische Einheiten Zuordnung		Die Ressourcen-/Organisatorische Einheiten Zuordnung beschreibt, welche Einheit (Mitarbeiter) oder Ressource die Funktion bearbeitet.	

Abb. B.II.10
Die Syntax von R/3: Grundlegende Elemente einer EPK (Keller/ Meinhardt 1994, S. 13)

Startereignisse sind z.B. das Eintreffen eines Auftrages, einer Lieferung, einer Rechnung, das Überschreiten eines Zeitpunktes o.ä. Die Reihenfolge der auszuführenden Aktivitäten sind „fest verdrahtet", die Prozesse sind also verrichtungsorientiert. Das gilt für alle organisationsweiten und -übergreifenden Prozesse.

Zur Spezifikation nebenläufig auszuführender Teile eines Prozesses, zur Darstellung alternativer Prozeßverläufe sowie zur Modellierung von Zyklen in Prozessen werden weitere Elemente, sogenannte logische Konnektoren verwendet. Ein jeder Konnektor ist von einem der drei Typen AND, XOR oder OR. Durch die Verwendung von sog. Prozeßwegweisern (bzw. Prozeßschnittstellen) lassen sich verschiedene einzelne EPKs miteinander verbinden. Es besteht auch die Möglichkeit, zwischen EPKs eine Hierarchiestruktur zu definieren: Die in einer EPK enthaltenen Funktionen lassen sich wiederum in EPKs verfeinern. Eine Funktion kann also für eine einzelne Aktivität, aber auch für einen ganzen hinterlegten Teilprozeß stehen.

Noch einige Anmerkungen zu den eEPK: Neben der Definition des dynamischen Verhaltens des Systems kann die EPK als integrierende zentrale Technik eingesetzt werden, um die Wirkungen der Prozesse auf die Daten des Systems sowie auf Rollen, die organisatorische Elemente bei der Prozeßausführung einnehmen können, zu beschreiben. Dazu werden (Ausprägungs-) Kopien der im Datenmodell angelegten Informationsobjekte sowie der im Organigramm angelegten organisatorischen Elemente in die EPK hineingeladen und ihre Beziehungen zu den Funktionen durch entsprechende Kantenbeziehungen ergänzt. Dazu gehören die Operationen der Funktionen auf den Informationsobjekten (Input- und Outputbeziehungen); hier wird auch die Referenz der Ereignisse in der EPK auf die Informationsobjekte des Datenmodells deutlich. Die Ereignisse, die von einer Funktion bei deren Ausführung erzeugt werden, repräsentieren die (durch die Funktion veränderten) Zustände der beteiligten Informationsobjekte, z.B. durch ein Ereignis „Lieferung ist erstellt" mit Bezug auf den Entitytypen „Lieferung". Weiterhin gehören dazu die verschiedenen Rollen der beteiligten organisatorischen Elemente bei der Ausführung einer Funktion (führt aus, ist verantwortlich für, wirkt beratend mit bei, etc.). Die um diese *Ausprägungskopien* erweiterte EPK wird als „eEPK" bezeichnet. Um im Referenzmodell des R/3-Systems die EPKs übersichtlich zu gestalten und sie nicht mit zuviel graphischen Elementen zu überladen, werden ausschließlich schlanke EPKs verwendet und stattdessen die Darstellung der Beziehungen der Funktionen/Prozesse zu den Informationsobjekten und zu den organisatorischen Elementen in sogenannte Funktionszuordnungsdiagramme ausgelagert.

Im R/3 Referenzmodell wird die Technik EPK in zweierlei Hinsicht verwendet. Zum einen dient sie zur Spezifikation einzelner kleiner Prozeßbausteine. Zum anderen werden mit ihr auch sogenannte „Szenarien" definiert (Szenario-EPK). Ein Szenario ist selber ein Prozeß auf einer globalen Ebene, in dem eine Anzahl der oben genannten einzelnen Prozeßbausteine – hier ihrerseits jeweils als kompakte Funktion repräsentiert – eingebettet sind. Es ist also denkbar, daß zwei verschiedene Szenarien exakt dieselben Prozeßbausteine benutzen, sich jedoch in der zeitlichen und kausalen Anordnung dieser Prozeßbausteine (Funktionen) unterscheiden und damit alternative globale Prozeßvarianten darstellen.

*Eine **Ausprägungskopie** ist eine weitere graphische Repräsentation eines im Repository angelegten Objektes. Veränderungen führen zur Änderung der Objektdefinition im Repository und wirken sich damit auch auf sämtliche anderen Ausprägungen des Objektes aus.*

R/3 Business Navigator

Der SAP Business Navigator erlaubt dem Nutzer die Navigation durch die im Referenzmodell angebotenen Sichten und Modelle: Ausgehend von der Prozeß- oder von der Anwendungskomponentensicht (Funktionssicht) ist die Navigation z.B. in die Organisations-, Daten- oder Informationsflußsicht oder auch zu betriebswirtschaftlichen Objekten (sog. Business Objects) möglich. Steigt der Nutzer über die Anwendungskomponentensicht in die Navigation ein, so wählt er einen betriebswirtschaftlichen Bereich aus, z.B. die Personalwirtschaft. Er kann dann hierfür die entsprechenden Sichten in unterschiedlicher Detaillierung transparent machen. Ein zweiter Einstieg in die Navigation kann über die Prozeßsicht erfolgen. So ist es beispielsweise möglich, ein Datenobjekt aus dem Datenmodell auszuwählen, sich die dazugehörigen Funktionen im Funktionenmodell, die die Daten bearbeiten, anzeigen zu lassen und dann die entsprechenden Organisationseinheiten im Organisationsmodell zu selektieren.

Abb. B.II.11

Prozeßauswahlmatrizen

Zur übersichtlichen Gegenüberstellung alternativer Szenarien werden sogenannte Prozeßauswahlmatrizen eingesetzt. Als Spaltenüberschriften dienen die Namen der einzelnen Szenario-EPKs. Jede Zeile ist einem konkreten Prozeßbaustein zugeordnet. Aus dem Eintrag in der Matrix ist ersichtlich, ob dieser Baustein (oder eine nahe Variante dieses Bausteins) in dem jeweiligen Szenario verwendet wird oder nicht. Die äußerst linke Spalte einer solchen Prozeßauswahlmatrix zur Beschreibung eines Moduls beinhaltet die Hauptfunktionen dieses Moduls: Bei einem Eintrag in dieser Sonderspalte ist diejenige Hauptfunktion des modulspezifischen Funktionsbaums aufgeführt, die dem im Szenario verwendeten Baustein inhaltlich zugeordnet ist. Diese Spalte gibt Aufschluß darüber, welche funktionalen Bereiche des Betriebes beim Ablauf eines solchen Szenarios berührt werden (s. Abb. B.II.9).

Bewertung der EPK

Trotz ihres hohen Verbreitungsgrades im Rahmen zahlreicher Projekte erscheint die Technik EPK bis zum heutigen Stand noch nicht vollständig ausgereift zu sein. Die Beschreibung ihrer Syntax beschränkte sich lange Zeit auf informale Beschreibungen ausgewählter lokaler Konstrukte im Rahmen sehr einfacher Beispiele (IDS 1996). Erste formale Definitionen ihrer Syntax – zumeist graphentheoretisch basiert – erschienen erst im Jahre 1997 (Keller/Teufel 1997). Aber auch sie formalisierten lediglich die oben genannten lokalen Konstrukte; eine vollständige und globale formale Syntax unter Einbezug des Hierarchisierungskonzeptes existiert bislang nicht. Insofern läßt sich die strukturelle Konsistenz einer EPK nur bedingt formal nachvollziehen.

Auch die Semantik der EPK ist in der Vergangenheit von ihren Entwicklern nur informal und unzureichend spezifiziert worden. So existieren eine Reihe syntaktisch zulässiger Konstrukte, deren Verhalten unspezifiziert ist und damit Spielraum für eigene Interpretationen lassen. Im Rahmen einer Anforderungsspezifikation für das Verhalten eines künftig einzusetzenden Systems sind derartige Interpretationsspielräume kritisch zu betrachten. Die Hoffnung, daß die in einem Projekt zur Einführung des R/3 beteiligten Akteure die spezifizierten Prozesse alle in gleicher Weise „lesen", darf bezweifelt werden.

Die aufgeführten syntaktischen und semantischen Defizite der EPK schlagen bis zur Konsistenz des R/3 Referenzmodells durch. Insbesondere macht sich dies in der Inkonsistenz von EPK unterschiedlicher Hierarchieebenen bemerkbar. Durch den Zwang, den lokalen Kontext einer hierarchisierten Funktion auch vollständig in der unterliegenden EPK redundant darzustellen, werden entsprechende Modellierungsfehler kaum transparent. Insbesondere bei der Einbindung einzelner Prozeßbausteine in einer Vielzahl unterschiedlicher Szenarien wird die Pflege der Schnittstellen im Prozeßbaustein unter Beachtung der Logik aller aufrufenden Kontexte zu einer großen Herausforderung.

Durch die Transformation in gefärbte Petrinetze (Rodenhagen 1997) sowie eigens entwickelte „Boolesche Netze" (eine Unterklasse gefärbter Petrinetze) (Langner u.a. 1996) in Verbindung mit einer Simulation bzw. formalen Analyse wurden weitere syntaktische Einschränkungen vorgenommen, die zur Entwicklung konsistenter EPK beitragen. Eine plausible und konsistente Semantik für nichthierarchische EPK wurde ebenfalls von Rodenhagen spezifiziert.

In jüngster Zeit gibt es Bemühungen, die ablauforientierten Prinzipien der EPK durch die Integration objektorientierter Konzepte aufzuweichen (Nüttgens u.a. 1997). Allerdings ist die daraus resultierende objektorientierte EPK (oEPK) in ihrem Kern nach wie vor stark ablauf- und verrichtungsorientiert geprägt. Die Weiterentwicklung der EPK in Richtung objektorientierte Welt ist noch ein Forschungsgebiet.

1.3 Business (Process Re-)Engineering

Beim Blick in die SAP Prospekte vermittelt sich schnell der Eindruck, daß mit der Einführung von R/3 zwangsläufig ein prozeßorientiertes Reengineering mit einer kompletten Neustrukturierung des Unternehmens einhergeht. In der Praxis zeigt sich dagegen nicht selten ein gewisses Beharrungsvermögen seitens der Anwender. Es ist dort durchaus üblich, die alten Organisationsstrukturen weitgehend unverändert beizubehalten, so daß mit R/3 tatsächlich vor allem eine neue technische Plattform entsteht.

Nach dieser Vorbemerkung sollen jetzt die Vorstellungen der SAP zur Einführung von R/3 dargestellt werden. Das R/3-System baut darauf auf, wesentliche Funktionen und Geschäftsprozesse über alle Abteilungs- und Bereichsgrenzen hinweg, vom Vertrieb über die Produktion und Materialwirtschaft bis hin zu Buchhaltung und Personalwesen in EPK zu formalisieren und über Programme abzubilden. Die Aufgabe für das anwendende Unternehmen besteht also „lediglich" darin, die für die Organisation relevanten Funktionen und Geschäftsprozeßalternativen aus dem R/3 Prozeßangebot auszuwählen und an die betriebs-

Interessanterweise sprechen die SAP Verkaufsunterlagen im März 1995 noch von Business Process Reengineering, während ein Jahr später zumeist die Metapher Business Engineering in den Vordergrund tritt. Offensichtlich ein Hinweis darauf, daß der Stern der Metapher Business Process Reengineering allmählich verglüht.

Abb. B.II.12 Business-Engineer-Umfeld (Jansen-Niedermeier 1997)

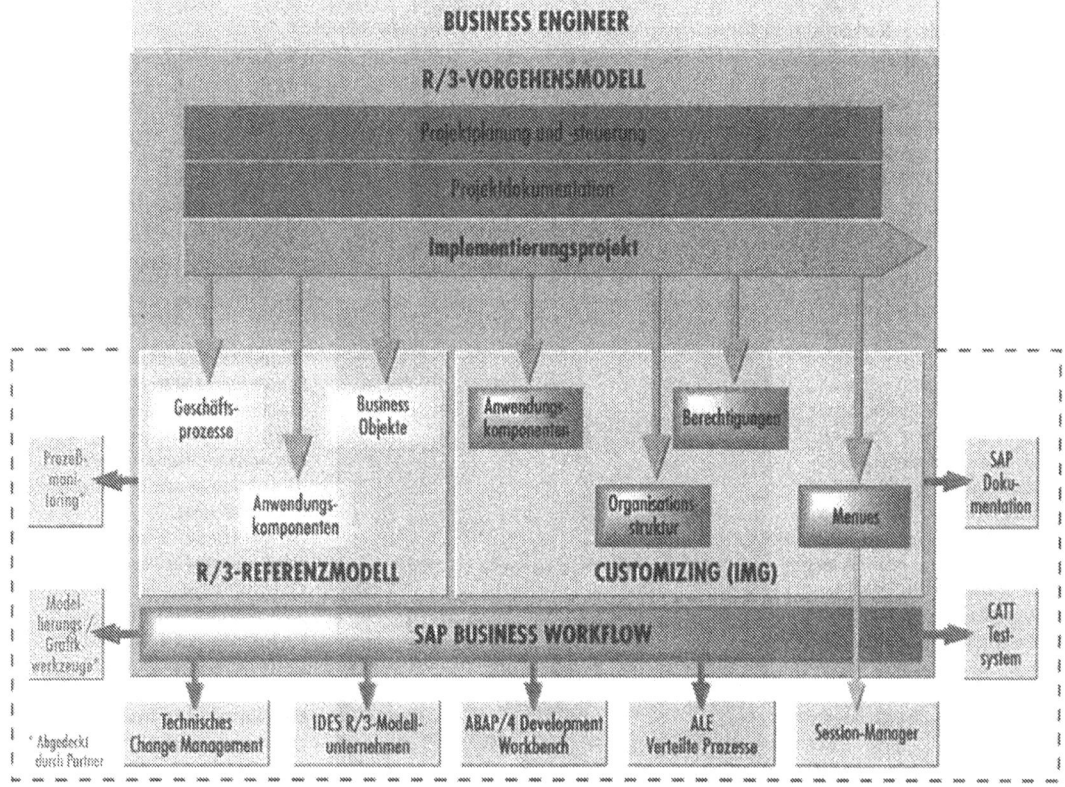

112   Modelle, Methoden und Software

spezifischen Bedarfe anzupassen. Dazu benötigen die Systemgestalter Vorgehensmodelle und Einführungshilfen. Wir ahnen, daß diese Angelegenheit für alle beteiligten Akteure nicht ganz so trivial ist.

SAP stellt eine Reihe von Angeboten zur Verfügung, die die Einführung bzw. das Customizing von R/3 unterstützen. In der Einführungsumgebung (Business Engineering Workbench BEW) stehen Werkzeuge, Tools, Verfahren und Modelle für die Implementierung von R/3 und für Änderungen während des gesamten Lebenszyklus bereit.

Customizing

Mit Hilfe der Referenzmodelle können die jeweiligen betrieblichen Gegebenheiten mit den im R/3 System enthaltenen Geschäftsprozessen abgeglichen werden. Das Referenzmodell ist die Basis für die Ist-Analyse und die Erstellung des Soll-Konzeptes. Es wird im sog. R/3 Repository abgelegt. Zum Referenzmodell gehört auch das R/3-Kundenmodell, auf dem die gewünschten Änderungen und Anpassungen des Unternehmens vorgenommen werden können. Das Kundenmodell entspricht zu Beginn der Unternehmensanalyse dem Referenzmodell.

Zumeist unter Anleitung von SAP-Fachberatern muß in einem arbeitsaufwendigen und oft mühsamen Prozeß das sog. Customizing durchgeführt werden. Hierbei geht es darum, für einen Teilbereich des Unternehmens die angebotenen R/3 Funktionalitäten und Geschäftsprozesse zu übernehmen, zu verwerfen, sie anzupassen oder neu zu modellieren und zu programmieren. Für die Programmierung von Zusatzanwendung stellt SAP die Entwicklungsumgebung ABAP/4 Development Workbench zur Verfügung. Die Übernahme der angebotenen Funktionen und Prozesse ist softwaretechnisch zwar die einfachere Lösung, sie ist allerdings häufig mit organisatorischen Verwerfungen und Unruhe bei den Beschäftigten verbunden. Anpassungen, die zu stark auf die Betriebshistorie abstellen, verwässern in der Regel das Prozeßmodell und können softwaretechnisch aufwendig werden. Probleme tauchen auch bei Releasewechseln auf, da Eigenentwicklungen nur unter Schwierigkeiten übernommen werden können.

R/3 mit seinen Methoden und Werkzeugen ist in einem „Lagerhaus" dem R/3 Repository abgelegt. Es ist eine zentrale Datenbank mit allen Entwicklungsinformationen, die beim Aufbau eines Informationssystems anfallen, wie Methoden, Daten, Geschäftsprozesse oder Wartungsinformationen für Anwendungen und Systemkomponenten.

Durch das Customizing werden Grundeinstellungen vorgenommen. Vieles, was nicht benötigt wird, kann ausgeblendet oder gesperrt werden. Es werden Berechtigungen vergeben, so daß ausgeschlossen wird, daß z.B. ein Buchhalter im Vertrieb Lieferungen vergibt. Die Einstellungen werden nicht neu programmiert, sondern durch Eingabe in Bildschirmmasken festgelegt.

Das Vorgehensmodell

SAP hat zahlreiche Methoden und Werkzeuge entwickelt. Von Version zu Version kommen neue hinzu, so daß an dieser Stelle nur einige exemplarisch herausgegriffen werden können. Zum Teil werden diese, wie z.B. die ARIS-Architektur als Konzept oder das ARIS-Toolset als Werkzeug, von sog. Entwicklungspartnern der SAP entwickelt.

Das R/3 Vorgehensmodell liefert den methodischen Rahmen für die Einführung von R/3. Es strukturiert die Bearbeitung der Projektaktivitäten in Ar-

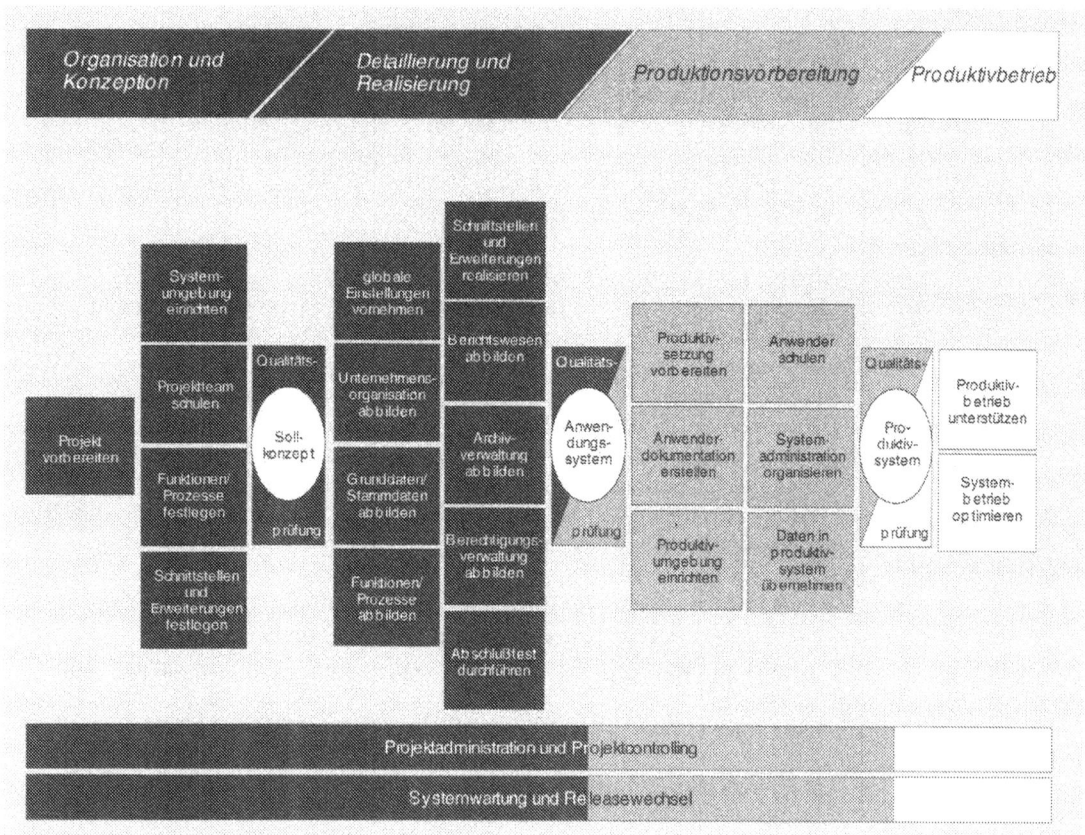

beitspakete und Empfehlungen. Auch hier ist deutlich der Wunsch nach Formalisierung zu erkennen.

Das gesamte Vorgehensmodell besteht aus vier Phasen (Abb. B.II.13). Jede Phase ist in Form einer EPK dargestellt. Zu den Phasen gehören Arbeitspakete, sie sind sowohl graphisch wie textuell beschriebene Teilprozesse und jeweils nach einem ausdifferenzierten Muster formalisiert: Beschreibung der Aufgabenstellung des Arbeitspaketes; Beschreibung des Auslösers (Beschreibung der Voraussetzungen und Bedingungen, die erfüllt sein müssen); Benennung der für die Durchführung der einzelnen Projektaktivitäten benötigten Informationen; Auflistung der erforderlichen Projektaktivitäten und Empfehlungen zu ihrer Durchführung; Informationen, in welcher Form die erarbeiteten Arbeitsergebnisse erstellt werden sollen, sowie schlußendlich: Informationen, wie Ergebnisse eines Arbeitspaketes festzuhalten sind.

Das Vorgehensmodell ist vergleichbar mit dem Phasenmodell des Softwareengineerings, es erfüllt die gleiche Funktion. Deutliche Unterschiede bestehen im hohen Standardisierungsgrad und in der prozeßorientierten Formalisierung der

Abb. B.II.13
Das SAP Vorgehensmodell (AFOS 1996)

Modellfirma (IDES):
Mit dem Release 3.0 liefert SAP das computergestützte Modell der Firma IDES (International Demonstration and Education System) als Bestandteil von R/3 aus. IDES bildet den typischen Klienten der SAP ab, eine international agierende Firma mit mehreren nationalen Gesellschaften. Darin enthalten sind wesentliche betriebswirtschaftliche Funktionen. IDES soll hauptsächlich für Schulungszwecke, aber auch zur Demonstration der Mächtigkeit von R/3 eingesetzt werden.

auszuführenden Funktionen und Aktivitäten. Das Vorgehensmodell geleitet den Anwender auf diese Weise von Anfang an durch ein Labyrinth, er erhält dabei permanent Erinnerungshilfen und ist Formalisierungszwängen unterworfen.

Die im Vorgehensmodell empfohlenen Arbeitsschritte sind nach Anwendungsbereichen untergliedert, die im Einführungsleitfaden (Implementation Guide IMG) abgelegt sind. Er enthält u.a. Informationen zu Projektaktivitäten, Abhängigkeiten der Prozesse und Funktionen, Standardeinstellungen, Verwaltung und Dokumentation des Projektstatus.

ABAP/4 Development Workbench

Mit dieser Programmierumgebung für Client/Server-Anwendungen können komplette Neuentwicklungen wie Erweiterungen bestehender R/3 Anwendungen vorgenommen werden. Für den Software-Entwicklungszyklus stehen Werkzeuge zur Modellierung, zur Programmierung in der 4GL-Sprache ABAP/4, zur Definition von Daten- und Tabellenstrukturen und für die Realisierung von graphischen Bedieneroberflächen zur Verfügung. Zusätzlich ist eine Bibliothek mit vorgefertigten Softwarekomponenten vorhanden, die in individuell erstellte Programme übertragen werden können (Buck-Emden/Galimow 1996, S. 157). Wichtige Werkzeuge der Workbench sind:

- ABAP/4 Dictionary: Es dient dazu, Daten zentral zu definieren, damit sie von allen Anwendungssystemen genutzt werden können.
- ABAP/4 Editor: Mit ihm lassen sich ABAP/4 Programme erstellen und testen.
- Interface Builder: Hiermit kann die Benutzerschnittstelle gestaltet werden

1.4 Workflow Management bei R/3

Ein Workflow-Management-System stellt, laut Workflow Management Coalition, der auch SAP angehört, Verfahren zur Automatisierung von Geschäftsprozessen bereit. Workflow Management steuert die Reihenfolge von Arbeitsschritten und damit die Aktivitäten der beteiligten Personen sowie die Bereitstellung der zur Bearbeitung von Geschäftsprozessen erforderlichen Software-Funktionen. (Buck-Emden/Galimow 1996, S. 213)

Bekanntlich stellt das Referenzmodell mit den EPK eine Vielzahl von formalisierten Geschäftsprozessen bereit. Auf diese Weise sollen wiederkehrende und in vielen Unternehmen identische Prozesse abgebildet und von den einzelnen Betrieben übernommen werden können. Bei der Prozeßmodellierung muß aus einem allgemeinen Geschäftsprozeß ein konkreter Ablauf abgeleitet werden, der die beteiligten Stellen einbezieht und den Fluß zwischen ihnen regelt. Hierfür ist das SAP Business Workflow Konzept gedacht. Es ist ein ergänzendes Instrument für die Abbildung von Geschäftsprozessen.

SAP Business Workflow wird als Bestandteil des R/3 Basissystems u.a. mit den Komponenten Definitions-Werkzeuge und Workflow-Vorlagen ausgeliefert. Die Definitions-Werkzeuge unterstützen den Anwender bei der Implementierung eigener Workflows. Workflow-Vorlagen sind vordefinierte Muster-Workflows. Das Angebot an Workflow-Szenarien umfaßt z. B. Störmeldungen, Rechnungsvorerfassungen, Projektsysteme, Änderungsanträge (Engineering Change Management).

Ereignisgesteuerte Prozeßketten (EPK) und Workflows bilden im R/3 System eine Einheit, beide sind die Grundlage der Gestaltung, Koordination und Steuerung der Organisation. Dabei wird kein Unterschied zwischen Fertigungs- und

Dienstleistungsprozessen gemacht. Wie dies im Idealfall aussehen sollte, hat Scheer in einem Beitrag für den Harvard Business manager verständlich gemacht (Scheer 1997):

1. Schritt: Modellierung der Prozesse in Fertigung und Verwaltung:
Die Prozesse der Organisation werden mit Hilfe von Referenzmodellen und EPK modelliert. „Der so auf der Typebene definierte Geschäftsablauf stellt dann die Blaupause für die einzelnen konkreten Geschäftsvorfälle dar" (Scheer 1997, S. 118).

2. Schritt: Zuordnung der Prozesse zu Arbeitsplätzen und Abteilungen:
Nach der Festlegung der Funktionen und ihrer Reihenfolge, der Prozeßanalyse, werden die in einer bestimmten Zeit auszuführenden Geschäftsvorfälle geplant, Prozesse und an ihnen durchzuführende Funktionen oder Verrichtungen werden Arbeitsplätzen oder Gruppen zeitlich zugeteilt. So wird die Auslastung erkennbar, erste Bewertungen der Prozeßkosten, und damit der Arbeitskosten, können eingeschätzt werden.

3. Schritt: Zentrale Planung des Workflow Managements:
Nach der Modellierung der Prozesse und ihrer Zuordnung zu Stellen und Organisationseinheiten erfolgt die Planung des Workflow Managements. Dabei wird herausgestellt, daß Daten wie Abläufe eines Unternehmens organisationsweit geplant werden und nicht in der Gestaltungsverantwortung Einzelner oder von Gruppen liegen sollten. Begründet wird dies damit, daß nur so der Bearbeitungsstatus eines Auftrages transparent wird. Die Verantwortung für die unternehmensweite Ablaufsteuerung wird also zentral geplant. Wie dies im einzelnen umgesetzt wird, beschreibt Scheer wie folgt:

> „Folgerichtig übernehmen es denn auch *Workflow-Systeme*, die zu bearbeitenden Objekte von einem Arbeitsplatz zu einem anderen weiterzureichen oder besser von dem Computersystem eines Arbeitsplatzes zu dem System des nächsten Arbeitsschrittes elektronisch weiterzusenden. Dafür ist allerdings eine detaillierte, auf den einzelnen Vorgangstyp bezogene Beschreibung des Ablaufs sowie der beteiligten Bearbeiter erforderlich. Konkret wird dabei aus einem auf der Ebene 1 definierten Ablauf abgeleitet, wie der Prozeß auszuführen ist. An die Stelle allgemeiner Bezeichnungen für die Organisationseinheiten treten nun Sachbearbeiter, an die Stelle eines allgemeinen Auftrags wird ein auf einen Kunden bezogener Auftrag definiert. Das Workflow-System übernimmt nach einem Arbeitsschritt das Dokument aus einem elektronischen Postkorb des Sachbearbeiters und transportiert es in den elektronischen Eingangskorb des nächsten Bearbeiters" (1997, S. 119).

*„A **Workflow Management System** is one which provides procedural automation of a business process by management of the sequence of work activities and the invocation of appropriate human and/or IT resources associated with the various activity steps" (WRM 1993).*

Dem einzelnen Sachbearbeiter wird die Ausführungsverantwortung für einen Teilprozeß zugewiesen. Transparenz und Einordnung in den Prozeß sind Voraussetzungen, um das „Transportsystem Workflow" zu realisieren. Es können

ARIS

ARIS (Architektur integrierter Informationssysteme) wurde von A.-W. Scheer und seinem Softwarehaus IDS entwickelt. Es versteht sich als Rahmen, in dem integrierte Anwendungssysteme entwickelt, optimiert und technisch realisiert werden können (Scheer 1992, S. 3). IDS ist seit langem wichtiger Entwicklungspartner der SAP. Einige Grundideen hinsichtlich EPK, Vorgangsorientierung und -sichten, Vorgehensmodell und Methodenentwicklung stammen aus diesem Haus. Dies gilt auch für die Werkzeuge Analyzer und Navigator.

Mit dem ARIS-Modell möchte Scheer die relevanten Aspekte eines Unternehmens in einem Modell abbilden und die Verbindungen zwischen ihnen verdeutlichen. Ziel ist die Reduzierung der Komplexität einer Organisation durch Zerlegen der Geschäftsprozesse in Sichten und durch Beschreibung in einem Schichtenmodell (vgl. Hansen 1997, S. 25):

Die ARIS-Sichten:
- Organisationssicht: Darstellung der Aufbauorganisation wie Abteilungen, Stellen, Personen und deren Beziehungen.
- Funktionssicht: Funktionen und deren Zusammenhänge.
- Datensicht: Zustände und Ereignisse des betreffenden Realitätsausschnittes.
- Steuerungssicht: Verbindung der anderen Sichten.

Das Schichtenmodell in ARIS:
- Fachkonzept: Präzisierung der Problemstellung und Darstellung in einer formalisierten Beschreibungssprache.
- DV-Konzept: Das Fachkonzept wird in IT-Beschreibungskonstrukte übertragen.
- Implementierung: Transfer in die konkrete Hard- und Software.

Auf der Basis der beiden ARIS-Modelle sollen integrierte Informationssysteme durch Verfeinerung und Konkretisierung der abstrakten Begriffe und Beziehungen entwickelt und dokumentiert werden.

Das ARIS-Toolset ist ein Modellierungswerkzeug, das Umsetzung der ARIS-Sichten und Schichten unterstützen soll. Es ist aus der Motivation heraus entstanden, den Anwendern Werkzeuge an die Hand zu geben, mit denen sie fachliche Anforderungskonzepte erstellen können. Das Toolset wird hauptsächlich zur Prozeßmodellierung eingesetzt, von daher ist es als Werkzeug zur Gestaltung von Geschäftsprozessen einzuordnen.

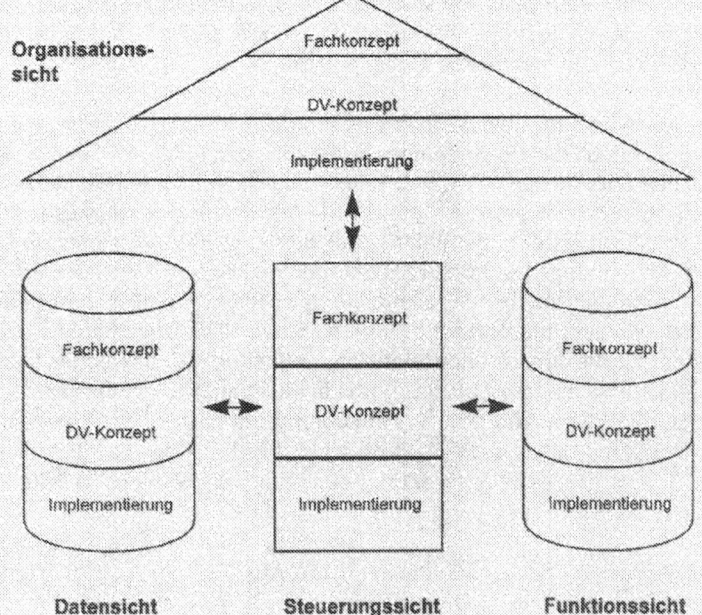

Abb. B.II.14: (Scheer/Jost 1996)

durchaus alternative Workflows eingeplant sein, sie müssen jedoch exakt beschrieben sein.

Der gesamte Prozeß wird also zentral aus der Perspektive der Gesamtorganisation geplant, gesteuert, kontrolliert und technisch abgewickelt. Realisiert wird dies über die Prinzipien Ablaufssteuerung – sie beinhaltet Formalisierung von Bearbeitungsfunktionen und Festlegung der Reihenfolge – und Workflow, das die Transportfunktion der Objekte unternehmensweit beschreibt und festlegt. Ablaufssteuerung und Workflow stellen so die Voraussetzungen zur Erarbeitung hochzentralisierter Systeme bereit. Dazu noch einmal Scheer:

> „Die allgemeine Geschäftsprozeßarchitektur hat vielfältige Parallelen zu einem Fertigungssystem. Die zur Ausführung des Fertigungsprozesses benötigten Ressourcen sind hier in die Subsysteme Lager, das zur Materialtransformation eingesetzte Bearbeitungssystem und das Transportsystem getrennt. Letzteres übernimmt die zu bearbeitenden Objekte aus dem Lager, befördert sie an die zur Funktionsausführung bestimmten Maschinen weiter und transportiert anschließend die Objekte zur nächsten Bearbeitungsstation oder wieder zurück ins Lager.
> Bei einer Übertragung dieser Struktur auf Informationssysteme entspricht das Lagersystem dem Datenverwaltungssystem, das Transportsystem dem Workflow-System und das Bearbeitungssystem den Programmbausteinen des Informationssystems. Bei der Realisierung des Gedankens einer unternehmensweiten Geschäftsprozeßsteuerung gilt stets die Einsicht: „Ein Prozeß ist ein Prozeß ist ein Prozeß" – völlig unabhängig davon, ob er in der Fertigung, in der Beschaffung oder im Vertrieb abläuft" (1997, S. 122).

Das sind ohne Zweifel provokante Aussagen, auf die wir noch zurückkommen müssen (s. Abschnitt B.II.2.).

1.5 Akteursanalyse bei R/3

Mit der Entscheidung eines Unternehmens für R/3 ist bereits eine Vorentscheidung über das Machtspiel bei den Akteurskonstellationen und über die Wichtigkeit und Verantwortung der beteiligten Akteure gefallen. Evolutionäre oder partizipative Vorgehensweisen der Nutzer sind zumindest stark eingeschränkt. Gestaltungsverantwortung erhalten andere Akteure: Einmal die R/3 Standardsoftwareentwickler im Hause SAP, die R/3 weiterentwickeln und fortlaufend die Erfahrungen aus der Anwendungspraxis rückkoppeln und sie in Releases und neuen Versionen einbringen. Und die R/3-Systemgestalter vor Ort, deren Aufgabe die Anpassung der jeweiligen betrieblichen Strukturen und Abläufe an die Standardsoftware ist. Sofern man hier überhaupt von Partizipation der Nutzer sprechen will, so beschränkt sie sich auf arbeitsplatzspezifische Anpassungen und einweisende Qualifizierungen.

Die eigentliche Implementation des R/3 Systems findet in der Regel in einer Projektgruppe statt. Innerhalb und außerhalb des Projektes gibt es eine Reihe von

Nordsiecks „Beziehungs- und Ablauflehre"
Eine organisationstheoretische Basis von R/3?

Zum besseren Verständnis von Prozeßorientierung und BPR, aber auch moderner und komplexer Softwarekonzepte wie SAP R/3 oder des objektorientierten Ansatzes WAM, macht es Sinn, sich mit zum Teil über sechs Jahrzehnte alten Ansätzen der deutschsprachigen betriebswirtschaftlichen Organisationslehre zu beschäftigen. Dies mag um so mehr verwundern, da diese Forschungen international, damals wie heute, so gut wie kein Echo gefunden haben. Sie galten als deutsche Eigentümlichkeit und wurden in den angloamerikanischen Ländern wohl auch nicht so recht verstanden.

Unverständnis löste vor allem die Eigenart der deutschen Organisationslehre aus, die Behandlung von Organisationsproblemen in Aufbau- und Ablauforganisation zu trennen. Während sich die Aufbauorganisation mit der Gliederung einer Organisation in funktionsfähige Teileinheiten sowie deren Beziehung zueinander beschäftigt, hat die Ablauforganisation die raumzeitliche Strukturierung der Aufgabenerfüllung zum Gegenstand. Sie ist in der Regel der Aufbauorganisation nachgeordnet.

Die amerikanische Managementlehre interessierte sich bis Ende der 80er Jahre so gut wie ausschließlich für die Aufbauorganisation. Dies änderte sich erst mit dem Business Process Reengineering-Konzept.

Nordsieck, der seine ersten Arbeiten in den 30er Jahren veröffentlichte, kann heute als ein Vater der Prozeßorientierung betrachtet werden. Erste Ansätze einer aufbau- und ablauforganisatorischen Modellbildung finden sich in der Dissertationsschrift von Fritz Nordsieck „Die schaubildliche Erfassung und Untersuchung der Betriebsorganisation" aus dem Jahre 1930. Er entwickelt hier zwei heute (wieder) aktuelle methodische Grundelemente, die Aufgabenorientierung sowie die Unterscheidung von Aufbau- und Ablauforganisation.

Nordsieck sieht in der Aufbau- und Ablauforganisation zwei verschiedene „Projektionen des organisatorischen Gegenstandes". Unter Aufbauorganisation wird die „Erfassung der Aufbaubeziehungen im Betrieb unter der Vorstellung der Ruhe" verstanden, unter Ablauforganisation die „Betrachtung der Abläufe des betrieblichen Geschehens unter der Vorstellung der Bewegung". Er nennt dies die Aufteilung der Organisationslehre in eine Beziehungslehre und eine Ablauflehre. Die Beziehungslehre betrachtet die Beziehungen der Arbeitssubjekte zur Arbeitsaufgabe, die Ablauflehre die Abfolge der Arbeitsleistungen und ihr zeitliches Ineinandergreifen.

Nordsieck hat schon früh darauf hingewiesen, daß die Betriebsaufgabe dem Betriebsprozeß zu folgen habe: Die funktionale Aufgabengliederung muß sich dem Betriebsfluß, der eine Leistungskette darstellt, anpassen. Der Betriebsprozeß beginnt mit der Produktidee und endet mit dem Kaufabschluß. Abteilungsbildung darf nur da auftreten, wo es zwischen den Betriebsprozessen nur lose Beziehungen gibt; ansonsten, so Nordsieck, wird es für die Mitarbeiter schwierig, die Bedeutung der Teilaufgabe für das Betriebsziel zu erkennen.

Nordsieck hat auch bereits eine Klassifizierung von Verläufen, wir würden heute von Prozeßarten sprechen, vorgenommen. Er unterscheidet:

- Freier Verlauf: Der Prozeß wird durch keinerlei organisatorische Regelungen begrenzt.
- Inhaltlich gebundener Verlauf: Es werden die Aufgaben und die zu nutzenden Hilfsmittel bestimmt.
- Abfolgegebundener Verlauf: Die Reihenfolge der Tätigkeiten am zu bearbeitenden Objekt wird festgelegt und dem Bearbeiter vorgegeben.
- Zeitlich gebundener Verlauf: Die Bearbeitungszeit der zu realisierenden Tätigkeiten wird ermittelt und ihre Durchführung zeitlich aufeinander abgestimmt.

In einem Beitrag, den Nordsieck gemeinsam mit seiner Frau verfaßt hat, findet sich eine sehr plausible Metapher, wenn sie von der „wirklichen Struktur des Betriebes" sprechen. Er vergleicht die Ablauforganisation mit einem Strom, in dessen Verlauf ständig neue Produkte und Dienstleistungen geschaffen werden: „Ein Strom kann innerhalb einzelner Abschnitte in eine Reihe von Armen zerteilt sein: immer wird die Gesamtrichtung auf die Mündung des Stromes, auf

Softwareprodukte und Softwarekonzepte für Organisationen   119

sein Ziel gerichtet sein" (Nordsieck/Nordsieck-Schröer 1973, S. 214).

Die Vorarbeiten zum analytischen Verständnis der heute so aktuell erscheinenden Prozeßorientierung sind also bereits seit 1930 im Gange. Die Idee, Aufgaben in Prozessen zu beschreiben, indem die Abfolge festgelegt wird und so eine Ablaufsteuerung entsteht, ist die grundlegende Gemeinsamkeit von Nordsieck und SAP R/3.

Abb. B.II.15 und Abb. B.II.16: (Nordsieck 1968)

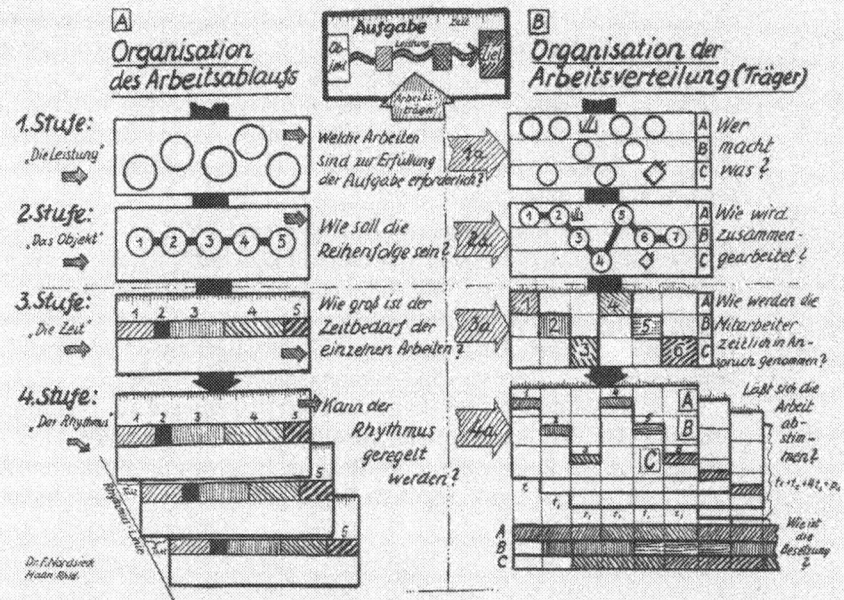

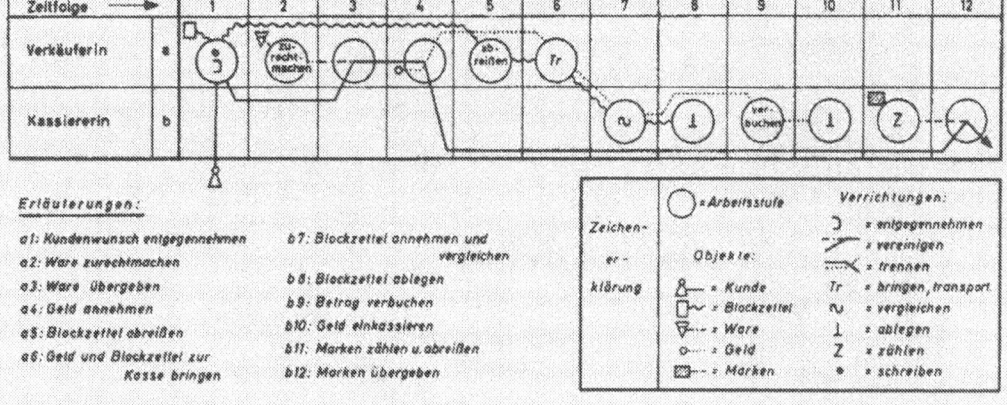

Akteuren, die Interessen mit dem R/3 System verbinden oder davon betroffen sind (s. Abb. B.II.17). Erfolg oder Mißerfolg einer Implementation sind ganz wesentlich von den sich daraus entwickelnden Akteurskonstellation abhängig. Eine knappe Akteursanalyse ergibt das folgende Bild:

Akteursanalyse einer R/3 Einführung. Die Unternehmensleitung orientiert sich häufig an anderen Unternehmen. Sie ist daran interessiert, die Rationalisierungsmöglichkeiten (Schlagwort „schlanke Fabrik") zu realisieren. Ein SAP Projekt kann helfen, verkrustete Unternehmensstrukturen aufzubrechen. Seit langem gewünschte, aber nicht auf direktem Wege durchsetzbare organisatorische Veränderungen können so möglicherweise über scheinbar technische Sachzwänge legitimiert und durchgesetzt werden. Insbesondere die zwischenbetrieblichen weltweiten Unternehmensnetzwerke geben dem R/3 Produkt ebenso Argumentationshilfe wie das Jahr-2000-Problem. Je mehr Großunternehmen R/3 einsetzen, desto stärker wird der Druck für Liefer- und Tochterfirmen, sich ebenfalls für R/3 zu entscheiden.

Fachbereichs- und Abteilungsleitungen sind nicht am Verlust von Verantwortung interessiert. Sie sind von den mit Geschäftsprozessen einhergehenden typischen Verschiebungen und Rationalisierungen von Funktionen unmittelbar tangiert. So kommt es zuweilen aus dieser Gruppe zu Forderungen, nach denen sich gegenüber dem Altzustand nichts ändern darf: Eine widersprüchliche Einstellung angesichts der von SAP versprochenen Potentiale.

Die R/3 einführende Projektgruppe setzt sich zumeist aus Fachabteilungsmitarbeitern und SAP-Experten aus Consultingfirmen zusammen. Die SAP Experten haben in der Regel eine starke Stellung. In schwierigen Situation können sie Kraft ihrer technischen Kompetenz („Das geht mit SAP nicht") technische und

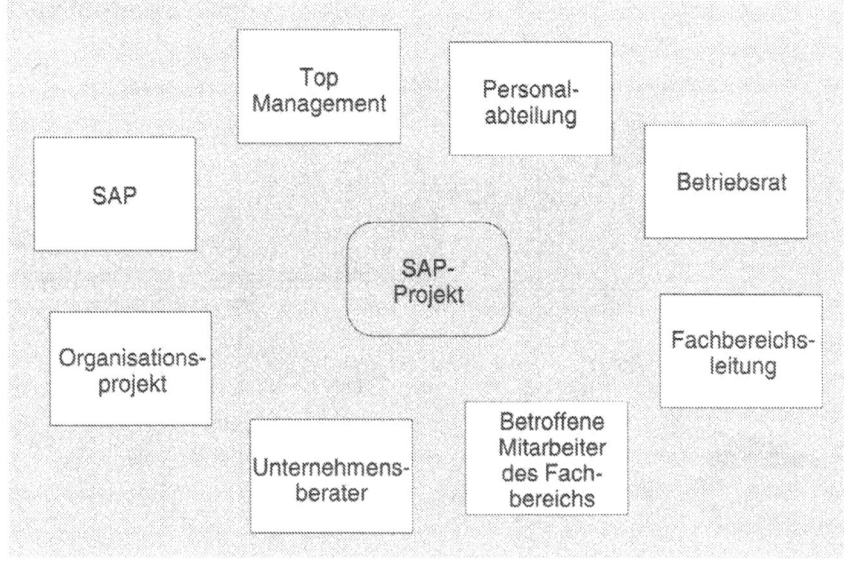

Abb. B.II.17
An einer SAP-Einführung beteiligte Stellen
(AFOS 1996)

organisatorische Fakten schaffen. Trotz einer gewissen Abhängigkeit empfiehlt es sich nicht, auf die Dienste von Beratern zu verzichten. Durch noch soviel Schulungsaufwand läßt sich der Erfahrungsschatz der Berater nicht kompensieren. Andererseits neigen Externe leichter dazu, betriebsspezifische Bedingungen gering zu bewerten.

Nicht selten läuft die Projektarbeit unter Ausschluß der Mehrheit der Benutzer ab. Eine detaillierte Erhebung ihrer Anforderungen wird nicht nur aus Zeit- und Kostengründen vermieden, sondern sie entspricht auch nicht der „Philosophie" einer integrierten Standardsoftware wie es R/3 ist. Wie stark die Benutzer letztlich von R/3 betroffen sind, hängt davon ab, ob die R/3 Vision (Business Process Reengineering) zum Tragen kommt oder ob sich die Bereichsleitungen mit der Forderung nach „Beibehaltung des Altzustandes" durchsetzen können.

Eine Alternative zum klassischen R/3 Vorgehen wird in B.V.5.1 dargestellt.

Der Betriebsrat hat aufgrund des Betriebsverfassungsrechtes Beteiligungsrechte bei der Einführung der SAP Software. Er tut sich in der Regel schwer damit, weil die technische Komplexität des Systems und das „Experten-Chinesisch" abschrecken. Daraus entsteht eine schwierige Situation für Betriebsräte, da sie den Auftrag haben, Arbeitnehmerinteressen angemessen zu vertreten (vgl. AFOS 1996, S. 38 ff).

1.1 Offene Fragen bei R/3

Die Entwickler von R/3 gehen davon aus, daß alle Unternehmen mehr oder minder gleichartige Geschäftsprozesse haben, die als Rahmenprozesse zu behandeln sind, und die situativ an bestimmte Unternehmens- und Branchengegebenheiten angepaßt werden können (customizing). Sie werden durch standardisierte Prozesse nach dem Prinzip der Ablaufsteuerung abgebildet. Ob dies möglich und sinnvoll ist, darüber gibt es unter Experten unterschiedliche Auffassungen.

SAP wird in dieser Auffassung von Autoren des Reengineering unterstützt: Danach gibt es „konstituierende Schlüsselprozesse" (Davenport 1993), die übertragbar sind und die Wettbewerbsfähigkeit eines Unternehmens sichern. Dem steht die Auffassung von Organisationstheoretikern wie Gaitanides u.a. (1994a, S. 6) gegenüber, wonach es keine grundsätzlichen, nicht einmal branchenweite Ablauflösungen gibt.

Ein Parameter für die Übertragbarkeit ist, ob das „Überdeckeln" von Organisationen mit unternehmensweiten Referenzmodellen mit hohen Anpassungskosten, z.B. Beratungsaufwand, verbunden ist oder nicht. Unter Umständen ist diese Diskussion aber auch nur ein Nebenkriegsschauplatz, da Softwaresysteme wie SAP R/3 vielleicht primär die Funktion haben, „die Erblast jahrzehntelanger Elektrifizierung der Abläufe" in Unternehmen (Gaitanides 1983, S. 4) aufzubrechen und den für keinen mehr überschaubaren Wildwuchs mit einer Roßkur zu beenden.

Noch einmal zurück zum SAP-Leitbild Ablaufsteuerung. Ist das von SAP verfolgte Paradigma, einen Großteil aller möglichen Aufgaben und ihre Reihenfolge von SAP Entwicklern vorauszudenken und festzuschreiben einschließlich Workflow Management, der richtige und einzig denkbare Weg? Initiative und Kontrolle über Prozeß und Arbeitssituation gehen hier nicht vom Benutzer aus, son-

Schleuderkurs
oder: Die Geschichte einer durchschnittlichen Software-Umstellung

Übereinstimmung mit tatsächlichen Begebenheiten sind nicht rein zufällig...

„An Ihrer Arbeit ändert sich nichts", hieß es. „Wir ersetzen nur die alten Programme durch modernere. Sie wissen ja, die Wartungsverträge für das alte System laufen zum Jahresende aus."

Das erscheint unproblematisch, ganz so, wie wenn das gute Auto einen Austauschmotor bekommt. Fahren kann man damit wie eh und je; Lenkrad, Schalter und Pedale bleiben ja die alten. Und wenn die neue Maschine etwas besser zieht, ist das ja kein Schade. Also nur zu!

Nach einigen Wochen – der Plan, die Software auszuwechseln, war bei den meisten schon wieder in Vergessenheit geraten – liefen vier Leute von einer Beratungsfirma durchs Haus und fragten die Benutzer des bisherigen Systems und auch sonst noch einige altgediente Mitarbeiter nach ihrer Arbeit. Alle Einzelheiten der alltäglichen Abläufe wollten sie erklärt haben. Eigentlich klar: Wenn alles bleiben soll, wie es ist, müssen die Berater erst mal erfahren, wie es denn ist. Aber irgendwie merkwürdig war das doch!

Wieder verging einige Zeit, in der man von dem EDV-Projekt nichts Besonderes wahrnahm, bis zu dieser Mitarbeiterversammlung mit EDV-Chef, der das Projekt offiziell leitete, und den Beratungsleuten. Sie wollten die Anwesenden „mit einigen Verbesserungen vertraut machen", welche nun dank des neuen Systems realisierbar seien. Da war von gesteigerten Informationsmöglichkeiten die Rede, von aktuelleren Zahlen, zusätzlichen Auswertungen und insgesamt übersichtlicheren Darstellungsformen. Sogar auf die Daten aus anderen Abteilungen werde man künftig online zugreifen können, müsse allerdings – ein Informationsvertrag auf Gegenseitigkeit! – auch die eigenen Daten zur Verfügung stellen.

Ja, und dann sei den Damen und Herren Beratern, wo sie nun schon einmal die Gelegenheit hatten, den Betrieb gewissermaßen aus der Vogelperspektive zu betrachten, doch die ein oder andere Umständlichkeit ins Auge gefallen, auf die sie die Geschäftsführung nicht nur hingewiesen haben, sondern für die sich oft verblüffend einfache Lösungen anböten. Mehrfachnutzung statt Mehrfacherfassung von Daten sei die Devise, Automatisierung möglichst vieler Routinetätigkeiten und ganzheitliche Bearbeitung inhaltlich zusammenhängender Vorgangsfolgen; denn das erspare viele Mißverständnisse und Rückfragen bei der Übergabe eines Falls von einem Zuständigkeitsbereich zum anderen und sei doch außerdem seit langem eine jawohl(!) berechtigte Forderung der Arbeitnehmerseite. Der Chef gab seiner Freude darüber Ausdruck, daß so viel Gutes zu erwarten sei, mahnte seine Mitarbeiter aber zur Geduld und zu Verständnis dafür, daß paradiesische Verhältnisse nicht von heute auf morgen einkehren könnten.

Die Versammlung weckte bei den Mitarbeitern Interesse für den bevorstehenden Systemwechsel. In Flurgesprächen kursierten immer mehr Gerüchte darüber, was einzelne Kolleginnen und Kollegen aus den ersten Schulungen berichtet haben sollen, und je mehr Beschäftigte das neue System auch in der Praxis kennenlernten, desto heftiger wurde die Debatte. „Das haben wir noch nie so gemacht!" wurde oft im Sinne eines Gegenarguments geäußert. Manche fanden die neue Übersichtlichkeit der Informationsdarstellung gar nicht so hilfreich, weil sie sich auf die alten Listen und Masken eingerichtet hatten. Manche weigerten sich, Daten zu erfassen, die aus ihrer Sicht gar nicht erforderlich waren, manche beklagten, daß fehlende Daten aus anderen Abteilungen ihre Arbeit blockierten. Manche lobten, daß der Computer ihnen lästige Arbeiten abnahm, manche fanden, daß ihnen nur noch Lästiges blieb.

Am Anfang ging den meisten die Arbeit mit dem neuen System nicht besonders leicht von der Hand; es erschien sperrig, voller kleinerer und größerer Überraschungen, und immer wieder sahen sich Leute in Sackgassen, aus denen sie nicht allein wieder herausfanden. Es kam auch zu regelrechten Pannen bei der jetzt beschleunigten Auftragsbearbeitung, und dann konnte niemand genau sagen, was nachträglich alles zu korrigieren war, um die Datenwelt wieder in Ordnung zu bringen. Vor allem wußte niemand so recht, ob das alles so sein mußte, wie es nun war.

„Natürlich nicht!" rief der Mann von der Beratungsfirma. „Sie können alles auch anders haben. Sie müssen sich nur einigen, wie!" „Seien Sie aber vorsichtig", vertraute seine Kollegin einem Mitarbeiter aus der EDV-Abteilung an. „Sie müssen viele Änderungen bei jedem neuen Release des Programms nachpflegen. Das kann sehr aufwendig werden." Und der Leiter der Abteilung EDV hielt sich bedeckt. Man werde prüfen, was die Software hergebe, sicher im Interesse der Mitarbeiter „das Möglichste" tun, aber selbstverständlich auch die Kosten bedenken müssen.

Tatsächlich fügte man dem System einige neue Auswertungsprogramme hinzu, nach denen die Bereichsleiter und vor allem die Leute aus der später eingerichteten Abteilung „Controlling" verlangt hatten. Außerdem wurden im Verlauf mehrerer Monate etliche Bildschirmmasken neu und oftmals so aufgeteilt, wie es im alten System war.

Was die Pannen bei der Auftragsbearbeitung betrifft, so wiesen die Implementierungsberater nach, daß das System sich objektiv richtig verhielt. Die Programme hätten alle vertraglich zugesicherten Eigenschaften und erfüllten überdies die gesetzlichen Vorschriften zum Beispiel über ordnungsgemäße Finanzbuchführung. Zwei Mitarbeiter wurden noch einmal individuell nachgeschult. Danach sind keine vergleichbaren Pannen mehr bekannt geworden. Auch die Unruhe, die eine Zeitlang in der Luft gelegen hatte, ebbte nach und nach wieder ab. Man hätte annehmen können, der Betrieb erlebe ein weiteres Beispiel für die bemerkenswerte Bereitschaft und Fähigkeit der Belegschaft, sich mit allen möglichen Veränderungen irgendwie zu arrangieren.

Doch dieses Mal gelang es offenbar nicht, die Reibungspunkte informell in ausreichendem Maße zu glätten. Denn als im Rahmen von Verhandlungen über eine Betriebsvereinbarung zum Datenschutz die Zugriffsberechtigungen auf Daten und Programme einer gründlichen Revision unterzogen und dabei Aufgaben und Systemzugang jedes einzelnen Benutzers kritisch betrachtet wurden, löste das eine zweite, heftigere Diskussionswelle über die neue Software aus. Nicht nur, daß nahezu jeder, dessen zunächst sehr großzügig eingeräumten Zugriffsrechte geschmälert werden sollten, entrüstet den vollkommenen Zusammenbruch der Arbeitsabläufe prophezeite, wenn es nicht mehr möglich sei, in formal fremden Zuständigkeitsbereichen sozusagen Noteingaben zu machen. Die Berechtigungsrevision wirkte wie ein Ventil, eine Gelegenheit, die viele dazu nutzten, aufgestautem Ärger über das allgegenwärtige System Luft zu machen. Unersättlicher Datenhunger wurde dem System attestiert, jeder Handgriff sei neuerdings mit einem Informationszoll belegt, der sofort an das System zu entrichten sei. Besser rühre man keinen Finger mehr, oder man arbeite geheim. Nur, dann kommen die Kollegen nicht weiter, und rennen einem die Bude ein, weil ja alle irgendwie auf die Informationen aus dem System angewiesen sind. Oder man verständigt sich eben per Zettel und Telefon und hackt ins System, was immer es frißt. Information-Underground, ob das wohl gutgehen kann?

Und wenn jetzt, wie die Berater es ja vorgeschlagen hatten, Umständlichkeiten bei den Gesamtabläufen abgeschafft worden seien, so seien die Arbeitsschritte am System, die Abläufe im kleinen also, an zahlreichen Stellen viel umständlicher geworden, und trotz mancher unbestreitbarer Vorzüge sollten das System und seine Benutzung hier und da und dort, wenn irgend möglich, doch bitte geändert werden.

„Fragen und Anregungen sind jederzeit willkommen", hatten während der eigentlichen Einführungsphase besonders die Berater immer wieder hervorgehoben. Doch die waren jetzt nur noch relativ selten im Haus, und die Leute aus der EDV-Abteilung, die die Berechtigungsrevision durchführten, waren auf die unerwartet einströmende Kritikwelle nicht vorbereitet. Sie nahmen intuitiv eine Verteidigungshaltung ein. Man solle doch heilfroh sein, daß das Gesamtsystem jetzt überhaupt durchgängig funktioniere, und es sei nicht ihr Fehler, wenn die gekaufte Software derartige Vorgaben mache. Gewiß, Anpassungen seien möglich, habe man ja auch schon reichlich, sehr reichlich(!) vorgenommen, ja, und man werde, auch wenn die Phase der Anpassung jetzt eigentlich vorbei sei, die hier vorgebrachten Vorschläge irgendwie berücksichtigen.

Aber es geschah nichts. Bis sich nach einigen Wochen der Leiter der EDV, der Leiter der Abteilung Organisation und der kaufmännische Vorstand in einer gemeinsam unterzeichneten und als Hausmitteilung verbreiteten Grundsatzerklärung an die betriebliche Öffentlichkeit wandten. Darin war zu lesen: „Nach mehr als 18 Monaten des Experimentierens,

Strukturierens und Feilens an und mit der neuen Software ist nun ein Gesamtsystem geschaffen worden, das auf die Bedürfnisse unseres Unternehmens optimal zugeschnitten ist. Dies war ein anstrengender Weg, aber wir haben ihn dank Ihrer aller Einsatzbereitschaft erfolgreich hinter uns gebracht. Und nun muß sich eine Phase der Konsolidierung und der Ruhe anschließen. Denn nur so können sich die Vorzüge der neuen Strukturen voll entfalten. Wir sollten daher jetzt so weise sein, nicht immer wieder alles in Frage zu stellen, und auch einmal Arbeiten akzeptieren, die aus der individuellen Sicht einzelner Mitarbeiter und Mitarbeiterinnen ungewohnt und vielleicht auch nicht unmittelbar verständlich sein mögen. Denken Sie daran, daß diese Arbeiten zur Optimierung unserer Gesamtabläufe nützlich und erforderlich sind! Die Investition mehrerer Millionen D-Mark in modernste Technologie rechtfertigt sich letztendlich nur, wenn sie zu einer strukturellen Modernisierung unseres ganzen Unternehmens führt, wie sie der Wettbewerb heute von uns verlangt. Und das geschieht dann am besten, wenn die fortschrittliche Technik nicht durch ungezügelte, an der Betriebsorganisation von gestern orientierte Eingriffe bis zur Unkenntlichkeit und Wirkungslosigkeit verbogen wird. Nur als modernes Unternehmen können wir am Markt bestehen!"

Und weiter wurde mitgeteilt, daß ein feingliedriges Kosten-Controlling auch vor der EDV nicht haltmachen dürfe, und daß deshalb bei allen Modifikationen am jetzt eingerichteten Standard die veranlassenden Kostenstellen mit einer einmaligen Einrichtungsgebühr und dann mit einer monatlichen Wartungspauschale belastet würden.

Das war im vergangenen Sommer. Die Botschaft wurde verstanden und wirkte. Neue Modifikationen wurden rar, einige der schon programmierten Spezialauswertungen sogar wieder abgeschaltet. Und die Produktion lief – das Management sah sich in seiner Grundsatzentscheidung bestätigt – trotz aller vorherigen Unkenrufe weiter. Es funktionierte, und siehe da, außer den ohnehin bekannten Nörglern meldete auch niemand mehr nennenswerte Änderungswünsche an.

Zum Jahresbeginn aber fand nun die seit dem Systemwechsel erste Inventur statt mit dem Ergebnis, daß 47 Prozent der verzeichneten Mengen fehlten. „Katastrophal!" kommentierte der kaufmännische Vorstand. „Was nützen uns die raffiniertesten Analysen, wenn die Basisdaten vollkommen falsch sind?" „Interessant" nannte der Organisationsleiter das Ergebnis, wußte aber auch viele der damit aufgeworfenen Fragen auch keine Antwort. Wird hier ein Mangel aufgedeckt, der immer schon bestand? Warum waren dann frühere Inventuren immer einigermaßen glimpflich ausgegangen? Was hat diese krasse Diskrepanz verursacht? Warum hat es nicht viel dramatischere Engpässe in der Produktion gegeben? Oder waren die gemeldeten Ergebnisse hier auch nicht die ganze Wahrheit? Waren die Lagerfehlbestände nur die berühmte Spitze des Eisbergs? Bei allem Rätselraten war klar: Hier bestand Handlungsbedarf. Man mußte der Sache auf den Grund gehen.

Zunächst kursierte das Gerücht, eine umfassende Datenrevision stehe bevor, bei der nun auch die Angaben über Arbeitsplätze, Arbeitspläne, Rückmeldungen, Auftrags- und Lieferdaten auf ihren Wahrheitsgehalt hin überprüft würden. „Sogar die Eingabehistorien werden analysiert", wurde vielfach gemunkelt. Aber dazu ist es wenigstens bisher nicht gekommen. Der Vorstandsvorsitzende soll sich eingeschaltet haben, um gemäß der Devise „Ursachen beheben statt Schuldige suchen" übereilte Reaktionen zu verhindern. Nun wird anscheinend seit Wochen darüber gestritten, worin die Ursachen denn wohl bestehen. Und was da nicht alles in Betracht kommt! Disziplinlosigkeit der Mitarbeiter, Gleichgültigkeit, fehlende Motivation, Intransparenz der Zusammenhänge im Gesamtsystem, mangelnde Qualifikation, Streß durch lästige Systemeigenschaften wegen unzureichender Ergonomie von Hard- und Software, unbefriedigender Aufgabenzuschnitt für Mitarbeiter... Noch ist nicht klar, welche Theorie sich im Management durchsetzen wird. Aber kürzlich ist aus der Stabsabteilung durchgesickert, daß an einer Ausschreibung für eine Organisationsuntersuchung gearbeitet wird. Im Entwurf soll von einem „integrierten Organisationskonzept für Arbeit und Technik, für Menschen und Maschinen" die Rede sein.

Der EDV-Chef hat kurzfristig Urlaub genommen.

aus AFOS 1996

dern von der R/3 Software. Daran ändert nur wenig, daß auch auf der Unternehmensebene Eingriffsmöglichkeiten für die betrieblichen DV-Experten z.B. durch ABAP/4 bereitgestellt werden.

Ist das „stille" Leitbild Ablaufsteuerung sowohl den heutigen kulturellen als auch ökonomischen Gegebenheiten angemessen? Die frühzeitige Funktions- und Ablauffestlegung mag unter den Bedingungen der Massenproduktion zweckmäßig gewesen sein. Können sich heute, wo von den Akteuren vor Ort hohe Anpassungsfähigkeit bei rasch wechselnden Anforderungen erwartet wird, solche Konzepte vielleicht, wenn sie sich zu weit in die Arbeitsorganisation „hineingefressen" haben, „wie Rezepte für Katastrophen" (Klotz 1996, S. 45) auswirken?

Die Organisationsforschung hat herausgearbeitet, daß auffällige Abweichungen von formaler und informaler Organisation Zeichen für wuchernde Bürokratie sind. Für Bürokratien gibt es nur die Top-down-Sicht und versteckte Annahmen wie, daß der Mensch in einem System eher eine Störgröße ist, der Sachbearbeiter Vorschriften einzuhalten hat, das System „alles im Griff" hat und (fast) alles modellierbar ist. Konzepte wie SAP R/3 müssen sich unter diesem Bürokratie-Aspekt noch legitimieren.

Bei aller Kritik bleibt die Frage offen, was sind die Alternativen zu Konzepten wie SAP R/3?

2. WAM

Eine objektorientierte Softwareentwicklungsmethode für den Einzelarbeitsplatz

Zur Erinnerung: Mit den beiden Beispielen SAP R/3 und im folgenden WAM sollen Optionen und zwei Pole bei der Gestaltung von Informationssystemen aufgezeigt werden: Während SAP R/3 für Standardanwendungssoftware, Ablaufsteuerung und ein Top-down-geplantes, prozeßorientiertes Unternehmensmodell steht, sind die Merkmale von WAM Individualsoftwareentwicklung, objektorientierte Modellierung und Unterstützung des Einzelarbeitsplatzes für qualifizierte und kooperative Tätigkeiten. Dazwischen finden sich eine Reihe von denkbaren und tatsächlich existierenden Optionen. Der Goldene Schnitt liegt aber nicht zwangsläufig in der Mitte.

WAM steht für „Werkzeug, Automat, Metapher", die Methode wird seit Beginn der 90er Jahre vom Arbeitsbereich Softwaretechnik am Fachbereich Informatik der Universität Hamburg entwickelt (Kilberth u.a. 1994, Gryczan u.a. 1996).

2.1 Zur Philosophie von WAM

WAM versteht sich als Methode zur objektorientierten Anwendungsentwicklung. Werden R/3 und WAM gegenüber-

Abb. B.II.18
Die Sichtweise von WAM

Abb. B.II.19
Einordnung von WAM

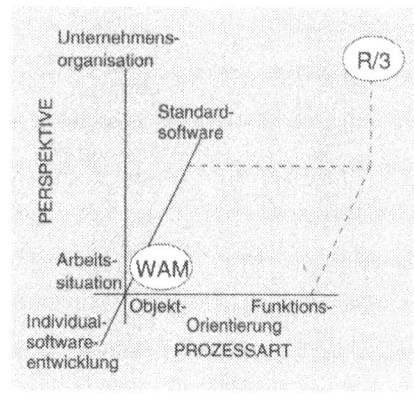

gestellt, so werden Äpfel mit Birnen verglichen, die Unternehmenspraxis steht aber in den meisten Fällen vor ähnlichen prinzipiellen Alternativen. WAM wird in mehreren Unternehmen v. a. im Finanzdienstleistungsbereich eingesetzt. WAM ist nicht zuletzt aus der Motivation heraus entstanden, den ablaufsteuernden Gesamtunternehmensmodellen eine Alternative gegenüberzustellen.

Kritik an der Ablaufsteuerung

Die Annahmen der ablaufsteuernden Sichtweise sind: Menschliches Arbeitshandeln kann prinzipiell durch einen vordefinierten Ablauf modelliert werden. und: Die Steuerung des Arbeitsprozesses durch ein Programm ist das Mittel, um diese Modellvorstellung implementieren zu können.

Die Autoren halten die ablaufsteuernde Modellierung, so wie sie R/3 vorschlägt, bezogen auf komplexe, qualifizierte Arbeitsplätze für unangemessen: Sie führe dazu, „daß nicht die Anwendungssysteme in die Arbeitsprozesse der Anwendungswelt eingebettet werden, sondern daß umgekehrt die Arbeitsprozesse sich der steuernden Ablaufstruktur der Anwendungssysteme unterordnen müssen" (Gryczan 1995, S. 10). Die Arbeitsprozesse seien so zwangsläufig auf die programmierten Abläufe auszurichten. Das Leitbild Ablaufsteuerung wird als die entscheidende falsche Weichenstellung kritisiert.

Alle in der Folge einsetzenden Versuche, die Benutzerakzeptanz ablaufsteuernder Systeme zu erhöhen, z.B. durch Bereitstellung optionaler Ablauffolgen, wie es R/3 mit der Prozeßauswahlmatrix anbietet, könnten den Geburtsfehler nur noch abmildern: So führe die Modellierung von Optionen zu einer explosionsartig anwachsenden Zahl der zu verwaltenden Systemzustände, „da die Reihenfolge von eintretenden Ereignissen nicht oder nur sehr schlecht im voraus zu bestimmen sind" (S. 12). Der Kern der Kritik ist, daß sich das Leitbild Ablaufsteuerung nicht eigne, um Arbeitsprozesse in der Arbeitswelt zu modellieren.

Unterstützung menschlicher Arbeit bedeutet, daß Benutzer von Softwaresystemen als Experten ihres Arbeitsgebietes verstanden werden und daß in ihrem Arbeitshandeln Computer als Arbeitsmittel eingesetzt werden. Ein charakteristisches Merkmal dieser Sichtweise ist, daß die Initiative bei der Computerverwendung vom Benutzer ausgeht und daß die Kontrolle über den Ablauf der Arbeitsschritte beim Benutzer liegt (Gryczan 1995, S. 226).

Von den WAM-Entwicklern wird auch gesehen, daß schematisch sich wiederholende Arbeitsschritte in jedem Anwendungsfeld vorhanden und zu modellieren sind. Dies rechtfertige jedoch nicht die Herauslösung der Arbeitsschritte aus dem Arbeitskontext. Diese Philosophie sei in der Praxis in vielen Fällen gescheitert: Viele der implementierten Routineabläufe würden mit großem organisatorischen Aufwand wieder entsequentialisiert und durch flexible Arbeitssysteme mit dem Ziel der kundenzentrierten Sachbearbeitung ersetzt, „bei der die Aufgaben nicht arbeitsteilig entlang der verschiedenen Leistungen eines Unternehmens erledigt werden, sondern an einem integrierten Arbeitsplatz entsprechend der unterschiedlichen Anforderungen der Kunden" (Kilberth u.a. 1994, S. 26).

Plädoyer für eine unterstützende Sichtweise

Stattdessen werden sog. reaktive Systeme vorgeschlagen, die auf der objektorientierten Methode basieren. Hierbei haben die Entwickler nicht die Reihenfolge von möglicherweise eintretenden Ereignissen bereits vorgedacht, sondern die Benutzer entscheiden aus der jeweiligen Arbeitssituation, welche Komponenten des Softwaresystems zu nutzen sind. Der Nutzer hat die durchgängige Autonomie und Kontrolle über die Arbeitssituation, das Programm unterstützt ihn bei der Aufgabenlösung. Nach Abschluß einer Dienstleistung wartet das System auf eine erneute Benutzeraktivierung. Während der Benutzer im ablaufsteuernden System, so die Autoren, Auslöser von Vorgängen sei und evtl. die Rolle des Lückenbüßers übernimmt, bestehe jetzt die Notwendigkeit das Anwendungsfeld zu beherrschen. Die Steuerung und Kontrolle bleibe bei der unterstützenden Sicht-

	Ablaufsteuernde Sichtweise	Unterstützende Sichtweise
1. Prinzipielles Strukturierungsmerkmal menschlicher Handlungen	Dekontextualisierte Abläufe (Algorithmen)	Im Arbeitshandeln verwendete Gegenstände.
2. Grundsätzlicher Stellenwert menschlicher Handlungen	fehlerhaft (defizitär), austauschbar, je genauer festgelegt und geregelt, desto besser beherrschbar	durch Kreativität und Erfahrung und hoher Fähigkeit zur Einbeziehung des Kontextes gekennzeichnet. Individualität und situiertes Handeln werden angestrebt.
3. Kontrolle menschlicher Handlungen	wird auf die Maschine übertragen	bleibt beim Menschen.
4. Stellenwert von Plänen	Pläne sind die Vorschriften, nach denen menschliches Handeln idealerweise abläuft und kontrolliert wird.	Pläne sind vergegenständlichte Muster dekontextualisierter Erfahrungen; Orientierungen für Handeln und punktuelle Anleitung.
5. Stellenwert von Automaten	Automaten bilden den oberen menschlichen Handlungskontext.	Automaten dürfen nur den unteren Handlungskontext bilden.
6. Individuelle Anpaßbarkeit des Handlungsprozesses	Wird als Ausweichmöglichkeit in den prinzipiellen Ablauf integriert.	Persönliche Regulationsmöglichkeiten sollen prinzipiell erweitert werden.
7. Normativer Anspruch	Menschliches Handeln soll so formal und logisch, so unzweideutig und zwangsläufig sein, wie es ein Computerprogramm ist.	Menschliches Handeln ist durch Erfahrungen und soziale Einbettung geprägt und läßt sich nicht vollständig formal beschreiben.
8. Qualifizierte Tätigkeit	wird im Automaten modelliert; Benutzer ist Bediener der Maschine.	ist dem maschinellen Ablauf überlegen; wird durch Handlungen unter Verwendung von Arbeitsmitteln ermöglicht.
9. Dekontextualisierbarer (automatisierbarer) Anteil menschlicher Arbeit	Gesamt; Bedienung soll auf Dateneingabe reduziert werden	Der Anteil, der durch einen vorher festgelegten Kontext ohne menschlichen Eingriff ein von der Art und vom Ablauf vorherbestimmbares Ergebnis liefert (Automatismen)

weise prinzipiell beim Nutzer, dennoch ist auch hier die Möglichkeit vorhanden, vollständig maschinisierbare Abläufe zu modellieren und durch den Nutzer anzustoßen (vgl. Gryczan 1995, S. 43).

Abb. B.II.20 Ablaufsteuerungs- vs. Unterstützungssicht (Gryczan 1995, S. 82)

Pläne und situierte Handlungen

Im Kern trenne die ablaufsteuernde von der unterstützenden Sichtweise die Interpretation von geplanten und situierten Handlungen (actions): Während eine geplante Handlung im Sinne der Ablaufsteuerung eine Verfahrensvorschrift sei, die von einem Akteur Punkt für Punkt abzuarbeiten sei, werde eine situierte Handlung stets vor dem Hintergrund der persönlichen Erfahrungen eines Menschen und einer konkreten Situation durchgeführt. Jede menschliche Handlung finde in einer sozialen Situation statt. Die Entscheidungsgrundlagen für Handlungen seien in den konkreten Umständen einer Situation zu finden und für Formalisierungen nicht zugänglich: „Die Perspektive auf menschliche Handlung als eine formalisierbare und dekontextualisierte Operation verkennt wesentliche Qualitäten menschlichen Handelns" (Gryczan 1995, S. 81).

Pläne könnten dagegen auch ganz anders interpretiert und genutzt werden, nämlich im Sinne Suchmanns, um eine konkrete Situation „zu begreifen" („catch hold of"). Sie stehen dann für Erfahrungen aus vorhergehenden Situationen und Handlungen, die als Hilfsmittel dienen, um neues zu verstehen. Dies habe großes Gewicht: Wenn immer wir in neue Situationen hineingehen, sind die auszuwählenden Handlungen stets von den Erfahrungen abhängig, die wir in vergleichbaren Situationen gesammelt haben. Ein Problem sei nicht gegeben und warte nur auf seine Lösung, sondern es müsse von den Akteuren zunächst erkannt, und das bedeute, mit Hilfe ihrer Erfahrungen erschlossen werden (vgl. Gryczan 1995, S. 44ff.).

Die Grundlagen der WAM-Argumentation beruhen in wesentlichen Teilen auf der Arbeitspsychologie und zwar auf der Handlungsregulationstheorie und dem Modell der Hierarchisch-Sequentiellen-Handlungsorganisation des Handelns (vgl. Volpert 1994).

Wenn Pläne nicht nur als abzuarbeitende Verfahrensvorschriften sondern auch als „resources for situated actions" interpretiert werden können, so beruhe dies im wesentlichen darauf, daß Pläne Regeln enthalten, die das Handeln aus vergleichbaren, zurückliegenden Situationen beschreiben und so Orientierungshilfen für anstehende Handlungen geben. Regeln und Regelmäßigkeiten in einer Situation zu entdecken setze voraus, daß der Akteur seine persönlichen Erfahrungen in die Situation einfließen lasse. Und mit Volpert wird argumentiert: „Erfahrung bedeutet, daß er Wiederkehrendes in diesem Fluß erkennt, handelnd nutzt und dadurch den Fluß (teilweise) stabilisiert und strukturiert... Diese Erwartungen von situativen Veränderungen und eigenen Handlungen tragen den Charakter flexibler Muster, durch welche das Wiederkehrende im stets Veränderlichen gewissermaßen herausgefiltert und im Fluß der jeweils einmaligen Phänomene das (relativ) Beständige festgestellt wird" (Volpert 1994, S. 127). Qualifiziertes menschliches Handeln beruhe also im wesentlichen darauf, daß Menschen in der Lage sind, in einer Situation aufgrund von Erfahrungen angemessen zu reagieren.

„Dieses Zueinander von Bestätigung und Erstmaligkeit (ist ein) wesentliches Merkmal der flexiblen Muster oder Schemata für die von uns wahrnehmbaren Dinge und die uns möglichen Handlungen... Das Zusammenspiel von Erstmaligkeit und Bestätigung und damit die Möglichkeit von Entwicklung auf der Basis von Geschichte kennzeichnet nicht nur das Welt-Haben des Individuums, sondern auch sein In-der-Welt-Sein" (Volpert 1994, S. 64).

Diese Argumentation soll belegen, daß die unterstützende Sichtweise der ablaufsteuernden bei qualifizierten Tätigkeiten angemessener ist, weil sie nicht wesentliche Qualitäten menschlichen Handels übersieht. Es wird noch eine weitere wichtige Folgerung gezogen: Die Wahrnehmung eines Gegenstandes ist stets eng verbunden mit der Generierung einer Handlung. Auf dieser Grundlage wird der Begriff des *flexiblen Musters* definiert: „Ein flexibles Muster ist eine Einheit aus Handlungsmöglichkeiten und Gegenstand mit einer bestimmten Struktur und einem „um zu". Ein flexibles Muster wird in einer Situation durch die Verbindung eines Gegenstandes mit einer Handlung instantiiert" (Gryczan 1995, S. 65). Hier wird die Nähe zur Objektorientierung unmittelbar deutlich.

Leitbild, Akteure und Akteurskonstellationen bei WAM

WAM geht vom Leitbild des qualifizierten Mitarbeiters aus, der in kooperative Zusammenhänge eingebunden ist. Er ist Fachexperte in seinem Arbeitsgebiet, also nicht „naiv", und er benötigt die Unterstützung von Software, die ihm qualifiziertes und der Situation angepaßtes Handeln erlaubt. Von daher verbietet es sich, solche Arbeitsplätze unter dem Leitbild der Ablaufsteuerung zu modellieren.

Die Rolle der Entwickler besteht darin, in einem ständigen Rückkopplungsprozeß mit dem Fachexperten (z.B. mit Hilfe von Dokumenten und Prototypen), Software zu entwickeln. Die Fachexperten in den Abteilungen finden sich in der entwickelten Software mit ihren Aufgaben und ihrer Arbeitsumgebung wieder.

Im Vergleich zu R/3 haben sich die Akteurskonstellationen gründlich verändert. Dort haben die Planer von R/3 den Ehrgeiz, möglichst viele denkbare Arbeitssituationen, die in Organisationen mit einiger Wahrscheinlichkeit eintreffen werden, vorherzudenken und zu modellieren. Dem Sachbearbeiter als Akteur der Arbeitssituation wird lediglich die Ausführungsverantwortung übertragen. Bei WAM dagegen gibt es nur begrenzt die Rolle der Vordenker: Sie beschränkt sich auf die softwaretechnische Bereitstellung von Gegenständen bzw. Objekten und Handlungsmöglichkeiten bzw. Operationen auf ihnen. Beim Sachbearbeiter verbleibt die Gestaltungsverantwortung für die Arbeitssituation und die Autonomie über den Einsatz softwaretechnischer Optionen.

2.1 Objektorientierte Anwendungsentwicklung mit WAM

Verknüpfung von anwendungsfachlichem und softwaretechnischem Konzept

Die Entwickler von WAM haben besonderen Wert auf eine Sichtweise gelegt, die zunächst die Anwendungswelt mit ihren Gegenständen und Umgangsformen in den Blick nimmt, um im zweiten Schritt einen möglichst nahtlosen softwaretechnischen Transfer zu erreichen. Als größtes Manko vieler objektorientierter Ansätze wird das Verweilen bei softwaretechnischen Modellen und die damit einhergehende Vernachlässigung der Anwendungswelt kritisiert. WAM dagegen strebt die Integration anwendungsfachlicher und softwaretechnischer Konzepte auf der Grundlage der Objektorientierung an.

„*Das Potential objektorientierter Modellierung kann nur durch eine durchgängige objektorientierte Analyse und eine Vorgehensweise im Rahmen einer einheitlichen objektorientierten Sichtweise ausgeschöpft werden*" (Gryczan 1995, S. 98).

Anwendungsbereich	Objektorientiertes Modell
Ding, Gegenstand	Objekt
Umgangsform	Operation
Begriff, Konzept	Klasse
Generalisierung, Spezialisierung	Vererbung
Begriffshierarchie	Vererbungshierarchie

Abb. B.II.21
Begriffe des Anwendungsbereichs und des objektorientierten Modells (Kilberth u.a. 1994, S. 15).

WAM geht von den Gegenständen einer Anwendung aus, die dahinterstehenden Konzepte werden in einem Modell beschrieben und schließlich in einem ablauffähigen Softwaresystem implementiert. Es wird darauf geachtet, die Umgangs-

Abb. B.II.22 Fachliche Modellierung eines Ordners (Kilberth u.a. 1994, S. 15)

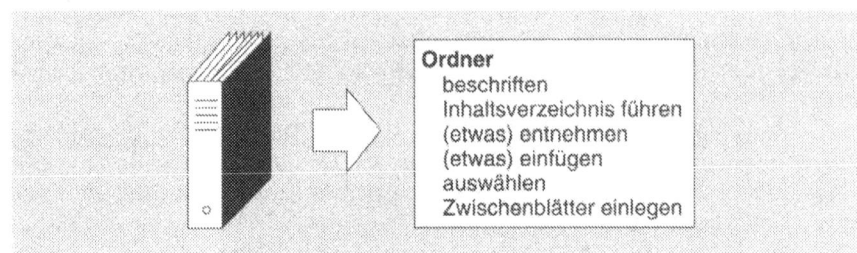

Werkzeuge präsentieren beim WAM-Konzept die Materialien, mit ihnen sondiert und verändert der Benutzer die Materialien. Materialien sind Arbeitsgegenstände der Anwendung, die sondiert, bearbeitet und verändert werden. Ein Automat wird eingestellt und bearbeitet dann selbständig das Material.

Werkzeuge werden bei WAM als Dinge interpretiert, die im Rahmen einer Aufgabenerledigung Arbeitsmittel sind, mit denen hantiert und Material bearbeitet wird, die Aktionen gehen vom Benutzer aus.

Automaten dagegen sind Arbeitsmittel, die über einen längeren Zeitraum Aktionen auf der Basis eines festen Algorithmus durchführen und vorab bekannte Ergebnisse produzieren. Die Erledigung der Aufgabe ist weitgehend kontextfrei. In technischer Interpretation bilden Automaten die Schnittstelle zu externen Diensten oder sie sind Kontrolleinheiten für „automatische" Abläufe innerhalb des Systems.

formen mit den Gegenständen zu verstehen und die Fachsprache der Anwender zu rekonstruieren. Nach und nach entstehen so Beschreibungen, die die Umgangsformen mit den jeweiligen Gegenständen klarer werden lassen und das Anwendungsfeld strukturieren. Sie sind der Ausgangspunkt, um die Objekte des Anwendungssystems in Form von Klassen zu entwerfen.

Entwurfsmetaphern

Die Autoren von WAM stellen ihre Anwendungs- und Softwareentwicklung auf Arbeitsplätze für qualifizierte Tätigkeiten ab. Diese explizite Benennung ist deshalb wichtig, weil Praxis und Wirtschaftsinformatik fast einheitlich die softwaretechnische Top-down-Konstruktion der Unternehmensorganisation für selbstverständlich halten. Dort steht die Modellierung der Unternehmensorganisation im Vordergrund.

Bei WAM wird in einem zweiten Schritt das Leitbild Unterstützung qualifizierter Mitarbeiter durch Entwurfsmetaphern operationalisiert. Sie werden als bildhafte Vorstellung, die ein Leitbild fachlich und konstruktiv konkretisiert, verstanden. Entwurfsmetaphern leiten Analyse und Entwurf und ihnen wird sowohl eine fachliche als auch eine technische Interpretation zugeordnet. Sie sind in erster Linie Orientierungshilfen für Entwickler, um die Anwendungsdomäne zu strukturieren und in einen Entwurf zu übertragen.

Während bei Unternehmensmodellen wie SAP R/3 stillschweigend und durchgängig das Leitbild Automat vorherrscht, werden bei der Modellierung des qualifizierten Sachbearbeiterarbeitsplatzes weitere Entwurfsmetaphern erforderlich. Es sind dies neben dem Automaten die Metaphern Werkzeug, Material und Arbeitsumgebung. Sie werden als die grundlegenden Kategorien menschlicher Arbeit betrachtet, sowohl im handwerklichen wie im Bürobereich. Synonym werden die Begriffe Arbeitsmittel und Arbeitsgegenstände benutzt.

Werkzeuge unterscheiden sich von *Automaten* deutlich: Die Operationen eines Automaten produzieren festgelegte Ergebnisse, sie ersetzen formalisierbare Anteile von menschlichen Handlungen, es geht im wesentlichen um lästige Routinehandlungen von geringer Komplexität. *Werkzeuge* dagegen sind Hilfsmittel, die qualifizierte menschliche Handlungen, die häufig rasch wechseln und von hoher Komplexität sind, unterstützen.

Werkzeuge, Material und Automaten sind in eine *Arbeitsumgebung* eingebunden. Diese Entwurfsmetapher wurde eingeführt, um Arbeitsplätze abgrenzen und unterscheiden zu können. Der Arbeitsprozeß eines Anwenders ist prinzipiell autonom, d.h. es kann weder von außen eingegriffen werden noch können die Materialien von externen Werkzeugen manipuliert werden.

Alle Entwurfsmetaphern haben immer sowohl eine fachliche als auch eine technische Interpretation. Dies ist notwendig, wenn die bruchlose Überführung von der Anwendungs- in die technische Welt gelingen soll. So lautet beispielsweise die fachliche Interpretation von *Material:* Ein Material ist im Rahmen einer Aufgabenerledigung ein Arbeitsgegenstand, es läßt sich in bestimmter Weise verändern oder sondieren. Beispiele dafür sind materielle Gegenstände wie Formulare oder Mappen, aber auch immaterielle wie Zinssätze oder Kurse. Technisch definiert eine Materialklasse Operationen zur Veränderung und Sondierung des Zustandes von Objekten der Klasse (Gryczan 1995, S. 103).

Werkzeug, Material und Automat übernehmen bei WAM die Brückenfunktion von den gewohnten Dingen und Umgangsformen des Arbeitsplatzes (Arbeitsgegenstände und Arbeitsmittel) zur Dematerialisierung in einem Softwaresystem.

WAM unterstützt evolutionäre Anwendungsentwicklung
Die unterstützende Sichtweise von WAM zeigt sich nicht nur im Leitbild und in den Entwurfsmetaphern, sondern auch in der zyklischen Vorgehensweise. Die Software soll in einem Kommunikations- und Lernprozeß mit den jeweiligen Anwendern entwickelt werden, wobei Verständnis und Probleme des Anwendungsbereichs gemeinsam von den beteiligten Akteuren erarbeitet werden sollen. Zu diesem Zweck werden objektorientierte Dokumententypen wie *Szenarien*, *Systemvisionen*, Prototypen, *Glossare* und Bibliotheken bereitgestellt, die eine kooperative Softwareentwicklung unterstützen sollen. Sie sollen auch verhindern, daß WAM letztlich doch wie das traditionelle Phasenmodell des Softwareengineering benutzt wird.

2.1 Kooperation und Koordination im WAM-Modell

Ist WAM eher ein idyllischer Ansatz, human und den Ansprüchen der am Softwareentwicklungsprozeß beteiligten Akteure eng verbunden, aber angesichts der rauhen Wirklichkeit allenfalls in einem Nischendasein überlebensfähig? Oder ist mit diesem Vorgehen ein brauchbarer Ausgangspunkt vorhanden, mit dem auch die übrigen Perspektiven einer Organisation „besser" repräsentiert werden können?

Kooperation durch Prozeßmuster
Bislang haben die Autoren von WAM den Anwendern, vereinfacht ausgedrückt, Software-Arbeitsmittel und -Gegenstände zur selbstbestimmten Nutzung für ihre Arbeitssituation zur Verfügung gestellt. Dies ist ein auffälliger Unterschied zu Anwendungssystemen wie R/3, wo eine Vielzahl von detailliert vorausgeplanten Prozeßketten modelliert sind bzw. vom Anwender angestoßen werden können. Und dies vor dem Hintergrund, daß menschliches Arbeitshandeln prinzipiell durch einen vordefinierten Prozeß modelliert und gesteuert werden kann.

In Szenarien werden Arbeitskontexte des Anwendungsfeldes, Handlungsstudien bzw. Arbeitsabläufe oder vorhandene Problemlösungen beschrieben. Szenarien sind beispielhaft und episodisch, sie helfen, Fragen zu stellen und Begriffe zu klären.

Eine Systemvision enthält die Erledigung von Arbeitsaufgaben, die antizipierten Umgangsformen und die anzustrebenden Vorstellungen vom Erscheinungsbild des Systems.

Ein Glossar ist an der Fachsprache der Benutzer orientiert, es enthält bereits definierte, technisch rekonstruierte oder neue Begriffe und hilft dabei, weitere Szenarien zu erarbeiten.

Als Kooperation wird das Zusammenwirken (mindestens) zweier Personen bezeichnet, die ihre Handlungen auf Grundlage wechselseitig abgestimmter Ziele und Pläne ausführen (vgl. Gryczan 1995, S. 223).

Koordination ist die wechselseitige Abstimmung bei der Kooperation (vgl. Gryczan 1995, S. 223).

„Kooperative Arbeit ist Arbeit, bei der verschiedene Personen mit zwischen ihnen ausgehandelte Konventionen zur Koordination ein Ergebnis anstreben, das nur gemeinsam erreicht werden kann" (Gryczan 1995, S. 223).

„Ein gemeinsames Material ist ein Material, über das im Handeln eine implizite Kommunikation vor dem Hintergrund einer etablierten Zusammenarbeit zur Vergegenständlichung einer Kooperationssituation hergestellt wird" (Gryczan 1995, S. 222).

Reicht es allerdings aus, so wie es die Philosophie von WAM ist, nur den einzelnen Arbeitsplatz zu unterstützen? Auch die WAM-Entwickler sehen hier Ergänzungsbedarf: „Hier stellt sich also die Frage, wie wir ein Modell des bereits skizzierten Typs von *Kooperation* in unsere Softwaressysteme integrieren können, ohne dabei mit unseren Grundannahmen zu brechen. Ziel muß es sein, die vorhandene Software-Infrastruktur aus Werkzeugen und Materialien am Arbeitsplatz der Anwender so zu erweitern, daß ihnen – ohne Kontrollverlust – die Einbindung in kooperative Arbeitsprozesse ermöglicht wird" (Gryczan u.a. 1996).

Zu diesem Zweck werden einige neue Begriffe in das WAM-Modell eingeführt: So die situierte *Koordination*, wobei Personen, die in einem Arbeitsprozeß kooperieren, sich über Aufgabenverteilung, Reihenfolge etc. verständigen und die Kontrolle darüber selbst übernehmen. Dies wird in einem sog. Prozeßmuster fixiert: Unter einem Prozeßmuster wird ein gemeinsames Material zur Vergegenständlichung der beschreibbaren Teile eines kooperativen Prozesses verstanden. Es legt Verantwortlichkeiten und denkbare Bearbeitungswege fest und gibt schließlich die Möglichkeit, sich über den jeweiligen Status des Arbeitsprozesses zu informieren. Der Arbeitsprozeß wird von den beteiligten Akteuren formalisiert, um ihn nachvollziehbar, steuerbar und modifizierbar zu machen (Gryczan u.a. 1996, S. 98ff.).

Das Prozeßmuster wird in das WAM-Modell integriert, indem es als *gemeinsames Material* betrachtet wird. Es bildet Abläufe ab, die geronnene Erfahrungen aus Kooperationen zwischen zusammenarbeitenden Akteuren darstellen. Sie können festgelegt werden, weil sie sich über die Zeit als vernünftig herausgestellt und somit konsolidiert haben. Wir ahnen, daß die Funktion von Prozeßmustern bei WAM mit den Workflows bei R/3 kontrastieren. Von Workflow Management Systemen unterscheiden sich Prozeßmuster jedoch deutlich: Prozeßmuster werden weder zentral geplant noch kontrolliert, sie können dezentral modifiziert werden, und es wird auch nicht vorgeben, welche konkreten Handlungen im einzelnen für den Anwender damit verbunden sind (Gryczan u.a. 1996, S. 98ff.).

	Material Prozeßmuster	Koordination der Tätigkeiten
Statisch	Festlegen der Zuständigkeiten bei der Kooperation und der benötigten Materialien	"Was ist schon erledigt?" "Was ist noch zu tun?"
Dynamisch	Transport durch ein entsprechendes Transportsystem (Automat)	"Wo ist der Vorgang?" "Ich muß ihn ändern."

*Abb. B.II.23
Zwei Ebenen des Umgangs mit Prozeßmustern (Kilberth u.a. 1994, S. 222)*

Prozeßmuster sind in einer Welt aus Werkzeugen, Automaten, Arbeitsumgebungen und Materialien fachlich und technisch einzuordnen!

Für die praktische Umsetzung dieser Ideen lassen die Autoren *Vorgangsmappen* mit angehefteten Prozeßmustern zwischen den Arbeitsumgebungen der kooperierenden Anwender transportieren. Der Transport findet zwischen Arbeitsumgebungen statt, die zu diesem Zweck elektronische Posteingangs- und -ausgangskörbe zur Verfügung haben, sie werden von einem Versandautomaten bedient. Die Postkörbe sind an eine Arbeitsumgebung gebunden, wobei beliebig viele vom betreffenden Anwender eingerichtet werden können. Dies liegt in seiner Strukturierungs- und Ordnungsautonomie.

Die geronnenen Erfahrungen der Kooperation werden in einem Behälter, dem sog. Prozeßmusterrepertoire gesammelt. Hierauf können alle betroffenen Arbeitsumgebungen zugreifen. Die Autoren legen Wert darauf, daß der Kooperationsvorgang damit nicht ein-für-alle-mal festgeschrieben ist: „Benutzende greifen (also) nicht nur auf die Vorlagen des Prozeßmusterrepertoires zu, um sich für die Koordination einer Arbeitssituation ein passendes Prozeßmuster zu erzeugen, sondern überführen umgekehrt auch neue bzw. adaptierte *Prozeßmuster* in das *Repertoire*, wenn sie sich bei der Koordination kooperativer Tätigkeiten als pragmatisch erwiesen haben und ihre Wiederverwendung in weiteren Kooperationssituationen plausibel erscheint" (Gryczan u.a. 1996, S. 101).

Die Einbeziehung von Prozeßmustern bzw. Vorgangsmappen in das bisherige WAM-Konzept ergänzt die Sicht Einzelarbeitsplatz um kooperative Prozesse. Dies tastet die „WAM-Philosophie" nicht an, die darin besteht, daß der Anwender seine Arbeitstätigkeit bzw. -umgebung autonom gestalten kann.

Bewertung des WAM-Modells

SAP R/3 und WAM haben jeweils implizite spezifische Modellvorstellungen vom Unternehmen wie vom Individuum: R/3 blickt auf das gesamte Unternehmen und versucht, die Einbindung in nationale und internationale Märkte zu berücksichtigen. Das Individuum paßt sich diesen Anforderungen an. Es gibt für die SAP-Entwickler offensichtlich auch keinen Grund, daran zu zweifeln.

Anders WAM: Hier ist der Blick auf den qualifizierten Sachbearbeiter und seine Kooperationsbeziehungen gerichtet. Das Unternehmensmodell ist, wie bei vielen cscw-Forschungsansätzen, lediglich als Vision eines fraktalen Unternehmens vorhanden: Man stellt sich Einheiten bzw. Gruppen vor, die betrieblich und zwischenbetrieblich kommunizieren und kooperieren: „Jede dieser Aktionseinheiten ist idealerweise wie ein Unternehmen im kleinen zu gestalten" (Kilbert u.a. 1994, S. 139).

WAM steht in der Gefahr, Strukturen und Anforderungen global-agierender Organisationen zu unterschätzen, R/3 dagegen läßt Selbstorganisationsbedürfnisse und daraus resultierende Produktivitätspotentiale der Beschäftigten, insbesondere bei komplexen und turbulenten Märkten, außer acht. Im Grunde zeigt sich hier der alte Konflikt der Sozialwissenschaften zwischen individualistischen und strukturalistischen Ansätzen: Wird die Organisation als Ansammlung von Individuen oder als Aufspaltung des Ganzen verstanden?

Eine tragfähige Organisations- und Wirtschaftsinformatik muß sich diesem Dilemma stellen. Wir werden darauf ausführlich zurückkommen (s. Kapitel B.III).

„*Eine Vorgangsmappe ist die Zusammenfassung eines Transportbehälters, in dem die Materialien zur Bearbeitung einer kooperativen Aufgabe enthalten sind, und eines Prozeßmusters*" (Gryczan 1995, S. 227).

Ein Prozeßmusterrepertoire ist die Menge der Prozeßmuster, die für kooperative Tätigkeiten zur Verfügung stehen. Es wird durch einen Behälter für Prozeßmuster vergegenständlicht.

„*Eine Umstrukturierung auf Konzernebene hat primär die sinnhafte Segmentierung in Teilunternehmen zum Ziel*" (Kilberth u.a. 1994, S. 148).

„*Dieses Prinzip, Aktivitäten zielorientiert zu Einheiten zu bündeln, findet sich in der Softwaretechnik in Form der Datenkapselung wieder, wo Daten mit den auf ihnen operierenden Funktionen zu einer Funktionseinheit zusammengefaßt werden... erweitern (wir) diesen Ansatz noch... so befinden wir uns auf direktem Weg zu einer objektorientierten Interpretation einer Unternehmensorganisation*" (Kilberth u.a. 1994, S. 139).

134 Modelle, Methoden und Software

3. Lotus Notes

Ein Softwareprodukt zur Koordination von Arbeitsgruppen und Arbeitsplätzen

Zwischen den Polen SAP/R3 und WAM liegt u.a. das Softwareprodukt Lotus Notes. Lotus Notes wurde für die Unterstützung von Gruppen entwickelt. Es beinhaltet darüber hinaus Workflow-Funktionalitäten.

3.1 Computer-supported-cooperative-work (cscw), Groupware, Workflow Management und Lotus Notes

„Groupware: Software, die Arbeitsgruppen bei dem gemeinsamen Umgang mit Information möglichst einfach und weitreichend unterstützt, ohne die Dynamik und die Flexibilität der ablaufenden Gruppenarbeitsprozesse in die Zwangsjacke starr vorgegebener Abläufe/Strukturen zu pressen. Moderne Groupware-Systeme basieren auf Client-Server-Architekturen und bieten grafische Benutzeroberflächen" (Hansen 1997).

Aus der Sicht von SAP R/3 zielen Anwendungen wie Lotus Notes auf die Formalisierungslücke, die beim Einsatz von Standardsoftwaresystemen übrigbleibt. Wird die Sicht von WAM eingenommen, so ist Lotus Notes eine Basistechnologie zur Unterstützung des qualifizierten Sachbearbeiterarbeitsplatzes und seiner Kooperation mit anderen Mitarbeitern oder Projekten. WAM dagegen ist eher eine Softwareentwicklungsmethode für diese Klasse.

An Softwarekonzepten, die weder (Top-down) die Unternehmensorganisation noch allein (Bottom-up) den Einzelarbeitsplatz im Blick haben, sondern die Unterstützung kooperativer Arbeitsformen, insbesondere von Arbeitsgruppen oder von Menschen in verschiedenen Arbeitsgruppen, wird seit Mitte der 80er Jahre unter den Begriffen Groupware oder cscw (Computer-supported-cooperative-work) gearbeitet.

Unter kooperativer Arbeit werden Arbeitssituationen verstanden, „in denen mehrere Personen zusammenarbeiten zwecks Erreichung eines Ergebnisses, welches unter den gegebenen Randbedingungen nur gemeinsam, nicht einzeln erzielt werden kann" (Oberquelle 1991b, S. 4). Gruppenspezifische Merkmale sind u.a. gemeinsame Ziele und Konventionen. Der häufig mit cscw gleichgesetzte Begriff Groupware bezeichnet Mehrbenutzer-Software zur Unterstützung kooperativer Arbeit. Sie stellt in erster Linie Zugriffsmöglichkeiten auf gemeinsame Daten bereit und koordiniert den Informationsaustausch. Im einfachsten Fall zählen e-mail-Systeme dazu, aber auch Mehrautoren-, Terminvereinbarungs- oder Filtersysteme, sog. Add-on-Systeme von e-mail-Produkten. Im Laufe der Zeit hat sich der Begriff cscw erweitert. Er bezeichnet heute nicht mehr nur die Kooperation zwischen Mitarbeitern, deren Ablauf nicht im vorhinein festliegt, sondern auch Aufgaben mit einer bestimmten Ablaufstruktur (Workflow-Management-Systeme) (vgl. Hansen 1997, S. 73).

Lotus Notes eignet sich für die informationstechnische Unterstützung von Gruppen mit unstrukturierten Aufgabenstellungen. Andererseits bietet es auch die Funktionalität von Workflow-Management-Systemen. Workflow-Systeme sind bekanntlich dokumentenorientierte Vorgangssteuerungssysteme, sie zielen darauf ab, die aktive sequentielle Steuerung von arbeitsteiligen Prozessen zu übernehmen. Sie sind wiederum flexibler als konventionelle Anwendungssyste-

Funktionale Klassifikation von cscw-Systemen

Klasse	Beschreibung
E-mail	Dient zum Austausch meist kurzer Mitteilungen zwischen zwei oder mehreren Personen.
Message Conferencing	Message Conferencing bedeutet textbasiertes, asynchrones, aber auch synchrones elektronisches Konferieren.
File Transfer	Ein Austausch von Dateien, die z. B. Dokumente oder Grafiken enthalten können.
Document Management Systems	Zentrale Verwaltung von gemeinsam bearbeiteten Dokumenten. Das Spektrum der Systeme reicht von einfachen Dateiverwaltungssystemen bis hin zu komplexen Systemen, wie z. B. Lotus Notes.
Shared Blackboard	Bei Systemen wie Shared Blackboard können die Teilnehmer gleichzeitig in ein gemeinsames Fenster schreiben bzw. zeichnen.
Desktop Conferencing	Mehrere Teilnehmer können computerunterstützt an Audio- bzw. Videokonferenzen vom Schreibtisch aus teilnehmen.
Joint Viewing	Hierbei wird ein Dokument von einem Präsentator an die Teilnehmer einer Sitzung übertragen.
Joint Editing	Verschiedene Teilnehmer einer Sitzung können gleichzeitig ein gemeinsames Dokument auf ihren Bildschirmen bearbeiten. Alle Änderungen sind für jeden Teilnehmer sofort sichtbar und geschehen im Gegensatz zu Shared Blackboard Systemen unmittelbar im Dokument.
Scheduler	Mit Hilfe eines Schedulers können personelle und physikalische Ressourcen koordiniert und auf diese Weise Sitzungen vorbereitet werden.
Decision Support	Ein Group Decision Support System (GDSS) bietet die automatische Verarbeitung von Daten und Sitzungsresultaten. Dabei können die Teilnehmer ihre Gedanken und Ideen eingeben, und das System unterstützt die Organisation und Auswertung dieser Dateien.
Workflow Management System	In Workflow Management Systemen (WMS) werden wohldefinierte Geschäftsprozesse repräsentiert. Diese Systeme dienen dazu, die nötigen Schritte eines solchen Prozesses schnell und effektiv in der richtigen Reihenfolge durch die betreffenden Personen durchführen lassen zu können.

Abb. B.II.24 Funktionale Klassifizierung von cscw-Systemen nach Böhm u.a. 1996

136 Modelle, Methoden und Software

me: Um abgebildete Prozesse zu korrigieren, muß lediglich die Spezifikation der Steuerungskomponente geändert werden. Dennoch ist der Einsatz von Vorgangssteuerungssystemen auf eine stabile, planbare Umwelt ausgerichtet.

Die Abschnitte B.II.3.1 und B.II.3.1 wurden unter Mitarbeit von Bernd Hort erstellt.

3.1 Was ist Lotus Notes?

Lotus Notes bringt zwei Applikationen zusammen und schafft so die Basis für eine Vielzahl von verschiedenen Anwendungsmöglichkeiten: Die eine Applikation ist ein e-mail-System, die zweite ein Datenbanksystem zur Verwaltung von Dokumenten. In einem Satz zusammengefaßt kann eine Definition von Lotus Notes lauten:

Lotus Notes ist eine *betriebssystem-unabhängige Entwicklungsumgebung* für *dokumentenzentrierte Datenbanken*, die mittels einer *Client-Server-Architektur* die *Kommunikation zwischen Benutzern* ermöglicht.

Im einzelnen bedeutet dies:

betriebssystem-unabhängig: Eine Anwendung funktioniert auf allen anderen Plattformen ohne Modifikation, unabhängig vom Betriebssystem, auf dem sie entwickelt wurde. Auch die Kommunikation zwischen einem Server auf einem beliebigen Betriebssystem und einem Client auf einem anderen Betriebssystem funktioniert ohne Einschränkungen. Voraussetzung ist lediglich, daß eine Einigung auf ein gemeinsames Netzwerkprotokoll erfolgt.

Entwicklungsumgebung: In jedem Client steht eine komplette Entwicklungsumgebung für Lotus Notes bereit. Dies ist deshalb notwendig, da nach Installation und Konfiguration von Lotus Notes noch keine fertigen Anwendungen vorhanden sind. Mit dem installierten Adreßbuch, einer Mail-Datenbank oder einigen Beispielen lassen sich noch keine komplexen Aufgaben bewältigen. Deshalb sind Anwendungen selber zu entwickeln oder es sind fertige Anwendungen hinzuzukaufen.

dokumentenzentriert: Lotus Notes wurde als System zur Verwaltung von Informationen in Form von Dokumenten entwickelt. Das Dokument ist das Kernstück einer jeden Anwendung.

Datenbank: Anwendungen heißen im Notes-Sprachgebrauch Datenbanken. Es geht bei Notes weder darum, Daten in Tabellenform abzulegen noch Objekte und deren Methoden persistent zu speichern. Es sind hier also nicht „klassische" relationale oder objektorientierte Datenbanken gemeint. Klassische Datenbanken verwalten Informationen in Tabellen, wobei jeder Datensatz eine feste Satzstruktur hat, die die Länge und den Typ der Informationen vorgibt und für die gesamte Datenbank gleich ist.

Datenbanken bei Notes haben keine festgelegte Struktur der Informationen. In einer einzigen Datenbank können viele verschiedene Arten von Dokumenten vorhanden sein. Eine Notes-Datenbank kann sowohl lange als auch kurze Dokumente effizient verwalten. Diese Flexibilität ist ein Grund für die besondere Eignung von Lotus Notes für schwer formalisierbare Aufgaben.

Eine Anwendung besteht immer aus einer oder mehreren Notes-Datenbanken. Vergleichbar einer Tabellenkalkulation, die bestimmte Verrechnungsarten zur Verfügung stellt, legt Lotus Notes die technische Basis für die gewünschte

Softwareprodukte und Softwarekonzepte für Organisationen 137

Anwendung, allerdings fallen bei Notes die realisierten Anwendungen zumeist deutlich komplexer aus. Eine Notes-Datenbank schafft eine Struktur zur Organisation und Verwaltung von Informationen, sie beinhaltet neben den Dokumenten auch die komplette Anwendungslogik und das Layout.

Client-Server-Architektur: Eine komplette Notes-Installation besteht aus einem Notes-Server und mehreren Clients. Der Austausch von Informationen zwischen Benutzern läuft über den Server. Das Arbeiten auf lokalen Daten ohne Serververbindung ist möglich.

Kommunikation zwischen Benutzern: Integraler Bestandteil von Lotus Notes ist die Mail-Komponente. Jedem Benutzer kann jedes Dokument in einer beliebigen Datenbank zugeschickt werden. Dieses Dokument geht in die persönliche Mail-Datenbank des Benutzers. Die Mail-Datenbank wiederum ist eine normale Notes-Datenbank. Dokumente können auch an Datenbanken verschickt werden, um dort bestimmte Prozesse auszulösen.

3.1 Lotus Notes-Anwendungen

Gemeinsam ist Notes-Anwendungen die Sammlung und gezielte Verteilung von Informationen. Im folgenden werden einige Anwendungstypen vorgestellt, selbstverständlich sind Mischformen denkbar:

Groupware: Groupware bedeutet zu allererst die Unterstützung von Gruppen bei der Koordination der Informationsverteilung. Lotus Notes unterstützt dies, indem Informationen in gemeinsamen (Notes-) Datenbanken abgelegt werden. So wird eine effiziente Zusammenarbeit möglich. Zugriffsrechte schützen die Dokumente innerhalb und außerhalb der jeweiligen Projektgruppe. Aktivitäten können im Projekt verwaltet und koordiniert werden.

Workflow: Mit Lotus Notes lassen sich Workflows realisieren, indem in einem Dokument Abarbeitungsreihenfolge und auszuführende Schritte hinterlegt werden. Wird der Workflow angestoßen, so wird ein Dokument angelegt und jeder Bearbeiter führt seine Aufgaben an diesem Dokument durch. Durch die e-mail-Funktionalität wird der nachfolgende Bearbeiter von der Existenz eines Vorganges in Kenntnis gesetzt. Allerdings fehlt in Lotus Notes ein Tool zur Modellierung von Workflows.

Diskussionsforen: Mit Hilfe bestimmter Konstrukte können in Lotus Notes unkompliziert Diskussionsforen aufgebaut werden. Zusammen mit der Volltextsuche und Verknüpfungen zwischen Dokumenten entsteht so ein sehr effektives Medium zum Meinungsaustausch.

Aktualisierung und Verteilung von Informationen: Lotus Notes ermöglicht die Synchronisation von Datenbanken, die sogenannte Replikation. Bei der Replikation werden Datenbanken, die sich an verschiedenen Standorten befinden, abgeglichen. Nach einer Replikation ist jede Änderung auch an den anderen Standorten vorhanden. Immer wenn es gilt, aktuelle Informationen schnell und ohne großen Aufwand in einer Organisation zu verteilen, die über mehrere Standorte verfügt, ist die Replikation ein sinnvolles, schnelles Verfahren.

Das Replikationskonzept ist ein Grund für den Erfolg von Lotus Notes. Es erlaubt die Synchronisation auf verschiedenen Rechnern. Dabei spielt es keine Rolle, ob sich die Datenbanken auf zwei Servern oder auf einem Server und einem Client befinden.

Die Replikation läßt sich vielfältig einsetzen. So kann zum Beispiel ein Außendienstmitarbeiter die für ihn relevanten Teile einer Datenbank auf einem Laptop mit zum Kunden nehmen. Ändert er beim Kunden ein Dokument, so wird es anschließend bei der Replikation auf dem Rechner der Zentrale aktualisiert. Mit Hilfe der Replikation kann auch der Datenaustausch zwischen Niederlassungen organisiert werden.

Es stellt sich die Frage, was passiert, wenn auf beiden Seiten das gleiche Dokument geändert wird. Lotus Notes macht es sich in dem Moment relativ einfach. Es kann die Semantik einer Änderung nicht bewerten und somit auch nicht entscheiden, welche Version die „richtige" ist. Somit beschränkt sich Lotus Notes darauf anzuzeigen, daß es zu einem sogenannten Speicher- und Replikationskonflikt gekommen ist. Es werden beide Versionen des Dokuments in der Datenbank vorgehalten. Es liegt in der Verantwortung des Fachexperten, sich für ein Dokument zu entscheiden, das andere wird gelöscht. Bei der nächsten Replikation wird es auch auf dem entfernten System gelöscht.

In der Praxis kommt ein solcher Konflikt relativ selten vor. Das liegt auch daran, daß bei aktuellen Versionen von Lotus Notes die Replikation auf Feldebene erfolgt. Wenn also bei einem Dokument zwei Felder geändert werden, können die beiden Versionen automatisch zusammengeführt werden, sofern die Anwendung Sinn macht.

Die Replikation läßt sich recht genau steuern. So ist z.B. einstellbar, welche Dokumente überhaupt repliziert werden sollen. Die Replikation kann auch nur in eine Richtung verlaufen, dabei können z.B. die Dokumente von der Zentrale zu den Außenstellen übertragen werden. Änderungen, die in den Außenstellen gemacht werden, werden nicht zur Zentrale zurück übertragen.

Lotus Notes ist immer dann ungeeignet, wenn operationale Massendaten verarbeitet werden sollen, hierfür fehlen die Konzepte. Das ist das Anwendungsfeld von relationalen oder objektorientierten Datenbanken mit ausgereiften Transaktionskonzepten.

3.1 Einordnung und Leitbild von Lotus Notes

Welches Leitbild unterstützt Notes und wo ist die Software in unserer Perspektivengrafik einzuordnen? Auch wenn die Ursprünge in der Unterstützung von Gruppenarbeit liegen, so hält Notes, wie wir gesehen haben, auch Konzepte für die Unterstützung anderer Perspektiven bereit.

So kann der einzelne Anwender seine Arbeit mit Hilfe des Kalenders oder von Aufgabenlisten, sog. To-Do-Listen organisieren. Er kann auch „seine" Informationen in eigenen Datenbanken strukturieren.

Notes bietet Arbeitsgruppen bzw. Projekten Konzepte an, indem sie Koordination und Austausch von Informationen mittels gemeinsamer Datenbank und e-mail ermöglicht oder die gemeinsame Terminverwaltung erleichtert. Abteilungen oder Unternehmen können Lotus Notes nutzen, um Prozesse zu vereinheitlichen und transparent zu machen, z.B. die Anforderung von Materialien oder die Bewilligung von Urlaubstagen.

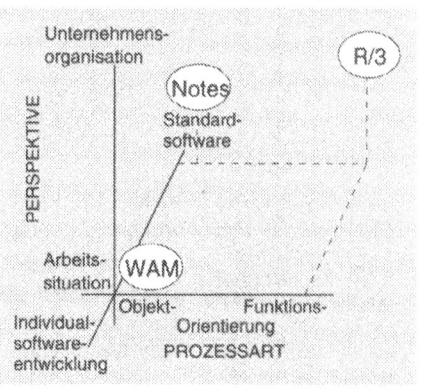

Mit Notes können auch Informationen unternehmensweit zur Verfügung gestellt werden. Durch ein Sicherheitssystem wird erreicht, daß Informationen nur von berechtigten Personen gelesen oder bearbeitet werden. Der Anwender kann dies für jedes Dokument einzeln entscheiden. Die Sicherheitsmechanismen sind eine Voraussetzung für die unternehmensübergreifende Kommunikation. Darüber hinaus kann Notes nicht zur Organisation gehörende Anwender einbinden.

Abb. B.II.25 Einordnung von Lotus Notes

Lotus Notes kann als Software interpretiert werden, die Methoden zur Verfügung stellt und damit Benutzern, Arbeitsgruppen und Projekten Gestaltungsfreiräume eröffnet. Die Akteure können sie mit ihren Vorstellungen und Leitbildern ausgestalten. Daß es dabei zu Konflikten kommen kann, liegt in der Natur von sozialen Organisationen. Notes nimmt anders als R/3, kaum Entscheidungen vorweg. Entscheidend ist, mit welchem Konzept und welchem Leitbild der Einsatz von Lotus Notes von den Akteuren geplant und umgesetzt wird.

Wird Lotus Notes z.B. in einem stark hierarchisch organisierten Umfeld eingesetzt, so kann, falls gewünscht, ein strenger Workflow ohne Freiraum für die Mitarbeiter realisiert werden. Versteht sich die Organisation eher als ein Netzwerk kooperierender Arbeitsgruppen, so können mit Notes Anwendungen, die dieses Leitbild unterstützen, realisiert werden.

Mit Lotus Notes als zentralem Werkzeug zur Informationssammlung und -verdichtung, kann eine grundlegende Veränderung der Informationsverarbeitung in Organisationen in Angriff genommen werden. Es geht um die Umkehrung von der Bringschuld in eine Holschuld. Wenn Informationen in gemeinsamen Datenbanken abgelegt werden und allen Berechtigten zur Verfügung stehen, so erübrigt es sich, Dokumente an jeden zu verschicken. Um sicherzustellen, daß alle Informationen berücksichtigt werden, kann auf relevante Informationen mittels e-mail aufmerksam gemacht werden. Die Informationen bleiben in einer gemeinsamen Datenbank und alle Adressaten erhalten eine Benachrichtigung. Der Mitarbeiter übernimmt letztlich selber Initiative und Verantwortung für die für ihn notwendigen Informationen.

4. SOM

Ein objektorientierter Architekturrahmen zur Modellierung von Geschäftsprozessen für flexible Organisationen

Der hier vorgestellte SOM-Ansatz ist nicht zu verwechseln mit dem System Object Model, das seit 1992 die Basis für die graphische Benutzeroberfläche des IBM-Betriebssystems OS/2 bildet.

SOM steht für **Semantisches Objektmodell**, es wurde von Ferstl/Sinz als Metamodell zur objektorientierten Modellierung betrieblicher Informationssysteme seit Beginn der 90er Jahre entwickelt. Ziel war die Modellierung betrieblicher Systeme, wobei unter betrieblichen Systemen sowohl einzelne Unternehmen als auch Unternehmensverbünde oder Geschäftsbereiche von Unternehmen verstanden werden.

Anspruch ist, die fachliche Analyse und Konzeption so weit zu formalisieren, daß deren Ergebnisse unmittelbar als Grundlage für den softwaretechnischen Entwurf genutzt werden können. SOM versteht sich als ganzheitlicher Ansatz, der zur Modellierung von Geschäftsprozessen sowie zur Spezifikation von Anwendungssystemen durchgängig das Prinzip der Objektorientierung nutzt. SOM rückt also wie R/3 die Geschäftsprozesse ins Zentrum der Modellierung. Ferstl/Sinz betrachten allerdings die geeignete Form der Modellierung von Geschäftsprozessen und ihre Einbettung in eine umfassende Unternehmensarchitektur als das zu lösende Problem.

Ähnlich wie R/3 interessiert sich SOM also für Geschäftsprozesse und die Perspektive Unternehmensorganisation. Der Ansatz setzt dies jedoch objektorientiert um und bezieht die nicht automatisierbare Diskurswelt mit ein. Hierauf wird noch näher einzugehen sein. Ist hier also die Lösung, die die bei SAP R/3 und WAM deutlich gewordenen Defizite überwindet (vgl. Ferstl/Sinz 1995, S. 209–220, Ferstl/Sinz 1997, S. 393–411)?

4.1 Leitbilder von SOM

Die zentrale Aufgabe der Wirtschaftsinformatik, die Modellierung betrieblicher Systeme, hat sich im Laufe der Jahre permanent gewandelt. Ferstl/Sinz beschreiben folgende Entwicklungslinie:

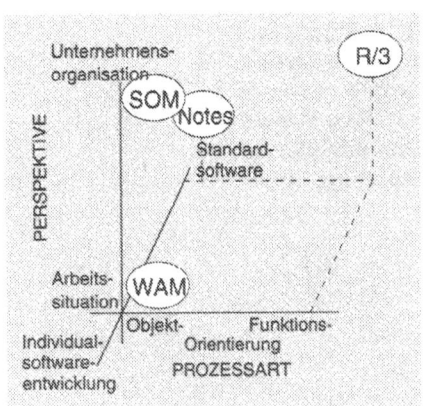

Abb. B.II.26 Einordnung von SOM

- Die Wurzeln liegen bei der Funktionsmodellierung der 70er Jahre, etwa in den Methoden *Structured Analysis and Design Technique (SADT)* und *Structured Analysis (SA)*. So konnte in erster Linie die Funktionssicht von Anwendungssystemen modelliert werden.
- Die 80er Jahre waren geprägt durch Ansätze der Datenmodellierung, v.a. repräsentiert durch die *Entity-Relationship-Modelle (ERM)*. Die Datenmodellierung geht bereits über die Betrachtung einzelner Anwendungssysteme hinaus und präsentiert eine unternehmensweite Datensicht.

- In den 90er Jahren schieben sich objektorientierte Modellierungsansätze in den Vordergrund, wie z.B. *Object Oriented Modeling and Design (OMT)*. Sie verfolgen das Ziel, die bis dahin getrennt modellierten Daten- und Funktionssichten von Informations- und Anwendungssystemen zusammenzufassen.

Ferstl/Sinz vermuten, daß die Systementwickler bei der Gestaltung von betrieblichen Informationssystemen zukünftig nicht mehr nur das Problem der Komplexität zu bewältigen haben werden, sondern die Frage der Flexibilität und Lebensfähigkeit von Organisation in den Vordergrund rücken wird. Dieser Wandel erfordert neue Leitbilder, dazu zählen:

- *Evolutionäre Entwicklung von Organisationen:* Notwendig wird ein kontinuierlicher Wandel in Übereinstimmung mit den kontinuierlichen Veränderungen der Umweltbedingungen und -zielen. Wie können Struktur und Verhalten einer Organisation lebendig gehalten werden?
- *Organisation als lebensfähiges System:* Gewinnmaximierung ist lediglich ein Subziel der Maximierung von Lebensfähigkeit. Lebensfähige Systeme zeichnen sich durch Autonomie und Rekursivität ihrer Teilsysteme aus.
- *Organisationslernen:* Lernende Organisationen lernen nicht nach Top-down-Plänen. Vielmehr befinden sich alle ständig in Lernsituationen. Alle Akteure einer Organisation müssen selber entscheiden, wie sie mit neuen Situationen umgehen können und welche Lernschritte dazu notwendig sind. Dabei können zentrale Angebote durchaus sinnvoll sein. Die Integration von Planung und Lernen erlaubt schon frühzeitig und organisationsweit zu erkennen, ob die Pläne der Unternehmensorganisation gültig und durchführbar sind.
- *Virtuelle Organisation:* In Zeiten rascher, globaler Veränderungen tun sich neue Unternehmensnetzwerke, sog. Virtuelle Organisationen auf. Sie müssen in der Lage sein, sich schneller anzupassen, ohne daß zusätzliche Ressourcen bereitstehen. Neue Managementtechniken werden erforderlich, um trotz geringer Stabilität erfolgreich sein zu können (s. hierzu ausführlich Kapitel B.IV).

Strukturelle Merkmale von flexiblen Organisationen
Als strukturelle Merkmale von flexiblen Organisationen nennen Ferstl/Sinz:

- *Automationsgrad einer flexiblen Organisation:* Eine Organisation wird als soziotechnisches System betrachtet, wobei die Akteure laut Ferstl/Sinz sowohl Personen als auch Maschinen sind. Flexible Organisationen sind in der Lage, sich individuell und rasch auf die besonderen Fähigkeiten und Potentiale von Personen und Maschinen ein- und falls notwendig umzustellen.
- *Flexible Organisationen sind verteilte Systeme:* Sie zeigen sich nach außen als black-box und nach innen als autonome Komponenten, wobei keine Komponente die globale Kontrolle im System ausüben kann. Die Komponenten sind locker verbunden. Organisationen stellen eine besonders wichtige Klasse verteilter Systeme dar.

142 Modelle, Methoden und Software

- *Kontrollfunktionen in flexiblen Organisationen:* Die erwünschte Erhöhung der Freiräume in flexiblen Organisationen erfordert neue Strategien für das Informationssystem, um die Organisation kontrollieren zu können. Ferstl/Sinz empfehlen die Implementierung nichthierarchischer Koordinationsmechanismen in Übereinstimmung mit dem Konzept autonomer Komponenten in verteilten Systemen.
- *Der Architekturrahmen einer flexiblen Organisation:* Zu einer realen Organisation können eine Vielzahl von Personen und Maschinen gehören. Dies legt Designprinzipien nahe, die zwischen einer internen und externen Systemsicht oder zwischen Aufgaben und Akteursschichten unterscheiden. Um die Komplexität in den Griff zu bekommen, ist es notwendig mehrere Modelle zu entwickeln, die unterschiedliche Merkmale und Ebenen der Abstraktion fokussieren, ohne Integrität und Konsistenz der unterschiedlichen Modelle zu vernachlässigen. Unterschiedliche Modellsichten können dabei eine Hilfe sein. In jedem Fall ist, so Ferstl/Sinz, ein systematischer Ansatz erforderlich, der die verschiedenen Designprinzipien integriert und zu einem Architekturrahmen wie SOM führt.

4.1 Grundlagen der Modellierung im SOM-Ansatz – Ein Architekturrahmen für flexible Organisationen

Soziotechnische Organisationen sind komplexe Systeme, entsprechend umfassend müssen angemessene Modelle sein. Der SOM-Ansatz unterscheidet die Modellierung betrieblicher Teilsysteme, die Unternehmensarchitektur und das Vorgehensmodell.

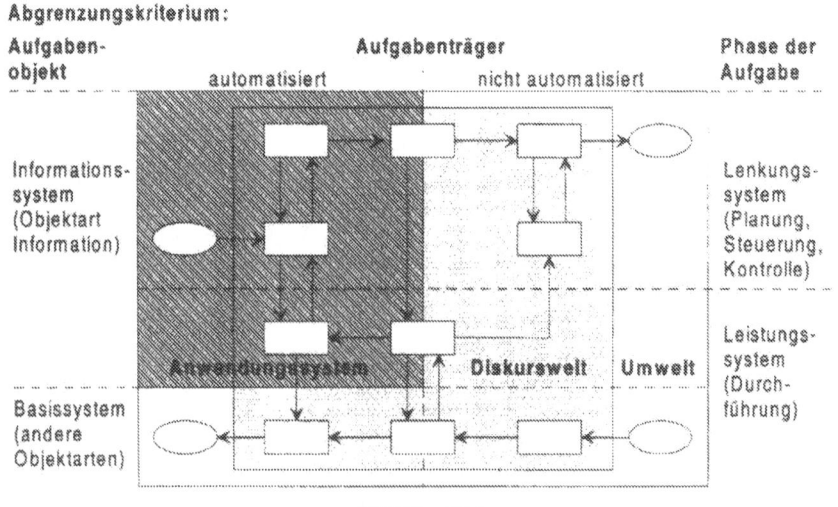

Abb. B.II.27 Objektsystem und Teilsysteme des Objektsystems (Ferstl/Sinz 1995, S. 211).

Die Modellierung betrieblicher Teilsysteme im SOM-Ansatz

Die Modellierung beginnt mit der Abgrenzung des zu modellierenden betrieblichen Systems (s. Abb. B.II.27). Im SOM-Ansatz wird eine Unterscheidung getroffen in Diskurswelt und Umwelt. Modelliert werden die Diskurswelt und nur die Teile der Umwelt, die mit der Diskurswelt in Beziehung stehen. Diskurswelt und der relevante Ausschnitt der Umwelt bilden das Objektsystem, das aus interagierenden betrieblichen Objekten besteht. Die Diskurswelt wird in Form von Aufgaben spezifiziert, sie sind den einzelnen betrieblichen Objekten zugeordnet. Es werden drei Aufgabenmerkmale unterschieden:

- Am *Aufgabenobjekt* wird eine Verrichtung durchgeführt. Es gibt die beiden Aufgabenobjekte Information und andere Objekte, wozu materielle Güter, Energie, Zahlungen etc. zählen. Dadurch begründen sich Abgrenzung und Zuordnung zum Informationssystem bzw. Basissystem.
- Die *Aufgabenphase* unterscheidet in Planungs-, Steuerungs-, Durchführungs- und Kontrollaufgaben. Die Durchführung der betrieblichen Leistungserstellung macht das *Leistungssystem* aus, während alle anderen Phasen das *Lenkungssystem* beinhalten.
- Die *Aufgabenträger* im SOM-Ansatz sind sowohl Personen als auch Maschinen. Entsprechend wird unterteilt in *automatisierbare* und *nicht automatisierbare Teilsysteme* bzw. in Objekte mit maschinell oder personell durchgeführten Aufgaben. Der automatisierte Teil des Informationssystems wird mit dem Anwendungssystem gleichgesetzt.

Bei der Modellierung kommt es darauf an, durch sukzessive Zerlegung des Objektsystems, eine eindeutige Zuordnung der Aufgaben zu den Teilsystemen des Objektsystems zu erreichen.

Die Unternehmensarchitektur in SOM

Die SOM-Unternehmensarchitektur ist als Pyramide aufgebaut, sie unterscheidet drei Ebenen, wobei diese in neueren Veröffentlichungen auch als Sichten (views) bezeichnet werden (vgl. Ferstl/Sinz 1997, S. 398):

- *Unternehmensplan:* Er ist die Außensicht auf eine Organisation. Hier werden die Unternehmenspläne der Organisation entwickelt und spezifiziert, die Abgrenzung der Diskurswelt von der Umwelt vorgenommen, Strategien, Stärken und Schwächen diskutiert und entschieden.
- *Geschäftsprozeßmodelle:* Diese Innensicht auf die Organisation legt die Kernprozesse und Supportprozesse fest. Ihre Verknüpfung wird ähnlich dem client/server Konzept gesehen: Ein Kernprozeß engagiert einen Supportprozeß, um einen bestimmten Service anzuliefern. Da Geschäftsprozesse autonome Komponenten sind, die zwar den Unternehmenszielen verpflichtet sind, stellt das Gesamtsystem der Geschäftsprozesse, so Ferstl/Sinz, ein verteiltes System dar.
- *Ressourcenspezifikation:* Personal und Anwendungssysteme werden als Ressourcen betrachtet, die die Geschäftsprozesse ausführen. Sie sind vonein-

Abb. B.II.28 Unternehmensarchitektur (Ferstl/Sinz 1997, S. 398).

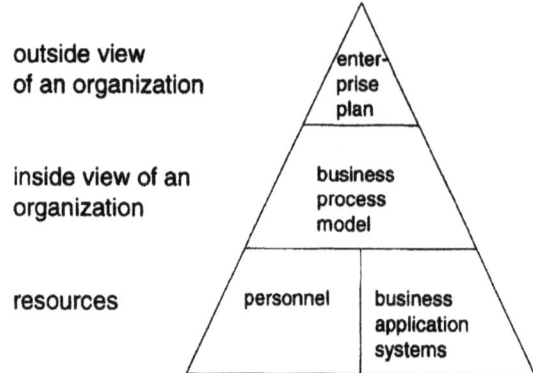

ander unabhängige Ressourcen. Ferstl/Sinz sehen zwischen beiden eher Partner/Partner-Beziehungen als Person/Werkzeug-Beziehungen. Das hat ihrer Ansicht nach den Vorteil, daß Personen und Anwendungssysteme als Akteure gegebener Geschäftsaufgaben substituiert werden können „thus improving synergy to a high potential" (Ferstl/Sinz 1997, S. 399).

Die drei Sichten der Unternehmensarchitektur zusammen mit den Beziehungen zwischen den Teilmodellen ergeben das integrierte Gesamtmodell eines betrieblichen Systems (s. Abb. B.II.28).

Die vorgestellte Unternehmensarchitektur kann zur Entwicklung einer flexiblen Organisation einen beträchtlichen Beitrag leisten, so Ferstl/Sinz, weil Innensicht, Außensicht und die Ressourcen einer Organisation getrennt in unterschiedlichen Modellebenen spezifiziert werden. Außerdem können die Verknüpfungen zwischen den Ebenen explizit spezifiziert werden. Und schließlich gehören zu jeder Ebene autonome und lose gekoppelte Komponenten. Ein monolithisches Modell, das nur aus einer Schicht besteht, erlaubt keine lokalen Veränderungen ohne das Ganze zu gefährden.

Die detaillierte Beschreibung der Modellierung von Geschäftsprozessen im SOM-Ansatz findet sich bei Ferstl/Sinz 1995, S. 213ff., auf sie kann hier nicht im Detail eingegangen werden.

Das gesamte Architekturmodell zeigt Abb. B.II.29. Das Architekturmodell teilt das komplexe Gesamtmodell in mehrere Schichten auf. Um die Komplexität in den Griff zu bekommen, werden passende Sichten für jede Modellebene definiert. Darüber hinaus wird jede Schicht mit einem speziellen Set von Designmustern ausgestattet.

Dem aufmerksamen Leser fällt auf, daß in den Abb. B.II.28 und Abb. B.II.29 die gleichen Modellschichten ausgewiesen sind, mit einer Ausnahme: Die dritte Schicht in Abb. B.II.29 verzichtet auf Menschen (personnel). Die Erklärung von Ferstl/Sinz: „This is because personnel tasks are frequently ill structured and therefore less convenient for formal modeling" (Ferstl/Sinz 1997, S. 400).

4.1 Bewertung des SOM-Ansatzes

Der SOM-Ansatz überzeugt durch ein faszinierend abgestimmtes Modellszenario. Er geht von den Bedürfnissen und Anforderungen von zukünftigen Organi-

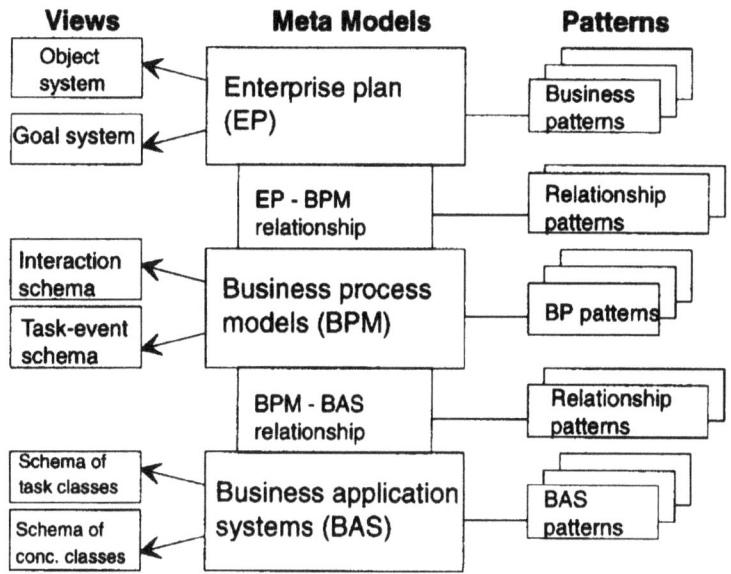

Abb. B.II.29
Architekturrahmen für die Modellierung von betrieblichen Informationssystemen (Ferstl/Sinz 1997, S. 400).

sationen aus und versucht von dieser Sicht aus, einen angemessenen Modellierungsansatz für den Einsatz von Informationstechnik zu entwickeln. Das Anliegen der Autoren ist, Organisationen mit Unterstützung von IT zu gestalten. Sie stellen damit die Aufgabe der Wirtschaftsinformatik wieder vom Kopf auf die Füße.

Überzeugend ist die Organisationsanalyse: Es werden Merkmale flexibler Organisationen – Evolution, Lebensfähigkeit, Organisationslernen und Virtualität – beschrieben und daraus strukturelle Merkmale entwickelt. Nach diesen Vorarbeiten kann ein konsistenter Architekturrahmen für flexible Organisationen konstruiert werden. Dieser enthält ganz ähnliche Merkmale wie die in der Organisationsanalyse erarbeiteten Anforderungen: Separat spezifizierte und unabhängig arbeitende Sichten und Modellschichten, die sich verändern können ohne den Gesamtkomplex zu behindern. Komplexität und Flexibilitätsanforderungen von Organisationen werden im SOM-Modell überzeugend modelliert.

Ferstl/Sinz kritisieren zurecht, daß die Konzentration auf die Anwendungsentwicklung den Blick auf eine ganzheitliche Sicht von Informationssystemen verstellt, die auch nicht automatisierbare Aufgaben sowie den zugehörigen Aufgabenträger, den Menschen einschließt (vgl. Ferstl/Sinz 1991): „Im Gegensatz zur betriebswirtschaftlichen Literatur, die als Träger der Aufgabenerfüllung ausschließlich Personen betrachtet, unterscheidet der SOM-Ansatz zwischen personellen und maschinellen Aufgabenträger" (Ferstl/Sinz 1995, S. 212). Dies führt zur Abgrenzung von Objekten mit maschinell und personell durchgeführten Aufgaben. Dies kann deshalb nicht überzeugen, weil eine Gleichsetzung von Mensch und Maschine, selbst wenn man sie unter Hintanstellung einer Wertperspektive akzeptieren würde, nicht möglich ist, weil sie nur begrenzt substituierbar sind. Personal, wir haben sie Akteure genannt, sind nicht nur die Träger von Aufgaben sondern auch die Träger der gesamten Organisation.

Ferstl/Sinz verharren letztendlich in der Top-down-Perspektive: Beschäftigte sind substituierbare Aufgabenträger und Ressourcen zur Ausführung von Geschäftsprozessen. Der Erfolg der betrieblichen Systemgestaltung hängt letztlich von einem überzeugendem Modell und seiner Umsetzung ab.

So bleibt der SOM-Ansatz eine faszinierendes theoretisches Konzept, dem bislang jedoch das, was Organisationen ausmacht, nämlich Akteure und Akteurskonstellationen mit ihren Konflikten, Leitbildern, Finten und Grabenkämpfen fehlt. Ein Gestaltungsansatz für Organisationen der, so Ferstl/Sinz (1997, S. 400), Personalaufgaben als häufig schlecht strukturierte und deshalb nicht bequem zu modellierende Restfaktoren ausblendet, hat trotz seiner sonst überzeugenden Modellkonsistenz ein prinzipielles Defizit. Er betrachtet nur die eine Seite der Medaille „Komplexität und Flexibilität von Organisationen", die andere hat ihren Ursprung in sozialen Phänomenen. Der SOM-Ansatz setzt allein auf Zweckrationalität, das ist zu wenig; es könnte aber eine lohnende Aufgabe sein, den SOM-Ansatz in diese Richtung weiterzuentwickeln.

Literaturempfehlungen

AFOS, Andreas Blume: Projektkompass SAP. Braunschweig Wiesbaden 1997

O.K. Ferstl, E.J. Sinz: Grundlagen der Wirtschaftsinformatik. Bd. 1, 2. Aufl., München Wien 1994

G. Gryczan: Situierte Koordination computergestützter qualifizierter Tätigkeit über Prozeßmuster. Dissertation, Fachbereich Informatik, Universität Hamburg 1995
Erschienen unter: Prozeßmuster zur Unterstützung kooperativer Tätigkeit. Wiesbaden DUV 1996 / Informatik

G. Keller, Th. Teufel: SAP R/3 prozeßorientiert gestalten. 2. Aufl., Addison Wesley 1997

III.
Ein Gestaltungsmodell

Die in Kapitel B.II vorgestellten Konzepte, Modelle und Softwareprodukte wie SAP R/3, Lotus oder WAM enthalten eine bestimmte Perspektive auf eine Organisation, sie wird zumeist nicht explizit gemacht. So fällt es nicht immer leicht, die Grenzen des Konzeptes und das, was damit nicht abgedeckt wird, zu erkennen. Unterstützung ist notwendig, um die Grenzen der Ansätze transparent werden zu lassen. Aus den so gewonnenen Erkenntnissen soll dann ein Modellrahmen für die Organisations- und Wirtschaftsinformatik (OWI) entwickelt werden.

1. Was tun wir, wenn wir was tun?

Im folgenden wollen wir zunächst einen Schritt zurücktreten und überlegen, was eigentlich der Kern der Tätigkeit ist, die die Wirtschaftsinformatik die „Modellierung von Informationssystemen" nennt. Diese Überlegungen sind die Brücke zu einem Gestaltungsmodell, das eine Grundlage für die hier vertretene Sicht der Organisations- und Wirtschaftsinformatik sein wird.

Die hier entworfenen Thesen sind in enger Zusammenarbeit mit Bernd Wolff entstanden (vgl. dazu auch Wolff 1997).

These 1: Bei der „Modellierung von Informationssystemen" greift die Informationstechnik in organisatorische und soziale Phänomene ein und verändert sie. Dabei müssen soziale und technische Entwicklungspotentiale austariert werden.

Mit Informationstechnik können organisatorische und soziale Phänomene beeinflußt werden. Organisatorische Phänomene sind z.B. die Unternehmensorganisationen als Ganzes, Prozesse in Organisationen, Arbeitsgruppen oder die Arbeitsumgebung eines Sachbearbeiters. Soziale Phänomene sind z.B. Leitbilder, Qualifikationen, Arbeitssituationen, Arbeitszufriedenheit oder Akteurskonstellationen.

Bei der „Modellierung von Informationssystemen" werden folglich die Unternehmensorganisation – oder Ausschnitte davon – und soziale Potentiale mit Unterstützung von IT verändert. Die Modellierung von Informationssystemen kann deshalb als IT-unterstützte organisatorische Entwicklung aufgefaßt werden (siehe Abb. B.III.1).

148 Modelle, Methoden und Software

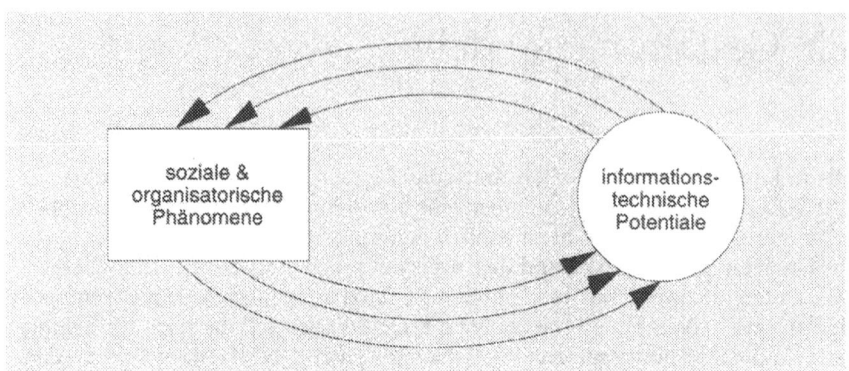

Abb. B.III.1

Organisatorische und soziale Phänomene einerseits und informationstechnische Potentiale andererseits stehen in einem Wechselverhältnis: Die veränderten organisatorischen und sozialen Phänomene eröffnen wiederum die Möglichkeit zu informationstechnischen Innovationen.

These 2: Gestaltungsansätze und Softwareprodukte in Organisationen unterscheiden sich aufgrund der gewählten Perspektiven und der zugrundeliegenden Organisationsleitbilder. Die Verknüpfung der Perspektiven wird bislang als unproblematisch angesehen, da die sog. „Ebenen" in einem hierarchischen Verhältnis stehen (Top-down-Sicht) oder scheinbar ohne weiteres „von unten nach oben" zusammengefügt werden können (Bottom-up-Sicht).

Bei der IT-unterstützten Organisationsgestaltung werden zu Anfang – häufig unbewußt – zwei grundlegende Entscheidungen getroffen.

- Es wird eine bestimmte *Perspektive* eingenommen, es werden also entweder einzelne Arbeitsplätze (z.B. WAM), Arbeitsgruppen (z.B. Lotus) oder die unternehmensweite oder gar unternehmensübergreifende Organisation (z. B. R/3) in den Blick genommen, und
- es wird vor dem Hintergrund eines bestimmten *Organisationsleitbildes* gehandelt. So liegt der Standardsoftware SAP R/3 das Organisationsleitbild „schlanke und ablaufgesteuerte Unternehmensorganisation" zugrunde, bei WAM wird von „der Unterstützung des qualifizierten Sachbearbeiters" ausgegangen, während bei Lotus die Kooperationsbeziehungen in und von Arbeitsgruppen interessieren.

Abb. B.III.2 Bottom-up-Sicht

Bei der „Modellierung von Informationssystemen" in Kapitel B.II wurden zwei grundsätzliche Optionen als Pole eines Spannungsfeldes dargestellt: Zum einen vom Individuum ausgehend und zum anderen aus einem ganzheitlichen Verständnis des Unternehmens heraus. Von diesen beiden Möglichkeiten läuft die

Ein Gestaltungsmodell   149

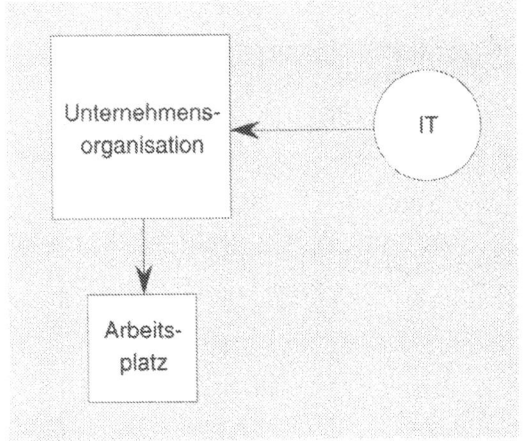

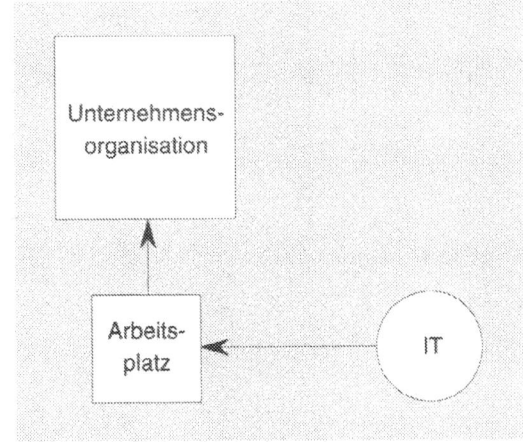

Abb. B.III.3   *Abb. B.III.4*

erste Gefahr, Eigenheiten großer Organisationen zu vernachlässigen, während die zweite Individuen und Arbeitsumgebung als eher unwichtig einschätzt.

Beim Einsatz von Informationstechnik in Organisationen – ausgehend vom *Individuum* bzw. *Einzelarbeitsplatz* – stehen die Wechselwirkungen zwischen Technik und Individuum im Vordergrund. Sie sollen auf die Organisation als Ganzes übertragen werden. Die Bottom-up-Koordination der Einzelarbeitsplätze wird entweder als unproblematisch betrachtet, oder es wird darin keine Aufgabe der Wirtschaftsinformatik gesehen, oder sie wird als bisher ungelöstes Problem identifiziert (s. Abb. B.III.4).

Der Top-down-Alternative geht es darum, eine *betriebliche Organisation in ihrer Gesamtheit* mit Hilfe von Informationstechnik modellieren und steuern zu können. Als erste Versuche können die Management-Informationssysteme (MIS) gelten. Sie scheiterten allerdings an der nicht zu bewältigenden Komplexität und an der mangelnden Einbeziehung der Benutzer. Neuere Ansätze verfolgen eine ähnliche Philosophie durch zentral geplante Prozeßorientierung und Workflow-Managementsysteme. Hierbei wird die Diffusion der Vorgaben in die Arbeitsgruppen und zu den Arbeitsplätzen aufgrund hierarchischer Weisungsbefugnis und formalisierter Programmvorgaben als unproblematisch eingeschätzt (s. Abb. B.III.3).

Die Organisation als Ganzes ist für den einzelnen, zumindest in größeren Organisationen, bislang nur eingeschränkt wahrnehmbar und verstehbar. Aus diesem Grunde kann er auch nur begrenzt feststellen, was seine eigene Position innerhalb der Organisation ist, was er mit seinen Handlungen auslöst, wie er von der Organisation beeinflußt wird und wie die Organisation als Ganzes handelt. Daraus ergibt sich die grundlegende Schwierigkeit, Handlungen wechselseitig aufeinander abstimmen zu können.

Eine Perspektive, die zwischen Top-down- und Bottom-up-Sicht angesiedelt ist, stellt die IT-unterstützte Arbeitsgruppe dar. Für diese Option, Informations-

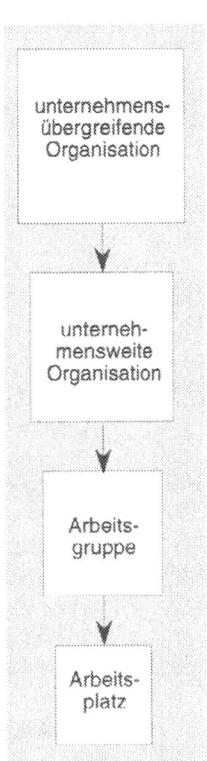

Abb. B.III.5 Top-down-Sicht

150 Modelle, Methoden und Software

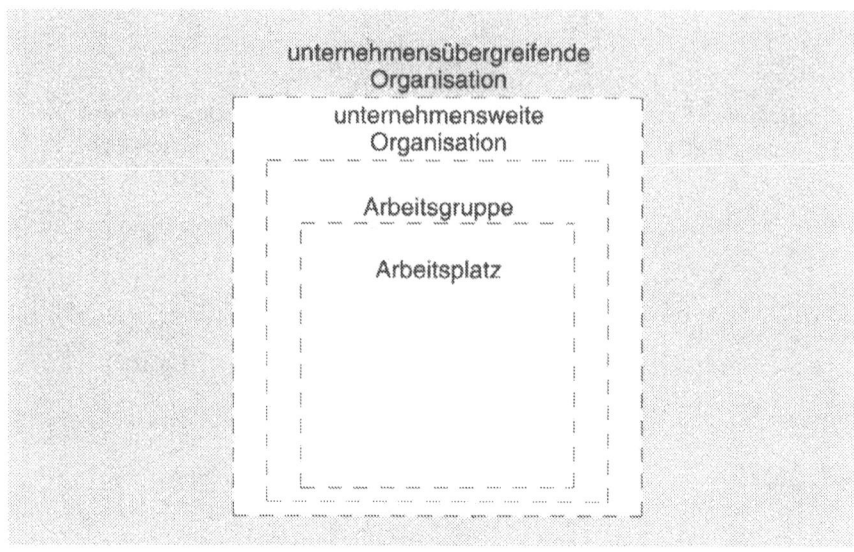

Abb. B.III.6

technik einzusetzen, steht neben Notes insbesondere das Forschungsgebiet CSCW (Computer-supported-cooperative-work). Die Einordnung computergestützter Gruppenprozesse in die Gesamtorganisation bleibt dabei jedoch häufig unklar.

These 3: Jede Perspektive auf eine Organisation benötigt die größere Einheit als Gesamtzusammenhang und kleinere Einheiten als innere Struktur. Daraus ergibt sich ein Zwang zur perspektivischen Verknüpfung bei der IT-unterstützten Organisationsgestaltung und ihrer Methodenentwicklung.

Der Zusammenhalt unterschiedlicher Organisationseinheiten ist ein wesentliches Merkmal betrieblicher Organisationen. Die bislang praktizierte Betrachtung von hierarchischen Ebenen ist nicht überzeugend, um die Verknüpfung betrieblicher Organisationen beschreiben zu können. Sie ist bei auf Prozeßorientierung, Kooperation und Flexibilität ausgerichteten Arbeitsorganisationen nicht angemessen.

Für das Verständnis einer Organisation benötigt man jedoch die größere Einheit als Gesamtzusammenhang und die kleinere als innere Struktur. Durch den organisatorischen Zusammenschluß der verschiedenen Einheiten sind zusätzliche Fähigkeiten vorhanden, die einzelne Einheiten alleine nicht erreichen können. Gleichzeitig werden aber auch die Freiheitsgrade der einzelnen Einheiten durch den organisatorischen Zusammenschluß eingeschränkt, da ihre Kombination Anpassungen erfordert.

Entsprechend ist von mindestens zwei Möglichkeiten auszugehen, die den organisatorischen Zusammenhang der unterschiedlichen Organisationseinheiten beschreiben können:

(1) Bislang wurde der Zusammenhang der verschiedenen Einheiten überwiegend als *Hierarchie* mit Bezügen nur zu den jeweils nächst größeren oder nächst kleineren Einheiten, im Sinne abgeschlossener Schichten oder Ebenen, verstanden. Diese Auffassung führt in den meisten Fällen dazu, nur einzelne Schichten in den Blick zu nehmen und nachträglich die restlichen aus dem Blickwinkel der untersuchten Schicht einseitig zu interpretieren. Dieses Vorgehen führt zu individualistischen bzw. kollektivistischen Auffassungen von Organisationen.

(2) Eine andere Möglichkeit, die Abhängigkeiten zwischen den verschiedenen Schichten zu berücksichtigen, besteht in der *perspektivischen Verknüpfung*. Die Auffassung einer Organisation als eine perspektivische Verknüpfung verschiedener Organisationseinheiten hat den Vorteil, die verschiedenen sozialen Einheiten jeweils als eine spezifische Perspektive auf die gesamte Organisation zu untersuchen, ohne die Bezüge der einzelnen Perspektiven untereinander zu vernachlässigen. Durch die perspektivische Verknüpfung entwickeln sich zusätzliche Fähigkeiten, die die einzelnen Einheiten alleine nicht erreichen können. Gleichzeitig wird die Autonomie des einzelnen durch den Zusammenschluß zwangsläufig eingeschränkt. So kann der Konflikt zwischen Kollektivität und Individualität von Menschen in sozialen Organisationen thematisiert und praktisch gehandhabt werden.

These 4: In den verschiedenen organisatorischen Einheiten (unternehmensweite Organisation, Arbeitsgruppen und Arbeitsplätze) wirken zahlreiche Akteure mit unterschiedlichen Interessen und Leitbildern. Die Situation ist für sich schon sehr konfliktreich. Sie erhält durch den IT-Einsatz zusätzliche Brisanz. Bei der methodischen Entwicklung der IT-unterstützten Organisationsgestaltung müssen diese Konflikte einbezogen werden.

In betrieblichen Organisationen sind zumeist zahlreiche Akteure tätig, die unterschiedliche Interessen, Werte und Leitbilder haben. Daraus entsteht die Notwendigkeit, diese durch Interaktion zu koordinieren. Dies beinhaltet immer auch ein Konfliktpotential, sowohl zwischen einzelnen Akteuren, z.B. in einer Arbeitsgruppe (Abb. B.III.7; Pfeil 1) als auch zwischen Akteursgruppen, z.B. zwischen Management und Beschäftigten (Pfeil 2). Die zweite Klasse von Konflikten resultiert v.a. aus der notwendigen Einschränkung der Autonomie aufgrund der Koordinationserfordernisse der Gesamtorganisation.

Mit dem Einsatz von Informationstechniken verstärken sich die Interaktionserfordernisse und Konfliktpotentiale in Organisationen, da sie häufig Konfliktauslöser oder Konfliktverstärker sind (Pfeil 3). Dies resultiert daraus, daß mit Informationstechniken stets ein Moment der Organisationsveränderung einhergeht und unterschiedliche soziale Erwartungen mit dem Technikeinsatz verbunden werden: Der Übergang von der vielfältigen nicht-formalen Welt zum eher eindeutigen, technischen Modell bzw. Programm läßt alte soziale Konstella-

„Interaktion ist immer zugleich individuelles Handeln. Es ist vom Standpunkt der Unternehmensorganisation Ereignis, vom Standpunkt des Handelnden aber Erlebnis. Interaktion und Kommunikation bilden den Transmissionsriemen zwischen Individuum und Organisation mit Strukturierungswirkungen in beide Richtungen: sie wirken auf den Handelnden wie auf die Organisation" (Ortmann 1997, S. 34)

152 Modelle, Methoden und Software

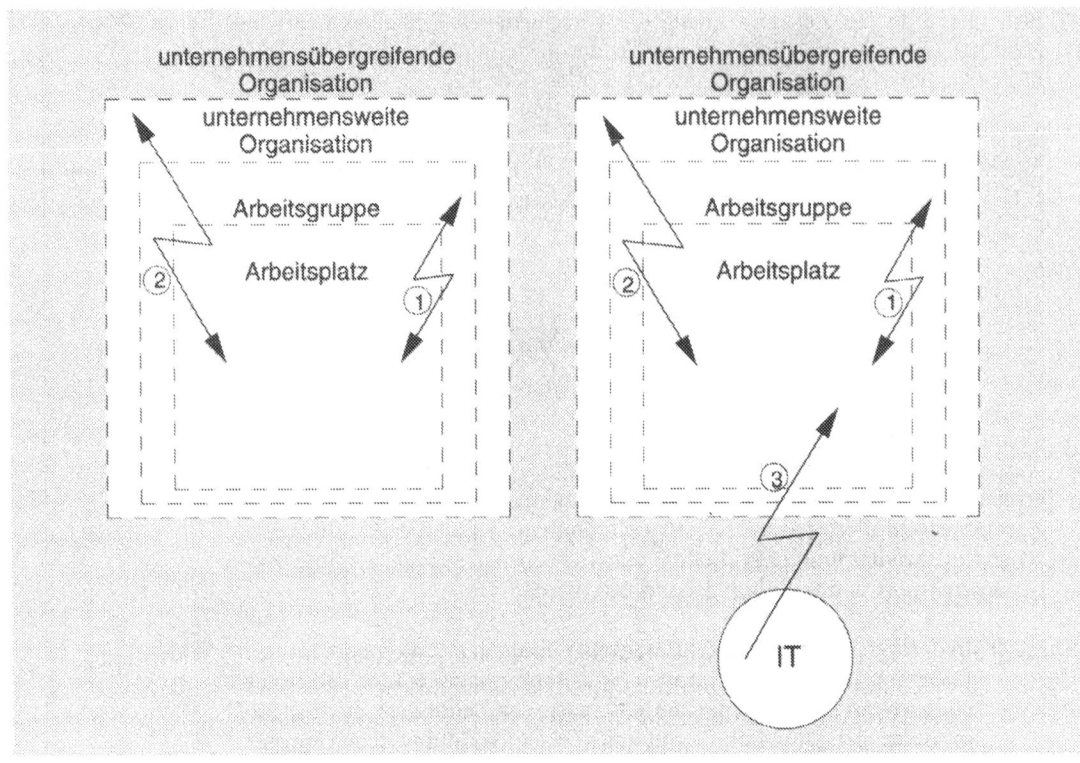

Abb. B.III.7 tionen obsolet werden und schafft neue. Die Übergänge sind mit verschiedenen sozialen Erwartungen verbunden und folglich auch mit Konflikten behaftet.

Im Modell SAP R/3 war kaum Platz für Konflikte. WAM dagegen versucht sie durch ein kooperatives Vorgehensmodell einzubeziehen, auch wenn es eher konsensorientiert ist. Ein Gestaltungsmodell zur IT-unterstützten Gestaltung von Organisationen muß Interaktionen zwischen den Akteuren und die Austragung sozialer Konflikte bei der Organisations- und Softwareentwicklung berücksichtigen. Mit diesen vier Thesen ist eine Brücke zur Entwicklung eines Modells der IT-unterstützten Gestaltung von Organisationen vorhanden. Im folgenden werden wir versuchen, ein Gestaltungsmodell zu entwickeln.

2. Die Aufgaben der Organisations- und Wirtschaftsinformatik

Bei der Entwicklung eines Gestaltungsmodells stellt sich die prinzipielle Frage: Soll das softwaretechnische Methodenrepertoire um organisatorische Gesichtspunkte ergänzt werden, z.B. um Leitbilder für die Softwareentwicklung in

Organisationen, oder geht es um die IT-unterstützte Entwicklung von Organisationen, bei der Auswahl und Einsatz kontextangemessener Software- und Technikoptionen eine prominente Rolle spielen?

These 5: Der Gegenstandsbereich der Organisations- und Wirtschaftsinformatik ist der Einsatz von IT in Organisationen. Es geht um die IT-unterstützte Organisationsgestaltung. Ihre Geschwister sind die Informatik, insbesondere die Softwaretechnik, betriebswirtschaftliche und sozialwissenschaftliche Organisationstheorien sowie die Arbeitswissenschaften.

Die Softwaretechnik für Organisationen bleibt in der Logik der Softwaretechnikentwicklung. Im Fall der IT-unterstützten Organisationsgestaltung haben Software- und Informationstechnik instrumentellen Charakter: Organisationsgestaltung und -optionen, ihre softwaretechnische Unterstützung sowie ihre Koordination mit den in Organisationen arbeitenden Akteuren stehen im Vordergrund.

Der Schwerpunkt von OWI kann nicht in der Weiterentwicklung von Softwaremethoden liegen, vielmehr hat sie den Einsatz informationstechnischer Produkte und Konzepte in sozialen Organisationen methodisch zu unterstützen und für die Nutzung organisatorischer und technischer Optionen Verfahren bereitzustellen. Sie ergänzt sich mit einer Softwaretechnik, die das softwaretechnische Methodenrepertoire um organisatorische Aspekte erweitert.

Die Entscheidung für die IT-unterstützte Gestaltung von Organisationen räumt der sozialen Organisation gegenüber der Technik als Instrument Priorität ein. Diese Wertentscheidung resultiert auch aus der Überzeugung, daß Unternehmen sich **zuallererst** zu wettbewerbsfähigen Organisationen entwickeln müssen. Dafür wird IT-Unterstützung gebraucht. Der vorrangige Blick auf Technik hat in der Vergangenheit zuweilen die organisatorischen Entwicklungspotentiale zu kurz kommen lassen.

Diese Prioritätensetzung trifft sich mit Entwicklungen, die darauf hindeuten, daß die zunehmende Flexibilität softwaretechnischer Systeme (Stichwort Internet oder Komponentensoftware) das Gleichgewicht erkennbar von der technischen zur organisatorischen Infrastruktur verschieben kann. Die Organisationsgestaltung hat dadurch die Chance, an Kraft zu gewinnen, da sie die Informationstechnik stärker nach ihren Vorstellungen nutzen kann.

These 6: Unternehmen und betriebliche Akteure sehen sich mit einer Vielzahl von Technik- und Organisationsoptionen konfrontiert. Der Organisations- und Wirtschaftsinformatik fällt zuallererst die Aufgabe zu, allen Akteuren Entscheidungshilfen für die Auswahl von Optionen sowie Methoden für ihren Einsatz in Organisationen bereitzustellen.

Ganz offensichtlich besteht kein Mangel an Softwarekonzepten und -produkten. Eine kleine Auswahl haben wir in Kapitel B.II vorgestellt. Auf Messen und in Fachzeitschriften werden fast rund um die Uhr neue Produkte und Konzepte

154 Modelle, Methoden und Software

*Die Beschreibung der **Organisationssituation** eines Betriebes kann nie mehr als eine Momentaufnahme sein, sie ist in ständiger Entwicklung. Sie wird u.a. bestimmt durch die darin tätigen Menschen, die herzustellenden Produkte, die Branchenzugehörigkeit, die Größe des Betriebes, die Organisationsoptionen oder Organisationsmoden, die sich in einem Unternehmen durchgesetzt haben und die informationstechnischen Optionen.*

präsentiert, viele verschwinden rasch wieder. Das Rad scheint sich immer schneller zu drehen. Aber auch bei den Produkten und Konzepten, die sich durchgesetzt haben bleibt oft unklar, wie sie von Organisationen, die in unterschiedlichen Kontexten stehen, genutzt werden können.

Bei der heutigen Vielfalt und Komplexität von Technik- und Organisationsoptionen ist es zuallererst die Aufgabe der Organisations- und Wirtschaftsinformatik, Strukturen, Rahmen und Entscheidungshilfen für diese Vielfalt zu entwickeln. Für die vorhandenen Organisations- und Technikoptionen müssen Modelle erarbeitet und Methoden entworfen werden, die dabei helfen, wie Optionen mit den jeweils ausgewählten Perspektiven und *Organisationssituationen* zusammengebracht werden können. Die Unterstützung dieses Auswahl-, Koordinations- und Matchingprozesses ist ein Schwerpunkt des Gestaltungsprozesses. Die Aufgabe des Implementierens durch die Softwareentwickler wird deswegen nicht überflüssig, sondern ergänzt den Prozeß.

Der Auswahl- und Matchingprozeß ist auch heute schon eine der Hauptaufgaben der Systementwickler vor Ort. Defizite sind beim Wissen über Organisationsoptionen erkennbar, weil dieser Bereich aufgrund bestehender Arbeitsteilung und Ausbildung nicht unbedingt als Aufgabe des Softwareentwicklers betrachtet wird.

3. Entwurf des OWI-Gestaltungsmodells

These 7: Das Akteursmodell dient als Plattform zur Entwicklung eines kooperativen Gestaltungsmodells. Auf diese Weise sind die Voraussetzungen vorhanden, um die zahlreichen passiven oder aktiven Akteure in einer Organisation mit ihren Orientierungen, Leitbildern und Machtspielen in den Gestaltungsprozeß einbeziehen zu können.

Das Akteursmodell diente in Kapitel A.II u.a. zum besseren Verständnis des betrieblichen Organisationsgeschehens. Seine Aussage ist, daß Technik- wie Softwareentwicklung nicht ohne Einbeziehung der Akteure verstanden werden können. Akteure handeln einzeln oder durch ihre Vertreter in ihren Arenen. Sie tragen Konflikte aus, weil sie unterschiedliche Interessen oder Leitbilder haben. Allerdings sind sie mit unterschiedlicher Macht ausgestattet. Die Aufgabe besteht jetzt darin, den analytischen Akteursansatz zu einem konsistenten Gestaltungsmodell fortzuschreiben.

Ausgangspunkt ist die Überzeugung, daß erfolgreiche IT-unterstützte Organisationsgestaltungen von Akteuren mitgetragene Prozesse der schrittweisen Organisationsentwicklung und Technikanpassung sind. Sie können nicht allein als Managementaufgabe oder als eine an Fachexperten delegierbare Aufgabe verstanden werden. So können Konflikte, unterschiedliche Leitbilder und die Fülle des in einer Organisation vorhandenen Wissens einbezogen werden. In vielen Fällen läßt sich dies fruchtbar machen, die Konflikte lassen sich sicherlich aber nicht immer gänzlich auflösen. Diese kooperative und evolutionäre Vorgehensweise steht im Gegensatz zum Business Process Reengineering Konzept, das auf Revolution setzt.

Das Plädoyer für diese Sichtweise bedeutet nicht, daß auf die Expertise der System- und Organisationsentwickler verzichtet werden kann. Sie sind nicht nur die Fach- und Methodenexperten, sondern auch die Moderatoren des Gestaltungsprozesses.

Das OWI-Gestaltungsmodell bezieht wie das Akteursmodell die einzelnen Akteure, Arbeitsplätze und Akteursgruppen mit ein. Diese Bottom-up-Perspektive macht jedoch noch keine hinlänglichen Aussagen über die Organisation und die in Organisationen erforderlichen Prozesse und Strukturen. Insofern ist das *kooperative* Gestaltungsmodell noch unvollständig.

These 8: Die IT-unterstützte Organisationsgestaltung ist weder allein aus der Top-down- noch aus der Bottom-up-Perspektive erfolgreich zu leisten. Vielmehr geht es um die Verknüpfung der organisationsweiten Perpektive mit den Sichten Arbeitsgruppe und Arbeitsplatz.

Die Kernprozesse einer Organisation beschreiben einen wesentlichen Teil der unternehmensweiten Organisationssituation. Sie definieren auch wichtige organisationsübergreifende Schnittstellen. Um die Kernprozesse angemessen gestalten zu können, ist es nicht nur erforderlich, sich über die Prozeßverläufe Klarheit zu verschaffen, sondern von der Sicht auf die Organisation als Ganzes auf eine Sicht der Arbeitsgruppen und Arbeitsplätze zu wechseln. Hier müssen die Kernprozesse ausgestaltet und die Sub- und Spezialprozesse, Kooperationsbeziehungen und Aufgaben, die nicht in Prozesse zu gießen sind, bedacht und organisiert werden.

Um ein Verständnis einer Organisation, ihrer dynamischen und statischen Strukturen zu erlangen, wird es also notwendig, gewissermaßen in die Organisation einzutauchen und so mehr als die Top-down sichtbaren Prozesse, Material- und Datenflüsse, Ablauf- und Aufbauorganisationen einzubeziehen. Die Akteure in den Arbeitsgruppen besitzen das Wissen und die Kompetenz über die Anwendungsdomäne und den Einzelarbeitsplatz. Die Anforderungen der Arbeitsgruppe und der Arbeitsplätze müssen in einem zyklischen und kooperativen Gestaltungsprozeß mit den Anforderungen der Gesamtorganisation verschränkt werden.

Diese Verknüpfung der organisatorischen Perspektiven muß zwangsläufig kooperativ angelegt sein, weil nur so die wesentlichen Strukturen einer Organisation, wie Interessengemenge und -konflikte, (informelle) Kommunikationsstrukturen, Machtkonstellationen und Leitbilder einbezogen werden können. Sie müssen verstanden werden, weil sie die Gestaltung von Prozessen und Strukturen wesentlich beeinflussen. Der Gestaltungsprozeß ist zyklisch, weil die Wechselwirkungen der einzelnen Perspektiven immer wieder durchlaufen werden müssen.

Insbesondere die Gestaltung von Arbeitsplätzen, z.B. die Aufgabenverteilung, kann nicht allein aus der Sicht der Unternehmensorganisation vollzogen werden. Eine angemessene Arbeitsplatzgestaltung einerseits, und hier speziell

*Endres/Wehner definieren **Kooperation** als Grundform menschenbezogener Abstimmung mit den folgenden Merkmalen: „Zumeist teilweise Übereinstimmung der Ziele und Werte, Vorhandensein kommunikativer Verständigungsformen und Koordinationsleistungen und drittens ziehen Kooperationen (materiellen oder ideellen) Nutzen nach sich" (Endres/Wehner 1993).*

Es stellt sich die Frage, ob die Bedingungen für kooperatives Vorgehen eher schlechter geworden sind? Die Globalisierung engt die Möglichkeiten ein, Arbeit und Technik lokal zu gestalten. In dieselbe Richtung geht die Zunahme großer Standardsoftwarepakete. Darüber hinaus fehlt es kleinen Betrieben häufig an Ressourcen für partizipatives Design (vgl. Gärtner/Wagner 1996, S. 189).

Die arbeitswissenschaftliche Sicht kommt im folgenden eher zu kurz. Es dürfte eine spannende zukünftige Aufgabe sein, diese Sicht im OWI-Rahmen weiter auszudifferenzieren.

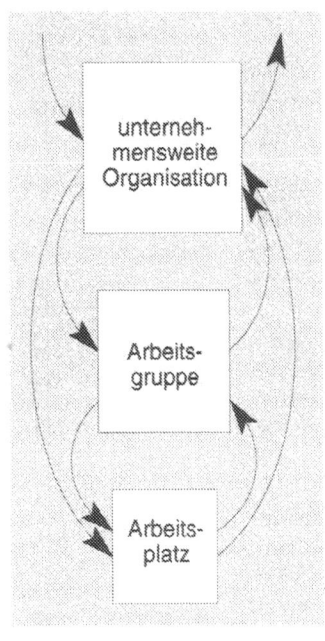

Abb. B.III.8

Kooperative Gestaltung hat ihre Wurzeln bei skandinavischen Forderungen nach betrieblicher Demokratie. Heute ist ein Wandel bei europäischen wie amerikanischen Forschern erkennbar. Kooperation wird unter Qualitäts- und Produktivitätsaspekten angestrebt: Die kooperativen Lösungen sind einfach besser, sie erhöhen v.a. die Veränderungsbereitschaft der Organisationsmitglieder und das Innovationspotential.

die aufgabenangemessene Softwareunterstützung, und eine effektive und flexible Unternehmensorganisation andererseits, bedarf eines Verständnisses der Art und Weise, wie die Menschen ihre Aufgaben tatsächlich und nicht nur der Form nach erledigen, welche Arbeitsmittel sie benötigen und verwenden, wie sie ihre Arbeit und sich selbst eigenständig organisieren. Dies kann aber nur von den Betroffenen selber und freiwillig eingebracht werden. Erst auf dieser Grundlage ist es möglich, angemessene Softwareunterstützung bereitzustellen.

Die Verknüpfung der Perspektiven macht klar, daß es stets zugleich um Arbeitsplatz-, Arbeitsgruppen- und Organisationsgestaltung mit Unterstützung von IT geht. Die Methoden sollten in einem verbindenden Rahmen stehen, der wechselseitige Abhängigkeiten sichtbar werden läßt. Arbeitsplätze befinden sich nicht in einer isolierten Zelle, sondern sind Teil einer Arbeitsgruppe und in eine Organisation eingebunden. Änderungen am Arbeitsplatz wirken sich auf die Arbeitsgruppe und diese auf die Organisation und umgekehrt aus.

Aus diesen Rückkopplungen der Sichten Arbeitsplatz-, Gruppen- und Organisationssituation kristallisiert sich heraus, was letztendlich zweckmäßigerweise als Kernsystem bzw. Kernprozeß zu definieren ist, weil Kernsystem und Kernprozeß die Komplexität der vielfältig ineinandergreifenden Aufgaben reduzieren, aber auch den Anforderungen einzelner Akteure oder Gruppen gerecht werden. Aus diesem Versuch, Arbeitplatz- und Gruppensituationen in Einklang mit der Organisationssituation zu gestalten, ergeben sich auch aufbauorganisatorische Hinweise für zweckmäßige Organisationseinheiten.

These 9: Der OWI-Gestaltungsprozeß benötigt innovative Methoden und Werkzeuge: Es werden Organisationsworkshops und benutzernahe Modellierungswerkzeuge vorgeschlagen, die die Verknüpfung der Perspektiven und so einen kooperativen Gestaltungsprozeß unterstützen können.

Organisationsworkshops. In Organisationsworkshops werden das Elementare wie das Verbindende einer Organisation, also die für eine Organisation charakteristischen Kernprozesse und Kernsysteme, relevante Subprozesse und -systeme sowie die jeweilige Einbindung der Akteure und Arbeitsgruppen, aber auch die Kooperationsbeziehungen und Aufgaben, erarbeitet. Es wird das Organisationswissen einer Organisation entdeckt und transparent gemacht.

Organisationsworkshops sind keine Benutzungsschulungen, und ersetzen sie auch nicht. Vielmehr soll die Kenntnis der perspektivischen Verknüpfung die Akteure für den Gestaltungsprozeß befähigen und die Bereitschaft schaffen, sich um Belange zu kümmern, die über den Arbeitsplatz oder die Arbeitsgruppe hinausgehen. Benutzungsschulungen machen zumeist mit einem bestimmten Softwareprodukt vertraut.

Organisationsworkshops bieten sich immer dann an, wenn für Teilbereiche oder die Gesamtorganisation Gestaltungsprozesse anstehen. Durch zunehmende

Diffusion des Organisationswissens werden Organisationsworkshops überflüssig.

Akteursnahe Modellierungswerkzeuge und Visualisierungsdokumente.
Reengineeringkonzepte, Prozeßorientierung und Bestrebungen, Geschäftsprozesse zu formalisieren, haben einen rasch expandierenden Markt für IT-gestützte Modellierungswerkzeuge ausgelöst. Ihre Kernfunktionen bestehen in der integrierten Visualisierung und Dokumentation von Aufgaben, Stellen, Organisationseinheiten und Prozessen. Sie sind zum Teil nicht mehr als Zeichenprogramme ohne Dokumentationsmöglichkeit. Fortgeschrittene Tools erlauben Simulationen von Zeiten, Kosten und Kennzahlen, gestatten Workflow-Management und Datenmodellierungen. Die Vision ist die Generierung von automatisierten Lösungsfindungen mit Hilfe von Assistenzsystemen und einer Wissensdatenbank über mögliche Verbesserungsansätze (vgl. Buresch u.a. 1997, S. 368ff. und Abb. B.III.9).

Modellierungswerkzeuge laufen auch unter den Begriffen Organisations-Engineering-Tools (OE-Tools) oder auch Business Modelling Systems (vgl. Buresch u.a. 1997).

Organisationsworkshops benötigen innovative Modellierungswerkzeuge. In ihrer Mehrzahl sind die heute am Markt verfügbaren jedoch ausschließlich von einer Top-down- bzw. Experten-Sicht geleitet und nicht so ohne weiteres für die perspektivische Verknüpfung bzw. für Organisationsworkshops geeignet. Darüber hinaus haben sie fast ausschließlich formalisierbare Prozesse im Blick, individuelle Aufgabenerledigungen und die dabei benötigten Arbeitsmittel fallen ebenso aus der Betrachtung heraus wie nicht-formalisierbare Kooperationsbeziehungen.

Floyd/Wetzel/Krabbel haben mit den sog. Kooperationsbildern (siehe Box „Kooperationsbilder", S. 164) ein bislang nicht softwaregestütztes Visualisierungsdokument entwickelt. Es verdeutlicht exemplarisch, daß kooperative Gestaltungsprozesse innovative, auf Kenntnisstand und Vorstellungswelt der Akteure bezogene Werkzeuge oder Dokumente erfordern. Kooperationsbilder visualisieren die Aufgaben der beteiligten Akteure, aber auch Artefakte, die Art und Weise der Weitergabe von Informationen und Arbeitsgegenständen werden so deutlich.

Kooperationsbilder wurden in einem Krankenhausprojekt im Rahmen eines Workshops in zweistündigen Sitzungen in Kleingruppen erstellt, nachdem durch Interviews ein organisatorisches Vorverständnis auf Seiten der Systementwickler vorhanden war. Die Bilder entwickelten sich aus der Diskussion der Arbeitsgruppe. Die Auswertung der Erfahrungen mit dem Einsatz von Kooperationsbildern zeigt:

- Der Vorteil für die Anwender besteht in der begrenzten formalen Darstellung von Kooperationsbildern, sie finden sich ohne Einarbeitungs- oder Erklärungszeit gleich zu Anfang mit ihrer Arbeit wieder.
- Kooperationsbilder veranschaulichen die Komplexität der Arbeit, sie schaffen die Voraussetzungen, um über die Zweckmäßigkeit und Sinnhaftigkeit der Arbeits- und Organisationssituation nachzudenken.
- Kooperationsbilder tragen zum besseren Verständnis bei. Es wurde zum erstenmal deutlich, welche Aufgaben die übrigen Organisationseinheiten zu

Ranking ausgewählter Modellierungswerkzeuge

Produkt	Hersteller	Bew.	Stärken	Schwächen
INCOME Version 3.2	PROMATIS Informatik Descostraße 10 76307 Karlsbad Tel.: 07248/91 45-0	85%	• einfache und übersichtliche Oberfläche • leistungsstarke Prozeßmodellierung • ausgezeichnete Qualität der Standardauswertungen • alle Daten in Oracle-Tabellen abgelegt	• Funktionsmodule als eigene Programme realisiert (keine Integration unter einer Oberfläche) • Oracle-Umgebung (RDB und CASE-Tools) notwendig
AENEIS Version 3.1	ipro Tool GmbH Software Werkzeuge Heßbrühlstraße 21b 70565 Stuttgart Tel.: 0711/78884-31	85%	• moderne, benutzerfreundliche Oberfläche • leistungsstarke Prozeßkostenrechnung • leistungsfähige, benutzerfreundliche DDE-Verbindung zu Word und Excel • günstiges Preis/Leistungsverhältnis	• schlechte Performance der Datenbank • beschränkte Rücknahmefunktion von durchgeführten Aktionen • Auswertungen zeitintensiv
ARIS-Toolset Version 3.0	IDS Prof. Scheer GmbH Halbergstraße 3 66121 Saarbrücken Tel.: 0681/66509-0	79%	• ausgereiftes und komplexes Architekturkonzept • Zukunftssicherheit durch weite Verbreitung und starkes Entwicklerteam • einfache und übersichtliche Auswertung von Kosten und Zeiten • Referenzmodelle verfügbar	• derzeit keine Simulation • keine Unterstützung der Diagrammerstellung von Kosten und Zeitwerten • gewöhnungsbedürftige Darstellungsformen (spez. der Aufbauorganisation)
Bonapart Version 1.4.4	UBIS Alt Moabit 98 10559 Berlin Tel.: 030/399 29-5	67%	• leistungsfähige Simulation • umfangreiche, vorgefertigte Standardauswertungen (mit automatisierter Excel-Schnittstelle)	• grafische Abfragesprache schwer verständlich (viel Erfahrung notwendig) • Datensicherheit (kein automatisiertes Speichern, Inkonsistenzen bei Absturz)
Design/IDEF Version 3.5	C.I.T. Communication and Informations Technology GmbH Ackerstraße 71-76 13355 Berlin Tel.: 030/4636077	56%	• frei definierbare Attributfelder • mehrfache Rücknahmefunktion durchgeführter Aktionen • Verwendung des IDEF-Standards zur Prozeßbeschreibung und -visualisierung	• keine Simulation für Windows verfügbar (nur als Komponente für andere Plattformen) • gleichzeitiges Bearbeiten von verschiedenen Modellen nicht möglich • Modellierung der Aufbauorganisation nicht vorgesehen
StructWare Version 2.0 Business Specs Version 1.0	obus GmbH Carl-Zeiss-Ring 14 85737 Ismaning Tel.: 089/9613078	47%	• leistungsfähige Simulation • Visualisierung von Parameter-Einstellungen und Simulationsergebnissen mit „Meßinstrumenten" • gute Modellübersicht	• nicht Windows-konforme, besonders benutzerunfreundliche Oberfläche • Modellierung mit Funktionssprache SpecsLingua • keine Schnittstelle zu Excel • unzulängliche Datensicherheit

Abb. B.III.9
Die 6 Tools der Feinevaluation mit ihren Stärken und Schwächen (Buresch u.a. 1997, S. 371)

erledigen haben. Es ergeben sich auch sinnvolle Ansätze für Softwareunterstützungen und Automatisierungen. (vgl. Ratuski 1997, S. 24ff).

Kooperationsbilder verdeutlichen exemplarisch, daß kooperative Gestaltung benutzernahe Dokumente und Werkzeuge benötigt und, wie solche aussehen können. Verbreitete Werkzeuge sind dafür ungeeignet weil sie nicht die Akteure, sondern die Experten im Blick haben, entsprechende Modifizierungen sind allerdings in Ansätzen erkennbar. So hat auch ARIS die Notwendigkeit erkannt, „das Wissen der Fachabteilungen zu erschließen". Mit ARIS Easy Design soll ohne Spezialwissen und Schulung die Geschäftsprozeßmodellierung von den Spezialisten in die Fachabteilungen verlagert und dezentralisiert werden. Für das Zusammenspiel der ARIS-Produkte ist daran gedacht, die dezentral erstellten Modellierungen zentral zu konsolidieren (einen Überblick über Modellierungswerkzeuge gibt Abb. B.III.9).

These 10: Zentrum des OWI-Gestaltungsprozesses ist die Arbeitsgruppe. Von hier aus kann die perspektivische Verknüpfung sowohl mit der unternehmensweiten Organisation als auch mit dem Einzelarbeitsplatz gelingen. Auf diese Weise kann die Verbindung zur Organisations- und zur Arbeitsgestaltung sichergestellt werden. Die Mitarbeiter der Arbeitsgruppe und IT-Organisationsexperten erarbeiten gemeinsam in Organisationsworkshops und mit Modellierungswerkzeugen die Aufgaben und Kooperationsbeziehungen der Arbeitsgruppe sowie ihre Einbindung in die Kernprozesse der Organisation.

Kooperationsbilder wurden erstmals in einem Krankenhausprojekt eingesetzt. Sie geben dort Aufschluß darüber, welche Wege durch das Personal des Krankenhauses zurückgelegt werden oder wie der Patient im Rahmen eines Prozesses durch die Organisationsbereiche „wandert". Desweiteren wird deutlich, wo Daten per Rechner ausgetauscht werden oder an welchen Stellen das Telefon zur Koordination eingesetzt wird. (vgl. Floyd u.a. 1997)

Die Arbeitsgruppe ist das Zentrum des Gestaltungsprozesses, weil die Akteure in den Arbeitsgruppen das Wissen und die Kompetenz über die Anwendungsdomäne haben. Entscheidend für das Gelingen der Gestaltung ist jedoch, daß die Anforderungen der Arbeitsgruppe in einem zyklischen Prozeß mit den Anforderungen der Gesamtorganisation verschränkt werden. Da eine Organisation zumeist aus zahlreichen Arbeitsgruppen besteht, macht die Gesamtheit der beschriebenen Gestaltungsprozesse das vollständige Bild einer Organisation und der IT- gestützten Organisationsgestaltung aus. Aus der Arbeitsgruppe heraus ist auch die Arbeits- und Arbeitsplatzgestaltung sinnvoll durchführbar.

Dabei ist auf ein mögliches Mißverständnis hinzuweisen: Zentrum und Mittler des Gestaltungsprozesses ist zwar die Arbeitsgruppe. Dennoch ist der IT-Organisationsgestalter der Evaluierer der IT-Organisation sowie Moderator und informationstechnischer Experte. Er ist in jedem Fall für die Einbringung der gesamtorganisatorischen Perspektiven wie für die Aufbereitung von Organisations- und Technikoptionen verantwortlich. Die Aufgaben eines kooperativen Gestaltungsprozesses lassen sich wie folgt beschreiben:

- IT-Organisationsexperten erarbeiten durch Interviews das Ist-Szenario, insbesondere die Kernleistungen und -prozesse und stellen sie mit Hilfe von akteursnahen Modellierungswerkzeugen oder Visualisierungsdokumenten dar. Vorhandene Referenzmodelle werden einbezogen.

160 Modelle, Methoden und Software

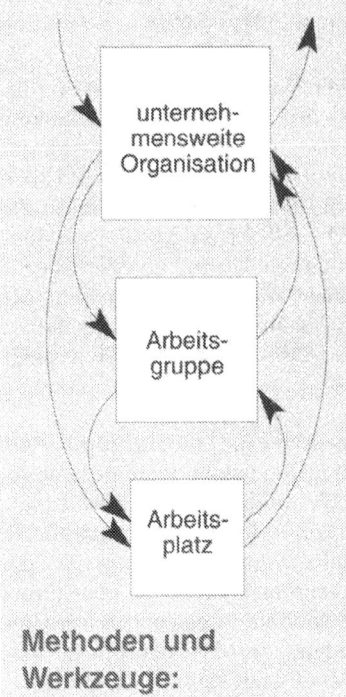

Abb. B.III.10
IT-unterstützte Organisationsgestaltung

- In Organisationsworkshops werden für eine Abteilung oder Arbeitsgruppe Aufgaben, Kooperationsbeziehungen und die Einbindung in organisationsweite IT-gestützte Kernprozesse erarbeitet.
- Der Organisationsworkshop, der mit der Erarbeitung des Ist-Szenarios begann, geht fließend in die IT-unterstützte Organisationsgestaltung über. Die Experten stellen innovative Organisations- und Technikoptionen vor, die Gruppenmitarbeiter versuchen, sie in ihren Auswirkungen auf die Organisation und ihre Arbeitssituation zu überprüfen, und entwickeln eigene Vorschläge (s. Abb. B.III.10).

These 11: Gestaltungsprozesse können, je nach Auslöser und Organisationssituation, sehr unterschiedlich aussehen. Idealtypische Vorgehensmodelle in Lehrbüchern beginnen üblicherweise mit einem allgemeingültigen Ist-Szenario, es ist ein Szenario unter vielen. Das OWI-Gestaltungsmodell muß insbesondere den häufigsten Fall, die Einführung von Standardanwendungssoftware abdecken.

Ein Gestaltungsmodell   161

Auslöser. Gestaltungsprozesse werden durch Innovationen der Informationstechnik oder Produktentwicklung ausgelöst, oder durch neue Erfahrungen der Praxis, häufig aber auch nur durch neue Leitbilder und Moden. Denkbar auch, daß Unternehmen aufgrund erkannter organisatorischer oder informationstechnischer Defizite, nach Organisationsoptionen suchen oder IT-Optionen nachfragen. Auslöser können z.B. sein:

- Neue informationstechnische Produkte oder Konzepte versprechen Lösungen bei vorhandenen Organisationsproblemen.
- Innovative Organisationsoptionen haben die Organisationssituation nach und nach verändert, der Stand der eingesetzten Informationstechniken hinkt hinterher, der Druck auf die Nutzung adäquater informationstechnischer Optionen wächst.
- Veraltete Organisationsstrukturen gehen mit veralteten Informationstechniken einher und lösen den Gestaltungsprozeß aus.
- Innovative Organisationsoptionen verknüpfen sich mit innovativen Informationstechniken, dies dürfte dem Ideal wettbewerbsfähiger Unternehmen entsprechen.

Abb. B.III.11 macht das komplexe Netzwerk an Abhängigkeiten deutlich. Zusätzlich zu den bisher diskutierten denkbaren Auslösern ist einzubeziehen, daß Technik- wie Organisationsoptionen häufig nur eine Perspektive der Organisation im Auge haben. Auch hier muß die Verknüpfung mitgedacht werden: Jede

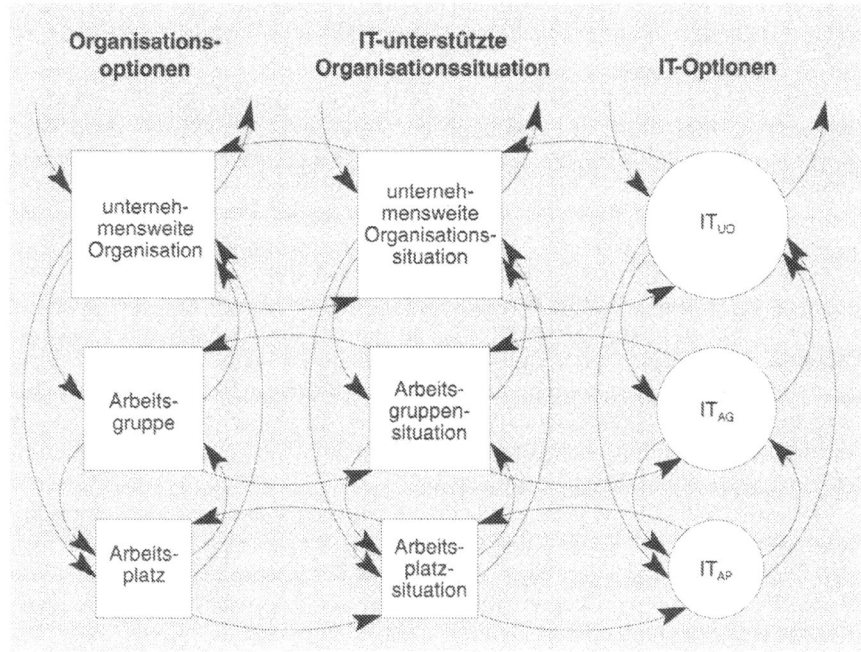

Abb. B.III.11
Das Netzwerk zeigt Abhängigkeiten und Auslöser

Option nimmt Einfluß auf die verschiedenen Perspektiven der Organisationssituation.

Standardanwendungssoftware und das OWI-Modell. Beim Kauf einer Standardsoftwarepaketes wie R/3 wird der Gestaltungsprozeß anders aussehen als bei einem Gestaltungsprozeß, der mit einem gründlichen Ist-Szenario der Unternehmensorganisation oder eines Teilbereichs beginnt. Bei R/3 haben wir es mit einem fertigen Produkt zu tun, das in die Unternehmensorganisation „implantiert" werden muß. Im zweiten Fall ist am Ende des Ist-Szenarios eine Entscheidung für ein neues Softwareprodukt, eine Individualsoftwareentwicklung oder für einen organisatorischen Veränderungsprozeß zu treffen.

Standardanwendungssoftware beansprucht, das *Kernsystem* einer Unternehmensorganisation abzudecken und die für eine Organisation bedeutsamen Kernprozesse zu modellieren: „Ein Kernsystem sollte die Basisaufgaben in eng zusammenhängenden Kernbereichen unterstützen, einen einheitlichen Satz an Basiskooperationen zur Verfügung stellen, akute Anforderungen (z.B. gemäß gesetzlicher und betriebswirtschaftlicher Bestimmungen) bedienen und die Einbindung von Spezialsystemen unterstützen" (Floyd u.a. 1997).

Kernprozesse beinhalten Aufgaben, die durch ihre Wiederkehr und ihre Wichtigkeit für den Ablauf in der Organisation sowie durch gemeinsam genutzte und damit flächendeckend zur Verfügung zu stellende Informationen, gekennzeichnet sind. Es sind häufig Prozesse, die von Akteuren mit unterschiedlicher Profession, z.B. Einkäufer, Vertriebsexperten und Controller in enger Kooperation und strikten Zeitvorgaben ausgeführt werden. Die in einer Organisation anzutreffenden Kernprozesse beschreiben einen wesentlichen Teil der unternehmensweiten Organisationssituation. Sie definieren auch wichtige organisationsübergreifende Schnittstellen.

Der Diskurs über Formalisierungslücken ist zweifelsohne ambivalent: Zum einen kann er Spielräume der Akteure aufdecken, zum anderen sollte er geführt werden, um Innovationen anzustoßen: Was sind „unsere" Stärken, wodurch können wir besondere Leistungen erbringen, welche neue Aufgaben sollten sinnvollerweise übernommen werden?

Standardanwendungssoftware wie SAP R/3 extrahiert bekanntlich Topdown aus Kernsystem bzw. Unternehmensorganisation, Arbeitsplatz- und Gruppenperspektive. Bei einem idealtypischen Vorgehen gemäß der perspektivischen Verknüpfung würde sich aus dem zyklischen Prozeß der wechselnden Perspektiven herauskristallisieren, was zweckmäßigerweise als Kernsystem bzw. Kernprozeß zu definieren wäre. Durch angemessene Modellierungswerkzeuge könnte auch deutlich werden, zwischen welchen Bereichen eine Häufung von Kooperationen verläuft und welche Bereiche im Zentrum von Kooperationen stehen.

Dieses idealtypische Vorgehen wird in der Praxis aus zeitlichen Gesichtspunkten und Gründen der organisatorischen Komplexität nur in seltenen Fällen gewählt werden. Hinzukommt, daß gesetzliche und betriebswirtschaftliche Bestimmungen (z.B. Finanzbuchhaltung) Abläufe vorgeben. Schließlich zeichnet sich Stanardanwendungssoftware gerade durch ihren Integrationscharakter über Arbeitsgruppen und -bereiche hinweg aus.

Deshalb stellt sich die prinzipielle Frage, wie weit Standardanwendungssoftwarepakete noch für kooperative Gestaltungsprozesse offen sind. Sie können den Gestaltungsprozeß von einer Vielzahl von Routineprozessen entlasten, die wahrscheinlich nur von begrenztem Interesse für Kooperationsprozesse sind. Gerade weil Standardsoftware heute sozusagen Standard ist, müssen aber Ein-

Ein Gestaltungsmodell 163

fallstore erkannt werden, wo sie für kooperative Gestaltungsprozesse zu öffnen sind.

Die Einführung unternehmensweiter Standardanwendungssoftware ist in ihrer Bedeutung vergleichbar mit der Grundsanierung eines Gebäudes. Insofern kann durchaus von einem „Entkernen der IT-unterstützten Organisationssituation" gesprochen werden. Alle Perspektiven, vom Einzelarbeitsplatz über die Arbeitsgruppe bis zur Unternehmensorganisation, sind betroffen. Ein adäquater kooperativer Gestaltungsprozeß muß sich im einzelnen folgenden Aufgaben stellen:

- IT-Organisationsexperten müssen die in Frage kommenden Standardsoftwareoptionen evaluieren. Dabei ist, neben ökonomischen Kriterien, insbesondere die „Eignung für kooperative Gestaltungsprozesse" zu prüfen, und das implizite Organisationsleitbild offenzulegen. Die Optionen sollten repräsentativen Akteuren vorgestellt, und ihre Implikationen vermittelt werden.
- Nach der Entscheidung für eine Standardsoftware besteht die Kärrnerarbeit für die IT-Organisationsexperten darin, Prozesse und Daten der alten Software auf die neue zu transferieren.
- Parallel mit dieser informationstechnischen Aufgabe sind typische Arbeitsgruppen, z.B. aus Einkauf, Vertrieb, Fertigung und Rechnungswesen, festzulegen. Diese Akteure können in Organisationsworkshops die Angemessenheit der arbeitsgruppeninternen wie -externen Kooperation mit Unterstützung von Modellierungswerkzeugen und Visualisierungsdokumenten überprüfen und Anforderungen an die Standardsoftware formulieren. Den Arbeitsgruppen werden relevante Ausschnitte der Standardsoftware durch IT-Organisationsexperten transparent gemacht, z.B. vordefinierte Work-

„Die Anforderungsermittlung in einer Organisation ist durch ein ständiges Wechselspiel gekennzeichnet. Sie pendelt zwischen der Sicht auf die Organisation als Ganzes mit den Anforderungen, die sich aus der gewünschten Kooperationsunterstützung ergeben und der einzelnen funktionellen Rolle hin und her. Das Soll-Konzept muß auf beiden Ebenen eine Ausgestaltung eines „angemessenen" Systems bieten" (Ratuski 1997, S. 52f.).

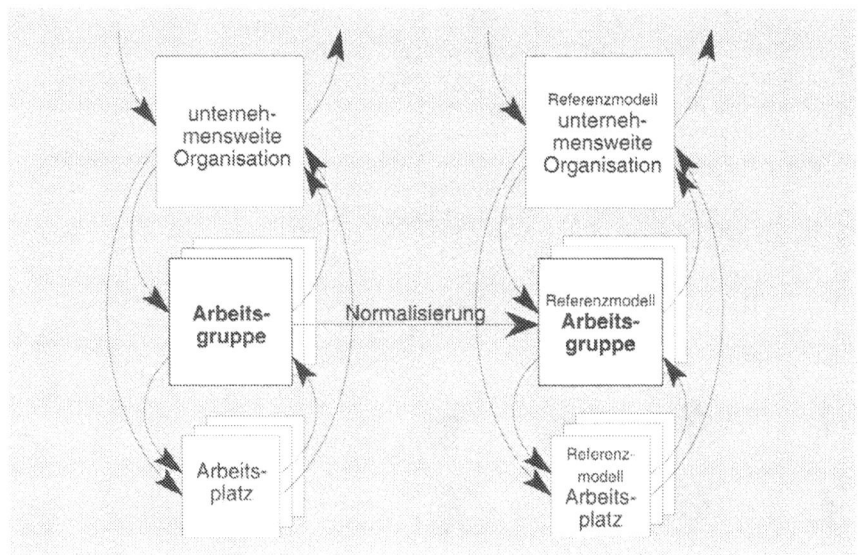

Abb. B.III.12
Ausgangspunkt der IT-Organisationsentwicklung sind repräsentative Arbeitsgruppen. Die Mitarbeiter erarbeiten mit Hilfe von Experten die internen und externen Kooperationen. Das Arbeitsergebnis wird normalisiert, d.h. von spezifischen Anforderungen bereinigt, es dient als Referenzmodell für andere Arbeitsgruppen.

Kooperationsbilder
Ein Beispiel für ein Visualisierungsdokument

Anita Krabbel und Ingrid Wetzel vom Fachbereich Informatik der Universität Hamburg haben in einem Krankenhaus im Rahmen eines DV-Projektes sog. Kooperationsbilder erfolgreich erprobt. Anstelle von Kernprozessen bzw. Kernleistungen sprechen sie von übergreifenden Aufgaben. Ein Beispiel ist die Aufnahme oder Entlassung eines Patienten in einem Krankenhaus. Daraus entwickeln sie sog. Kooperationsbilder.

Als erster Schritt zum Verständnis ist eine Charakterisierung übergreifender Aufgaben vorzunehmen:

- Übergreifende Aufgaben erfordern die Zusammenarbeit einer Vielzahl von Einzelpersonen unterschiedlicher Berufsgruppen mit z.T. sehr unterschiedlichen Tätigkeitsfeldern.
- Übergreifende Aufgaben erfordern ein hohes Maß an Flexibilität, da ihre Erledigung in Abhängigkeit von äußeren Faktoren, z. B. der Befindlichkeit des Patienten, steht.
- Zur Durchführung übergreifender Aufgaben sind eine Vielzahl von Tätigkeiten zur Koordination notwendig. Diese können die Weiterleitung von Gegenständen (insbesondere Dokumenten), die Aufbereitung von Wissen zur Informationsweitergabe, die zeitliche Koordinierung oder Ressourcenvergabe und das Signalisieren wichtiger Änderungen betreffen.
- Übergreifende Aufgaben sind zusätzlich durch das Vorhandensein von Gruppenarbeitsplätzen gekennzeichnet. Gruppenarbeitsplätze haben zur Folge, daß mehrere Tätigkeiten, die im Rahmen der Durchführung einer übergreifenden Aufgabe von einer funktionellen Rolle bearbeitet werden, nicht zwangsläufig von derselben Person ausgeführt werden. Daher ist auch innerhalb der Gruppe Informationsaufbereitung und Abstimmung erforderlich.
- Ein weiteres Merkmal übergreifender Aufgaben besteht darin, daß die an der Aufgabe Beteiligten ein sicheres Verständnis über die jeweils flexibel von ihnen geforderten Tätigkeiten besitzen. Diese sind z. B. durch Ort und Zustand eines Dokumentes erkenntlich oder durch vereinbarte Signale.
- Übergreifende Aufgaben sind in engen Zeitvorgaben durchzuführen.
- Übergreifende Aufgaben lassen mehr als andere Tätigkeiten den Zusammenhang von Softwareentwicklung bzw. -einsatz und Organisationsentwicklung erkennen. Änderungen in einem Arbeitsbereich oder in der Kooperation zwischen Bereichen bedingen Auswirkungen auf andere an der Aufgabe Beteiligte.

Kooperationsbilder als Analysetechnik für übergreifende Aufgaben

Zur graphischen Darstellung übergreifender Aufgaben haben wir in Anlehnung an Rich Pictures sog. Kooperationsbilder entwickelt. Unser Schwerpunkt liegt hierbei auf der Darstellung der Kooperationsformen. Hierzu ist die Art und Weise der Weitergabe von Informationen und Arbeitsgegenständen zu vergegenständlichen. Dies beinhaltet für uns die Darstellung von „Orten", zwischen denen Informationen und Gegenstände ausgetauscht werden, und die Art des Austausches in Form von annotierten Pfeilen zwischen Orten, die verdeutlichen, wer welchen Gegenstand weitergibt oder durch welches Medium Information weitergereicht wird.

Abb. B.III.13 Ausgewählte Symbole der Kooperationsbilder (Krabbel u.a. 1996)

Symbole für Organisationsbereiche, funktionelle Rollen und Bereiche, funktionelle Rollen außerhalb des Krankenhauses sowie Informationsweitergabe

Piktogramme für Mitarbeiter, Patienten, Telefon, Rechner

Mitarbeiter mit mehreren Dokumenten, Kassette, Krankenakte und Röntgentüte

"Orte" unterscheiden wir in Räume für Organisationsbereiche, ausgezeichnete funktionelle Rollen, die keinem festen Raum zuzuordnen sind sowie Orte/funktionelle Rollen außerhalb des Krankenhauses und führen für sie jeweils unterscheidbare Symbole ein (Abb. B.III.13). Mit Piktogrammen annotierte Pfeile repräsentieren zwei Arten der Weitergabe: über Gegenstände, die durch Menschen weitergereicht werden, oder mithilfe eines Mediums. Als Medium unterscheiden wir Telefon und Rechner.

Die Kooperationsbilder geben Aufschluß darüber, welche Laufwege durch das Personal des Krankenhauses zurückgelegt werden oder wie der Patient im Rahmen einer übergreifenden Aufgabe durch die Organisationsbereiche wandert. Weiterhin wird gezeigt, wo Daten per Rechner ausgetauscht werden und an welchen Stellen das Telefon zur Koordination eingesetzt wird.

In der Vergegenständlichung der Kooperationsformen durch "Orte" und annotierte Pfeile sehen wir den größten Unterschied zu anderen Darstellungsmitteln (z.B. Petrinetze), bei denen lediglich eine abstrakte Informationsweitergabe beschrieben wird. Diese abstrakte Beschreibung ist jedoch eine unzureichende Grundlage, um später eine adäquate Systemunterstützung herausarbeiten zu können.

Der Einsatz der Kooperationsbilder erfolgte in unserem Projekt im Rahmen der Ist-Analyse nach einer ersten Serie von Interviews. Ziel war die Erarbeitung und Rückkopplung des von uns erarbeiteten (Vor-)Verständnisses zweier übergreifender Aufgaben: der Aufnahme des Patienten auf eine internistische Station und der Planung und Durchführung einer Operation. Den Rahmen bot ein ganztägiger Workshop mit Kleingruppen pro übergreifender Aufgabe, wobei sich die Teilnehmer aus den Interviewpartnern, die an der Bearbeitung der entsprechenden Aufgabe beteiligt sind, und Mitgliedern der eingesetzten Projektgruppe zusammensetzten.

Die Kooperationsbilder wurden als Wandbilder erstellt. Als Vorbereitung wurden von uns vorbeschriftete und unbeschriftete "Orts"symbole und eine große Anzahl unterschiedlicher Piktogramme vorbereitet. Wir hatten für die übergreifenden Aufgaben vorbereitend selbst Kooperationsbilder erstellt.

Zur Erarbeitung der Wandbilder wurden während des Workshops lediglich "Start"symbole vorgegeben, z. B. bei der Aufgabe Aufnahme eines Patienten die Räume "Aufnahme und "Station". Das Bild entwickel-

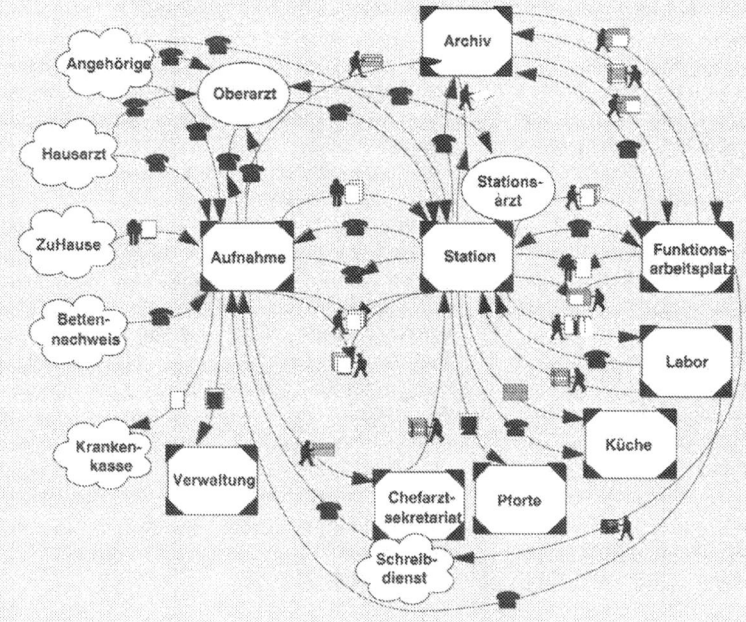

Abb. B.III.14
Kooperationsbild der
"Aufnahme eines
Patienten"
(Krabbel u.a. 1996)

te sich aus der Diskussion der Arbeitsgruppe heraus. Die Pfeile wurden per Hand mit Filzstift direkt auf das Papier gemalt und die entsprechenden Piktogramme und Symbole auf der Pinnwand befestigt. Die Rolle des Entwicklers in der Arbeitsgruppe beschränkte sich somit auf die Moderation und darauf, die erzielten Ergebnisse in dem Wandbild festzuhalten. Das in der Arbeitsgruppe „Aufnahme eines Patienten" entstandene Kooperationsbild ist in Abb. B.III.14 wiedergegeben.

Aus unserer Projekterfahrung heraus eignen sich Kooperationsbilder zur Beschreibung des Ist-Zustandes einer kooperativen Aufgabenerledigung sowohl für die Anwender als auch für die Entwickler in der folgenden Weise:

- Für die Anwender ist die aktive Erarbeitung der eigenen Arbeitszusammenhänge vor allem dadurch unterstützt, daß die Kooperationsbilder im Unterschied zu anderen Darstellungsmitteln keine zu formale Darstellung sind und daß die Anwender sich und ihre Arbeit in ihnen wiederfinden. Die Anwender konnten in unserem Projekt ohne Einarbeitungs- oder Erklärungszeit von Anfang an bei der Erarbeitung der übergreifenden Aufgabe aktiv mitarbeiten und diskutieren.
- Kooperationsbilder liefern für die Anwender eine Veranschaulichung der Komplexität ihrer Arbeit. Sie schaffen einen Diskussionsgegenstand, der die Anwender sehr einfach in die Lage versetzt, über ihre eigene Organisation nachzudenken und diese zu hinterfragen. In unserem Projekt wurde zur Überraschung aller Teilnehmer deutlich, daß bei der regulären Aufnahme eines Patienten an einem Vormittag bis zu 17 mal telefoniert wird und eine Reihe von Laufwegen durch die Schwestern erledigt werden müssen. Dies führte sofort zu der Diskussion, was davon notwendig und sinnvoll ist, aber auch, was davon durch eine Rechnerunterstützung einzusparen wäre. Weiterhin wurde vielen Anwendern durch das Wandbild zum ersten Mal deutlich, daß ihre Arbeit nicht nur aus der Pflege des Patienten, sondern zu einem erheblichen Teil aus Kooperations- und Dokumentationsarbeit besteht.
- Kooperationsbilder tragen zum gegenseitigen Verständnisgewinn bei. Bei der mit ihrer Erstellung verbundenen Diskussion wurde vielen Anwendern zum ersten Mal deutlich, welche (Teil-) Aufgaben die anderen Organisationsbereiche zu erledigen haben und wie sie diese durchführen. Damit konnte ein größeres und übergreifendes Verständnis der verschiedenen Bereiche füreinander geschaffen werden.

Kooperationsbilder stellen auch für die Entwickler ein geeignetes Mittel dar, um sich ein Verständnis von komplexen und stark kooperativen Anwendungsbereichen zu erarbeiten.

- Die gemeinsam erarbeiteten Kooperationsbilder stellen für die Entwickler eine Technik zur Rückkopplung mit Anwendergruppen dar. Dabei kann geklärt werden, ob die aus den einzelnen Szenarien erarbeitete Sicht auf die Zusammenhänge auch die Sicht der Anwender ist, und es können sehr schnell verbliebene Unklarheiten ausgeräumt werden.
- Im Rahmen der Diskussion können für die Entwickler noch „unbekannte" Zusammenhänge erarbeitet werden. Damit können die Entwickler „weiße Flecken" in ihrer Analyse erkennen und sie erhalten Hinweise darauf, welche weiteren funktionellen Rollen zu interviewen sind.
- Anhaltspunkte für eine gewünschte Systemunterstützung ergeben sich aus der Diskussion über die Schwachstellen, wie sie von den Anwendern bei der Erledigung der übergreifenden Aufgabe gesehen und anhand des Wandbildes diskutiert werden.
- Die Kooperationsbilder liefern auch für die Entwickler eine Vergegenständlichung der Zusammenhänge der Arbeitstätigkeiten. Dies betrifft die Art des Informations- und Kommunikationsflusses und die Art der Weitergabe von Gegenständen. Hierauf aufbauend kann eine Klassifikation von Kooperationsformen und von Gegenständen, insbesondere Dokumenten, in bezug auf ihren Einsatz zur Koordination vorgenommen werden.
- Anhand der Vergegenständlichung der Kooperationszusammenhänge läßt sich die „Dichte" des Informationsflusses erkennen. Diese bietet Anlaß zu einer Gewichtung, welche der Kooperationsformen durch ein zukünftiges System zu unterstützen sind.

Anita Krabbel/Ingrid Wetzel

flows. Gemeinsam werden die definierten Anforderungen der Arbeitsgruppen und der Standardsoftware angeglichen und so die neue Arbeitsorganisation Schritt für Schritt entwickelt. Dies ist eine mögliche Form der perspektivischen Verknüpfung: Die Top-down-Perspektive ist in der Standardsoftware enthalten, sie wird jetzt in Organisationsworkshops mit der Bottom-up-Sicht konfrontiert, das Customizing ist hier ein zyklischer, kooperativer Prozeß.
- Die erarbeitete Arbeitsgruppensituation kann als Grundlage für ein Referenzmodell dienen und so Mustervorlage für andere, vergleichbare Arbeitsgruppen sein. Auf diese Weise lassen sich kooperative Gestaltungsprozesse unterstützen und beschleunigen. Denkbar ist auch, die gesamte Organisation als Referenzmodell für vergleichbare Fälle zu nutzen.

Schlußfolgerungen
Das OWI-Gestaltungsmodell hat gezeigt, wie Verantwortung, über die Arbeitsplatz- und Gruppensituation hinaus, für die gesamte Organisationssituation an Akteure in ihren Organisationseinheiten, übertragen werden kann. Weil Organisationen nicht in der Lage sind, die Komplexität ihrer Umwelt zu beherrschen, müssen sie sich auf das Unvorhergesehene durch fortlaufende Veränderungsbereitschaft ihrer Organisationssituation einstellen, ein Weg dazu ist die kooperative Gestaltung.

Perspektivische Verknüpfung und partizipativer Gestaltungsprozeß stärken die Entwicklungspotentiale der Organisation. Durch das „Organisationswissen der Akteure", also der Leistungsprozesse, Produkte, Umwelteinwirkungen etc. können rasch Rückkopplungen auf die Einzelarbeitsplätze stattfinden. Nicht nur Reaktionsfähigkeit und Rückkopplungen werden verbessert: Die Akteure vor Ort wissen am besten, wo Formalisierungen und Automatisierungen zweckmäßig und stabil und wo Formalisierungslücken die bessere Lösung sind.

Eine Lücke muß jetzt noch gefüllt werden: Es ist Aufgabe der IT-Organisationsexperten, sich über Technik- und Organisationsoptionen kundig zu machen und sie in den Gestaltungsprozeß einzubringen. Dies sollte, neben der Moderation und der informationstechnischen Implementation, zu ihrer Expertise gehören. Dazu zählt auch, die Vielfalt der Organisations- und Technikoptionen für den jeweiligen Kontext aufzubereiten. Hier liegt noch ein großes Forschungsfeld für die Organisations- und Wirtschaftsinformatik. In den beiden folgenden Kapiteln werden sie im Zentrum stehen.

Literaturempfehlungen

C. Floyd, A. Krabbel, S. Ratuski, I. Wetzel: Zur Evolution der evolutionären Systementwicklung – Erfahrungen aus einem Krankenhausprojekt. Informatik Spektrum 1/1997 (Bd. 20), S. 13–20

B. Wolff: Die Modellierung organisatorischer Phänomene in Verbindung mit dem Einsatz von Informationstechnologie. Diplomarbeit, Fachbereich Informatik, Universität Hamburg, 1997

IV.
Organisationsoptionen

Die disziplinäre Trennung von Organisationstheorie, Wirtschaftsinformatik und Softwaretechnik behindert Entwicklungen und Innovationen. Organisationen und Informationstechnik bedingen einander, durch die Wechselwirkungen verändern sich Organisationen ebenso wie Informationstechnik. Das traditionelle Verständnis von Softwaretechnik konzentriert sich auf die Entwicklung von Softwareprodukten, sie bezieht die Organisation explizit nicht mit ein. Ebenso einseitig setzen sich die Methoden und Modelle der Organisationstheorie zumeist mit Abläufen und Strukturen und deren sozialen Aspekten auseinander, Software und IT-unterstützte Gestaltungsprozesse bleiben weitgehend unberücksichtigt.

„Technology does not determine society: it embodies it. But neither does society determine technological innovation: it uses it"
(Castells 1996, S. 5).

Kehren wir nach diesen Vorbemerkungen zur Weiterentwicklung des im letzten Kapitel entworfenen Gestaltungsmodells zurück. Eine gründlichere Auseinandersetzung mit Organisations- und Technikoptionen steht an. Der Ausgangspunkt ist: Aus der Verknüpfung von Organisationssituation (Ist-Szenario einer Organisation), Organisationsoptionen und Technikoptionen und unter Berücksichtigung vorhandener Leitbilder lassen sich bei kooperativer Vorgehensweise zukunftsfähige betriebliche Organisationen entwickeln.

In den folgenden Abschnitten werden wir zunächst einige Orientierungshilfen geben, indem einige grundsätzliche Anmerkungen zum Verhältnis von Technik und Arbeitsorganisation gemacht werden. Am Anfang steht die Frage: wie hat mechanische Technik die Arbeitsorganisation beeinflußt? Anschließend wird „das allmähliche Verschwinden der Arbeitsorganisation in Informationstechnik" untersucht und erörtert, wie daraus neue Optionen entstehen. Dann geht es um in Wissenschaft und Praxis diskutierte Organisations- später um Technikoptionen (Kapitel B.V).

Der Begriff Organisationsoptionen kann leicht zu dem Mißverständnis führen, sich ausschließlich auf gut handhabbare, schnell übertragbare, praxisbewährte organisatorische Rezepte zu konzentrieren. Das allein reicht jedoch nicht. Der Einsatz von Organisationsoptionen sollte nach unserer Auffassung vor dem Hintergrund einer organisationstheoretischen Plattform geschehen: Organisationstheorien sollten vom Einzelfall abstrahieren und sie sind nach Möglichkeit empirisch abzusichern. Organisationsrezepte dagegen sind eher Moden unterworfen, sie entstehen häufiger im Umfeld von nicht ganz uneigennützig handelnden Consultants. In Zeiten schnellebigen Wandels kommen und gehen Rezepte, Organisationstheorien sollten jedoch stabiler sein. Insgesamt betrachtet bietet die Organisationstheorie einen Fundus an methodischem Wissen.

Daraus wird die Konsequenz gezogen, allen in der Organisationstheorie „Unkundigen" im folgenden so etwas wie einen Crash-Kurs anzubieten: In mehreren Boxen werden klassische Optionen der Aufbauorganisation dargestellt, es wird ein Überblick über Entwicklung und Stand der Gruppenarbeit gegeben, und es wird eine Klassifikation organisationstheoretischer Ansätze vorgenommen.

Ganz ausdrücklich wird an dieser Stelle darauf hingewiesen, daß organisationstheoretische Grundlagen auch in Abschnitt B.I.1. „Organisationsschätze und Organisationsmoden" erarbeitet wurden. Allen Lesern, die einen gründlichen Überblick über Organisationstheorien und -optionen erhalten wollen wird dringend angeraten, noch einmal zu Abschnitt B.I.1. zurückzukehren. Dort wurden Grundlagen gelegt, die vor allem den Zweck hatten, die organisatorischen Implikationen der nachfolgenden Softwareprodukte wie z.B. SAP R/3 zu verstehen. Jetzt geht es darum, sowohl theoretische Organisationskonzepte als auch zukunftsfähige ablauf- und aufbauorganisatorische Optionen kennenzulernen.

1. Das Verhältnis von Technik und Arbeitsorganisation

1.1 Der Einfluß mechanischer Technik auf die Arbeitsorganisation

Die Industrialisierung war von der Idee der Arbeitsteilung bestimmt wie sie Adam Smith, Charles Babbage, F.W. Taylor oder Henry Ford vorgedacht haben. Prozesse wurden nach Verrichtungen in ihre Elemente zerlegt, gebündelt und Stellen zugeteilt. Davon versprach man sich große Produktivitätszuwächse, die in erster Linie mit dem Wegfall des Tätigkeitswechsels und der Spezialisierung der Arbeiter bei geringen Qualifikationsanforderungen begründet wurden. Bei der Umstellung von einer Tätigkeit auf eine andere, so die Überlegung, geht viel Zeit verloren, z.B. durch Arbeitsplatzwechsel oder durch den erforderlich werdenden Wechsel von Werkzeug und Maschine. Der Idealfall der tayloristischen Arbeitsteilung ist dann erreicht, wenn der Arbeiter kleine Arbeitsschritte an wenigen Objekten mit wenigen Hilfsmitteln oft wiederholt und dabei am gleichen Ort bleiben kann.

Neben dem tayloristischen Leitbild der Arbeitszergliederung gab es auch einen technischen Grund, der es nahelegte, den Gesamtprozeß in dieser Weise zu zerlegen: Die Ablaufgestaltung war häufig durch die Sicht auf den Produktionsprozeß, der als Folge von Verrichtungen an physikalischen Objekten betrachtet wurde, geprägt. Die physikalischen Objekte waren oft Maschinen, die an Orte gebunden waren und von daher die Bündelung der Verrichtungen nahelegten. Umgekehrt ging die Technikentwicklung in diese Richtung: Das Fließband transportierte die Arbeit zum Arbeiter, es machte den Ortswechsel unnötig und beherrschte ihn mit der Bündelung weniger Verrichtungen.

Die generelle Priorisierung des Verrichtungsprinzips, also auch mitbeeinflußt durch Technik, zeigte sich auch bei der Arbeitsgestaltung im Bürobereich. Auch hier ging es um die Konzentration von Verrichtungen (schreiben, registrieren, ablegen, rechnen, kontrollieren etc.) an verschiedenen Objekten (Texte, Rechnungen, Karteien, Konten etc.), die häufig mit entsprechender Bürotechnik (Schreibmaschine, Rechenautomat, Buchungsautomat etc.) ausgeführt wurden.

Der Vorteil dieser funktionalen Strukturen lag in der effizienten Ausnutzung hochspezialisierter technischer wie humaner Ressourcen: Die Maschinen waren lange Zeit der entscheidende Kostenfaktor und die Mitglieder der Organisation konnten so speziell qualifiziert und auf diese Weise effizient genutzt werden.

1.2 Das allmähliche Verschwinden der Arbeitsorganisation in Software und das Entstehen neuer Gestaltungsoptionen

In B.IV.1.2 sind verschiedene Gedanken von Matthias Schade eingegangen (vgl. Schade 1997).

Organisationen wurden offensichtlich immer schon durch die Potentiale der Technologien ihrer Zeit beeinflußt und umgekehrt. Die Informationstechnik hat jedoch einen grundlegend anderen Charakter als die mechanischen Technologien zuvor, wobei die Software, als wesentlicher Teil der Informationstechnik, die flexible Nutzung und Anwendbarkeit der Informationstechnik ermöglicht. Als Folge kann der Veränderungsprozeß organisatorischer Strukturen erheblich beschleunigt werden.

Mit dem Aufkommen der Informationstechnik gehen Dinge und Dokumente (Objekte) und das, was mit diesen Dingen gemacht wird (Verrichtungen), in die Software ein und die Software stellt auch Instrumente zu ihrer Bearbeitung (Arbeitsmittel) bereit. Mit dem Eingehen von Verrichtungen, Objekten und Arbeitsmitteln in die Software entfällt Arbeit, oder sie verändert sich grundlegend, mit der Konsequenz, daß sich auch für die Strukturen und Abläufe einer Organisation, die zu einem Teil der Software werden, neue Optionen eröffnen.

Durch die „Abstraktifizierung" von Verrichtungen, Objekten und Arbeitsmitteln werden die eigentlichen Arbeitsgegenstände durch Symbole ersetzt; es entsteht eine neue Qualität, die darin besteht, daß:

- Objekte und Arbeitsmittel immateriell und gleichartig werden, und
- sie unabhängig von Ort und Zeit sind, da sie auf dem Medium Computer stets verfügbar und transportierbar sind.

Bei den traditionellen Techniken zur Produktion physikalischer Objekte sind die zu bearbeitenden Gegenstände und die dazu benötigten Maschinen und Geräte räumlich, und damit deutlich wahrnehmbar, voneinander getrennt. In der Software hingegen finden sich sowohl die Mittel zur Ausführung von Arbeit als auch die Gegenstände (Material), auf die sich die Arbeit bezieht. Beispielsweise finden die materiell unterschiedlichen Arbeitsgegenstände Papier und Bleistift in der Software ihre Entsprechung in den materiell identischen Objekten Textverarbeitungsprogramm und Datei. Selbstverständlich gibt es nicht für alle physikalischen Objekte in der Software eine funktional identische Entsprechung. Es sind immer mehr physikalische Objekte in die Software eingegangen und dort zum Gegenstand der Arbeit geworden.

Software gestattet, die Verrichtungen an Objekten mit Hilfe von Arbeitsmitteln zu automatisieren, Objekte zu bearbeiten und Objekte weiterzugeben. Software kann damit zugleich den Charakter eines Automaten, Werkzeugs, Mediums und Transportmediums annehmen.

Mit dem Eingehen dieser traditionellen Arbeitsmittel und Arbeitsgegenstände in Software, wird Software zum organisatorischen Medium. In ihr findet sich zunehmend das wieder, was eine Organisation als Organisation ausweist. Mit anderen Worten: Je mehr Dokumente oder Formulare und die dazu notwendigen Arbeitsmittel sich in der Software wiederfinden, desto mehr findet sich ihrerseits auch die Organisation in der Software wieder.

Wir haben bereits in der Einleitung dieses Buches darauf hingewiesen, daß nicht nur die allgemein zu bearbeitenden Dinge, sondern auch das Wissen einer Organisation über sich selbst zu einem Teil in der Software gespeichert ist: Wissen über ihren Aufbau, ihre Arbeitsmittel, Aufgabenverteilung, Weisungsbefugnisse etc. Hierarchien, die in Organisationsplänen dargestellt wurden und dann in räumlichen Strukturen („Chefetage") ihre Entsprechungen fanden, drücken sich jetzt in Form von Zugriffsrechten aus. Hatte ein physikalisches Dokument durch seinen Ortsbezug automatisch immer auch einen räumlichen Zugriffsschutz, so muß jetzt darüber entschieden werden, wer es einsehen darf.

Aus all dem folgt, daß sich eine isolierte Betrachtung von Software und Organisation nur noch schwer begründen läßt. Entwicklung und Einsatz von Software können nicht mehr von organisatorischen Fragestellungen und der Entwicklung einer Organisation getrennt werden. Die Software enthält immer mehr Wissen über die Arbeits- und Organisationssituation, das zwingt zu einem gemeinsamen Entwicklungsprozeß.

Anders als bei traditioneller Technik sind jetzt kaum mehr natürliche Anhaltspunkte (Restriktionen von Raum und Zeit) für die Gestaltung von Arbeit und der organisatorischen Strukturen vorhanden. Damit weiten sich die Gestaltungsoptionen erheblich aus. Software kann in einer Organisation sowohl nach den Gestaltungsprinzipien eines Fließbandes als auch nach dem Leitbild einer Werkstatt eingesetzt werden: Beispielsweise kann die Software bei der Bearbeitung eines Versicherungsfalles hocharbeitsteilig von vielen Sachbearbeitern eingesetzt werden, die jeweils nur kleine Arbeitsschritte ausführen. Möglich ist aber auch, eine „Werkstatt" zu organisieren, in der einer einzigen – oder wenigen Personen – alle notwendigen Arbeitsmittel zur Abwicklung des gesamten Versicherungsfalles zur Verfügung stehen.

Eine Konsequenz aus dem Zusammenwachsen von Organisation und Software besteht darin, die Entwicklung von Software und Organisation in einem Entwicklungsprozeß zu integrieren: Softwareentwicklung ist dann immer zugleich Organisations- und Arbeitsgestaltung, wie auch umgekehrt. Organisationsentwicklung ist nicht mehr ohne Softwarenutzung denkbar und Softwareentwicklung berührt fast immer Strukturen und Abläufe einer Organisation. So ist beispielsweise die organisatorische Neuorientierung an Geschäftsprozessen nicht realisierbar ohne entsprechende Softwarekonzepte. Diese legen wiederum neue Strukturkonzepte nahe.

Soviel zu den Wurzeln der neuen arbeitsorganisatorischen Optionen.

2. Klassifikation von Organisationsoptionen

Aufgrund unserer bisherigen Vorgehensweise bieten sich zwei Möglichkeiten der Klassifikation von Organisationsoptionen an:

(1) Optionen, die entweder ein Top-down- oder ein Bottom-up-Vorgehen unterstützen,
(2) Optionen, die einzelne Perspektiven im Blick haben.

Optionen, die entweder ein Top-down- oder das Bottom-up-Vorgehen unterstützen
Exemplarisch lassen sich Top-down- bzw. Bottom-up-Optionen anhand einiger Parameter darstellen:

- Organisatorisches Vorgehensmodell
  Top-down-Optionen: Organisations-Design und Organisations-Transformation
  Bottom-up: Organisations-Entwicklung (OE) und Organisations-Lernen (OL)
- Prozeßmodelle:
  Top-down: Workflow Management, eher Ansätze mit dem Leitbild Ablaufsteuerung
  Bottom-up: Prozeßmuster, eher objektorientierte Ansätze
- Modellierungs- und Gestaltungswerkzeuge:
  Top-down: Ereignisgesteuerte Prozeßketten (EPK)
  Bottom-up: Kooperationsbilder
- Aufbauorganisation:
  Top-down: Hierarchische Managementansätze
  Bottom-up: Dezentrale Arbeitsgruppenoptionen

Optionen, die einzelne Perspektiven im Blick haben
Die zweite Klassifikationsmöglichkeit hat, wie leicht zu erkennen ist, einen Überschneidungsbereich mit den Top-down- und Bottom-up-Optionen. Die oben genannten Parameter lassen sich darüber hinaus als zweite Gliederungsstufe nutzen:

- Organisationsübergreifende Ansätze:
  Strategische Netzwerke, Wertschöpfungsketten
- Organisationsweite Ansätze:
  Geschäftsprozesse, EPK, Ansätze der klassischen Ablauforganisation, Unternehmensführungsansätze, Matrixorganisation
- Arbeitsgruppenansätze:
  Computer-supported-cooperative-work-Optionen (cscw), Projektansätze, Prozeßmuster
- Arbeitsplatzansätze:
  Prozeßmuster, arbeitswissenschaftliche und arbeitspsychologische Ansätze, Arbeitsplatzgestaltung

Leitbilder und Optionen der Aufbauorganisation

Für die Industriegesellschaft waren hierarchisch-bürokratische Organisationsformen und Strukturen mit starker Arbeitsteilung und -zerlegung typisch, so wie es Taylor und Ford beschrieben haben. Auch heute noch finden wir diese Orientierungen in staatlichen Behörden, aber auch in Großunternehmen. Die folgende Darstellung konzentriert sich auf aufbauorganisatorische Modelle und Optionen. Sie gibt einen knappen Überblick über die Entwicklung von hierarchisch-bürokratischen Konzepten bis zu Matrix-Modellen. Wir orientieren uns hier u.a. an Gareth Morgan (1989a, S. 64ff). Morgan zeigt, daß es zu jeder Zeit Optionen gegeben hat, ob sie nun realisiert wurden oder nicht.

Modell 1: Das Bürokratiemodell
Das Bürokratiemodell geht auf Max Weber zurück. Es zeigt eine Organisationspyramide, wobei die Organisation auf die Hierarchiespitze ausgerichtet ist. Alle wichtigen Verfahrensvorschriften sind schriftlich niedergelegt, es wird strikt darauf geachtet, daß danach gehandelt wird. Meetings und Konferenzen kommen in diesem Modell nicht vor. Die Annahmen waren zu ihrer Zeit nicht gar so weltfremd wie sie uns heute erscheinen mögen, weil die meisten Organisationen zu jener Zeit in einer außerordentlich stabilen Umwelt agierten.

Modell 2: Die funktionale Organisation
Während das Bürokratiemodell aus der Tradition des Verwaltungshandels entstanden ist, hat sich parallel dazu das Modell der funktionalen Organisation entwickelt. Es beschreibt Organisationshandeln in Industriebetrieben. Die funktionale Organisation ist hierarchisch strukturiert, die der obersten Leitungsinstanz nachgeordnete Ebene ist verrichtungsorientiert nach Aktivitäten wie Beschaffung, Produktion und Absatz gegliedert.

Modell 3: Das Geschäftsführungsmodell mit Stab-Linien-Organisation
Bei komplexerer Umwelt ist es nicht mehr so ohne weiteres möglich, alle Handlungen zu planen und für jeden auftretenden Fall festzuschreiben. Es gibt nicht einen Chef, der einsam alles entscheidet, sondern eine Ebene mit mehreren Geschäftsführern. Sie treffen sich regelmäßig und entscheiden wichtige geschäftspolitische Anliegen. In größeren Organisatio-

Abb. B.IV.1

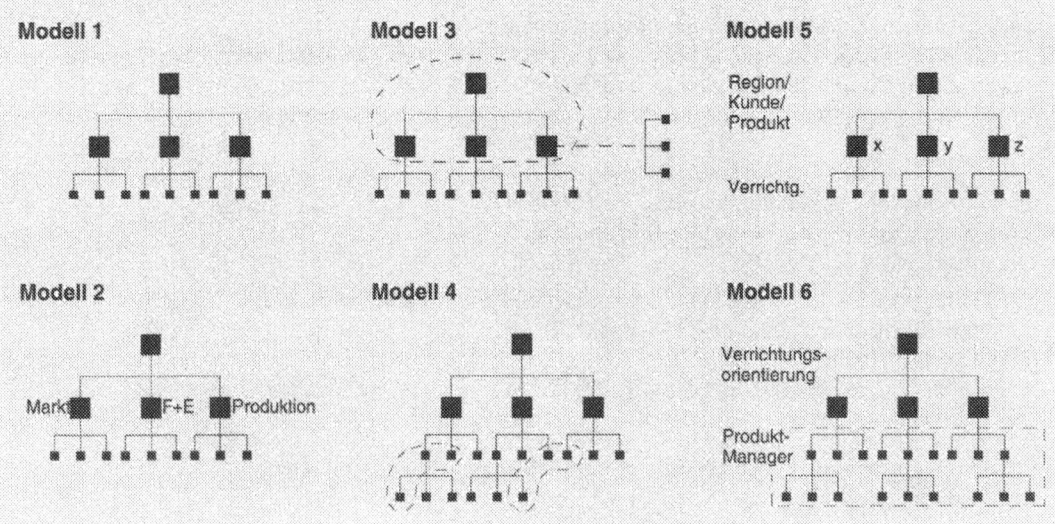

nen werden entscheidungsvorbereitende Stellen, sog. Stäbe, eingerichtet, die die Qualität der Entscheidungen verbessern sollen. Das Organisationskonzept ist aus militärischen Organisationen her bekannt.

Modell 4: Hierarchisch-funktionale Organisation mit Projektgruppen
Ausgangspunkt ist hier die Erkenntnis, daß die bisherigen Organisationsformen nicht in der Lage sind, die ständig neuen und zumeist mehrere Abteilungen betreffenden Aufgabenstellungen, die oft zeitraubende und innovative Lösungen erfordern, befriedigend zu bearbeiten. Deswegen werden Projekte eingerichtet, die aus Mitgliedern verschiedener Abteilungen und Hierarchiestufen bestehen. Nachdem eine Lösung erarbeitet ist, löst sich das Projekt wieder auf. Probleme ergeben sich durch zwangsläufig entstehende Loyalitätskonflikte der Projektmitglieder: Sie tendieren in den meisten Fällen dazu, sich gegenüber ihrer Abteilung loyal zu verhalten. Denn dorthin müssen sie nach Projektende zurückkehren. Projektmitglieder erkennen schnell, daß sie im Verhältnis zu dem, was sie bewegen sollen, mit relativ wenig Macht ausgestattet sind.

Modell 5: Die divisionale Organisation
Funktionale Organisationen haben bei Vorliegen hoher Dynamik des Marktes, bei zunehmender Betriebsgröße und bei sehr heterogenen Produkten große Nachteile. Daraus entwickelte sich die divisionale bzw. Sparten-Organisation. Sie werden auch als objektorientierte Organisationsform bezeichnet. Unterhalb der Leitungsebene findet sich jetzt keine verrichtungsorientierte Gliederung mehr, sondern wahlweise eine nach den Objekten Produkt bzw. Produktsparte (z.B. bei Automobilherstellern PKW, LKW, Motorrad), nach geographischen Regionen (z.B. Europa, USA, Asien) oder Kundengruppen (z.B. Industriekunden und Endverbraucher). Die Koordination und Abwicklung der Verrichtungen findet innerhalb der Divisionen bzw. Sparten statt und nicht in zentralen Funktionsbereichen. Eine Sparte sollte mindestens die Funktionen Marketing und Produktion umfassen. Die Sparten können als teilautonome (modulare) Organisationseinheiten gesehen werden.

Modell 6: Die Matrixorganisation
Während bei der divisionalen Organisation eine objektorientierte Einlinienorganisation vorliegt, ist die Matrixorganisation ein Mehrliniensystem mit deutlichen Parallelen zur divisionalen Organisation. Sie verknüpft die verrichtungsorientierte funktionale Organisation mit der objektorientierten. Das Ergebnis ist die Produkt-, Regionen- oder Kunden-Matrix. Für die jeweiligen Objekte werden Produkt- bzw. Objektmanger eingesetzt, deren Verantwortung in der Erstellung des Budgets und im Marketing liegt. Es sind Konflikte zwischen den Produkt- und Funktionsmanagern vorprogrammiert und bis zu einem gewissen Grade auch erwünscht, Kompetenzüberschneidungen sind naheliegend. Die Produktmanager sind Querschnitts-Koordinatoren, sie sollen dafür sorgen, daß Anpassungen schnell passieren und Objektaspekte Priorität haben.

176 Modelle, Methoden und Software

Wir werden an dieser Stelle nicht auf die genannten Optionen eingehen. Entweder wurden sie bereits behandelt, oder sie werden auf den nachfolgenden Seiten zum Thema gemacht. Vielmehr ist die klassische Einteilung der Organisationstheorie in Ablauf- und Aufbauorganisation ein geeigneter Begriff, um die aktuellen organisatorischen Orientierungen und Optionen zu strukturieren.

3. Aktuelle ablauforganisatorische Orientierungen: Formalisierbare Prozesse, Kooperationsbeziehungen, Aufgaben und Objekte

Bei der Ablauforganisation ging es ursprünglich um die Stellenbildung. Anschließend wurde der Ablauf innerhalb der bestehenden Aufbauorganisation strukturiert. Bei der Prozeßbildung dagegen geht es um die Ablaufstruktur durch das gesamte Unternehmen. Hier wird dennoch von Ablauforganisation gesprochen, weil der Prozeßbegriff schnell und ausschließlich mit formalisierbaren Prozessen in Verbindung gebracht wird. Bei der Prozeßbildung sollten jedoch alle Klassen von Aufgaben und Kooperationsbeziehungen in einer Organisation einbezogen werden.

Die engen Wechselwirkungen von Technik- und Organisationsoptionen führen dazu, daß über Organisationsoptionen kaum noch gesprochen werden kann, ohne die jeweils geeigneten IT-Optionen mitzudenken. IT-Optionen strukturieren Organisationsoptionen.

So lautet die Gretchenfrage der Wirtschaftsinformatik und Softwaretechnik, welche Aufgaben und Objekte einer Organisation und ihrer Leistungserstellung in Prozessen (verrichtungs- oder objektorientiert) formalisiert und automatisiert werden sollten und welche allenfalls technisch zu unterstützen sind, weil es sich z.B. um Ad-hoc-Aufgaben oder Kooperationsbeziehungen zwischen Akteuren handelt.

3.1 Formalisierbare Prozesse

In B.I.1.1 haben wir uns mit Prozeßorientierung und dem Begriffssystem von Gaitanides auseinandergesetzt: Er spricht von Kernleistungen bzw. Kernprozessen sowie Supportleistungen bzw. Supportprozessen. Er unterscheidet singuläre Prozesse (die der individuellen Problemlage des Unternehmens entsprechen) und allgemeine Prozesse (die in allen Unternehmen gleich sind, deren Anpassung branchenspezifisch vorgenommen werden muß). Schließlich führt er das Begriffspaar Prozeßverstehen und Prozeßanalyse ein: Während mit Prozeßverstehen das Verstehen der Ziele und Probleme des Kunden gemeint ist, geht es bei der Prozeßanalyse um Verschlankung durch Automatisierung oder Eliminierung redundanter Prozesse. Es sind vor allem diese Unternehmensprozesse, die die Koordination einer Organisation herstellen.

Bei formalisierbaren Prozessen führt ein auslösendes Ereignis zur Ausführung vordefinierter Aktivitäten, bei Problemlösungsaktivitäten sind aus der

Fraktal-föderative Strukturen
Über universitäre Entscheidungsorgane

Mein Verständnis von einer sinnvollen Zusammenarbeit zwischen dem Präsidenten und den anderen zentralen Entscheidungsorganen der Universität ist durch die Vorstellung geprägt, daß eine Universität sehr wesentlich von der Vielzahl der Impulse lebt, die in ihr entstehen und sie mit Leben füllen. Der Sinn zentral ausgerichteter Verfassung der Universität kann nicht der sein, dieser vielfältigen Einrichtung eine Glocke überzustülpen, unter der nur das wachsen darf, was zentral gleichsam genehmigt ist.

Lebendig ist und bleibt eine Universität nur, wenn man dieses Verhältnis umkehrt, wenn also das Ziel der Arbeit zentraler Organe – und da sehe ich den Akademischen Senat ebenso wie den Präsidenten angesprochen – darin besteht, das unverzichtbare Maß an Anregung und Koordination zu leisten, und dies in dem Bewußtsein, daß zentrale Organe sich immer in der Gefahr befinden, zum Flaschenhals der Entwicklung zu werden, weil sie ihre Kapazität, Probleme lösen zu können, überfordern.

Das betrifft ganz entscheidend den Präsidenten selbst. Eine Person kann nur begrenzt Informationen aufnehmen und Probleme erfassen und kann noch weniger Probleme alleine lösen. Die meisten Probleme, die auf zentraler Ebene zu behandeln sind, können nur in Kooperation und anschließender Delegation einer Lösung zugeführt werden.

Oldenburger Freunde haben mir eine Computer-Graphik auf den Weg nach Hamburg mitgegeben. Sie bildet eine „fraktal-föderative Machtstruktur" ab, die sich dadurch auszeichnet, daß auf unterschiedlichen Ebenen in hierarchisch gestuften Dimensionen ähnliche Muster sich wiederholen und selbst organisieren, so daß sie auf der darüber liegenden Ebene wieder eine Struktur ergeben. Das führt zu vielfältigen Bündelungen in diesem Bild; alles orientiert sich zu einem Zentrum hin, das es nicht gibt.

Die Idee eines Zentrums, das nicht existiert, aber trotzdem strukturierend wirkt, ist ein sehr produktiver, natürlich provokativer, weil ad absurdum geführter, Gedanke. Er drückt aber viel davon aus, wie zentrale Funktionen in einer Universität wahrgenommen werden können.

Ich glaube, daß die Funktion eines Präsidenten und die Funktion zentraler Kollegialorgane die von Katalysatoren für selbsttragende Prozesse sein müssen. Das heißt, die Funktion auf zentraler Ebene darf, bezogen auf das einzelne Problem, nur für sehr begrenzte Dauer wahrgenommen werden. Das Ziel der Problemverarbeitung auf dieser Stufe muß es sein, den Prozeß wieder dem eigenen Gang zu überantworten.

Es gibt meines Erachtens nur sehr wenige Dinge, die in einer Universität unverzichtbar einheitlich geregelt werden müssen. Ich hoffe, daß diese Sichtweise ermöglicht, das Potential an Lebendigkeit in den Fachbereichen, in allen Einrichtungen der Universität sich entfalten zu lassen. In dieser Sicht steckt kein Verzicht auf Initiative; ich meine vielmehr, daß auch die zentralen Organe initiativ zu sein haben, aber die Frage ist, welches das Ziel dabei ist. Für mich kann dieses Ziel immer nur darin bestehen, daß andere eine formulierte Aufgabe übernehmen, sich mit dieser Aufgabe auch identifizieren und dann handeln. Eine Aufgabe, die gegen die Überzeugung der Ausführenden übertragen wurde, ist meist zum Scheitern verurteilt. Deshalb halte ich Initiativen mit dem Ziel der Motivierung, der Unterstützung und der Entlassung in eigene Verantwortung für das eigentliche Kunststück kluger Universitätsleitung und kluger Selbstverwaltung durch die zentralen Kollegialorgane.

Dr. J. Lüthje, Präsident der Universität Hamburg
Auszug aus der Rede vor dem AS, 20.6.1991

Abb. B.IV.2
Computergrafik
„Fraktal-föderative
Machtstruktur"

Situation heraus Entscheidungen zu treffen, die in ihrem Ablauf nicht vorhersehbar sind oder aber sehr unterschiedlich ausfallen können. Die Crux ist, daß beide Klassen sich dynamisch verändern können, sodaß die Formalisierung und Programmierung von problemlösenden Prozessen die situative Entscheidung einer Organisation behindern kann, andererseits aber der Verzicht auf die Formalisierung von formalisierbaren Prozessen zu unnötigem Mehraufwand führen würde.

Jede betriebliche Organisation hat einen Fundus an formalisierbaren Prozessen, der möglicherweise wenig änderungsanfällig ist. Hierzu gehören vor allem die allgemeinen Prozesse, es können aber auch zumindest Teile von singulären Prozessen sein. Ein Verzicht auf Formalisierung dieser Prozesse läuft Gefahr, die Organisation an diesen Routinen ersticken zu lassen. Es ist im Interesse einer Organisation, die Routine in den Leistungsprozessen effizient abzuwickeln, auch wenn sie sich nie sicher sein kann, mit ihren getroffenen Entscheidungen auf Dauer richtig zu liegen.

Um halbwegs die „Spreu vom Weizen trennen" zu können, also die formalisierbaren von den nichtformalisierbaren Prozessen, kann Gaitanides Konzept helfen: Zu Anfang geht es darum, die Unternehmensprozesse mit ihren Kernleistungen und Supportleistungen zu verstehen, im zweiten Schritt geht es um die Prozeßanalyse einschließlich des Erkennens der Formalisierungspotentiale (s. Abschnitt B.I.1.).

In unserem Gestaltungsmodell haben wir dafür Organisationsworkshops vorgeschlagen: Das Prozeßmodell der Organisation mit seinen formalisierbaren Prozessen und nicht formalisierbaren Kooperationsbeziehungen und Aufgaben entsteht durch einen zyklischen Gestaltungsprozeß. Dabei wird die Perspektive der Unternehmensorganisation mit den Gestaltungsanforderungen von Arbeitsgruppen und Arbeitsplätzen verknüpft. Den beteiligten Akteuren wird so die „gemeinsame Sache" transparent.

Die formalisierbaren Prozesse stellen dabei den „Rohbau der Organisation" dar. Sie werden heute vor allem durch Standardsoftware wie R/3, oder allgemeiner ausgedrückt, durch Prozeßsoftware unterstützt (siehe hierzu B.V.1.1). Der „Rohbau" ist heute das klassische Feld der Informationstechnik in Organisationen. Manche Schwierigkeiten sind jedoch darauf zurückzuführen, daß die Grenze zum „Innenausbau" oder zur „Inneneinrichtung", wo es um Kooperationsbeziehungen und allenfalls technisch zu unterstützende Aufgaben geht, überschritten wurde.

3.2 Kooperationsbeziehungen

Mit Modularisierung wird die Hoffnung verbunden, daß sich die Kooperationserfordernisse aufgrund impliziter Koordination reduzieren: Die Einheiten sollen viele Aufgaben verarbeiten, ohne daß Koordinationsbedarf entsteht. Und das prozeßorientierte Aufbrechen von Strukturen in kleinere Einheiten soll zwischen ihnen Kunde-Lieferanten-Beziehungen mit den steuernden Mechanismen von Angebot und Nachfrage etablieren. Wie ein Prozeß im einzelnen durchgeführt wird oder die Organisation seiner Arbeitsteilung ist nicht mehr Aufgabe der

Organisation als Ganzes, sondern der für den (Teil-)Prozeß verantwortlichen Organisationseinheiten.

Dennoch lebt eine flexible und innovative Organisation davon, daß die Akteure organisationsintern wie -extern die Möglichkeit haben, Kooperationsbeziehungen einzugehen, und sich insbesondere auf häufig unverhofft auftretende neue Kooperationen synaptisch einzulassen. Diese meist informellen Kooperationen sind für jede Organisation eine entscheidende Ressource. Sie lassen sich kaum formalisieren, können jedoch durch Informationstechnik, insbesondere durch Kooperationssoftware (z.B. cscw-Software) unterstützt werden.

3.3 Aufgaben und Objekte

Die dritte Kategorie aus ablauforganisatorischer Sicht sind Aufgaben und Objekte. Aufgaben und Objekte sind sowohl die Elemente von Prozessen, Kooperationsbeziehungen, Software als auch von menschlichem Arbeitshandeln. Aufgaben werden an Objekten realisiert. Ein Objekt kann von einem Menschen zum Gegenstand seines Handelns gemacht werden. Materielle Objekte sind im Gegensatz zu immateriellen sinnlich erfahrbar, sie haben einen Zustand und sie befinden sich in Zeit und Raum. Immaterielle Objekte, z.B. Informationen, können in Software eingehen.

Funktionen bzw. Verrichtungen sind die dynamischen Teile einer Organisation, die sich auf Objekte beziehen, Objekte der statische Teil. Mit Funktionen wird der Zustand eines Objektes manipuliert. Weil das stabile Element eher die Objekte als die Verrichtungen an ihnen sind, überdauert die Organisationsgestaltung nach dem Objektprinzip leichter etwaige Veränderungen.

In Abschnitt B.I.2. haben wir Bertrand Meyer zitiert, der anmerkt, daß Organisatoren wie Softwareentwickler zu Beginn vor einer grundsätzlichen Entscheidung stehen: Soll die Struktur auf Funktionen (gleichbedeutend mit Verrichtungen, Aktionen oder Aufgaben) oder auf Objekten beruhen? Über das Kriterium zur Beschreibung von Zerlegungsstrukturen muß zuallerst entschieden werden. Funktions- bzw. aufgabenorientierte Ansätze versuchen, die Komplexität durch Zerlegung in detaillierte Handlungsanweisungen zu beherrschen. Objektorientierte Modellierungsansätze dagegen fordern eher dazu auf, etwas zu tun.

Strukturierung nach dem Objektprinzip legt eher die Orte der Objekte fest, als die Verrichtungen an ihnen, wodurch einerseits organisatorische Stabilität und andererseits eine Flexibilität z.B. der Prozeßdurchführung ermöglicht wird. Top-down-Ansätze der Prozeßmodellierung neigen eher zur Verrichtungsorientierung, weil so eine zentrale Steuerung leichter herstellbar wird. Entsprechend verknüpfen sich Bottom-up-Ansätze eher mit Objektorientierung.

Dieses Zusammenspiel von Objekt und Aufgabe, das bereits zentral für die Pioniere der Organisationsforschung Nordsieck und Kosiol war, ist nach wie vor aktuell. Es gehört auch heute noch zum unverzichtbaren Grundlagenwissen der Organisatoren wie Softwareentwickler.

The Fishnet Organization
Eine aktuelle amerikanische Sicht der Dinge und einige Zweifel

Amerikanische Managementautoren haben eine Meisterschaft darin entwickelt, Trends weiterzuspinnen und publikumswirksam unter die Leute zu bringen. Botschaft und Anreiz zur Lektüre sind eigentlich immer dieselben: „How to be a little more competitive / better / faster than my competitor / colleague / friend". R. Johansen und R. Swigart, die Autoren von „Upsizing the Indivdual in the Downsized Organization", benutzen, wenn sie von Unternehmensnetzwerken sprechen, die Metapher Fishnet Organization (1996, S. 15f). In der Fishnet Organization bestehen eher „weiche" Hierarchien, die nur temporär gelten, solange eine bestimmte Marktsituation ausgeschöpft wird, also z.B. ein Produkt gut läuft. Metaphorisch wird diese Situation von Johansen und Swigart als Knoten eines Fischnetzes beschrieben, das hochgehalten wird. Wird ein anderer Knoten gefaßt, so erscheint eine andere weiche Hierarchie, solange das Netz festgehalten wird.

Eine Führung ist im Netz kaum noch erkennbar: „The Players in the interlinked economy are actually teams of teams, playing against other teams of teams... The battle lines are not all clear: a competitor may also be an alliance partner" (Johansen/ Swigart 1996, S. 19). Das Netz wird ständig umgestaltet, häufig entstehen ad hoc Netzwerke, Informationstechnologien stellen das „Material" für die Koordination bereit. Es gibt keine nationalen, kulturellen oder sozialen Grenzen: „Fewer managers managing more people with more diversity and more geographic separation but less loyalty to the organization".

Das Workplace-Konzept ist laut Johansen/ Swigart am Ende, wir befinden uns mitten in der Work Space Phase. Die Workplace Metapher assoziiert Unternehmen mit festen Orten und Gebäuden, wobei der „feste" Ort Kontinuität, Größe, Prestige durch Statussymbole und Abgrenzung nach außen symbolisiert hat. Sie steht auch für Gemeinschaftsgefühl, soziale Sicherheit und strikte Trennung von Arbeit und Privatleben.

Der Work Space dagegen weicht die alten Werte und Symbole gründlich auf: es gibt kaum Abgrenzungen nach außen, traditionelle Arbeitszeiten verschwinden. Einzelne Akteure oder Teams können überall arbeiten: Zuhause, im Flugzeug, im Hotelzimmer, im Auto. Mobiltelefone, Modems, Fax, Laptops und Software sind vorhanden, um die Projekte virtuell zusammenzubringen. Die „anytime/anyplace economy" gestattet Kundenwünsche oder Wettbewerbsdruck an die Teleworker oder Modern Road Warrior sofort weiterzugeben, ohne Restriktionen von Bürostunden oder Geographie. Das Just-in-Time-everything-Business ist angesagt: „The future is so certain that the best you can do is to be prepared for any type of last-minute rescue. Just in the nick of time."

Aber die Stärke der Road Warriors und Working Groups ist zugleich ihre Schwäche, so Johansen/ Swigart (1996, S. 18). Die Koordination der Telearbeiter und Arbeitsgruppen ist nicht ohne ungewöhnliche Anstrengungen zu bekommen. Die Synchronisation der Handlungen ohne ein Organisationsdach erscheint schwierig, der Aufbau von Koordinationsstrukturen ist bislang kaum gelungen, noch schwieriger sie aufrechtzuerhalten: „The whole can easily be less than the sum of the parts; the sum of separate high-performing teams is not necessarily a high-performing organization" (Johansen/Swigart 1996, S. 18).

Es mag bezweifelt werden, daß die Anforderungen des Road Warriors oder des Teamarbeiters, der sich, so Johansen/Swigart, in erster Linie durch sein eigenes Adrenalin füttert, jedermanns Sache ist. Der ehemalige Kommentarchef der Business Week, William Bridges beklagt die neue Arbeitswelt als zu riskant, zu unzuverlässig, zu beunruhigend. Nur wer unabhängig und hart genug sei, könne darin überleben. Er könne nichts anfangen mit vernetzten Firmen, die nur existieren, solange der Strom eingeschaltet bleibt. Die Frage ist in der Tat, wo bleiben diejenigen, die da nicht mithalten können, wahrscheinlich die große passive Mehrheit, die in der festgefügten alten Arbeitswelt gut zurechtgekommen ist?

Aber auch für die Jungen, Qualifizierten und Schnellen, die mithalten können, müssen deswegen noch lange keine goldenen Zeiten anbrechen. Erfolg und Wohlergehen werden in starkem Maße von ihrer Marktstärke abhängen: Ist das, was sie weltweit anzubieten haben, knapp, so werden sie gefragt sein.

Man sollte ihnen fast empfehlen, sich in Zünften oder Gilden zu organisieren, um sich so abzuschotten und ihren Preis hochzutreiben. Für die Mehrheit wird allerdings das Bild des elektronischen Wanderarbeiters besser passen, der weltweit auf der Suche nach Arbeit und Aufträgen ist.

Das „New-Work-Modell"
In Detroit wird das New-Work-Modell praktiziert: Arbeit wird in drei Einheiten geteilt: zwei Tage in der Woche wird regulär gearbeitet, zwei Tage erweiterte Freizeit und zwei Tage „high-tech selfproviding" als Selbstversorgung auf hochtechnisiertem Niveau. „New Work" ist ein Modell der Teilzeitarbeit, es soll dreimal so vielen Menschen reguläre Erwerbsarbeit verschaffen wie bisher. Der eigentlich originelle Ansatz ist die hochtechnisierte Eigenarbeit. „In der heruntergekommenen Innenstadt von Detroit, so der Plan, renovieren arbeitslose Schwarze und alleinstehende Mütter, die bisher von der Sozialhilfe lebten, ihre Appartmentgebäude und ziehen sogar mit modernsten Maschinen und ökologischen Materialien Häuser mit 18 bis 20 Stockwerken hoch. Der Einsatz von „Schweiß-Kapital", so Bergmann, wird durch niedrige Mieten oder Teileigentum belohnt... Andere stellen mit hochentwickelter Software und modernsten Nähmaschinen ihre eigenen Kleider, Lederjacken oder Schuhe her. Technologie, richtig angewandt, könnte die Menschen außerordentlich unabhängig machen... Eine viel größere Zahl von Menschen würde in jeder Hinsicht kreativere, innovativere und autonomere Arbeit leisten". (Schmidt-Klingenberg 1997)

4. Aktuelle aufbauorganisatorische Orientierungen: Modularisierung, organisationsinterne und -übergreifende Netzwerke

Im klassischen Organisationsverständnis werden Organisationen durch hierarchische Strukturen zusammengehalten. Was hält Organisationen mit den Leitbildern Prozeßorientierung und Modularisierung zusammen? Die Frage nach Struktur und Koordination stellt sich jetzt für Organisationen neu.

4.1 Modularisierung

Mit der Einführung von Prozeßorientierung ergeben sich neue aufbauorganisatorische Optionen. Die Argumentation in B.I.1.1 war: Für das klassische aufbauorganisatorische Paradigma waren Abteilungen, hierarchische Gliederung und klar abgrenzbare Funktionen unverrückbare Positionen. Stabilität sollte durch starre organisatorische Strukturen erreicht werden. Mit Prozeßorientierung wird diese Orientierung brüchig. Prozesse gehen über alte Abteilungsgrenzen hinweg, sie können schneller und effektiver abgewickelt werden, wenn überschaubare Organisationseinheiten entlang der neu auftretenden Prozesse gebildet werden. Wir haben sie prozeßorientierte Module genannt. Kundenorientierte wie interne Prozesse setzen zunehmend auf diese dezentralen Organisationseinheiten. Sie verteilen die Aufgaben auf die Mitglieder der Arbeitsgruppe.

Modularisierung ist heute neben Prozeßorientierung das dominierende Organisationsleitbild. Unter Modularisierung wird in der Organisationstheorie im allgemeinen die Restrukturierung der Unternehmensorganisation in relativ kleine, überschaubare Einheiten (Module), z.B. Arbeitsgruppen, verstanden. Sie zeichnen sich durch dezentrale Entscheidungskompetenz und Ergebnisverantwortung aus (vgl. Picot u.a. 1996, S. 201).

Dieses Verständnis ist unseres Erachtens zu eng. Vielmehr geht es um den Versuch der Kapselung vom Arbeitsplatz über Abteilungen bis hin zu Unternehmen. Auf allen Ebenen finden sich die für die Modularisierung typischen Merkmale.

Wie jedes Leitbild, so läßt auch die Modularisierung einen breiten Interpretationsraum zu. Das Management geht dabei eher von einer Top-down-Perspektive aus. Es verspricht sich durch modulare Organisationseinheiten höhere Leistungen der Mitarbeiter bei gleichzeitiger Zurücknahme direkter Weisungen und Kontrolle. Aus der Bottom-up-Sicht werden mit Modularisierung eher Vorstellungen nach selbstbestimmter Arbeit der Akteure verbunden, wie sie in Gruppenarbeitsansätzen bis in die 80er Jahre verfolgt wurden (s. Box „Zur Geschichte der Gruppenarbeit", S. 184).

Modularisierung in Informatik und Konstruktion
Mit dem Prinzip der Modularisierung sind Wirtschaftsinformatiker und Informatiker gut vertraut. Ein Modul ist ein abstraktes Gebilde, durch die Spezifikati-

on werden seine Eigenschaften, d.h. es wird seine Leistung definiert. Das Wie bleibt nach außen verborgen. Gut gelöste Modularisierung zeichnet sich durch hohe Kohäsion, d.h. interne Bindung und Festigkeit und eine geringe Kopplung, d.h. externe Bindung der einzelnen Module aus. Auf den Punkt gebracht: Der Zusammenhalt innerhalb eines Moduls sollte groß sein, d.h. die interne Bindung sollte nicht zufällig sein, und die Beziehungen zwischen den Modulen sind auf das Nötigste zu begrenzen (vgl. Lehner u.a. 1995, S. 295).

In der Konstruktionslehre wird Modularität als effiziente Vorgehensweise bei der Generierung komplexer Produkte und Verfahren betrachtet (vgl. Baldwin/Clark 1998, S. 40). Modulbausteine werden unabhängig voneinander, aber dennoch als Ganzes entwickelt. Dabei gibt es sichtbare Konstruktionsvorgaben – sie prägen die Konstruktionsentscheidungen – und verborgene Konstruktionsparameter. Die Konstruktionslehre unterscheidet drei Kategorien (vgl. Baldwin/Clark 1998, S. 40):

- Architektur: Sie legt die Module fest, die zum System zählen sollen, und gibt deren jeweilige Funktion vor.
- Schnittstellen: Sie beschreiben die Zusammenarbeit der Module.
- Normen: Sie sind Prüfinstanzen, die Auskunft über Einhaltung der Konstruktionsvorgaben und Leistung geben können.

Die verborgenen Konstruktionsparameter bzw. Informationen sind nur den Designern bekannt, die das betreffende Modul entwickeln. Sie dürfen die Funktion des Gesamtsystems nicht beeinflussen.

Top-down-Modularisierung
Wirtschaftsinformatik und Informatik neigen zuweilen dazu, technische Konzepte „eins zu eins" auf soziale Zusammenhänge zu übertragen. Dieser Gefahr unterliegt insbesondere die Top-down-Sicht. Für sie besteht die Herausforderung in Organisationen heute darin, möglichst flache Hierarchien zu etablieren, indem die klassischen, zentral ausgerichteten Organisationsformen unternehmensweit durch *dezentrale* modulare Organisationseinheiten, Projekte, oder Arbeitsgruppen ergänzt oder ganz abgelöst werden.

Diese Sicht bezieht nicht nur die Arbeitsgruppe, sondern alle organisationsinternen wie organisationsübergreifenden Perspektiven in das Leitbild ein, auch der einzelne Arbeitsplatz bzw. das Individuum werden jetzt als Module betrachtet. So können alle Akteure und Organisationseinheiten auf ihre Kernkompetenzen hin „abgeklopft" werden, sie sind gegebenenfalls zu „selektieren", um sie aus der Unternehmensorganisation zu entlassen oder zu neuen Organisationsverbünden zusammenzuschließen.

Jedes Modul soll so auf seinen Beitrag zur Wertschöpfung überprüft werden. Modularisierung in jeder Form ist angesagt und die Suche nach erfolgversprechenden neuen Kombinationen, bei der die Frage lautet: Wie können die Module (vorübergehend) zusammengesteckt werden, damit der Verbund möglichst erfolgreich ist?

„Dezentralität bedeutet, daß die Elemente eines Systems lose gekoppelt sind. Sie können Ereignisse in der Umgebung ignorieren. Eine Störung kann lokal bleiben. Lose Kopplung ist die Voraussetzung für dezentrale Autonomie. Wenn durch Integration alles mit allem zusammenhängt, ist „vor Ort" fast nichts mehr zu entscheiden" (Wohland 1997, S. 35)

Zur Geschichte der Gruppenarbeit
Die Vorläufer der Modularisierung

Die Geschichte der Gruppenarbeit beginnt in den 20er Jahren. Sie wird in den U.S.A. und Skandinavien seit den 60er und 70er Jahren diskutiert und z.T. praktiziert. Seit Mitte der 80er Jahre erlebte sie zunächst unter dem Aspekt der computergestützten Gruppenarbeit (cscw) eine Renaissance. Heute ist sie vor allem für die Organisation von Netzwerken interessant.

„Cooperative work, as a form of work organization, is not an idea whose time has just come. The notion of how people cooperate in getting work done has been around since early humans coordinated their tasks in hunting, fishing, gathering and rudimentary agriculture."
(Greenbaum 1988, S. 102)

Mit der Metapher Gruppenarbeit verbindet sich meist intuitiv ein Verständnis von menschengerechter Arbeitsgestaltung. Es gehen damit Hoffnungen einer, die Entwicklungsmöglichkeiten von Arbeit und Arbeitsorganisation in Richtung verstärkter Ganzheitlichkeit, Anforderungsvielfalt, Autonomie, sozialer Interaktion und Lern- und Entwicklungsmöglichkeiten zu fördern.

Mit Gruppenarbeit wird nach Alioth und Ulich (1980) eine Arbeitsform bezeichnet, bei der mehrere Personen gemeinsam an einer Aufgabe arbeiten bzw. einen Aufgabenbereich bearbeiten. Es wird unterstellt, daß die Personen sich als Gruppe verstehen, in aufgabenbezogener Interaktion stehen und Interessen haben, denen mittelbar oder unmittelbar durch die Gruppenarbeit entsprochen wird. Es gibt eine Reihe von Kriterien, die immer wieder genannt werden; so Schneider, der folgende Kriterien definiert:

- **Mitgliederzahl:** Jede Person muß mit allen anderen von Angesicht zu Angesicht in Verbindung treten können,
- **Interaktion:** Kommunikation mit einem Minimum an Intensität, zu dem Zweck, die notwendige Gruppenintegration zu sichern, wobei die Motive individuell oder gruppenorientiert bestimmt sein können,
- **Strukturierung:** Aufgrund der Möglichkeit zu fortgesetzter Interaktion organisieren die Beteiligten ihre Gruppe auf der Grundlage ihrer gemeinsamen Ziele und Aktivitäten,
- **gemeinsame Normen:** In der Gruppe bilden sich gemeinsame Werte und Orientierungen heraus; empirische Untersuchungen haben übereinstimmend gezeigt, daß Gruppennormen in hohem Maß die Produktivität positiv oder negativ beeinflussen. Die Gruppe übt auf jene Mitglieder Druck aus, die von den Normen abweichen,
- **Gruppenbewußtsein:** Dieses Merkmal entwickelt sich in erster Linie aus Interaktion und gemeinsamen Normen.

Gruppenarbeit als Form der Arbeitsorganisation ist im Verlauf dieses Jahrhunderts in der Praxis wie in den Wissenschaften (v. a. Arbeitswissenschaften, Organisationstheorie und Managementlehre) immer mal wieder ein Diskussionsthema gewesen, um dann wieder für längere Zeit zu verschwinden.

Gruppenfabrikation nach Hellpach/Lang

Erste Ausarbeitungen zur Gruppenarbeit bzw. Gruppenfabrikation finden sich bei Hellpach/Lang (1922). Gegenstand der Betrachtung ist eine Betriebsumgruppierung bei der Daimler-Motoren-Gesellschaft im Werk Untertürkheim. Während der Betriebsingenieur Lang sich mit der organisatorischen Seite befaßt, analysiert der Mediziner und Psychologe Hellpach die sozialpsychologischen Auswirkungen der Gruppenfabrikation. Die organisatorische Situation in den Fabriken dieser Zeit ist geprägt durch den Taylorismus. Aus der daraus resultierenden Atomisierung der Arbeit entsteht, so Lang, das Problem der Unübersichtlichkeit bei der Überwachung des Fertigungsfortschritts sowie zu großer Transportwege, da die Einzelteile zwischen den einzelnen Abteilungen hin- und herwandern müssen. Das Motiv für die angestrebte Gruppenfabrikation ist also ausschließlich ökonomischer Natur, im Vordergrund steht die Verkürzung der Transportwege, es geht um Kraft- und Zeiteinsparung. Wie Hellpach/ Lang ausdrücklich feststellen, war es nicht ihre Absicht, „ein Arbeiterbeglückungsprojekt zu starten" (Hellpach/Lang 1922, S. 49). Ausgangspunkt war vielmehr, so wird heute vermutet, eine Notlage: es waren in der Zeit nach dem ersten Weltkrieg in Deutschland keine finanziellen Mittel vorhanden, um wie in den USA die Fließbandproduktion einzuführen. Insofern ist der Versuch der Gruppenfabrikation als Notbehelf zu sehen (s. Abb. B.IV.3).

Likerts „überlappende Gruppen"
Nach den Untersuchungen von Hellpach/Lang ist es in Deutschland und Europa jahrzehntelang still um die Gruppenarbeit. In den 60er und 70er Jahren wird sie in Amerika wiederentdeckt (Hasenack 1977, S. 196 ff), ohne Kenntnis der deutschen Erfahrungen. Erste Forschungsergebnisse werden von Rensis Likert (1961, deutsch 1972) vorgelegt. Seine Absicht ist, den Zusammenhang von Führungsstil und Produktivität auszuleuchten. In Untersuchungen stellt Likert fest, daß Abteilungen mit hoher Produktivität meist Vorgesetzte mit persönlich ausgerichtetem Führungsstil haben. Aus seinen Ergebnissen entwickelt Likert neue Führungsgrundsätze, die auf Arbeitsgruppen aufbaut. „Daraus kann der Schluß gezogen werden, daß die Unternehmungsführung erst dann alle Möglichkeiten der Menschenführung ausschöpft, wenn jeder Mitarbeiter einer oder mehreren wirksam funktionierenden Arbeitsgruppen angehört, die einen hohen Grad an Gruppenkohäsion, gute zwischenmenschliche Beziehungen und weitgesteckte Leistungsziele aufweisen" (Likert 1972, S. 103).

Likert versteht die ganze Organisation als ein System aus überlappenden Gruppen, die durch *linking pins* miteinander verbunden sind. Linking pins sind Gruppenmitglieder, die gleichzeitig zwei verschiedenen Gruppen angehören. Ihre Aufgabe ist die Förderung der vertikalen und horizontalen Kommunikation zwischen den Gruppen. Als vertikale linking pins fungieren die Vorgesetzten der jeweiligen Gruppen. Sie sind gleichzeitig Gruppenleiter in einer Gruppe und Gruppenmitglied in einer Gruppe der nächsthöheren Hierarchie-Ebene (s. Abb. B.IV.4)

Likerts Form der Gruppenarbeit beinhaltet keine Reorganisation wie dies etwas bei Hellpach/ Lang der Fall war, sondern fordert ein anderes Führungsverhalten und Selbstverständnis der Unternehmensmitglieder ein. Likerts Modell vernachlässigt für die humane Arbeitsgestaltung relevante Kriterien wie

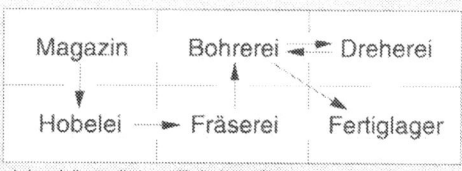

a) herkömmlicher Fabrikaufbau

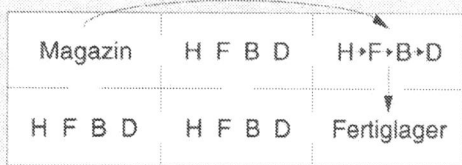

b) Gruppenfabrikation

Legende:
-> Weg eines Werkstücks
H Hobelmaschine
F Fräsmaschine
B Bohrmaschine
D Drehbank

Abb. B.IV.3
Gruppenfabrikation nach Hellpach/Lang

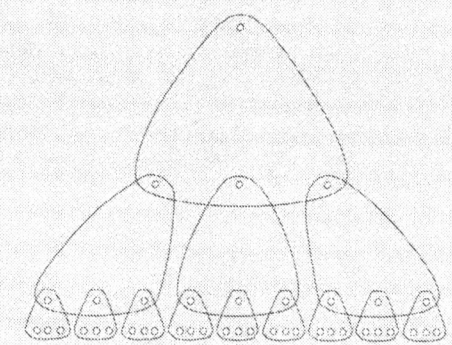

Abb. B.IV.4
Sichten auf die Gruppenorganisation

Ganzheitlichkeit oder Anforderungsvielfalt. Durch das angestrebte Gruppenbewußtsein sind vielseitigere soziale Interaktionen zu erwarten.

Teilautonome Gruppen

Likerts Konzepte haben in der deutschen Unternehmenspraxis keine große Aufmerksamkeit hervorgerufen, obwohl amerikanische Unternehmensführungsmodelle in den 70ern und 80ern gern übernommen wurden.

Von Arbeits- und Sozialwissenschaften wie Gewerkschaften wurden in den 70er Jahren die aus Skandinavien kommenden Diskussionen über die „teilautonomen Arbeitsgruppen" interessiert aufgenommen (Emery/Thorsrud 1975). Die Wurzeln dieser Praxisversuche („Volvo") liegen in Untersuchungen des Londoner Tavistock-Institut, insbesondere bei Lisl Klein. Bei Volvo war es die Erkenntnis der Unternehmensleitung, daß technologische Innovationen allein die Ausschöpfung der Produktivitätsressourcen nur unzureichend leisten. Ausgangspunkt war die zunehmende Unzufriedenheit der Arbeitnehmer in den Volvo-Werken, in Form hoher Fluktuationsrate und steigender Fehlquoten. Die Ursache für die steigende Unzufriedenheit ist nicht nur in den hochgradig formalisierten und zerlegten Aufgaben, sondern auch im steigenden Bildungsniveau der Bevölkerung zu suchen.

Anders als bei den „überlappenden" Gruppen, wird beim Modell „teilautonome Gruppen" Verantwortung auf die Gruppe bzw. ihre Mitglieder übertragen: Die Gruppe bekommt einen Aufgabenbereich zugewiesen, sie ist für die Erfüllung verantwortlich; die Gruppenmitglieder verteilen die Aufgaben untereinander; die Gruppe kann ihren Leiter selber wählen, er ist für die Außenvertretung der Gruppe zuständig; es finden Gruppenbesprechungen statt, um die Koordination zu gewährleisten. Teilautonomie heißt, daß der Gruppe ein Bereich zugewiesen wird, innerhalb dessen die Mitglieder Entscheidungen treffen und Verantwortung übernehmen müssen.

Gruppentechnologie-Konzept

Die Diskussion in Deutschland hat seit Mitte der 80er Jahre vor allem Peter Brödner (1985) wieder in Gang gebracht. Sein Plädoyer für Gruppenarbeitsorganisationen resultiert aus einer politökonomischen Argumentation: Er sieht einen Grundwiderspruch im sog. technozentrischen Entwicklungspfad (d.h. der tayloristischen Rationalisierung auf der Grundlage fortgesetzter Arbeitsteilung von Hand- und Kopfarbeit). Brödner vermutet, daß die Märkte nach flexibler Produktion mit kurzen Durchlaufzeiten verlangen. Dem läuft jedoch eine arbeitsteilige, tayloristische Struktur, wie der Anspruch nach zentraler Transparenz und Kontrolle durch Arbeitsteilung entgegen: „Die Entwicklung hat damit einen Punkt erreicht, wo die Imperative der Herrschaftssicherung mit denen der Kapitalverwertung in Widerspruch geraten." Als Ausweg sieht Brödner den anthropozentrischen Entwicklungspfad mit Gruppentechnologie und Fertigungs- und Konstruktionsinseln (s. Abb. B.IV.6).

Brödner vermutet, daß dieser alternative Entwicklungspfad noch wesentlich größere Freisetzungen erwarten läßt als traditionelle Arbeitsorganisationen. Was positiv zu Buche schlägt, sind mögliche Verbesserungen der Arbeitsinhalte und Arbeitsbedingungen für die, die im Arbeitsprozeß verbleiben. Brödner hat damit 1985 einen beachtlichen Weitblick gezeigt, die Entwicklungen in den 90er Jahren haben ihm Recht gegeben.

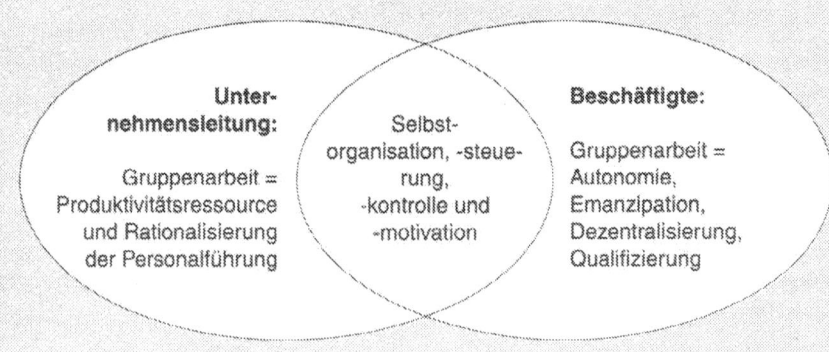

Abb. B.IV.5 Lickerts „überlappende Gruppen"

Diskussionen in Büro und Verwaltung

Die Diskussion um Gruppenarbeit hat sich deshalb nur zögernd verbreitet, weil lange das Leitbild „menschenleere Fabrik" vorherrschte. Das Ziel war Vollautomatisierung, der Mensch wurde als Kosten-, Rest- und Unsicherheitsfaktor bilanziert.

Seit Mitte der 80er Jahre erleben Gruppenarbeitskonzepte in der Produktion, zunächst hervorgerufen durch japanische Konzepte, eine Renaissance. Während Gewerkschaften und Sozialforschung damit die Hoffnung nach verbesserter menschengerechter Gestaltung der Arbeitsorganisation verbinden, sehen Betriebswirtschaftslehre und Unternehmensführung in den Gruppenarbeitskonzepten eher eine Produktivitätsressource und eine Chance zur Rationalisierung der Personal- und Unternehmensführung (s. Abb. B.IV.5). Durch Gruppenarbeit lassen sich Anlern- und Qualifikationsprozesse beschleunigen und die Leistungsbereitschaft mobilisieren. So Knut Bleicher (1988), der vorschlägt, auf „die eigenevolutorisch bedingte Entwicklungsdynamik sozialer Gruppen" zu setzen.

In Büro und Verwaltung, besonders im Bereich der Banken und Versicherungen, finden sich in den 80er Jahren häufiger Organisationsformen, die von der klassischen Abteilungsorientierung Abschied nehmen: Die Rede ist von Projekten, Teams und Kundencentern.

Der Zusammenhang von kooperativen Arbeitsformen und neuen Formen der Computernutzung hat sich seit Mitte der 80er Jahre, ausgehend von den USA und Skandinavien mit den Metaphern „Computer-Supported-Cooperative-Work" (cscw) bzw. „Groupware" zu einem neuen, heute bedeutsamen Forschungsfeld der Informatik entwickelt. Die skandinavischen Informatiker sehen sich dabei in der Tradition der teilautonomen Arbeitsgruppen.

(Siehe auch: Wölm 1991)

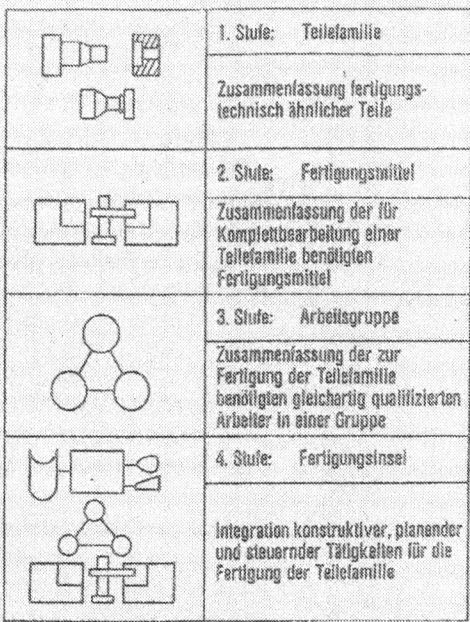

Abb. B.IV.6
Prinzipien der Gruppentechnologie
(Brödner 1990)

Modelle, Methoden und Software

Organisationen stehen dann vor einem komplexen Gestaltungsprozeß: Bei der organisationsinternen Gestaltung geht es um den Entwurf prozeßorientierter Organisationseinheiten, beim organisationsweiten Gestaltungsprozeß um die erfolgversprechende Verkettung der Kernleistungen und -prozesse mit anderen Organisationen.

Häufig ist eine modulare Organisationseinheit für ein Zwischenprodukt verantwortlich; den Akteuren wird nicht vorgeschrieben, wie oder in welcher Reihenfolge die Aufgaben zu bewältigen sind. Ausschlaggebend ist allein, daß es gut und termingerecht ausgeführt wird. Die Kopplung zu anderen Organisationseinheiten ist lose. Modulare Organisationseinheiten zeichnen sich durch eine hohe Anpassungsfähigkeit aus. Darin liegt ihr großer Vorteil gegenüber funktionsorientierten Arbeitsorganisationen: Weil Märkte sich zunehmend überraschend entwickeln, ist die Gefahr groß, daß traditionelle Organisationsformen unddie vorzufindende Realität auseinanderlaufen.

Durch Modularisierung soll erreicht werden, daß sich jeder Akteur als Teil einer „kleinen Firma in der Firma" betrachtet und für den Erfolg der Organisation Mitverantwortung übernimmt.

Bottom-up-Modularisierung

Eine andere Frage ist, ob mit der Einrichtung modularer Organisationseinheiten allein aus der Top-down-Sicht nicht nach dem Motto „teile und herrsche" verfahren wird. Es geht hier in erster Linie um eine „kontrollierte Autonomie" der Gruppenakteure. Ihr Einfluß auf die Gesamtorganisation wird nicht thematisiert. Durch Modularisierung werden vor allem lokale Pflichten verteilt, die Förderung organisationsweiter Transparenz ist nicht erkennbar, es sind damit in der Regel auch keine neuen weitergehenden Rechte, wie etwa Gewinnbeteiligung, verbunden. In welche Richtung die Bottom-up-Modularisierung gehen könnte, zeigt die Box „Zur Geschichte der Gruppenarbeit", S. 184.

Die perspektivische Verknüpfung, nach der für das Verständnis einer Perspektive die größere Einheit als Gesamtzusammenhang und die kleinere als innere Struktur benötigt wird, kann auch hier eine Lösung sein. Beispielsweise kann dadurch, daß modulare Organisationseinheiten organisatorische Komplexität kapseln, die Organisationssituation aus der Top-down-Sicht beherrschbarer und für die Mitarbeiter möglicherweise transparenter werden.

Modulgröße

Picot u.a. definieren eine Faustregel für die angemessene Größe einer Arbeitsgruppe. Es gilt, daß die Bearbeitung von abgeschlossenen Prozessen zur Erstellung eines (Zwischen-) Produktes in einem Modul zusammenzufassen ist: „Die Mindestgröße eines Moduls ergibt sich damit aus den Prozeßschritten für ein klar definierbares Zwischenprodukt" (Picot u.a. 1996,S.201). Diese können allerdings so umfangreich sein, daß der Rahmen einer Gruppe gesprengt wird. Als weiteres Kriterium neben der Abgeschlossenheit des (Zwischen-) Produktes sollte deshalb hinzukommen: „Der Umfang und die Komplexität der in einem Modul zugeordneten Aufgaben muß den Möglichkeiten des Menschen (bzw. der Gruppe) als dispositivem und ausführendem Faktor entsprechen". Als grundle-

So vermutet Gerd Wohland, daß modulare Organisationseinheiten den Koordinationsaufwand durch verläßliche symmetrische Zusicherungen reduzieren: Absichernde Maßnahmen einer der beiden Seiten oder die Anwendung von Macht ist in diesem Verständnis Verschwendung. In hierarchisch-strukturierten Organisationen ist das Interesse, Vereinbarungen einzuhalten, asymmetrisch verteilt: Die Seite mit dem größeren Interesse sichert für den Fall ab, daß die Vereinbarung nicht eingehalten wird, indem sie Sanktionen androht oder indem mit zentraler Macht gedroht wird (vgl. Wohland 1997, S. 23f).

gende Prinzipien der Modularisierung für Gruppen nennen Picot u.a.: Bildung kleiner, prozeß- und kundenorientierter Einheiten, weitgehend abgeschlossene Aufgabenbereiche, dezentrale Entscheidungskompetenz und Ergebnisverantwortung (Picot u.a. 1996, S. 223).

Gruppen- und arbeitsplatzorientierte Modultypen
Modularisierungen für den Bereich Büro und Verwaltung lassen sich grob einteilen in Geschäftsprozeß-Gruppen, Service-Gruppen, Projekt-Gruppen, Ad-hoc-Gruppen und arbeitsplatzorientierte Module:

(1) Geschäftsprozeß-Gruppen sind um allgemeine Geschäftsprozesse, z.B. um die Kundenauftragsabwicklung herum organisiert. Sie lassen sich weiter klassifizieren, so wie wir es bei Versicherungen und Banken kennengelernt haben (s. Abschnitt B.I.1.):
- Arbeitsgruppen für Standarddienstleistungen,
- Arbeitsgruppen für beratungsintensive Dienstleistungen,
- Arbeitsgruppen für gemischte Dienstleistungen.

(2) Servicegruppen sind Arbeitsgruppen, die für mehrere Geschäftsprozeß-Gruppen, Projekt-Gruppen oder für das Management Unterstützungsfunktionen ausübt.

(3) Projektgruppen sind zeitlich begrenzte Organisationseinheiten mit planenden, problemlösenden oder innovativen Aufgabenstellungen.

(4) Ad-hoc-Gruppen bilden sich häufig aufgrund von Terminabsprachen oder auch spontan und informell, z.B. kann die Kommunikation auch über Telefon oder e-mail anlaufen. Sie lösen sich in der Regel schnell wieder auf, sind also eher flüchtige Module. Beispiele dafür sind Meetings oder auch nur zufällige Treffen mit relevanten Wirkungen, z. B. Gespräche in der Kantine.

(5) Arbeitsplatzorientierte Modularisierungen: Der Prozeß der Modularisierung kann auch die Perspektive Arbeitsplatz und Arbeitsumgebung mit einschließen. Der einzelne wird dann zum Objekt der Organisationsgestaltung, hier ist nicht nur seine Eigenschaft als Gruppen- oder Organisationsmitglied relevant.

Die Modularisierung des Arbeitsplatzes wird heute unter dem Aspekt der Verlagerung, z.B. als *Telearbeitsplatz* sichtbar (vgl. Abb. B.IV.7). Es geht darum, den Aufgabenbereich eines Akteurs mit Unterstützung von IT so zu kapseln, daß seine physische Anwesenheit entweder nicht mehr erforderlich ist oder auf wenige Tage begrenzt werden kann.

Modularisierungen stellen häufig nur die Vorstufe für sog. *Outsourcing-Aktivitäten* dar. Dabei ist wichtig, ob der Prozeß der Modularisierung vom Management ausgeht, oder eher Bestrebungen von Akteuren nach Dezentralisierung oder Selbständigkeit außerhalb der Unternehmensorganisation eine Rolle spielen.

Telearbeit *ist ein weiterer Schritt in der Logik, die mit dem Aufbau von MIS begann, dann Prozeßorientierung und Modularisierung anstrebte und nun in der Lage ist, verbleibende Arbeit als Telearbeit zu organisieren und Routinearbeit auf Kunden zu überwälzen.*

„Das, was von den Firmen her ausgelagert, **outgesourct** *wurde, das funktioniert also gar nicht so gut, aber wo sich solche Strukturen freiwillig entwickeln, da kommt es zu einer wirklich neuen Qualität... Und ein zweites ist, daß wir... viel weniger Bürokratie, viel weniger Hierarchie haben werden. Und damit entfällt ein wesentliches Hindernis für neue Ideen, für Innovationen"* (Stehle 1997).

Formen der Telearbeit	Kurzbeschreibung	Bisherige Erfahrungen
Teleheimarbeit	Ausschließliche Tätigkeit in der Wohnung der TelearbeiterInnen	Teleheimarbeit im Arbeitnehmerstatus wird kaum praktiziert. Bei freien Mitarbeitern und Selbständigen (ohne eine eigentliche Betriebsstätte) ist Teleheimarbeit üblich.
Alternierende Telearbeit (auch alternierende Teleheimarbeit)	Tätigkeit im Wechsel zwischen dem betrieblichen und häuslichen Arbeitsplatz, Aufteilung der Arbeitszeit ergibt sich u. a. aus der Arbeitsaufgabe, individuellen Interessen.	Diese Form der Telearbeit wird häufig praktiziert. Sie gilt inzwischen als Arbeitsform, in der TelearbeiterInnen Chancen (mehr Autonomie) verwirklichen, und Risiken (Isolation) minimieren können.
Rufbereitschaft	Fernwartung oder Behebung von Störungen an EDV-Anlagen und EDV-Systemen in bestimmten Rufbereitschaftszeiten (nachts, am Wochenende) vom PC in der Wohnung des Beschäftigten.	In EDV-Betrieben bzw. -Abteilungen hat sich diese Form der alternierenden Telearbeit durchgesetzt und kommt den Interessen der Beschäftigten sehr entgegen (bisher mußte in den Betrieb gefahren werden), wenn akzeptable Bedingungen vereinbart wurden.
Mobile Telearbeit	Tätigkeit, die unterwegs, beim Kunden, Zuhause, mit Notebook, Modem und Drucker erledigt wird, insbesondere von Servicetechnikern, Außendienstmitarbeitern, Handelsvertretern, Beratern, Journalisten	Mobile Telearbeit hat sich in kurzer Zeit als flexible Arbeitsform entwickelt, die bisher schon vorhandene Eigenständigkeit und teilweise selbstbestimmte Arbeitsweise bleibt erhalten.
Satellitenbüros	Ausgelagerte Arbeitsstätten eines Unternehmens mit Telekommunikationsanbindung an die Zentrale, die dezentral und wohnortnah (auf Wunsch der Beschäftigten) eingerichtet werden.	Bisher erst vereinzelt auf Initiative der ArbeitnehmerInnen entstanden.
Nachbarschaftsbüros	Büros in Wohngebieten oder am Stadtrand, die von mehreren Unternehmen betrieben und/oder von Selbständigen genutzt werden.	
Telezentren/-häuser	Private Dienstleister oder öffentlich geförderte Einrichtungen, die Bürodienstleistungen auf dem Markt anbieten. Das Ziel ist, Arbeitsplätze, z.B. für Frauen, in strukturschwachen Regionen zu schaffen.	In einzelnen Bundesländern sind solche Projekte initiiert worden; ein Beispiel ist das Telehaus Wetter (Hessen) und das Telecenter Hersbruck (Bayern)
Virtuelle Firmen	Zusammenschluß von rechtlich unabhängigen und räumlich getrennten Selbständigen oder (kleinen) Unternehmen, teilweise nur für ein bestimmtes Projekt, aber auch auf Dauer.	Solche Unternehmen finden sich im Internet. An die Stelle einer Geschäftsanschrift tritt die E-Mail-Adresse.
„Guerilla"-Teleworker	Menschen, die sich immer und überall, im Büro, am Wochenende, im Urlaub, auf Geschäftsreise oder bei jeder sonstigen Gelegenheit ins Firmennetz einwählen und arbeiten.	Solche Arbeitsformen werden meistens von Führungskräften und Spezialisten praktiziert, deren berufliche Stellung sie auf Schutznormen verzichten läßt.

Abb. B.IV.7: Organisationsformen der Telearbeit (vgl. Telearbeit 1998, S. 7)

4.2 Organisationsinterne Netzwerke

Die Prozeßorientierung kann für Akteure und Arbeitsgruppen eine aufbauorganisatorische Klammer sein, insbesondere dann, wenn sie an einer gemeinsamen Sache arbeiten und diese stabil ist, wie dies z.B. bei der Auftragsabwicklung der Fall ist. Die gemeinsame Sache kann über die Zeit eher „flüchtig" sein, was typisch für F & E-Projekte ist. Die Prozeßorientierung spielt hier nur eine geringe Rolle, andere Koordinationssysteme sind erforderlich. Sind Organisationsnetzwerke die Lösung?

Die Metapher Netzwerk kann das Neue mit Einschränkungen auf den Punkt bringen. Viele Begriffe haben sich heute um den Netzwerkbegriff erweitert: Nachbarschaftsnetzwerk, Forschungsnetzwerk, Frauennetzwerk oder Selbsthilfenetzwerk. Bei aller Unterschiedlichkeit weisen sie Gemeinsamkeiten auf: Ein gewisses Maß an Spontanität, Flüchtigkeit und Informalem, ein hohes Maß an Kommunikation, Kooperation und Flexibilität, ein Minimum an Hierarchie, Beherrschungsabsichten und zentraler Koordination der weitgehend autonomen Netzwerkmitglieder. Offensichtlich setzt der Netzwerkbegriff bei gleichberechtigten, sozialen Beziehungen von Akteuren an, wobei Akteure neben Personen und Gruppen auch andere Gemeinschaften oder Verbünde sein können. (vgl. Sydow 1992, S. 2).

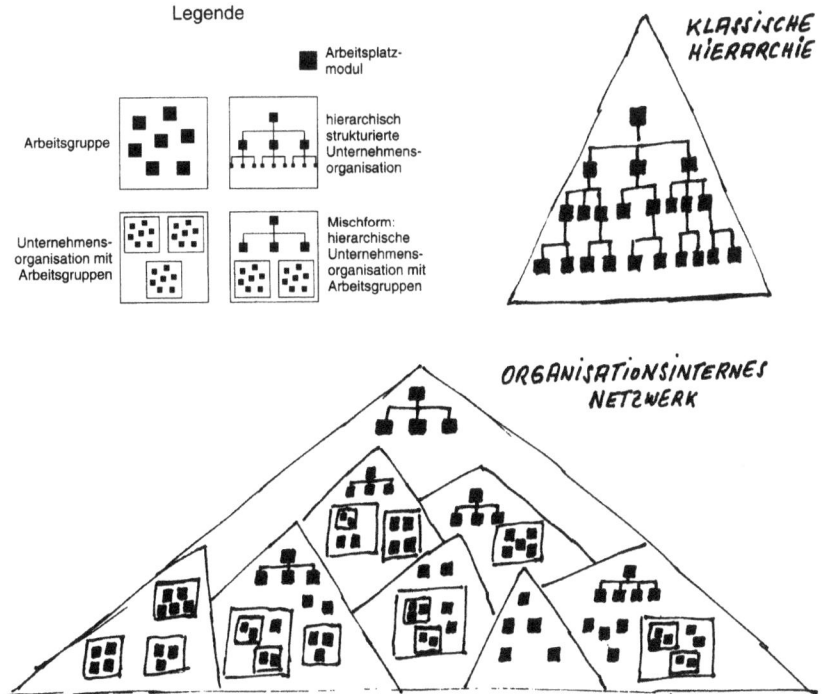

Abb. B.IV.8
Dauerhaft angelegtes hierarchisches Organisationsmodell vs. Momentaufnahme eines organisationsinternen Netzwerkes

Gelten die Merkmale des Netzwerkbegriffes auch für Unternehmen? Auch hier wird man den Netzwerkbegriff unterschiedlich deuten und die passende Interpretation ins Licht rücken. Eine Möglichkeit besteht darin, daß sich lose gekoppelte Arbeitsgruppen entsprechend plausibler Gemeinsamkeiten zu größeren Organisationseinheiten, z.B. zu Bereichen oder Arbeitsschwerpunkten zusammenschließen und gemeinsam Koordinationsmechanismen entwickeln. Wahrscheinlicher ist, daß die Koordination durch traditionelle hierarchische Strukturen geschieht und sie sich mit Netzwerkmerkmalen vermischen (s. Abb. B.IV.8).

Die Koordination in Netzwerken läuft vor allem über den massiven Einsatz von IT, die im Laufe der Jahre zur Infrastruktur der Unternehmensorganisation geworden sind. So ist kein großer Steuerungsaufwand notwendig. Alle Beteiligten können für die Zeit der Leistungserstellung auf eine gemeinsame, vernetzte Datenbasis und -struktur zurückgreifen.

Macht und Konflikte in Netzwerken

In Netzwerken löst jede Einheit ein Teilproblem auf ihrer Ebene, die Teillösungen addieren sich zu einer Lösung für die Organisation oder den Organisationsverbund. Koordinierende Einheiten sind notwendig, um die erarbeiteten Lösungen zu einem Netzwerk zusammenzuführen.

Die Leistungsfähigkeit von Organisationsnetzwerken hängt von der Koordinationsfähigkeit, d.h. der Fähigkeit zu geräuschloser Kommunikation der beteiligten Akteure ab, sowie ihrer Konsistenz, die ein Maß für die Übereinstimmung der Ziele des Netzwerks mit den Einzelzielen der Akteure ist.

Formal betrachtet bestehen Netzwerke lediglich aus den beiden Funktionen Arbeitsraum und Koordination. Entscheidend für die Frage, mit welcher Klasse von Netzwerken wir es zu tun haben, ist, wer die Koordination für sich beansprucht. Sie kann entweder durch ausgehandelte Verfahren der beteiligten Akteure bzw. Organisationseinheiten erfolgen oder indem das Management diese Funktion für sich beansprucht (vgl. Scholz 1997, S. 198 ff).

Der Konflikt um Macht und Leitbilder kristallisiert sich um die Frage, wieweit strategische Top-down-Elemente für den Erfolg eines Netzwerkes erforderlich sind, oder ob auch Bottom-up-Koordinationsinstrumente diese Funktion übernehmen können. Und umgekehrt, wieweit Top-down-Netzwerke durch kooperative Bottom-up-Strukturen ergänzt werden müssen, um das Überleben vorhandener Machtstrukturen zu ermöglichen.

Beide Netzwerkklassen sind flexibler und innovativer im Vergleich zu hierarchischen Modellen, sie sind wahrscheinlich auch für die Organisationsmitglieder motivierender. Andererseits verlangen sie bessere Qualifikationen und ständige Anpassung an neue Situationen. Das Rad dreht sich aufgrund flexibler Organisationsformen immer schneller, die Anpassungsanforderungen an die Akteure steigen mit der gleichen Geschwindigkeit.

Bei der „Montage" von Organisationsnetzwerken können unterschiedliche Leitbilder kombiniert werden. Die Macht einzelner Arbeitsgruppen dürfte oft nur ausreichen, ihre Leitbilder im eigenen Herrschaftsbereich zu realisieren, die an den Grenzen der Arbeitsgruppe enden. Netzwerkführer sind in der Lage, die Wahlmöglichkeiten zu begrenzen.

In jedem Fall machen die genannten Merkmale auf die Notwendigkeit zu spontanen und häufig flüchtigen Kooperationen, die eher Bottom-up geleitet sind, aufmerksam. Machtspiele und Konflikte haben in und zwischen den modularen Organisationseinheiten mindestens eine so große Bedeutung wie bei hierarchischen Koordinationsformen. Die soziale Konstitution einer Organisation hebt sich auch hier nicht auf.

4.3 Organisationsübergreifende Unternehmensnetzwerke

Die Organisationstheorie hat lange Zeit Strukturen, Optionen und Abläufe *innerhalb* des Unternehmens betrachtet. Das hat sich in den 90er Jahren geändert, jetzt interessieren auch die organisatorischen Zusammenhänge *zwischen* Unternehmen. So vertritt z.B. Sydow die Auffassung, daß nicht mehr allein die „Firma als eine Organisation", sondern die „Organisation von Firmen" im Mittelpunkt stehen sollte (Sydow 1992, S. 4 f.). Auf einen Nenner gebracht ist die Transformation der Unternehmen in organisationsübergreifende Netzwerke zu einem zentralen Thema geworden.

Diese Erweiterung liegt nahe, weil es wenig plausibel ist, Prozeßorientierung und -modellierung an den Grenzen des Unternehmens zu beenden. Es geht in der Praxis längst darum, Prozesse ohne Rücksicht auf Besitzverhältnisse zu schließen. Die Systemgrenze einer Organisation ist nicht mehr identisch mit den Besitzgrenzen. Sie orientiert sich am gesamten Entstehungsprozeß eines Produktes, diese überbetrieblichen Prozesse werden häufig mit der Metapher *Wertschöpfungskette* beschrieben.

Die neue Aufgabe der Organisationen besteht dann darin, die bislang organisationsinterne Gestaltung in Übereinstimmung mit den relevanten überbetrieblichen Wertschöpfungsketten zu bringen. Neue angemessene zwischenbetriebliche Organisationsstrukturen und Koordinationsformen sind zu entwickeln und zu erproben.

Die Netzwerkmetapher hat sich heute insbesondere für organisationsübergreifende Verbundsysteme durchgesetzt, man spricht dann von Unternehmensnetzwerken bzw. virtuellen Unternehmen.

Unternehmensnetzwerke und virtuelle Unternehmen
Anders als bei traditionellen Organisationsoptionen steht bei Unternehmensnetzwerken die unternehmensübergreifende Aufgabenstellung zwischen einer Reihe von rechtlich selbständigen Unternehmen im Vordergrund. Das Unternehmen selbst wechselt sein Organisationsmodell, es orientiert sich an seiner Verkettung mit allen an der Wertschöpfung beteiligten Unternehmen und Akteuren. Ein Grund für diese Sichtweise ist, daß unter den Bedingungen schneller, weltweiter ökonomischer und technologischer Veränderungen, das Netzwerk, und nicht mehr die einzelne Firma, zur faktisch operierenden Einheit wird. Ein Unternehmen ist so stark wie das Netzwerk, in das es eingebunden ist.

Zwischen Unternehmensnetzwerken und virtuellen Unternehmen wird häufig kein Unterschied gemacht. In der Tat sind die Übergänge fließend. Auch bei virtuellen Unternehmen steht das Merkmal der unternehmensübergreifenden, arbeitsteiligen Verflechtung im Mittelpunkt. Eine Abgrenzung ist im Einzelfall oft schwierig, sie läßt sich vielleicht über die zeitliche Befristung und über den Grad technischer Vernetzungen formulieren: Bei der Zusammenarbeit von virtu-

---

Christian Scholz sieht die Unternehmen zur Zeit in einem Paradigmenwechsel: „Während in der Vergangenheit vor allem der Aufbau von Grenzen das Leitmotiv der Organisationslehre/ -theorie darstellte, dominieren derzeitig grenzüberschreitende Aktivitäten und der weitgehende Abbau von Grenzen. Damit entsteht eine neue faszinierende Herausforderung, nämlich die Suche nach organisatorischen Einheiten, die auch in einer solchen Situation erfolgreich operieren können" (Scholz 1997, S. 320)

Wertschöpfung ist die Differenz zwischen dem Wert des Outputs und dem Betrag, der für den Prozeßinput bezahlt werden muß. Häufig wird in der Managementliteratur auch der Leistungsprozeß eines Unternehmens als eine Wertkette bzw. Wertschöpfungskette gesehen. Verläßt man die betriebliche Perspektive, so kann auch der Gesamtentstehungsprozeß eines Produktes („von der Wiege bis zur Bahre") als eine Wertschöpfungskette beschrieben werden. Die Kunden sind hier Unternehmen, die den jeweiligen Output weiterverarbeiten, die Zulieferer sind Teil der Vorkette.

siehe hierzu und zu den folgenden Beschreibungen: Picot u.a. 1996, S. 261 ff.

ellen Unternehmen wird die Auflösung räumlicher und zeitlicher Grenzen durch eine extensive Nutzung von Informationstechniken erkennbar. Bei Unternehmensnetzwerken unterstützen Techniken die organisatorische Zusammenarbeit, die oft auf Dauer angelegt ist. Bei virtuellen Organisationen sind Vernetzungen die Basis, um schnelle, weltweite und oftmals flüchtige Unternehmenskooperationen aufbauen zu können. Virtuelle Organisationen zeichnen sich eher durch wechselnde Kombinationen ihrer Kernkompetenzen aus, je nach den Leistungsangeboten der Beteiligten oder neuauftretender Firmen. Unternehmensnetzwerke sind dagegen oftmals Konglomerate mit eigenen, weitgehend stabilen Wertschöpfungsketten.

Im Mittelpunkt *virtueller Organisationen* steht oft nicht mehr als eine Idee und die Fähigkeit eines Unternehmens oder auch nur einer Person, Leistungen bei zumeist etablierten Spezialisten weltweit einzukaufen und zu koordinieren. Neben dieser Projektkoordination gehören die Markenführung, die Qualitätskontrolle sowie Servicefunktionen, z.B. rechtliche und logistische Fragen und Controlling, zu den Kernkompetenzen des Koordinators von virtuellen Unternehmen. Er verzichtet häufig auf Anlageinvestitionen und baut stattdessen weltweite Netzwerke auf. Es werden insofern bestehende Strukturen, Anlagen und Angebote genutzt und so zusammengebunden, daß etwas Neues entsteht. Bei virtuellen Organisationen vernetzen sich unabhängige Spezialisten. Ohne gemeinsame Büros, Fabriken, Aufbau- und Ablauforganisationen werden Produktfamilien, Marken oder Dienstleistungen aus einer Hand angeboten.

„Virtuelle Unternehmen entstehen durch Vernetzung standortverteilter Organisationseinheiten, die an einem koordinierten arbeitsteiligen Wertschöpfungsprozeß beteiligt sind. Um professionelle Kerne scharen sich eine Vielzahl unterschiedlich organisierter Akteure, die selbst wiederum von einer Vielzahl von Kooperationsbeziehungen mit anderen Akteuren umgeben sind" (Picot u.a. 1996, S. 395).

Über virtuelle Netzwerke haben Betriebe die Chance, trotz ihrer Kleinheit zu virtueller Größe zu gelangen. Es können so Netzwerke mit hoher Flexibilität und Innovationsfähigkeit entstehen. Die Fähigkeit, sich der Umweltdynamik jederzeit anpassen zu können, geht einher mit dem Risiko für den einzelnen Akteur oder die Organisationseinheit, selbst Opfer dieser Dynamik zu werden.

Unternehmensnetzwerke neigen aufgrund ihres Konglomeratcharakters eher dazu, Organisationseinheiten auszulagern (Outsourcing): Virtuelle Organisationen denken mehr darüber nach, einzigartige Kombinationen von Fähigkeiten und Erfahrungen zu bündeln und in das Netzwerk hereinzuholen. Insofern macht es Sinn von Wertschöpfungsnetzwerken zu sprechen (vgl. Linden 1997).

Für Unternehmensnetzwerke und virtuelle Organisationen gilt: Sie sind dann leistungsfähig, wenn die Fähigkeit zu geräuschloser Kommunikation der beteiligten Akteure vorhanden ist (Koordinationsfähigkeit) und die Ziele des Netzwerks mit den Einzelzielen der Akteure übereinstimmen (Konsistenz).

Unternehmensnetzwerke – Klassenbildung und Beispiele
Netzwerke lassen sich in unterschiedliche Klassen einteilen. Anhand herrschender Machtverhältnisse sind kooperative und strategische Netzwerke zu unterscheiden. Die Beherrschung von Netzakteuren ist dann gegeben, wenn sie Druck oder Machtausübung von einem oder mehreren Akteuren verspüren und diesem Druck nicht erfolgreich ausweichen können. Sie werden dann *strategische Netzwerke* genannt. Von *kooperativen Netzwerken* ist zu sprechen, wenn Netzwerkeinstieg und Zusammenarbeit freiwillig und gleichrangig erfolgen.

Netzwerke lassen sich auch in vertikale, horizontale und diagonale Netzwerke klassifizieren:

- Bei *vertikaler* Zusammenarbeit sind die Akteure aufeinanderfolgender Stufen der Wertschöpfungskette beteiligt.
- Bei *horizontalem* Zusammenschluß koordinieren sich Akteure der gleichen Branche auf einer Wertschöpfungsstufe.
- *Diagonale* Formen finden sich zwischen Unternehmen unterschiedlicher Branchen und unterschiedlicher Wertschöpfungsketten.

Die folgenden Beispiele können das Verständnis für die Kategorienbildung erleichtern. In der Realität werden sich Unternehmensnetzwerke und virtuelle Organisationen häufig vermischen.

Strategische Top-down-Netzwerke. Ein strategisches Top-down-Unternehmensnetzwerk ist ein Verbund von rechtlich selbständigen Unternehmen, der von einem oder mehreren Unternehmen strategisch beherrscht wird. Strategische Führung bedeutet nicht, daß ökonomische Aktivitäten wie Forschung, Produktion oder Vertrieb zentral durch den Netzwerkführer wahrgenommen werden; wichtig ist, daß der Netzwerkführer über die tatsächlich wichtigen Unternehmensfunktionen im Netzwerk entscheidet und sie organisiert (vgl. Sydow 1991, S. 25). Die Macht in einem strategischen Netzwerk beruht darauf, Bedingungen für die übrigen Akteure verbindlich machen zu können. Auch wenn einzelne Akteure des Netzwerks kurzfristig wechseln können, so ist das Netzwerk insgesamt auf Stabilität angelegt. Häufig verbinden sich strategische Netzwerke mit dem Prinzip der Just-in-time-Produktion.

Ein Beispiel für ein Strategisches Top-down-Netzwerk ist McDonald's. Die für virtuelle Unternehmen oft charakteristischen Merkmale Autonomie der Aufgabenkapselung und Selbstorganisation haben so gut wie kaum eine Bedeutung, auch wenn jedes Restaurant als modulare Organisationseinheit betrachtet werden kann. Tätigkeiten und Prozesse sind zentral vorgeplant, formalisiert und arbeitsteilig. Jörg Sydow hat das McDonald's Netzwerk beschrieben (1991, S. 3ff):

> „Die Unternehmensphilosophie von McDonald's beinhaltet das Angebot eines weltweit standardisierten, in der Auswahl sehr begrenzten Angebots von Speisen und Getränken in Selbstbedienung. Dazu werden Vorprodukte, die in Massenfertigung nach genau spezifizierten Anforderungen hergestellt werden, in kurzer Zeit und mit geringem menschlichen Arbeitseinsatz zubereitet. Durch eine strikt tayloristische Arbeitsorganisation in den Restaurants sollen der Einsatz gering qualifizierten Personals ermöglicht, die Herstellungskosten niedrig gehalten sowie der Q.S.C. & V.-Standard (Quality, Speed, Cleanliness and Value) eingehalten werden. Die weltweite Umsetzung dieser Philosophie gelingt McDonald's durch den Aufbau eines Unternehmensnetzwerks, das neben den McDonald's Hauptverwaltungen in den USA und in Europa über 250 Zulieferbetriebe und mehr als 2.100 Franchise-Nehmer umfaßt. Franchising ist ein Unter-

Einige Meinungsäußerungen aus einem Gespräch von gewerkschaftsnahen DV-Experten zu virtuellen Unternehmen (Computer Fachwissen 1997):
„Das sind Firmen, die von etwas profitieren, was demnächst ganz wegfällt – der Zwischenhandel." (Karl Schmitz) ... „Es ist eine Strategie der Unternehmen, einen wachsenden Teil ihrer fixen Kosten in variable Kosten zu verwandeln, indem man sich, je nach Auftragslage, Leute dazuholt oder eben nicht" (Ulrich Klotz) ... „Wenn man mal genau aufschreiben würde, wer eigentlich was macht, dann würde man doch feststellen, daß die produktive Arbeit bei alldem nicht geringer geworden ist. Die neuen Entwicklungen berühren also unterm Strich nicht die Bereiche, die mit Wertschöpfung zu tun haben, sondern vor allem das parasitäre Volk, das davon lebt, das andere etwas tun"
(K. Schmitz)

196 Modelle, Methoden und Software

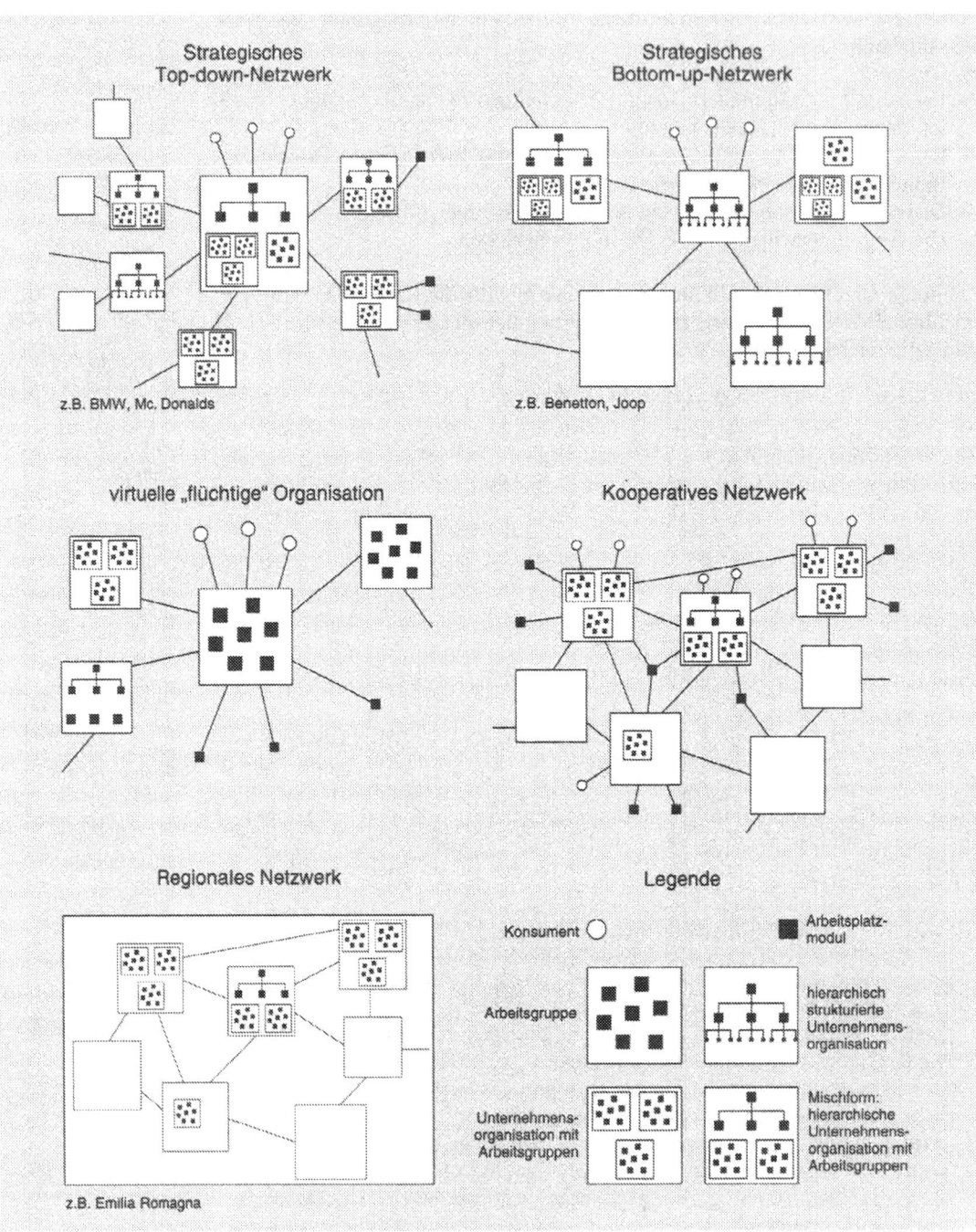

Abb. B.IV.9: *Beispiele für organisationsübergreifende Netzwerke*

nehmenskonzept, bei dem der Franchise-Geber (in diesem Fall McDonald's) dem Franchise-Nehmer erlaubt, ein Geschäft unter eigener Leitung sowie auf eigene Rechnung zu betreiben. Er hat dabei aber vertragliche Vereinbarungen in Hinblick auf Name, Ausstattung, Qualität, Werbung, Belieferung, Management u. v. m. einzuhalten. Die Nutzung der vom Franchise-Geber gewährten Rechte wird im Fall von McDonald's mit einer Gebühr von 12 % vom Umsatz entgolten. Insgesamt betreibt McDonald's fast 10.000 Restaurants, etwa 2/3 davon im Franchise-System. Mit weltweit 560.000 Beschäftigten wurde 1986 ein Umsatz von DM 25 Milliarden erzielt.

Die Zulieferbetriebe entstammen vor allem den folgenden Branchen: Landwirtschaft, Nahrung- und Genußmittel, Verpackung und Anlagenbau. Das McDonald's-Netzwerk ist insbesondere durch die Intensität und Stabilität der Beziehungen gekennzeichnet, die zwischen den ihm angehörenden Unternehmungen bestehen... Die Zahl der Zulieferbetriebe hat sich seit 1960 drastisch verringert. Die Zahl der Rindfleischlieferanten in den USA reduzierte sich beispielsweise von 175 auf 5, die der Pommes-Frites-Lieferanten von ebenfalls 175 auf einige wenige. Mitglieder des Netzwerks erweitern im Laufe der Entwicklung ihr Produkt und Dienstleistungsprogramm und trugen auf diese Weise beispielsweise dazu bei, daß McDonald's-Restaurants heute nicht mehr 25mal (von verschiedenen Lieferanten), sondern nur noch dreimal pro Woche beliefert werden... Diese

Abb. B.IV.10
Produktion in vier Kontinenten:
Zulieferungen in der Automobilindustrie am Beispiel Volkswagen Golf
(Martin/Schumann 1993, S 19)

198 Modelle, Methoden und Software

Entwicklung ermöglichte eine Reduktion der Distributionskosten von 20 % und eine deutliche Verringerung der Lagerbestände, erleichterte gleichzeitig aber auch die Qualitätskontrolle und das Netzwerk-Management.

Die wirtschaftliche Abhängigkeit der Zulieferbetriebe, mit denen in der Regel keine langfristigen Verträge abgeschlossen werden, wird von McDonald's nicht um des kurzfristigen Vorteils willen mißbraucht; hier ist die Hauptverwaltung an langfristig stabilen Beziehungen interessiert, die ein effizientes Management des gesamten Netzwerks ermöglichen...

Peters/Waterman (1984, S. 300ff) berichten, daß die ‚atmosphärischen' Beziehungen innerhalb des Franchising-Netzwerks mit Metaphern wie ‚Familie' oder ‚Familiensinn' belegt werden. Festzuhalten ist, daß McDonald's Interessen aufs engste nicht nur mit denen der Zulieferbetriebe, sondern auch denen der Franchise-Nehmer verbunden sind (et vice versa)." (Sydow 1991, S. 3ff)

Strategische Bottom-up-Netzwerke. Es müssen nicht immer Konzernzentralen sein, die die Rolle des strategischen Netzwerkführers übernehmen. Auch eine dezentrale Organisationseinheit kann die Keimzelle für ein strategisches Netzwerk sein. Dies setzt voraus, daß sie sich eine Reihe von Unternehmen „zu Diensten macht" und zumindest für ein Produkt oder eine Produktgruppe die Konditionen setzen und die Koordination steuern und kontrollieren kann. Auch hier unterstützen und beschleunigen technische Vernetzungen Koordination und Abwicklung, sie sind aber nicht Voraussetzung für das Gelingen des Netzwerkes.

Im Zentrum dieses strategischen Netzwerkes „von unten" steht häufig nur ein Label. Ein kleiner Kern von Managern legt die Strategie fest und sorgt für die notwendige Unterstützung zum Erhalt des Netzwerkes. In seiner Gesamtheit ist es auf Stabilität angelegt, auch wenn jederzeit einzelne Beteiligte ausgewechselt werden können. Produktion, Marktforschung, Verkauf werden von anderen Firmen übernommen. In der Öffentlichkeit hat das Markenprodukt eine klare Identität (z.B: Joop, Jil Sander, Benetton); tatsächlich steht dahinter ein Netzwerk von Firmen. Das Unternehmen ist ein offenes System von Ideen und Aktivitäten. Insbesondere dieser Netzwerktyp hat fließende Übergänge zur virtuellen Organisation. Ein Beispiel beschreibt Sydow:

„LEWIS GALOOB TOYS, ein amerikanischer ‚Hersteller' von Spielwaren beschäftigt kaum mehr als 100 festangestellte Mitarbeiter und vermarktet Waren im Wert von über 50 Mio. Dollar (1985). GALOOB kauft Produktideen von unabhängigen Erfindern und läßt die Entwicklungsarbeit von selbständigen Ingenieurbüros durchführen. Die eigentliche Herstellung erfolgt durch Subkontrakt-Unternehmungen in Hongkong, die ihrerseits arbeitsintensive Funktionen in China ausführen (lassen). Die Fertigprodukte werden durch Spediteure in die USA transportiert und dort über selbständige Verlagsrepräsentanten vertrieben. Selbst Funktionen wie Factoring und Finanzbuchhaltung werden von selbständigen Dienstleistungsunternehmungen ausgeführt. GALOOB beschränkt sich im Kern auf die strategische Führung dieses Netzwerkes selbständiger Unternehmungen." (Sydow 1992, S. 3)

Virtuelle „flüchtige" Organisationen. „Flüchtige" virtuelle Netzwerke sind von Anfang an nicht auf Stabilität angelegt. Sie haben häufig einen hohen technischen Vernetzungsgrad. Sie gleichen überbetrieblichen Projekten, häufig lösen sie sich nach einmaliger, kurzfristiger Zusammenarbeit wieder auf, ohne daß die beteiligten Akteure deshalb mit der Zusammenarbeit unzufrieden gewesen wären. In vielen Fällen sind die Akteure einzelne Selbständige. Ein Beispiel für ein „flüchtiges" Netzwerk gibt U.J. Heuser:

> „Er könnte ein Arbeitgeber der Zukunft sein: Im zarten Alter von siebzehn Jahren gründete Thorsten Rauser in Reutlingen eine Firma, die Computerspiele entwickelt, mit denen sich unterhaltsam werben läßt. Zum Start orderte das Umweltbundesamt ein Erlebnisspiel über Spraydosen. Mittlerweile programmiert das Unternehmen für Langnese oder die Allianz-Versicherung – und das mit nur sieben festen Mitarbeitern.
> Bei jedem Auftrag stellt Rausers Firma aus einem Pool von mittlerweile rund hundert selbständigen Experten die passende Projektgruppe zusammen. Ein Programm für die Expo 2000 haben freie Mitarbeiter in Deutschland, Indien und der Türkei entworfen, einer in Los Angeles hat es vertont, ein weiterer übersetzt. Bis zu vierzig Mitarbeiter können sich an einem Projekt beteiligen – und treffen sich bestenfalls zur Abschlußparty" (Heuser 1997, S. 15).

Kooperative Netzwerke. Der ein oder andere Leser wird sich an dieser Stelle zu Recht die Frage stellen, was so neu an organisationsübergreifenden Netzwerken ist. Netzwerke hat es immer schon gegeben, sie waren zwar nicht virtuell, haben auch nicht zwangsläufig zur Netzwerkführerschaft geführt, können aber durchaus flüchtig gewesen sein. Diese Beschreibung eines Netzwerks trifft z.B. für unterschiedliche Handwerksbetriebe zu, die sich beim Bau eines Hauses zusammenfinden. Die Autonomie der beteiligten Akteure und Organisationen bleibt erhalten. Sofern ein geringes Machtgefälle zwischen den Akteuren besteht und keiner die Bedingungen für andere setzen kann, können Kooperation, Konsens und Gleichberechtigung herrschen. Kooperative Netzwerke finden sich insbesondere bei regionalen Netzwerken. Die Beteiligung von Behörden, Verbänden, Kammern oder Innungen als Koordinatoren fördert in der Regel die Bildung von kooperativen Netzwerken. Dies ist insbesondere für kleine und mittlere Unternehmen von Vorteil, es ist ein gewisser Schutz gegen die Herausbildung von strategischen Netzwerkführern und deren Vereinnahmung.

Auch virtuelle Organisationen können kooperative Netzwerke sein, sofern Autonomie und Gleichberechtigung der beteiligten Organisationen vorhanden sind. Insofern drückt das Begriffspaar strategisch – kooperativ nur etwas über die Herrschaftsverteilung in einem Unternehmensnetzwerk aus.

Regionale Netzwerke. In der Emilia Romagna, einer Region in Norditalien, gibt es eine Vielzahl von kleinen, technisch gut ausgerüsteten, zumeist handwerklich arbeitenden Betrieben, die sich in Netzwerken zusammengeschlossen haben. Die Kleinunternehmen sind mit dieser Strategie erfolgreich. Interessanterweise muß damit nicht zwangsläufig ein Wachstum der Unternehmensgröße einhergehen. Sie gründen in den meisten Fällen neue Unternehmungen, denen sie Teile ihrer Produktion übertragen oder sie beteiligen sich an bereits existierenden Kleinbetrieben. Auf diese Weise sind eine Reihe von „Satellitenunternehmen" entstanden. Jörg Sydow schreibt dazu:

> „Diese Unternehmungen operieren als Zulieferbetriebe weitgehend selbständig, werden also nicht von der ausgründenden oder übernehmenden Unternehmung (zumeist ein Hersteller von Endprodukten, der für Design, Marketing und Endmontage zuständig bleibt) dominiert. Gleichwohl wird mit ihnen – wie auch mit den Zulieferern – in einem Netzwerk eng und langfristig zusammengearbeitet. Ein internes Unternehmenswachstum wird auch dadurch vermieden, daß administrative Aufgaben, Marketing-Aufgaben sowie die Beschaffung von Rohstoffen und Finanzmitteln besonderen Netzwerk-Organisationen (z.B. Verbandsbetrieben) übertragen werden. Die Entstehung regionaler Unternehmungsnetzwerke der Emilia Romagna ist zum einem auf marktökonomische und technologische Bedingungen zurückzuführen. Zum anderen haben familiäre und politische Bindungen sowie unterstützende Maßnahmen des Staates ihre Entwicklung gefördert. Schließlich kann die Entstehung dieser Netzwerke aber auch als unternehmerische Reaktion auf Arbeitskämpfe verstanden werden (vgl. Lazerson 1988). Die Unternehmungsnetzwerke in der Emilia Romagna dienen Piore Sabel (1985) als ein Prototyp für die in weiteren Regionen Norditaliens und anderen europäischen Ländern so erfolgreiche, zukunftsträchtige und deshalb vorbildgebende organisatorische Umsetzung der ‚Strategie der flexiblen Spezialisierung'. Diese Strategie setzt auf den Einsatz flexibler Technologien, die breite Nutzung handwerklicher Qualifikation sowie nicht zuletzt auf die organisationsinterne und -externe Dezentralisierung. Damit wird sie nach Meinung von Piore/Sabel den herrschenden marktökonomischen Erfordernissen besser gerecht als die Strategie der Massenproduktion, die sich ihres Erachtens abzulösen anschickt." (Sydow 1992, S. 29f)

4.4 Das Zusammenspiel organisationsinterner und organisationsübergreifender Modularisierung

Organisationsinterne Module sind die Bausteine der virtuellen Organisationen bzw. Unternehmensnetzwerke. Die Existenz abgeschlossener organisationsinterner wie -externer Module ist eine ideale Voraussetzung, um Organisationseinheiten bei virtuellen Organisationen und Unternehmensnetzwerken „anzudocken" bzw. überflüssige rasch loszuwerden, ohne daß dieser Vorgang deshalb das Netzwerk destabilisiert. Dadurch ergänzen sich beide Ansätze, im Ergebnis entstehen Organisationsstrukturen von hoher Flexibilität und Effizienz. Die enge Verknüpfung von Unternehmensnetzwerk und organisationsinternen Netzwerken läßt sich an einem idealtypischen Evolutionskonzept aufzeigen:

1. Schritt: Etablierung von modularen Arbeitsgruppen.
Eine hierarchische Unternehmensorganisation, die sich bereits auf Prozesse ausgerichtet hat, wird mit dem Ziel analysiert, dezentrale Organisationseinheiten zu etablieren. Auf diese Weise entstehen möglicherweise flachere Hierarchien, bisherige Steuerungs- und Kontrollfunktionen des Mittelbaus können in die neuen Organisationseinheiten integriert werden. Die neuentstandenen Arbeitsgruppen sind dann für die Einteilung der Arbeit, Arbeitszeiten, Schicht- und Urlaubspläne, Produktqualität und die termingerechte Kundenbelieferung etc. verantwortlich.

2. Schritt: Integration der Organisationseinheiten in ein Netzwerk.
Die neuen Organisationseinheiten werden zu Komponenten des Netzwerkes, sie können je nach Unternehmenszielsetzung ausgebaut, verlagert, externalisiert, aufgegeben oder neu zugeschnitten werden. Denkbare Gründe können sein: Verringerung der Produkt-, Fertigungs-, Entwicklungs- oder Dienstleistungstiefe, also Konzentration auf die Kernkompetenzen, weil z.B. die aufgegebenen Leistungen auf dem Markt billiger zugekauft werden können. In diesem Fall fallen Kosten nur an, wenn die Leistung auch tatsächlich benötigt wird. Ausgelagerte Organisationseinheiten „vor Ort" verursachen häufig geringere Organisations- und Gemeinkosten, sie können in der Regel schneller und angemessener reagieren. Dies sind typische Überlegungen, die im Rahmen eines organisatorischen Netzwerk-Designs bei der Etablierung eines Unternehmensnetzwerkes angestellt werden. Es handelt sich hierbei um kein einmaliges „episodenhaftes" Design, sondern um eine permanente Aufgabe.

3. Schritt: Unternehmensorganisation als strategisches Top-down-Netzwerk modularer Organisationseinheiten.
Jetzt geht es um die Neustrukturierung des gesamten Unternehmens als „integrierte modulare Organisation". Diese Dezentralisierung des gesamten Unternehmens in rechtlich selbständige Einheiten ist ein konsequenter weiterer Schritt. Ein häufig angeführtes Beispiel ist die Asea Brown Boveri AG/ABB, ein in 140 Ländern operierender Konzern, der in 5.000 Profitcenter, weltweit etwa 1.350 formal-rechtlich selbständige Einzelunternehmen und 68 verschiedene produktorientierte Unternehmensbereiche, sog. Business Areas, gegliedert wurde. Die Ziele sind weltweite Präsenz auf lokalen Märkten bei konzerninterner Konkurrenz durch eigenverantwortliches Handeln und Ergebnisverantwortung. In diesem Fall hat die weltweite Dezentralisierung des gesamten Unternehmens zum Aufbau eines Unternehmensnetzwerkes geführt.

Eine Typologie organisationstheoretischer Ansätze

Henry Mintzberg (o.J.) unterscheidet in seinem Aufsatz „A Typology of Organizational Structure" drei organisationstheoretische Ansätze:

1. ‚One best way' Ansatz

Mit diesem Ansatz meint Mintzberg vor allem den physiologisch-technischen und den bürokratisch-administrativen Ansatz. Ihre Begründer waren F. W. Taylor bzw. M. Weber. Die beiden Ansätze entstanden ungefähr zur gleichen Zeit um die Jahrhundertwende und weisen damit in etwa den gleichen gesellschaftlichen Bedingungsrahmen auf. Taylor ging es um das Verhältnis zwischen Mensch und Maschine: Mit der industriellen Revolution hatte die maschinelle Massenproduktion begonnen. Taylors Anliegen war es, die Arbeitsleistung durch eine rationale, ingenieurmäßige Planung der organisatorischen Arbeitsteilung und Arbeitsausführung zu steigern. Dazu sollten vor allem eine konsequente Trennung von Hand- und Kopfarbeit und eine lückenlose Kontrolle der Arbeit dienen. Obwohl Taylor die organisatorische Effizienzerhöhung ohne gesteigerte Belastung für die Arbeiter und mit einem leistungsgerechten Entlohnungssystem verband, wurde und wird ihm vorgeworfen, ein instrumentelles, mechanisches Menschenbild zu provozieren, das den Menschen zu einer geist- und motivationslosen (Hochleistungs-)maschine abstempelt. Darüber hinaus wird dem Ansatz vorgeworfen, nur zu einer statischen Umwelt zu passen und die Möglichkeit eines organisatorischen Wandels zu vernachlässigen. Ähnliches läßt sich über Webers Ansatz sagen. Ihm ging es allerdings um die effiziente Organisation großer Verwaltungen, im Weber'schen Sinne Verwaltungsapparate. Regeln zur spezialisierten Arbeitsteilung sollten die Rechte und Pflichten in einer Organisation festlegen, um damit eine legitime und rationale Herrschaftsform zu ermöglichen. Taylors und Webers Ansätzen ist gemein, daß sie beide davon ausgingen, eine umfassend optimale Arbeitsorganisation einzureichen.

„The ‚one best way' approach has dominated our thinking about organizational structure since the turn of the century. There is a right way and a wrong way to design an organization... A variety of failures, however, has made it clear that organizations differ, that long-range planning systems or organizational development programs are good for some but not for others."

2. ‚It all depends' Ansatz

„... recent management theory has moved away from the ‚one best way' approach, toward an ‚it all depends' approach, formally known as ‚contingency theory'. Structure should reflect the organization's situation — for example its age, size, type of production system, the extent to which its environment is complex and dynamic."

Der kontingenztheoretische Ansatz betont das situative Denken: Für die Organisation wird als Grundmodell von einem System ausgegangen, dessen Systemstruktur permanent einwirkenden kontextuellen Variablen ausgesetzt ist. Der Bedingungsrahmen während der'50er und'60er Jahre war durch eine wachsende Komplexität und Dynamik der Gesellschaft gezeichnet. Der Fortschritt der Informationstechnologie war gewaltig, die Umweltdynamik und -abhängigkeit der sozialen Organisationen wurde deutlich. Auch die Ausbildung und Professionalisierung sowie das Bedürfnisniveau der Mitarbeiter war gestiegen. Das damalige Menschenbild kann als ‚complex man', der sich an eine komplexe Umwelt anpassen mußte, bezeichnet werden. Die Diskussion, ob die Organisationsgröße, die Organisationsumwelt oder die Fertigungstechnologie das maßgebliche Situationselement für eine Organisation darstellt, wurde dahingehend gelöst, daß alle relevanten Faktoren einer Situation erfaßt werden sollten. Als Kritik an diesem organisationstheoretischen Ansatz kann hervorgebracht werden, daß zu sehr von einer Perspektive der Gesamtorganisation ausgegangen wird, insbesondere in ihrer Abhängigkeit zur organisatorischen Umwelt. Dem kontingenztheoretischen Denken wird ein situativer Determinismus vorgeworfen, der organisatorische Handlungs- und Gestaltungsspielräume verdeckt sowie subjektive, strategische Entscheidungen behindert. Damit wird einer Organisation die Möglichkeit genommen, ihre Umwelt mitzugestalten.

Alfred Kieser als Vertreter der kontingenztheoretischen Richtung schreibt im Vorwort zur dritten Auflage seines Buches über den situativen Ansatz: „Während man... vor fünfzehn Jahren, als die erste Auflage entstand, noch davon ausging, daß es einen ‚one best way' der Anpassung gebe, hat man heute erkannt, daß zum einen innerhalb einer gegebenen Situation ein mehr oder minder breiter Korridor organisatorischer Lösungen realisierbar ist und daß zum anderen die Situation auch verändert werden kann, um gewünschte Organisationsstrukturen zu ermöglichen. Die Frage nach organisatorischen Gestaltungsspielräumen erscheint heute wesentlich angemessener als die nach Anpassungszwängen" (Kieser/Kubicek 1992).

3. ‚Configuration' Ansatz

„In other words, the organization's type of environment, its production system, even its age and its size, can in some sense be 'chosen' to achieve consistency with the elements of its structure. The important implication of this conclusion, in sharp contrast to that of contingency theory, is that organizations can select their design in accordance with their situations." Das heißt, daß kein einzelner Faktor andere Faktoren strukturell oder situativ bedingt, sondern, daß in einer Organisation mehrere Faktoren eng miteinander verknüpft werden. Die Überwindung des situativen Determinismus betont organisatorische Handlungsspielräume und strategische Wahlmöglichkeiten. Die subjektive Wahrnehmung der Organisation und die Interaktionsprozesse in organisierten sozialen Systemen rücken in den Vordergrund organisationstheoretischer Betrachtungen. Diese neueren Entwicklungen werden daher auch als interaktionsorientierte Ansätze zusammengefaßt: Als dominierende Varianten dieses Ansatzes sind organisationskulturelle und mikropolitische Ansätze zu nennen. Beiden gemein ist, daß sie die Bedeutung bzw. die Durchsetzung normativer Wertvorstellungen und Interessen betonen.

Weit von jenen anämischen Gebilden entfernt, die in der althergebrachten Forschung unter dem Namen 'Organisationsstruktur' ihr schattenhaftes Dasein fristen und von oben bis unten vermessen werden, sind sie in Wirklichkeit Arenen heftiger Kämpfe, heimlicher Mauscheleien und gefährlicher Spiele mit wechselnden Spielern, Strategien, Regeln und Fronten. Der Leim, der sie zusammenhält besteht aus partiellen Interessenkonvergenzen, Bündnissen und Koalitionen, aus side payments und Beiseitegeschafftem, aus Kollaboration und auch aus Résistance, vor allem aber: aus machtvoll ausgeübtem Druck und struktureller Gewalt; denn wer wollte glauben, daß dieses unordentliche Gemenge anders zusammen- und im Tritt gehalten werden könnte? Die Machiavelli der Organisation sind umringt von Bremsern und Treibern, change agents und Agenten des ewig Gestrigen, Märtyrern und Parasiten, grauen Eminenzen, leidenschaftlichen Spielern und gewieften Taktikern: Mikropolitiker allesamt... Daß es ihnen um die Sache nicht ginge, läßt sich nicht behaupten; aber immer läuft mit: der Kampf um Positionen und Besitzstände, Ressourcen und Karrieren, Einfluß und Macht." (Küpper/Ortmann 1988)

Konzentriert man sich bei der Betrachtung von Organisationen lediglich auf machiavellistische Scharmützel, gilt Mikropolitik als konspiratives Phänomen oder als Störgröße in der formalen Organisation. Mikropolitische Varianten in der Organisationstheorie versuchen darüber hinaus, darzustellen, daß „... mikropolitisches Handeln nicht nur eine spezifische, temporäre und isolierbare Kategorie interaktiven Handelns ist, sondern jedes interaktive Handeln ist hier nicht nur, aber primär interessengeleitet, politisch durchwirkt." Mikropolitik kann demnach definiert werden als organisationstheoretisches Konzept, „... das konsequent von der Perspektive interessenverfolgender Akteure ausgeht, um das Organisationsgeschehen als Gesamtheit von Struktur und Handlung verknüpfender Prozesse zu erklären, in denen Akteure organisationale Ungewißheitsbereiche als Machtquellen sichern und nutzen, um ihre Autonomiezonen aufrecht zu erhalten bzw. zu erweitern und die zugleich kollektives Handeln ermöglichen und regulieren." (Küpper/Ortmann 1988)

Bernd Wolff

204 Modelle, Methoden und Software

Für die Entwicklung von organisationsinternen wie -externen Netzwerken sind insbesondere die Merkmale Modularität und Heterogenität der Organisationseinheiten förderlich. Über die innere Geschlossenheit modularer Einheiten und ihre äußere Offenheit durch klare Schnittstellen, lassen sich effizient schnell wechselnde Netzwerkkonstellationen realisieren. Mit der Heterogenität von Organisationseinheiten ist gemeint, daß unterschiedliche Kernkompetenzen in einem Netzwerk zusammenzubinden sind (Picot u.a. 1996, S. 397).

Literaturempfehlungen

Gareth Morgan (Hrsg.): Creative Organization Theory. A Resourcebook. SAGE Publications 1989

A. Picot, R. Reichwald, R. T. Wigand: Die grenzenlose Unternehmung. Wiesbaden 1996

V.
Technikoptionen

Die Organisations- und Wirtschaftsinformatik will den Prozeß der Organisationsentwicklung durch Nutzung moderner Verfahren, Produkte und Methoden der Informations- und Softwaretechnik unterstützen. Die Entwicklung einer Organisation kann sowohl durch soziale wie technische Potentiale gefördert werden. Sie ergänzt sich mit der „Softwaretechnik in bzw. für Organisationen", die Methoden und Modelle der Softwaretechnik für einen erfolgversprechenden Einsatz in Organisationen entwickelt.

Die Organisations- und Wirtschaftsinformatik beobachtet und unterstützt die Entwicklung von Organisations- und Technikoptionen. Sie bemüht sich darum, Modelle und Methoden für die Auswahl und Nutzung der Organisationsoptionen und Technikoptionen zu entwickeln. Dabei kann sowohl eine neue Technikoption der Ausgangspunkt sein als auch eine Organisationsoption, für die dann möglicherweise eine angemessene Technikunterstützung zu suchen ist.

Dies ist seit jeher die typische Problemsituation der Systemgestalter vor Ort, sie sollten aufgrund von Erfahrungen und ihrer sozialen und technischen Kompetenzen dazu in der Lage sein. Ihnen geht es darum, die IT-Nutzung mit der Entwicklung von Organisationen zu verknüpfen. Auffällig ist allerdings, daß die Wirtschaftsinformatik diesen komplexen und dynamischen Gestaltungsprozeß nicht explizit ins Zentrum stellt.

Hilfreich könnte dabei sein: Die historische Analyse der Techniknutzung in einer Organisation, um aus Verläufen, Brüchen und (Miß-)Erfolgen zu lernen, Konzepte zur evolutionären Fortschreibung der Techniknutzung durch einzelne Projekte in der Organisation oder der Aufbau und die Koordination eines Technikpools, um gegenwärtige technische Potentiale für einzelne Perspektiven und Organisationssituationen transparent zu machen.

Mit dem vorliegenden Gestaltungskonzept soll dieser Prozeß methodisch unterstützt werden. In diesem Abschnitt geht es zunächst um die Klassifizierung von Technikoptionen. Anhand von zwei IT-Optionen – ausgewählt wurden die Konzepte Intranet und Komponentensoftware – wird exemplarisch dargestellt, wie IT-Optionen mit Organisationsoptionen bzw. -situationen „zusammengedacht" werden können. In der Praxis muß sich dann der nächste Schritt, das Herunterbrechen auf die Produktebene und der Produktvergleich, anschließen. Dies kann hier nicht geleistet werden. PC-Magazine sehen z.T. darin ihre Aufga-

206 Modelle, Methoden und Software

be, allerdings verbleiben sie häufig entweder auf der technischen Leistungs- oder der Arbeitsplatzebene, organisatorische Aspekte kommen meist zu kurz.

1. Klassifikation von IT-Optionen

1.1 Klassifikation nach Organisationsoptionen

Ausgehend von Organisationsoptionen lassen sich IT-Optionen untergliedern in:

Prozeßsoftware. Unter Prozeßsoftware fällt z.B. Software, die allgemeine Prozesse ganz oder in Teilen, z.B. Workflows, formalisiert. Sie bildet oft die Basis für das Kernsystem einer Organisation, zunehmend tritt Prozeßsoftware in Form von Industriestandardsoftware wie SAP R/3 auf.

Kooperationssoftware. Sie formalisiert nicht Kooperationsbeziehungen zwischen einzelnen Akteuren, Arbeitsgruppen oder Netzwerken, sondern soll Kooperationen unterstützen. Dies kann im einfachsten Fall eine E-Mail-Software sein. Dazu gehört insbesondere die mittlerweile umfangreiche Klasse von CSCW-Software, aber auch das WWW.

Desktopsoftware. Hier geht es um Unterstützungssysteme für Aufgaben und den einzelnen Arbeitsplatz, also PC-Standardsoftware z.B. Office-Pakete. Sie formalisiert in der Regel nicht die Aufgabenabwicklung, sondern macht Unterstützungsangebote, die allerdings häufig wegen ihrer Komplexität vom Benutzer nicht angenommen werden.

Alle drei Softwaretypen sind in der Lage, in „benachbarten Gärten zu wildern": So enthält Desktopsoftware häufig Kooperationsoptionen. Kooperationssoftware kann auch als Prozeßsoftware genutzt werden, z.B. wird das Internet beim *Electronic Commerce*-Konzept zum Kunden „verlängert" und so zur Prozeßsoftware. Umgekehrt enthalten Prozeßsoftwarepakete häufig Kooperations- und Desktopoptionen.

1.2 Klassifikation nach Kern- und Spezialsystem und Ausbaustufen

Von großer Bedeutung für die Beschreibung der IT-Architektur einer Organisation ist die Definition des Kernsystems. Das Kernsystem strukturiert die Prozeßsoftware, ohne eine solche Strukturierungshilfe wird die IT-Architektur einer Organisation nicht erkennbar. Es ist nicht mit einem Management-Informationssysteme gleichzusetzen. Viele bestehenden Kernsysteme sind zwar so ausgelegt, eine solche Top-down-Ausrichtung ist jedoch kein Sachzwang (s. Abb. B.V.1).

„Electronic Commerce: Englischer, auch im Deutschen gebräuchlicher Begriff für „Elektronischer Handelsverkehr". Der Begriff wird verschieden weit interpretiert. Im engsten Sinn wird darunter nur der elektronische Datenaustausch bei geschäftlichen Transaktionen (EDI) verstanden. Im weitesten Sinn fallen darunter alle Formen des Einkaufs/Verkaufs auf Basis von Rechnernetzen, seien es Brancheninformationssysteme oder Masseninformationssysteme. Aus volkswirtschaftlicher Perspektive interessieren marktbezogene Aspekte, wie beispielsweise die Effizienz elektronischer Marktformen, die Preisbildung und die Auswirkungen auf die Beschäftigung. Von den zugrundeliegenden Netzen ist das Internet beziehungsweise das World Wide Web am wichtigsten" (Hansen 1997).

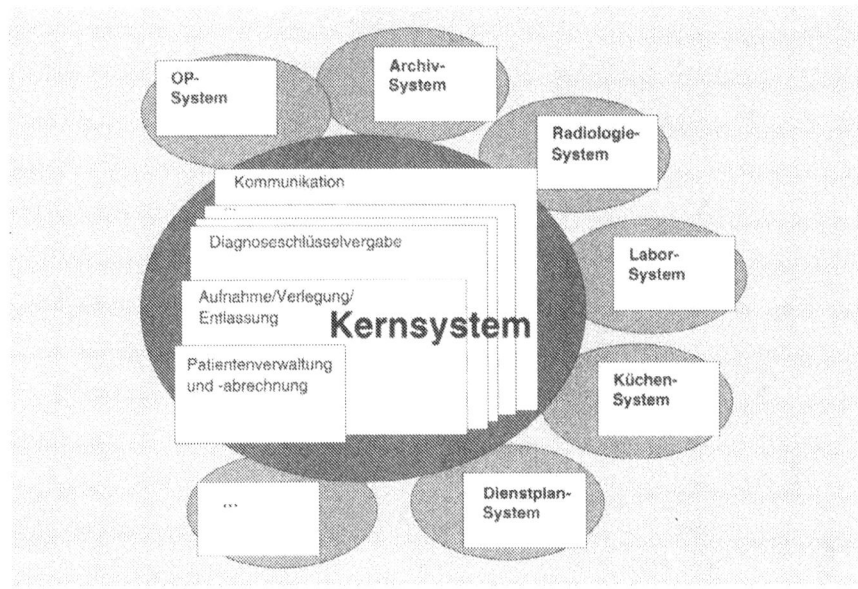

Abb. B.V.1
Definition eines
Kernsystems für ein
Krankenhausinformationssystem
(vgl. Floyd u.a. 1997)

Ein Kernsystem hat folgende Merkmale (vgl. Krabbel/Wetzel 1997):
- es wird bereichsübergreifend in allen oder wichtigen Bereichen der Organisation genutzt, gleichzeitig können die Informationen am Entstehungsort erfaßt werden,
- es unterstützt Aufgaben und Prozesse, die durch akute Anforderungen oder durch häufige Erledigung gekennzeichnet sind. Es bildet den Hintergrund vor allem für allgemeine Prozesse,
- es stellt immer wieder anfallende gemeinsam genutzte Daten zur Verfügung und bietet so einen grundlegenden Kooperationsservice,
- es ist so angelegt, daß notwenige Spezialsysteme daran angebunden sind, und so spezielle Prozesse und Aufgaben von Organisationseinheiten unterstützt werden können.

Krabbel und Wetzel haben darauf aufmerksam gemacht, daß Softwaresysteme in sehr unterschiedlichem Ausmaß Prozesse und Aufgaben einer Organisation automatisieren oder unterstützen können (Krabbel/Wetzel 1997, S. 17f). Sie sprechen vom Grad der Systemunterstützung, der wesentlich vom verfolgten Leitbild, aber auch von technischen Entwicklungen abhängt.

Sie empfehlen, die Komplexität eines Kernsystems durch die Beschreibung von Ausbaustufen zu reduzieren. Ausbaustufen legen für das Kernsystem den angestrebten Grad der Systemunterstützung und eine sinnvolle Einführungsreihenfolge fest, für Organisationseinheiten wird so die Umsetzung transparenter und planbarer. Ausbaustufen beschreiben, wie die Funktionalitäten des Kernsystems logisch aufeinander aufbauen, abhängige Funktionalitäten werden in aufeinanderfolgende Stufen gestellt.

208 Modelle, Methoden und Software

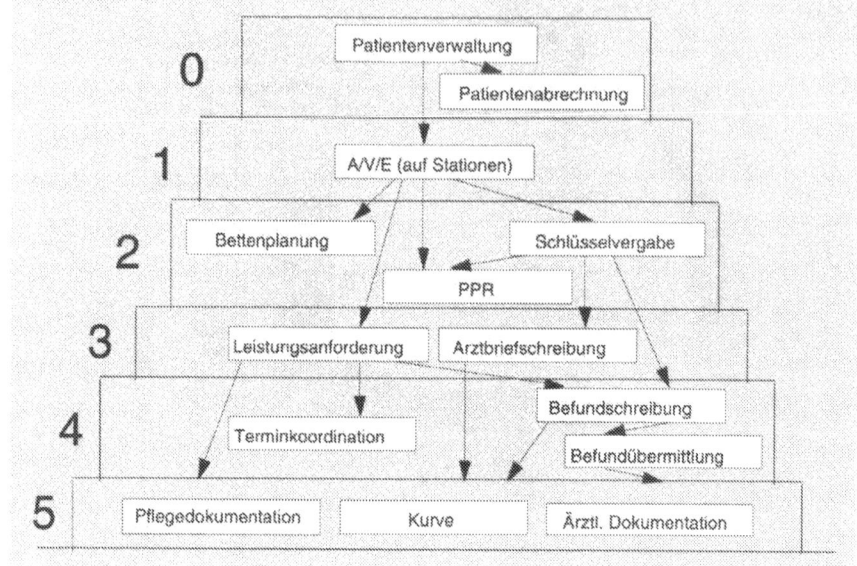

Abb. B.V.2
Definition der Ausbaustufen des Kernsystems am Beispiel eines Krankenhausinformationssystems
(vgl. Floyd u.a. 1997)

1.3 Klassifikation nach Optionen bei der Softwareerstellung

Eine weitere Klassifikation stellt auf die unterschiedlichen Optionen bei der Erstellung von Software für Organisationen ab:

Standardsoftware. SAP R/3 ist ein Beispiel für Standardanwendungssoftware, in Kapitel B.II wurde sie ausführlich angesprochen. Eine andere in Deutschland verbreitete Standardsoftware wird von der BAAN Company angeboten. Industriestandardsoftware hat den Anspruch, die gesamte Unternehmensorganisation oder zumindest wesentliche Teilbereiche davon zu modellieren. Sie enthält ein implizites betriebswirtschaftliches Modell, bei R/3 ist es das funktionsorientierte Prozeßmodell. Sie unterstützt vor allem allgemeine Prozesse.

Zur Klasse Standardsoftware zählen auch Softwarepakete wie Lotus Notes oder MS Office. Sie stellen dem Nutzer eine umfangreiche Funktionalität zur Unterstützung seiner Aufgabenerfüllung und Kooperation zur Verfügung. In Abschnitt A.III.2. wurde diese Software als PC-Standardsoftware bezeichnet.

Individualsoftware. Ein Beispiel für eine Methode zur Individualsoftwareentwicklung ist WAM. Dieser Klasse gehörte lange Zeit das Feld, es war sozusagen die klassische Vorgehensweise. Sie wird heute vor allem für singuläre Prozesse eingesetzt und zur Ergänzung von Standardsoftware bei auftretenden Formalisierungslücken. Der Individualsoftwareentwicklung wurde durch die Verbreitung der Standardsoftware der Rang abgelaufen. Die Frage lautet, ob die Individualsoftwareentwicklung durch Komponentensoftware noch mehr an Bedeutung verlieren wird? Oder wird sie eine Renaissance erleben, da schnell komplexe Individualsoftware zusammengesteckt werden kann, die dann allerdings auch standardisierte Teile enthält.

Komponentensoftware. Die Diskussion um Komponentensoftware bzw. Softwarekomponenten hat mittlerweile die Wirtschaftsinformatik voll erfaßt. Dabei scheint noch nicht ganz klar zu sein, ob es sich hier um einen neuen „Architekturansatz" oder um ein neues Schlagwort für Objektorientierung handelt (s. HMD 1997).

Komponentensoftware setzt oftmals auf Objektorientierung: Die Objektorientierung zielt darauf ab, dem Softwareentwickler eine effiziente Softwareerstellung durch ein objektorientiertes Programmiermodell zu ermöglichen. Mit Komponentensoftware sollen neue Gestaltungspotentiale durch Auswahl und Komposition von Anwendungsbausteinen erreicht werden. Softwarekomponenten sollen miteinander zu organisationsspezifischen Anwendungslösungen zusammengebaut werden: „Damit aber tatsächlich Anwendungslösungen entstehen können, müssen die Komponenten nicht nur technisch zusammensteckbar sein, sondern sich auch untereinander verstehen. Das heißt, sie müssen auf einem gemeinsamen Framework beruhen. Dies ist vergleichbar mit Sprechen und Sprache. Für eine sinnvolle Kommunikation zwischen Menschen reicht auch die physische Fähigkeit des Sprechens nicht aus, sondern sie müssen auch noch einer gemeinsamen Sprache mächtig sein" (Meinhardt 1997).

Abb. B.V.3 Einordnungsdiagramm mit Komponentensoftware

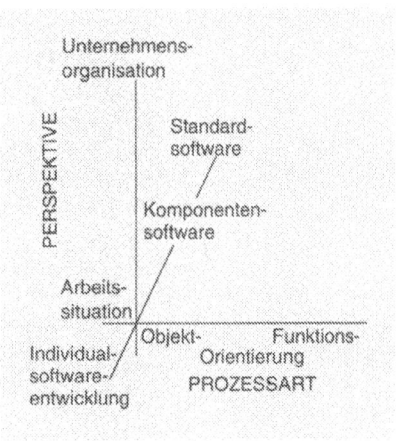

Konsens scheint darüber zu bestehen, daß Komponenten weder einen neuen Objektbegriff definieren, noch Objekte in ihrer bisherigen Bedeutung ersetzen. Komponentensoftware wird vielmehr als eine neue Art und Weise der objektorientierten Softwareentwicklung verstanden (vgl. Niederstrasz/ Lange 1997).

Komponentensoftware und Objekttechnologie sind für das Gestaltungsmodell insbesondere aus einem Grund reizvoll: Komponentensoftware und Objekttechnologie sind offensichtlich die passende Ergänzung zur Modularisierung und der daraus entstehenden Unternehmensnetzwerke. Sie sind Paare mit vergleichbaren Leitideen: Beide setzen auf Kapselung, das „Wie" bleibt nach außen verborgen, bei beiden wird eine hohe interne Kohäsion und eine geringe externe Bindung angestrebt. Die Organisationsoption „Modularisierung" und die Technikoption „Objekttechnologie und Komponentensoftware" haben eine gemeinsame Sicht.

2. Technikoption Komponentensoftware

Der Einstieg in Objekttechnologie und Komponentensoftware wird von vielen Autoren als Einstieg in eine neue Welt mit grundsätzlich anderen Denkstrukturen beschrieben (vgl. Peter u.a. 1997). Auffällig ist der Wechsel der verwendeten Metaphern. Bislang ging es eher um ingenieurwissenschaftliche Bilder, jetzt halten Architekten, Stadtplaner oder Automobilbauer Einzug:

„Stellen Sie sich vor: Sie sind ein erfahrener, erfolgreicher Architekt und Baumeister und haben ihr Können bei der Fertigstellung mehrerer Großbauwerke unter Beweis gestellt. Plötzlich macht man Sie zum Stadtplaner, und Sie sollen in kürzester Zeit eine komplette Stadt, bestehend aus kleinen funktionalen Bauwerken inklusive aller Infrastruktur, hochziehen. Und das mit Baustoffen, mit denen Sie noch nie gearbeitet haben...

Genau das machen Sie, wenn Sie den Schritt von der klassischen monolithischen, prozeduralen Programmierung zu verteilten, objektorientierten (OO) Anwendungslösungen wagen. Plötzlich müssen Sie nicht nur über funktionale Komponenten in komplett neuen Denkstrukturen, sondern auch über Verkehrswege, deren Leistungsfähigkeit und Anbindungen, über zentrale Infrastruktur-Komponenten und ihre „Entfernungen" und vieles andere nachdenken. Dies sind neue Problemstellungen, die in klassischen Programmierumgebungen durch zentrale Services dem Programmierer abgenommen wurden. Zusätzlich arbeiten Sie mit „Baustoffen" (Programmiersprachen und Entwicklungsumgebungen), die für Sie neu sind (z.B. C++ oder Java) und die sich selbst noch in starkem Maße weiterentwickeln..." (Peter u.a. 1997, S. 76f.).

Mit der komponentenbasierten Softwareentwicklung, so ein anderer Autor (Claußen 1997), wird der Schritt vom Programmieren zum Problemlösen vollzogen, es bedeutet den Übergang von der Programmierung zur „Softwarekomposition". Die Anwendungsumgebung wird im wesentlichen durch Programmbausteine vom Entwickler „zusammengesteckt". Ob es sich tatsächlich so verhält, wie viele Autoren vermuten, daß komplexe monolithische Systemumgebungen durch Softwarekomponenten unterschiedlicher Granularität (Umfang und Komplexität) abgelöst werden, muß die Zukunft zeigen, wir werden unsere Einschätzung dazu abgeben.

2.1 Was sind Komponenten?

Peter u.a. unterscheiden vier Komponententypen (1997, S. 78):
- **Megakomponenten** sind Module von Standardsoftwarepaketen, sie haben in der Regel einen unzulänglichen inneren Aufbau und verfügen meist über eine beschränkte Flexibilität. In diesem Verständnis können Module von R/3, Word und Excel als Megakomponenten bezeichnet werden. Die Autoren vergleichen ein praktisch komplettes Auto, bei dem noch Farbe und Ausstattung gewählt werden können, mit diesem Modultyp.
- **Minikomponenten** sind technische oder User-Interface-orientierte Bausteine, die keinen spezifischen Inhalt für das Anwendungssystem aufweisen. Darun-

ter fallen z.B. Push-Buttons oder die Menu-Bar. Übertragen auf den Automobilbau haben wir es hier mit Schrauben und Bolzen zu tun.
- **Komplette Spezialkomponenten** sind spezifische, meist anwendungsneutrale Sonderfunktionalitäten, die in Anwendungen eingebunden werden können, ohne Anwendungen zu spezifizieren. Beispiele dafür sind Textverarbeitungskomponenten oder Rechtschreibkorrektur bzw. ein Autoradio beim Automobilbau.
- **Anwendungsspezifische Komponenten** sind für die Organisations- und Wirtschaftsinformatik der interessanteste Bereich, sie sind kombinierbare, möglicherweise branchenspezifische Anwendungsbausteine mit eigener Funktionalität. Hochwertige autospezifische Komponenten sind z.B. komplette Bremsanlagen, Stoßdämpfer oder Fahrgestelle aus Fremdbezug.

Am Automobilbauvergleich wird deutlich, daß das Komponentenparadigma offensichtlich kein softwarespezifisches ist, sondern in anderen Industrien und Wissenschaften schon früher anzutreffen war und vielleicht auch schon weiter fortgeschritten ist. Ein Beispiel ist die Produktion des Smart-Autos, das nach dem Komponentenmuster hergestellt wird, aber auch hier waren die Anfangsschwierigkeiten groß.

Niederstrasz und Lange (1997) stellen folgende Anforderungen an Softwarekomponenten:

Eine Softwarekomponente ist ein Element eines Komponentenframeworks. Jede einzelne Komponente hat neben ihrer eigenen Funktionalität die Fähigkeit, über ihre Eigenschaften, Methoden und Ereignisse mit anderen Komponenten kombiniert werden zu können. Eine Komponente gehört immer zu einem System, ist dies nicht der Fall, so ist sie keine Komponente; erst Frameworks geben Komponenten eine Bedeutung. In seiner allgemeinsten Bedeutung ist das Framework eine Struktur mit einer Identität. In der aktuellen Frameworkentwicklung werden verstärkt sog. Black-Box-Frameworks entwickelt. Das Prinzip der Vererbung verliert hier an Bedeutung, vorrangig geht es um die Komposition von Objekten. Beispiele dafür sind Visual Basic, Delphi und JavaBeans.

Eine Softwarekomponente ist eine statische Softwareabstraktion mit Plugs. Eine Softwareabstraktion verbirgt die Implementationsspezifika vor ihrem Benutzer. Statisch bedeutet, daß sie zwecks Nutzung in geeigneter Weise instanziiert werden müssen. Plugs sind die Schnittstellen einer Komponente, sie definieren die Dienste, die eine Komponente zur Verfügung stellt und die Dienste, die sie von ihrer Umgebung erwartet. Nur durch Plugs können Komponenten zusammengesteckt werden, Plugarten und Plugverbindungen sind im wesentlichen von ihrem Framework abhängig.

Ein Framework besteht aus einer Komponentenbibliothek und einer dazugehörigen Softwarearchitektur. Die Softwarearchitektur legt die Basiseigenschaften der Plugs und die Art und Weise der Komposition fest, wobei das Zusammenstecken bzw. Verkleben auch als Gluing oder Component Scripting bezeich-

„Skriptsprache: Programmiersprache zur Formulierung von Anweisungen für komplexe Handlungsabläufe. Bei einer Skriptsprache wird eine Folge von Anweisungen, Skript genannt, zur späteren Ausführung in einer Datei abgelegt. Skriptsprachen erlauben die Automatisierung von wiederkehrenden, zumeist systembezogenen Verwaltungsarbeiten, z. B. das Einrichten von Benutzerkennungen, die Sicherung von Arbeitsplatzrechnern nach vorgegebenen Merkmalen usw. Im Zusammenhang mit dem Internet werden Skriptsprachen auch für die Erstellung von WWW-Anwendungen eingesetzt" (Hansen 1997).

net wird. Die Kompositionsregeln sind z.B. von der Granularität der Komponententypen abhängig. Eine der populärsten Sprachen ist Visual Basic. Delphi und Java benutzen eine objektorientierte Programmiersprache für das Scripting. – Mit der Komponentenbibliothek wird das lange verfolgte Ziel der Wiederverwendung angestrebt.

siehe hierzu ausführlich Peter u.a. 1997

2.2 Anwendungsentwicklung mit Java-Geschäftsprozeß-Komponenten – Das Beispiel IBM San Francisco

Das IBM San Francisco-Projekt ist eine Initiative von IBM und etwa zweihundert internationalen Softwarehäusern, die 1994 erstmals zu einem Treffen in San Francisco zusammentrafen. Ziel ist die gemeinsame Erarbeitung einer grundsätzlichen Objektsicht betriebswirtschaftlicher Anwendungen, um so die Komponenten verschiedener Hersteller zusammenbringen zu können. Nachdem die Entwicklungsarbeiten mit einer Kombination aus C++ und IDL (Interface Definition Language, von CORBA gemäß OMG) begonnen worden waren, wurden sie im Juni 1996 auf Java umgestellt, seit Mai 1997 wird die zweite, verbesserte Betaversion getestet. Die offizielle Bezeichnung lautet jetzt „Geschäftsprozeß-Komponenten".

San Francisco verspricht einen Baukasten mit abgestimmten Komponenten zur Entwicklung kommerzieller Anwendungen, wobei die Komponenten zu einfachen Komponenten „vormontiert" sind. Damit wird ein besserer und schnellerer Einblick in Zweck und Eigenschaften der Komponenten und in das Funktionieren des Prozesses verfolgt. Das Komponenten-Grundmodell einer kommerziellen Anwendung deckt 40 Prozent der Standardfunktionalität ab.

Die Komponenten sind also nicht komplett fertiggestellte Black-Box-Bausteine, sondern „eine Basis für die Erstellung von Landes-, Branchen-, SW-Hersteller- und kundenspezifischer Komponenten. Sie enthalten ein technisches Objektmodell (Programmiermodell) sowie ein inhaltliches Objektmodell (Business Objects) als Abbild der betrieblichen Realität in Klassen und Methoden, mit dem Ziel, die Wiederverwertbarkeit zu maximieren" (Peter u.a. 1997, S. 80).

Änderungen, Ergänzungen und Erweiterungen des vom Kunden gewünschten Funktionsumfangs werden von Softwarehäusern durchgeführt. Erweiterungspunkte (Extension Points) für Funktionen und Eigenschaften sind vordefiniert, diese Designbereiche sind zentralisiert und gekapselt, um die Konsistenz zu sichern. Ziel ist u.a., einen Markt für Geschäftsprozeß-Komponenten aufzubauen. Das Projekt San Francisco bietet drei Komponententypen an:

(1) **Kerngeschäftsprozeßkomponenten**
Dies sind erweiterbare objektorientierte Implementierungen von Grundprozessen, die vom jeweiligen Softwarehersteller um landes- und branchenspezifische Anforderungen und zusätzliche Funktionalitäten ergänzt werden können. Jedes Softwarehaus kann hier eine spezifische Kompetenz einbringen. Beispiele für Geschäftsprozeßkomponenten sind Haupt- und Nebenbücher der Finanzbuchhaltung.

(2) **Allgemeine Geschäftsobjekte**
Es sind Gruppen von Objekten, die sich in zahlreichen betriebswirtschaftlichen Anwendungen wiederfinden. Beispiele sind Kalenderfunktionen oder Zahlungsbedingungen.

(3) **Basisebene**
Diese Ebene stellt dem Anwendungsprogrammierer ein konsistentes Programmiermodell und eine Infrastruktur für verteilte Objektanwendungen in Java zur Verfügung.

2.3 Komponentensoftware und Organisationssituation

Für Standardsoftwarehersteller wie SAP könnte ein funktionierender Markt von Komponenten und Frameworks eine beträchtliche Konkurrenz bedeuten. Organisationen wären dann in der Lage, sich ihre Bausteine für ihre Prozeßsoftware vor dem Hintergrund eines Frameworks zusammenzustecken, ähnlich wie es das San Francisco-Projekt anstrebt. Bei Änderungen der Bedürfnisse der Organisation wäre die Möglichkeit zu einem schnellen Austausch von überflüssigen Komponenten ein weiterer Vorteil, der gegen Standardsoftware zu Buche schlagen könnte. Ein flexibler, kontextangemessener Umgang mit der Formalisierungslücke, die sich, wie wir gesehen haben, schnell wie ein Chamäleon verändern kann, erscheint möglich.

Für formalisierbare Prozesse bestehen dann die Optionen Standardsoftware und Komponentensoftware. Mit Komponentensoftware wird es denkbar, adäquate Prozeßkomponenten für die organisationsinternen wie -externen Netzwerke zusammenzustecken und variabel zu verändern. Der Primat der Organisation vor der Technik könnte sich durchsetzen, fast ein Paradigmenwechsel angesichts der bekannten Exculpation der Softwareexperten: „Das geht mit der Technik nicht!"

Komponentensoftware ändert weder prinzipiell das entworfene Gestaltungsmodell noch seine zyklische Vorgehensweise: Auch jetzt müssen die Prozesse von Unternehmensorganisation, Arbeitsgruppe und Arbeitsplatz konsistent und abgestimmt sein. Es gilt, die perspektivische Verknüpfung der Organisation zu beachten. Mit Komponentensoftware könnte es allerdings leichter werden, kooperative Lösungen zu entwerfen: Während die Prozesse der Standardsoftware starr und relativ unflexibel sind und die Unternehmensorganisation Top-down im Blick haben, sind bei Komponentensoftware lediglich die Komponenten vorgefertigt, sie können je nach Organisationssituation Bottom-up und variabel komponiert und perspektivisch leichter verknüpft werden. Auch unterschiedliche Lösungen für vergleichbare Arbeitsgruppen erscheinen denkbar, in jedem Fall sind Veränderungen der Organisationssituation mit Hilfe von IT-Organisationsexperten leichter zu realisieren.

Während Standardsoftware vor allem für die allgemeinen Prozesse geeignet ist, die in vielen Unternehmen gleich sind, können mit Komponentensoftware auch singuläre Prozesse unterstützt werden. Es sind die Prozesse, in denen sich Abgrenzung von Mitbewerbern und Innovationspotentiale ausdrücken.

Kahler u.a. haben die dahinterstehende Vision bereits vor dem Aufkommen von Komponentensoftware und Java formuliert. Sie benutzten dafür die Metapher „konfigurative Technik", die sich durch Anpaßbarkeit auszeichnet: „Anpaßbarkeit kann technisch umgesetzt werden, indem den Benutzern verschiedene Alternativen antizipierten Verhaltens zur Auswahl angeboten werden. Darüber hinaus können den Benutzern Baukästen zur Verfügung gestellt werden, aus deren Modulen neues Systemverhalten erzeugt werden kann. Letztlich ist es auch denkbar, Nutzern die Möglichkeit zu geben, in die technischen Artefakte einzugreifen, um bestehende Programme zu modifizieren oder neue Module herzustellen" (Kahler u.a. 1995).

Allerdings verharren die Standardsoftwarehersteller nicht in ihren Schützengräben, sie lassen den Angriff der Komponentensoftware nicht tatenlos über sich ergehen. Wird der Begriff Standardsoftware weitgefaßt, so fallen darunter auch Office-Pakete wie Microsoft Office, Lotus Smart Suite sowie Lotus Notes. Sie wurden bereits als Frameworks genutzt, um Teile einer Unternehmensorganisation, z.B. ein Produktionplanungssystem mit Komponenten zu modellieren (vgl. Mertens 1996). Auch durch Erweiterung von Lotus Notes können fehlende Komponenten integriert werden. Bis dato ist allerdings wohl noch kein praktischer Beweis erbracht, daß lokal erfolgreiche Lösungen auf dieser Basis auch die Plattform für eine unternehmensweite Anwendung bilden können (Bullinger u.a. 1995).

Die Strategie von SAP geht dahin, Komponententechnologie einzusetzen, „mit deren Hilfe die SAP das System R/3 evolutionär in das Business Framework überführt" (Graf 1997). Das Business Framework besteht aus (1) Business Komponenten, (2) Schnittstellen mittels sog. BAPIs, die Interoperabilität zwischen Komponenten von SAP und Fremdanbietern versprechen, und (3) Integrationstechnologien, die die komponentenübergreifende Abbildung von Geschäftsprozessen herstellen. Die Philosophie ist, das System R/3 in eine Familie von Softwarekomponenten zu überführen, wobei das R/3-Referenzmodell als Grundlage dienen soll, es enthält das orientierunggebende Gesamtbild. Mit Release 4.0 sollen R/3-Funktionalität in 15 Business-Komponenten ausgeliefert werden, z.B. Komponenten für den BusinessEngineer, Verfügbarkeitsprüfung etc.. Das Business Framework von R/3 gestattet allerdings nicht, beliebige Komponenten verschiedener Hersteller zu mischen. Das Konzept ist insgesamt auf der Ebene Megakomponentensoftware einzustufen (vgl. Graf 1997, S. 72ff).

Bei aller positiver Einschätzung von Komponentensoftware verbietet sich ein radikales Reengineering der Softwarelandschaft einer Unternehmensorganisation, auch hier ist Evolution der bessere Weg. Für die Programmierung stehen zwar inzwischen Werkzeuge wie Java, CORBA, DCOM, ActiveX etc. bereit, es fehlt aber noch an überzeugenden betrieblichen Referenzmodellen (Peter u.a. 1997, S. 89).

Abschnitt B.V.3. wurde unter Mitarbeit von Marcus Röhrs erstellt.

3. Technikoption Intranet

TCP/IP: „Transmission Control Protocol/ Internet Protocol", grundlegende Internet-Verbindungsprotokolle, oft auch als Oberbegriff für die Internet-Protokoll-Suite gebraucht. Während IP die unterste Schicht der Datenpakete definiert, arbeitet TCP „darüber" als zuverlässiger, verbindungsorientierter Datenstrom.

Das Intranet ist keine technische Innovation. Der Aufbau eines Intranets für eine Organisation ist lediglich eine neue Verwendungsform der bekannten und erprobten Internet-Technologie. Ein Intranet kann wie folgt definiert werden (vgl. Conrad 1996, S. 7 und Bullinger u.a. 1997, S. 9):

Ein Intranet ist sowohl ein durchgängiges Unternehmensnetzwerk als auch ein Informationssystem auf Basis des *TCP/IP*-Protokolls, in dem Anwendungen mit WWW-Technologie realisiert sind. Es verbindet die Mitglieder einer geschlossenen Benutzergruppe und macht diesen wichtige Firmeninformationen und -daten zugänglich. Durch ein Intranet können umfangreiche Informationen z.B. innerhalb eines Unternehmens transparent und schnell an jeden Desktop mit geringem Zeit- und Kostenaufwand weitergeleitet werden.

Internet und Intranet unterscheiden sich nach dieser Definition nur durch die zulässigen Zugriffsmöglichkeiten. Auf ein Intranet haben nur die Mitglieder einer geschlossenen Benutzergruppe Zugriff. Das *Internet* ist dagegen weltweit für jeden zugänglich.

Eine geschlossene Benutzergruppe muß nicht notwendigerweise ein Unternehmen sein, es lassen sich vier Klassen unterscheiden:
- eine Organisation oder ein organisationsinternes Netzwerk,
- ein organisationsexternes Netzwerk, z.B. eine virtuelle „flüchtige" Organisation,
- eine Benutzergruppe, die sich durch einen spezifischen Geschäftsprozeß definiert, z.B. ein Logistikprozeß mit Zulieferern und
- die Unterstützung dedizierter Online-Angebote für spezifische Zielgruppen, z.B. Produktangebote mit Preisrabatten für Handwerkergruppen. (vgl. Cordes/Willems 1997, S. 221).

Das Intranet gehört zur Klasse der Kooperationssoftware. Wie bereits erwähnt, kann es, z.B. als Electronic Commerce, auch als Prozeßsoftware genutzt werden. Das Intranet ist in idealer Weise geeignet, alle Formen organisationsinterner wie -externer Netzwerke, z.B. virtuelle „flüchtige" Netzwerke, zu unterstützen.

Beim Intranet greifen verschiedene WWW-Browser (Clients) auf einen oder mehrere WWW-Server über bestimmte Protokolle (*HTTP*, TCP/IP) zu. Damit ist ein Intranet eine spezielle Form des Client-Server-Prinzips. Die Informationssuche in Unternehmensdatenbanken kann durch den Einsatz von *Browsern* erheblich erleichtert werden. Die Darstellung von Informationen erfolgt auf Hypertextbasis, so daß einzelne Dokumente untereinander verbunden sind. Gestaltungssprachen wie Hypertext Markup Language (*HTML*) sind einfach zu erlernen.

3.1 Klassifikation von Intranets

Mit vier Beispielklassen (vgl. Desborough 1996, S. 40f.) ergibt sich ein Überblick über die derzeitige Verwendung von Intranets in Unternehmen:

Dokumentenveröffentlichung. Das Informationsangebot im Intranet kann z.B. die zuvor auf Papier veröffentlichten Informationen ersetzen. So können Unternehmensleitlinien oder Produktinformationen im organisationsinternen Netz veröffentlicht werden. Sie können permanent aktuell gehalten werden, es fallen keine Druckkosten an. Die Dokumentenveröffentlichung wird technisch durch die Veröffentlichung von statischen HTML-Seiten auf einem firmeninternen WWW-Server möglich.

Suchen in Verzeichnissen. In diese Klasse fällt u.a. ein firmeninternes Telefonverzeichnis. In elektronischer Form ist es aktueller als ein gedrucktes Dokument. Durch geeignete Suchmasken kann der Zugriff auf die Telefonnummern nicht nur über den Namen der Mitarbeiter, sondern z.B. auch über ihre Aufgaben in der Organisation erfolgen. Das Suchen in Verzeichnissen wird technisch durch

---

*Das **Internet** ist ein weltweiter Verbund von Computernetzwerken, die Standards sind plattformunabhängig, d. h. unterschiedliche Hardwarekonzepte oder Betriebssysteme sind kein Hindernis für den gegenseitigen Informationszugriff. Auf der Benutzerebene zeichnet sich das Internet durch verschiedene, komfortabel zu bedienende Dienste für den Zugriff auf global verteilte Informationsressourcen aus. Dazu gehören z. B. Kommunikationskomponenten, Datentransferleistungen, Abfrageroutinen usw.*

HTTP: „Hypertext Transfer Protocol", Standardverfahren zur Übertragung von Dateien im WWW.

HTML: „Hypertext Markup Language", standardisierte Layoutsprache, mit der den Seiten im WWW Gestalt verliehen wird.

Browser: Programm zum Darstellen von HTML-Dokumenten und Weiterleiten von Befehlen im WWW (to browse = blättern, stöbern).

Verknüpfung von Intranet, Komponentensoftware und Java

Die Internet-Technologie war zunächst auf eine passive Informationspräsentation angelegt. Waren die WWW-Browser bisher ‚dumme' Grafikterminals, so sorgt die Programmiersprache Java dafür, daß die Verarbeitungsmöglichkeiten des Clients genutzt werden können.

„Java entstand, nachdem einige Leute bei Sun Microsystems versucht hatten, eine neue Sprache zur Programmierung von informationsorientierten Konsumgeräten zu entwickeln. Die Ausrichtung auf das World Wide Web erfolgte erst später." (Tannenbaum 1996, S. 726). Die Entwickler von Java geben elf Eigenschaften für die Internet-Sprache an: (Cornell/Horstmann 1996, S. 5) einfach, objektorientiert, verteilt, robust, sicher, architekturneutral, portable, interpretiert, hohe Performanz, Unterstützung von vielen Threads und dynamisch. Java kombiniert hervorragende objektorientierte Eigenschaften mit Internet-Fähigkeiten. Mit diesen Eigenschaften erweitert Java die Möglichkeiten der Internet-Technologie. Jetzt können nicht nur statische Elemente ausgetauscht werden, sondern auch Anwendungen auf einfache Art verteilt und genutzt werden. Der Benutzer lädt den Java-Bytecode aus dem Internet oder Intranet und führt ihn auf seiner eigenen Maschine aus. (Cornell/Horstmann 1996, S. 10). Java ermöglicht somit die Erstellung von kleinen Software-Modulen, die plattformunabhängig in einer Java-Umgebung sicher ausführbar sind. Auf diese Weise besteht die Möglichkeit zu einer bedarfsweisen Softwareverteilung, die sicher über das Netz abzuwickeln ist. Der Zugriff auf Datenbanken oder entfernte Funktionen ist über entsprechende Zusatzprodukte wie Java Database Connectivity (JDBC) oder Object Request Broker (ORB) nach dem CORBA-Standard möglich.

Aktuelle Entwicklungen wie z. B. Java-Beans werden hier noch nicht berücksichtigt. Es kommt vielmehr darauf an, daß mit Java der modulare Aufbau von Anwendungen mit Komponentensoftware möglich werden kann:

- Objektorientierte Programmierung beinhaltet bereits das Komponentendenken. Die gebildeten Klassen und deren Objekte kommunizieren über definierte Schnittstellen. Auch die Erweiterung dieser Klassen über Vererbungsmechanismen ist recht einfach möglich. Die Verwendung der Programmiersprache Java führt somit zu wiederverwendbaren Komponenten.
- Da Java für den Einsatz in verteilten und vernetzten Umgebungen konzipiert ist und damit den Zugriff auf Objekte an anderen Orten ermöglicht, spielt es keine Rolle, auf welchem Server die Objekte gespeichert sind.
- Ein Zusammenfügen von Komponenten ohne Einbeziehung des Objektcodes wird über HTML möglich. Hier können Verweise auf Java-Module (auch Applets genannt) auf einer WWW-Seite integriert werden. Bei Bedarf können sie dann aktiviert werden.

Zur Verdeutlichung dieser flexiblen Erweiterung und Gestaltung das folgende Beispiel eines Java-Browsers von Tannenbaum:

„... Durch dieses Modell sind Java-Browser auf eine Weise erweiterbar, die bei Browsern der ersten Generation nicht möglich war. Die Browser der ersten Generation waren im Grunde HTML-Interpreter, die integrierte Module hatten, um die verschiedenen Protokolle zu unterstützen... sowie Decoder für verschiedene Bildformate. Setzte sich ein neues Format durch... sind diese alten Browser nicht in der Lage, Web-Pages mit Elementen in solchen Formaten zu lesen. Bestenfalls muß der Benutzer einen geeigneten externen Viewer finden, herunterladen und installieren.

Beim Java-Browser ist die Situation anders. Beim Starten ist der Browser eigentlich eine leere virtuelle Java-Maschine. Durch Laden von HTML und HTTP-Applets wird er befähigt, Web-Pages zu lesen. Sind neue Protokolle oder Decoder erforderlich, werden deren Klassen dynamisch, möglicherweise über das Netz, von dem in der Web-Page angegebenen Site geladen." (Tannenbaum 1996, S. 728)

Wenn Anwendungen nur noch in Form versendbarer Java-Applets vorliegen, wird an den Arbeitsplätzen nur noch ein Java-fähiger Browser benötigt. Komplizierte Softwaredistribution und Installation könnten entfallen.

Marcus Röhrs

die Verknüpfung von statischen WWW-Dokumenten mit interaktiven Elementen möglich.

Informationssystemintegration. Durch geeignete Schnittstellen wird ein Zugang vom Intranet auf organisationsinterne Ressourcen, z.B. auf bestehende Applikationen oder Datenbanken möglich. Damit werden bestehende Informations- und Kommunikationsinfrastrukturen in das Intranet integriert und durch den Browser allen Intranet-Benutzern zugänglich.

Netzanwendungen von Komponentensoftware. Die eigentliche Herausforderung ist, spezielle Anwendungen auf Grundlage der Intranet-Infrastruktur mit Hilfe von Komponentensoftware, die über das Intranet verteilt wird, zu entwikkeln. In diesem Anwendungsbereich wird die Zukunft des Intranet-Einsatzes in Unternehmen erwartet (siehe Box „Verknüpfung von Intranet, Komponentensoftware und Java", S. 216).

3.2 Gründe für den Einsatz von Intranets

Die Einfachheit der Technologie ist der wesentliche Grund für die Attraktivität des Intranet für Organisationen. Mit einem Intranet besteht die Möglichkeit, die bestehende Infrastruktur zu vereinfachen, ohne bestehende Strukturen verwerfen zu müssen. Das Intranet ist eine Verteil- und keine Zuweisungstechnik: Anders als beim Electronic Data Interchange (EDI), wo nicht nur die Schnittstellen zwischen Rechnersystemen das Problem sind, sondern vieles vorprogrammiert ist und die Daten zugeteilt bzw. zugewiesen werden, können hier die benötigten Daten nach Bedarf verteilt bzw. dann wenn sie benötigt werden, abgerufen werden

Der große Vorteil gegenüber traditionellen Architekturen liegt in der Offenheit. Weil die Internet-Standards von einzelnen Hardwareplattformen und Betriebssystemen unabhängig sind, ist es möglich, einfacher und schneller plattformübergreifende Client/Server-Anwendungen zu implementieren. Im Intranet werden diese Standards durch Web-Server und Web-Browser ergänzt. Dem Web-Browser kommt eine zentrale Bedeutung zu. Mit dem Web-Browser als universellem Client wird via Web-Server auf die verschiedenen Datenbanken zugegriffen. Der Anwender muß lediglich einen Browser bedienen können, um Zugriff auf Text-, Grafik-, Video- und Audiodaten zu haben.

In einem herkömmlichen Client-Server-Betrieb muß jeder PC, der „draußen im Feld" steht, praktisch kontrolliert werden. Häufig laufen Applikationen auf einer Workstation nicht mehr, nachdem eine neue Software installiert wurde oder der Benutzer etwas an den Einstellungen geändert hat. Beim Intranet ist das einfacher. Mit dem Browser holt sich der Benutzer die benötigten Daten und Programmteile aus dem Intranet, die Softwareverteilung wird überflüssig.

Software-Hersteller (SAP, Corel usw.) haben damit begonnen, ihre Programme auf das Intranet auszulegen. Beispielsweise hat Corel ein Office-Paket unter Java entwickelt. Die Applikation wird aus dem Browser heraus bedient. Der Benutzer kann fortan die Briefe im Browser schreiben, nur die gerade benötigten Software-Applets werden auf den PC heruntergeladen.

Intranet und Lotus Notes/Domino

Es liegt nahe, daß sich Lotus Notes mit seinem Replikationskonzept zur Unterstützung jeder Form von organisatorischen Netzwerken besonders gut eignet. Bei jedem beteiligten Akteur des Netzwerkes werden die Projektinformationen in Notes-Datenbank gespeichert. Die Akteure arbeiten lokal mit „ihrer" Datenbank. Änderungen und Ergänzungen sind nach der nächsten Replikation bei allen vorhanden. Die Synchronisation der Daten- und Informationsstände von Hand entfällt.

Die Mailing-Komponente von Lotus Notes gestattet die direkte Kommunikation zwischen den beteiligten Akteuren. So können innerhalb des Netzwerkes sehr effizient Aufgaben verteilt und Aktivitäten koordiniert werden.

Ein wichtiger Aspekt ist dabei die Wahrung von Geschäftsgeheimnissen der einzelnen Partner. Da sie nach Ende eines Projektes wieder auseinandergehen, muß sichergestellt sein, daß nicht „gewildert" werden kann. Das Notes Sicherheitskonzept erlaubt, den Zugriff auf Informationen sehr fein zu steuern.

Bislang wurde unterstellt, daß alle Partner des Netzwerkes über einen Notes-Client verfügen. Für den Fall, daß ein Partner nicht über Lotus Notes verfügt, aber dennoch auf Notes-Datenbanken zugreifen will, hat Lotus das Produkt Domino entwickelt.

Domino ist ein Programm, das auf dem Notes-Server läuft. Seine Aufgabe ist es, Anfragen, die über einen WWW-Browser an Notes-Datenbanken gestellt werden, in Notes-Anfragen umzusetzen. Die Informationen, die von den Datenbanken geliefert werden, werden automatisch wieder in HTML übersetzt und an den Browser zurückgeschickt. Über einen beliebigen WWW-Browser ist somit ein Großteil der Funktionalität von Notes nutzbar. Es können nicht nur Informationen abgefordert werden, sondern auch Dokumente erstellt und in Notes-Datenbanken gespeichert werden.

Für die Bereitstellung von Informationen im WWW ist kein zusätzlicher Aufwand nötig. Die Informationen, die in einer Notes-Datenbank vorliegen, werden in HTML umgesetzt, sobald sie angefordert werden. Was Lotus Notes bzw. Domino damit von anderen Methoden zur Erstellung von Anwendungen für das WWW unterscheidet, ist die Leichtigkeit, mit der eine interaktive WWW-Anwendung erstellt werden kann. Dabei sind auch alle in Lotus Notes eingebauten Funktionen nutzbar, wie z.B. Volltextsuche, Sicherheitsmechanismen usw.

Zusätzlich zu der Möglichkeit mittels eines Browsers auf Notes-Datenbank zuzugreifen, kann mit Lotus Notes auch auf andere Datenbanken, z.B. auf relationale Datenbanken oder auf andere Applikationen zugegriffen werden. Somit stehen über Domino alle Möglichkeiten zum Aufbau eines Intra-/Extra-/Internet-Services zur Verfügung.

Lotus mißt dem Konzept offensichtlich eine strategische Bedeutung zu, der Notes-Server heißt ab der Version 4.5 „Lotus Domino powered by Notes"-Server. Diese Namensänderung soll auch einen Wechsel in der Produktpolitik symbolisieren. Lotus will weg vom Image eines proprietären Systems hin zu einem offenen, integrierenden System.

Die Technik, die mit Domino zur Verfügung steht, bietet auch eine gute Basis für den Informationsaustausch zwischen verschiedenen Partnern. Es reduzieren sich die systemtechnischen Voraussetzungen auf das Vorhandensein eines WWW-Browsers und eine Netzverbindung über TCP/IP.

Bernd Hort

Zusammengefaßt sprechen folgende Gründe für den Aufbau eines Intranets in Organisationen: Intranets

- sind als quasi öffentliche Entwicklung kostengünstig,
- sind als „Kind des Internets" benutzerfreundlich und akzeptiert,
- führen zu einer Komplexitätsreduktion der technischen Infrastruktur,
- sind sowohl für Daten als auch für Anwendungen eine ideale Integrationsbasis,
- fördern die Verteilung von Informationen und die Herausbildung einer geteilten Wissensbasis in organisationsinternen wie -externen Netzwerken, wobei die Inhalte der Eigenverantwortlichkeit der Mitarbeiter unterliegen,
- übernehmen die Funktion der Koordinationsbasis in Netzwerken,
- können den Aufbau von Geschäftsprozessen unterstützen.

Die Bereitstellung von vielfältigen Informationen im Intranet durch alle Mitarbeiter unabhängig von ihrer Stellung in der Organisation kann zu einer Abflachung der Hierarchien führen. Es entsteht zwischen den Mitgliedern ein Kunden-Lieferanten-Verhältnis. Die Mitarbeiter gestalten das Intranet durch ihre Beiträge mit.

Das so auf Dauer entstehende gemeinsame Wissen einer Organisation ist im Intranet in einer syntaktischen Form gespeichert. Durch Interpretation und Bewertung wird es immer wieder neu gewonnen und weiterentwickelt. Wird dieses gemeinsame Wissen von allen angenommen, so kann es das Organisationslernen fördern. Fehlt die Bereitschaft und eine entsprechende Kultur, so nützt auch ein Intranet wenig. Das Intranet macht Angebote, es fordert Aktivität von den Mitarbeitern.

4. Optionen bei Technikoptionen

Gestaltungsfreiräume bei SAP R/3

Eine letzte aber wichtige Frage, die uns bei den Technikoptionen interessiert, lautet verkürzt: Welche Optionen erlaubt eine Technikoption? Hat sich eine Organisation mit der Entscheidung für eine bestimmte Technikoption auf einen engen Korridor festgelegt oder ist eher ein breiter noch auszufüllender Nutzungspfad vorhanden? Es ist die Frage, ob der Einsatz z.B. von Standardsoftware, Methoden, Modelle oder Werkzeugen einen Handlungsspielraum bei der Gestaltung von Organisationen zulassen und wie dieser genutzt werden kann. Dies wird exemplarisch an der Standardsoftware SAP R/3 geprüft. R/3 ist aus zwei Gründen interessant: Zum einen wegen der großen Verbreitung, zum anderen sind insbesondere bei einer Standardsoftware wie R/3, die ausdifferenzierte Referenzmodelle, Vorgehensmodelle und Werkzeuge vorgibt, eher begrenzte Gestaltungsmöglichkeiten zu vermuten?

220 Modelle, Methoden und Software

Wir greifen dabei auf Arbeiten der drei Forschungs- und Beratungsinstitute (BIT/Bochum, FORBA/Berlin und FORBIT/Hamburg) zurück, die gemeinsam seit etwa einem Jahrzehnt am Thema sozialverträgliche bzw. arbeitsorientierte Gestaltung und Einführung von SAP-Software arbeiten und forschen. Sie haben in dieser Zeit zahlreiche Beratungsprojekte in Organisationen, Forschungsprojekte, Seminare durchgeführt und Bücher veröffentlicht (AFOS/Blume 1997).

4.1 Erfolgs- und Mißerfolgsfaktoren von SAP-Einführungsprozessen

Schenkt man den Erfahrungen der AFOS-Autoren Glauben, so entwickelt offensichtlich jedes SAP-Projekt seine eigene Dynamik. Abhängig von den Rahmenbedingungen einer Organisation kann der Gestaltungsprozeß einen sehr unterschiedlichen Verlauf nehmen. Aufgrund der Beobachtung zahlreicher Anwendungsprojekte ist die erfolgreiche Einführung stark abhängig von den Rahmenbedingungen einer Organisation und den Personen, die das Projekt gestalten. Weit weniger macht dagegen die Eigenschaft der SAP-Software aus. Die Einführung von SAP stellt für alle betrieblichen Akteure eine große Herausforderung dar, zugleich bietet sie die Chance, eine innovative flexible Organisation durch Kooperation zu entwickeln.

Erfolgsfaktoren
Als Erfolgsfaktoren einer SAP-Einführung werden im einzelnen genannt (S. 16ff.):
(1) Eine verbindliche *Leitbildorientierung*, die von möglichst vielen betrieblichen Akteuren geteilt wird, schafft den notwendigen Zusammenhalt für einen kooperativen Änderungsprozeß.
(2) Der Gestaltungsprozeß muß aus *Top-down und Bottom-up-Elementen* bestehen: So müssen z.B. Leitbilder in den Arbeitsgruppen diskutiert werden, zugleich ist es unabdingbar, daß sie von der Unternehmensleitung und Arbeitnehmervertretung (Betriebs- bzw. Personalrat) koordiniert und verbindlich durchgesetzt werden.
(3) Integration von *Arbeitsgestaltung, Organisations- und Personalentwicklung*. Die SAP-Einführung scheitert oftmals dadurch, daß sie ausschließlich als klassisches EDV-Projekt eingestuft wird.
(4) Die Konstruktive Einbeziehung von gesetzlichen *Vorschriften zur menschengerechten Gestaltung der Arbeit* (z.B. Betriebsverfassungsgesetz, Bildschirmarbeitsverordnung) oder zum *Datenschutz* schaffen die Voraussetzungen für eine robuste und akzeptierte R/3 Arbeitsorganisation.
(5) Die SAP-Einführung muß als *kooperatives Reorganisationsprojekt* begriffen werden, da das Wissen über Einzelheiten der Arbeit, Arbeitsabläufe und Praktikabilität in den Köpfen der Mitarbeiter verteilt ist.
(6) Auch wenn die funktionale Integration durch Prozeßorientierung meist an erster Stelle der Einführungsgründe steht, so ist dennoch auf eine *behutsame*

Integration der Prozesse und Organisationsbereiche zu achten. Andernfalls ist eine Überforderung des Personals und der Organisation zu befürchten.

(7) Das Big Bang Reengineering, bei dem in einem Zug möglichst alle SAP-Module eingeführt werden, überfordert Beschäftigte und Organisation. Vielmehr ist eine *Schritt-für-Schritt-Kombination von Organisations- und Technikgestaltung* anzustreben, da sich beide Bereiche unauflöslich bedingen.

Mißerfolgsfaktoren

(1) *Etablierung klassischer MIS-Visionen:* Immer dann, wenn Managementbedürfnisse nach zentraler Transparenz als dominate Vorgabe für ein SAP-Projekt vorhanden waren, wurde eine autonome und effektive Gestaltung der Kernprozesse behindert oder verhindert.

(2) *Tayloristische statt kooperativer Projektarbeit:* Je mehr in den Projekten ohne Verständnis der unternehmensweiten Organisation gestaltet wurde, desto mehr Wissen und Erfahrung konzentriert sich auf Seiten der Experten. Dies wird in den meisten Fällen gefördert durch exklusive und undurchschaubare Modellierungswerkzeuge. Die Folge dieser Grabenbildung: Die SAP-gestützten Prozesse funktionieren nur solange die Experten da sind.

(3) *Isolierung des SAP-Projektes von parallelen Organisationsprozessen:* Fehlende strategische Integration, Kooperation und Synchronisierung führt zu Parallelarbeit, Widersprüchen, Zuständigkeitschaos und Verunsicherungen.

(4) *Abdrängen, Behindern oder Ignorieren der Mitarbeitervertretung* führt zu Verschwendung von Gestaltungspotentialen und Kostensteigerungen u.a. durch Verzögerungen, Regelungsbürokratismen, Reibungs- und Akzeptanzverlusten.

(5) *Unzureichende Qualifizierung aller Beteiligten:* Sie führt zu Fehlern, Funktionalitäts- und Akzeptanzverlusten.

(6) *Unrealistische Terminierung und Ressourcenplanung:* Termindruck, Überlastung durch permanente Überstunden führen zur Verengung des Projektes allein auf die Technikeinführung: „SAP läuft, aber die Arbeit am System vorbei" (AFOS/Blume 1997, S. 6).

Leitbildorientierungen

Als Leitbilder, die den Akteurskonstellationen in einer Organisation am ehesten gerecht werden könnten, werden genannt (vgl. AFOS/Blume 1997, S. 38ff.):

- *Robustheit von Organisation und Kernprozessen* durch Kundenorientierung und qualifizierte, verantwortliche Mitarbeiter.
- *Arbeitsorientierung* durch Werkzeugorientierung des technischen Systems und Kooperation beim IT-Einsatz in Organisationen.
- *Sozialverträglichkeit* durch Anerkennung, daß es bei SAP-Projekten auch um unterschiedliche Interessen geht, die Konflikte erzeugen und einen Interessenausgleich zur Folge haben müssen.

222 Modelle, Methoden und Software

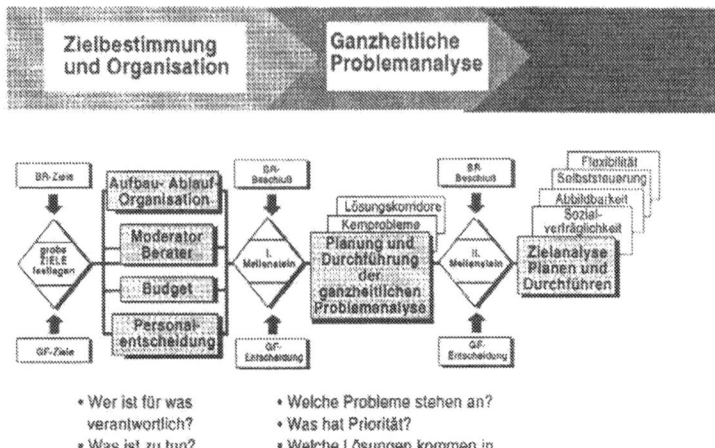

- Wer ist für was verantwortlich?
- Was ist zu tun?
- Was kostet das?

- Welche Probleme stehen an?
- Was hat Priorität?
- Welche Lösungen kommen in Frage?

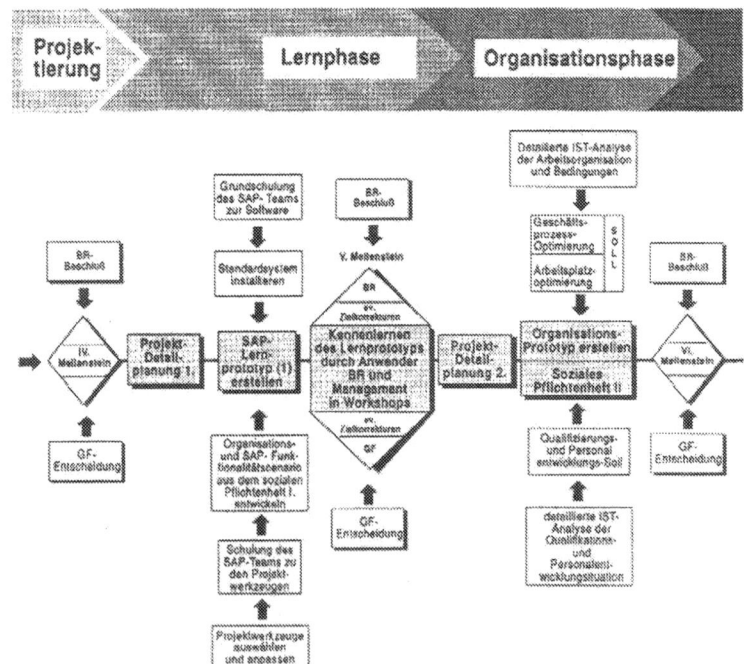

Abb. B.V.4
Das arbeitsorientierte
SAP-Vorgehensmodell
(Übersicht)
(AFOS/Blume 1997,
S. 228f.)

- Wie eignet sich der Betrieb am besten die technischen und organisatorischen Bedingungen und Eigenschaften der Software an?

- Wie soll die neue Ablauf- und Aufbauorganisation im Detail aussehen und funktionieren?
- Was müssen die Mitarbeiter dafür lernen?

Technikoptionen   223

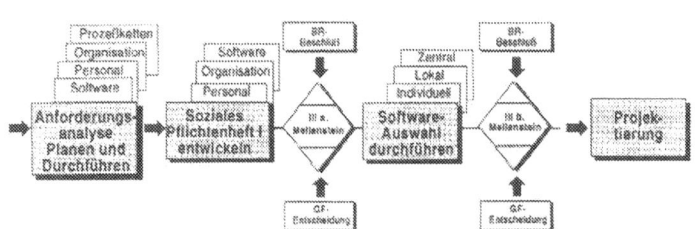

- Was heißt z.B. Flexibilität?
- Welche Anforderungen sind an die Organisation, das Personal und die Software zu stellen?
- Wie geht das sozialverträglich?

- Welche Software ist für diese Ziele und Leitbilder geeignet?

- Welche Rahmenbedingungen, Ressourcen und Vorgehen sind erforderlich?

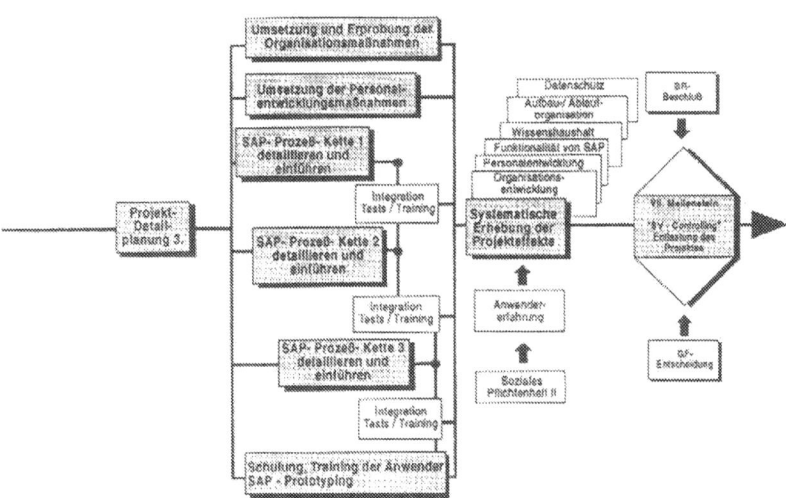

- Wie ist die Software im Detail einzustellen?
- Wie bewähren sich die Organisationsänderungen im Zusammenspiel mit der Software?
- Was müssen die Mitarbeiter dafür lernen und ändern?

- Welche Projektziele werden wie gut erreicht?
- Wie kommen die Mitarbeiter mit den neuen Bedingungen persönlich klar?
- Was steht jetzt zur Verbesserung an?

4.2 Ein arbeitsorientiertes Vorgehensmodell für R/3

Die Autoren der drei Forschungs- und Beratungsinstitute weisen darauf hin, daß eine um eine arbeitsorientierte Sicht modifizierte, aber dennoch klassische Vorgehensweise nach dem SAP-Vorgehensmodell nur begrenzt erfolgreich sein kann (vgl. S. 204ff.). Die wesentliche Schwierigkeit ist dabei, daß der Primat der Organisation- vor der Technikgestaltung so nicht eingelöst werden kann. Denn das SAP-Vorgehensmodell ist explizit an der Einarbeitung der Software interessiert. Damit wird ein softwareunabhängiger Blick und eine Optimierung der Aufbau- und Ablauforganisation erschwert.

Die kreislauforientierte Darstellung des Vorgehensmodells weist darauf hin, daß eine SAP-Einführung nie abgeschlossen ist (s. Abb. B.V.5). Es müssen, abhängig vom Wandel der Organisation, ständig neue Versionen entwickelt werden. Von daher machen insbesondere die Leitbilder Robustheit, Arbeitsorientierung und Sozialverträglichkeit Sinn. Diese Auffasung hat sich in Organisationen bislang nicht durchgesetzt. Dort herrschen eher Planungshorizonte von fünf und weniger Jahren vor. Dies hat den Nachteil, durch zu detaillierte und aktuelle Abbildung der Geschäftsprozesse, zukünftige Organisationsalternativen zu verbauen.

Das Vorgehensmodell folgt dem Prinzip einer stetigen Detaillierung und Konkretisierung von Zielen und Leitbildern (s. Abb. B.V.4). Ihre Entwicklung er-

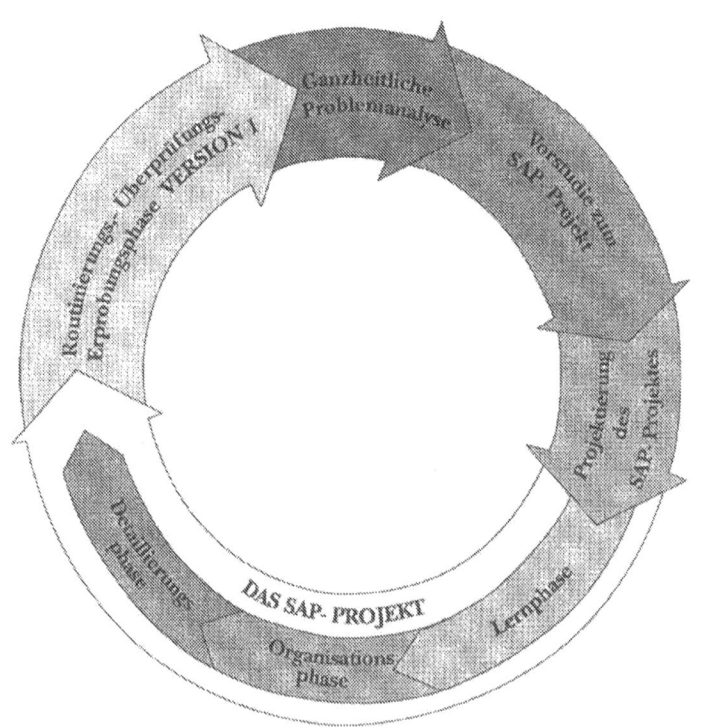

Abb. B.V.5
Das arbeitsorientierte SAP Vorgehensmodell
– versionsorientiert –
(AFOS/Blume 1997, S. 220)

folgt schrittweise in Aushandlungsprozessen der beteiligten Akteure. Die vorab getroffenen Konzepte und Entscheidungen werden rekursiv überprüft. Sie erhalten durch soziale Pflichtenhefte und Betriebsvereinbarungen ihre Verbindlichkeit. Damit geht jedoch nicht die Illusion einher, daß die einzelnen System- und Organisationseinstellungen aus den zuvor geplanten strategischen Zielen abzuleiten wären. Im Gegenteil, das Vorgehensmodell soll über schrittweise Erfahrungsbildung, Detaillierung und Aushandlungen die vorab nicht zu erkennenden Brüche und Auswirkungen durch Korrekturschleifen auffangen (vgl. S. 223).

Das Selbstverständnis des Vorgehensmodells ist, daß jede Phase in einem Wechsel von Top-down- und Bottom-up-Aktivitäten verläuft. Zu den Top-down-Akteuren werden sowohl die Geschäftsleitung als auch die Mitarbeitervertretung gerechnet. Sie treffen Grundsatz- und Interessensausgleichsentscheidungen, sichern die Rahmenbedingungen und koordinieren die einzelnen Projekte. Der Kern der Bottom-up-Aktivitäten ist die Organisations- und Arbeitsgestaltung mit der R/3 Software für den jeweiligen Bereich. Dieser kooperative Prozeß soll als Lern- und Organisationsentwicklungsprozeß gestaltet werden. Für eine detailliertere Beschreibung der einzelnen Phasen des Vorgehensmodells ist hier nicht der Platz, sie sind ausführlich in AFOS/Blume (1997, S. 226) dargestellt.

5. Schlußfolgerungen für das OWI-Gestaltungsmodell

Nach dem Überblick über Organisations- und IT-Optionen wird das Gestaltungsmodell jetzt zu einer (vorläufigen) Gesamtdarstellung gebündelt. Eine weitere Ergänzung wird es nach der Entwicklung einer nachhaltigen Option für Organisationen geben (siehe Abschnitt C.II.2. und Abschnitt C.II.3.).

5.1 Noch einmal: Die Pfeiler des OWI-Gestaltungsmodells

Die Pfeiler des OWI-Gestaltungsmodells wurden in Kapitel B.III entwickelt:

(1) Die IT-unterstützte Organisationsgestaltung ist weder allein aus der Top-down- noch aus der Bottom-up-Perspektive erfolgreich zu leisten. Vielmehr muß die perspektivische Verknüpfung gelingen: Die unternehmensübergreifende und die -weite Perspektive werden von den IT-Organisationsexperten mit Hilfe von Interviews und Modellierungswerkzeugen erarbeitet. Sie werden in einem zyklischen Prozeß mit Arbeitsgruppen und Arbeitsplätzen verknüpft.

(2) Zentrum und Mittler des Gestaltungsprozesses ist die Arbeitsgruppe; Evaluierer der IT-Organisation, Moderator und informationstechnischer Experte ist der IT-Organisationsgestalter. Die Akteure in den Arbeitsgruppen besitzen das Wissen und die Kompetenz über die Anwendungsdomäne und den Einzelarbeitsplatz. Die Anforderungen der Arbeitsgruppe und der Arbeitsplätze müssen in einem zyklischen Prozeß mit den Anforderungen der Gesamtorga-

nisation verschränkt werden. Da eine Organisation zumeist aus zahlreichen Arbeitsgruppen und Arbeitsplätzen besteht, macht die Gesamtheit der beschriebenen Gestaltungsprozesse das vollständige Bild einer Organisation und der IT-Organisationsgestaltung aus. Die Vielzahl der Akteure und Gruppen ist die Quelle auftretender Konflikte, die eine kooperative Vorgehensweise notwendig machen. Daraus entstehen Lernprozesse für alle Akteure, wobei insbesondere Organisationsworkshops hilfreich sein können.

(3) Der OWI-Gestaltungsprozeß benötigt eine angemessene Methodik und unterstützende Werkzeuge. Besonders geeignet sind dafür benutzernahe Modellierungswerkzeuge und Visualisierungsdokumente, sie sind sowohl

- die Diskursgrundlage für die perspektivische Verknüpfung, können
- den Übergang vom Verstehen der IT-Organisationssituation (Ist) zum Herstellen (Soll) leisten als auch
- Veränderungen der Organisationssituation bei Nutzung von Organisations- und IT-Optionen aufzeigen.

Die zusammengefaßten Thesen des Gestaltungsmodells werden im folgenden durch die Erkenntnisse über Organisations- und IT-Optionen erweitert.

5.1 Ein idealtypischer Gestaltungsprozeß

Ein idealtypischer Gestaltungsprozeß nimmt seinen Anfang beim Verstehen der IT-unterstützten Organisationssituation. In der Realität ist der Gestaltungsprozeß nie ganz abgeschlossen. Er tritt zumeist nicht als Reengineering der Gesamtorganisation auf sondern als IT-Gestaltung einzelner Organisationsmodule, Prozesse oder Netzwerke.

Das Verstehen des Ist-Zustandes wird stark beeinflußt vom Wissen um potentiell mögliche Organisations- und IT-Optionen oder um denkbare Leitbilder, selbstverständlich aber auch vom ausgewählten Modellrahmen, der der Analyse zugrundeliegt. Der gewählte Modellrahmen ist der Standort, von dem aus sich Sachverhalte erschließen, vielleicht übersehen oder schärfer betrachtet werden können. Eine anderer Modellrahmen würde andere Sachverhalte in den Blick nehmen und vermutlich auch zu anderen Resultaten führen.

Der hier skizzierte idealtypische Gestaltungsprozeß konzentriert sich auf die Analyse und das Verstehen der vorzufindenden Organisation und die IT-unterstützte Organisationsgestaltung mit der Auswahl von Organisations- und Technikoptionen. Die nachfolgenden Aufgaben wie Softwareentwicklung bzw. Customizing oder Implementierung und Benutzungsschulung werden an dieser Stelle vernachlässigt.

(A) Verstehen der IT-unterstützten Organisationssituation

Evaluierung der Ablauf- und Aufbauorganisation durch IT-Organisationsexperten aus der Top-down-Perspektive. Im Zentrum der organisatorischen Betrachtung steht zunächst die unternehmensweite bzw. übergreifende Perspektive mit ihren Prozessen, Kooperationsbeziehungen, Aufgaben und Objekten und ihren organisationsinternen wie -externen Modularisierungen und Netzwerken.

Durch Interviews machen sich die IT-Organisationsexperten kundig: Sie versuchen Organisation und Prozesse zu verstehen, indem die Organisation in Form von Kernprozessen bzw. Kernleistungen, Supportprozessen bzw. -leistungen und Spezialprozessen strukturiert wird. Dabei kann es um die gesamte Unternehmensorganisation oder um Teilbereiche gehen.

Die Zusammenhänge können bereits jetzt in Szenarien und mit Modellierungswerkzeugen oder Visualisierungsdokumenten, die später mit den Anwendern weiterzuentwickeln sind, skizziert werden.

Evaluieren des Kernsystems, der Prozeß-, Kooperations- und Desktopsoftware durch IT-Organisationsexperten aus der Top-down-Perspektive. Parallel zum Verstehen der organisatorischen Ist-Situation wird der informationstechnische Stand der Organisation durch die IT-Organisationsexperten evaluiert. Hier ist die Klassifizierung in Prozeß-, Kooperations- und Desktopsoftware und nach Standard-, Individual- bzw. Komponentensoftware hilfreich. Es muß eine Struktur in Form von Kern- und Spezialsystemen erarbeitet werden, denkbar ist auch, vom Techniknutzungspfad auszugehen und so die Organisation zu evaluieren.

Organisationsworkshops. Die IT-Organisationsexperten haben eine Vielzahl von Informationen über die Organisation und ihren IT-Stand zumeist aus der Top-down-Sicht erhoben. Jetzt geht es darum, Organisations-Workshops gemeinsam mit den Arbeitsgruppen zu organisieren, um Lern- und Gestaltungsprozesse sowie die perspektivische Verknüpfung von Unternehmensorganisation, Arbeitsgruppe und Arbeitsplatz in Gang zu bringen.

Werkzeuge und Dokumente eignen sich gut für den Diskurs der Organisationssituation sowie für die Prüfung von angemessenen Organisations- und IT-Optionen. So lassen sich relevante Prozesse, Kooperationsbeziehungen, Aufgaben und Objekte sowie Organisationsnetzwerke identifizieren und die Angemessenheit der eingesetzten Prozeß-, Kooperations- und Desktop-IT-Optionen diskutieren. Darüber hinaus kann die Bestimmung des Kernsystems erfolgen, Mengenerhebungen und Kooperationsdichten sind dabei wichtige Indikatoren.

Werkzeuge und Dokumente lassen sich beliebig verfeinern. So wird die Einschätzung von singulären und allgemeinen Prozessen möglich, und der Abgleich der Anforderungen der verschiedenen Perspektiven durchführbar.

Verfeinerte Dokumente können das Customizing bei Standardsoftware unterstützen. Diskursdokumente weisen aus, was als allgemeiner oder singulärer Prozeß durch Standardsoftware abgedeckt werden kann und was nicht. Allerdings findet dies im Rahmen des OWI-Modells nicht mehr Top-down statt, sondern ist Teil der perspektivischen Verknüpfung von Arbeitsgruppe bzw. Arbeitsplatz und Unternehmensorganisation.

(B) IT-unterstützte kooperative Organisationsgestaltung

Der Übergang vom Verstehen der Ist-Organisationssituation zum Soll ist fließend: Organisationsworkshops stoßen bei der Arbeitsgruppe die Suche nach Verbesserungen und Optionen an. Zugleich stellt der Organisationsgestalter immer wieder Bezüge zum Ist her, um seine Annahmen abzusichern oder um prototypische Lösungen zu erproben. Insofern macht es Sinn, die Erarbeitung der Organisationsoptionen und IT-Optionen in den Organisationsworkshop zu integrieren.

228 Modelle, Methoden und Software

Erarbeitung von Organisations- und IT-Optionen. Die Auswahl kann anhand der Modellierungswerkzeuge und Visualisierungsdokumente diskutiert werden. Es tauchen eine Reihe von Fragen auf, die generell auf Gestaltungsprozesse übertragbar sind:

Organisationsoptionen:
- Kennt die Organisation ihre Kernprozesse bzw. Kernleistungen sowie ihre Spezialprozesse, sind sie sinnvoll strukturiert und allen Organisationsmitgliedern transparent?
- Ist die perspektivische Verknüpfung, z.B. der Arbeitsgruppen mit den Kernprozessen verbesserungsfähig?
- Sind die Organisationsleitbilder der Akteure untereinander verträglich oder erzeugen sie Spannungen? Welches Leitbild setzt sich durch?
- Sind die Kooperationsprozesse zwischen den Akteuren und Arbeitsgruppen zu verbessern? Lassen sich singuläre Prozesse sinnvoll in allgemeine Prozesse überführen und umgekehrt?
- Kann der Prozeß der Modularisierung auf Kosten der Hierarchiebildung vorangebracht werden?
- Wie sieht die organisationsinterne und -externe Netzwerkarchitektur aus?

IT-Optionen:
- Wie ist das Kernsystem zu definieren und von den Spezialsystemen abzugrenzen? Wie unterstützt das Kernsystem die Kernprozesse?
- Sollte das Kernsystem durch Standardsoftware abgedeckt werden? Bezieht das Kernsystem die organisationsinternen und -externen Netzwerke mit ein? Welche Ausbaustufen sind geplant?
- Welche technische Plattform ist für die Kooperationsbeziehungen sinnvoll? Welche Kooperationsfunktionen sollen „wie" technisch unterstützt werden? Läßt sich Kooperationssoftware auch sinnvoll als Prozeßsoftware einsetzen, z.B. das Internet für Electronic Commerce?
- Wie sollte die Desktopsoftware-Infrastruktur aussehen? Steht für die zu erledigende Aufgabe eine angemessene Softwareunterstützung bereit?
- Wo ist Individualsoftwareentwicklung sinnvoll? Läßt sich Komponentensoftware nutzen?

Entwicklung Systemvision und Ausbaustufenplan. Der Diskurs über Organisations- und IT-Optionen muß schließlich in die Entwicklung der Systemvision münden. Sie kann je nach Betrachtungsgegenstand eine Unternehmensorganisation, einzelne Organisationseinheiten, Prozesse oder auch organisationsübergreifende Netzwerke beinhalten. In jedem Fall dokumentiert sich auch hier die perspektivische Verknüpfung.

Die Beschreibung der Ausbaustufen legt den Grad der Systemunterstützung fest und strukturiert die Einführungsreihenfolge. Systemvision und Ausbaustufenplan werden aus den Modellierungs- und Visualisierungsdokumenten erstellt.

Literaturempfehlungen

Theorie und Praxis der Wirtschaftsinformatik, Schwerpunktheft Componentensoftware. HMD 197/1997 (34. Jhg.) Hütig 1997

AFOS, Andreas Blume: Projektkompass SAP. Braunschweig Wiesbaden 1997

Teil C

Entwicklungspfade der Organisations- und Wirtschaftsinformatik

Informationsgesellschaft und Nachhaltige Entwicklung

I.
Leitbild
Informations-
gesellschaft
Seite 239

II.
Software-
gestütztes
Stoffstrom-
management
Seite 253

III.
Informations-
gesellschaft und
Nachhaltige
Entwicklung
Seite 293

Die Ratlosigkeit über die „richtigen" ökonomischen und ökologischen Entwicklungspfade am Übergang zum 21. Jahrhundert ist allgemein. Es wäre vermessen, das ultimative Gesellschaftsmodell entwerfen zu wollen. Die Organisations- und Wirtschaftsinformatik sollte sich an der Diskussion um Leitbilder und Optionen beteiligen und versuchen, IT-Gestaltungsansätze für entsprechende Entwicklungspfade bereitzustellen.

Das Leitbild Informationsgesellschaft
Begriffe wie *Multimedia*, Datensuperhighway und Informationsgesellschaft sind heute in aller Munde. Die Verheißungen, die mit der Informationsgesellschaft verbunden werden, sind nicht gerade bescheiden: Den Menschen steht in den Industrieländern, so die Hoffnung einiger Politiker, ein Quantensprung in der Telekommunikation mit Millionen zusätzlicher Arbeitsplätze bevor.

Die *Informationsgesellschaft* hat zwei Wurzeln: Einmal soll damit das Ende der Industriegesellschaft mit ihrer Orientierung an den klassischen Produktionsfaktoren Rohstoff, Arbeit und Kapital deutlich werden. Der neue, den Wettbewerb dominierende Faktor ist Information bzw. Wissen. Diese Neuorientierung soll es leichter machen, die relevanten neuen Strukturen zu erkennen, auf die es in Zukunft ankommen wird: softwaregestützte Dienstleistungen, Forschung und Entwicklung, sowie Beratung, Ausbildung und Betreuung in technischen, finanziellen und sozialen Feldern. Der Produktionsbereich wird weitgehend automatisiert sein bzw. von Billiglohnländern übernommen werden, so die Einschätzungen.

Die zweite, technische Begründung speist sich aus dem Zusammenwachsen der Einzeltechniken Computertechnik, Telekommunikation, Unterhaltungselektronik und Medien. Bemühungen, diese Verknüpfungen zu realisieren, sind seit fast zwei Jahrzehnten erkennbar. Jetzt scheint die Zeit reif, technische Potentiale in ökonomisch verwertbare Nutzungskonzepte umzusetzen. Anwendungen für eine Massennachfrage werden in erster Linie in den Feldern Infotainment, Edutainment und Geschäftskommunikation vermutet, im einzelnen werden Video-on-Demand, Pay-TV sowie Online-Dienste genannt.

Das Leitbild Nachhaltige Entwicklung
Neben der Informationsgesellschaft wird ein zweites Leitbild, die Nachhaltige bzw. Zukunftsfähige Entwicklung (sustainable development), diskutiert. Beide Leitbilder stehen weitgehend unverbunden nebeneinander, sieht man einmal von der Einschätzung vieler Politiker und Medien ab, die die Informationsgesellschaft zugleich auch als eine Umweltgesellschaft sehen: sie wird quasi automatisch den Trend zur sauberen Dienstleistungsgesellschaft vorantreiben, so ihre Hoffnungen.

Der Begriff sustainable development ist eng verbunden mit dem Namen der norwegischen Ministerpräsidentin Gro Harlem Brundtland und der von ihr geleiteten UN-Kommission für Umwelt und Entwicklung. Der Leitgedanke hat sowohl eine ökologische wie ökonomische Dimension: Eine zukunftsfähige Wirtschaftsweise ist diejenige, welche die heutigen Bedürfnisses so befriedigt, daß die Bedürfnisbefriedigung der kommenden Generationen nicht gefährdet

Multimedia ist das Zusammenwachsen von Computer, Fernseher, HiFi-Anlage und Telefon. Damit kann man nicht nur Informationen empfangen, sondern auch aktiv in das Geschehen eingreifen. Diese Interaktivität unterscheidet Multimedia z. B. vom Fernsehen.

Das Bild Informationsgesellschaft hat viel Ähnlichkeit mit der legendären Blaupausen-Metapher, die Alt-Bundeskanzler Schmidt in den 70er Jahren gezeichnet hat. Er wollte damals den bevorstehenden Strukturwandel hin zu geistig-konstruktiven Tätigkeiten deutlich machen.

ist. Wirtschaften, Naturerhalt und der Generationenvertrag werden als Einheit betrachtet.

Es gibt heute eine Reihe von Interpretationen dieses Leitgedankens. So spricht der ehemalige Bundesumweltminister Töpfer von der Neuinterpretion des kategorischen Imperativs: „Handle so, daß die Konsequenzen Deines Tuns die Möglichkeiten eines lebenswerten Lebens auf der Erde nicht in Frage stellen." Laut Enquete-Kommission des Deutschen Bundestages (1994) strebt die Nachhaltige Entwicklung die ausschließliche Nutzung der Zinsen an, ohne etwas vom Konto abzuheben. Die Säulen sind dabei (1) der Naturschutz, (2) die Toxikologie und (3) die Verminderung der ökonomischen Ressourcenströme. Die Vision ist das Wirtschaften auf der Basis der nachfolgenden Grundsätze:

- **Nutzung erneuerbarer Ressourcen.**
  Die Abbaurate erneuerbarer Ressourcen soll die Regenerationsgeschwindigkeit nicht überschreiten.
- **Nutzung nicht erneuerbarer Ressourcen.**
  Sie sollen nur in dem Maße genutzt werden, wie sie gleichwertigen Ersatz in Form erneuerbarer hervorbringen oder die Produktivität der erneuerbaren oder der nicht erneuerbaren Ressourcen steigern.
- **Inanspruchnahme der Aufnahmekapazität der Umwelt.**
  Stoffeinträge in die Umwelt müssen sich an der Belastbarkeit der Umweltmedien orientieren.
- **Beachtung der Zeitmaße.**
  Das Zeitmaß menschlicher Eingriffe und Einträge in die Umwelt muß im ausgewogenen Verhältnis zum Zeitmaß der für das Reaktionsvermögen der umweltrelevanten natürlichen Prozesse stehen.

Die Herausforderung für OWI: Pfade einer zukunftsfähigen Entwicklung in die Informationsgesellschaft
Es ist bislang weitgehend ungeklärt, wie die Leitbilder Informationsgesellschaft und Nachhaltige Entwicklung zu verknüpfen sind. Es scheint gänzlich ausgeschlossen, sich von den Entwicklungen zur Informationsgesellschaft abzukoppeln, die gesellschaftlichen Verwerfungen wären erheblich. Für den Planeten Erde zerstörerisch ist aber auch ein Entwicklungspfad, der nicht auf ein nachhaltiges Wirtschaften einschwenkt. Wie also ist beides zusammenzubringen?

Organisations- und Wirtschaftsinformatik werden zukünftig vor dem Hintergrund dieser beiden Leitbilder ihre Anwendungssysteme, Modelle und Methoden entwickeln. In der Herausforderung dieser Fragestellung liegt auch die Verantwortung, sich am Brückenbau zu beteiligen.

Wir werden zunächst exemplarisch zwei für die Informationsgesellschaft typische Anwendungsbeispiele näher betrachten. Das Hauptinteresse in öffentlichen Diskussionen richtet sich auf die beiden Fragen: Wie sieht es mit den Auswirkungen der Informationsgesellschaft auf den Arbeitsmarkt aus, und welche Auswirkungen kann die Informationsgesellschaft unter bestimmten Annahmen auf die Umwelt haben? Daneben werden einige Anmerkungen zur Technikfol-

Überprüfbare Banken-Visionen

Zukunftsentwürfe zur Informationsgesellschaft sind schnell entworfen, es liegt in der Natur der Sache, daß sie sich kaum überprüfen lassen. Kubicek/Rolf haben 1984 eine „Vision 1995 für Sparkassen und Banken" entworfen. 1998 läßt sich überprüfen, was davon eingetroffen ist:

Die Sparkassen sind weniger geworden. Geldautomaten und das „Home-Banking" haben die Auflösung vieler Zweigstellen und damit ein Auffangen des Kostenanstiegs möglich gemacht. Girokonten, die ausschließlich in Selbstbedienung bearbeitet werden, werden verzinst. Die Beratungsdienste, die bis in die zweite Hälfte der 80er Jahre als Auffangbecken für die im Massengeschäft freigesetzten Beschäftigten gedient hatten, sind nun auch weitgehend automatisiert. Elektronische wissensbasierte Systeme haben sich bei Konsumentenkrediten und bei der Anlageberatung für die privaten Kunden als den Angestellten überlegen erwiesen.

Die Sparkassen haben es im Gegensatz zu den Großbanken nicht geschafft, im internationalen Geschäft mit den Großunternehmen Fuß zu fassen. Nicht, weil sie es nicht gewollt hätten, sondern weil sie nicht durften. Nachdem die Großbanken durch ihre Gebührenpolitik den Privatkunden mit niedrigen und mittleren Einkommen nur noch die Selbstbedienung zugänglich gemacht hatten und vor allem ältere Menschen, Ausländer und Sonderschulabgänger damit nicht zurechtkamen, wurden die Sparkassen auf ihre öffentlichen Funktionen verpflichtet. Seitdem gibt es in den Zweigstellen vor allem Kundenberater, die auch „Sozialarbeiter" genannt werden und den „schwierigen" Pflichtkunden beim Umgang mit den elektronischen Systemen helfen müssen.

In den Hauptstellen gibt es die „Banker", die die Aufgabe haben, das Abwandern der lukrativen Kunden zu verhindern. Der persönliche Kontakt zu den Kunden und die Allroundberatung sind oberstes Gebot, zum Teil geschieht dies über Bildtelefon, wobei nicht nur der Berater bzw. die Beraterin im Bild sichtbar wird, sondern wo auch alle Angebote aus dem zentralen Rechner aufbereitet und in Zahlen oder Graphiken sichtbar gemacht werden können. Zum Teil sind die „Banker" aber auch im Außendienst tätig. Der persönliche Besuch des Kunden gilt als besondere Marketingstrategie. Mit einem tragbaren Terminal in der Größe eines Aktenkoffers kann der Berater über das Telefonnetz von jedem Anschluß aus auf die Daten und Rechenkapazitäten des Sparkassenrechners zugreifen. Die Disponenten für die eigenen Transaktionen in den Zentralen sitzen vor großen Monitorwänden und können so die Entwicklung auf allen Börsenplätzen „real-time" verfolgen und über das internationale Datennetz Käufe und Verkäufe sofort tätigen. In einigen Bereichen werden die Kursentwicklungen jedoch schon automatisch ausgewertet und in Ankauf- und Verkaufentscheidungen umgesetzt.

s. Kubicek/Rolf 1985

Technikgeschichte der Banken
„Alle deutschen Sparkassen... müssen die Anker Kleinsaldiermaschine kennenlernen"

Bereits vor dem Einzug der Elektronischen Datenverarbeitung gab es in Büro und Verwaltung Technikeinsatz. Besondere Bedeutung haben Kassen- und Buchungsautomaten in Banken und Sparkassen gehabt. Sie haben sowohl die Qualifikationen der Mitarbeiter wie die Arbeitsabläufe verändert. Wurden vor dieser Zeit Buchungen von jedem Angestellten vorgenommen, so änderte sich das mit dem Einsatz von Buchungsautomaten. Es bildete sich der Beruf des Maschinenbuchhalters heraus.

Buchungsautomaten boten bereits mechanische „Programmunterstützung" durch Kombination von Hebeleinstellungen, z.B.Bareinzahlung und Zugang Sparbuch oder unbarer Sparbuchabgang.

Abb. C.0.1
Anker-Buchungsautomat für Banken und Sparkassen
(Prospektfotos)

Typ „Deutschland"

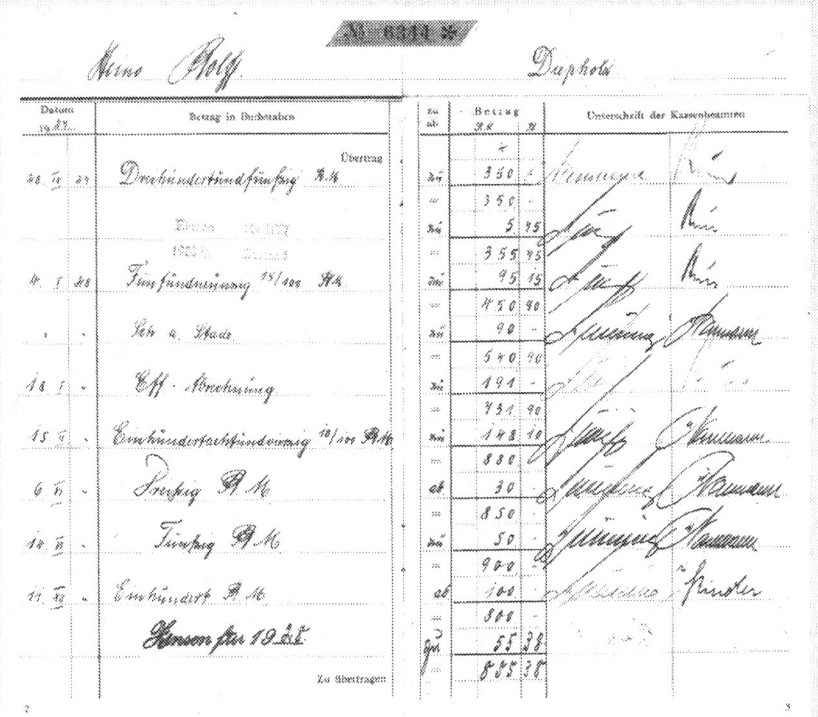

Abb. C.0.2
Handschriftlich geführtes Sparkonto, um 1930: Buchungs- oder Kassenautomaten waren noch nicht im Einsatz. Die Qualifikation des „Bankbeamten" bestand vor allem in der Kenntnis der Buchungssätze, in gutem Kopfrechnen und in einer gestochen scharfen Schrift.

Abb. C.0.3
Per Buchungsautomat erstellter Kontoauszug, 1939: Die Aufgaben Schreiben und Rechnen wurden maschinisiert.

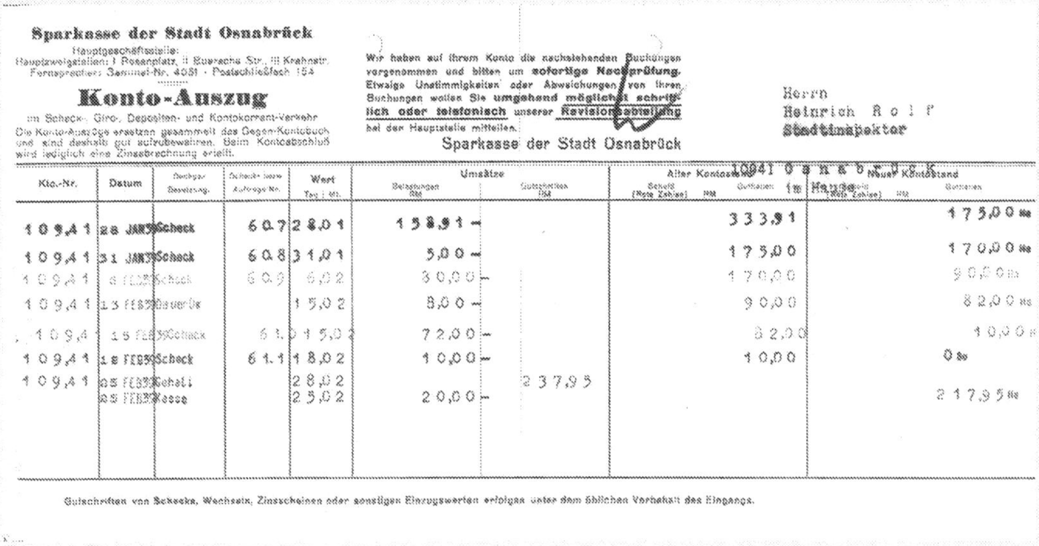

Sparkasse der Stadt Osnabrück
Hauptgeschäftsstelle:
Hauptzweigstellen: I Rosenplatz, II Buersche Str., III Krahnstr.
Fernsprecher: Sammel-Nr. 4051 · Postschließfach 154

Konto-Auszug
im Scheck-, Giro-, Depositen- und Kontokorrent-Verkehr
Die Konto-Auszüge ersetzen gesammelt das Gegen-Kontobuch und sind deshalb gut aufzubewahren. Beim Kontoabschluß wird lediglich eine Zinsabrechnung erteilt.

Wir haben auf Ihrem Konto die nachstehenden Buchungen vorgenommen und bitten um **sofortige Nachprüfung**. Etwaige Unstimmigkeiten oder Abweichungen von Ihren Buchungen wollen Sie **umgehend möglichst schriftlich oder telefonisch** unserer **Revisionsabteilung** bei der Hauptstelle mitteilen.
Sparkasse der Stadt Osnabrück

Herrn
Heinrich Rolf
Stadtinspektor
10941 Osnabrück

Kto.-Nr.	Datum	Buchgs.-Bezeichng.	Scheck- bzw. Auftrags-Nr.	Wert Tag / Mt.	Umsätze Belastungen RM	Umsätze Gutschriften RM	Alter Kontostand Schuld (Rote Zahlen) RM	Alter Kontostand Guthaben	Neuer Kontostand Schuld (Rote Zahlen) RM	Neuer Kontostand Guthaben
109,41	28 JAN39	Scheck	60.7	28.01	158,91 –			333,91		175,00
109,41	31 JAN39	Scheck	60.8	31.01	5,00 –			175,00		170,00
109,41	6 FEB39	Scheck	60.9	6.02	30,00 –			170,00		90,00
109,41	13 FEB39	Dauer[illegible]		15.02	8,00 –			90,00		82,00
109,4	15 FEB39	Scheck	61.0	15.02	72,00 –			82,00		10,00
109,41	18 FEB39	Scheck	61.1	18.02	10,00 –			10,00		0
109,41	25 FEB39 25 FEB39	Gehalt Kasse		28.02 25.02	20,00 –	237,95				217,95

Gutschriften von Schecks, Wechseln, Zinsscheinen oder sonstigen Einzugswerten erfolgen unter dem üblichen Vorbehalt des Eingangs.

genabschätzung und -bewertung (TA) gemacht, ein Feld, das die Wirtschaftsinformatik eher vernachlässigt hat.

Es reicht nicht aus, lediglich über mögliche Auswirkungen der Informationsgesellschaft informiert zu sein. Die Organisations- und Wirtschaftsinformatik muß auch konkrete Optionen der Umsetzungen sowohl für Unternehmen wie für eine global integrierte Volkswirtschaft aufzeigen, die IT-unterstützt sind. Mit dem softwaregestützten Stoffstrommanagement wird eine nachhaltige Option für Organisationen mit ihren Modellen und Methoden dargestellt. Den Abschluß bildet die Option globale und regionale Nachhaltigkeit.

I.
Leitbild Informationsgesellschaft

1. Szenarien der Informationsgesellschaft

1.1 Szenario Electronic Banking

Banken und Sparkassen sind seit langem Vorreiter beim Einsatz neuer Techniken. Die Banken sind jetzt dabei, ihr Massenkundengeschäft radikal umzustellen. So wird insbesondere das Online-Banking ausgeweitet, zumeist über Telefon, neueingerichtete Call-Center, Online-Dienste und darauf spezialisierte Bankenneugründungen. Der Kunde kann beispielsweise Überweisungen papierlos von Zuhause aus abwickeln: „Der Markt für elektronisches Banking kommt ungeheuer ins Brummen." So das Vorstandsmitglied der Vereinsbank in Hamburg, Stephan Schüler. Seine Bank überlege, auf Dauer alle kleineren Zweigstellen zu schließen. Wenn immer mehr Kunden ihre Bankgeschäfte über Telefon oder vom heimischen Computer aus machen, so würden die kleineren Stellen in die roten Zahlen geraten. (vgl. Wiedenhaus 1995).

Diesem heute so zwangsläufig erscheinenden Szenario ist eine dreißig Jahre andauernde „Elektrifizierungsgeschichte" des Bankengeschäftes vorausgegangen. Die hier erkennbaren Organisationsprinzipien sind in fast allen Büros und vielen Produktionsbetrieben zu finden. Sie sind die Organisationspfeiler der Informationsgesellschaft.

Sie begann, wie wir im 1. Technikprojekt gesehen haben, mit der sog. Stapelverarbeitung. Mehr Benutzerfreundlichkeit kam mit der sog. Dialogverarbeitung in die Büros. Jetzt konnten über Bildschirmterminals Daten direkt eingeben und abgerufen werden. In dieser Phase wurden Nutzungskonzepte entwickelt, die auch heute noch gelten: Priorität haben Geschäftsabläufe und nicht mehr abgegrenzte Arbeitsaufgaben. So ging es darum, Routinevorgänge (z.B. Überweisungen), die leicht zu automatisieren sind, von einzelfallorientierten häufig beratungsintensiven und deshalb nur schwer formalisierbaren Vorgängen (z.B. Kreditbearbeitung), zu separieren. Damit waren zwei Voraussetzungen für den effizienten Rechnereinsatz erfüllt: Die Geschäftsabläufe konnten jetzt durch einen Anlaß angestoßen werden, um sie dann entweder durch den Büroangestellten computergestützt oder vollautomatisch abzuwickeln. Es war jetzt aber auch möglich, den Anlaß und damit die Dialogarbeit auf Dritte, z. B. auf den Kunden über Selbstbedienungsautomaten zu überwälzen.

Damit verbunden wurde die Umstellung der Aufbauorganisation: Giro-, Spar- oder Kreditabteilungen verschwanden und Formen der modularen Gruppenorganisation, die Kundencenter oder das Dreier-Zonen-Modell (Schnell-, Beratungs- und Kassen-Zone) setzten sich durch. Moderne Techniken und Programme bringen im wesentlichen diese Organisationsprinzipien voran, indem sie sie auf immer mehr Bereiche ausweiten. Die alten Metaphern werden zuweilen durch neue ersetzt, die Nutzungskonzepte bleiben die alten.

Am Szenario Electronic Banking lassen sich auch erste Beschäftigungswirkungen für den Bankenarbeitsmarkt aufzeigen. So heißt es, daß neue Arbeitsplätze durch Telearbeit geschaffen werden. Im Fall der Banken werden dies vor allem Beratungstätigkeiten im Außendienst mit netzwerkfähiger Laptop- und Mobilfunkunterstützung sein. Es ist zu befürchten, daß dies überwiegend keine zusätzlichen Arbeitsplätze sein werden, sondern bestehende, die zukünftig Telearbeitsplätze sind. Der Bankberater wird dort auf andere Finanzdienstleister, z.B. Versicherungsberater, treffen.

Das Ziel ist, Büroarbeit zu automatisieren, so daß sie, häufig in Zusammenarbeit mit sogenannten Call-Centern, vom Verbraucher abgewickelt werden kann. Häufig ist die Auffassung zu hören, die Automatisierung der Routineprozesse sei wünschenswert, weil dann mehr Zeit für kreative Tätigkeiten übrigbleibe. Der Wettbewerb aber fordert, daß in der gleichen Zeit mehr Fälle abgewickelt werden. Gibt der Markt nicht mehr Nachfrage her, so werden Angestellte überflüssig.

1.1 Szenario Virtuelle Bibliotheken

Die Informationsgesellschaft hat in den Hochschulen und Lernen bereits Fuß gefaßt: Studenten tippen ihre Hausarbeiten in Computer, Professoren publizieren in Datennetzen ihre Forschungsergebnisse, Bibliotheken arbeiten online, und die Fachzeitschriften erscheinen elektronisch. Dieser Trend wird sich in der Aus- und Weiterbildung fortsetzen.

In der Tat hat dieses Bild vom Zugriff auf den Wissensfortschritt dieser Welt ohne Restriktionen von Zeit und Raum etwas Faszinierendes. Computer in Bibliotheken dienten bislang dazu, Bestände für die Nutzer transparent zu machen und die Abwicklung mit Leihverkehr und Mahnwesen zu rationalisieren. Der neue Schritt erfordert, Altbestände einzuscannen und das papierorientierte Publizieren durch die vollelektronische Publikation, Archivierung und Verteilung zumindest der Fachliteratur abzulösen. Der Benutzer hat dann nicht nur die (theoretische) Möglichkeit, von seinem Rechner aus in den Archiven zu recherchieren, sondern zu stöbern und auf die Volltexte direkt zuzugreifen.

In den USA sind bereits die Vorbereitungen für eine *Verteilte Nationale Bibliothek für Wissenschaft und Technologie* angelaufen. Das Leitbild ist das *Document Delivery on Demand*, die Zielsetzung, alle Forschungspublikationen einmal in digitalisierter Form zu speichern und jedem Interessierten verfügbar zu machen.

Vernetzt über das Internet werden traditionelle Bibliotheken, so die Vorstellungen, zu hocharbeitsteiligen Virtuellen Bibliotheken werden. Jede beteiligte Bibliothek ist auf ein Fachgebiet spezialisiert, alle zusammen decken die gesamten Publikationen der Forschungslandschaft ab. Über das World-Wide-Web (WWW) wird die Verknüpfung mit anderen Medien, z.B. Ton- und Bildsammlungen, angestrebt.

Wenn die Planungen umgesetzt sind, wird ein verteiltes digitales Bibliothekssystem entstanden und viele der papierbasierten Bibliotheken werden dann überflüssig sein. Der Zugriff ist von jedem PC aus technisch möglich, der Nutzer wird insbesondere Komfort und Zeitgewinn schätzen. Transparenz, Zielgenauigkeit und Aktualität werden von bisher nicht gekannter Qualität sein. All dies wird die Produktivität einer modernen Volkswirtschaft enorm steigern.

Parallel damit werden sich wahrscheinlich neue Strukturen im Verlags- und Druckbereich, in den wissenschaftlichen Fachgesellschaften und in den Universitäten entwickeln: Wer ist in Zukunft der Verleger? Der Autor, die Bibliothek oder die wissenschaftliche Fachgesellschaft? Braucht ein solches System überhaupt noch Verlage, zumal im Extremfall überhaupt kein gebundenes Papierexemplar mehr auftaucht? Steht am Ende dieser Entwicklung ein anarchisches Non-Profit-Verlagswesen, wo jeder Autor sein eigener Verleger im Internet ist? Wird der Informationsmüll weiter ansteigen? Oder werden Fachgesellschaften, wie es z.B. schon die große amerikanische Organisation für Informatiker und Computerexperten ACM tut, ein neues Spektrum an Dienstleistungen entwickeln? Die ACM plant, ihre Journale in strukturierte Online-Datenbanken zu überführen. Durch Lizenzvertrag erwirbt der Interessent ein Nutzungsrecht. Druckkosten entfallen, sie werden vom Leser getragen, sofern er sich die Vorlage auf seinem häuslichen Drucker ausdrucken läßt. Dadurch wird der Papierverbrauch per saldo vermutlich steil ansteigen: Während heute ein Buch aus einer Bibliothek vielleicht 100 mal über seine Lebenszeit ausgeliehen wird, so wird zumindest ein Teil dieser Ausleihen in Zukunft ausgedruckt werden.

Die Arbeitsmarktbilanz ist vermutlich eher negativ: Im Vordruck- und Druckbereich, in den Verlagen und auch in den Bibliotheken werden Arbeitskräfte nach einer Übergangszeit überflüssig. Selbst die weiter anwachsende Publikationsnotwendigkeit für den wissenschaftlichen Nachwuchs und das daraus zu erwartende Wachstum der wissenschaftlichen Literatur wird daran kaum etwas ändern. Andererseits wird das heutige Bibliothekssystem mit seinen Preissteigerungen und Vollständigkeitsansprüchen bei weiter steigenden Publikationszahlen in absehbarer Zeit nicht mehr finanzierbar sein. Von daher ist die virtuelle Bibliothek eine naheliegende und attraktive Alternative. Einige neue Arbeitsplätze wird es möglicherweise im Informatikbereich durch den Aufbau von virtuellen Bibliotheken geben.

Darf's heute mal Viktoria-Barsch sein?

„Neben (Weihnachts-)Karpfen und anderen Flossentieren hat ein Bewohner Afrikas klammheimlich die Auslagen der Fischgeschäfte erobert: Der Victoria-Barsch. Bei vielen Importeuren ist der Fisch längst die Nummer zwei hinter Seelachs oder Rotbarsch.

In den 60er Jahren wurden Nil-Barsche künstlich in den Victoria-See eingesetzt. Sie fraßen sich ihren Weg durch das neue Revier und vernichteten eine Vielzahl kleinerer Fischarten.

Zuvor hatten die Fischer der Anrainer-Staaten Kenia, Tansania und Uganda durch einfache Fangmethoden das ökologische Gleichgewicht bewahrt. Der bis zu 200 Kilo schwere Neuling zerriß nun ihre Netze – heute werden nur noch die etwa sieben Kilo schweren Barsche an Land gebracht.

Plötzlich war westliches Know-how gefordert: Briten, Holländer und gut ausgebildete Einheimische aus der wohlhabenden Bevölkerungsschicht investierten in eine fast perfekte Infrastruktur für die Fischmärkte in Europa, Asien, Amerika.

Trotzdem werden die Barsche auch heute noch in kleinen offenen Booten gefangen. Anschließend gelangen sie per Kühllastwagen über holprige und witterungsabhängige Straßen zu den Filettier-Fabriken. Dort werden aus sieben Kilo Lebendgewicht etwa 2,5 Kilo Filet gewonnen; Kopfteil und Schwanzstücke bleiben im Land...

Etwa sechs Mark pro Kilo Filet erhalten die afrikanischen Lieferanten. Die erwirtschafteten Devisen werden für den Kauf von Öl, Treibstoffen und anderen Waren wieder auf dem Weltmarkt ausgegeben – unter anderem auch zur Energieversorgung der Eisfabriken und Kühlhäuser in der heißen Savanne Afrikas.

Auf deutscher Seite bleibt mehr Geld hängen: Bei der Abholung am Hamburger Flughafen kosten die Filets etwa acht Mark das Kilo. Der Importeur schlägt zwei Markt auf und verkauft an den Großhändler oder – mit einem weiteren Aufschlag – direkt an Fischgeschäfte.

Der Fischmann zahlt für das Kilo Viktoria-Barsch 12,50 Mark und bietet es für 18,50 bis 25 Mark an. Ihm bleibt wenig Gewinn, denn die stetig steigenden Mieten und Betriebskosten der Ladengeschäfte sind kaum noch aufzufangen.

Doch vor allem die Anwohner des Victoria-Sees haben das Nachsehen bei dem lukrativen Handel. Der Fischer bekommt nicht viel für seinen Barsch. Und nur ein kleiner Teil der Menschen profitiert in Form von Arbeitsplätzen vom Fisch-Fernhandel: So erhält ein Filetierer für eine Tagesarbeit von zwei Tonnen Filet etwa drei Mark. Dafür kann er sich in Kenia ein Bier kaufen. Und die vielköpfige Familie hofft, daß er am Wochenende trotzdem noch etwas Geld nach Hause bringt.

Auch ökologisch ist der Fisch-Handel fragwürdig. Die verderbliche Ware ist auf eine schnelle Transportkette angewiesen, die viel Energie frißt. Zusätzlich sterben im Victoria-See weiterhin Tier- und Pflanzenarten aus – auch die Bestände kleiner Fische, die bisher sauerstoffzehrende Algen vernichteten. Sie hielten außerdem die Bilharziose tragenden Schnecken in Schach. Inzwischen gefährden die krankheitserregenden Würmer die einheimische Bevölkerung, die vom und am See lebt."

Luther 1994

2. Informationsgesellschaft und Arbeitsmarkt

Technikentwicklung und technischer Fortschritt sind kein Selbstzweck. Sie haben seit jeher zwei Aufgaben: zum einen die Produktivität der Arbeit zu verbessern, also mit weniger Arbeitseinsatz die gleiche Menge an Produkten oder Dienstleistungen herzustellen. Dies wird zumeist Rationalisierung genannt. Die zweite Aufgabe besteht darin, durch Innovationen neue Produkte oder Dienstleistungen zu schaffen. Das ökonomische Ideal einer Volkswirtschaft ist, ein Gleichgewicht zu erreichen: In dem Umfang, wie Arbeit durch Technik rationalisiert werden kann, sollte neue Nachfrage nach Produkten und Dienstleistungen entstehen, die wiederum neue Arbeitsplätze schafft. So bleiben die eigentlich Überflüssigen „in Lohn und Brot".

Dies ist für jede global verwobene Volkswirtschaft eine Gratwanderung. Neoliberale Anhänger wollen das Gleichgewicht durch verbesserte Angebotsbedingungen der Unternehmen herstellen, „Keynesianer", indem die Nachfragesituation der Bevölkerung verbessert wird. Weder ist sichergestellt, daß sich das Gleichgewicht automatisch einstellt, noch ist gewährleistet, daß die daraus entstehenden gesellschaftlichen Entwicklungen wünschenswert sind.

Die volkswirtschaftlichen Forschungen über die „Qualitativen und quantitativen Auswirkungen der Informationsgesellschaft auf die Beschäftigung" – so der Titel einer Literaturstudie des ifo Instituts, die im Auftrag der Bundesregierung 1996 erstellt wurde (Hofmann/Saul 1996) sind widersprüchlich. In den Einschätzungen drücken sich auch die jeweiligen politischen Positionen der Volkswirte aus. Die wesentlichen Ergebnisse der Studie sind:

- **Arbeitsplätze im Hardwarebereich von IuK-Anbietern.**
  Zwischen 1982 und 1992 ist die Beschäftigung bei den öffentlichen Telekommunikationsorganisationen in der OECD von 2,6 Mio. auf 2,4 Mio gesunken, „und vieles deutet auf eine Fortsetzung dieses Prozesses hin" (S. 151). Der Umsatz nach Informationstechnik bei den deutschen Herstellern von Büromaschinen und ADV-Geräten stieg von 1980 bis 1992 mit jährlichen Zuwachsraten von 7,3 Prozent, die Zahl der Beschäftigten nur um 0,5 Prozent p.a. Bei weiter hoher Arbeitsproduktivität sind positive Beschäftigungseffekte nur dann zu erwarten, wenn es den europäischen Anbietern gelingt, am globalen Markt zu partizipieren (vgl. S .152f).
- **Beschäftigungswachstum bei den Content-Providern.**
  Die Content-Provider umfassen sog. Urheberrechtsindustrien, also sowohl Softwareanbieter wie Anbieter von Inhalten. Hierzu zählen Verlage, Film- und Fernsehwirtschaft. Die Prognosen beziehen sich vor allem auf die folgenden Dienste: Online-Dienste, der Abruf von Filmen über Netze (Video-on-Demand), Pay-TV, also Fernsehsender, an die ein Obolus für jede abgerufene Sendung zu entrichten ist. Hier werden allgemein Beschäftigungszuwächse erwartet, auch wenn die großen Hoffnungen sich bislang nicht erfüllt haben. Dabei ist einzubeziehen, daß dieser Beschäftigungszuwachs durch Rückgänge bei den Print-Medien kompensiert werden kann. Skeptischere Einschät-

zungen gibt es bei der Softwareproduktion: Gründe sind die zunehmende Verbreitung von Standardsoftware, Produktivitätsfortschritte bei der Programmiersprachen- und Softwareentwicklung sowie das Auftreten neuer Konkurrenten aus Indien und Osteuropa (vgl. S .153f).

- **Strukturveränderungen durch Wertschöpfungsketten und Geschäftsprozesse.**
Der Wechsel des Organisationsparadigmas hat eine Flexibilisierung und Produktivitätsverbesserung des gesamten Produktionsprozesses bei Einbeziehung externer Liefer-, Bearbeitungs- und Distributionsprozesse zur Folge. Bekanntlich spielen die Informationstechniken dabei eine zentrale Rolle. Damit weiten sich die Potentiale der globalen Arbeitsteilung aus. Die auf der Hand liegenden und theoretisch ableitbaren Arbeitsproduktivitäts- bzw. Rationalisierungseffekte scheinen sich in der Praxis nicht in jedem Fall einzustellen. Zusätzliche Arbeitsplätze entstehen laut Studie im sog. Electronic Servicing, wozu *Teleshopping*, Telebanking und Anwendungen in der Tourismusbranche zählen. Von der OECD wird unter Beschäftigungsaspekten ein Szenario der Innovationspolitik vorgeschlagen, daß insbesondere die Voraussetzungen für die Partizipation von Randregionen sowie von kleinen und mittleren Unternehmen schafft (vgl. S. 155ff).

Aus einer Werbung:
Teleshopping:
„Einkaufen via Infobahn. Am Bildschirm durch virtuelle Warenhäuser bummeln, mit Mausklick auswählen, per Knopfdruck individuell Expertenrat holen, elektronisch bezahlen – so bequem läßt sich auf unserer Infobahn einkaufen."

Eine Bilanzierung der positiven und negativen Beschäftigungseffekte ist kaum möglich: „Weder die Enthusiasten noch die Skeptiker können sich bislang auf zuverlässige Quantifizierungen der Auswirkungen der Informationsgesellschaft auf die Beschäftigung stützen" (S. 167). Die Autoren kommen zu dem Schluß, daß zwischen der Dimension der Veränderungen, die allgemein der Entwicklung zur Informationsgesellschaft zugeschrieben wird und dem Umfang empirisch fundierter Studien, ein krasses Mißverhältnis besteht.

Die Frage der Methodik ist mindestens ebenso interessant wie die widersprüchlichen Ergebnisse: Wie gehen Studien zur Technikfolgenabschätzungen, im konkreten Fall zu Beschäftigungseffekten, methodisch vor? Eine der bekanntesten Studien der letzten Jahre, die sog. METIER-Studie (1995) legt zwei unterschiedliche Szenarien zugrunde („schnelle Ausbreitung der Technik versus langsame Ausbreitung der Technik"). „Mit Hilfe der Szenariotechnik kann den Unsicherheiten über die mögliche zukünftige Entwicklung dadurch Rechnung getragen werden, daß durch die Differenz zweier bedingter Prognosen die möglichen Dimensionen der Effekte offengelegt werden" (S. 167). Offensichtlich spielen die zugrundegelegten Leitbilder eine entscheidende Rolle. Die Autoren schließen ihre Untersuchung mit der Anmerkung, daß der Übergang in die Informationsgesellschaft „Gestaltungskraft, aber auch erweiteres und vertieftes Wissen über die Gestaltungsspielräume erfordert" (S.168).

Erheblich skeptischer sieht der Würzburger Wirtschaftsinformatiker Rainer Thome (1997) die Beschäftigungseffekte in seiner Studie „Arbeit ohne Zukunft?":

„Methodisch werden die Ablaufschemata von typischen Arbeitsprozessen untersucht und die dafür heute benötigte Zahl von Mitarbeitern bei konventioneller und bei einer künftig integrierten Arbeitsweise unter konsequenter Nutzung der technologischen Möglichkeiten verglichen. Die dabei errechneten Ergebnisse zeigen zwar nur auf, wie viele Beschäftigungsmöglichkeiten entfallen, das aber realistisch. Die Prognose, wieviele Arbeitsplätze mit der Nutzung neuer Technologien entstehen, ist hingegen sehr vage...

In der Studie „Arbeit ohne Zukunft?" wird die Zahl der netto durch die Integration von Organisation und Informationsverarbeitung entfallenden Arbeitsplätze in unserer gesamten Volkswirtschaft mit mehreren Millionen beziffert. Denen stehen vermutlich deutlich weniger Arbeitsplätze gegenüber, die für die Einrichtung, Pflege und Wartung integrierter Systeme entstehen werden.

Ganz besonders stark wirkt sich die Entwicklung im Umfeld der Banken aus. Dort können von ca. 720.000 Stellen über 400.000 eingespart werden. Aber auch in Bereichen, die häufig gar nicht als rationalisierungsfähig angesehen werden, sind durch neue Ansätze zur Informationsverarbeitung deutliche Verlagerungen von menschlicher Arbeit auf automatische Abwicklungen abzusehen. So ergibt sich bei Rechts- und Wirtschaftsberatern mit ca. 850.000 Beschäftigten ein Kontingent von knapp 300.000 Stellen und im Handel mit ca. 3,3 Mio. Mitarbeitern ein Kontingent von 1,7 Mio. Stellen, die aus dem bisherigen Beschäftigungsumfeld herausfallen können... Es bleibt noch offen, wo dafür neue Arbeitplätze entstehen. Nur, wenn wir Wettbewerbsvorteile nachweisen, können wir diese Beschäftigung sichern" (Thome 1997, S. 72).

3. Informationsgesellschaft und Umwelt

Wenn es tatsächlich gelingen sollte, ausreichend Innovationen, Produkte und Dienstleistungen in Nachfrage zu verwandeln und so Arbeitsplätze und Gleichgewichtswachstum zu erreichen, so müssen zugleich die bestehenden und zukünftigen Umweltbelastungen reduziert werden. Das Projekt Informationsgesellschaft hat also nicht nur die Beschäftigungsfrage zu lösen, sondern auch die Umweltfrage.

Was die Lösung der Umweltprobleme betrifft, so fühlen sich viele Manager und Politiker bei den Themen Daten-Infobahn, Informationsgesellschaft, Multimedia oder Mikroelektronik auf der sicheren Seite, sozusagen im grünen Bereich. Denn neben Wettbewerbsvorteilen gelten die positiven Umwelteffekte als Argumente für eine schnelle Umsetzung der Informationsgesellschaft. Es wird auf den Trend zur sauberen Dienstleistungsgesellschaft und auf die neuen abgasfreien Technologien verwiesen, die damit einhergehen.

„Es gibt ein Umweltprogramm, das Rote, Schwarze, Blaugelbe und Grüne vertreten: die Daten-Infobahn", so die Deutsche Telekom in einer Werbeanzeige; und weiter heißt es: „Die wahrscheinlich wichtigste Umwelttechnologie heißt Telekommunikation".

3.1 Der computerökologische Wunschpunsch

Es ist eine Sicht, die der computerökologische Wunschpunsch genannt werden kann. Demnach sind die neuen Techniken in idealer Weise dafür geeignet, die Wunden unserer Natur ohne große persönliche Opfer zu heilen. So ist die Mikroelektronik beispielsweise positiv besetzt, weil auf den ersten Blick ins Auge springt, daß sie ihre Leistungsfähigkeit bei ständig fortschreitender Miniaturisierung ins Unvorstellbare steigern kann; auch die Programmherstellung ist isoliert betrachtet mit keinen negativen Auswirkungen für die Umwelt verbunden. Die EU-Förderprogramm gehen ebenfalls von dieser positiven Sicht aus, wenn sie Telekommunikationssysteme z. B. Verkehrsleitsysteme sozusagen als ökologische Wunderwaffe ausgeben, die in der Lage sind, den Verkehrsfluß und die Mobilität von Personen und Gütern zu verbessern, und gleichzeitig die Umweltbelastungen zu reduzieren. Dies ist sehr statisch gedacht, wahrscheinlicher ist eine Verdichtung, die Verkehr und Schadstoffemissionen weiter erhöhen wird.

Das Wirkungsnetzwerk ist komplizierter. Es wird nicht ausreichen, die alten, die Umwelt schädigenden Industrietechniken möglichst schnell herauszuschneiden und durch mikroelektronikgestützte, energiesparendere Techniken der Informationsgesellschaft zu ersetzen.

Es ist auch nicht damit getan, Umweltkataster in Form von Umweltinformationssystemen, Monitoring- oder geographischen Informationssystemen aufzubauen, wie es die Umweltinformatik in den letzten Jahren getan hat, und diese über Daten-Infobahnen jedermann zugänglich zu machen. Dank der Informatik wissen wir mittlerweile ohne Zweifel sehr gut über den Zustand unserer Umwelt und die Sünden der Vergangenheit Bescheid. Es ist alles bestens dokumentiert.

Die Vorstellung, daß Daten-Infobahnen Büroarbeitsplätze, Fabriken und Wohnungen zu Telearbeit verknüpfen und so Verkehr überflüssig machen, ist seit jeher eine Vision der Zukunftforscher mit einigen Illusionen und beträchtlichen ungelösten Problemen. Die Einführung von Telearbeit ist besonders dann für ein Unternehmen attraktiv, wenn es darum geht, eine erhöhte Kundenpräsenz durch maximale Reisetätigkeit zu erreichen, sie also vor allem zur Ausweitung des Außendienstes genutzt werden kann. Erste Hinweise für diese These gibt es im Bankenbereich.

Videokonferenzen enthalten zwar Potentiale, Reisen überflüssig zu machen. Andererseits dürften sie, wie beim Telefon, einen Zusatzbedarf an direkter Kommunikation erzeugen. Picot u.a. (1996) sprechen in diesem Zusammenhang vom sog. Informationsparadoxon. In einer empirischen Studie kommen sie zu dem Ergebnis, daß Manager, die besonders viel technisch kommunizieren, auch besonders viel reisen: Viele Kommunikationskontakte lösen wiederum face-to-face-Treffen aus.

Beim Teleshopping wird leicht übersehen, daß der ursprüngliche Kundenverkehr mit dem Transport der gekauften Ware vom Lager zum Kunden bilanziert werden muß.

Die eigentliche Gefahr für die Umwelt liegt darin, daß die Informationsgesellschaft mit dem Leitbild des „weiter, schneller, mehr" die positiven Umwelteffekte der Mikroelektronik und die Möglichkeiten, die in der Telekommunikation stecken, obsolet und die bisherigen Anstrengungen zur Sisyphusarbeit machen. Die Informationstechniken schaffen die technischen Voraussetzungen zur Realisierung der Globalisierung. Die Computersysteme und Netze sind für Unternehmen deshalb interessant, weil damit Beschaffung und Absatz im weltweiten Maßstab organisiert werden kann. Sie sind eine wichtige Voraussetzung für die

Globalisierung und Beschleunigung industrieller Wertschöpfungsprozesse. Die Kehrseite ist, daß das ökologische Grundkapital des Planeten schneller verbraucht wird. Das Kernproblem ist, wie damit umzugehen ist.

Zur Veranschaulichung dieser These die Geschichte des holländischen Dorfes Aalsmeer, sie wurde von Dieter Läpple beschrieben (1995).

3.2 Das Dorf Aalsmeer

Der Ort des Geschehens ist das Dorf Aalsmeer mit seiner großen Blumenauktion, 10 km südlich von Amsterdam. Ausgangspunkt der Erfolgsgeschichte dieses Dorfes, das mitten in ausgedehnten Tulpen- und Narzissenfeldern liegt, ist sein Autobahnanschluß und vor allem seine unmittelbare Nachbarschaft zu dem Flughafen Schiphol von Amsterdam.

Die ökonomische Bedeutung des Dorfes und seiner Blumenauktion resultiert aus dem enormen Anstieg des internationalen Konsums für Schnittblumen und Zierpflanzen bei einer gleichzeitigen Globalisierung der Produktion und der Märkte. Der grenzüberschreitende Handel mit Pflanzen und Blumen stieg von einem Umfang von rund 100 Mio. DM im Jahre 1965 bis 1985 auf 4,5 Mrd. DM an und hat Anfang der 90er Jahre etwa 9 Mrd. DM erreicht. Die Niederlande haben bisher einen Weltmarktanteil von 60 Prozent. Die Produzentenländer sind aufgrund deutlicher klimatischer Vorteile Länder wie Israel, Südafrika, Kenia, Kolumbien, Mexiko, Thailand etc. Entscheidende Wettbewerbsinstrumente sind dabei Logistikstrategien und der Einsatz von Informationstechnologien.

Aalsmeers starke Marktstellung hat eine lange Geschichte, und sie hat viel damit zu tun, daß die Transportkosten nicht die ökologischen Folgekosten enthalten:

Seit Mitte der 60er Jahre wurden in Aalsmeer vor allem Blumen versteigert, die in der Umgebung auf Feldern und in Gewächshäusern angepflanzt wurden. Bei einem „Vasenleben" zwischen 5 und 14 Tagen sind Schnittblumen äußerst zeitkritische Waren, dies erfordert eine gute Organisation des Abtransports und der Distribution der versteigerten Blumen. Sie wurden gleich nach der Versteigerung in klimatisierten Jumbo-LKWs über die Autobahn ins Ruhrgebiet, nach Belgien und in andere europäische Regionen transportiert oder mit dem Flugzeug nach England oder in die USA geflogen. Zur Bewältigung dieser äußerst zeitkritischen Aufgabe wurde ein System der sog. Distributionslogistik entwickelt.

Das war der *erste* Schritt, der *zweite* bestand darin, die kontinuierliche Anfuhr von qualitativ hochwertigen Blumen zu sichern. Durch die saisonal bedingten Schwankungen – insbesondere der regionalen Freilandproduktion – war die Auktion nicht immer ausgelastet. Man importierte deshalb Blumen aus Nizza oder Israel und anderen Produktionsstandorten und versteigerte sie auf der Auktion. Das entscheidende Transportmittel für die Anfuhr von Blumen aus tropischen und subtropischen Ländern ist dabei das Flugzeug. Für die Planung und Durchführung der vielfältigen Anfuhrströme wurde eine entsprechende Beschaffungslogistik entwickelt.

Durch die Integration der exportorientierten Distributionslogistik und der importorientierten Beschaffungslogistik entstand ein weltweites Informationsnetzwerk, wodurch sich Aalsmeer – gestützt auf die Telekommunikationssysteme des Flughafens Schiphol – zu einem zentralen Knotenpunkt des Weltmarktes für Blumen entwickeln konnte.

Im *dritten* Schritt wird der Güterfluß vom Informationsfluß entkoppelt. Es ist jetzt möglich, daß in Tel Aviv produzierte Blumen direkt nach Tokio geflogen werden. Man spart sich also den Umweg über Aalsmeer, wenngleich die Ware nach wie vor in Aalsmeer versteigert wird.

Im *vierten* Schritt entstand auf dieser Informationsgrundlage die eigentliche logistische Innovation: die Einbeziehung des „Produktionsprozesses" der Blumen von der Aussaat bis zur Ernte in die logistische Kette in der Form der Produktionslogistik. Durch den Einsatz sog. Klimatisierungs-Computer im Gewächshausanbau wird inzwischen bei 75 Prozent der Betriebe der „Produktionsprozeß" der Blumen über Klimaregulierung und Dosierung der Nährstoffe in Abhängigkeit von der Marktentwicklung gesteuert. Etwas überzogen heißt dies: Wenn die Kasse im Blumenladen klingelt, so wird eine entsprechende Nährstofflösung für eine Staude in einem Gewächshaus in Südafrika freigesetzt.

Voraussetzung für eine derartige Integration von Produktions-, Beschaffungs- und Distributionslogistik zu einem unternehmensübergreifenden Planungsinstrument ist ein hochentwickeltes, integriertes Informations- und Kommunikationsnetzwerk, welches sowohl die Marktseite wie die Produktionsseite abdeckt. Die Blumenauktion Aalsmeer versucht dementsprechend möglichst alle Akteure und Unternehmen des komplexen Produktions-, Transport- und Absatznetzwerks – von den Gärtnereien und Blumenzuchtbetrieben, den Importeuren, den beiden Auktionen mit ihren vielfältigen Dienstleistungsfunktionen, über die Straßentransport- und Luftfrachtunternehmen bis hin zu den Handelsvertretern und Einzelhändlern – in ein integriertes Datenkommunikationssystem, das sog. „EDI-Flower"-Netzwerk, einzubinden.

Das strategische Netzwerk Aalsmeer hat den westeuropäischen Konsumenten einen hohen Komfort mit angenehmer Bequemlichkeit bereitgestellt: Wir sind dadurch in der Lage, im Winter wie im Sommer fast jede gewünschte Schnittblume kaufen zu können.

Die Auswirkungen bestehen in einer starken Steigerung des Transports mit mehr (subventioniertem) Flugbenzinverbrauch, mehr Schadstoffemissionen, mehr Abfall. Es ist naheliegend, nicht die Informationstechniken für diese Entwicklung verantwortlich zu machen, sondern die dahinter stehenden ökonomischen Ziele. Beide bedingen einander. Versetzen wir uns für einen Augenblick in die Situation, unter welchen Voraussetzungen wir ohne Informationstechniken und Netzwerke einen vergleichbaren Komfort erreichen könnten: Die Konsequenzen wären hohe Koordinationskosten, d.h. viel menschliche Arbeit, also ein hoher Lohnkostenanteil. Eine Blume würde ein Vielfaches kosten und deshalb wohl (zumindest im Winter) nicht mehr gekauft werden.

Aalsmeer steht für eine Entwicklung, die in nahezu allen Branchen ähnlich verläuft. Dasselbe Organisationsmuster von Raum und Zeit findet sich bei der sog. Just-in-time-Produktion in der Automobilindustrie. Hier werden strategische

Netzwerke, in die Lieferanten und Händler eingebunden werden, vom Netzwerkführer, der z.B. Opel, Ford oder VW heißen kann, aufgebaut und just-in-time weltweit koordiniert.

Technisch gestützte strategische globale Unternehmensnetzwerke bilden die Basis eines Techniknutzungspfades, der sehr typisch für die Informationsgesellschaft ist. Er führt zur Beschleunigung ökonomischer Prozesse und zu Produktivitätsschüben. Die Ausweitung der Netzwerke hält nicht nur die Produktivitäts- und Wachstumsspirale in Gang, sie erhöht auch das weltweite Güterverkehrsaufkommen. Immer mehr Transport findet statt zwischen Ländern mit geringem Lohnniveau und Umweltstandards und kaufkräftigen Metropolen andererseits. Die dazwischenliegenden Orte und Menschen müssen den Verkehr aushalten. Politiker und Wissenschaftler müssen darauf ökologie- und sozialverträgliche Antworten geben.

Schlußfolgerungen
Bei der Informationsgesellschaft geht es nicht nur um Technikentwicklung, es geht vor allem um die Suche nach neuen Anwendungen der Technik und ihre Einbindung in die Gesellschaft. Über den Erfolg oder Mißerfolg dieses Projektes entscheidet nicht nur die Güte des technischen Entwurfs, entscheidend sind eine Reihe von Akteuren, z.B. Technikhersteller, Verbraucher oder Techniknutzer mit ihren Vorlieben und Abneigungen, ihrer Macht oder Machtlosigkeit.

In der Wirtschaftspolitik werden Zielkonflikte mit der Metapher magisches Dreieck beschrieben. Das magische Dreieck der Informationsgesellschaft sollte die Eckpunkte Wettbewerbsfähigkeit, Arbeitsmarkt- und Umweltverträglichkeit haben. Die augenblicklichen Diskussionen bescheinigen der Informationsgesellschaft verbesserte Wettbewerbsfähigkeit, sie leben noch weitgehend vom Prinzip Hoffnung auf zusätzliche Arbeitsplätze und stellen ihr beim Thema Umwelt zu schnell einen „Persilschein" aus. Angemessene Lösungen müssen die Wirkungen im Spannungsfeld dieser drei Ziele bedenken, dies macht aber auch die Komplexität des Gestaltungsproblems aus.

4. Informationsgesellschaft, Wirtschaftsinformatik und Technikfolgenabschätzung und -bewertung (TA)

Die Auswirkungen der Informationsgesellschaft erscheinen plausibel, ein methodisches Konzept zur Wirkungsanalyse ist aber noch nicht recht erkennbar: Im Fall der Beschäftigungsstudie wurden aufgrund einer Annahme – Erhöhung der Arbeitsproduktivität, die sich in Nachfrage umsetzt – Arbeitsmarkteffekte grob bilanziert. Die METIER-Studie läßt eine methodische Basis mit der Szenario-Technik erkennen. Beim Aalsmeer-Fall wurde die Geschichte der Technikanwendungen und -auswirkungen für den globalen Blumenmarkt „erzählt", es wurde der Techniknutzungspfad eines großen Anwendungsprojektes beschrieben.

4.1 Warum TA in der Organisations- und Wirtschaftsinformatik?

*siehe hierzu ausführ-
lich Julian Mack:
Dokument II.2,
„Darstellung und
Bewertung von
TA-Methoden"*

Um methodische Absicherung bemüht sich eine relativ junge interdisziplinäre Disziplin, die Technikfolgenabschätzung und -bewertung (TA). Ihr Ausgangspunkt ist, daß Gesellschaften in besonders starkem Maße durch ihre Techniken geprägt werden, Untersuchungen über Nutzen, Chancen, Risiken und Irrwege der Technikentwicklung und -nutzung allgemein wie für den Einzelfall aber nur selten angestellt werden. Die Vorstellung der TA-Forschung geht dahin, TA-Fragestellungen in alle Technikdisziplinen zu integrieren.

Es sprechen folgende Gründe für die Integration der TA in die Organisations- und Wirtschaftsinformatik:

*In der VDI-Studie wird
der Begriff Technikbewertung anstelle von
Technikfolgenabschätzung verwendet und
wie folgt definiert: „Technikbewertung bedeutet hier das
planmäßige, systematische, organisierte Vorgehen, das den Stand
der Technik und ihre
Entwicklungsmöglichkeiten analysiert,
unmittelbare und
mittelbare technische,
wirtschaftliche, gesundheitliche, ökologische, humane, soziale
und andere Folgen
dieser Technik und
mögliche Alternativen
abschätzt, aufgrund
definierter Ziele und
Werte diese Folgen
beurteilt oder auch weitere wünschenswerte
Entwicklungen fordert, Handlungs- und
Gestaltungsmöglichkeiten daraus herleitet
und ausarbeitet, so daß
begründete Entscheidungen ermöglicht und
gegebenenfalls durch
geeignete Institutionen getroffen und verwirklicht werden können." (VDI 1991)*

- **Produktqualität:** Mit Unterstützung von TA-Methoden kann die Qualität von Produkten gesichert werden, sie werden damit ein wichtiges Element der langfristigen Sicherung der Wettbewerbsfähigkeit von Organisationen.
- **Vorsorgeprinzip:** Der Einsatz von TA-Methoden kann die gesellschaftlichen und ökologischen Folgekosten von Innovationen durch möglichst weitgehende Abschätzung und Berücksichtigung unerwünschter Neben- und Folgewirkungen verringern.
- **Verantwortungsprinzip:** Der verantwortungsvolle Umgang mit Schlüsseltechnologien, wie es die Informationstechniken sind, sollte prinzipiell Wirkungsaspekte in die konstruktive Gestaltung einbeziehen.
- **Nachhaltigkeitsprinzip:** Das Nachhaltigkeitsleitbild mit seinem Versuch der Integration ökonomischer, sozialer und ökologischer Nachhaltigkeit zwingt zur Einbeziehung von TA-Methoden.

4.2 Wie können TA-Erkenntnisse in der Organisations- und Wirtschaftsinformatik Berücksichtigung finden?

Eine Voraussetzung TA-Erkenntnisse in der Organisations- und Wirtschaftsinformatik zu berücksichtigen ist, TA-Methodenkompetenz und Kriterien der Technikbewertung als notwendige Ergänzung zu akzeptieren und zu lehren. Hier wächst der Wirtschaftsinformatik eine neue Aufgabe zu.

Ein Einstieg kann die Richtlinie des Verbandes Deutscher Ingenieure (VDI) „Technikbewertung – Begriffe und Grundlagen" von 1991 sein, oder die exemplarische Auseinandersetzung mit einer Informationstechnik-TA-Studie.

Wirtschaftsinformatiker müssen zunächst das Methodenspektrum der Technikfolgenabschätzung (TA) kennen, um sie dann in den Organisations- und Softwareentwicklungsprozeß integrieren zu können. Eine Auswahl von Verfahren zeigt Dokument II.2, „Darstellung und Bewertung von TA-Methoden". Hier liegt auch ein Vorteil des OWI-Modellrahmens, der die beteiligten Akteure einbindet: Dadurch werden arbeitsplatz- und organisationsbezogene Auswirkungen frühzeitig thematisiert, sie gehen in den Gestaltungsprozeß ein.

Die Wirtschaftsinformatik sollte über kooperative Gestaltung und die Einbeziehung von TA-Verfahren hinausgehen. Sie muß eine konkrete Vorstellung entwickeln, wie das Prinzip der Nachhaltigkeit in einer Organisation zu realisieren ist und dies informationstechnisch unterstützen. Das Nachhaltigkeitsprinzip sollte in den Modellrahmen eingehen (s. a. Dokument II.1, „Von den Technikfolgen zur -genese").

Im nächsten Abschnitt werden die Option Softwaregestütztes Stoffstrommanagement in Organisationen und Modelle und Methoden zu ihrer Umsetzung vorgestellt.

Literaturempfehlung

J. Friedrich, T. Herrmann, M. Peschek, A. Rolf: Informatik und Gesellschaft. Heidelberg Berlin Oxford 1995

II.
Softwaregestütztes Stoffstrommanagement

Eine nachhaltige Option für Unternehmen

Wissenschaftler und Praktiker diskutieren seit langem, wie das Leitbild schlanke Produktion, das primär die Rationalisierung des Faktors Arbeit im Blick hat, um umweltorientierte Zielsetzungen zu ergänzen ist. Dabei war es ein langer Weg von der End-of-pipe-Sicht bis zum heutigen Selbstverständnis: Es rückt umweltgerechte Produktinnovationen und Herstellungsverfahren in den Mittelpunkt und kümmert sich um neue Sichtweisen in der Konstruktion, beim Design und in der Materialwirtschaft. Die neuen Begriffe lauten Kreislaufwirtschaft, Stoffpolitik, Stoffstrommanagement, recyclinggerechte Konstruktion, Life-Cycle Design, Ökobilanzen, Öko-Audit etc. Die Vision ist, Organisationen so zu gestalten, daß sie sich auf *konsistenten Stoffströmen* gründen. Voraussetzung dafür ist die Etablierung eines ökologischen Stoffstrommanagements.

Im folgenden sollen wichtige Begriffe und Modelle sowie kurz die Entwicklung der betrieblichen Umweltgestaltung anhand der wechselnden Leitbilder erörtert werden.

1. Leitbilder des betrieblichen Umweltschutzes – Von der End-of-Pipe-Sicht zum Life-Cycle-Design und Stoffstrommanagement

1.1 Die „End-of-pipe-Sicht"

Erste wichtige Versuche, zu einer die Umwelt entlastenden Produktionsweise zu gelangen, werden unter der Metapher End-of-Pipe-Sicht zusammengefaßt. Darunter fallen vor allem technische Umweltschutzmaßnahmen, die die am Ende des Produktionsprozesses anfallenden Mengen von Abfall, Abluft oder Abwasser filtern oder auffangen wollen. Dieser Umweltschutz durch Grenzwerte wur-

Konsistente Stoffströme sind solche, „die entweder weitgehend störsicher im abgeschlossenen technischen Eigenkreislauf geführt werden oder aber mit den Stoffwechselprozessen der umgebenden Natur so übereinstimmen, daß sie sich auch in großen Volumina relativ problemlos darin einfügen. Zum Beispiel ist jedes Prozent Wachstum der monostrukturierten, fehlchemisierten Landwirtschaft in der Tat eine nicht dauerhaft tragbare Umweltbelastung, während jedes Prozent Umsatzwachstum und Biowachstum im Rahmen einer ökologischen Landwirtschaft willkommen ist" (Huber 1994).

Von Gütern und Übeln – Brauchen wir eine neue Produktionstheorie?

Produktion ist immer eine Umwandlung oder Transformation von einem oder mehreren Inputs zu einem oder mehreren höherwertigen Outputs. Der Ökonom verwendet dafür den Begriff des Gutes: Es werden Güter erzeugt (Output), und zwar unter Einsatz von anderen Gütern (Input).

Dieser Begriff ist, wie sein sprachlicher Zusammenhang mit dem Adjektiv „gut" nicht anders erwarten läßt, positiv besetzt. Güter sind „etwas Gutes". Jeder möchte über möglichst viele von ihnen verfügen, was dazu führt, daß der Output der Produktion möglichst groß sein soll, wohingegen der Input zu minimieren ist.

Eine solche Sichtweise führt in der klassischen Produktionstheorie direkt zum Effizienzbegriff. Ganz allgemein ausgedrückt ist eine Produktion effizient, wenn der Output bei konstantem Input nicht gesteigert bzw. der Input bei konstantem Output nicht vermindert werden kann.

Dieses Denkgebäude ist nur unter der Annahme stimmig, daß alle Produktionsfaktoren „gut" sind. Gerade aus ökologischer Sicht ist dies schlicht falsch, denn, wie H. Dyckhoff feststellt, kann es „nicht sinnvoll sein, den Output an Emissionen zu maximieren" (Dyckhoff 1994).

Nicht alles ist „gut", auch „Schlechtes" leistet bei der Produktion seinen Beitrag. Neben Gütern treten fast immer unerwünschte Nebenprodukte auf. Dyckhoff verallgemeinert diese Beobachtung, indem er alle als Input oder Output einer Produktion auftretenden Stoffe in drei Klassen einteilt: „Aus der subjektiven Sicht einer Wirtschaftseinheit kann man demnach grob vereinfachend drei Kategorien relevanter Objekte unterscheiden: Ein Gut ist für sie ein Objekt, das sie besitzen möchte; ein Übel ist eines, das sie nicht haben bzw. aus ihrem Verfügungsbereich (Verantwortungsbereich) entfernen möchte; und gegenüber einem Neutrum ist sie – im Rahmen gewisser Fühlbarkeitsschwellen – indifferent."

Diese Definition erweitert die möglichen Input- und Outputkategorien und somit auch die Definition von (mengenmäßigem) Aufwand und (mengenmäßigem) Ertrag. Gegenüber der traditionellen Theorie, die nur eingesetzte Güter als Aufwand und entstehende Güter als Ertrag kennt, werden nun auch entstehende Übel zum Aufwand, sowie eingesetzte Übel zum Ertrag.

Da nun also auch ein Input (von Übeln) ein Ertrag bzw. ein Output (von Übeln) ein Aufwand sein kann, greift die traditionelle Definition von Effizienz nicht mehr: „Bei Berücksichtigung von Übeln und Neutra liegt Effizienz vor, wenn eine Ertragssteigerung oder Aufwandsminderung nur bei gleichzeitiger anderweitiger Ertragsminderung oder Aufwandssteigerung möglich ist" (Dyckhoff 1994).

Dyckhoff stellt fest, daß unter Einbeziehung von umweltrelevanten Fragestellungen viele Begriffe der herkömmlichen Produktionstheorie unscharf definiert sind. Sein Ziel ist es, dies durch eine Erweiterung zu verändern. Es soll „eine in sich geschlossene Theorie, die sich geradlinig und ohne Brüche von den allgemeinen Grundannahmen bis hin zu praxisnahen Modellen entwickelt und dabei soweit wie möglich aus der Literatur bekannte Ansätze harmonisch integriert" entstehen".

Mirko Weinert/ Carsten Bruckmann

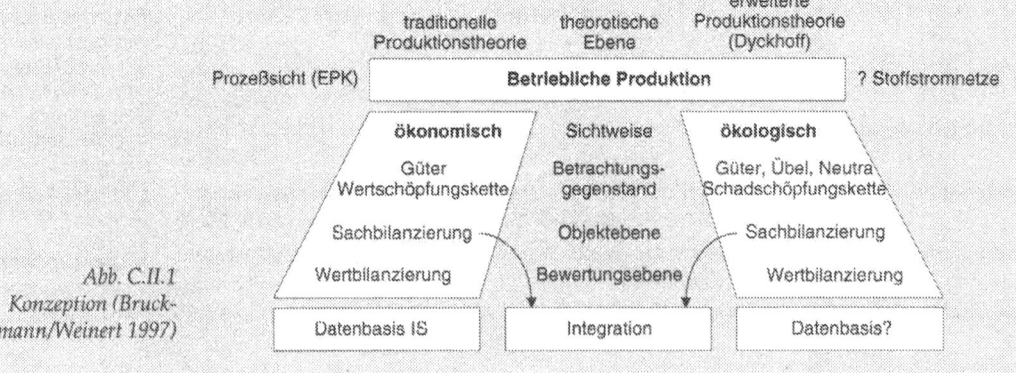

Abb. C.II.1 *Konzeption (Bruckmann/Weinert 1997)*

de durch eine Reihe von gesetzlichen Regelungen ausgelöst, er verpflichtet Unternehmen, Emissionsgrenzen für eine Reihe schädlicher Stoffe einzuhalten.

Mit diesem Ansatz wurde versucht, alles, was am Ende des Fabrikrohres an schädlichen Stoffen in die Umwelt entlassen wird, halbwegs in den Griff zu bekommen. Dies hat zur Entwicklung zahlreicher End-of-pipe-Technologien geführt. Bei diesem nachgeschalteten Umweltschutz stehen die Fertigungsprozesse und Produkte nicht im Zentrum. Erst in einem der eigentlichen Produktion nachgeschalteten Schritt, wird die Menge der Schadstoffe reduziert (durch Filter, chemische Umwandlung, Recycling usw.). Häufig müssen Produktionsanlagen durch End-of-pipe-Technologien nachgerüstet werden (Filter, Katalysatoren).

Diese Art des Umweltschutzes ist teuer, sie berücksichtigt weder den Ressourcen-Input noch die betrieblichen Transformationsprozesse. Neben den erwünschten Gütern entstehen auch unerwünschte Übel, sie werden nicht als Teil des Leistungserstellungsprozesses sondern erst am Ende der Produktion ausgewiesen (s. Box „Von Gütern und Übeln – Brauchen wir eine neue Produktionstheorie?", S. 254).

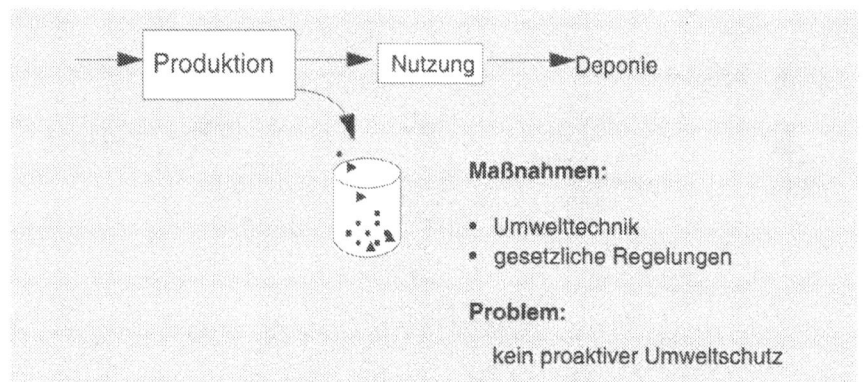

Abb. C.II.2
Ansätze der betrieblichen Öko-Gestaltung:
Leitbild der 80er Jahre:
End-of-pipe-Sicht

1.2 Leitbild: Kreislaufwirtschaft und betriebliches Umweltmanagement (BUIS)

Dieses Leitbild repräsentiert für viele Unternehmen den aktuellen Stand der betrieblichen Umweltgestaltung. In den meisten Fällen steht die Realisierung noch am Anfang, Aktivitäten der betrieblichen Praxis und Forschungsaktivitäten sind jedoch überwiegend an dieser Orientierung ausgerichtet. Damit wird die End-of-pipe- bzw. Grenzwert-Sicht nicht obsolet, vielmehr wird sie ergänzt.

Recyclinggerechte Konstruktion
Gesetzliche Regelungen und steigende Abfall- und Entsorgungskosten sind auch hier für viele Unternehmen die Auslöser, um sich mit den Themen Weiter- und Wiederverwertung von Abfall und der Recyclinggerechten Konstruktion von Produkten vertraut zu machen.

Aktivitäten zur Abfallbeseitigung und zum Recycling setzen in Industrieunternehmen bei den Produktionsplanungssystemen (PPS) an. Die PPS-Systeme, die bislang darauf ausgelegt waren, den betriebswirtschaftlichen Zielkatalog, wie Durchlaufzeiten, Kapazitätsauslastung, Lagerbestände etc. zu optimieren, werden jetzt um die Funktionen Emissions- und Abfallreduzierung erweitert.

In der Recyclinggerechten Konstruktion wird gegenüber der End-of-pipe-Sicht ein Sichtwechsel erkennbar: In die konstruktiven Entscheidungen gehen jetzt auch Überlegungen zur Entsorgung, Demontage und Recycling des Produktes ein. Es geht um die Optimierung folgender Parameter (vgl. Haasis u.a. 1996a):

- Minimierung der eingesetzten Primärstoffe,
- Auswahl von möglichst homogenen und recyclingfähigen Stoffen,
- Berücksichtigen von demontagefreundlichen Verbindungen sowie
- Einbinden demontagegerechter Prinzipien in den Konstruktionsprozeß.

Abb. C.II.3 Heutiges Leitbild: Kreislaufwirtschaft und Umweltmanagement

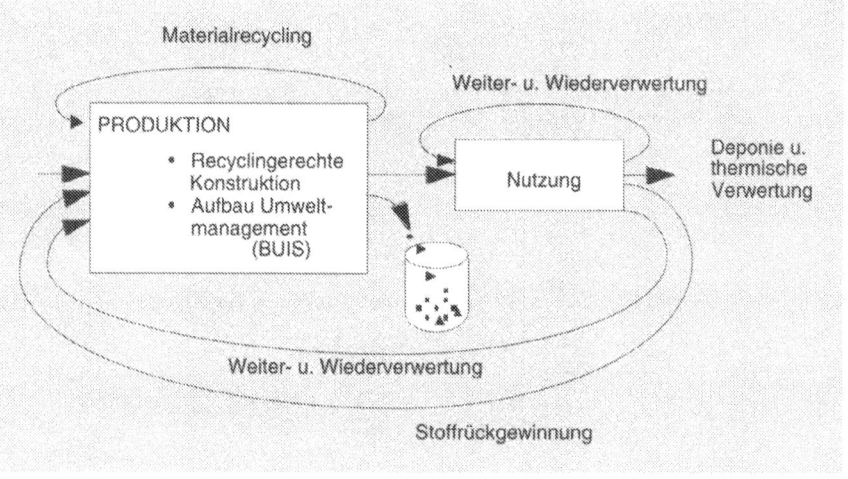

Die ISO-Norm 14.000ff. ist ein internationaler Standard für die Abschätzung von Umweltbelastungen, die von Gütern und Dienstleistungen ausgehen. Dabei wird der gesamte Lebenszyklus von Produkten und Dienstleistungen betrachtet. Diese Lebensweganalyse (Life-Cycle-Assessment LCA) orientiert sich an den von der SETAC vorgeschlagenen Schritten goal definition and scope (Zieldefinition), life cycle inventory (Sachbilanz), life cycle impact assessment (Wirkungsabschätzung und Bewertung und life cycle improvement assessment (Soll-Szenarien).

Umweltbetriebsprüfungen

Neben der Recyclinggerechten Konstruktion haben in unternehmen Umweltbetriebsprüfungen und der Aufbau von betrieblichen Umweltmanagementsystemen (BUIS) Bedeutung erlangt. Auch hier liegen Verordnungen und ISO-Normen vor, die Anreiz für Unternehmen sind, ihre betrieblichen Umweltaktivitäten auszuweiten. Zu erwähnen sind insbesondere die EU-Öko-Audit-Verordnung sowie die *ISO-Normen 14.000ff.* Anders als EU-Richtlinien haben EU-Verordnungen direkte Rechtswirkungen in den Mitgliedsstaaten.

Das *EU-Öko-Audit* überprüft das betriebliche Umweltmanagementsystem auf seine Funktion und Wirksamkeit. Es ist eine freiwillige Umweltbetriebsprüfung, die die systematische, dokumentierte und und regelmäßige Leistungsbewertung von Unternehmen hinsichtlich ihrer betrieblichen Umweltaktivitäten beinhaltet.

Die Ziele sind:
- Bewertung des Umweltmanagementsystems und seiner Eignung zur Umsetzung der geplanten Umweltpolitik,
- Feststellung, inwieweit das Unternehmen seine formulierten Ziele erfüllt und
- Prüfung, ob bei der Umsetzung der Umweltpolitik die bestverfügbare Technik eingesetzt wird.

Es besteht eine Pflicht zur Information der Öffentlichkeit über die Umweltleistungen des Unternehmens. Die Zertifizierung des Unternehmens setzt die Prüfung des installierten Umweltmanagementsystems durch einen externen Gutachter voraus.

Betriebliche Umweltinformationssysteme (BUIS)

Der Aufbau von Betrieblichen Umweltinformationssystemen (BUIS) resultiert aus dem Wunsch vieler Betriebe, die stattliche Zahl von gesetzlichen Verpflichtungen der Betriebe und zwischenbetrieblichen Anforderungen zu strukturieren und sich gegen ungewollte gesetzliche Verstöße und spektakuläre Störfälle abzusichern. So bestehen regelmäßige Informationspflichten bzw. -anforderungen gegenüber Behörden, von Banken und Versicherungen (Reduzierung von Investitions- bzw. Haftungsrisiken) und Verbrauchern, die in ihre Konsumentscheidungen verstärkt Umweltaspekte einfließen lassen (vgl. Haasis u.a. 1996a, S. 9).

Bei den heute zur Diskussion stehenden BUIS geht es vor allem darum, eine Struktur für die im Unternehmen vorhandenen umweltrelevanten Prozesse und Daten zu entwickeln und die kontinuierliche Datenerfassung sicherzustellen.

*Die **EU-Öko-Audit-Verordnung** Nr.1893/93 des Rates vom 29.6.93 beinhaltet die freiwillige Beteiligung gewerblicher Unternehmen an einem Gemeinschaftssystem für das Umweltmanagement und die Umweltbetriebsprüfung. Zum Gemeinschaftssystem zählen die zur Umsetzung notwendigen Einrichtungen, Abläufe und Regelungen zur Verwirklichung der Verordnung. Also z.B. die Zulassungsstelle oder die erforderlichen Schritte auf betrieblicher Ebene bis zur Zertifizierung und Registrierung geprüfter Standorte. Bei der Auditierung geht es um die Überprüfung der Wirksamkeit von festgelegten organisatorischen Maßnahmen durch Soll-Ist-Vergleich, ihre Dokumentation und Bewertung sowie Einbindung der gewonnenen Erkenntnisse. Am Ende steht die Zertifizierung durch einen zugelassenen Umweltgutachter.*

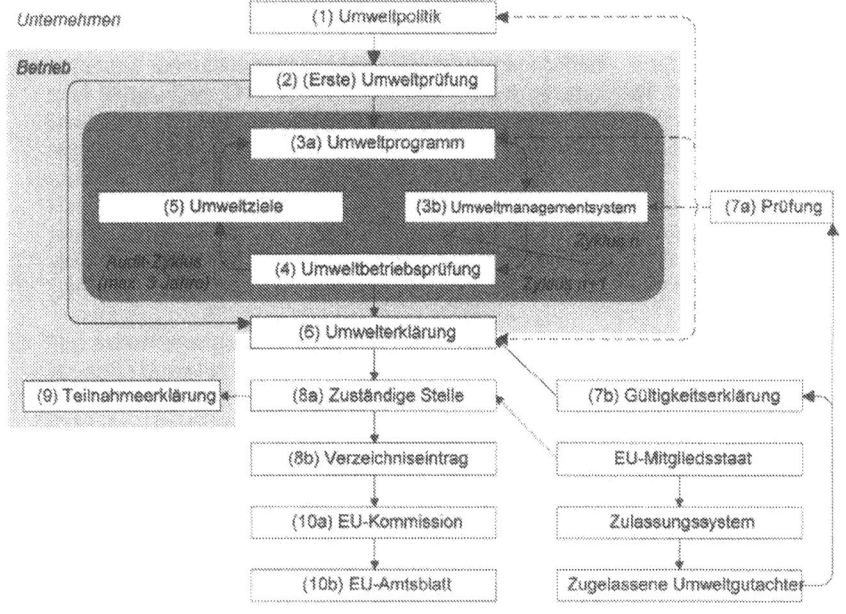

Abb. C.II.4 Ablaufschema des EU-Öko-Audits (Hänisch 1996, S. 42)

Sackgasse Recyclingwirtschaft?

Grundlegende Veränderungen gehen stets mit einem Wertewandel einher, der sich auch in veränderten Leitbildern und Metaphern dokumentiert. Erst auf der Grundlage solcher Neuorientierungen kann sich ein Schub entwickeln, der Technikentwicklung und Techniknutzungspfad verändert. Im Leitbild Recyclinggerechte Konstruktion kündigt sich ein solcher Wertewandel an, leider ist es nur bedingt tauglich, es ist bestenfalls die zweitbeste Lösung.

Beim Recyclinggerechten Konstruieren geht es darum, Produkte, z. B. Autos, Haushaltsgroßgeräte, Fernseher oder Computer, so zu konstruieren, daß am Ende des Produktlebens Einzelteile unkompliziert weiter- bzw. wiederverwendet oder verwertet werden können. Das Motto lautet: Rückgewinnung der Ausgangsstoffe. Basis sind u.a. eine geeignete Werkstoffwahl, die Minimierung der Werkstoffvielfalt und eine leicht lösbare Verbindungstechnik. Dies soll, so wie momentan in Deutschland die Planungen laufen, nach dem Vorbild der großindustriellen Fertigung durch Etablierung einer neuen großindustriellen Branche, dem Aufarbeitungs-, Demontage- und Aufbereitungs-Sektor, geschehen.

Aber nicht nur die Etablierung dieses Sektors kollidiert mit den Zielen des Szenarios Strukturumbau. Die Motive beim herrschenden Leitbild Recyclinggerechte Konstruktion sind, laut Hans-Dieter Hellige, einem Bremer Technikhistoriker, der Aufbau von Materialkreisläufen, um das Deponieaufkommen wegen neuer oder anstehender gesetzlicher Regelungen, vor allem aber wegen exorbitant steigender Deponierungskosten zu reduzieren. Die Einsparung von Rohstoffen ist danach nur ein wichtiger Nebenaspekt, gänzlich zu vernachlässigen die Reduzierung von Obsoleszenzpraktiken. Auf den Punkt gebracht: Das Konstruktionsprinzip soll keine Reduzierung von Materialkreisläufen durch langlebige Produkte, sondern die ständige Wieder- und Weiterverwendung der genutzten Produkte bzw. Stoffe garantieren. Das Produkt soll nicht im Ursprungszustand weiter genutzt werden, sondern in recycelter Form mehrere schnelle und kostengünstige Nutzungskreisläufe durchlaufen. Die Lösung besteht nicht etwa darin, die Produkte so haltbar und teuer zu gestalten, daß sie lange Zeit nicht ersetzt werden müssen. Das Fazit von Hellige über Recycling und entsprechende Konstruktionsverfahren: „Die Recyclingwirtschaft wird auf diese Weise als Problemverlagerungs-Strategie einer ökologischen Wachstumsgesellschaft konzipiert, die den Deponierungsengpaß beseitigt, die Rohstoffverfügbarkeit erhöht und so wieder eine Beschleunigung von Materialkreisläufen und Wirtschaftskreisläufen zuläßt."

Ingenieure, Management und Informatiker müssen hier nicht nach einem neuen Selbstverständnis suchen. Sie sollten die Geschichte ihrer Fächer rezipieren, dort hat es in letzten einhundertfünfzig Jahren Diskussionen gegeben, die auf viele Fragen heute Antworten geben können. So haben Rudolf Clausius und Hermann von Helmholtz in der Mitte des vergangenen Jahrhunderts mit ihrer Interpretation des Entropiesatzes schon nachgewiesen, daß „in der Welt nicht alles Kreislauf ist." Wilhelm Ostwald sah am Ende des 19. Jahrhunderts das „Fundamentalphänomen alles Geschehens in der Welt in Dissipatitions-Gesetzen der Energie." Er gelangte zu einem normativen Leitbild einer „dauerhaften Wirtschaft." Als kleine Skurrilität am Rande sei bemerkt, daß der große Max Weber Ostwalds Auffassung in einer scharfen Rezension als Ableitung von „Werturteilen aus naturwissenschaftlichen Tatbeständen" kritisierte. In der ersten Hälfte dieses Jahrhunderts, zumeist unter dem Einfluß der Kriegswirtschaft, hat es bereits „energetische und werkstoffsparende Konstruktionsbewegungen" gegeben. Zu Beginn der 80er Jahre wurden von H.-J. Warnecke und R. Steinhilper vom Fraunhofer-Institut Gestaltungsregeln für das „Intensivieren von Mehrfachnutzungszyklen" vorgelegt. All dies läßt sich beim Technikhistoriker H.-D. Hellige (1995) nachlesen.

Der Entropiesatz, insbesondere in der Erweiterung von Georgescu-Roegen, ist eine recht plausible Orientierung. Er kann deutlich machen, daß eine Beschleunigung der Stoffumläufe durch Recycling die Probleme in den Energiesektor verlagert. Es gibt mithin zum Modell einer absolut rohstoffsparenden und abfallarmen Kreislaufwirtschaft keine Alternative, auch wenn sich selbst dann die Entropiezunahme nur verlangsamen läßt (zum Entropiesatz siehe Dokument III.1, „Ein Erklärungsmodell mit Hilfe der thermodynamischen Hauptsätze").

Eine konsistente Datenbasis ist die Grundlage für die Umweltberichterstattung: So wird es möglich, den Dokumentationspflichten nachzukommen, also etwa Emissionserklärungen, Entsorgungsnachweise, Sicherheitsdatenblätter etc. zu erstellen. Bemühungen gehen dahin, Aufgaben der Planung, Steuerung und Kontrolle in ein BUIS zu integrieren, um so auch Entscheidungshilfen bei ökologischen Schwachstellenanalysen, Ersatzstoffen und -verfahren sowie bei der ökologischen wie ökonomischen Abschätzung der Wirkungen angedachter Szenarien zu erhalten. Dies setzt allerdings voraus, daß eine Verknüpfung des BUIS mit den bestehenden betrieblichen Informationssystemen gelingt, insbesondere mit Daten aus der Materialwirtschaft und Produktionsplanung (Haasis u.a. 1996a, S. 11).

Für diese BUIS-Perspektive paßt am ehesten die Metapher Öko-Management-Informationssystem (Öko-MIS). Es geht darum, umweltrelevante Datenstrukturen für einen Betrieb aus der Sicht des Managements und mit Unterstützung von betrieblichen Umweltexperten zu entwickeln. Ob es dazu Optionen gibt, werden wir in Abschnitt C.II.3. untersuchen. Dort wird auch auf die Softwareunterstützung von BUIS-Systemen eingegangen.

*„Ein **BUIS** ist ein organisatorisch-technisches System zur systematischen Erfassung, Verarbeitung und Bereitstellung umweltrelevanter Informationen in einem Betrieb. Es dient in erster Linie der Erfassung betrieblicher Umweltbelastungen und der Unterstützung von Maßnahmen zu deren Vermeidung und Verminderung"* (Haasis u.a. 1996a, S. 7).

1.3 Vision 2000:
Life-Cycle-Design (LCD) und Stoffstrommanagement

Das Leitbild Kreislaufwirtschaft und betriebliches Umweltmanagement legt den Blick auf den einzelnen Betrieb, die Stoff- und Energieströme zwischen den Unternehmen spielen noch keine große Rolle. Beim Aufbau des umweltorientierten Datenmodells geht es auch noch nicht darum, den innerbetrieblichen Wertschöpfungsketten und Prozessen die Energie- und Stoffströme gegenüberzustellen. Die Konstruktionsperspektive hat zwar eine recyclingorientierte Ergänzung erfahren, in den Gestaltungsprozeß gehen aber noch keine Stoff- und Energiebetrachtungen ein, die sich an konsistenten Stoffströmen orientieren. Der gesamte Lebensweg eines Produktes „von der Wiege bis zur Bahre" wird noch nicht einbezogen.

All diese Defizite sind der Ausgangspunkt für die „Vision 2000": Jetzt geht es darum, die Grundlagen für ein Life-Cycle-Design von Produkten, Prozessen und Systemen sowie in Organisationen zu schaffen. Voraussetzung dafür sind Stoffstrommanagementsysteme, die die betrieblichen Energie- und Stoffflüsse und -verbräuche erfassen. Diese Vision geht weit über die Ebene der betrieblichen Umweltgestaltung hinaus, sie ist eine nachhaltige Option für Organisationen. Modelle und Methoden der „Vision 2000" werden nachfolgend beschrieben.

2. Modelle und Methoden – Produktökobilanz, Betriebsökobilanz, Stoffstrommanagement, Stoffstromnetze

Produktökobilanz: Bilanzierung der ökologischen Aufwendungen, die mit dem Lebensweg eines Produktes oder Dienstleistung von der Ressourcenentnahme, Herstellung, Transport, Nutzung bis zur Entsorgung verbunden sind. An die Erfassung der Daten (Sachbilanz) schließt sich die Abschätzung der Umweltwirkungen (Wirkungsbilanz) und die Bilanzbewertung an.

Die aktuellen Managementkonzepte wie Reengineering, Geschäftsprozeßorientierung, globale Wertschöpfungsketten oder strategische Netzwerke stehen vor allem für Arbeitsrationalisierung und Beschleunigung. Das Ziel muß sein, daß Prozesse und Produkte auch ihren ökologischen Aufwand ausweisen. Dann ist nicht mehr nur Schnelligkeit gefragt, sondern die Erfassung und das Reengineering der „ökologischen Übel", z.B. in Form von „Schadschöpfungsketten" oder Ökobilanzen. Die Metapher „schlanke Produktion" wäre dann neu zu interpretieren: schlank ist sie dann, wenn Ressourcenverbrauch und Schadstoffemissionen minimiert werden können.

Seitdem über Umweltökonomie diskutiert wird, geht es um die Begriffe Ökobilanz und Öko-Controlling. Die populär gewordene Metapher Ökobilanz ist zum Symbol für eine ganze Klasse unterschiedlicher Methoden zur Quantifizierung der Umweltauswirkungen geworden, auf die wir im folgenden näher eingehen werden. Unter Öko-Controlling wird im weitesten Sinne „ein Instrument zur Analyse, Planung, Steuerung und Kontrolle aller umweltrelevanten Aktivitäten des Unternehmens" (Pfriem/Hallay 1992, S. 296) verstanden. Darin deutet sich eine spezielle Ausprägung des betriebswirtschaftlichen Controllings an.

Stoffstrommanagement nimmt Umfang und Zusammensetzung der Stoff- und Energieströme eines Systems in den Blick. Neben der Erfassung geht es um die systematische Steuerung, Kontrolle und Verbesserung der Stoffströme.

Mit dem *Stoffstrommanagement* wird eine methodische Erweiterung und Spezifizierung des Öko-Controllings vorgenommen. Deckungsgleich mit dem Controllingverständnis meint Management hier die „zielgerichtete Lenkung und Führung, Organisation, Planung, Realisierung und Kontrolle eines Prozesses" (Lucas 1996, S. 45). Der Managementbegriff erfährt dadurch eine Erweiterung und Modifikation, „daß die anthropogenen Stoffströme sowohl durch Veränderung der Rahmenbedingungen als auch durch verändertes Verhalten der Akteure in die Richtung einer nachhaltig zukunftsfähigen Entwicklung gelenkt werden sollen" (Lucas 1996, S. 45).

2.1 Produktökobilanz

Der Begriff Ökobilanz konnte lange Zeit gleichgesetzt werden mit der Produktökobilanz. So definierte das Umweltbundesamt (UBA) die Ökobilanz, ohne auf die Abgrenzung zu anderen Ökobilanzarten einzugehen, als „einen möglichst umfassenden Vergleich der Umweltwirkungen zweier oder mehrerer unterschiedlicher Produkte, Produktgruppen, Systeme, Verfahren oder Verhaltensweisen. Sie dient der Offenlegung von Schwachstellen und der Verbesserung der Umwelteigenschaften eines Produktes" (UBA 1992, S. 17).

Die Produktbilanz bezieht sich in der Regel auf ein einzelnes Produkt, z.B. auf ein Papierhandtuch, oder auf eine mit dem Produkt verbundene Dienstleistung, z.B. einmal Händetrocknen. Dies wird als funktionelle Einheit bezeichnet, betriebswirtschaftlich haben wir es also mit einer *Stückrechnung* zu tun.

Bei der Erstellung einer Produktökobilanz wird zunächst versucht, den Herstellungsprozeß mit sämtlichen eingehenden Rohstoffen, Energien, Vorprodukten, Hilfs- und Betriebsstoffen sowie den dabei entstehenden Emissionen und Abfällen zu erfassen. Zu einer vollständigen Lebenswegbilanz eines Produktes sind darüber hinaus die Prozesse zur Bereitstellung der Energien und Vorprodukte, anfallende Transporte, die Nutzungsphase und die Prozesse zur Entsorgung zu zählen. So wird verständlich, weshalb mit einer Produktbilanz häufig die Metapher „von der Wiege bis zur Bahre" verbunden wird.

Der Lebensweg eines Produktes wird in Teilsysteme bzw. Teilprozesse zerlegt, um so die Komplexität in den Griff zu bekommen. Dieser modulare Aufbau macht den Vorgang der Entwicklung der Produktökobilanz nicht nur transparent. Er erlaubt auch, für anfallende allgemeine Prozesse, z.B. Transportvorgänge, auf vorliegende Daten zurückzugreifen bzw. neugewonnene für andere Untersuchungen zu verwenden. Sinnvollerweise werden diese in sog. Prozeßbibliotheken abgelegt. Bei der Erstellung der Produktökobilanz kommen so in der Regel betriebsspezifische, z.B. Meßdaten, mit allgemeinen und vorliegenden Daten zusammen.

Der Schwerpunkt der bislang erstellten Produktökobilanzen liegt bei Verpackungen, Kunststoffen, Hygiene und Reinigung. In jüngerer Zeit führen auch Unternehmen und Unternehmensverbände Produktbilanzierungen durch. Damit öffnen sich Unternehmen für neue, über die Ökonomie hinausgehende Sichtweisen. Weg von der alten End-of-pipe-Philosophie verspricht dieses Denken in vernetzten Stoff- und Energieströmen eine adäquate Berücksichtigung des Umweltschutzes beim Design von Produkten und Dienstleistungen.

Seit Jahren gibt es Standardisierungsbemühungen. Das Umweltbundesamt (UBA) ist hier führend beteiligt. Das Ökobilanzschema des UBA sieht folgende Komponenten vor: Die Zieldefinition, die Sachbilanzierung, die Wirkungsabschätzung und die Bilanzbewertung (vgl. Abb. C.II.5).

Die einzelnen Schritte sind unterschiedlich stark formalisierbar. Während Zieldefinition und Bilanzbewertungen nichtformalisierte Aussagen enthalten, werden bei der Sachbilanz quantitative Größen erwartet und bei den Wirkungsabschätzungen solche angestrebt.

Zieldefinition (goal definition). Hier geht es um folgende Fragestellungen:
- Festlegung des zu untersuchenden Produkts; bei einem Vergleich: Bestimmung der funktionalen Einheit.
- Festlegung der Bilanz- und Systemgrenzen: Bilanzgrenzen grenzen den Bilanzraum, in dem alle betrachteten Vorgänge enthalten sind, von allen nicht zu berücksichtigenden Vorgängen räumlich, zeitlich und sachlich ab. Systemgrenzen legen die Tiefe der Untersuchung fest.

Sachbilanz (life cycle inventory). Besonders weit fortgeschritten ist die Systematisierung bei der Sachbilanz. Sie kann in vier Stufen unterteilt werden:
- Allgemeine Modellierung der Prozeßstruktur,
- Datensammlung,

Ulrich Beck plädiert dafür, die Produkt-Biographie zu einem integralen Bestandteil eines Produktes zu machen: „Hier enthielte ein Produkt also drei Komponenten: Gebrauchswert, Preis und seine Herkunfts- und Herstellungsgeschichte, also Auskünfte über die ökologischen, sozialen und politischen Bedingungen ihrer Herstellung, und zwar in gut lesbaren Etikettierungen. Dann kann der vielbeschworene mündige Bürger entscheiden, wieviel es ihm wert ist, den ganz alltäglichen Kaufakt zu einer politischen Abstimmung über globale Arbeits- und Lebensformen zu machen" (Beck 1997).

Das UBA hat ein Verfahrensschema zur Produktökobilanzierung unterbreitet. Es ist in die „Grundsätze produktbezogener Ökobilanzen" eingegangen, verabschiedet Ende 1993 von einem Arbeitsausschuß des DIN. Die Society of Environmental Toxicology and Chemistry (SETAC) hat ähnliche Standardstrukturen zur Durchführung unterbreitet, die von der Internationalen Standardisierungsorganisation (ISO) übernommen wurden.

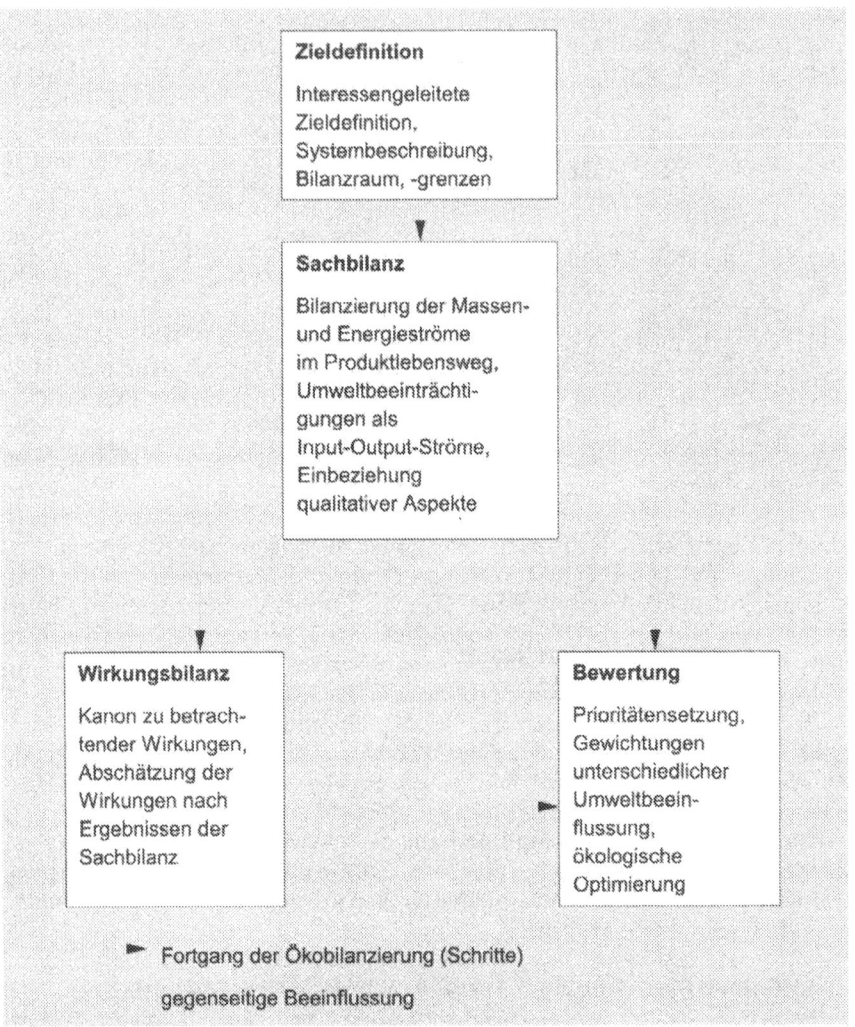

Abb. C.II.5
Ökobilanzschema des Umweltbundesamtes
(vgl. Neitzel 1994, S. 25)

- Zusammenführung von Daten und Prozeßstruktur,
- Berechnung der Input- und Output-Ströme.

Wirkungsbilanz (impact assessment). In der Wirkungsabschätzung werden die Sachbilanzdaten nach Wirkungskategorien, z.B. endlicher und nachwachsender Ressourcenverbrauch, Treibhauseffekt, Ozonabbau in der Stratosphäre, Versauerung, Eutrophierung, Biodiversität humantoxische und gesundheitsschädliche Wirkungen klassifiziert. Hier gehen auch die nicht quantifizierbaren, nur qualitativ erfaßten Einflußfaktoren ein, z.B. die Erholungsfunktion des Waldes.

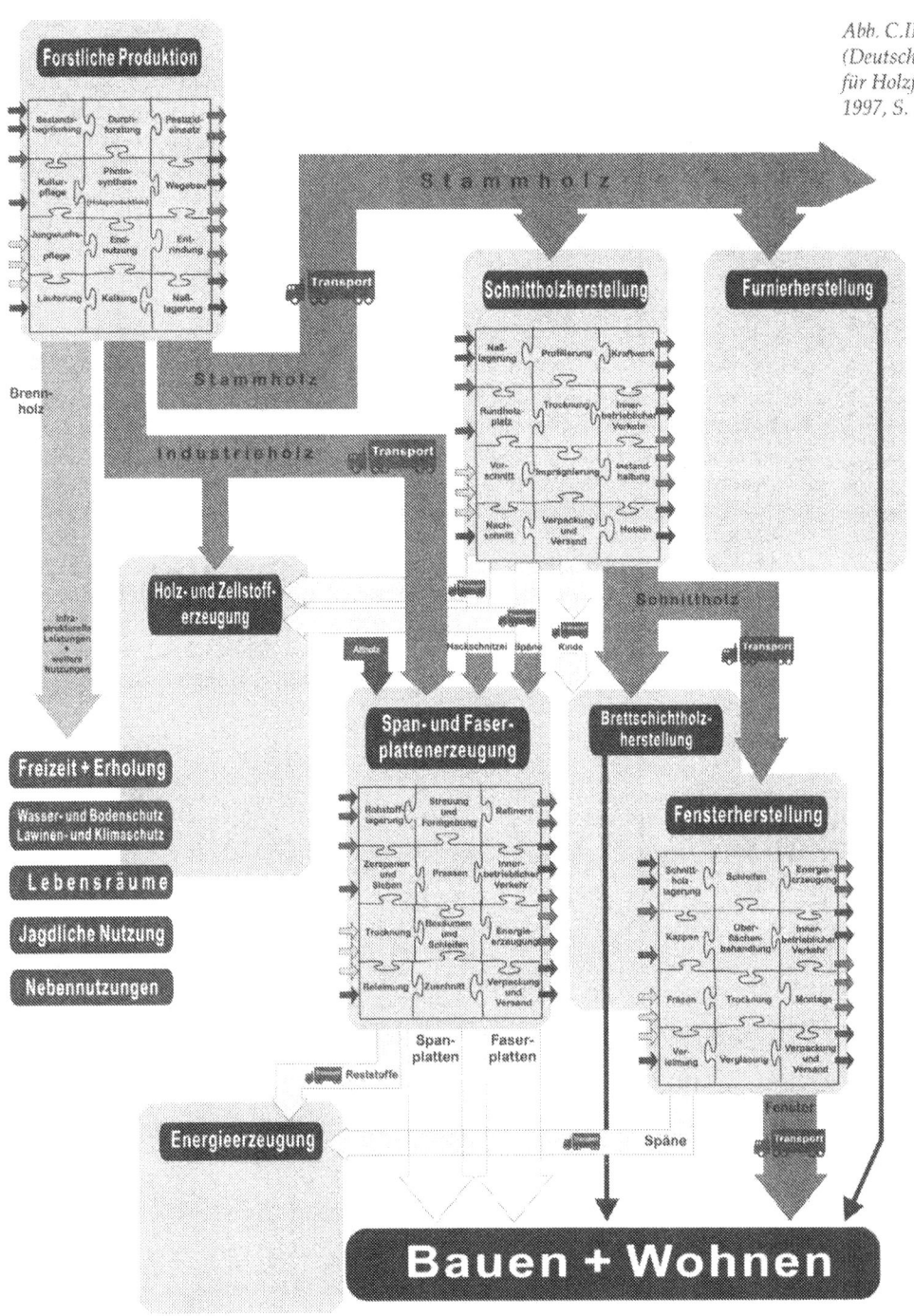

Abb. C.II.6
(Deutsche Gesellschaft
für Holzforschung
1997, S. 7)

264 Entwicklungspfade der Organisations- und Wirtschaftsinformatik

Bilanzbewertung. Über Sachbilanzierung und Wirkungsabschätzung hinaus wird eine systematische Bewertung des Produktes angestrebt. Bewertungen machen erst Sinn, wenn mindestens zwei Handlungsmöglichkeiten vorhanden sind, zwei Produkte vergleichend bewertet werden können. Ausgewertet werden können sowohl Daten aus der Sachbilanz wie die zu Kategorien zusammengefaßten Daten aus der Wirkungsabschätzung. Die Schwierigkeit der Bilanzbewertung besteht darin, unterschiedliche Wirkungskategorien vergleichend zu bewerten. Was ist also z.B. wichtiger, der Ozonabbau oder die Eutrophierung von Böden und Gewässern?

*Eine **Betriebs(öko)bilanz** ist eine Stoff- und Energiebilanz, die alle mit einem bestimmten Betrieb oder Standort zusammenhängenden Stoff- und Energieströme für einen Bilanzzeitraum, meist ein Jahr, festhält: deshalb auch Periodenrechnung. In einer erweiterten Form werden nicht nur die Input- und Output-Ströme, sondern auch betriebsinterne Veränderungen in den Lagern ausgewiesen.*

2.2 Betriebsökobilanz

Die *Betriebsökobilanz* ist eine Zusammenstellung der Stoff- und Energieströme, die für einen bestimmten Betrachtungszeitraum, meist ein Bilanzjahr, einem Betrieb oder Standort zugehen oder ihn verlassen. Sie ist nicht wie die Produktökobilanz eine Stückrechnung sondern eine *Periodenrechnung*, die alle in den Betrieb eingehenden Rohstoffe, Vorprodukte, Energien usw. sowie aus einem Betrieb herausgehenden umweltrelevanten Emissionen, Schadstoffe, Abfälle und Produkte etc. bilanziert.

Abb. C.II.7 Beispiel Betriebsbilanz eines Handelsunternehmens (Möller u.a. 1997, S. 14)

Die meisten betrieblichen Ökobilanzen beschränken sich bislang darauf, die eingehenden Produkte und Stoffe und die, den Betrieb verlassenden Emissionen, Abfälle und Produkte zu erfassen. Der Betrieb selber mit seinen zahlreichen Einzelprozessen wird als Black-box betrachtet. Dies hat den Nachteil, daß umweltbezogene Gestaltungspotentiale nur schwer in den Blick kommen können. Ande-

Input			Output		
Energieträger, primär			Abwasser		
Energieträger, fossil			Abwasser, unspez.	2.869.616	kg
Erdöl (RiL)	750	kg	Emissionen (Luft)		
Energieträger, sekundär			Kohlendioxid, fossil (L)	8.778	kg
Diesel	2.386	l	Kohlenmonoxid (L)	37	kg
Energie, elektrisch	513.958	kWh	NOx (L)	83	kg
Wasser, unspez.	2.869.616	l	Schwefeldioxid (L)	9	kg
Handelswaren			Staub (L)	6	kg
Retouren	81.512	kg	VOC, unspez.	18	kg
Vorprodukt	2.824.762	kg	Entsorgungsgüter		
Verpackungen			Abfälle, hausmüllähnl.	133.920	kg
Europaletten	10.022	St.	PE/PP (AzB)	10.680	kg
Verpackung, unspez	196.006	kg	Glas (AzV)	18.600	kg
			Holz (AzB)	2.000	kg
			Papier/Pappe (AzB)	181.010	kg
			Schrott, unspez. (AzV)	9.480	kg
			Verpackungen		
			Europaletten	9.525	St.
			Handelswaren (verpackt)		
			Artikel, Filialbelieferung	3.052.901	kg
			Artikel, Postversand	2.013	kg

rerseits ist die Verfolgung der einzelnen Prozesse mit einem außerordentlich hohen Erfassungsaufwand verbunden. Darüber hinaus war dies mit dem lange Zeit verfügbaren methodischen Inventar nicht handhabbar.

Auch bei der Betriebsbilanz wird eine Wirkungsabschätzung angestrebt. Hier stehen in Analogie zum betrieblichen Rechnungswesen in erster Linie Kennzahlen bzw. Kennzahlensysteme im Vordergrund: Auf der Grundlage von Sachbilanzen werden so mit Hilfe von Funktionen quantitative Aussagen über Wirkungen gewonnen. Beispiele sind der Wasserverbrauch am Standort pro Beschäftigten oder die Abfallmenge bezogen auf die Einheit des produzierten Gutes. Auf diese Weise läßt sich die ökologische Leistungsfähigkeit einer Organisation mit einigen Indikatoren abschätzen und mit branchenüblichen Werten vergleichen.

Obwohl die betriebliche Sachbilanz in ihrem Erscheinungsbild der Sachbilanz aus der Produktökobilanzierung ähnelt, sagt sie doch etwas ganz anderes aus. Die Betriebsökobilanz betrachtet und erfaßt in den festen Systemgrenzen des Betriebes alles, was diesen Ausschnitt in einer Betrachtungsperiode durchströmt (Periodenrechnung). Die Produktökobilanzierung versucht hingegen alle Stoff- und Energieströme zu erfassen, welche die Produktion, Nutzung und Entsorgung eines Produkts ausgelöst hat (Stückbezogene Aufwandsrechnung).

Die ersten Betriebsökobilanzen wurden Anfang der 90er Jahre erstellt, und zwar weitgehend unabhängig von den Produktbilanzierungen. Nachgefragt haben sie Unternehmen, die den Umweltschutz zu einem Unternehmensziel gemacht und ein entsprechendes *Öko-Controlling* eingeführt haben. Öko-Controlling und *Umweltberichte* dienen dazu, die Umweltwirkungen des Unternehmens zu analysieren und darzulegen, Verbesserungen vorzuschlagen und umzusetzen, Maßnahmen zu kontrollieren und die ökologische Entwicklung zu dokumentieren.

Das Interesse an der Betriebsökobilanzierung ist deutlich mit dem Inkrafttreten der EG-Öko-Audit-Verordnung gestiegen. Die Verordnung sieht den (freiwilligen) Aufbau eines Umweltmanagements an den Produktionsstandorten eines Unternehmens vor. Sie gießt damit den Gedanken des Öko-Controlling in eine formale Struktur. Im Rahmen des Umweltmanagements wird eine Datengrundlage für den Nachweis von Umweltverbesserungen benötigt. Genau dafür bietet sich die Betriebsökobilanz an.

2.3 Stoffstrommanagement

Die einfache Betriebsbilanz, mit ihrer black-box-Betrachtung des Betriebes, hinkt dem heute aktuellen Denken in Prozessen und Wertschöpfungsketten hinterher. Es muß darum gehen, die Umweltwirkungen, die von den Prozessen und Wertschöpfungsketten ausgehen, differenziert zu erfassen. Dafür werden Methoden benötigt, die Prozesse und Wertschöpfungsketten in Stoff- und Energieströmen abbilden. Plakativer ausgedrückt: Die Wertschöpfungsketten müssen ihre Schadschöpfungen ausweisen, die entstehenden Übel bei Herstellung der Güter müssen erfaßt werden.

---

*Die **Prozeßbilanz** ist eine Stoff- und Energiebilanz, die alle mit einem (Fertigungs-)Prozeß verbundenen Stoff- und Energieströme erfaßt, Wirkungen evaluiert und bewertet*

siehe hierzu ausführlich Schmidt 1997, S. 11

***Öko-Controlling**: Übertragung des betriebswirtschaftlichen Controllingkonzeptes auf den betrieblichen Umweltschutz*

***Umweltbericht**: Ein vom Unternehmen herausgegebener Bericht, der betriebliche Umweltdaten bezogen auf ein abgeschlossenes Jahr ausweist. Er stellt auch die ökologischen Anstrengungen, Umweltziele und -leitlinien dar.*

„Stoffstrommanagement ist auf die zielorientierte, ganzheitliche und effiziente Beeinflussung von Stoffsystemen ausgerichtet" (Enquete-Kommission des Deutschen Bundestages 1994, S. 85). Im Rahmen des Stoffstrommanagements sind Stoffstromanalysen durchzuführen, um die Ist-Situation zu erfassen und die Möglichkeiten und Verbesserungspotentiale durch Soll-Szenarien auszuloten.

Die Sicht Prozeßorientierung ist um die die Perspektive *Stoffstrommanagement* zu ergänzen: Prozesse lösen Stoff- und Energieströme aus, mit Hilfe des Stoffstrommanagements werden sie erfaßt. Das Stoffstrommanagement unterstützt darüber hinaus Analyse-, Planungs-, Steuerungs- und Kontrollmaßnahmen, so daß ein methodisches Instrumentarium zur umweltorientierten Reorganisation der Prozesse zur Verfügung steht.

Stoffstrommanagement kann auf unterschiedlichen Ebenen betrieben werden (vgl. Maan 1997, S. 37):

- *Betriebliches Stoffstrommanagement*: Hier werden z.B. Produktionsabläufe in einer Organisation optimiert.
- *Zwischenbetriebliches Stoffstrommanagement*: Im Rahmen eines strategischen Netzwerks stehen z.B. Wertschöpfungsketten zwischen dem Netzwerkführer und seinen Lieferanten im Blickfeld.
- *Regionales Stoffstrommanagement*: Hier geht es um Stoffflüsse in einer Region, beispielsweise in einer Kommune.

Stoffstrommanagement kann sich darüber hinaus an Stoffen, Produkten oder Organisationen orientieren:

- *Stofforientiertes Stoffstrommanagement* stellt die komplexen Stoffströme eines Stoffes, z.B. Benzol, und seine Umwandlungsprodukte ins Zentrum.
- *Produktorientiertes Stoffstrommanagement* befaßt sich mit den Stoffströmen eines Produktes, z.B. einer Papierwindel.
- *Organisationsorientiertes Stoffstrommanagement*: erfaßt z.B. die Stoffströme eines Unternehmens, es stimmt zumeist mit dem betrieblichen Stoffstrommanagement überein.

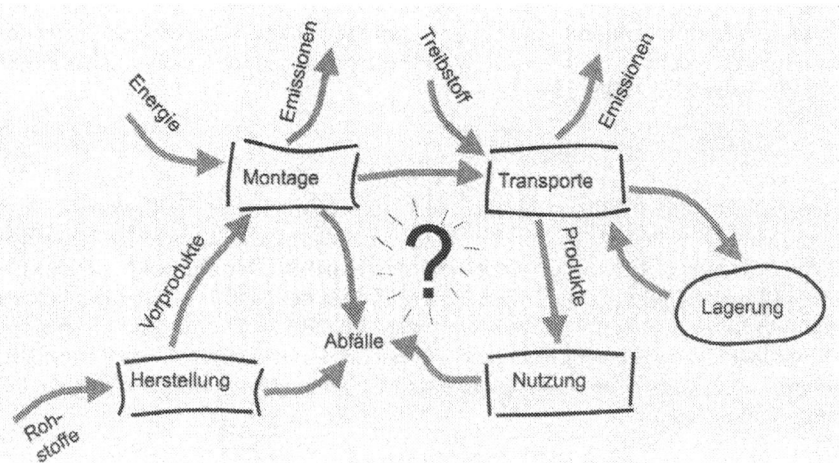

Abb. C.II.8 Intuitives Stoffstrommodell (Möller u.a. 1997, Abb. 4.1.1)

Für Stoffströme tragen stets Akteure Verantwortung, zugleich sind sie es, die in der Lage sind, ein effektives Stoffstrommanagement zu organisieren: Für ein erfolgreiches Stoffstrommanagement ist die Kooperation vieler Akteure erforderlich. Die Niederländer sprechen von „ketenbeheer" (Verwaltung von Ketten), unter Kette verstehen sie die Akteure, die durch den Stoffstrom verbunden sind. Der relevante Stoffstrom bzw. die Akteurskette muß jedoch nicht in jedem Fall mit dem ökonomisch relevanten Warenstrom übereinstimmen (vgl. Maan 1997, S. 37f).

Ein BUIS auf der Basis des betrieblichen Stoffstrommanagements schafft die Voraussetzungen für eine umfassende und systematische Betrachtung der Stoffströme einer Organisation. Es nimmt die umweltrelevanten Prozesse und Transformationen eines Betriebes, in die viele Akteure involviert sind, in den Blick und macht sie transparent.

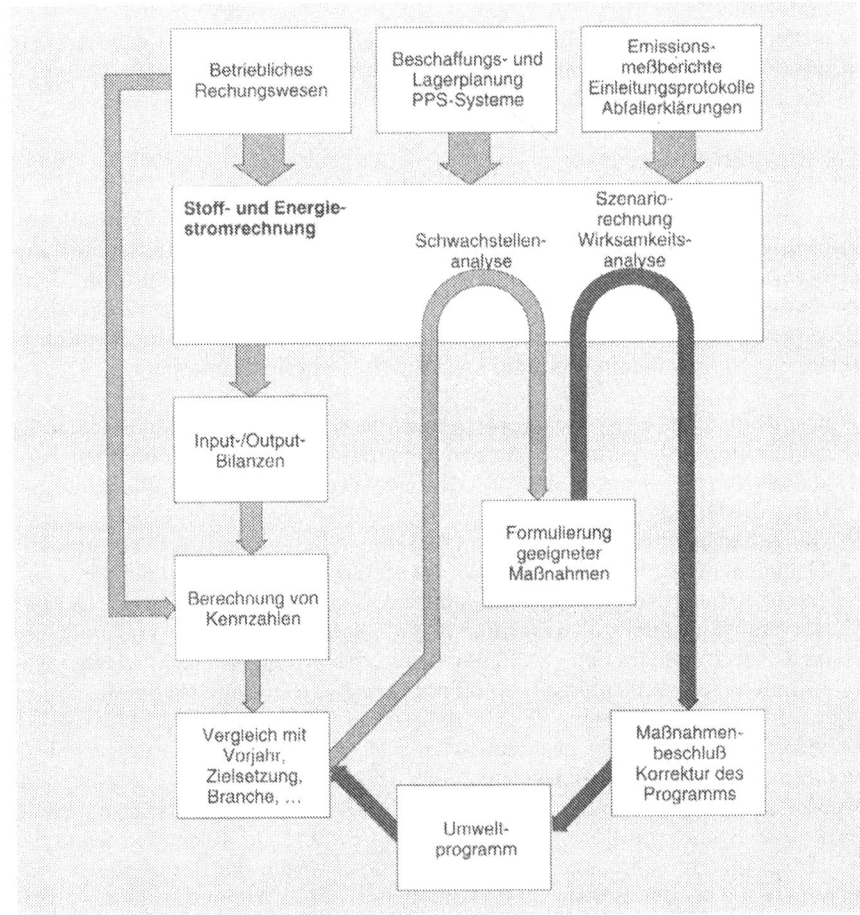

*Abb. C.II.9
Stoffstrommanagement mit einer
Energie- und Stoffstromrechnung im
Rahmen eines Umweltmanagementsystems
(Schmidt 1997, S. 23)*

268 Entwicklungspfade der Organisations- und Wirtschaftsinformatik

Stoffstromanalysen haben die Erfassung, Auswertung und Darstellung der Situation eines Unternehmens hinsichtlich seiner Stoff- und Energieströme in einem definierten Zeitraum zum Gegenstand. Stoffstromanalysen bilden die Basis für das Stoffstrommanagement.

Damit lassen sich wichtige Anforderungen an ein modernes betriebliches Umweltinformationssystem (BUIS) formulieren: Ein BUIS geht von Wertschöpfungsketten aus und repräsentiert diese auf der Ebene von Stoff- und Energieflüssen. Es weist Ressourcenverbrauch und Schadstoffemissionen aus. Es gestattet Wirkungsanalysen, die Aussagen machen über die Auswirkungen von Prozessen auf Umweltmedien. Mit betrieblichen Umweltinformationssystem kann zugleich ökologisches Erfahrungswissen in einer Organisation aufgebaut werden.

BUIS müssen mit den bestehenden betrieblichen Informationssystemen verzahnt werden, um an ökologisch relevante Betriebsdaten, z.B. aus der Materialwirtschaft heranzukommen, und um umweltrelevante Entscheidungshilfen, z.B. für den Einkauf, zur Verfügung stellen zu können.

Was jetzt noch fehlt, ist eine Methodik, die
- das Stoffstrommanagement, z.B. durch eine Methode für *Stoffstromanalysen*, unterstützt,
- differenzierte betriebliche Ökobilanzen (Periodenrechnungen) gestattet, z.B. von Subsystemen oder einzelnen Fertigungsvorgängen, und für
- die Erstellung von Produktökobilanzen (Stückrechnungen) geeignet ist.

2.4 Stoffstromnetze

Stoffstromnetze: Methode des ökologischen Rechnungswesens zur Erfassung von Stoff- und Energieströmen in einem vernetzten System. Ähnlich der doppelten Buchführung werden auch Bestandsdaten und nicht nur Ströme methodisch erfaßt. Stoffstromnetze erlauben so, Stoffbestände mit Stoff- und Energietransformationen zu verknüpfen. Sie liefern Aussagen darüber, welche Stoff- und Energieströme bei gegebenen Anfangsbeständen in einer bestimmten Betrachtungsperiode ein System durchströmen und welche Endbestände daraus resultieren.

Von Carl Adam Petri stammt die Idee, in Graphen nach Stellen und Transitionen zu unterscheiden (vgl. Petri 1962). Die dabei zum Ausdruck kommende Zustands-Aktivitäts-Dichotomie läßt sich für die Stoffstromanalyse nutzen. Man hat es mit zwei Kategorien von Knoten zu tun: Bei den Lagern lassen sich Bestände verbuchen; bei Knoten für Produktionen oder Transporte werden Transformationen von Rohstoffen in Produkte und Abfälle dargestellt. Im Detail:

- Die Knoten der ersten Kategorie nehmen Stoff- und Energiebestände auf. Es ist der Ort der Lagerung, in Anlehnung an die Petri-Netz-Terminologie handelt es sich hier um eine Stelle. Mit der Stelle verbindet sich die Modellierung eines Zustandes.
- Menschen bearbeiten mit Hilfe von Maschinen Ressourcen und Vorprodukte. Dabei entstehen Produkte, Abfälle, Sekundärrohstoffe. Produktionsprozesse dieser Art werden im Modell als stoffliche Transformation benannt. Der Ort der Transformation soll Transition heißen: Stoffe gehen in die Transition ein und verschwinden, neue Stoffe entstehen. Die Transition steht für den Zusammenhang von Untergang und Entstehung, also für eine Aktivität.

Stoffstromnetze sind eine geeignete Methodik zur Modellierung und Analyse von Stoff- und Energiestromsystemen. Die Pfade der Stoff- und Energieströme werden durch Verbindungen zwischen Stellen und Transitionen dargestellt. Jede Stoff- und Energietransformation an einer Transition kann folgendermaßen beschrieben werden: Die zugehenden Ressourcen werden den Input-Stellen entnommen, die bei der Transformation anfallenden Produkte und Abfälle werden

Die Netzelemente eines Stoffstromnetzes

■ „Transitionen" – Stoffe und Energien werden umgewandelt

○ „Stellen" – Stoffe und Energien werden gelagert und verteilt

→ „Verbindungen" – Sie verdeutlichen die Ströme zwischen Transitionen und Stellen

◐ ◑ „Input- und Outputstellen" – Sie sind die Übergabepunkte zur Außenwelt und definieren die Bilanzgrenzen

◎ „Connection-Stellen" – Sie sind „unechte" Stellen ohne Lage-

Formale Bedingung für das Netz:
Transitionen und Stellen müssen sich im Stoffstromnetz als Knoten abwechseln.

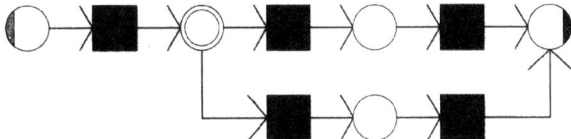

Abb. C.II.10
Netzelemente und formale Bedingung für den Aufbau eines Stoffstromnetzes (Schmidt 1997, S. 21)

auf den Output-Stellen abgelegt. Dabei gibt es im Modell keine zeitliche Diskrepanz zwischen Entnahme des Inputs und Ablegen des Outputs.

Damit geht die systematische Einschränkung möglicher Verbindungen zwischen den Knoten einher. Es sind keine Verbindungen direkt zwischen zwei Stellen oder direkt zwischen zwei Transitionen möglich. Deshalb paßt der Begriff Lager für die Stellen nicht immer. Die Stellen dienen einerseits dazu, die Orte der Transformation voneinander abzugrenzen. Gleichzeitig werden die einzelnen Transitionen über die Stellen miteinander verbunden, so daß größere Netze modelliert werden können. Die Stellen erlauben es dann, zeitliche Differenzen zwischen verschiedenen Transformationsprozessen adäquat abzubilden. So kann ein vollständiges und zusammenhängendes Stoffstromnetz entstehen.

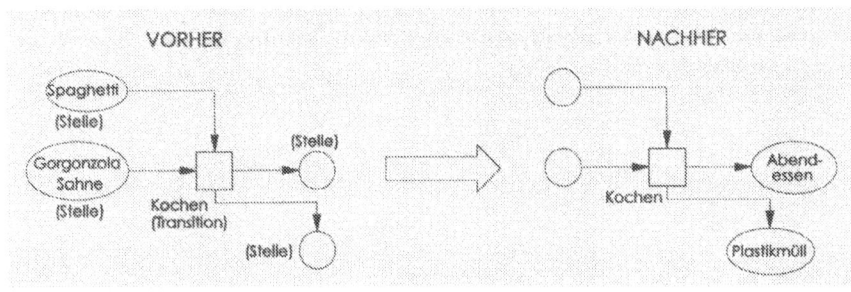

Abb. C.II.11
Das Gorgonzola-Beispiel: Kochen (Kerstan 1994) – Spaghetti, Gorgonzola und Sahne werden den Input-Stellen entnommen, das Abendessen und Plastikmüll an den Output-Stellen abgelegt.

Stoffstromnetze liefern dann für eine bestimmte Betrachtungsperiode und bei gegebenen Anfangsbeständen Aussagen darüber, welche Stoff- und Energieströme in einem System wo fließen und welche Endbestände daraus resultieren. Diese Daten können im Rahmen einer Stoffstromanalyse weiterverarbeitet werden. Damit stehen Strom- und Bestandsdaten in ihrer Gesamtheit weiteren Auswertungen zur Verfügung.

Bilanzieren kann man also ein System, indem man einen bestimmten Teil des Gesamtsystems selektiert. Auf der Input-Seite der Bilanz erscheinen alle Stoff- und Energieströme, die ins Teilsystem eingehen, auf der Output-Seite die, die aus ihm hervorgehen. Es kann interessant sein, lediglich bestimmte Teile des Systems zu bilanzieren: Nur die Wertschöpfungskette ohne Vor- und Nachketten, alle Transportvorgänge, alle Betriebe für sich mit dem Resultat von Betriebsbilanzen, bestimmte Produktionsprozesse etc.

Aus der Definition der Stoff- und Energiebilanz kann nicht gefolgert werden, daß Input und Outputseiten der Bilanz massenmäßig ausgeglichen sein müssen. Massenmäßig ausgeglichen sind erst die Transitionen der größten Verfeinerung. Solange dies nicht der Fall ist, bestehen intern noch Puffer, sie können mit Hilfe von Stellen transparent gemacht werden.

Stoffstromnetze enthalten nämlich nicht nur Stoffstromdaten, sondern auch Bestandsinformationen an den Stellen. Diese sind so mit den Stromdaten verknüpft, daß die Bestände an den internen Stellen direkt herangezogen werden können, den Ausgleich in der Bilanz herbeizuführen Man bezeichnet eine solche Bilanz als erweiterte Stoff- und Energiebilanz. In aller Regel werden Transitionen nicht auf unterster Ebene bilanziert.

Fassen wir die wesentlichen Merkmale der Stoffstromnetze zusammen (vgl. Schmidt 1997, S. 22):

- Mit Stoffstromnetzen können beliebig komplexe Produktionsnetze oder Produktlebenswege modular aus Einzelprozessen entworfen werden.
- Das Stoffstromnetz umfaßt eine konsistente Strom- und Bestandsrechnung, bei dem im Netz keine Energien oder Stoffe verlorengehen können.
- Mit Stoffstromnetzen kann sowohl eine Periodenrechnung wie eine Stückrechnung durchgeführt werden. Sie eignen sich somit gleichermaßen für Produktökobilanzen und betriebliche Ökobilanzen.

Mit Stoffstromnetzen auf der Grundlage von Petrinetzen ist ein Formalismus vorhanden, mit dem Stoffströme modelliert werden können. Sie sind eine brauchbare Voraussetzung für eine Softwareentwicklung, die im nächsten Abschnitt vorgestellt wird.

3. Softwareunterstützung für den betrieblichen Umweltschutz

Zunächst werden heute diskutierte Konzepte und Softwareansätze für den betrieblichen Umweltschutz vorgestellt und bewertet. Es geht dabei auch um die Frage: Welches Leitbild braucht der betriebliche Umweltschutz? Drei Optionen werden vorgestellt.

3.1 Die Vorläufer: Ungeplante Softwarelösungen und Öko-PPS

Typisch für die Situation in Organisationen sind auch heute noch nicht-integrierte Stand-alone-Lösungen: Für spezielle, meist gesetzlich vorgeschriebene Aufgaben, z.B. Erstellung von Gefahrstoffkatastern oder Verwaltung von Sicherheitsdatenblättern, werden oft von betrieblichen Umweltexperten weiterentwickelte PC-Standardsoftwarelösungen (z.B. Access, Excel) eingesetzt. Dafür notwendige Daten kommen zumeist aus Formularen, die per Hand eingegeben werden müssen. Zugriff und Nutzung von Daten bestehender betrieblicher Informationssysteme erfolgen zumeist über Disketten.

Andere Ansätze versuchen ein betriebliches Umweltinformationssystem aufzubauen, indem sie entsprechende Aktivitäten vollständig in das bestehende betriebliche Informationssysteme zu integrieren versuchen. Hier werden vor allem Produktionsplanungs- und Materialwirtschaftssysteme um umweltrelevante Datenfelder, Funktionen und Strukturen erweitert. Diese Ansätze sind unter dem Namen „Öko-PPS" bekanntgeworden

Beide Ansätze haben auffällige Defizite: Stand-alone-Lösungen sind unkomfortabel: Durch fehlende Schnittstellen zu bestehenden betrieblichen Informationssystemen werden manuelle Datenerhebungen und -eingaben sehr aufwendig. Zurecht weisen Krcmar u.a. (1996a, S. 5ff) darauf hin, daß das Konzept „Öko-PPS" die vorhandenen betrieblichen Informationssysteme mengemäßig (Datenfelder) und inhaltlich überfordert, sie wurden für diese Zwecke nicht entwickelt. Ein nachträgliches Aufrüsten („Aufbohren") wird den alten wie neuen Strukturen nicht gerecht. Hilty spricht in diesem Zusammenhang von einer Kontextlücke: Es stoßen verschiedene Verwendungskontexte betrieblicher Daten aufeinander, was in der Regel außerordentliche Schwierigkeiten bereitet, weil Datenstruktur, Begriffssystem, Detaillierungsgrad, Konsistenz und Vollständigkeit der Daten unterschiedlich sind (vgl. Hilty 1996). Es fehlt desweiteren ein eigenständiges Planungs- und Steuerungsmodul für die Aufgaben des softwaregestützten betrieblichen Umweltschutzes. Diese Schwächen sind Geburtsfehler, die kaum zu heilen sind.

Eine angemessene Softwareunterstützung muß eine eigene Planungs- und Steuerungskomponente bereitstellen und die Vernetzung zu bestehenden betrieblichen Informationssystemen über Schnittstellen und gemeinsame Datenbestände erlauben.

3.2 BUIS als „Öko-MIS" – Top-down-Ansätze des softwaregestützten betrieblichen Umweltschutzes

Umweltökonomie und Umweltinformatik sind darum bemüht, den Gegenstandsbereich Betriebliche Umweltinformationssysteme (BUIS) zu strukturieren. Es liegen eine Reihe von zwar nicht ganz deckungsgleichen Klassifikationen vor, ein gemeinsames Selbstverständnis ist jedoch zu spüren. Die gemeinsame Sicht beim BUIS besteht vor allem darin, daß eine traditionelle Managementsichtweise verfolgt wird: BUIS sollen bei der Entscheidungsvorbereitung und -umsetzung im Bereich des strategischen und operativen Managements helfen sowie die Planung, Steuerung und Kontrolle einzelner Maßnahmen zur Realisierung eines integrierten Umweltschutzes abdecken. Sie sollen nach Möglichkeit in existierende Managementsysteme eingebunden werden (vgl. Haasis 1997).

Müller-Beilschmidt kommt in seiner Erhebung über Softwaresysteme im Umfeld Ökobilanzierung/Life-Cycle Assessment auf 67 Softwareprodukte. Sie werden bei weitem nicht alle vermarktet, viele sind universitäre Eigenentwicklungen, sie haben diesen Raum nie verlassen. Nach seiner Einschätzung sind bis 1996 europaweit etwa 750 Lizenzen verkauft worden (vgl. Müller-Beilschmidt 1996, S. 29ff).

BUIS-Definition und -Klassifizierung

Haasis definiert ein BUIS wie folgt: „BUIS sind organisatorisch-technische Systeme zur systematischen Erfassung, Verarbeitung und Bereitstellung umweltbezogener Informationen in einem Betrieb. Ziel dieser Systeme ist es, die für umweltbezogene Entscheidungen im Betrieb benötigten Informationen aufbereitet den jeweiligen Entscheidungsträgern zur Verfügung zu stellen sowie Anspruchsgruppen außerhalb und innerhalb des Betriebes die für sie bestimmten Informationen übersichtlich zugänglich zu machen" (Haasis 1997, S. 4).

Die BUIS-Klassifikation von Rautenstrauch soll hier exemplarisch auch für andere Klassifikationsansätze der Umweltökonomie und Umweltinformatik stehen. Er unterscheidet (vgl. Rautenstrauch 1997):

- BUIS für Ökobilanzen und -controlling:
  Dazu werden Ökobilanzen (LCA, Betriebsökobilanzen, Prozeßbilanzen), Ökocontrolling (Analyse, Planung, Steuerung und Kontrolle aller ökologisch relevanten Aktivitäten eines Unternehmens) und das Öko-Audit gezählt.
- Produktionsnahe BUIS:
  Darunter fallen:
  (1) Die rechnergestützte Demontageplanung,
  (2) BUIS für die Unterstützung von Produktrecycling und
  (3) Stoffstrommanagementsysteme für die (Um-)gestaltung von Produktionsprozessen.

BUIS in der Praxis

Die von Wissenschaftlern erstellten Systematisierungen unterscheiden sich noch recht deutlich von den derzeit zum Einsatz kommenden BUIS (vgl. Haasis 1997, S. 6): In der Praxis eingesetzte Systeme unterstützen vor allem Funktionalitäten zur Dokumentation von Ressourcenverbräuchen und Umweltbelastungen sowie die Verwaltung und Erstellung von Daten und Formularen, die aufgrund umweltrechtlicher Regelungen zu erstellen sind.

Sie unterstützen vor allem Teilbereiche der folgenden Anwendungsbereiche (Müller-Beilschmidt 1996, S. 30):

- Betriebliche Emissionen (Luft, Wasser).
- Störfall- und Risikoanalysen mit Sicherheitstechnik.
- Erstellung von Ökobilanzen und Öko-Controlling.
- Betriebliche Emissionen (Luft, Wasser).
- Störfall- und Risikoanalysen mit Sicherheitstechnik.
- Erstellung von Ökobilanzen und Öko-Controlling.
- Unterstützung bei der Durchführung des Öko-Audits.

Die ersten fünf Bereiche fallen eher unter den technischen Umweltschutz. In der überwiegenden Zahl der Fälle machen gesetzliche Auflagen und Regelungen eine entsprechende Datenhaltung notwendig. In der Betriebspraxis kommt es bislang laut Müller-Beilschmidt (1996, S. 31) kaum vor, daß alle genannten Teilbereiche eines BUIS realisiert sind und softwaretechnisch unterstützt werden. Die meisten der von ihm geschätzten 600-700 Programme sind spezialisiert auf Teilbereichslösungen, z.B. auf das Abfall- oder das Gefahrstoffmanagement (45 Prozent) oder den Luft- und Gewässerschutz (20 Prozent).

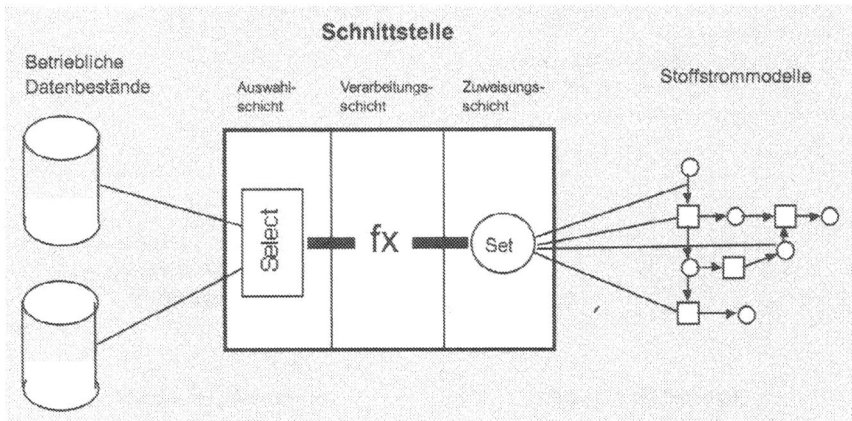

Abb. C.II.12
Aufbau der Schnittstelle zwischen externen Datenbeständen und Stoffstrommodellen (Möller u.a. 1997, Abb. 6.2.1)

Der BUIS-Kern

Der Kern eines betrieblichen Umweltinformationssystems ist ein Modell der relevanten Stoff- und Energieflüsse, die aus den Kernprozessen einer Organisation abzuleiten sind. Daraus ergibt sich die Kernleistung eines BUIS: Bereitstellung von Informationen über die Stoff- und Energieflüsse, die durch Organisationen hervorgerufen werden (vgl. Arndt/Günther 1997).

Die Kenntnis der Stoffströme und Stoffeigenschaften wird mittlerweile von vielen Autoren als entscheidende Voraussetzung zur Durchführung umweltschutzrelevanter Aufgaben betrachtet. Kraus/Scheer sprechen vom zentralen

Betriebliches Umweltinformationssystem

Externe Funktion

Kommunikationsorientierte Funktion
- Ökobilanzen
- Öko-Sponsoring (Förderung von außerbetrieblichen Umweltschutzprojekten durch Unternehmen)
- Imagewerbung Öffentlichkeitsarbeit

Verkaufsorientierte Funktion
- Recycling von Altprodukten
- Öko-Marketing

Gewerbliche Funktion
im Rahmen von ChemG, PharmG, BImSchG, AbfG u.a.:
- Nachweispflichten des Betreibers
- automatisierter Datenaustausch
- Emissionserklärung
- Umweltverträglichkeitsprüfung
- Bank- u Versicherungsinformation
- Genehmigungsverfahren

Interne Funktion

Strategische Funktion
- Frühwarnung
- Strategische Planung
- Produktentwicklung
- Mitarbeitermotivation

Informationsfunktion extern
- Externe Datenbanken für Gesetze, Grenzwerte, Verordnungen etc.

Informationsfunktion intern
- Stoffliche Bilanzierung: Inputfaktoren, Transformationen, Outputfaktoren
- Monetäre Bilanzierung

Lenkungsfunktion
- Controlling
- Produktionsplanung und -steuerung
- Beschaffungswesen, Entsorgung
- Transport- und Lagerwesen
- Simulation

Externe Adressaten
- Kunden und Verbraucher
- Lieferanten und Abnehmer
- Investoren und Versicherungen
- Behörden und Öffentlichkeit

Interne Adressaten
- Unternehmensführung
- Abteilungen
- Umweltbeauftragte
- Mitarbeiter

Abb. C.II.13 Funktionen und Adressaten betrieblicher Umweltinformationssysteme (Hänisch 1996, S. 50)

Baustein eines Betrieblichen Umweltinformationssystems (vgl. Kraus/Scheer 1997). Prinzipiell setzt jede betriebliche Handlung, die sich an umweltgerechtem Verhalten mißt, den Zugriff auf ein Informationssystem voraus, das Prozesse unter Umweltaspekten ausweist und Auskunft über ökologisch relevante Stoffeigenschaften geben kann.

Bewertung des vorherrschenden BUIS-Leitbildes

Die BUIS-Diskussion zeigt, daß die Anstrengungen der BUIS-Autoren dahingeht, eine neue „Folie", eine „Umweltfolie" über bestehende Management-Informations-Systeme zu legen. Dazu haben sie mittlerweile eine beachtliche Anzahl von Methoden, Modellen und Werkzeugen entwickelt.

Ein guter Teil der betrieblichen Umweltgestaltung wird wahrscheinlich so aussehen müssen, daß Umwelt- und DV-Experten Konzepte aus einer unternehmensweiten Perspektive entwickeln. Dazu gehören z.B. alle Verfahren, die sicherstellen, daß gesetzliche Auflagen erfüllt werden können. Dazu zählt auch die Evaluierung der ökologisch relevanten Kernprozesse, z.B. mit Hilfe von Stoffstromnetzen.

Sofern die Experten sich ausschließlich als „Einrichter" eines BUIS für Management und Umweltexperten verstehen, verbleiben sie in der Tradition des Top-down-Entwurfs. Deshalb die Metapher „Öko-MIS" für die vorgestellten Ansätze. Sie verschenken Potentiale. Denn die Ideen des betrieblichen Umweltschutzes werden auf diese Weise kaum bei den einzelnen Organisationsmitgliedern zu verankern sein. Sie werden, so ist zu befürchten, nur als Pflichtprogramm entgegengenommen. Erst bei einem kooperativen Gestaltungsprozeß, der neben der Top-down- auch die Bottom-up-Perspektive einbezieht, wird es möglich, die Produktivitätspotentiale und das Umweltwissen vor Ort zu erschließen und mit dem BUIS zu verknüpfen. Ein solches BUIS hat eine andere Qualität.

Die Organisationsentwicklung praktiziert seit zwei Jahrzehnten dieses Vorgehen für zahlreiche betriebliche Veränderungsprozesse. Es ist nicht plausibel, weshalb beim Aufbau eines BUIS diese Erfahrungen nicht einbezogen werden sollten. Bevor diese Option beschrieben wird, einige Informationen zu einer denkbaren Bottom-up-Perspektive, dem „Öko-Office".

3.3 „Öko-Office" – Eine Bottom-up-Werkzeugvision für Arbeitsgruppen und Akteure

Ein Öko-Office ist ein Kontrastprogramm zu den heute zur Diskussion stehenden BUIS-Ansätzen. Das Öko-Office ist bislang nicht mehr als eine Vision, sie ist unseres Wissens allenfalls als Modellstudie vorhanden. Sie wird deshalb hier ausführlicher beschrieben, weil sie unterschiedliche Orientierungen, die bei der Umsetzung der betrieblichen Umweltgestaltung denkbar sind, deutlich machen kann.

Die Metapher Office stellt eine Assoziation her zu den im Büro- und Privatbereich eingesetzten Office-Standardsoftwarepaketen. Office-Software umfaßt bekanntlich mehrere Programmpakete (Textverarbeitung, Datenbank, Tabellenkalkulation, Grafik etc.), die zahlreiche Aufgaben in Organisationen sinnvoll unterstützen können. Weitere Vorteile liegen in der einheitlichen Handhabung aller Anwendungen, im unkomplizierten Datenaustausch zwischen Programmkomponenten und Arbeitsplätzen, in der benutzergerechten und aufgabenange-

276 Entwicklungspfade der Organisations- und Wirtschaftsinformatik

messenen Flexibilität sowie im durchgängigen Hilfesystem. Das Präfix Office ruft die Assoziation Arbeitsplatzwerkzeug hervor.

Das Öko-Office orientiert sich an diesem erfolgreichen Konzept und versucht einen Transfer dieser Ideen für den Bereich der softwaregestützten Umweltgestaltung herzustellen.

Ein „Öko-Office-Paket" sollte folgende Funktionen enthalten:
- Öko-Software-Komponenten: Werkzeuge zur Erstellung von Stoffstromnetzen, Sachbilanzen, Wirkungsanalysen und Bewertung in ökologischer und ökonomischer Sicht, Umweltprozeßkostenrechnung, Unterstützungssoftware für standortbezogene Öko-Audits, Prozeßbibliotheken, branchenspezifische Referenzmodelle.
- Allgemeine Software-Komponenten: Branchenspezifische Softwaretools (z.B. Tourenplaner für Transportwesen), Schnittstellen, die die Datenübernahme aus bestehenden Informationssystemen gestatten, Datenbankoberfläche, die eine unterschiedliche Datenaggregation erlaubt.
- Öko-Dienstleitungspaket: Materiallisten, Kennzahlensysteme, Gefahrstoffinformationen, Umweltrecht, Normentexte, Leitfaden, Beispiele, Musterlösungen, einschlägige Fachbücher und Nachschlagewerke, WWW-Seiten etc.

Der qualifizierte Sachbearbeiter wird nur einen Teil dieser Funktionen nutzen – dies gilt im übrigen auch für Standard-Office-Pakete. Dennoch kann es durchaus sinnvoll sein, einer Arbeitsgruppe das Öko-Office-Paket als Angebot zur Verfügung zu stellen. Es werden sich Mitarbeiter finden, die sich mit Teilen der angebotenen Funktionalitäten vertraut machen, um so Stoffströme möglicherweise für ihren Bereich zu erfassen. In der Tat könnte ein Öko-Office insbesondere den Umweltexperten helfen.

Die Vision Öko-Office hat wie die Softwareentwicklungsmethode WAM die Stärken und Schwächen des Bottom-up-Ansatzes: Ohne motivierte Akteure vor Ort verpuffen alle noch so gut gemeinten Managementansätze. Und die Mitarbeiter wissen zumeist am besten, wo Maßnahmen zählbare Resultate bewirken können und wo nicht. Auf der anderen Seite wird die betriebliche Umweltgestaltung ohne Top-down-Erfassung der Stoffströme der Kernprozesse einer Organi-

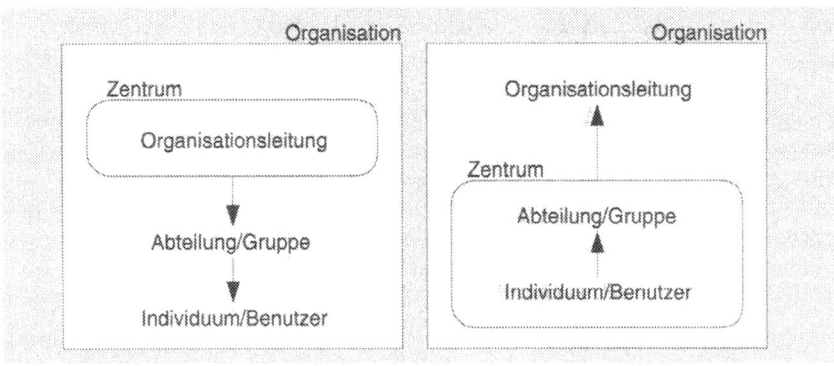

Abb. C.II.14
BUIS-Leitbilder

sation nicht auskommen können. Die Kenntnis der Stoffeigenschaften und Stoffströme ist für viele Aufgaben des betrieblichen Umweltschutzes notwendige Voraussetzung zur Durchführung umweltschutzrelevanter Aufgaben. Auch für die Akteure vor Ort, die mit Office-Software ihre Arbeitsumgebung ökologisch verbessern wollen, sind diese Informationen unverzichtbar. Von daher bietet sich ein zyklisches Vorgehen an.

3.4 Entwurf eines kooperativen BUIS-Konzeptes

Das OWI-Gestaltungsmodell geht davon aus, daß ein Entwurf weder allein aus der Top-down- noch aus der Bottom-up-Perspektive erfolgreich zu leisten ist. Vielmehr muß die Verknüpfung der verschiedenen Perspektiven gelingen: Die unternehmensübergreifende und die -weite Perspektive werden von den IT-Organisationsexperten mit Hilfe von Interviews, Modellierungswerkzeugen oder Visualisierungsdokumenten erarbeitet. Sie wird in einem zyklischen, kooperativen Prozeß mit den Arbeitsgruppen und Arbeitsplatzinhabern verknüpft.

Das Modell läßt sich leicht auf die Entwicklung eines BUIS übertragen: Zunächst müssen die Kernprozesse unter Umweltaspekten verstanden werden. Es ist Aufgabe der Umweltexperten, die Prozesse durch Interviews und mit angemessenen Modellierungswerkzeugen zu erfassen und sie mit den Akteuren vor Ort rückzukoppeln. Die Akteure in den Arbeitsgruppen besitzen das Wissen und die Kompetenz über die Anwendungsdomäne und den Einzelarbeitsplatz. Die Anforderungen der Arbeitsgruppe und der Arbeitsplätze sind in einem zyklischen und partizipativen Prozeß mit den Anforderungen der Gesamtorganisation zu verschränken. Die Gesamtheit der Gestaltungsprozesse macht das vollständige Bild eines Betrieblichen Umweltinformationssystems aus.

Bei der klassischen wie kooperativen BUIS-Entwicklung wurde bislang davon ausgegangen, daß zunächst eine Modellierung der Gesamtorganisation und ihrer Kernprozesse bzw. Stoffströme am Anfang steht, zunächst also die Top-down-Perspektive eingenommen wird. Eine andere Option ist, ein BUIS modular und dezentral zu entwickeln. Kraus/Scheer weisen darauf hin, daß Gesamtkonzeptionen den Nachteil zu großer Komplexität haben, die hohe Änderungsdynamik im betrieblichen Umweltschutz nicht einfangen und schnell umsetzbare Einzellösungen eher verhindern. Sie plädieren für die relativ unabhängige Entwicklung einzelner Bereiche und die Integration der Bereichslösungen durch Datenaustausch und eine offene Architektur (vgl. Kraus/Scheer 1997, S. 13).

Auch diese modulare Option ist ein kooperatives BUIS-Entwicklungskonzept. Es beginnt mit der Entwicklung des jeweiligen Moduls, steht jedoch in der Pflicht, dieses dann Bottom-up in das BUIS-Gesamtkonzept „einhängen" zu müssen bzw. von Anfang an auf der Basis eines Rahmenwerkes zu gestalten.

Modellierungswerkzeuge für das Stoffstrommanagement
Jeder Gestaltungsprozeß benötigt eine angemessene Methodik Bei SAP R/3 zählt dazu bekanntlich das Modellierungswerkzeug ARIS Toolset, das eher für einen

Top-down-Entwurf geeignet ist. Im OWI-Modellrahmen haben wir auf sehr einfache, aber effektive Visualisierungsdokumente (Kooperationsbilder) hingewiesen, die die perspektivische Verknüpfung unterstützen.

Auch für die Entwicklung von kooperativ zu erstellenden BUIS benötigen wir spezifische Modellierungswerkzeuge bzw. Visualisierungsdokumente, die sowohl in der Lage sind,

- die Diskursgrundlage für die perspektivische Verknüpfung zu unterstützen als auch
- den Übergang vom Verstehen (Ist) zur Gestaltung des Stoffstrommanagement (Soll) zu leisten.

Müller-Beilschmidt hat allgemeine Anforderungen an universell einsetzbare Ökobilanztools formuliert, die modifiziert auch für BUIS-Modellierungswerkzeuge genutzt werden können: Die Stoffströme des zu untersuchenden Systems (Organisation, Produkt oder Prozeß) müssen angemessen modelliert und visualisiert sowie direkt verändert werden können. Das Tool sollte die Übernahme vorhandener Datenbestände, z.B. aus der Betriebsdatenerfassung (BDE) oder der Produktionsplanung erlauben. Das Werkzeug muß die Erstellung von Sachbilanzen leisten und Wirkungsanalysen und Bewertungen unterstützen. Vergleichende Untersuchungen sollten möglich sein. Schließlich sind die gewohnten Standards der Softwaretechnik, wie Fenstertechnik und durchgängige Gestaltung der Dialogelemente einzuhalten.

Die nachfolgenden Aussagen stützen sich auf Müller-Beilschmidt 1996, S. 60

Die Leistungsfähigkeit von Tools läßt sich nach Müller-Beilschmidt aufgrund von fünf konkreten Kriterien bewerten:

- **Grafische Darstellung der Prozesse bzw. des Produktlebensweges:**
  Die Komplexität der bei einer Ökobilanzierung untersuchten Objekte (Produktlebensweg bzw. Betrieb) erfordern eine adäquate Visualisierung des Gesamtsystems oder einzelner Systemausschnitte. Der Benutzer muß in seinem gewohnten Arbeitsprozeß unterstützt werden, es muß ein Adhoc-Zugang zu den im System repräsentierten Objekten möglich sein (direkte Manipulation). Es sollte ein „Leitstand" zur Beschickung der Stoffströme mit Daten aus externen Quellen (SQL-Datenbanken) vorhanden sein.
- **Datenbasis mit Standardprozessen (Prozeßbibliothek):**
  Die Prozeßbibliothek hat die Aufgabe, für die Spezifikation des modellierten Systems standardisierte Durchschnittswerte für einzelne Prozesse als vorgefertigte Datensätze bereitzuhalten. Diese Module werden aus der Bibliothek geladen. Von besonderer Bedeutung sind Module für allgemeine, häufig vorkommende Prozesse, etwa der Abfallbehandlung, über Energieerzeugung und Transporte oder Stoffdaten über Chemikalien, Kunststoffe und Metalle. Die Daten sollten aus öffentlich zugänglichen Literaturquellen stammen. Die Module müssen an den jeweiligen Einsatzkontext in der Modellierungssituation angepaßt werden, z.B. muß der Fahrtanteil Autobahn bzw. Landstraße oder der Auslastungsgrad eines Transportes in Prozent eingestellt werden.

Die Software muß auch in der Lage sein, eigene Prozesse zu erzeugen und zum Bestand der Datenbasis hinzuzufügen.
- **Bilanzberechnung und Ergebnisdarstellung:**
Der Berechnungsalgorithmus ist das Herzstück des BUIS-Tools. Hier geht es um Fragen wie: Welche Bedienungsverfahren kommen zum Einsatz? Welche Objekte müssen definiert werden? Ist es möglich, unvollständig spezifizierte Modelle zu berechnen? Können Rekursionen/Loops berechnet werden? Wie erfolgt die Darstellung der Berechnungsergebnisse?
- **Implementation von Wirkungsanalyse- und Bewertungsmethoden:**
Anerkannte Modelle sollten enthalten sein, um eine Auswertung der Daten der Sachbilanz unter Wirkungs- und Bewertungsaspekten durchführen zu können. Beispielsweise können es die Ökopunkt-Methode aus der Schweiz, die Wirkungspotentialmethode des Umweltbundesamtes (UBA) und die des europäischen Eco-Indicators sein. Weiche Bewertungsmethoden, z.B. Kennzahlen, ABC-Analyse, werden dabei von harten unterschieden. Letztere sind komplexe Verfahren, die die Ergebnisse der Sachbilanz mit Hilfe festgelegter mathematischer Methoden aggregieren, gewichten und verrechnen. Die Bewertungsmethoden müssen transparent und nachvollziehbar sein.
- **Software-Ergonomische Anforderungen:**
Sind Mindeststandards eingehalten? Ist die Struktur des Tools übersichtlich? Die anerkannten Evaluationskriterien aus der Software-Ergonomie sind zu beachten (u.a. Komfort und Handhabbarkeit, Selbstbeschreibungsfähigkeit, Erweiterbarkeit). Die Möglichkeit zur Reduktion der Datenkomplexität durch Definition von Sichten muß gegeben sein.

Grundfunktionen eines Modellierungswerkzeuges – Das Beispiel Umberto

Umberto ist ein relativ weit verbreitetes Modellierungstool, es basiert auf der Stoffstromnetzmethode und unterstützt das Stoffstrommanagement. Umberto ist vor allem deshalb interessant, weil es als Modellierungswerkzeug für das Stoffstrommanagement geeignet ist und so als Kernsystem zur Erfassung der Stoff- und Energieflüsse für ein BUIS eingesetzt werden kann.

Umberto ist ein modulares Programmsystem. Es umfaßt neben der Kernfunktionalität die Ausgabekomponente „Inventory Inspector", eine Bibliotheksverwaltungskomponente „Umberto Library" und eine Wirkungsanalysekomponente „Valuation System Editor". Letztere erzeugt Kennzahlensysteme, sodaß verschiedene Auswertungen der Sachbilanzdaten durchgeführt werden können. Die Grundfunktionen von Umberto sind:

- Aufbau der Struktur von Stoffstromnetzen in grafischer Form zur Modellierung von Stoffstromsystemen,
- Erfassung und Speicherung der bei der Stoffstromanalyse entstehenden Stoff- und Energiedaten,
- Bereitstellung von Daten aus der Umweltprozeßbibliothek für allgemeine Prozesse, z.B. Transportprozesse,
- Berechnung von unbekannten Stoff- und Energieströmen,
- Erstellung von Öko-Bilanzen mit frei wählbaren Bilanzgrenzen,

- Wirkungsanalyse und Bewertung durch Kennzahlensysteme,
- Berechnung und Kosten von Produktbilanzen mit frei wählbaren Bilanzgrenzen.

Überblick über Ökobilanzierungstools

Viele Softwaretools kommen aus den Niederlanden, Skandinavien, der Schweiz, Österreich, Deutschland sowie aus Großbritannien, die USA sind unterrepräsentiert, Japan offensichtlich bislang noch nicht präsent. Etwa 80 Prozent der Softwareprodukte sind lediglich für die Produkt- und Prozeßbilanzierung geeignet. Der Rest eignet sich z.T. nur für einfache Input-Output-Bilanzen oder für eine umfassende Energie- und Stoffstromanalyse.

Name der Software	Typ	Entwickler/Vertreiber
AUDIT	P/B	AUDIT GmbH, Graz/Österreich und Siemens Nixdorf, München
CUMPAN	P	DeBis Systemhaus, Fellbach, vormals Universität Hohenheim, Lehrstuhl für Wirtschaftsinformatik
EcoPro	P	EMPA Schweizerische Eidgenössische Materialprüfungsanstalt, St. Gallen/Schweiz
GaBi	P	IKP Institut für Kunststoffprüfung und Kunststoffkunde Universität Stuttgart und PE Product Engineering, Dettingen/Teck
KCL-ECO	P	The Finnish Pulp and Paper Research Institute (KCL), Espoo/Finnland
LCAinventory Tool	P	Chalmers Industriteknik, Göteborg/Schweden
PIA	P	Toegepaste Milieu Economie TME, Den Haag/Niederlande
SimaPro	P	Pré Consultants, Amersfoort/Niederlande
TEAM/DEAM	P/B?	Ecobilan, Paris/Frankreich
Umberto	P/B	Ifu – Institut für Umweltinformatik Hamburg und Ifeu – Institut für Energie- und Umweltforschung Heidelberg

Legende: P = Produktökobilanz
B = Betriebsökobilanz

Abb. C.II.15 Marktübersicht über Ökobilanzsoftware (Müller-Beilschmidt 1997, S. 7)

Der Umfang der mitgelieferten Standardstoffdaten ist sehr unterschiedlich: Spitzenreiter scheint laut Herstellerangaben das Programm TEAM mit 12.500 Datenobjekten zu sein. In den meisten Fällen sind es öffentlich zugängliche Literaturdaten, GaBi enthält in größerem Umfang eigens ermittelte Daten.

4. Aufbau eines Stoffstrommanagements in einem Handelsunternehmen – Ein Beispiel

Die folgende Beschreibung stellt den Aufbau eines Stoffstrommanagements in einem Handelsunternehmen dar. Eine wichtige Erfahrung aus dem realisierten Projekt ist, daß der Versuch, ein BUIS mit einem Top-down-Entwurf zu etablieren, nur begrenzt erfolgreich sein kann. Es muß darum gehen, die Idee des betrieblichen Umweltschutzes bei möglichst vielen Akteuren zu verankern, um so das „Insiderwissen" zu aktivieren. Top-down können nur schwerlich phantasievolle Öko-Aktivitäten entstehen. Es ist nicht die Ökobilanz, die für eine Organisation die großen Veränderungen bringt. Die Ideen sind es, die beim Umgang mit Stoffstromnetzen und Ökobilanzen entstehen.

Die BUIS-Entwicklung ist ein Lernprozeß. Die Ziele entstehen erst nach und nach und sie entwickeln sich. Den beteiligten Akteuren wird klar, was der ökologische Stand des Unternehmens ist, und welche Ziele verfolgt werden sollten. Daraus können dann auch Umweltleitlinien formuliert werden.

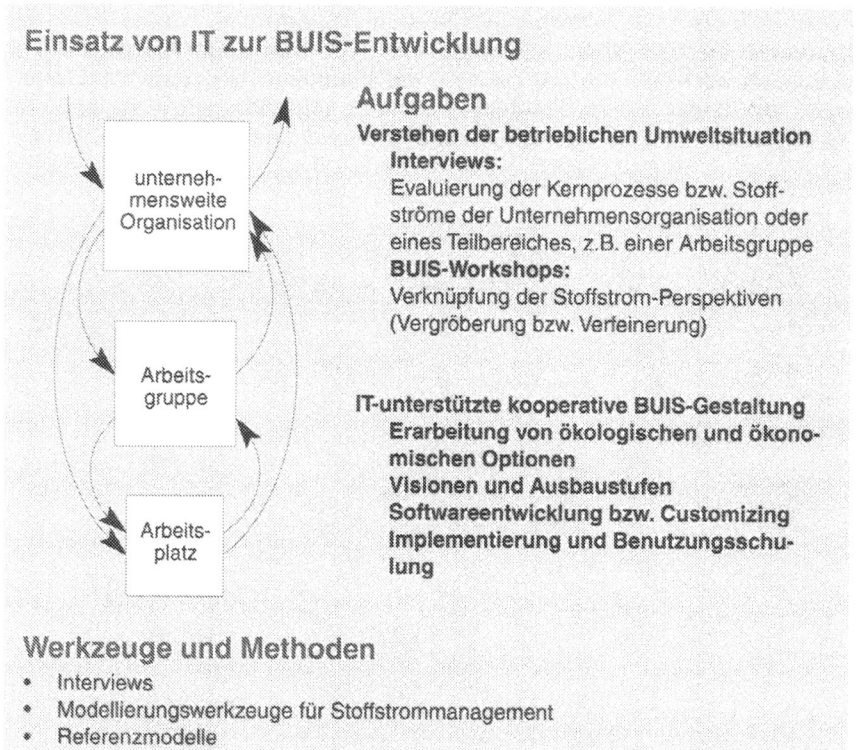

Abb. C.II.16

Kooperative Gestaltungsprozesse benötigen Modellierungswerkzeuge. Gerade weil es darum geht, den Erkenntnisprozeß transparent und nachvollziehbar zu machen. So können komplexe Modellierungen erstellt, visualisiert, berechnet und Grundlagen für einen faktenbasierten Diskurs geschaffen werden.

Im folgenden wird ein idealtypischer „Öko-Organisationsentwicklungsprozeß" beschrieben, es wird eine Öko-Organisationsarchitektur für das gesamte Unternehmen und nicht nur für Teilsysteme entworfen.

Ein zyklischer Öko-Organisationsentwicklungsprozeß kann nicht streng in einen Ablauf gezwängt werden: Es treten ständig Rückkopplungen auf, häufig werden nur einzelne Aufgaben herausgegriffen und abgearbeitet. Wenn hier dennoch ein Ablauf erkennbar wird, so hat dies Darstellungsgründe: Es wird sozusagen idealtypisch ein Öko-OE-Prozeß beschrieben. Nachfolgend wird eine Öko-Organisationsarchitektur für das gesamte Unternehmen und nicht nur für Teilsysteme entworfen.

4.1 Aufgaben bei der Erstellung des Ist-Szenarios

Am Anfang steht die Herkulesaufgabe der Erstellung des Ist-Szenarios, also einer Stoffstromanalyse für das Unternehmen. Hier ist zunächst der Umweltexperte gefordert, die ökonomischen Kern- und Subprozesse bzw. -systeme der Unternehmensorganisation für die Zwecke des Stoffstrommanagements zu evaluieren, um Strukturen und Daten für ein Stoffflußmodell zu gewinnen. Interviews mit Betriebsleitern, Produktionsplanern, Logistikexperten etc. sind ein wichtiger Teil der Informationsbeschaffung, ebenso die Befragung der Arbeits-

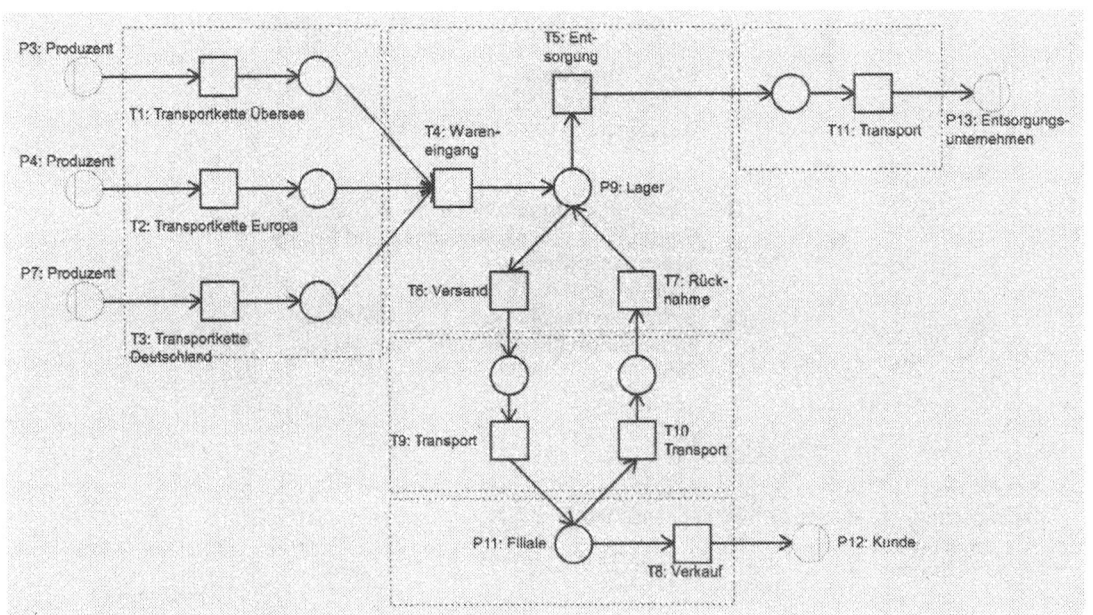

*Abb. C.II.17
Top-down-Überblick
über die Stoffstromebene eines Handelsunternehmens*

schutz- und Sicherheitsexperten, die für die Organisation der gesetzlichen Umweltschutzregelungen verantwortlich sind. Bereits zu diesem Zeitpunkt sind die betrieblichen DV-Experten einzubeziehen, die Frage der Unterstützungssoftware für das Stoffstrommanagement ist zu klären. Ein Stoffstrommanagement nur mit Papier und Bleistift ist für reale Unternehmen mit ihren komplexen Zusammenhängen und Hunderten von Stoffströmen praktisch nicht durchführbar.

Mit der Stoffstromanalyse wird versucht, die Stoffströme eines Unternehmens systematisch zu erfassen. So entsteht nach und nach ein Unternehmensmodell, das die Stoffströme und alle Unternehmensbestandteile, die diese Stoffströme beeinflussen, repräsentiert. Die Strukturen und Daten werden bewußt aus der Perspektive der Unternehmensorganisation erhoben, es ist der Kern des BUIS. Damit ist der Aufbau des BUIS jedoch nicht beendet, es ist erst die Diskursgrundlage für einen zyklischen Gestaltungsprozeß vorhanden. Dazu weiter unten mehr.

Datenbeschaffung
Die Datenbeschaffung für die Stoffstromanalyse stützt sich auf externe Datenquellen und eigene Erhebungen. Als externe Datenquellen kommen, soweit vorhanden, Referenzmodelle, die Prozeßbibliothek des Modellierungswerkzeuges und Literaturdaten in Frage.

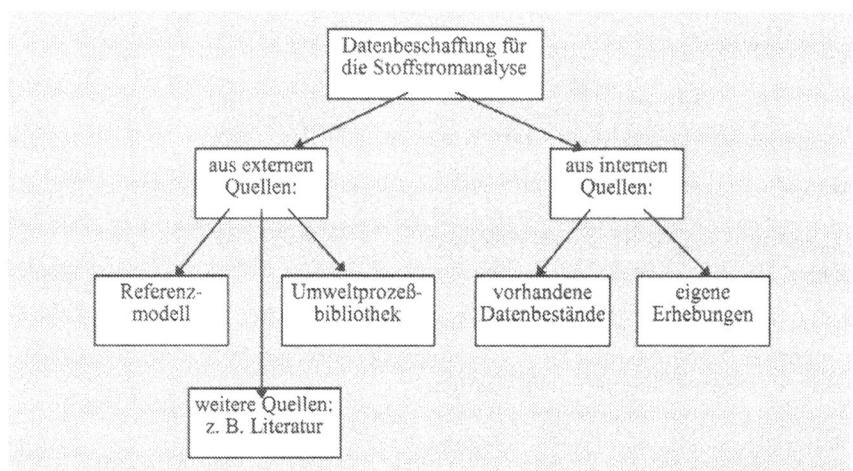

Abb. C.II.18
Datenbeschaffung für
Stoffstrommodelle
(Möller u.a. 1997,
Abb. 4.3.3)

In Handelsunternehmen werden Daten zur Logistik den weitaus größten Teil des benötigten Datenbestandes ausmachen. Ein Teil dieser Daten wird bei Unternehmen anfallen, mit denen Geschäftsbeziehungen bestehen. Bei allen Daten, die Stoffmengen betreffen, werden Gewichtsangaben benötigt. Bei Transportvorgängen hat das Gewicht der transportierten Güter unmittelbare Auswirkungen auf den Ressourcenverbrauch und die umweltrelevanten Emissionen. Es ist wichtig, auch die Stoffe zu berücksichtigen, die nicht im Mittelpunkt des wirtschaftlichen

284 Entwicklungspfade der Organisations- und Wirtschaftsinformatik

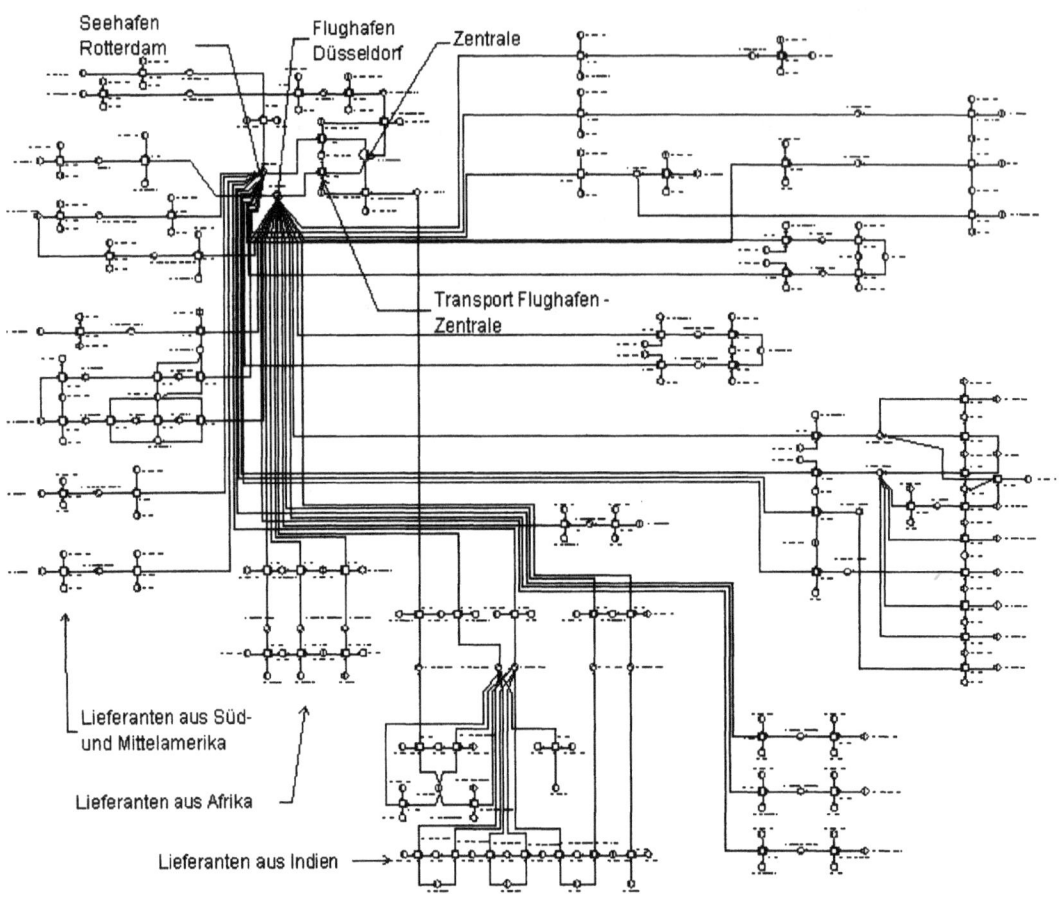

Abb. C.II.19
(Hedemann/Isbarn 1997, Abb. 3-11)

*Ein **Referenzmodell** ist eine idealtypische Abbildung von Systemen und dient als Vorlage für andere Modelle sowie zur Orientierung für die Abbildung von realen Systemen. Strukturen und Daten eines Referenzmodells sind nutzbar, um Aufbau und Auswertung von Modellen im betrachteten Bereich zu vereinfachen.*

Interesses sondern häufig als notwendiges Beiwerk, wie Verpackungen, Container etc., kaum wahrgenommen werden.

Referenzmodelle und Prozeßbibliotheken

Für die Erstellung des Stoffstrommodells ist eine Mustervorlage, die Orientierungen für die Modellbildung bietet, sehr hilfreich. Eine solche Vorlage kann ein Referenzmodell sein, sie kann für Unternehmen der gleichen Branche und vergleichbarer Größe nützlich sein. Da ein Referenzmodell Strukturen und Daten enthält, kann es den Aufbau eigener BUIS erheblich erleichtern. Ein Referenzmodell sollte die Funktionsbereiche einer Organisation als Teilsysteme enthalten und hierarchisch gegliedert sein. Auf unterster Ebene finden sich Modellbeschreibung, Strukturabbildung für vernetzte Elemente sowie Daten- und Prozeßspezifikationen.

Unabhängig davon, ob ein Referenzmodell zur Verfügung steht oder nicht, sollte eine „gut gefüllte" softwaregestützte Prozeßbibliothek vorhanden sein.

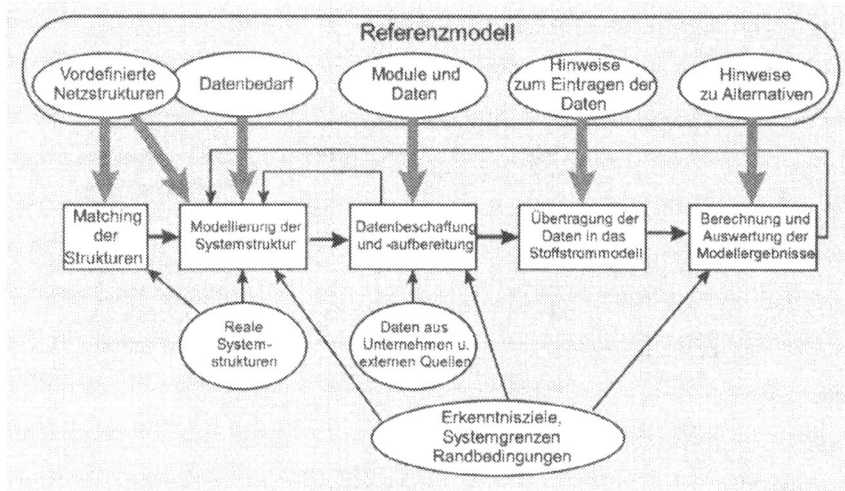

Abb. C.II.20
Aktivitäten einer Stoffstromanalyse mit Referenzmodell
(Möller u.a. 1997, Abb. 5.1.4)

Dies ist ein nützlicher Weg, um Standardprozesse, z.B. der Energiebereitstellung oder Müllverbrennung, rationell zu modellieren. Auch Vor- und Nachketten lassen sich so einbeziehen. *Prozeßbibliotheken* reduzieren den Aufwand für die manuelle Datenerhebung erheblich, sie stellen darüber hinaus ein breites Umweltwissen zur Verfügung.

Bei größeren Unternehmen ist es nicht praktikabel, das gesamte Stoffstromsystem als Ganzes zu bearbeiten. Es ist notwendig, inhaltlich sinnvolle Teilsysteme zu schaffen, die zunächst unabhängig voneinander und parallel bearbeitet werden können. In Handelsunternehmen bieten sich folgende Module an:

- Stoffströme der Beschaffungslogistik, evtl. noch zu unterscheiden nach Regionen,
- Stoffströme der Distributionslogistik, Verteilung der Waren an die Filialen für Filialunternehmen, Versand bei Versandunternehmen etc.,
- Stoffströme der Filialen bzw. einer idealtypischen Filiale, Servicecenter etc. und
- Stoffströme der Firmenzentrale und aller weiteren Standorte des Unternehmens, z.B. Läger. Außerdem Entsorgung und eigene Produktion soweit vorhanden.

*Eine **Prozeßbibliothek** ist eine Datenbank, die im Fall der Stoffstromnetze Transitionsspezifikationen enthält, d.h. mathematische Beschreibungen von Transformationsprozessen, z.B. Transporte, Energiebereitstellung, Entsorgung etc.*

4.2 Aufgaben bei der Gestaltung des Soll-Szenarios

Wenn ein vollständiger Bestand an Stoffdaten vorliegt, können Auswertungen auf diesem Datenbestand vorgenommen werden. Eine besonders wichtige Form der Auswertung ist dabei die Erstellung von differenzierten Bilanzen. Bilanzen können bei entsprechender Softwareunterstützung sowohl für einzelne Prozesse, für jedes modellierte Teilsystem separat als auch für das Gesamtsystem erstellt

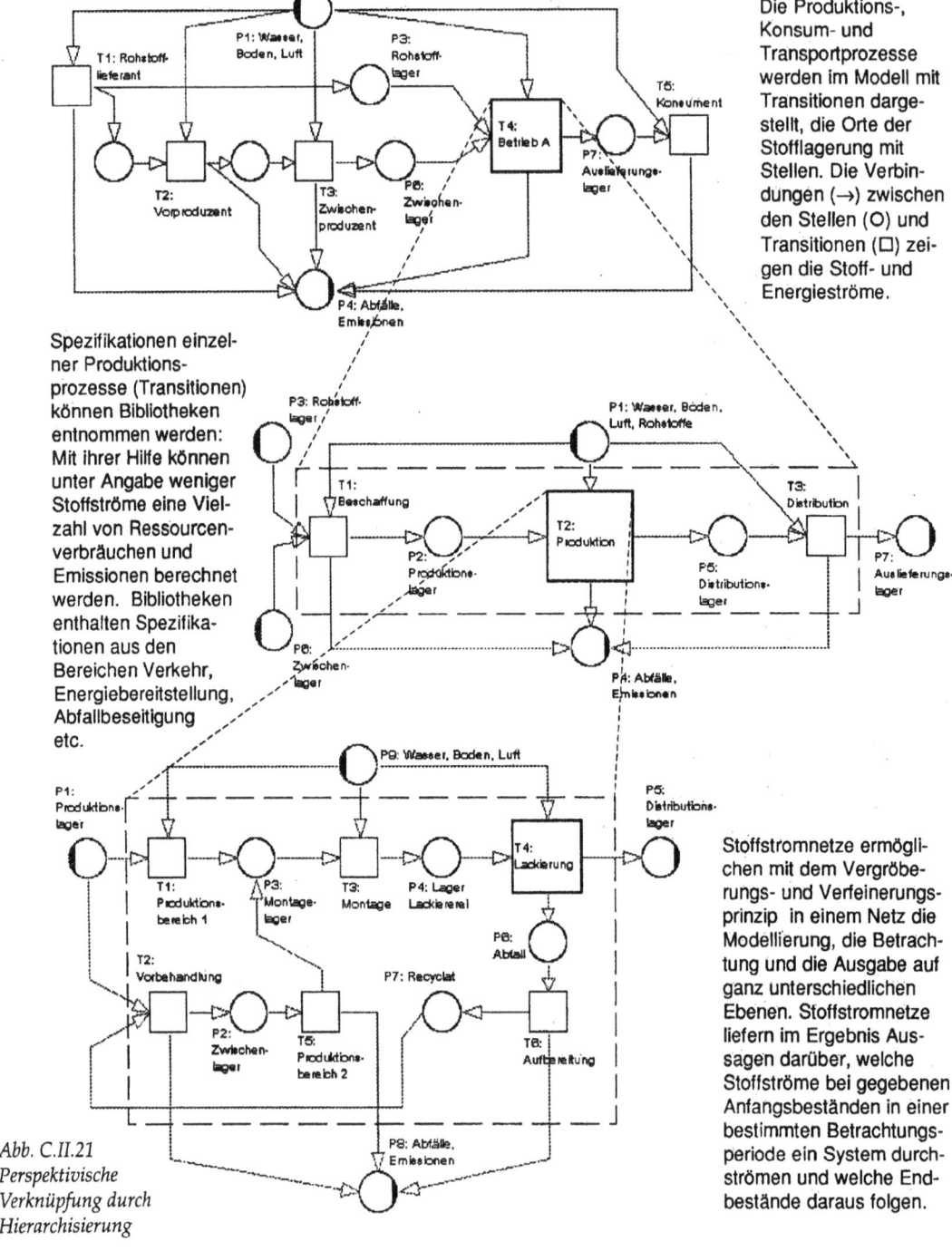

Die Produktions-, Konsum- und Transportprozesse werden im Modell mit Transitionen dargestellt, die Orte der Stofflagerung mit Stellen. Die Verbindungen (→) zwischen den Stellen (O) und Transitionen (□) zeigen die Stoff- und Energieströme.

Spezifikationen einzelner Produktionsprozesse (Transitionen) können Bibliotheken entnommen werden: Mit ihrer Hilfe können unter Angabe weniger Stoffströme eine Vielzahl von Ressourcenverbräuchen und Emissionen berechnet werden. Bibliotheken enthalten Spezifikationen aus den Bereichen Verkehr, Energiebereitstellung, Abfallbeseitigung etc.

Stoffstromnetze ermöglichen mit dem Vergröberungs- und Verfeinerungsprinzip in einem Netz die Modellierung, die Betrachtung und die Ausgabe auf ganz unterschiedlichen Ebenen. Stoffstromnetze liefern im Ergebnis Aussagen darüber, welche Stoffströme bei gegebenen Anfangsbeständen in einer bestimmten Betrachtungsperiode ein System durchströmen und welche Endbestände daraus folgen.

Abb. C.II.21 Perspektivische Verknüpfung durch Hierarchisierung

werden. Dabei ist eine scharfe Abgrenzung zwischen Ist- und Soll-Szenario weder möglich noch wünschenswert.

Modellierungswerkzeug für die perspektivische Verknüpfung
Die beschriebene Stoffstromanalyse ist bislang ein Top-Down-Entwurf, so wie er den meisten BUIS-Ansätzen vorschwebt. Der Top-down-Entwurf der Experten muß jetzt zu den Arbeitsgruppen und Akteuren heruntergebrochen werden bzw. das, was vor Ort an Umweltwissen vorhanden ist, in die Kernprozesse einfließen können.

Modellierungswerkzeuge sollten durch ein Hierarchisierungskonzept die Verknüpfung unterschiedlicher Perspektiven unterstützen. Hierarchisierung von Stoffstromnetzen bedeutet beispielsweise, daß eine Transition durch ein weiteres Stoffstromnetz spezifiziert wird. Der Vorgang ist also eine Verfeinerung. Umgekehrt läßt sich ein Stoffstromnetz zu einer Transition vergröbern. So kann den Akteuren vor Ort einerseits die Umweltrelevanz ihrer Arbeitsumgebung transparent werden, zugleich kann die Einbindung ihrer Handlungen in die Kernprozesse und Stoffströme nachvollzogen werden. So besteht ein gute Grundlage zum Entdecken akteurs- bzw. arbeitsgruppennaher Defizite wie Gestaltungsoptionen.

Alternativ-Szenarien und Akteure
Bei der Erstellung von Alternativ-Szenarien können auf Anregung der beteiligten Akteure Optionen in ihren Auswirkungen auf die Stoff- und Energieströme modelliert, berechnet und bewertet werden. Bei der Untersuchung von Alternativen lassen sich zwei Möglichkeiten unterscheiden:

- Veränderung von Spezifikationen bei Beibehaltung der Struktur des Stoffstromnetzes.
  Beispiel: Für einen Transport wird das Transportmittel geändert, z.B. kleinerer Lkw oder statt Straße Ersatz durch Schiene.
- Entwicklung neuer Netzstrukturen.
  Beispiel: Änderung der Reihenfolge bei der Belieferung von Filialen.

Beim Aufbau des BUIS wird schnell deutlich, daß Stoffstromnetze nicht anonyme Gebilde sind. Dahinter stehen betriebliche und überbetriebliche Akteure, die zumeist auch benennbar sind. Stoffstromnetze können ihnen Informationen über die Umweltrelevanz ihrer Handlungen geben. Insofern können Stoffstromnetze auch als Akteursnetze gesehen werden.

Die Perspektive betrieblicher Bereich läßt sich ohne weiteres auf die unternehmensübergreifende Betrachtung erweitern: Jepsen/Lohse schlagen z.B. Produktlinienkonferenzen vor. Dort finden zwischen den beteiligten Akteuren entlang der gemeinsamen Wertschöpfungskette ökologische Aushandlungsprozesse statt. Auch hier ist eine Softwareunterstützung erforderlich, die nicht nur das Gesamtnetz transparent macht, sondern darüber hinaus „die Verlagerungsmöglichkeiten bei Veränderung einzelner Restriktionen simuliert" (Jepsen/Lohse 1994).

Die fünfte Sicht
ARIS, EPK und Stoffstromnetze

Im ARIS-Konzept gibt es vier Sichten, von denen drei getrennt voneinander modelliert werden sollen, die dann mit der Steuerungssicht verbunden werden. Keine dieser Sichten modelliert die jeder Handlung innewohnenden Stoff- und Energieflüsse, zumindest nicht bis zu jener tiefen Ebene, die für eine Ökobilanz erforderlich ist. Deswegen schlagen wir die Einführung einer weiteren, der Stoffstromsicht vor.

Die Einordnung dieser Sicht als Fundament des ARIS-Hauses ist nicht zufällig: Wir betrachten diese Sicht als Basis, die jeder Aktivität einer Unternehmung, zugrundeliegt. In ihr sollen Modelle entwickelt werden, die den Anforderungen einer um Ressourcenverbrauch und Schadstoffemissionen erweiterten Produktionstheorie gerecht werden. Sie sollen alle Stoff- und Energieflüsse eines Vorgangs mengenmäßig erfassen können.

Als Darstellungsmethode auf der Ebene des Fachkonzeptes sollen Stoffstromnetze verwendet werden. Eine solche Erweiterung paßt sich in den vom ARIS-Konzept implizierten Entwurfsvorgang ein. Die Stoffstromnetze dieser Sicht können für allgemeine Elementarprozesse, teilweise unabhängig von den anderen Sichten, modelliert werden. Dabei kann gegebenenfalls auf eine Bibliothek von Stoffstromnetzreferenzmodellen zurückgegriffen werden. Die Verbindung zur Funktions-, Daten- und Organisationssicht wird mittels der Steuerungssicht hergestellt. In einem zyklischen Modellierungsverfahren werden Rückkopplungen zur Funktionssicht (zur exakten Definition der betrieblichen Abläufe und Verfahren), eventuell zur Organisationssicht und zur Datensicht erforderlich. Letztere muß um die Elemente erweitert werden, die durch die spezifischen Datenanforderungen der Stoffstromnetze definiert werden.

In der Steuerungssicht selbst müssen die Stoffstromnetze als Elementarprozesse den entsprechenden Funktionen zugeordnet werden. Die Methode, die auf der Ebene des Fachkonzeptes für die anderen Sichten die Verbindungen darstellt, ist die EPK bzw. eEPK. Die Aussagekraft der neuen Stoffstromsicht ist somit davon abhängig, ob ihr Darstellungsmittel sich ebenfalls in die Modelle dieser Methoden einbinden läßt. Erst dann wird es möglich sein, die

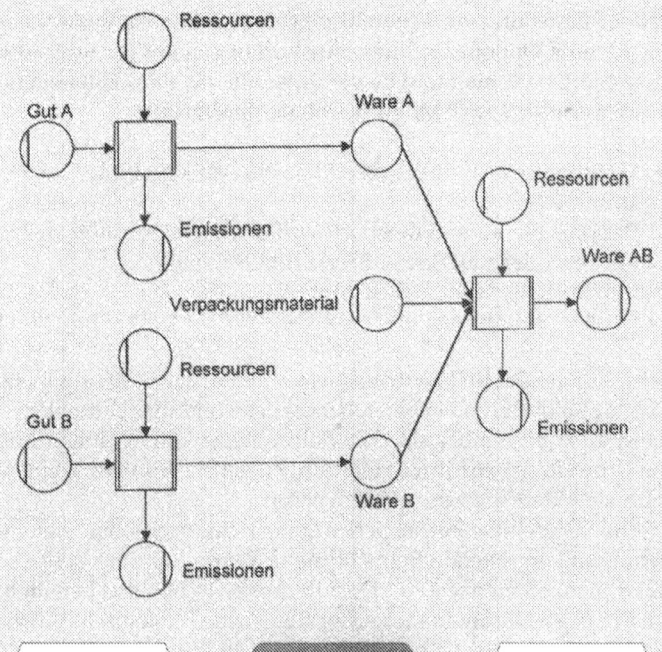

Abb. C.II.22
Stoffstromnetz Produktionsvorgang
(Bruckmann/Weinert 1997, S. 97).

Abb. C.II.23
Allgemeines EPK Produktion
(Bruckmann/Weinert 1997, S. 98).

Softwaregestütztes Stoffstrommanagement

neue Sicht wirklich zu integrieren und ihren Einfluß auf das konkrete Informationssystem aufzuzeigen.

Die vom Stoffstromnetz benötigten Daten müssen, genau wie alle anderen betrieblichen Daten, z.B. zur Kostenrechnung, im laufenden Betrieb des Unternehmens erfaßt werden. Zuerst wird es notwendig eine Verbindung der Abläufe, die in den Stoffstromnetzen modelliert sind, zur Funktionssicht herzustellen. Die Verbindung geschieht durch die Betrachtung der Stoffstromnetze als Elementarprozesse. Jeder so modellierte Ablauf muß, wenn er als tatsächlich stattfindender Vorgang in einem Unternehmen modelliert wurde, in der EPK dieses Betriebes wiederzufinden sein, entweder als dort elementare Funktion, als impliziter Bestandteil einer Funktion einer höheren Abstraktionsebene oder als Startereignis, dem eine außerbetrieblich ablaufende Funktion vorgelagert ist.

Zum Beispiel könnte ein Stoffstromnetz die Erstellung zweier Produkte und die anschließende Verpackung zu einem Paket modellieren (Abb. C.II.22). Je nachdem, ob die Erzeugungs- und Verpackungsvorgänge maschinell oder manuell ausgeführt werden, sind für Güter und Waren andere Quantitäten zu erwarten. Ein maschineller Vorgang benötigt andere Ressourcen (z. B. weniger Personal, mehr Strom oder fossile Brennstoffe) und ruft andere Emissionen hervor als ein manueller.

In einer EPK ist die Sicht betriebswirtschaftlich: Hier reduziert sich der dargestellte Vorgang in der EPK auf das Schema der Abb. C.II.23.

Bei genauerer Betrachtung der Semantik der dargestellten Handlungen werden die unterschiedlichen Sichtweisen sichtbar. Die EPK fokussiert die einzusetzenden und ausgehenden Güter. Wenn davon ausgegangen wird, daß die zur Leistungserstellung real benötigten Handlungen, die in der Funktion in Abb. C.II.23 modelliert sind, mit Hilfe von Maschinen ausgeführt werden, so ist unmittelbar einsichtig, daß die Funktion neben den beschriebenen Stoffen auch Energien, z. B. von Strom, benötigt und das dabei auch Emissionen entstehen. Die Existenz solcher Faktoren wird im Modell der EPK nicht abgebildet, da sie auf der dargestellten Abstraktionsebene als gegeben vorausgesetzt wird, sie ist aber implizit im Modell enthalten, so daß auch die im Stoffstromnetz modellierten Ressourcen und Emissionen bei einer Transformation berücksichtigt werden können (s. Abb. C.II.24).

Bruckmann/Weinert 1997

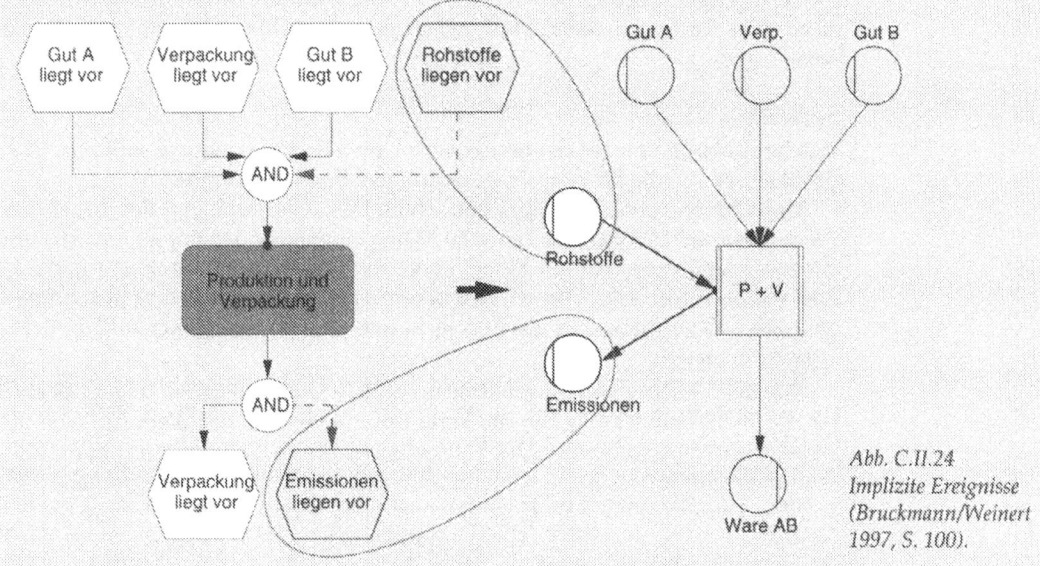

Abb. C.II.24
Implizite Ereignisse
(Bruckmann/Weinert 1997, S. 100).

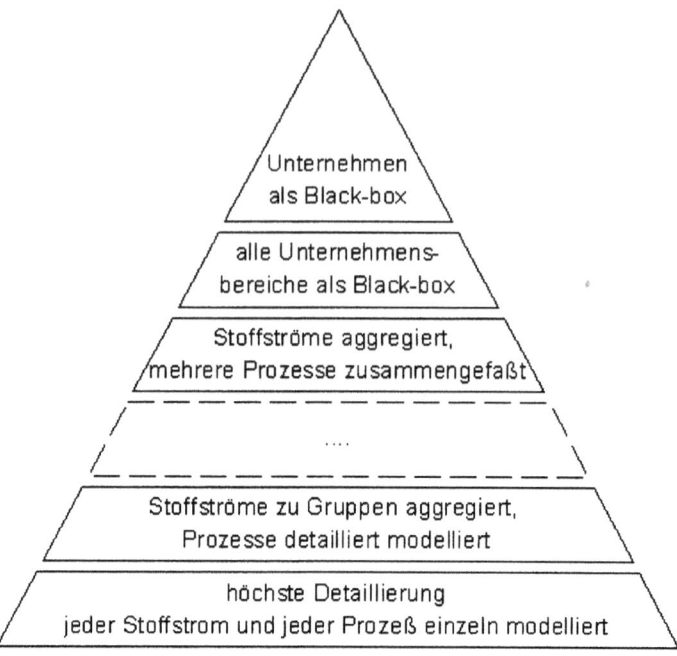

Abb. C.II.25
Vertikale Anpaßbarkeit
durch die Wahl der
Aggregationsebene
(Hedemann/Isbarn
1997, Abb. 4-1)

Am Ende steht die Frage, wie dieser permanente Rückkopplungsprozeß – Topdown und Bottom-up – in Gang gehalten werden kann. Voraussetzung ist, daß Akteure in den Arbeitsgruppen diesen Prozeß kontinuierlich stützen. Dies wird nicht ohne Softwareunterstützung gehen, ein „Öko-Office" könnte hier hilfreich sein.

Schlußfolgerungen
Welches Leitbild braucht der betriebliche Umweltschutz und wie sollte ein BUIS gestaltet sein, so die Eingangsfragestellungen dieses Abschnitts?

Drei Optionen wurden näher betrachtet: Das „Öko-MIS" mit der Top-down-Perspektive sieht hierin eine typische Managementaufgabe, vor allem aufgrund der zahlreichen gesetzlichen Regelungen, die einzuhalten sind. Nicht mehr als eine Vision ist das „Öko-Office", es will primär Akteure vor Ort und ihre Arbeitsgruppen und damit eine Bottom-up-Sicht unterstützen. Sie kann ein BUIS sicher sinnvoll ergänzen.

Wie beim Einsatz von Informationstechnik in Organisationen, so geht es auch bei der BUIS-Entwicklung um die Verknüpfung von Perspektiven: Auf eine unternehmensweite Sichtweise des betrieblichen Umweltschutzes, mit dem Stoffstrommanagement als Kern, kann aus den diskutierten Gründen nicht verzichtet werden. Der Erfolg eines BUIS ist davon abhängig, daß die Verankerung bei den Akteuren vor Ort und ihren Arbeitsgruppen gelingt. Das Problem ist also nicht ein BUIS als Öko-MIS oder ein Öko-Office, sondern die Verknüpfung unterschiedlicher Perspektiven in einer Organisation zu einer kooperativen BUIS-

Entwicklung. Bei dieser Gestaltung kann ein Modellierungswerkzeug, das die Stoffströme modelliert und zugleich als Modellierungs- und Visualisierungswerkzeug die Verknüpfung der verschiedenen Perspektiven unterstützt, außerordentlich hilfreich sein.

Literaturempfehlungen

A. Möller, A. Häuslein, A. Rolf: Öko-Controlling in Handelsunternehmen. Ein Leitfaden für das Stoffstrommangement. Berlin Heidelberg 1997

M. Schmidt, A. Häuslein: Ökobilanzierung mit Computerunterstützung. Berlin Heidelberg 1997

III.
Informationsgesellschaft und Nachhaltige Entwicklung

Wie können die beiden Leitbilder Informationsgesellschaft und Nachhaltige Entwicklung zusammengebracht werden? Einige Versuche, sie in ein Gleichgewicht zu bringen, streben Korrekturen im Rahmen des geltenden Wohlstandsmodells an. Sie gehen von bestehenden gesellschaftlichen Orientierungen und Leitbildern wie Globalisierung oder Beschleunigung der ökonomischen und sozialen Prozesse aus. Sie wollen das Ins-Auge-Springende und Machbare vor allem in den Bereichen Ressourcen- und Schadstoffreduzierung bei der Güterproduktion möglichst schnell umsetzen. Kritiker halten diese Strategie für nicht ausreichend angesichts der weltweiten Umweltprobleme, sie nennen dieses Modell zuweilen auch etwas zynisch „Wohlstand light".

Weitergehende Entwürfe setzen bei den geltenden Leitbildern, Strukturen und Entwicklungspfaden an. Sie fordern, Entwicklungspfade umzulenken, sie setzen auf Dezentralisierung und Regionalisierung, Entschleunigung, Selbstorganisation und kurze Wirkungsketten ökonomischer Prozesse. Sie wollen an die „Stellschrauben" heran und selbstverständlich gewordene, aber ihrer Meinung nach nicht haltbare Orientierungen aufbrechen.

Beiden Ansätzen gemeinsam ist, daß sie es schwer haben, sich gegenüber reinen High-Tech-orientierten Lösungen durchzusetzen. Sie sind weniger spektakulär als die globalen Projekte Multimedia und Datenhighway, sie sind aber sicher keine geringere Herausforderung. Hier geht es darum, die Gesellschaft durch den Einsatz von Informationstechniken sowohl sauberer, umweltverträglicher wie effizienter und leistungsfähiger zu machen. Im Zentrum stehen nicht unbedingt Jahrhunderterfindungen für das Deutsche Museum. In der Summe werden diese computergestützten Umwelttechniken aber vielleicht die wichtigste Schlüsseltechnologie des nächsten Jahrhunderts sein. Diese Vision ist durchaus auch ein „High-Tech-Konzept."

1. Option: Globale und regionale Nachhaltigkeit

Es gibt mittlerweile eine Reihe von Konzepten und Ansätzen, die alle die Operationalisierung des Leitbildes „sustainable development" im Auge haben. Es ist hier nicht der Platz, diese zu referieren und zu bewerten. Vielmehr ist es wichtig, sich mit dem ein oder anderen Ansatz exemplarisch auseinanderzusetzen und so Diskussionen zur Entwicklung von optionen voranzutreiben. In diesem Sinn sind die nachfolgenden Optionen zu verstehen. Sie bieten durchaus Anlaß zur Kritik, nicht zuletzt deshalb sind sie besonders gut für eine Diskussion geeignet. Die Organisations- und Wirtschaftsinformatik muß ein Forum für solche Diskussionen nicht nur zulassen sondern fördern.

Viele zweifeln, ob es mit der Strategie „Entgiftung, Entrümpelung und Entschlackung" des aktuellen Wohlstandsmodells, also mit dem Wohlstand-light-Modell getan ist. Sie sehen die Ursachen der weltweiten Umweltmisere in falschen Orientierungen, die sich in fehlgeleiteten Strukturen und Entwicklungspfaden niederschlagen. Es wird stattdessen ein Umbau gefordert, der Ressourceneffizienz und Belastungsreduzierung durch einfache und überschaubare Strukturen, Entschleunigung, Dauerhaftigkeit und hohe Qualität von Produkten und Dienstleistungen Priorität einräumen möchte.

Der Grundgedanke ist, so z.B. der Münchener Soziologe Ulrich Beck, Strukturen so umzubauen, daß die Handelnden ihre Umwelt mit weniger Folgeproblemen belasten und gleichzeitig in ihren Entscheidungen und Verantwortlichkeiten freier werden (Süddeutsche Zeitung 1995). Diese neuen Strukturen korrespondieren mit Verhaltensänderungen, die Abschied nehmen wollen von den Billigwaren der Massenproduktion, den Kaffeeösterschnäppchen vom Typ „Aktuelles Design und Schon-Dreimal-Vorhanden": „Tinnef stehenlassen und weniges mit Qualität suchen, das ist ökonomisch und ökologisch", so der Kasseler Verkehrs- und Stadtplaner Helmut Holzapfel: „Unsere Gesellschaft ist eben nicht durch Luxus gekennzeichnet, auf den verzichtet werden müßte, sondern durch eine Vielzahl von Billigkram, der schnell kaputtgeht und weggeworfen wird und der einfach nicht gekauft werden sollte." (Holzapfel 1993)

Ein große Rolle spielt bei diesem Modell der globalen und regionalen Nachhaltigkeit auch die Re-Regionalisierung all der Produktionen und Dienstleistungen, die nur deshalb in den Globalisierungsprozeß gezwungen wurden, weil die Transportkosten den Umweltverbrauch nicht einbeziehen. Ökologisch positiv zu bewertende Waren sollten auch deshalb aus der Umgebung des Verbrauchsortes kommen, so das Argument, weil hoher Energieaufwand und Schadstoffemissionen für den Transport die Hauptbelastungen für die Umwelt darstellen. In der Region hergestellte Waren brauchen auch weniger Verpackung und Konservierung.

Spätestens hier stellt sich die Frage, was diese Perspektive überhaupt noch mit der „Informationsgesellschaft" zu tun hat? Werden in diesem Szenario nicht die Fundamente Globalisierung, Mobilität, und Beschleunigung zugunsten einer „Postkutschen-Idylle" geopfert? Läuft dies nicht auf eine generelle „informationstechnische Abrüstung" hinaus? Wird hier die Frage der internationalen

Wettbewerbsfähigkeit möglicherweise allein deshalb obsolet, weil die Arbeitsplätze reihenweise entfallen?

Eine denkbare Antwort auf diese Skepsis besteht darin, die Qualität der angekündigten „Informationsgesellschaft" zu beleuchten. Ulrich Beck kommt zu dem Ergebnis: Die Größer-, Schneller-, Mehr-Moderne ist durch und durch infarktgefährdet, dies gilt sowohl für den ökologischen Infarkt, aber auch für den Infarkt des Sozialstaates oder der Verkehrssysteme. Jeder Winkel der Erde läßt sich in kürzester Zeit erreichen. Je schneller, desto schneller läuft nichts mehr. „Stau" ist die Metapher für die Moderne. Überall trifft das eherne Mehr, Schneller und Weiter auf dadurch erzeugte Blockaden und Erosionen: zerstörte Natur, leere Kassen, weniger Arbeitsplätze; trotz, wegen des Wirtschaftswachstums? „Heute ist man – wenn überhaupt – dafür, weil man etwas verhindern will: den Verlust von Arbeitsplätzen, von Weltmarktanteilen, Komfort, Bequemlichkeit usw." Gestalten heißt verhindern! Die einseitige Datenhighway-Sicht auf die „Informationsgesellschaft" wird diese scheinbaren „Sachzwänge" vermutlich weiter verschärfen.

Diese Antwort allein kann natürlich nicht befriedigen, zumal eine Abkehr von bisherigen Prinzipien die Situation eher noch verschärfen könnte. Gefragt sind schon konkretere Aussagen über Strukturumbau, Machbarkeit, Techniknutzung und das „magische Dreieck" von Wettbewerbsfähigkeit, Arbeitsmarkt- und Umweltverträglichkeit. Und gibt es überhaupt Wege der sozialverträglichen Umsetzung dieses Modells?

Das nachfolgende Szenario kann verdeutlichen, in welche Richtung eine Nachhaltige Entwicklung gehen muß. Das Szenario setzt bei hoher Produktqualität und Dauerhaftigkeit an. Anders als bei der recyclinggerechten Konstruktion, wo die Frage der Demontage zwecks Wiederverwertung oder Entsorgung einbezogen wird, geht es hier darum, das Produkt selbst möglichst lange in Gebrauch zu halten, auch durch innovative Nachrüstung von Einzelteilen. Allerdings sind auch die Erörterungen zu Produktökobilanz und Stoffstrommanagement einzubeziehen.

Szenario Dauerhafte Produkte
Ein dauerhaftes Produkt ist ein technisch anspruchsvoll konzipiertes und qualitativ gutes und stabiles Produkt. Begleitet werden muß dieses Konzept von Strategien der Instandhaltung wie Existenz eines dichten regionalen Inspektions-, Wartungs- und Reparaturnetzes, Qualitätskontrollen und Möglichkeiten der Hochrüstung des Produktes bei technischem Fortschritt. Die Nutzungsdauerverlängerung eines Produktes ist sozusagen die oberste Ebene der Strategie Kreislaufwirtschaft: im Idealfall bedeutet sie, daß sich der Nutzungsdauerverlängerung die Wiederverwendung anschließt, möglicherweise für andere Zwecke, bevor das Gut wiederverwertet und entsorgt wird.

Warum versprechen sich die Anhänger des Konzeptes davon grundlegende Strukturveränderungen? Die Argumentation des Genfer Wissenschaftlers Walter R. Stahel und seiner Mitarbeiter, die in den letzten zwei Jahrzehnten in diese Richtung gehende Ideen entwickelt haben, ohne damit lange Zeit große Aufmerksamkeit zu erlangen (vgl. Stahel 1994), lautet etwa wie folgt: Tätigkeiten der

Produktion, Distribution und Entsorgung werden bei dauerhaften Produkten tendenziell zugunsten von Tätigkeiten der Werterhaltung wie Instandhaltung, Reparatur und Nachrüstung zurückgedrängt. Die Ressourceneffizienz wird durch die verminderte Nachfrage nach Rohstoffen, Transport- und Entsorgungsleistungen steigen. Erhöhte Nachfrage entsteht nach Arbeit und Technologien im Bereich Instandhaltung und Nachrüstung. Die Facharbeit in regionalen Werkstätten, die sozusagen die Stützpunkte der Instandhaltung darstellen, werden danach zunehmen, zentrale Fertigungsstätten zurückgehen. Die Erhöhung der relativen Arbeitskosten wird, so vermutet Stahel, durch Verminderung der Material- und Vertriebskosten kompensiert. Produktentwicklung und Konstruktion werden sich stärker um Stabilität, Langlebigkeit Wiederverwertbarkeit sowie technische Nachrüstungsentwicklung konzentrieren müssen, durchaus anspruchsvolle Tätigkeiten. In diese Argumentationskette paßt auch die ökologische Steuerreform.

Die positiven Umwelteffekte der Strategie Dauerhaftigkeit liegen auf der Hand. Allerdings sind Fälle denkbar, wo die Nutzungsphase eines Produktes ökologisch sehr negativ zu Buche schlägt und dies auch durch Nachrüstung nicht ausreichend verbessert werden kann. Dann kann die Anschaffung eines neuen Produktes durchaus sinnvoll sein. Hier können Produktökobilanzen und Stoffstromanalysen Aufschluß geben.Hier könnte sich ein neues Anwendungsfeld für die Organisations- und Wirtschaftsinformatik auftun.

Grundsätzlich sind in einer solchen Ökonomie die vorhandenen Güter und Komponenten die „neuen" Ressourcen, der eigentliche Reichtum. Sie befinden sich in Gebrauch, vor allem in den Ballungszentren. Von daher ist die Regionalisierung der Funktionen Instandhaltung und Nachrüstung eine Notwendigkeit, um diese „neuen" Ressourcen wirtschaftlich nutzen zu können.

Das Konzept klingt plausibel. Dennoch wird man, so ist zu befürchten, allenfalls die ökologisch eh schon Aufgewachten damit erreichen. Warum sollte ein Hersteller Interesse zeigen, ein langlebiges Produkt anstelle von „Kurzdrehern" zu vermarkten? Er wird sich kaum selber den Ast absägen, auf dem er sich gut eingerichtet hat? Werbung und Verpackungsdesign sind schließlich deshalb so gefragt, weil sie den Prozeß der Massenproduktion und Obsoleszenz beschleunigen. Kurz: solange die ökonomische Logik quer zu den Wünschen liegt, werden Einsichten und Überzeugungen vermutlich nur wenig ausrichten können.

Contracting und Partnering
Das Szenario muß sich diesem Dilemma stellen. Es muß über gutgemeinte Appelle zur Herstellung langlebiger Produkte oder zur verkehrsvermeidenden Regionalisierung hinausgehen.

Es läßt sich aus Erfahrungen in anderen Bereichen lernen. So versucht der amerikanische Öko-Pionier Amory Lovins der ökonomischen Logik im Energiebereich mit seinem „Least-cost-planning-Konzept" („Negawatt statt Megawatt") über die Nutzung durchaus nicht neuer Dienstleistungskonzepte, ein Schnäppchen zu schlagen. Diese Konzepte werden mittlerweile nicht mehr nur in Insiderkreisen diskutiert, sondern auch in einigen deutschen Stadtwerken realisiert. Ernst-Ulrich von Weiszäcker und seine Mitarbeiter vom Wuppertal-Institut haben die Idee unter der Metapher „Contracting und Partnering" für den Energiebereich weiterentwickelt (vgl. Weiszäcker 1994, S. 194): Der Kunde kauft von seinem Stadtwerk oder einem Dritten nicht mehr Gas oder Strom, sondern Prozeßwärme, Antrieb oder Licht: „Müssen dazu Heizkessel, Kälte- und Klimaanlage, Beleuchtungssysteme oder anderes angeschafft werden, so ‚betreibt' das Contracting-Unternehmen diese Anlagen im Auftrag des Nutzers, das heißt, es hält sie gegen Gebühr instand und betriebsbereit... Ziel des Contracting ist es generell, die nötigen Investitionen vollständig oder zum größten Teil über die eingesparten Kosten des vermiedenen Energie- und Rohstoffverbrauchs zu finanzieren", so Ernst-Ulrich von Weiszäcker. (S. 194)

Wird dieses Modell für den Produktbereich verallgemeinert, so geht es im Prinzip um folgende Idee: Statt möglichst viele Güter zu verkaufen wird eine sich rechnende Dienstleistung angeboten. Die Nutzung steht im Zentrum der wirtschaftlichen Optimierung. Der Hersteller bzw. Fertigungsbetrieb ist möglicherweise nur noch Lieferant, der Nutzen und damit eine Dienstleistung verkaufen will. Die Dienstleister bzw. „Contracter" sind die „Keyplayer" in der Wertschöpfungskette. Sie sind möglicherweise daran interessiert, ein Produkt mit einer hohen Nutzungsdauer zu vermarkten. Sie wollen ein leistungsstarkes Produkt, das stabil und langlebig ist, das technisch nachgerüstet und am Ende problemlos in den ökonomischen Kreislauf zurückgeführt werden kann. Das eigentliche Geheimnis ist, daß die Dienstleister aus Kosten- und Ertragsgründen an der Optimierung der Nutzung des Produktes und damit an seiner Reparatur- und Kreislauffähigkeit interessiert sein könnten. Der Kunde andererseits erhält eine Dienstleistung auf hohem technischen Stand und eine Betreuung, die für die Laufzeit des Vertrages gilt und nicht, wie beim Kauf, mit Ablauf der Garantiefrist endet.

Die Frage ist also letztlich, ob es gelingt, mit Hilfe marktwirtschaftlicher Mechanismen die Verantwortung der Dienstleister bzw. Hersteller auf alle Phasen des Produktlebenszyklus auszudehnen. Die Grundorientierung der Nutzungsdauerverlängerung kann in die richtige ökologische Richtung weisen. Ökonomische Voraussetzung auf Seiten des Kunden ist, ihm eine attraktive Dienstleistung mit hoher Bequemlichkeit zu moderaten Preisen bereitzustellen. Für den Dienstleister kann die Sache lohnend sein, weil er durch Investitionen in langlebige Güter gegenüber dem mehrmaligen Kauf von „Kurzdrehern" im Preis-Leistungs-Verhältnis konkurrenzfähig ist, und sich auf diese Wiese eine attraktive Kundenbindung ergibt.

Bewertung

Das gesamte Szenario wird sich nicht nur gegen Kritiker verteidigen müssen, die in ihm ein Risikomodell sehen mit unabsehbaren Folgen für Arbeitsplätze und internationale Wettbewerbsfähigkeit. Es bleiben Fragen offen. So muß z.B. geklärt werden, welche Produkte für das Contracting geeignet sind und welche nicht.

Heute haftet den Leitbildern Regionalisierung, kleine überschaubare Strukturen, Wiederaufleben handwerklicher Strukturen und hohe Produktqualität eher etwas Anachronistisches an. Ganz schnell sind die Anhänger in der Ecke der

Sozialreformer John Ruskin oder William Morris, die zu Anfang des Jahrhunderts mit ihren Utopien gescheitert sind.

Der Vorwurf mangelnder internationaler Wettbewerbsfähigkeit gegen dieses Modell ist zu pauschal in Anbetracht der Situation, daß die Fertigung von Massenprodukten eh aus Deutschland abwandert. Hohe Produktqualität wird die Abwanderung eher verlangsamen und den Trend zur Dienstleistungs- und Handwerkergesellschaft unterstützen. So spricht einiges für eine Umstrukturierung der Dienstleistungsgesellschaft: Transporte, Produktdesign, Werbung und andere Tätigkeiten, die intensiv darum bemüht sind, die Lebensdauer von Produkten zu verkürzen und den Warenumschlag zu beschleunigen, werden zugunsten von eher handwerklichen Qualifikationen an Bedeutung verlieren. Das ist aus ökologischer Perspektive notwendig.

Die Dauerhaftigkeit von Produkten ist, wie weiter oben bereits angedeutet, nur die oberste Schicht einer zu Ende gedachten Kreislaufwirtschaft. Joseph Huber benutzt für die nachfolgenden Schichten die Metapher „Recyclingkaskaden", womit er vor allem die Wiederverwendung von Produkten (z.B. „Re-use" von Pfandflaschen) und die Verwertung von Materialien (z.B. Recycling von Altpapier für Neupapier) meint.

In den „Kaskaden" kommen die unterschiedlichen ökologischen Wertniveaus zum Ausdruck. Die Ebene Dauerhaftigkeit von Produkten und Nutzungsdauerverlängerung hat gegenüber dem Recycling von Altstoffen den großen Vorteil, daß für sie deutlich weniger Energien und Stoffe eingesetzt werden müssen. Der Schumpeter-Schüler Nicholas Georgescu-Roegen hat bereits 1971 in seinem an den Entropiesatz angelehnten „Vierten Hauptsatz der Thermodynamik" auf diese für die Entwicklung der Kreislaufwirtschaft grundlegende Erkenntnis hingewiesen: danach sind die in Produkte und Abfälle eingegangenen Metalle und übrigen Rohstoffe, im Vergleich zu ihrer ursprünglichen Form, „verstreut" und können nur mit zusätzlichem Energieaufwand „befreit", eingesammelt und wieder nutzbar gemacht werden (ausführlich dazu Dokument III.1, „Ein Erklärungsmodell mit Hilfe der thermodynamischen Hauptsätze"). Leider zerstört diese Erkenntnis die Vision einer geschlossenen Kreislaufwirtschaft, die hinter der an sich ja sinnvollen Abkehr vom umweltblinden Wirtschaften und der Orientierung an einer Recyclingwirtschaft steht. Ein Bündel von Maßnahmen, das eine Nutzungszeitverlängerung für Produkte, Stoffe und Energien anstrebt und sich dabei durch Produktökobilanzen und Stoffstrommanagement absichert, kommt dem Ideal einer Kreislaufwirtschaft jedenfalls am nächsten.

IT und Nachhaltige Entwicklung
Welche Rolle werden Innovationen und neue Techniken der „Informationsgesellschaft" in diesem Szenario spielen? Bei breiterer Durchsetzung des Leitbildes Dauerhaftigkeit wird sich die Bedeutung der globalen strategischen Netzwerke relativieren. Zuwächse wird es bei der technischen Nachrüstung geben.

Die Durchsetzung des Konzeptes technische Nachrüstung wird die traditionellen Prinzipien und Methoden der Entwicklung und Konstruktion, die häufig auf schnelle Obsoleszenz der Neuprodukte ausgerichtet sind, modifizieren. Jetzt muß sozusagen das alte Produkt und seine Dauerhaftigkeit, aber auch seine

Die Menschen verhalten sich wie Affen
Interview mit Karl Henrik Robert

Karl Henrik Robert ist einer der führenden schwedischen Krebsforscher und Begründer der Umweltinitiative „The Natural Step" (TNS). Die 1989 ins Leben gerufene Initiative, die weltweit auf große Anerkennung gestoßen ist, setzt sich für nachhaltiges Wirtschaften ein. Mit Karl Henrik Robert unterhielten sich Martina und Johannes Hartkemeyer.

Hartkemeyer: *Mit Ihrer Methode sind Sie bei vielen gesellschaftlichen Gruppen auf Anerkennung gestoßen, bei Greenpeace, den Gewerkschaften, dem Bauernverband bis hin zur Industrie. Was will TNS?*

Robert: Wir Menschen verhalten uns wie Affen in einem sterbenden Baum. Wir palavern über die verfärbten Blätter, statt uns dem Hauptproblem im Stamm und den Wurzeln zu widmen. Konkret: Wir sollten uns fragen, wie wir eine Kultur schaffen, die den Übergang von einer linear-industriellen zu einer nachhaltigen, zukunftsfähigen Gesellschaft hinbekommen. Die Wirtschaft braucht dazu eine Vision, denn wahrscheinlich hat nur sie die Kraft, auf solch eine Zukunft hinzuwirken. Unser Konsens basiert wissenschaftlich auf den Gesetzen der Thermodynamik: 1. Materie und Energie können nicht verschwinden. 2. Materie und Energie haben die Tendenz sich auszubreiten. 3. Die Qualität der Erde ist ausschließlich das Ergebnis des sonnengetriebenen Prozesses. Das heißt, wenn wir die Qualität verbessern wollen, geht es nur, indem Energie von außen zugeführt wird. Und 4. die Qualität der Materie ist begründet in der Konzentration und Struktur. Das heißt, wenn wir einen Tropfen Tinte und ein Glas Wasser haben, sind beide für unterschiedliche Zwecke nützlich. Wenn ich die Tinte aber in das Wasser kippe, ist das Ergebnis Abfall. Ich kann die Tinte nicht mehr herausfiltern.

Hartkemeyer: *Die Gesellschaft freilich verhält sich nicht nach diesen Prinzipien. In das Bruttosozialprodukt geht die Zerstörung der natürlichen Grundlagen als positive Leistung ein, und Ökosteuern auf fossile Energien sind immer noch nicht realisiert.*

Robert: Das ist die Politik von Interessensverbänden. Gruppen sind häufig dümmer als Individuen, weil sie nicht gelernt haben, kreativ zusammenzuarbeiten. Für unsere Frage müssen wir nur die richtige Perspektive wählen, die Vogelperspektive. Jeder ist Bestandteil der Stoffketten. Und wir alle konsumieren Qualitäten, die von der Natur stammen.

Hartkemeyer: *Aber unsere Wirtschaft scheint bezogen auf die gesamte Menschheit ineffektiv zu sein.*

Robert: Wir müssen erkennen, daß wir kein Umweltproblem haben, sondern ein soziales Problem, ein fundamentales Designproblem. Die Firma Elektrolux, die an TNS beteiligt ist, erklärt natürlich, daß sie keine Einrichtung sei, um die Welt zu schützen, sondern sie ist da, um mit Service am Menschen Geld zu verdienen. Viele kluge junge Menschen wollen aber heute nicht mehr so gern in einem Unternehmen arbeiten, das den Ruf hat, umweltschädigend zu sein. Natürlich ist es für die Unternehmen heute nicht einfach, an der Spitze zu stehen. Aber zur richtigen Zeit das Richtige zu tun, das System zu verstehen, ist Voraussetzung, den Konkurrenten davonzusegeln. Wir tun alles, um dieses Systemwissen zu verbreiten und dadurch den Markt für intelligente Produkte zu erweitern.

Hartkemeyer: *Wie sieht die Zukunft für TNS aus?*

Robert: Meine Überzeugung ist, daß gute Beispiele ihre eigene Kraft haben. Es ist auch gut, wenn Menschen in Unternehmen spüren, wie ihre sachliche Arbeit mit Umweltzielen zusammengebracht werden kann und wenigstens systematische Fehler erkannt werden. Immer mehr Länder fragen nach den schwedischen Erfahrungen.

Süddeutsche Zeitung 1997a

Die ZERO-Emission-Strategie
Das Ei des Kolumbus oder Hexerei?

Hartkemeyer: *Was ist die zentrale Idee Ihres Zero-Emission-Konzeptes?*

Pauli: Wir wollen keinen Abfall, das heißt, 100 Prozent der in der Produktion eingesetzten Mittel sollen wiederverwendet werden. Konkret: Abfall wird komplett vermieden. Zero Inventory – Total Quality – Zero Accidents – das wird das Motto der Zukunft sein.

Hartkemeyer: *Haben Sie ein konkretes Beispiel für die praktische Umsetzung dieses Ansatzes?*

Pauli: Ja natürlich, nehmen wir einfach Bier. Man braucht ungefähr zehn Liter Wasser, um einen Liter Bier zu brauen. Außerdem wird eine Menge Getreide benötigt. Allein China importiert mehr als 16 Millionen Tonnen Getreide jedes Jahr, nur um Bier und Alkohol herzustellen. Das ist mehr, als China für die eigentliche Nahrungsmittelproduktion einführen muß. Aber der Brauprozeß extrahiert nur acht Prozent der Nährstoffe des Getreides. Im Abfall des Brauprozesses ist mehr als 26 Prozent Protein enthalten. Solche Mengen an Ressourcen zu verschwenden – das ist doch weder moralisch-ökologisch, noch wirtschaftlich verantwortbar. Als ob wir kein Nahrungsmittelproblem auf der Welt hätten!

Hartkemeyer: *Ist Ihr Ansatz aus diesem Grund zunächst in Ländern der sogenannten Dritten Welt umgesetzt worden? In Namibia haben Sie ja eine Brauerei komplett umgestellt.*

Pauli: Die Namibia Brewing Ltd. ist die erste Firma, die als Brauerei in kommerzieller Form komplett nach diesen Zero-Emission-Prinzipien errichtet worden ist. Ihr bekanntestes Produkt ist das Windhoek Lagerbier. Die Brauerei ist so erfolgreich, daß wir in Tsumeb, einer Stadt im nördlichen Wüstenbereich Namibias, bereits eine weitere Firma für sorghum beer errichten. Als eine der ersten hat die Expo 2000 diese „Zero-Emissions-Brewery" als Projekt für die Weltausstellung anerkannt. Die Kreativität unserer Wissenschaftler ist außerordentlich groß. Wir untersuchten 40 unterschiedliche biochemische Prozesse: sowohl den Wärmeprozeß, den Wasserkreislauf als auch die Einbindung von Kohlendioxid. Diese Prozesse werden es uns ermöglichen, neben der Bierproduktion zwölf zusätzliche Produkte zu erzeugen.

Vor allem verwerten wir das Getreide komplett. Wir haben einen Weg gefunden, wie man aus den Brauabfällen eine Pilzproduktion in Gang setzen kann. Wir verkaufen, also neben dem Bier auch noch Pilze. Früher mußte Namibia alle Pilze importieren. Wir können mittlerweile das gesamte Protein aus dem Getreide herauslösen. Das Geheimnis sind in den Brauabfallprozeß implantierte Regenwürmer. Die Regenwürmer fressen das Getreideprotein und wandeln es in tierisches Protein um. Dieses tierische Protein wird für die menschliche Ernährung nutzbar gemacht, indem wir damit Hühner füttern. Das ist Futter allerhöchster Qualität. Die Hühner kennen kein besseres Futter, und sie können auf diese Art enorme Mengen Fleisch erzeugen. Wir haben also neben dem Bier mittlerweile Pilze, Hühnerfutter und Geflügel in der Produktionspalette. Natürlich macht das Geflügel auch wieder Abfall. Der wird in einen Biofermenter gegeben, womit wir Methangas produzieren. Dieses Methangas liefert die Energie für den Dampfprozeß innerhalb der Firma. Der Abfall aus dem Fermenter wird wieder verwendet, um damit eine Fischfarm zu betreiben. Gleichzeitig verbraucht die Brauerei natürlich noch Wasser. Mit dem Abwasser füllen wir Teiche, in denen Fische aufgezogen werden. Das ist in allem keine Brauerei mehr, sondern ein vollintegriertes Biosystem! Mit dieser Anlage wird siebenmal mehr Nahrungsmittelenergie und Dünger produziert, als eine konventionelle Firma es tun könnte. Zusätzlich sind damit ungefähr viermal so viele Arbeitsplätze geschaffen.

Hartkemeyer: *Ist denn die Zero-Emission-Strategie billiger als konventionelle Strategien?*

Pauli: Nein, ich sage nicht, daß sie billiger ist, aber sie bringt wesentlich höhere Erträge, und sie ist für die Volkswirtschaft insgesamt wesentlich günstiger.

Hartkemeyer: *Haben Sie ein volkswirtschaftliches Beispiel?*

Pauli: Nehmen Sie zum Beispiel Zucker. Zucker können Sie nicht das ganze Jahr ernten, aber Sie müssen das ganze Jahr die teure industrielle Ausrüstung vorhalten und haben nur Saisonarbeitplätze. Nehmen wir Okinawa, die Zuckerindustrie ist dort der zweitgrößte Arbeitplatzgeber. Die Zuckermühlen arbeiten aber nur zwei Monate im Jahr. Wie wäre es, wenn man den Abfall der Zuckerproduktion nehmen könnte, um daraus andere Produktionslinien aufzubauen? Das würde die Arbeitsplatzsicherheit erhöhen und neue Erträge ermöglichen. Also haben wir das Hauptabfallprodukt des Zuckers genommen, die Bagasse. Die meisten Zuckermühlen verbrennen sie als Abfall, aber es beinhaltet Stoffe, aus denen wir ohne weiteres Zellulose herstellen können. In den Zuckerfabriken in Brasilien und Indonesien entsteht immer eine Menge Abfall, der ungenutzt bleibt. Gleichzeitig aber vernichten diese Länder den Regenwald, um die Zellulose für die Papierherstellung aus Holz zu gewinnen. Das ist aus unserer Sicht nicht nur ökologisch, sondern auch ökonomisch großer Unsinn.

Hartkemeyer: *Sie haben gleichzeitig ein neues Modell der Kooperation der wirtschaftlichen Zusammenarbeit entwickelt, das Ihr Modell unterstützt.*

Pauli: Ja, ich denke, das künftige Modell ist das Franchise-System. Das bedeutet auch eine neue Herangehensweise, wie man im 21. Jahrhundert Ideen vermarktet. Früher wurden Produkte präsentiert. Später kam dann die Patentierung von Prozessen hinzu, und wenn Sie so wollen, ist es heute an der Zeit, Organisationsformen zu patentieren. Sie erfinden etwas, was nach diesen intelligenten Ideen arbeiten kann. Sie entwickeln es und sie vermarkten es. Dann gehen Sie zu den Investoren und sagen, hier ist mein Produkt, hier ist meine Idee.

Hartkemeyer: *Jede Methode, ein weltweites Netz für die Verbreitung des Zero-Emission-Ansatzes zu kreieren, bedeutet ja eine neue Form der Vernetzung, von Intelligenz, von Kapital und Organisation.*

Pauli: Unsere zentrale Technologie ist mittlerweile nicht die Biologie oder die Chemie, nicht einmal das Engineering, es ist das Internet. Das schafft uns die Möglichkeit, Experten zusammenzubringen und ein weltweit vernetztes Brainstorming zu machen, um über die bestehenden Probleme zu diskutieren. Der Zero-Emission-Ansatz ist eine große technische Herausforderung.

Das Internet bietet uns die Möglichkeit, einen „Brain-Trust" wie das Stanford-Forschungsinstitut im künstlichen virtuellen Raum zu gründen, ohne einen festen Raum zu haben. Unser Büro in Tokio umfaßt nur fünf Mitarbeiter. Mittlerweile haben wir aber 60 unterschiedlich vernetzte Diskussionsgruppen. Bei dem Brauereiprojekt haben wir zum Beispiel eine Gruppe, die sich aus Pilzexperten zusammensetzt. Eine andere befaßt sich mit der Problematik der Regenwürmer und wieder eine andere mit der Produktion von Methan. Es ist für mich unglaublich, welche Energie wir damit zusammenbinden können und welche Lösungen nun problemlos möglich sind, ohne daß die Beteiligten einander persönlich kennen.

Hartkemeyer: *Gibt es auch große Organisationen, die sich an Ihrem Projekt Zero-Emission beteiligen?*

Pauli: Ja, zum Beispiel das Unternehmen Chichibu Onoda: Japans größter Zementhersteller. Aus dem Ausland sind Dupont oder Sodrazell aus Schweden dabei. Und ich finde es auch bemerkenswert, daß die chinesische Akademie der Wissenschaften 1995 in Peking einen internationalen Workshop zu unserem Ansatz durchgeführt hat. Unser japanisches Superministerium MITI hat mittlerweile neun Millionen Dollar für kleinere Projekte nach dem Modell Zero-Emission zur Verfügung gestellt. Das Ministerium für Bildung und Wissenschaft hat zusätzlich fünf Millionen Dollar bereitgestellt, um unseren theoretischen Rahmen weiterzuentwickeln.

Süddeutsche Zeitung 1997b

rationelle Demontage mitgedacht werden. Leitlinie ist dann, die hohe Produktqualität zu erhalten bzw. noch zu verbessern. Das neue Leitbild für Ingenieure und Informatiker ist dann das *Life-Cycle Design,* es geht einen großen Schritt weiter als die *recyclinggerechte Konstruktion.*

Diese Neuorientierung wird vermutlich auch eine Konzentration der Forschungs- und Entwicklungstätigkeiten auf Komponenten bedeuten, bei denen ein echter Fortschritt erzielt werden kann. Damit verbunden ist eine Erhöhung der Wirksamkeit der Forschung. Schließlich wird damit das Augenmerk auf die permanente Qualitätsverbesserung der vorhandenen Güter im Markt gelegt.

Auch dieses Modell ist also weit weg von Technikfeindlichkeit und Technikverzicht, es wird, wie wir gesehen haben, jedoch andere Prioritäten setzen. Eine ökologische Steuerreform kann diesem Modell einen erheblichen Push geben.

2. Schlußfolgerungen

Auch im Fall der Nachhaltigen Entwicklung kommt es ganz wesentlich auf das Gelingen der Verknüpfung der Perspektiven an. Eine weitgehende Regionalisierung und damit ein Abkoppeln vom globalen Weltmarkt ist in der Tat unvorstellbar und ökonomisch mehr als riskant. Andererseits hat die weitgehende Ausblendung regionaler und dezentraler Bezüge ganz wesentlich zum ökologischen und zum Arbeitsmarkt-Dilemma beigetragen. Eine Lösung könnte sein, regionale Strukturen zu entwickeln, z. B. durch Aufbau einer Instandhaltungs-Infrastruktur, ohne die globale Einbindungen zu vernachlässigen. Die Emilia Romagna (siehe Abb. C.III.1) kann als gelungenes Beispiel betrachtet werden.

Werden die Verheißungen der Informationsgesellschaft abgeklopft, so zeigt sich, daß so manches davon in den Bereich der Legendenbildung gehört. Die Metapher „Informationsgesellschaft" steht heute auch, möglicherweise weil sie so ausschließlich auf Groß- und Hochtechnologie setzt, für eine eigentlich im Innovationstempo langsam gewordene Gesellschaft.

Investitionen von Zeit und Geld in Irrwege zu lenken, ist gleichbedeutend mit einer Verschwendung ökonomischer Ressourcen. Eine ökonomisch produktive Volkswirtschaft zeichnet sich dadurch aus, daß sie Um- und Irrwege minimiert. Das langsame Innovationstempo hat insofern auch etwas mit der Legendengläubigkeit und nicht tragfähigen Leitbildern zu tun. Sie kosten viel Zeit. Von daher zahlt es sich für eine auf Innovationen setzende Volkswirtschaft aus, ihre Leitbilder und Orientierungen frühzeitig und gründlich zu prüfen.

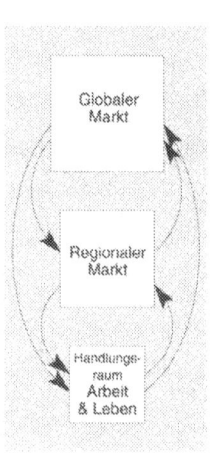

*Abb. C.III.1
Verknüpfung von globalem und regionalem Markt sowie von Arbeit und Leben*

Literaturempfehlung

Walter R. Stahel: Gibt es eine ökologische Gesellschaft, und wie sieht die aus? UWF 5/1994

Teil D
Dokumente und Texte

Die folgenden Texte sind Vertiefungsangebote: Sie führen vom Augenblick weg. So werden z.B. Originaltexte von F.W. Taylor und Henry Ford abgedruckt, um ihren Einfluß auf die Arbeitsorganisation des 20. Jahrhunderts einschätzen zu können. Zwei weitere Texte bieten an, Methoden der Technikfolgenabschätzung und -bewertung kennenzulernen. Der dann folgende gibt anhand der thermodynamischen Hauptsätze Orientierungshilfen für nachhaltige Wachstumspfade. Schließlich geht es um Handlungshilfen für den Büroalltag: Die sog. „Verordnung über Sicherheit und Gesundheitsschutz bei der Arbeit an Bildschirmgeräten" sollte jeder Wirtschaftsinformatiker kennen, sie wird um Informationen zur Bildschirm- und Büroergonomie ergänzt.

I.
F.W. Taylor und Henry Ford
Seite 305

II.
Sichtweisen und Methoden der Technikfolgenabschätzung und -bewertung
Seite 317

III.
Orientierungen für Nachhaltige Wachstumspfade
Seite 329

IV.
Bildschirm- und Büro-Ergonomie
Seite 333

I.
F. W. Taylor und Henry Ford

und ihr Einfluß auf die Arbeitsorganisation des 20. Jahrhunderts

Es ist üblich, die Arbeiten von Taylor und Ford als Botschaften längst vergangener Zeit beiläufig zu erwähnen und ihre Lehren im wesentlichen als Irrweg abzutun. In diesen Urteilen haben sie für ihre Epochen (s. Zeittafel) wichtige Erkenntnisse erarbeitet, die jedoch heute kaum noch hilfreich sind. In jedem Fall haben sie die industrielle Arbeitsorganisation des ausgehenden Jahrhunderts geprägt und das Denken in vielen wissenschaftlichen Disziplinen beeinflußt.

Aus F. W. Taylors „Grundsätze der wissenschaftlichen Betriebsführung" werden im folgenden einige besonders charakteristische Abschnitte wiedergegeben.

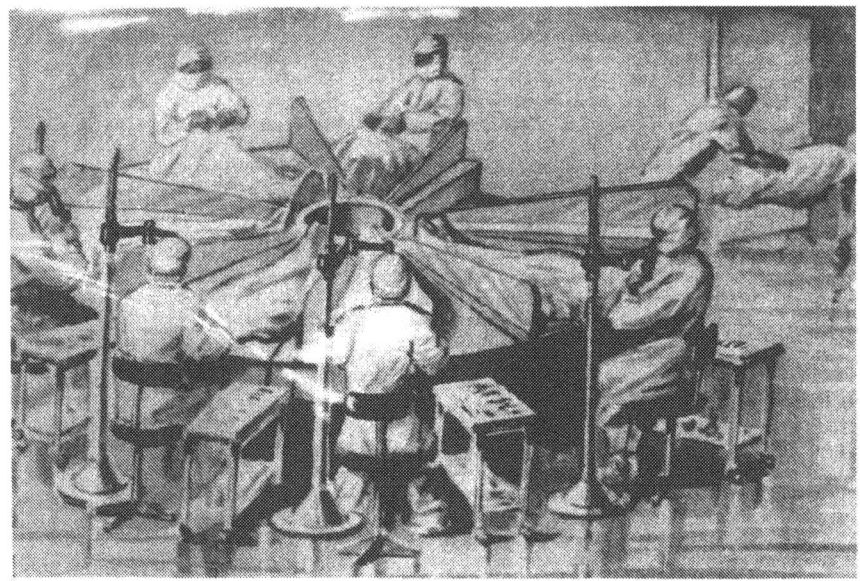

Abb. D.I.1
Operation im Karussell

Diese Vision eines russischen Mediziners kann das tayloristische Leitbild gut verdeutlichen: Die Patienten liegen in Boxen auf einer Drehscheibe, an jedem Kopfende sitzt ein Arzt, der immer wieder die gleichen Handgriffe machen soll.

Dokument I.1 F. W. Taylor

Grundsätze der wissenschaftlichen Betriebsführung

„Wir sehen, wie die Wälder dahinschwinden, die Wasserkräfte vergeudet, der Boden und seine Schätze in das Meer gewaschen werden; die Erschöpfung der Kohlen- und Eisenerzlager ist nur noch eine Frage der Zeit. Weniger offensichtlich, weniger leicht zahlenmäßig darstellbar und deshalb leider bisher nur hier und da in ihrer Bedeutung erkannt, ist die viel größere tagtägliche Vergeudung menschlicher Arbeitskraft durch ungeschickte, unangebrachte oder unwirksame Maßnahmen..." (S. 1f)

„Bisher stand die Persönlichkeit an erster Stelle, in Zukunft wird die Organisation und das System an erste Stelle treten. Daraus ist aber nicht etwa der Schluß zu ziehen, daß man keine bedeutenden Persönlichkeiten mehr braucht. Im Gegenteil, die Aufgabe eines jeden guten Systems muß es sein, sich erstklassige Leute heranzuziehen, und bei systematischem Betrieb wird der beste Mann sicherer und schneller in führende Stellung gelangen als je zuvor.

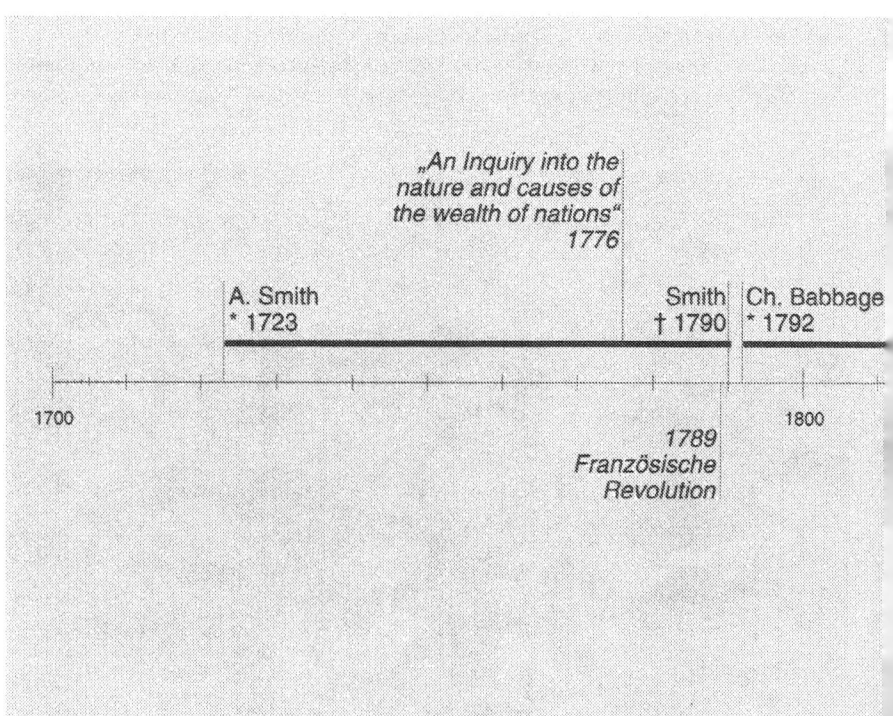

Der Zweck der vorliegenden Abhandlung ist:

(1) An der Hand einer Reihe von einfachen Beispielen zu zeigen, welch einen gewaltigen Verlust unser ganzes Land bei fast allen unseren alltäglichen Handlungen durch das Mißverhältnis zwischen aufgewendeter Arbeit und erzieltem Resultat (dem geringen Nutzeffekt, der inefficiency, wie es die englische Sprache kurz und treffend nennt) erleidet.

(2) Den Leser womöglich davon zu überzeugen, daß das Heilmittel gegen das Mißverhältnis in einem systematischen Betrieb zu suchen ist und nicht in einem ungewöhnlichen oder außerordentlichen Manne.

(3) Zu beweisen, daß die beste Leitung und Verwaltung (Betriebsführung) (management) eine wirkliche Wissenschaft darstellt, basiert auf klar definierten Gesetzen, Regeln und Grundsätzen, die Abhandlung soll weiterhin zeigen, daß die Grundbegriffe solch einer methodischen ‚Verwaltung und Leitung auf wissenschaftlicher Grundlage' (scientific management) sich auf alle Arten menschlicher Tätigkeit anwenden lassen, vom unbedeutendsten persönlichen Willensakt angefangen bis zur Werktätigkeit unserer großen Gesellschaften, die Zusammenarbeit bis ins kleinste verlangen; kurzum, der Leser soll durch eine Reihe von Beispielen die Überzeugung gewinnen, daß überall, wo diese Prinzipien sinngemäß zur Anwendung kommen, wahrhaft erstaunliche Resultate die Folge sind" (S. 4f).

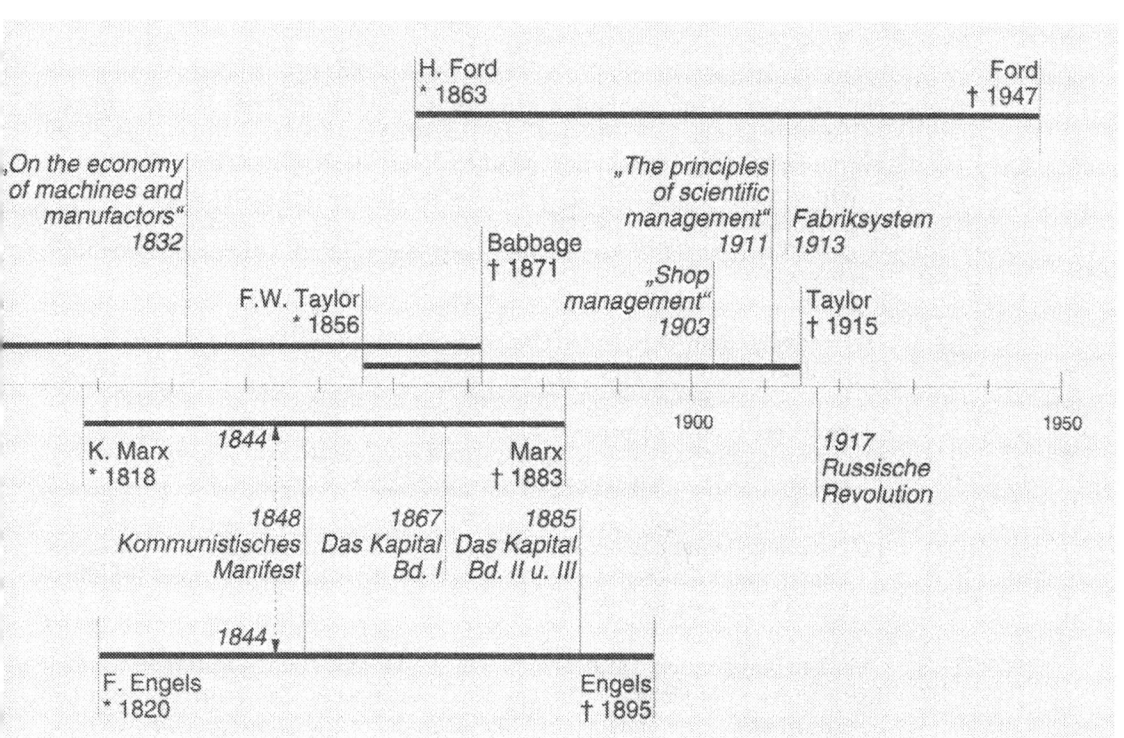

„Fast allgemein hört man die Ansicht vertreten, daß die grundlegenden Interessen des Arbeitgebers und Arbeitnehmers sich unvereinbar gegenüberstehen. Im Gegensatz hierzu liegt einer auf wissenschaftlicher Grundlage aufgebauten Verwaltung als Fundament die unumstößliche Überzeugung zugrunde, daß die wahren Interessen beider Parteien ganz in derselben Richtung liegen, daß Prosperität des Arbeitgebers auf lange Jahre hinaus nur bei gleichzeitiger Prosperität des Arbeitnehmers bestehen kann und umgekehrt; es muß möglich sein, gleichzeitig dem Arbeiter seinen höchsten Wunsch – nach höherem Lohne – und dem Arbeitgeber sein Verlangen – nach geringen Herstellungskosten seiner Waren – zu erfüllen." (S. 8)

„Wenn obige Schlußfolgerung richtig ist, so ergibt sich daraus, daß es das Hauptziel der Arbeiter wie auch der Verwaltung sein sollte, jeden einzelnen in dem Unternehmen anzuleiten und weiter zu schulen, so daß er im schnellsten Tempo und in wohlberechneter Ausnutzung seiner Kräfte die Arbeit, zu der ihn seine Anlage befähigt, erstklassig verrichten kann". (S. 11)

„Das stillschweigende oder offene Übereinkommen der Arbeiter, sich um die Arbeit zu drücken, d.h. absichtlich so langsam zu arbeiten, daß ja nicht eine wirklich ehrliche Tagesleistung zustande kommt (soldiering nennt es der Amerikaner, hanging it out der Engländer, ca canac der Schotte), ist in industriellen Unternehmungen fast allgemein gang und gäbe und besonders im Bauhandwerk recht üblich. Ich glaube, mit der Behauptung, daß dieses „Sich-um-die-Arbeit-Drücken", wie es bei uns meistens genannt wird, das größte Übel darstelle, an dem gegenwärtig die arbeitende Bevölkerung in Amerika und England krankt, keinen Widerspruch fürchten zu müssen. Wenn man dieses „Sich-Drücken" in jeglicher Form ausmerzen und die Beziehungen zwischen Arbeitnehmer und Arbeitgeber so gestalten könnte, daß jeder Arbeiter in freundschaftlicher, enger Fühlung und mit Unterstützung der Leitung möglichst vorteilhaft und schnell arbeitet, so würde sich im Durchschnitt die Produktion jeder Maschine und jedes Arbeiters annähernd verdoppeln". (S. 12f)

Nach Taylor sind die mangelhaften Leistungen auf drei Gründe zurückzuführen:

(1) Der Trugschluß, der von Urzeiten her fast allgemein unter den Arbeitern verbreitet ist, daß eine wesentliche Vergrößerung der Produktion jedes Mannes und jeder Maschine schließlich dazu führen muß, eine große Anzahl von Arbeitern brotlos zu machen.
(2) Die mangelhaften Betriebs- und Verwaltungssysteme, die allgemein verbreitet sind und die jeden Arbeiter zum „Bummeln" zwingen, um seinen eigenen Vorteil zu wahren.
(3) Die unökonomischen Faustregel-Methoden, die sich noch in allen Gewerben finden, und bei deren Anwendung unsere Arbeiter einen großen Teil ihrer Kraft verschwenden." (S. 14f)

„Viel ist von jeher über „Knochenmühlen" geschrieben und gesprochen worden. Der Verfasser hat lebhaftes Mitgefühl mit denen, die „überanstrengt" werden, aber im ganzen genommen mehr Mitleid mit denen, die „unterbezahlt" werden.

Für jeden einzelnen, der sich überanstrengt, kann man hundert finden, die sich absichtlich „unteranstrengen", die zu wenig, bei weitem zu wenig im Verhältnis zu ihrer Leistungsfähigkeit arbeiten, und die deshalb bewußt mithelfen, Verhältnisse zu schaffen, die niedere Löhne zur Folge haben müssen. Und doch erhebt sich kaum eine einzige Stimme, die nach Abhilfe für dieses Übel ruft". (S. 16f)

Das neue System
„Den Leitern fällt es z.B. zu, all die überlieferten Kenntnisse zusammenzutragen, die früher Alleinbesitz der einzelnen Arbeiter waren, sie zu klassifizieren und in Tabellen zu bringen, aus diesen Kenntnissen Regeln, Gesetze und Formeln zu bilden, zur Hilfe und zum Besten des Arbeiters bei seiner täglichen Arbeit. Außer der Aufgabe, hieraus eine Wissenschaft aufzubauen, übernimmt die Leitung noch drei andere Arten von Pflichten, welche neue, schwere Lasten für sie bedeuten. So lassen sich alle diese neuen Pflichten der Verwaltungsorgane in vier Hauptgruppen teilen:

Erstens: Die Leiter entwickeln ein System, eine Wissenschaft für jedes einzelne Arbeitselement, die an die Stelle der alten Faustregel-Methode tritt.
Zweitens: Auf Grund eines wissenschaftlichen Studiums wählen sie die passendsten Leute aus, schulen sie, lehren sie und bilden sie weiter, anstatt, wie früher, den Arbeitern selbst die Wahl ihrer Tätigkeit und ihre Weiterbildung zu überlassen.
Drittens: Sie arbeiten in herzlichem Einvernehmen mit den Arbeitern; so können sie sicher sein, daß alle Arbeit nach den Grundsätzen der Wissenschaft, die sie aufgebaut haben, geschieht.
Viertens: Arbeit und Verantwortung verteilen sich fast gleichmäßig auf Leitung und Arbeiter. Die Leitung nimmt alle Arbeit, für die sie sich besser eignet als der Arbeiter, auf ihre Schultern, während bisher fast die ganze Arbeit und der größte Teil der Verantwortung auf die Arbeiter gewälzt wurde.

Das vierte dieser Elemente, die annähernd gleiche Verteilung der Verantwortung zwischen Leitung und Arbeiter, verlangt eine weitere Erklärung. Die Philosophie des Initiativesystems überträgt dem Arbeiter fast die ganze Verantwortung für die Ausführung der Arbeit, im ganzen wie im einzelnen, in vielen Fällen sogar auch für seine Werkzeuge. Außerdem muß er tatsächlich noch die ganze physische Arbeit leisten. Die Entwicklung einer wissenschaftlichen Methode bringt die Aufstellung einer Menge von Regeln, Gesetzen und Formeln mit sich, welche an Stelle des Gutdünkens des einzelnen Arbeiters treten. Sie können mit Erfolg erst angewendet werden, wenn sie systematisch aufgezeichnet und zusammengestellt sind. Die praktische Anwendung von wissenschaftlichen Aufzeichnungen erfordert auch einen Raum, in dem die Bücher, Statistiken etc. aufbewahrt werden, und einen Tisch, an dem der disponierende Kopfarbeiter arbeiten kann. Alle Kopfarbeit unter dem alten System wurde von dem Arbeiter mitgeleistet und war ein Resultat seiner persönlichen Erfahrung. Unter dem neuen System muß sie notwendigerweise von der Leitung getan werden in Übereinstimmung mit wissenschaftlich entwickelten Gesetzen. Denn selbst wenn der Arbeiter geeignet wäre, solche wissenschaftliche Gesetze zu entwickeln und zu verwerten, so würde es doch physisch für ihn unmöglich sein, gleichzeitig an seiner Maschine und am Pult zu arbeiten. Es ist also ohne weiteres ersichtlich, daß in den meisten Fällen ein besonderer Mann zur Kopfarbeit und ein ganz anderer zur Handarbeit nötig ist" (S. 38f).

Der Eisenverlader Schmidt
„Eine der ersten Arbeiten, die von uns übernommen wurden, als ich begann, meine Ideen bei den Bethlehem-Stahlwerken einzuführen, war das Verladen von Roheisen nach dem Pensumsystem...

Wir stellten fest, daß in dieser Kolonne jeder einzelne durchschnittlich ungeführt 12,5t pro Tag verlud; zu unserer Überraschung fanden wir aber bei eingehender Untersuchung, daß ein erstklassiger Roheisenverlader nicht 12,5 sondern 47 bis 48t pro Tag verladen sollte. Dieses Pensum erschien uns so außerordentlich groß, daß wir uns verpflichtet fühlten, unsere Berechnung wiederholt zu kontrollieren, bevor wir unserer Sache vollkommen sicher waren. Einmal jedoch davon überzeugt, daß 47t eine angemessene Tagesleistung für einen erstklassigen Roheisenverlader bedeuteten, stand uns klar vor Augen, was wir als Arbeitsleiter auf Grund der neuen Ideen zu tun hatten. Wir mußten darauf sehen, daß jeder Mann pro Tag 47t verlud, anstatt 12,5t wie bisher. Wir mußten ferner darauf sehen, daß diese Arbeit ohne einen Ausstand, ohne Streitigkeiten mit den Arbeitern getan würde, und daß die Leute beim Verladen von täglich 47t freudiger und zufriedener wären als bei den 12,5t von früher.

Unser erstes war es, die rechten Leute herauszufinden, denn „Eines schickt sich nicht für alle". Das neue System macht es zur unbeugsamen Regel, bei Verhandlungen mit Arbeitern immer nur einen einzelnen Mann auf einmal vorzunehmen. Denn jeder Arbeiter hat seine engbegrenzten Fähigkeiten, und wir wollen die Arbeiter nicht en masse behandeln, sondern nach Möglichkeit jeden einzelnen Mann für sich zur höchsten Kraftverwertung (efficiency) und Prosperität heranziehen. Unser erster Schritt war also, den rechten Mann zu finden, mit dem man anfangen konnte. Wir beobachteten deshalb die fraglichen 75 Mann sorgfältig etwa drei oder vier Tage lang. Schließlich waren wir auf vier Leute aufmerksam geworden, die körperlich geeignet erschienen, täglich 47t Roheisen zu verladen. Jeder einzelne von diesen Leuten wurde dann zum Gegenstand eines sorgfältigen Studiums gemacht. Wir gingen ihrem Vorleben nach, soweit dies praktisch durchführbar war, eingehende Untersuchungen wurden angestellt bezüglich ihres Charakters, ihrer Gewohnheiten und ihres Ehrgeizes. Schließlich suchten wir einen unter den Vieren aus als denjenigen, mit dem man am besten beginnen konnte. Es war ein untersetzter Pennsylvanier deutscher Abstammung, ein sog. Pennsylvania Dutchman. Unserer Beobachtung nach legte er nach Feierabend seinen ungefähr halbstündigen Heimweg ebenso frisch zurück wie morgens seinen Weg zur Arbeit. Bei einem Lohn von 1,15 Doll. pro Tag war es ihm gelungen, ein kleines Stück Grund und Boden zu erwerben. Morgens, bevor er zur Arbeit ging, und abends nach seiner Heimkehr arbeitete er daran, die Mauern für sein Wohnhäuschen darauf aufzubauen. Er galt für außerordentlich sparsam. Man sagte ihm nach, er messe dem Dollar einen außerordentlich Wert bei; wie

F. W. Taylor und Henry Ford   311

einer der Leute, mit dem wir über ihn sprachen, sagte, hatte sein Pfennig für ihn eine Bedeutung, als ob er so groß wie ein Wagenrad wäre.

Diesen Mann wollen wir Schmidt nennen.

Unsere Aufgabe bestand nunmehr darin, Schmidt dazu zu bringen, 47t Roheisen pro Tag zu verladen, seine Lebensfreude jedoch nicht zu stören, ihn im Gegenteil froh und glücklich darüber zu machen. Dies geschah in folgender Weise. Schmidt wurde unter den anderen Eisenverladern herausgerufen und etwa folgende Unterhaltung mit ihm geführt:

„Schmidt, sind Sie eine erste Kraft?"

„Well, – ich verstehe Sie nicht."

„O ja, Sie verstehen mich ganz gut. Ich möchte wissen, ob Sie eine erste Kraft sind oder nicht?"

„Ich kann Sie nicht verstehen."

„Heraus mit der Sprache! Ich möchte wissen, ob Sie eine erste Kraft sind oder einer, der den übrigen billigen Arbeitern gleicht. Ich möchte wissen, ob Sie Doll. 1,85 pro Tag verdienen wollen oder ob Sie mit Doll. 1,15 zufrieden sind, d.h. mit dem, was diese billigen Leute da bekommen."

„1,85 Doll. pro Tag verdienen wollen, heißt man das eine erste Kraft? Well, dann bin ich so einer."

„Sie machen mich ärgerlich. Freilich wollen Sie 1,85 Doll. pro Tag, das will jeder. Sie wissen recht gut, daß das sehr wenig damit zu tun hat, ob Sie eine erste Kraft sind. Antworten Sie endlich auf meine Fragen und stehlen Sie mir nicht meine Zeit! Kommen Sie hierher; sehen Sie diesen Haufen Roheisen?"

„Ja."

„Sehen Sie diesen Waggon?"

„Ja."

„Wenn Sie eine erste Kraft sind, dann laden Sie dieses Roheisen morgen für 1,85 Doll. in den Waggon! Nun wachen Sie auf und antworten Sie auf meine Fragen! Sagen Sie mir, sind Sie eine erste Kraft oder nicht?"

„Well, bekomme ich 1,85 Doll., wenn ich diesen Haufen Roheisen morgen auf den Wagen da lade?"

„Ja, natürlich, und tagtäglich, jahraus, jahrein bekommen Sie 1,85 Doll. für jeden solchen Haufen, den Sie verladen; das ist, was eine erste Kraft tut."

„Well, dot's all right. Ich kann also dieses Roheisen morgen für 1,85 Doll. auf den Wagen laden und bekomme das jeden Tag, ja?"

„Gewiß, gewiß."

„Well, dann bin ich eine erste Kraft."

„Nur langsam, guter Freund! Sie wissen so gut wie ich, daß eine erste Kraft vom Morgen bis zum Abend genau das tun muß, was ihr aufgetragen ist. Sie haben diesen Mann schon vorher gesehen, nicht?"

„Nein, nie."

„Wenn Sie nun eine erste Kraft sind, dann werden Sie morgen genau tun, was dieser Mann Ihnen sagt, und zwar von morgens bis abends. Wenn er sagt, Sie sollen einen Roheisenbarren aufheben und damit weitergehen, dann haben Sie ihn auf und gehen damit weiter! Wenn er sagt, Sie sollen sich niedersetzen und ausruhen, dann setzen Sie sich hin! Das tun Sie ordentlich den ganzen Tag über. Und was noch dazu kommt, keine Widerrede! ‚Eine erste Kraft' ist ein Arbeiter, der genau tut, was ihm gesagt wird, und nicht widerspricht. Verstehen Sie mich? Wenn dieser Mann zu Ihnen sagt: Gehen Sie!, dann gehen Sie, und wenn er sagt: Setzen Sie sich nieder!, dann setzen Sie sich und widersprechen ihm nicht."

Das scheint wohl eine etwas rauhe Art, mit jemandem zu sprechen, und das würde es auch tatsächlich sein einem gebildeten Mechaniker oder auch nur einem intelligenten Arbeiter gegenüber. Jedoch bei einem Mann von der geistigen Unbeholfenheit unseres Freundes ist es vollständig angebracht und durchaus nicht unfreundlich, besonders da es seinen Zweck erreichte, sein Augenmerk auf die hohen Löhne zu lenken, die ihm in die Augen stachen, und ihn ablenkte von dem, was er wahrscheinlich als unmöglich harte Arbeit bezeichnet hätte, wenn er darauf aufmerksam gemacht worden wäre..."

Grundgedanken für das Organisationswesen.

Wie auf der einen Seite die Chefs und Meister bei jeder erstmaligen Arbeit eines Kommis, Gehilfen, Lehrlings etc. solange mitarbeiten und sie im Auge behalten müssen, bis die Garantie für dauerndes Gelingen, für dauernd richtige Erledigung gegeben ist, so müssen die Untergebenen hierzu beitragen, indem sie zwar sich zunächst redlich bemühen selbständig es recht zu machen, trotzdem aber schon im Anfangsstadium ihre Arbeit dem Meister oder Chef zur Prüfung vorlegen. Auf jede mögliche Weise muss das Verstecken, Verschleiern, Verheimlichen, kurz die Unwahrheit verhindert werden.

Es muss daher der Vorgesetzte sich Mühe geben, aus den bei der Prüfung gefundenen Fehlern nicht Vorwürfe zu konstruieren, sondern er muss der gütige Helfer und Freund des schwächeren Untergebenen sein, damit dieser gerne zur Prüfung und zum Entscheid zu ihm kommt.

Ein frühzeitig erkannter Fehler lässt sich meist leicht wieder gut machen, ein verheimlichter zieht oft schwere Folgen nach sich. Deshalb soll man wegen eines selbstbekannten Fehlers durchaus nicht tadeln, sondern nur Fürsorge gegen dessen Wiederkehr treffen, — dagegen Verheimlichungen und Uneinsichtigkeit, überhaupt Unwahrheiten energisch rügen. Wenn aber ein Untergebener durchaus nicht zur Wahrheit zu erziehen ist, soll man ihn besser entlassen. Der interne Verkehr muss unbedingt ein offener, wahrer sein, sonst kommt man vor lauter Untersuchungen nicht an die Arbeit. Wo die Untersuchung aber dennoch nötig ist, muss man sie bis auf den Grund führen.

Wenn auch der Untergebene, besonders bei erstmaliger Erfüllung einer Funktion, diese häufig dem Vorgesetzten zur Prüfung vorlegen soll, da er anderfalls die Verantwortung zu tragen hat, so soll er sich doch

Abb. D.I.3 (ZfO 1901)

Dokument I.1   Henry Ford

Mein Leben und Werk

Henry Ford (1863 – 1947) gilt als Erfinder des Fabriksystems. Zwischen 1908 und 1927 wurd sein legendäres T-Modell über 15 Millionen mal verkauft. Durch Einführung der Fließbandmontage erzielte Ford bei der Automobilproduktion eine enorme Produktivitätssteigerung. Zugleich waren damit große Probleme mit den Fabrikarbeitern verbunden. Zeitweilig betrug die Fluktuationsrate bis zu 60 Prozent der Belegschaft im Monat. Als Gründe wurden Monotonie und Arbeitshetze durch zu schnelle Fließbandzeiten genannt. Ford versuchte, dem entgegenzuwirken, indem er den damaligen Standardindustrielohn verdoppelte. Zwischen 1937 und 1941 wurde Henry Ford wegen Nichtteilnahme an Tarifverhandlungen und fehlender gewerkschaftlicher Vertretung vor das National Labor Relations Board zitiert. Der folgende Auszug setzt sich mit den Grundregeln der Montage auseinander.

Die eigentliche Produktion (Ford 1923, S. 92–94)
„Ein Fordwagen besteht aus rund 5000 Teilen – Schrauben, Muttern usw. mitgerechnet. Einige sind ziemlich umfangreich, andere hingegen nicht größer als Uhrteilchen. Bei den ersten Wagen, die wir zusammensetzten, fingen wir an, den Wagen an einem beliebigen Teil am Fußboden zusammenzusetzen, und die Arbeiter schafften die dazu erforderlichen Teile in der Reihenfolge zur Stelle, in der sie verlangt wurden, – ganz so wie man ein Haus baut. Als wir anfingen, Teile herzustellen, ergab es sich ganz von selbst, daß man für jeden Teil eine bestimmte Fabrikabteilung einrichtete, meist machte ein und derselbe Arbeiter sämtliche Verrichtungen, die zur Herstellung eines kleinen Teiles erforderlich waren. Das rasche Wachstum und Tempo der Produktion machte jedoch sehr bald das Ersinnen neuer Produktionspläne erforderlich, um zu vermeiden, daß die verschiedenen Arbeiter übereinander stolperten. Der ungelernte Arbeiter verwendet mehr Zeit mit Suchen und Heranholen von Material und Werkzeugen als mit Arbeit und erhält dafür geringen Lohn, da das Spazierengehen bisher immer noch nicht sonderlich hoch bezahlt wird.

Der erste Fortschritt in der Montage bestand darin, daß wir die Arbeit zu den Arbeitern hinschafften, statt umgekehrt. Heute befolgen wir zwei große allgemeine Prinzipien bei sämtlichen Verrichtungen – einen Arbeiter, wenn irgend möglich, niemals mehr als nur einen Schritt tun zu lassen und nirgends zu dulden, daß er sich bei der Arbeit nach den Seiten oder vornüber zu bücken braucht.

Die bei der Montage befolgten Grundregeln lauten:

(1) Ordne Werkzeuge wie Arbeiter in der Reihenfolge der bevorstehenden Verrichtungen, so daß jeder Teil während des Prozesses der Zusammensetzung einen möglichst geringen Weg zurückzulegen hat.
(2) Bediene dich der Gleitbahnen oder anderer Transportmittel, damit der Arbeiter nach vollendeter Verrichtung den Teil, an dem er gearbeitet hat, stets an dem gleichen Fleck – der sich selbstverständlich an der handlichsten Stelle befinden muß – fallen lassen kann. Wenn möglich, nutze die Schwerkraft aus, um den betreffenden Teil dem nächsten Arbeiter zuzuführen.
(3) Bediene dich der Montagebahnen, um die zusammenzusetzenden Teile in handlichen Zwischenräumen an- und abfahren zu lassen.

Das Nettoresultat aus der Befolgung dieser Grundregeln ist eine Verminderung der Ansprüche an die Denktätigkeit des Arbeitenden und eine Reduzierung seiner Bewegungen auf das Mindestmaß. Nach Möglichkeit hat er ein und dieselbe Sache mit nur ein und derselben Bewegung zu verrichten." (S. 92 f)
„Ich glaube, es war die erste bewegliche Montagebahn, die je eingerichtet wurde. Im Prinzip ähnelte sie den Schiebebahnen, deren sich die Chikagoer Fleischpacker bei der Zerlegung der Rinder bedienen. Früher, als der ganze Herstellungsprozeß bei uns noch in den Händen eines einzigen Arbeiters ruhte, war der Betreffende imstande, fünfunddreißig bis vierzig Magnete in einem neunstündigen Arbeitstag fertigzustellen, d. h. er brauchte ungefähr zwanzig Minuten pro Stück. Später wurde seine Arbeit in neunundzwanzig verschiedene Einzelleistungen zerlegt und die Zeit für die Zusammenstellung dadurch auf dreizehn Minuten, 10 Sekunden herabgedrückt. Im Jahre 1914 brachten wir die Bahn acht Zoll höher an, dadurch wurde die Zeit auf sieben Minuten vermindert. Weitere Versuche über das Tempo der zu leistenden Arbeit setzt die Verrichtungszeit auf fünf Minuten herab. Kurz ausgedrückt ist das Ergebnis folgendes: mit Hilfe wissenschaftlicher Experimente ist ein Arbeiter heute imstande, das Vierfache von dem zu leisten, was er vor noch verhältnismäßig sehr wenigen Jahren zu leisten vermochte. Die früher gleichfalls von nur einem Arbeiter verrichtete Zusammensetzung des Motors zerfällt heute in achtundvierzig Einzelverrichtungen – und die betreffenden Arbeiter leisten das Dreifache von dem, was früher geleistet wurde." (S. 94 f)

II.
Sichtweisen und Methoden der Technikfolgenabschätzung und -bewertung

Dokument II.1 Von den Technikfolgen zur -genese

Solange technische Erneuerungen als naturwüchsige Entwicklungen gelten, ist es nicht notwendig, die Quellen der technischen Entwicklung zu hinterfragen. Mit diesem Verständnis technischer Entwicklung hat die Untersuchung der Folgen von Technik Vorrang. Die Untersuchung der Folgen wird jedoch mit steigender Komplexität der technischen Entwicklung schwieriger. Die steigende Komplexität technischer Folgen läßt sich anhand dreier Tendenzen aufzeigen (die folgenden Literaturquellen beziehen sich auf Rammert 1993):

(1) Die Vielfalt technischer Neuerungen nimmt zu. Technikfolgen lassen sich nicht mehr mit einfachen Ursache-Folge-Erklärungen bestimmen, sondern ergeben sich aus multi-linearen Beziehungen. Das Spektrum der Folgen und Nebenfolgen erweitert sich bei jeder Änderung und sogar mit jeder Vermutung neuer Folgen. Dieses Phänomen tritt insbesondere bei der Vernetzung technischer Systeme auf.
(2) Das steigende Tempo zeigt sich in der zunehmenden Vielfalt der Technik und in der kürzeren Zeit zwischen der Idee und dem Produkt. Außerdem muß die Technikfolgenabschätzung ihrem Charakter nach wie in der Fabel vom Hasen und dem Igel immer der technischen Entwicklung hinterherhinken.
(3) Technik wird vermehrt als sozial elastischer Faktor erkannt. Aufgrund ihrer Mehrdeutigkeit können Technikfolgen nicht einfach als gewünscht oder unerwünscht, nützlich oder schädlich, sozial verträglich oder unverträglich bestimmt werden. Unterschiedliche Bewertungen kommen durch unterschiedliche Interessenlagen zustande.

Ein sinnvoller Weg scheint in dieser komplexen Situation zu sein, die Aufklärung der sozialen Entwicklungsdynamik von Technik zur Aufgabe techniksoziologischer Untersuchungen zu machen. Mit der Überwindung der Trennung zwischen Technik und Sozialem liegt auch die gemeinsame Betrachtung von Folgen und Ursprung der Technik nahe, wie es die Technikgeneseforschung beabsichtigt.

Technikgeneseforschung kann als Zusammenführung sozialwissenschaftlicher Arbeiten, die sich speziell mit dem Entstehungsprozeß von Technik befassen, beschrieben werden (Rammert 1993, S. 29). Die Aufgaben in diesem Bereich werden von Rammert in drei Schwerpunktbereiche gegliedert (Rammert 1993, S. 34):

- In zeitlicher Hinsicht ist der gesamte Ablauf der Technikentwicklung zu beachten. Dabei sind insbesondere die Wechselwirkungen verschiedener Phasen und die Eigendynamik einzelner Phasen auszuweisen.
- In sozialer Hinsicht sollte die Beeinflussung der technischen Entwicklung durch die Strukturen der beteiligten gesellschaftlichen Teilbereiche auf der einen Seite und der Einfluß verschiedener Strategien zur Technisierung einzelner Akteure auf der anderen Seite untersucht werden.
- In sachlicher Hinsicht ist stärker zwischen verschiedenen Technologien zu unterscheiden. Die Untersuchungen bezüglich einer Technologie lassen sich nur schwer auf andere Technologien übertragen, da die Prägungen ihrer Entwicklungen in sozialer und zeitlicher Hinsicht sich unterscheiden.

Um die technischen Entwicklungen in ihrer Gesamtheit zu erfassen, bietet es sich an, ihren zeitlichen Ablauf in verschiedene Phasen zu untergliedern. Rammert schlägt dazu folgende drei Phasen vor (Rammert 1993, S. 39ff):

(1) Am Anfang steht die Phase der Forschung. Hier geht es darum, wie Ideen für technische Entwicklungen generiert werden. Die Technikgenese vollzieht sich in dieser frühen Phase hauptsächlich in den institutionalisierten Forschungseinrichtungen, wie es universitäre, staatliche oder industrielle Labors sind, aber auch in freien Projekten oder in Werkstätten. Die Orientierung der technischen Entwicklung in dieser Phase ist nur schwer zu bestimmen. Unspezifische Zielprogramme, infrastrukturelle Rahmenbedingungen, aber auch bestimmte Forschungstraditionen und -kulturen, haben einen Einfluß auf das Such- und Probierhandeln in dieser Phase.
(2) Dann kommt die Phase der technischen Neuerung, in der sich das Tempo und die Richtung der Technikentwicklung entsprechend eines ‚Nachfragesogs' oder eines ‚Neuerungsschubs' ausrichtet. Diese beiden Begriffe sind nicht unbedingt nur ökonomisch zu verstehen. Auch politische und kulturelle Einflüsse, wie beispielsweise Förderprogramme, Patente oder Normierungen, tragen zur Ausrichtung technischer Neuerungen bei.
(3) Die Phase der Techniknutzung betrifft den konkreten Technikeinsatz und seine Ausgestaltung. Sie ist die letzte Phase.

Die Vielfalt der technischen Entwicklungen und die Wechselwirkungen zwischen den verschiedenen Phasen machen es schwer, Kausalitäten im Ablauf der Entwicklung zu erkennen und nachzuweisen. Rammert schlägt vor, den Ablauf der Entwicklung zu erkennen und nachzuweisen und den Ablauf als sozialen

Evolutionsprozeß zu verstehen. In Anlehnung an die allgemeine Evolutionstheorie unterscheidet er im Prozeß der Technikentwicklung die Teilprozesse der Variation, Selektion und Stabilisierung. Mit ihnen kann der gesamte Ablauf der Technikentwicklung systematisiert werden. Sie stellen die oben genannten drei Phasen der Technikforschung, der technischen Neuerung und der Technikgestaltung in einen wechselseitigen Zusammenhang, der eine reine zeitliche Aneinanderreihung überwindet.

(1) In dem Teilprozeß der Variation geht es um die Erzeugung verschiedener technischer Varianten. Technischer Wandel vollzieht sich dabei nicht unbedingt in großen Sprüngen, sondern eher als vielfältiger, endloser Zuwachs kleiner Modifikationen und Vervollkommnungen. Neuerungen entstehen, indem bestehende Techniken neu kombiniert oder in andere Milieus übertragen werden. Ideen zur Technisierung von Vorgängen entspringen demnach einer Sammlung von Möglichkeiten, die durch technische Erfahrungen aus den unterschiedlichsten Bereichen gespeist wird. Der Variationsprozeß im Zusammenhang mit der Technikentwicklung findet vornehmlich, aber nicht ausschließlich in der frühen Phase der Forschung statt.

(2) Die gesellschaftliche Selektion zwischen verschiedenen technischen Varianten geschieht nicht nur durch technische Auswahlkriterien, sondern auch durch ökonomische, politische und kulturelle Einflüsse. Die Variante, die sich in dem Selektionsprozeß durchsetzt, stellt häufig nicht ‚the one best way' im technischen Sinne dar, sondern es behauptet sich die Lösung, die die relevanten Auswahlkriterien als erste befriedigend erfüllt. Um die gesellschaftliche Selektion bestimmter technischer Alternativen zu untersuchen, gilt es, diese verschiedenen – ökonomischen, politischen, kulturellen – Auswahlkriterien zu bestimmen und auch ihre Verknüpfungen zu berücksichtigen (Die Ausrichtungen von Videosystemen auf VHS kann als hart umkämpfter Selektionsprozeß angesehen werden). Der hier beschriebene gesellschaftliche Selektionsprozeß spielt sich vornehmlich in der Phase der technischen Neuerung ab. Mit den Konzepten des ‚Nachfragesogs' und des ‚Neuerungsschubs' lassen sich aber Verbindungen zu den anderen beiden Phasen aufzeigen.

(3) Die gesellschaftliche Stabilisierung einer technischen Neuerung führt zur Festlegung auf die eingeschlagene Entwicklungsrichtung. Die Stabilisierung setzt in der Regel mit dem Einsatz der Technik und der damit verbundenen Etablierung bestimmter Nutzungskonzepte ein. Selbst, wenn es durch die Prozesse der Variation und Selektion zu Vorprägungen der technischen Entwicklung kommt, kann die Technisierung auch in dieser Phase noch als elastischer Faktor angesehen werden. Als extreme Form für den Einfluß dieser späten Phase kann es zur gesellschaftlichen Verwerfung einer technischen Neuerung kommen, wenn sich kein allgemein akzeptiertes Nutzungskonzept findet, wie zum Beispiel beim Bildschirmtext (Btx). Es finden aber auch Vorgänge der gesellschaftlichen Nachahmung statt, die Vervollkommnungen und Ergänzungen der eingeschlagenen Richtung mit sich bringen. So entstehen ergänzende Anschlußtechniken, die zu komplexen, technischen Systemen vernetzt werden. Schließlich kann es durch den Stabilisierungsprozeß

zur Dominanz einer technischen Ausrichtung oder sogar zu einer technischen Monokultur kommen. Durch die gesellschaftliche Spezialisierung auf eine Technik können enorme Wirkungsgrade erreicht werden, aber auch eine Abhängigkeit und eine mangelnde Flexibilität entstehen. Als Musterbeispiel kann die gesellschaftliche Bindung an das Automobil mit dem dazugehörigen Verkehrssystem gelten.

Bernd Wolff

Dokument II.2 Darstellung und Bewertung von TA-Methoden

Für die Darstellung und Bewertung von TA-Methoden wurden die im Anhang der VDI-Richtlinie 3780 dargestellten Methoden als repräsentativer Querschnitt ausgewählt und um weitere interessante Methoden ergänzt. Die hier dargestellte Auswahl beschreibt bekannte Verfahren der TA-Methodik.

Es gibt keine allgemeingültige TA-Methode zur Bewertung von Technik, sondern die hier dargestellten Methoden können nur als Bausteine eines situativen Konzeptes dienen.

Die Auswahl von TA-Methoden für ein solches Konzept hängt von der Schwerpunktsetzung und den Interessen der Auftraggeber ab: so werden z.B. Risiko-Analysen dafür eingesetzt, eine Basis für die Früherkennung und Prävention von negativ bewerteten Folgen zu liefern, während z.B. Szenarien eher der Ermittlung von Alternativen und Optionen sowie einer Verdeutlichung von explizit und implizit eingeflossenen Interessen und Entscheidungen dienen.

Eine Kategorisierung der Methoden ist unter verschiedenen Gesichtspunkten möglich. Üblich ist eine Unterscheidung qualitativer von quantitativen Methoden, eine Unterscheidung nach Herkunft der Methoden (z.B. Ökonomie, Soziologie, Technik, Militär etc.) oder nach Art der unterstützten Phasen (z.B. Definition und Strukturierung des Problems, Folgenabschätzung, Bewertung, Entscheidung).

Die hier gewählte Klassifikation zielt, um nicht „Äpfel mit Birnen" zu vergleichen, auf die strukturellen Gemeinsamkeiten der TA-Methoden ab: diskursive, zeitorientierte, systematische und graphentheoretische Methoden.

Viele der hier vorgestellten Methoden basieren auf der klassischen Entscheidungslehre von M. Weber, deren Grundlage das Prinzip der Zweckrationalität ist: dieses Handlungsprinzip orientiert sich ausschließlich an der Verwirklichung eines bestimmten Zieles mit den wirksamsten Mitteln und unter rationaler Abwägung möglicher Folgen und Nebenwirkungen. Dem steht ein Handeln nach übergeordneten normativen Gesichtspunkten (Wertrationalität) gegenüber.

Die klassischen TA-Methoden beruhen meist auf einem passiv-kontinuierlichen Weltbild; ihnen wird die Annahme zugrunde gelegt, daß die sich abzeichnenden Entwicklungen ihre Richtung und ihren Impuls unverändert beibehalten. Typisch hierfür ist z.B. die Trendextrapolation: sie hat schon viele Wahlergebnisse gut vorhergesagt, jedoch hat sie dort große Schwächen, wo sich die zu betrachtenden Zeiträume auf Monate oder gar Jahre ausdehnen.

Dagegen akzeptieren die neueren TA-Methoden die reale und sich ständig verändernde Heterogenität unserer Umwelt: hier wird diskursiv versucht, unter Berücksichtigung der unzähligen Optionen, mögliche Szenarien und Visionen zu entwickeln, die weniger Wert auf eine exakte Quantifizierung als auf die Qualität der zukünftigen Lebenswelt legen.

Für einige Anwendungsfälle z.B. bei der Bewertung von Großprojekten sind bestimmte TA-Methoden im Planungsrecht gesetzlich vorgeschrieben, jedoch werden diese hier nicht besonders hervorgehoben.

Im nachfolgenden Methodenteil befindet sich je Methode eine kurze Beschreibung und eine Kritik bzw. Bewertung ihrer Nützlichkeit Auf Methoden der Modellbildung und Simulation sowie der Optimierung wird hier verzichtet.

1. Diskursive Methoden

Viele der diskursiven Methoden stammen aus der Gruppentechnik von Soziologie oder Ökonomie. Ihnen ist gemeinsam, daß mehrere Experten und/oder Laien miteinander kommunizieren, um ein Problemfeld zu erörtern. Die meisten diskursiven Methoden unterstützen die Kriterien der Anwendung und Gestaltung von IT gut, da durch die Methode des Diskurses eine monokausal und eingeschränkte Perspektive verhindert wird. Wie stark Angemessenheit einer Technik in bezug auf den jeweils vorliegenden Anwendungskontext, Partizipation und Evolutivität (Einflußmöglichkeit auf den jeweiligen Gestaltungsprozeß, bevor die entsprechende Technik eingeführt wird) tatsächlich in den Anwendungs- und Gestaltungskontext integriert werden, hängt allerdings von der Motivation, dem Kenntnisstand, der Macht und den Interessen der am Diskurs beteiligten Akteure ab.

Brainstorming

Als Brainstorming bezeichnet man eine Methode zum Sammeln und Gewinnen von Ideen. Zu einer vorgegebenen Fragestellung werden zunächst alle Einfälle eines großen und heterogenen Kreises von Personen frei assoziativ geäußert und protokolliert, ohne daß diese kommentiert werden. Nach Ende der in der Regel kurzen Gesprächssitzung werden diese Einfälle dann eingehend ausgewertet. Die Betonung beim Brainstorming liegt auf der freien und unkommentierten Assoziation von Gedanken.

Die Stärke des Brainstorming besteht darin, daß es sich relativ spontan und ohne großen Aufwand organisieren läßt. Von den Beteiligten erfordert diese Methode allerdings Disziplin, sich zu einem Thema frei zu äußern, ohne die Meinung anderer zu kommentieren. Wichtig ist auch, daß diese Gruppe möglichst heterogen zusammengesetzt ist, damit sich eine möglichst breite Basis bei der Ideenfindung bildet.

Durch eine Auswahl und Beteiligung von Personen, die von dem zu gestaltenden IT-System unmittelbar und mittelbar betroffen sind, ist ein erster Schritt in Richtung Partizipation getan. Es sollte aber die Heterogenität der Gruppe im Vordergrund stehen, das heißt es sollten auch „problemfremde" Personen beteiligt werden. Da meist direkt assoziierte Begriffe zu dem Problemkreis geäußert werden, kann eine Offenlegung von Leitbildern und Interessen der Beteiligten während eines Brainstorming gut funktionieren.

Synektik

Methodisch ist die Synektik dem Brainstorming nahe, nur daß das Gruppengespräch hierbei über einen längeren Zeitraum erfolgt, den Beteiligten mehr Fachwissen zur Verfügung gestellt wird und die Diskussion systematisch moderiert wird.

Dabei wird eine kleine Zahl von hochqualifizierten und kreativen Personen mehrere Monate lang in dieser Problemstellung unterrichtet, um ein gemeinsames Problembewußtsein (sog. „Brain-Trust") zu schaffen. Durch Betrachtung aus möglichst unterschiedlichen Perspektiven und Analogiebildung zu verwandten Bereichen wird sukzessive eine Lösung erarbeitet.

Der Nachteil liegt im hohen Zeitbedarf. Ein Vorteil ist, daß die Experten die komplexen Aspekte des Problems begreifen.

Delphi-Methode

Bei der Delphi-Methode werden ausgewählte Experten zu einer bestimmten Fragestellung aufgefordert, Position zu beziehen. Es muß ein Fragebogen anonym ausgefüllt werden. Durch wiederholte Veröffentlichung der Ergebnisse innerhalb des Expertenzirkels und anschließende Revision auf Grundlage der Gruppenbeurteilung werden die verschiedenen Standpunkte überprüft und präzisiert.

Der Erfolg der Delphi-Methode steht und fällt mit der Auswahl der beteiligten Experten: wird ein sehr breites, heterogenes Expertenspektrum gewählt, so kann es zu sehr unterschiedlichen Lösungsansätzen kommen – wird ein sehr enges Spektrum von Experten ausgewählt, von denen mitunter einige noch an der betreffenden Technikentwicklung beteiligt sind, kann es zu einem oft opportunistischen Vorschlägen kommen. Eher unkonventionelle Lösungen können auf der Strecke bleiben.Bei der Delphi-Methode sollte auf die Offenlegung von Interessen und Motivationen der mitwirkenden Experten verstärkt geachtet.

Seer-Technik

Die Seer-Technik ist der Delphi-Methode verwandt: in jeder Runde werden die Ergebnisse anderen Experten unterbreitet. Dabei werden extreme Positionen und Lösungsansätze genauer untersucht und auch Gruppendiskussionen erlaubt. Zur Urteilsfindung der Gruppe wird schließlich die Delphi-Methode verwendet.

Damit wird versucht, der Tendenz der Bildung von Meinungsmonopolen durch die beteiligten Experten entgegenzuwirken. Die Seer-Technik behebt einige Mängel der Delphi-Methode, wobei eine mehrheitliche Abstimmung über die erarbeiteten Ergebnisse zu kritisieren ist. Fraglich ist außerdem, wann einem die Experten (oder das Honorarbudget) für die Besetzung mehrerer Runden ausgehen.

Akteurs-Modell

Das Akteurs-Modell ist ein Rollenspiel, bei welchem jeder Akteur aufgrund bestimmter Vorgaben eine Rolle übernimmt: im Dialog mit den anderen Akteuren soll jeder Akteur seine Interessen artikulieren und diese mit legitimen Mitteln, also im Rahmen der Spielregeln, durchsetzen.

Durch das Akteurs-Modell wird ein weiterer Schritt zur Partizipation der Betroffenen möglich, vorausgesetzt die Betroffenen werden auch beteiligt: durch die Festlegung von wenigen Spielregeln (z.B. keine gesetzeswidrigen Handlungen, Kantscher kategorischer Imperativ) wird den Beteiligten ein größtmöglicher Spielraum für die Gestaltung des Problemfeldes gelassen.

Die Kriterien der Anwendung und Gestaltung von IT werden – nahezu selbstorganisiert – durch die verschiedenen Akteure in ihrem eigenen Interesse wahrgenommen und vertreten.

Ein weiterer Vorteil ist, daß solche Rollenspiele spontan und mit geringem Aufwand durchgeführt werden können. Auch läßt sich diese Methode gut zur Entwicklung von Szenarien (siehe 2.3.) einsetzen. Sicherzustellen ist nur, daß die einzelnen Akteure ihre Position im Wechselspiel mit den anderen für die Mehrheit überzeugend darstellen.

Interview

Das Interview wird als Methode meist von der Marktforschung oder Soziologie verwendet, um eine für einen bestimmten Personenkreis repräsentative Meinung zu erfassen. Dabei werden anhand eines vorstrukturierten Fragebogens durch den Interviewer viele Personen befragt, um eine statistisch relevante Tendenz zu ermitteln.

Das Interview setzt voraus, daß nicht etwa nur eine bestimmte Personengruppe befragt wird, die für ihre vorgefaßte Meinung bekannt ist. Der Interviewer kann durch die Art der Fragestellung den Befragten suggestiv beeinflussen.

Inwieweit Kriterien für die Gestaltung und Anwendung von IT berücksichtigt werden, hängt von den Fragestellungen des Interviewers ab. Das Interview kann zu den, Partizipation-unterstützenden Methoden gezählt werden.

Planungszellen

Das Konzept der Planungszelle beruht auf der Erstellung von sog. Bürgergutachten durch Nicht-Experten. Eine Planungszelle besteht aus etwa 25 zufällig ausgewählten Laien, die befristet, vergütet und von weiteren Verpflichtungen freigestellt, in Gruppenarbeit eine vorgegebene Aufgabenstellung bearbeiten. Dabei werden sie von zwei Fachreferenten beraten und zwei Prozeßbegleitern betreut.

In dieser Zeit sind den Teilnehmern alle erforderlichen und konträren Informationen zugänglich. Zudem können sie auf diverse Experten zurückgreifen, die ihnen fachspezifische Fragen beantworten oder mit ihnen diskutieren. Die Ergebnisse dieser Gruppenarbeit werden geordnet und zu einem Gutachten zusammengefaßt.

Bisherige Erfahrungen zeigen, daß die nicht-expertenhafte Herangehensweise zu überraschend fortschrittlichen und umsichtigen Ergebnissen führt. Experten haben häufig eine eingeschliffene Herangehensweise an Problemstellungen.Dienel, auf den die Idee der Planungszelle zurückgeht, sieht sich oft der Kritik ausgesetzt, diese Gutachten seien teuer, könnten – weil zu idealistisch und abenteuerlich – gar nicht klappen, und seien rechtlich nicht vorgesehen. Planungszellen können das Selbst- und Gruppenbewußtsein stärken, sie weckt die Neugier der Beteiligten für politische, wirtschaftliche und soziale Zusammenhänge. Diese unkonventionellen Methode verfügt durch die bewußte Passivierung von Experten über eine neuartige Qualität

2. Zeitorientierte Methoden

Ein Zeitaspekt ist bei allen TA-Methoden vorhanden, jedoch bei den folgenden Methoden spielt dieser die Hauptrolle: hier werden Entwicklungen als Funktion der Zeit betrachtet. Diese Methoden haben die prinzipielle Unvorhersagbarkeit der Zukunft als gemeinsame Achilles-Ferse. Trotzdem gibt es zwischen den drei dargestellten Methoden große Unterschiede in der Qualität ihrer Aussagen.

Trendextrapolation

Als Trendextrapolation bezeichnet man eine Prognose-Methode, die eine vergangene Entwicklung in die Zukunft projiziert. Dabei werden die zu untersuchenden Größe(n) als Funktion(en) der Zeit betrachtet, und der Trend ihrer Werte aus der Vergangenheit in die Zukunft verlängert (z.B. „Hochrechnungen bei Wahlen").

Für die Trendextrapolation gilt die prinzipielle Unmöglichkeit einer Vorhersage der Zukunft besonders, wenn zukünftige Zeiträume quantitativ über viele Jahre betrachtet werden sollen. Für kleine Zeiträume lassen sich dagegen – abhängig vom Datenbestand – relativ genauere quantitative Vorhersagen machen.

Gegenüber den Kriterien der IT-Gestaltung und -Anwendung verhält sich die Trendextrapolation als Methode recht unkooperativ, da sie eine Formalisierung des zu betrachtenden Problemfeldes und eine anschließende Quantifizierung der wechselseitigen Einflüsse verlangt. Sie drückt sich sozusagen um nicht-formalisierbare Kriterien wie Angemessenheit, Partizipation und Evolutivität. Gleichzeitig täuscht die Quantifizierung des Problemfeldes eine scheinbare Präzision vor.

Historische Analogiebildung

Die historische Analogiebildung ist der Trendextrapolation ähnlich, unterscheidet sich jedoch durch das Fehlen historischer Fakten der zu untersuchenden Entwicklung. Stattdessen untersucht man vergleichbare Situationen, die der zu untersuchenden Situation entweder vom Untersuchungsgegenstand her ähnlich sind (z.B. Einführung des Faxgerätes als analoge Situation zur Einführung des Telefons) oder eine gleiche jedoch zeitlich versetzte Situation (z.B. Einführung des Telefons in Europa und Amerika).

Die historische Analogiebildung stellt eine gute Methode dar, gegenwärtige Entwicklungen unter Berücksichtigung des historischen Kontextes zu beurteilen – dabei muß allerdings gewährleistet werden, daß man nicht versucht „Äpfel mit Birnen" zu vergleichen!

Szenario-Gestaltung

Die Szenario-Gestaltung ist ein literarisches Verfahren zum Entwurf und zur Beschreibung verschiedener komplexer Zukunftsituationen. Dabei wird im allgemeinen die derzeitige Entwicklung in einem Szenario überraschungsfrei fortgeschrieben, und einem möglichst pessimistischen und/oder einem möglichst optimistischen Zukunftsszenario gegenübergestellt.

Dabei wird versucht auf nicht-formaler Basis ein besseres Verständnis für die diversen Zusammenhänge des Problemfeldes zu entwickeln und mögliche Schlüsselereignisse mit ihren Folgen durchzuspielen. Für diese kritischen Variablen werden verschiedene Optionen (das sind mögliche „Zukünfte") des Szenarios entwickelt.

Der Vorteil der Szenario-Gestaltung liegt in der Offenheit dieser qualitativen Methode für die Integration anderer Verfahren, wie z.B. das Akteursmodell: so können die Ergebnisse eines vorangegangenen Akteursmodells literarisch in die Gestaltung der Szenarien einfließen. Sie eröffnet Gestaltungsspielräume und kann konkrete Aussagen nicht nur über mögliche, sondern auch über (un-)wünschbare Entwicklungen machen

3. Systematische Methoden

Die systematischen Verfahren unterscheiden sich von den vorangegangenen Methoden durch die methodenimmanente vollständige und systematische Erfassung aller Kombinationsmöglichkeiten, die sich in ihrer häufigsten Repräsentationsweise als Matrix darstellt. Daher unterscheiden sich die folgenden Methoden nur in Details. Diese Verfahren dienen in erster Linie einer Systematisierung des Problembereiches.

Häufig ist mit diesen Verfahren ein Formalisierungs- und Quantifizierungsprozeß verbunden, der die zu untersuchenden Größen des Problemfeldes identifiziert und dabei ein Gefühl der Überschaubarkeit suggeriert. Die meisten dieser Verfahren funktionieren unter Laborbedingungen oder für klar abzugrenzende Problemstellungen, dies gilt nicht für komplexe Fragestellungen.

Morphologische Klassifikation

Die Morphologische Klassifikation dient der systematischen Beschreibung aller Merkmale bzw. Eigenschaften eines komplexen Sachverhalts: dabei werden sämtliche Merkmale systematisch in einer Matrix miteinander kombiniert, so daß man neben den tatsächlichen und wahrscheinlichen Systemkonfigurationen auch fiktive oder selten auftretende Systemkonfigurationen erhält.

Dieser „Morphologischen Kasten" hat seinen besonderen Wert in der völligen Erschließung eines Bereiches nach zwei Möglichkeiten: entweder um noch unbekannte Konfigurationen zu ermitteln oder um bekannte Konfigurationen übersichtlich zusammenzufassen.

Dieses Verfahren täuscht durch die vollständige Kombination der ausgewählten Merkmale Abgeschlossenheit und Überschaubarkeit vor. Ein Teil des Problems wird dadurch „wegoptimiert".

Bei der Verflechtungsmatrix-Analyse werden die Ereignisse als Zeilen und Spalten einer Matrix dargestellt und die wechselseitigen Abhängigkeiten zwischen ihnen ermittelt, indem der Einfluß eines Zeilen-Ereignisses auf ein Spalten-Ereignis in der Matrix analysiert wird.

Nutzwert-Analyse
Bei der Nutzwert-Analyse werden verschiedene Handlungsalternativen durch Bewertungskriterien beurteilt und jeweils ihr Nutzwert errechnet. Zur Berechnung des Nutzwertes dienen Nutzenfunktionen, die die entsprechenden Effekte quantifizieren: dabei werden negative Effekte durch reziproke Nutzenfunktionen ausgedrückt, sozusagen „schlechte Luft" ist „weniger gute Luft".

Die durch Quantifizierung gewonnenen Werte werden je Option aufsummiert, und diejenige Option zur Durchführung auserkoren, die den maximalen Nutzwert der betrachteten Optionen besitzt.

Auch hier besteht die Gefahr einer impliziten Bewertung: Entscheidungen werden zwar unterstützt, jedoch sind diese durch die Erstellung von Nutzenfunktionen schon implizit vorweggenommen – durch veraltete und nicht angepaßte Nutzenfunktionen kann ein gewünschter Wertewandel behindert werden.

Checklisten
Checklisten passen insofern in die Abteilung der systematischen Methoden, als daß sie dem Gutachter einen Arbeitsablauf oder einen Kriterienkatalog Punkt für Punkt darstellen und ihm durch Abhaken der einzelnen Punkte einen Überblick über den status quo eines Projektes erlauben.

Es lassen sich z.B. für eine IT-spezifische TA-Methode Checklisten entwickeln. Ob und inwieweit diese Kriterien in den Gestaltungsprozeß einfließen, ist Sache des Checklisten-Erstellers und des Auftraggebers. Auf alle Fälle können solche Checklisten einen Dialog zwischen Systemgestalter und Betroffenen anregen und somit eine Partizipation der Betroffenen am Gestaltungsprozeß ermöglichen.

4. Graphentheoretische Methoden

Ein Vorteil graphentheoretischer Methoden liegt in der Visualisierung wechselseitiger Beziehungen eines komplexen Sachverhaltes und den Möglichkeiten eines Diskurses über das Modell.

Relevanzbaum-Analyse
Die Relevanzbaum-Analyse geht von einem zu erwartenden Ereignis aus und analysiert die Vorbedingungen, die für das zu erwartende Ereignis erfüllt werden müssen. Dazu wird der zu untersuchende Sachverhalt in Form eines gerichteten Baumes modelliert, dessen Wurzel dem erwarteten Ereignis entspricht.

Eine gedachte logische Richtung von den Vorbedingungen (Blättern) hin zu dem erwarteten Ereignis (Wurzel) ermöglicht eine Darstellung der miteinander verketteten Instrumentalbeziehungen, von denen das Eintreten des Ereignisses abhängt

Vorteile der Relevanzbaum-Analyse liegen in der Möglichkeit einer klaren Strukturierung der Vorbedingungen, die zum Eintritt des erwarteten Ereignisses führen, und einer möglichen Diskussion über unbekannte Vorbedingungen anhand dieses Modells.

Die Orientierung der Relevanzbaum-Analyse an Wenn-Dann-Beziehungen läßt wenig Spielraum für Alternativen oder periphere Randbedingungen. Dieses gilt auch für eine Berücksichtigung der Anwendungs- und Gestaltungskriterien.

Entscheidungsbaum-Analyse

Im Gegensatz zur Relevanzbaum-Analyse wird bei der Entscheidungsbaum-Analyse von einer zu treffenden Entscheidung ausgegangen und die primären, sekundären und weiteren Folgen und Optionen, die von der gefällten Entscheidung impliziert werden, analysiert. Demnach ist der Baum von der Wurzel zu den Blättern gerichtet.

Auch hier liegen die Vorteile in einer Strukturierung der möglichen Optionen und der damit verbundenen Entscheidungen, sowie der Diskursmöglichkeit. Eine Veränderung der ursprünglichen Rahmenbedingungen ist durch diese Methode schwer zu berücksichtigen.

Risiko-Analyse

Die Risiko-Analyse ist den beiden vorigen Verfahren ähnlich, jedoch werden die Knoten des Baums nach deren Eintrittswahrscheinlichkeit gewichtet.

Wie bei den beiden vorigen Verfahren unterscheidet man auch hier zwei Sichtweisen: die Bedingungs- und die Folgen-Analyse. Die Bedingungs-Analyse repräsentiert dabei die Gesamt-Eintrittswahrscheinlichkeit für ein Ereignis (z.B. Störfall der Anlage) durch Aggregation der Eintrittswahrscheinlichkeiten der jeweiligen Teilbäume Komponente). Die Folgen-Analyse hingegen ermittelt unterschiedliche Eintrittswahrscheinlichkeiten und Schadensgrößen der von einem Ereignis induzierten Folgen.

Die Risiko-Analyse basiert auf probabilistischen Annahmen über die Zuverlässigkeit eines technischen Systems, wobei kritisch zu bemerken ist, daß man das Risiko einer menschlichen Intervention grundsätzlich nicht beziffern kann und Ausfallwahrscheinlichkeiten von neuartigen oder vereinzelt eingesetzten Komponenten schwer zu ermitteln sind.

Julian Mack

III.
Orientierungen für Nachhaltige Wachstumspfade

Wirtschaftswissenschaften und Informatik haben sich lange Zeit nur am Rande mit dem Thema Umweltzerstörung auseinandergesetzt. Deshalb waren auch lange Zeit keine Erklärungsmodelle vorhanden. Ein Erklärungsmodell, das auf die thermodynamischen Hauptsätze aufsetzt, hat mittlerweile ein breites Echo gefunden.

Dokument III.1 Ein Erklärungsmodell mit Hilfe der thermodynamischen Hauptsätze

Im Vordergrund stehen dabei heute Versuche von Umweltökonomen, die Wirkungszusammenhänge von Ökosystem und Industrialisierung mit Hilfe der Hauptsätze der Thermodynamik zu beschreiben. Ursprünglich für die Wärmelehre entwickelt, um die Gesetzmäßigkeiten der Energieumwandlungen zu erklären, wurden sie durch Georgescu-Roegen (1971) verallgemeinert und auf Materie und Wirtschaftsprozeß übertragen und von Faber, Niemes und Stephan (1983) präzisiert.

Zur Erinnerung: der 1. Hauptsatz der Thermodynamik, auch Erhaltungssatz genannt, besagt, daß bei Energieumwandlungen keine Energie verlorengeht. Die Gesamtenergie eines geschlossenen Systems bleibt immer gleich, auch wenn chemische Energie in Wärme, diese in mechanische und diese wieder in elektrische Energie verwandelt wird. Alles was bei der Verbrennung an chemischer Energie frei wird, geht vollständig in andere Energieformen über. Mittlerweile wird dieser Satz als der grundlegende Satz der Physik angesehen: er wurde 1845 von dem Arzt Robert von Mayer aufgestellt, der für diese Erkenntnis vorübergehend in die Zwangsjacke gesteckt wurde.

Die Aussage des 2. Hauptsatz der Thermodynamik (Entropiesatz) ist für unseren Erklärungszusamenhang noch wichtiger: Energie geht zwar nicht verloren, Energieumwandlung ist aber immer mit einem Verlust an Energiewertigkeit d.h. Arbeitsfähigkeit, von einer konzentrierten Energieform in eine minderwertige, weniger konzentrierte Energieform, verbunden. Entropie bezeichnet den Teil der

Wärmeenergie, der in Wärmekraftmaschinen nicht in mechanische Energie umgewandelt werden kann, sondern zu Energie auf niederem Niveau wird; Entropie ist nicht das Gegenteil von Energie, sondern bedeutet nur die Abwesenheit von nutzbarer Energie, von nutzbarem Potential z.B. Abfall, Abwärme, Schadstoff. Der Entropiesatz besagt, daß dieser Prozeß unumkehrbar ist, Entropie ist damit zugleich ein Maß für die Nichtumkehrbarkeit (Irreversibilität) eines Vorgangs wie für die Unordnung. Dies wird häufig durch einen Behälter mit zwei Kammern, in denen sich je ein anderes Gas befindet, veranschaulicht. Durch Entfernen der Trennwand durchmischen sich beide Gase, die ursprüngliche Ordnung und Konzentration kann nicht mehr hergestellt werden, es sei denn durch Zufuhr von Energie von außen.

Georgescu-Roegen hat diese Sätze verallgemeinert und deutlich gemacht, daß ökonomische Prozesse im Entropiefluß eingebettet sind. Die Kernaussage von Georgescu-Roegen ist, daß von aller aufgewendeten Arbeit, aller verbrauchten Energie und von allem eingesetzten Material immer nur ein Teil in das Produkt eingeht, ein anderer Teil als Abfall, als zerstreute, nicht mehr rückholbare Energie und Materie verlorengeht. Dieser Verlust ist unvermeidlich und vermehrt die Entropie, d.h. die Menge des nicht mehr Nutzbaren und Rückholbaren. So wie Energie nicht verschwindet, gilt auch für Materie, daß sie nicht verlorengehen kann; allerdings kann sie in immer neuen Verbindungen auftreten. Das Naturgeschehen hat allerdings nur eine Richtung; durch den ökonomischen Prozeß entstehen Stoffströme, die die Konzentration der Dinge schließlich in Verteilung und Verstreuung führen: Energie und Materie werden abgebaut und mit Technik und Maschinen im Produktionsprozeß zu Konsum- oder Investitionsgütern genutzt, aber nicht verbraucht; aus Nutzbarem wird im Laufe der Zeit nicht Nutzbares, sie gehen aus der Ordnung oder Ungleichverteilung in die Gleichverteilung, in die Unordnung oder ins Chaos über. Überspitzt auf den Punkt gebracht ist Wirtschaftswachstum in diesem Verständnis nichts anderes als der Wettlauf um die Reste wertvoller niedriger Entropie zum Zweck der möglichst schnellen Überführung in hohe Entropie, also in Wertloses.

Die Thermodynamischen Hauptsätze halten uns den Spiegel vor und verdeutlichen uns unsere Kurzsichtigkeit im Umgang mit der Natur. Wir haben den Industrialisierungsprozeß vorangetrieben und dabei lange Zeit übersehen, daß an Materie nichts verlorengehen kann. Die Ökonomie hat uns seit Jahrzehnten gelehrt, daß Roh- und Betriebsstoffe wie auch die eingesetzte Energie bei der Produktion untergehen. Entweder sie gehen in das Produkt ein, dann sind sie rechtlich Bestandteil des Produkts und können nicht Gegenstand besonderer Rechte sei. Oder es fallen Abfälle an, die dann wertlos für den Betrieb sind. Die betriebliche Rechnungslegung ist blind für alles, was wertlos ist. Und das ist eben alles, was kostenlos ist (z.B. Sauerstoff bei der Verbrennung fossiler Energieträger) oder kostenlos abgegeben werden kann (z.B. Abwärme oder Kohlendioxid bei der Verbrennung).

Entsprechend verhält es sich beim Konsum. Vergleicht man zum Beispiel zwei Produkte in Geldeinheiten, fällt auch hier der Teil heraus, der wertloser In- oder Output ist. Der Industrialisierungsprozeß wird so unter der Leitlinie der Unendlichkeit von Produktion und Konsum veranstaltet; Kapital und Arbeit werden mit technischem Fortschritt kombiniert, während Energie und Materie als freie Güter der Natur entnommen und ihr vermeintlich ohne Reue wieder zurückgegeben werden können. Naturkapital ist kein betriebswirtschaftlich relevanter Faktor; er geht weder in die Rechnungslegung ein, noch ist darüber in den meisten Fällen in anderer Weise Rechenschaft abzulegen.

Die Thermodynamik zeigt auf, daß Produktion und Konsum in einer Industriegesellschaft Transformationssysteme für Materie und Energie darstellen. Jede Energieumwandlung und jede Form der Bearbeitung von Roh- und Betriebsstoffen bewirken Verstreuungen von Materie. Jede chemische Umwandlung ist eine Verquickung von energetischer und materieller Verstreuung. Die Ökonomie hat diese Umwandlungsprozesse nicht als Problem identifiziert, obwohl sie einen Betrieb als Transformationssystem mit In- und Output beschreibt.

Das Beispiel Computer und Mikroelektronik
Eigentlich ist es mit der Mikroelektronik ganz einfach: Ihr Rohstoff ist Quarzsand, der vielleicht nicht in die Kategorie erneuerbar fällt, aber doch im Übermaß vorhanden ist; er muß scheinbar nur etwas bearbeitet werden und verstreut sich dann wieder zu Sand?

Leider ist dies nicht so, vielmehr läßt sich an diesem Produkt die Komplexität und Ausdifferenzierung moderner Technikforschungs- und Produktionsprozesse auch in ihren Wirkungen für die Umwelt deutlich machen.

„Bei der Herstellung von Chips und Leiterplatten wird eine Menge sehr verschiedener Substanzen aus ganz unterschiedlichen Stoffklassen verwendet. Zur tatsächlichen Anzahl dieser Substanzen gibt es sehr unterschiedliche Aussagen. Sie beginnen bei konkreten Angaben über einige hundert Verbindungen bis zu Untersuchungen der Bundesanstalt für Arbeitsschutz und des Öko-Instituts Freiburg, nach denen es sich um bis zu 3500 verschiedene Stoffe handelt. Es gibt aber auch Schätzungen, nach denen diese Zahl noch erheblich höher liegt. Schon allein die Tatsache, daß einige dieser Stoffe in sehr reiner Qualität vorliegen müssen, da sie sonst nicht die gewünschte Funktion erbringen, sorgt für hohen Energieverbrauch und viele Abfälle, die bei der Gewinnung und Reinigung dieser Stoffe entstehen" (Schröder 1992, S. 2).

Die Hauptrolle übernimmt hier die Klasse der nicht-erneuerbaren Rohstoffe zur Energiebereitstellung, die durch chemische Umwandlungsprozesse die für den Herstellungsprozeß eingesetzten Chemikalien zur Verfügung stellt. Der Herstellungsprozeß umfaßt vor allem das Reinigen/Entfetten der Oberflächen und Metalle in der Leiterplattenfertigung durch Einsatz von Lösungsmittelgemischen und Halogenkohlenwasserstoffen, das Bedrucken durch Farben, Lacke und Verdünner, die z.B. Kohlenwasserstoffe, Aromate, Halogenwasserstoffe enthalten, das Ätzen/Beizen mit Hilfe von Laugen, Säuren und Wasserstoffperoxid und das Löten, wobei als Zerfallsprodukte z.B. Cadmium, Formaldehyd, Fluorwasserstoff und Hydrazin anfallen. Nach Angaben von W. Schröder werden einige dieser Schritte je nach Verfahren bis zu 500mal durchlaufen. Der größte Teil der Stoffe geht dabei nicht in das Produkt ein, sondern wird zu Abfall bzw. recycelt. Laut IBM werden nur 1,4 Prozent der eingesetzten Stoffe Bestandteil des Produktes (Schröder 1992, S. 3). Insofern findet sich hier eine Bestätigung des Entropiesatzes und der Kernaussage von Georgescu-Roegen: Von aller aufgewendeten Energie und von allem eingesetzten Material geht immer nur ein Teil in das Produkt ein, ein anderer Teil geht als Abfall verloren, er vermehrt die Entropie, die Menge des nicht mehr Nutzbaren. Der Rest verschwindet nicht, sondern kann in immer neuen Verbindungen auftreten. Und dies ist in doppelter Hinsicht problematisch: Zum einen entstehen die gefürchteten Neuschöpfungen ohne natürliche Abbauprozesse z.B. durch Flammschutzmittel in Kunststoffen, die mit bromierten Dioxinen und Furanen verunreinigt sind. Abfälle (z.B. Computerschrott oder in Fässern verschlossene Reinigungslösungen) sind zwar gebunden und liegen damit in konzentrierter (relativ niedriger Entropie) Form vor. Unordnung und Verstreuung treten in dem Moment auf, wo die Computer z.B. unsachgemäß mit dem Hausmüll entsorgt werden und in der Müllverbrennung toxische Schadstoffe freigesetzt werden. Bei Betrachtung des Herstellungsprozesses sind die Transporte unberücksichtigt geblieben, auch sie tragen zu vermehrter Entropie bei.

Dieses Fallbeispiel können wir nutzen, um Erkenntnisse über den Zustand der Umwelt bei vollkommener Geschlossenheit des Materiekreislaufes zu gewinnen. Das Recycling wird also so weit getrieben, daß nichts mehr verlorengeht: Die Gehäuse werden wiederverwendet, die Rohstoffe zurück gewonnen, es gibt keinen Computerschrott als Materieabfall mehr.

In diesem vom Material her vollkommen geschlossenen Kreislauf finden trotzdem Transformationsprozesse statt. Der Entropiesatz besagt, daß der Kreislauf nicht auf Energie geschlossen werden kann. Es muß Energie von außen zugeführt werden, und es geht nicht mehr nutzbare Energie verloren.

Es ist aber durchaus fraglich, ob der Materiekreislauf so vollkommen zu schließen ist. Denn auch bei der Materie kommt es analog zum 2. Hauptsatz der Thermodynamik während der Stoffströme zu Umverteilungen von der konzentrierten hin zur verstreuten Form; denken wir noch nicht einmal an den direkten Transformationsprozeß, sondern an den banalen Tatbestand, daß Computer mit dem Auto an den Kunden ausgeliefert werden. Hierbei entsteht z.B. Gummiabrieb des Reifens, der Gummiabrieb ist nicht mehr verfügbar. Mit Hilfe von Energie kann zwar Materie immer auch wieder in konzentrierte Form überführt werden. Es ist nur fraglich, ob diese Möglichkeit realistisch ist. Bei Gold mag sich dieser Aufwand noch lohnen, sicher aber nicht für weniger wertvolle Substanzen (Kupfer, Blei, Quecksilber, DDT...). Wird der Anspruch also aufgegeben, den Materiekreislauf schließen zu wollen (was Realität ist), dann kommt es auch zu Materieabfällen, Abfällen im Sinne von nicht mehr verfügbarer Materie (etwa Reifenabrieb) oder nicht mehr wirtschaftlich nutzbarer, trotzdem aber in konzentrierter Form vorliegender Materie (Sondermüll o.ä.).

Eine Erkenntnis des Gedankenexperiments ist somit, daß die Materieverstreuung nur gemeinsam mit der Energiefrage gelöst werden können. Eine Ausrichtung auf die Materierecyclingwirtschaft reicht nicht aus. Da für weitgehend geschlossene Materie-Kreisläufe in hohem Maß fossile Ressourcen verbraucht werden müssen, wird dann der Teufel mit dem Beelzebub ausgetrieben und die Materieverstreuung auf eine andere Ebene verlagert.

Andreas Möller/Arno Rolf

IV.
Bildschirm- und Büro-Ergonomie

Aufgrund des §19 des Arbeitsschutzgesetzes wurde mit Wirkung vom 1.12.1996 die EG-Rahmenrichtlinie „Verordnung über Sicherheit und Gesundheitsschutz bei der Arbeit an Bildschirmgeräten" in innerdeutsches Recht überführt. Damit wurde wurde die EG-Bildschirmrichtlinie aus dem Jahre 1990 umgesetzt. Den Regierungen der Mitgliedsstaaten wurde zur Umsetzung eine Frist bis zum 31.12.1992 eingeräumt. Das Ziel war die Verbesserung der Arbeitsumgebung und die Herstellung eines annähernd gleichen Mindestniveaus der Sicherheit und Gesundheitsbedingungen bei der Bildschirmarbeit.

Bei sämtlichen Bildschirmarbeitsplätzen, die am 1.12.1996 in Betrieb waren, ist umgehend eine Arbeitsplatzanalyse vorzunehmen. Die Frist läuft am 31. Dezember 1999 ab. Bei Einrichtung neuer Bildschirmarbeitsplätze müssen die Vorgaben der Bildschirmarbeitsverordnung sofort eingehalten werden.

Dem Betriebsrat steht ein Mitbestimmungsrecht nach §87 Abs. 1 Nr. 7 Betriebsverfassungsgesetz im Hinblick auf Zeitpunkt und Länge von Bildschirmpausen zu. Das Recht auf Mitbestimmung dürfte auch für die Frage gelten, ob die Beanspruchung durch Bildschirmarbeit durch Mischarbeit oder andere Arbeitsorganisatorische Optionen vermindert werden kann. In ähnlicher Weise sollte der Betriebsrat ein Mitbestimmungsrecht bei der Umsetzung des Anhanges der Bildschirmarbeitsverordnung haben.

Dokument IV.1 Verordnung über Sicherheit und Gesundheitsschutz bei der Arbeit an Bildschirmgeräten

Bildschirmarbeitsverordnung (BildscharbV)

§1 Anwendungsbereich

(1) Diese Verordnung gilt für die Arbeit an Bildschirmgeräten.
(2) Diese Verordnung gilt nicht für die Arbeit an
   1. Bedienerplätzen von Maschinen oder an Fahrerplätzen von Fahrzeugen mit Bildschirmgeräten,
   2. Bildschirmgeräten an Bord von Verkehrsmitteln,
   3. Datenverarbeitungsanlagen, die hauptsächlich zur Benutzung durch die Öffentlichkeit bestimmt sind,
   4. Bildschirmgeräten für den ortsveränderlichen Gebrauch, sofern sie nicht regelmäßig an einem Arbeitsplatz eingesetzt werden,
   5. Rechenmaschinen, Registrierkassen oder anderen Arbeitsmitteln mit einer kleinen Daten- oder Meßwertanzeigevorrichtung, die zur unmittelbaren Benutzung des Arbeitsmittels erforderlich ist, sowie
   6. Schreibmaschinen klassischer Bauart mit einem Display.
(3) Die Verordnung gilt nicht in Betrieben, die dem Bundesberggesetz unterliegen.
(4) Das Bundeskanzleramt, das Bundesministerium des Innern, das Bundesministerium für Verkehr, das Bundesministerium der Verteidigung oder das Bundesministerium der Finanzen können, soweit sie hierfür jeweils zuständig sind, im Einvernehmen mit dem Bundesministerium für Arbeit und Sozialordnung und, soweit nicht das Bundesministerium des Innern selbst zuständig ist, im Einvernehmen mit dem Bundesministerium des Innern bestimmen, daß für bestimmte Tätigkeiten im öffentlichen Dienst des Bundes, insbesondere bei der Bundeswehr, der Polizei, den Zivil- und Katastrophenschutzdiensten, dem Zoll oder den Nachrichtendiensten, Vorschriften dieser Verordnung ganz oder zum Teil nicht anzuwenden sind, soweit öffentliche Belange dies zwingend erfordern, insbesondere zur Aufrechterhaltung oder Wiederherstellung der öffentlichen Sicherheit. In diesem Fall ist gleichzeitig festzulegen, wie die Sicherheit und der Gesundheitsschutz der Beschäftigten nach dieser Verordnung auf andere Weise gewährleistet werden.

§2 Begriffsbestimmungen

(1) Bildschirmgerät im Sinne dieser Verordnung ist ein Bildschirm zur Darstellung alphanumerischer Zeichen oder zur Grafikdarstellung, ungeachtet des Darstellungsverfahrens.

(2) Bildschirmarbeitsplatz im Sinne dieser Verordnung ist ein Arbeitsplatz mit einem Bildschirmgerät, der ausgestattet sein kann mit
1. Einrichtungen zur Erfassung von Daten,
2. Software, die den Beschäftigten bei der Ausführung ihrer Arbeitsaufgaben zur Verfügung steht,
3. Zusatzgeräten und Elementen, die zum Betreiben oder Benutzen des Bildschirmgeräts gehören, oder
4. sonstigen Arbeitsmitteln,
sowie die unmittelbare Arbeitsumgebung.
(3) Beschäftigte im Sinne dieser Verordnung sind Beschäftigte, die gewöhnlich bei einem nicht unwesentlichen Teil ihrer normalen Arbeit ein Bildschirmgerät benutzen.

§3 Beurteilung der Arbeitsbedingungen
Bei der Beurteilung der Arbeitsbedingungen nach § 5 des Arbeitsschutzgesetzes hat der Arbeitgeber bei Bildschirmarbeitsplätzen die Sicherheits- und Gesundheitsbedingungen insbesondere hinsichtlich einer möglichen Gefährdung des Sehvermögens sowie körperlicher Probleme und psychischer Belastungen zu ermitteln und zu beurteilen.

§4 Anforderungen an die Gestaltung
(1) Der Arbeitgeber hat geeignete Maßnahmen zu treffen, damit die Bildschirmarbeitsplätze den Anforderungen des Anhangs und sonstiger Rechtsvorschriften entsprechen.
(2) Bei Bildschirmarbeitsplätzen, die bis zum 20. Dezember 1996 in Betrieb sind, hat der Arbeitgeber die geeigneten Maßnahmen nach Absatz 1 dann zu treffen,
1. wenn diese Arbeitsplätze wesentlich geändert werden oder
2. wenn die Beurteilung der Arbeitsbedingungen nach § 3 ergibt, daß durch die Arbeit an diesen Arbeitsplätzen Leben oder Gesundheit der Beschäftigten gefährdet ist,
spätestens jedoch bis zum 31. Dezember 1999.
(3) Von den Anforderungen des Anhangs darf abgewichen werden, wenn
1. die spezifischen Erfordernisse des Bildschirmarbeitsplatzes oder Merkmale der Tätigkeit diesen Anforderungen entgegenstehen oder
2. der Bildschirmarbeitsplatz entsprechend den jeweiligen Fähigkeiten der daran tätigen Behinderten unter Berücksichtigung von Art und Schwere der Behinderung gestaltet wird
und dabei Sicherheit und Gesundheitsschutz auf andere Weise gewährleistet sind.

§5 Täglicher Arbeitsablauf
Der Arbeitgeber hat die Tätigkeit der Beschäftigten so zu organisieren, daß die tägliche Arbeit an Bildschirmgeräten regelmäßig durch andere Tätigkeiten oder durch Pausen unterbrochen wird, die jeweils die Belastung durch die Arbeit am Bildschirmgerät verringern.

§6 Untersuchung der Augen und des Sehvermögens

(1) Der Arbeitgeber hat den Beschäftigten vor Aufnahme ihrer Tätigkeit an Bildschirmgeräten, anschließend in regelmäßigen Zeitabständen sowie bei Auftreten von Sehbeschwerden, die auf die Arbeit am Bildschirmgerät zurückgeführt werden können, eine angemessene Untersuchung der Augen und des Sehvermögens durch eine fachkundige Person anzubieten. Erweist sich aufgrund der Ergebnisse einer Untersuchung nach Satz 1 eine augenärztliche Untersuchung als erforderlich, ist diese zu ermöglichen.

(2) Den Beschäftigten sind im erforderlichen Umfang spezielle Sehhilfen für ihre Arbeit an Bildschirmgeräten zur Verfügung zu stellen, wenn die Ergebnisse einer Untersuchung nach Absatz 1 ergeben, daß spezielle Sehhilfen notwendig und normale Sehhilfen nicht geeignet sind.

§7 Ordnungswidrigkeiten

Ordnungswidrig im Sinne des § 25 Abs. 1 Nr. 1 des Arbeitsschutzgesetzes handelt, wer vorsätzlich oder fahrlässig entgegen § 6 Abs. 1 Satz 1 die dort bezeichneten Untersuchungen nicht oder nicht rechtzeitig anbietet.

Anhang über an Bildschirmarbeitsplätze zu stellende Anforderungen

Bildschirmgerät und Tastatur

1. Die auf dem Bildschirm dargestellten Zeichen müssen scharf, deutlich und ausreichend groß sein sowie einen angemessenen Zeichen- und Zeilenabstand haben.
2. Das auf dem Bildschirm dargestellte Bild muß stabil und frei von Flimmern sein; es darf keine Verzerrungen aufweisen.
3. Die Helligkeit der Bildschirmanzeige und der Kontrast zwischen Zeichen und Zeichenuntergrund auf dem Bildschirm müssen einfach einstellbar sein und den Verhältnissen der Arbeitsumgebung angepaßt werden können.
4. Der Bildschirm muß frei von störenden Reflexionen und Blendungen sein.
5. Das Bildschirmgerät muß frei und leicht drehbar und neigbar sein.
6. Die Tastatur muß vom Bildschirmgerät getrennt und neigbar sein, damit die Benutzer eine ergonomisch günstige Arbeitshaltung einnehmen können.
7. Die Tastatur und die sonstigen Eingabemittel müssen auf der Arbeitsfläche variabel angeordnet werden können. Die Arbeitsfläche vor der Tastatur muß ein Auflegen der Hände ermöglichen.
8. Die Tastatur muß eine reflexionsarme Oberfläche haben.
9. Form und Anschlag der Tasten müssen eine ergonomische Bedienung der Tastatur ermöglichen. Die Beschriftung der Tasten muß sich vom Untergrund deutlich abheben und bei normaler Arbeitshaltung lesbar sein.

Sonstige Arbeitsmittel

10. Der Arbeitstisch beziehungsweise die Arbeitsfläche muß eine ausreichend große und reflexionsarme Oberfläche besitzen und eine flexible Anordnung des Bildschirmgeräts, der Tastatur, des Schriftguts und der sonstigen Arbeitsmittel ermöglichen. Ausreichender Raum für eine ergonomisch günstige Arbeitshaltung muß vorhanden sein. Ein separater Ständer für das Bildschirmgerät kann verwendet werden.
11. Der Arbeitsstuhl muß ergonomisch gestaltet und standsicher sein.
12. Der Vorlagenhalter muß stabil und verstellbar sein sowie so angeordnet werden können, daß unbequeme Kopf- und Augenbewegungen soweit wie möglich eingeschränkt werden.
13. Eine Fußstütze ist auf Wunsch zur Verfügung zu stellen, wenn eine ergonomisch günstige Arbeitshaltung ohne Fußstütze nicht erreicht werden kann.

Arbeitsumgebung

14. Am Bildschirmarbeitsplatz muß ausreichender Raum für wechselnde Arbeitshaltungen und -bewegungen vorhanden sein.
15. Die Beleuchtung muß der Art der Sehaufgabe entsprechen und an das Sehvermögen der Benutzer angepaßt sein; dabei ist ein angemessener Kontrast zwischen Bildschirm und Arbeitsumgebung zu gewährleisten. Durch die Gestaltung des Bildschirmarbeitsplatzes sowie Auslegung und Anordnung der Beleuchtung sind störende Blendwirkungen, Reflexionen oder Spiegelungen auf dem Bildschirm und den sonstigen Arbeitsmitteln zu vermeiden.
16. Bildschirmarbeitsplätze sind so einzurichten, daß leuchtende oder beleuchtete Flächen keine Blendung verursachen und Reflexionen auf dem Bildschirm soweit wie möglich vermieden werden. Die Fenster müssen mit einer geeigneten verstellbaren Lichtschutzvorrichtung ausgestattet sein, durch die sich die Stärke des Tageslichteinfalls auf den Bildschirmarbeitsplatz vermindern läßt.
17. Bei der Gestaltung des Bildschirmarbeitsplatzes ist dem Lärm, der durch die zum Bildschirmarbeitsplatz gehörenden Arbeitsmittel verursacht wird, Rechnung zu tragen, insbesondere um eine Beeinträchtigung der Konzentration und der Sprachverständlichkeit zu vermeiden.
18. Die Arbeitsmittel dürfen nicht zu einer erhöhten Wärmebelastung am Bildschirmarbeitsplatz führen, die unzuträglich ist. Es ist für eine ausreichende Luftfeuchtigkeit zu sorgen.
19. Die Strahlung muß – mit Ausnahme des sichtbaren Teils des elektromagnetischen Spektrums – so niedrig gehalten werden, daß sie für Sicherheit und Gesundheit der Benutzer des Bildschirmgerätes unerheblich ist.

Zusammenwirken Mensch-Arbeitsmittel

20. Die Grundsätze der Ergonomie sind insbesondere auf die Verarbeitung von Informationen durch den Menschen anzuwenden.

21. Bei Entwicklung, Auswahl, Erwerb und Änderung von Software sowie bei der Gestaltung der Tätigkeit an Bildschirmgeräten hat der Arbeitgeber den folgenden Grundsätzen insbesondere im Hinblick auf die Benutzerfreundlichkeit Rechnung zu tragen:
21.1 Die Software muß an die auszuführende Aufgabe angepaßt sein.
21.2 Die Systeme müssen den Benutzern Angaben über die jeweiligen Dialogabläufe unmittelbar oder auf Verlangen machen.
21.3 Die Systeme müssen den Benutzern die Beeinflussung der jeweiligen Dialogabläufe ermöglichen sowie eventuelle Fehler bei der Handhabung beschreiben und deren Beseitigung mit begrenztem Arbeitsaufwand erlauben.
21.4 Die Software muß entsprechend den Kenntnissen und Erfahrungen der Benutzer im Hinblick auf die auszuführende Aufgabe angepaßt werden können.
22. Ohne Wissen der Benutzer darf keine Vorrichtung zur qualitativen oder quantitativen Kontrolle verwendet werden.

Bundesgesetzblatt 1996 Teil I Seiten 1843–1845

Dokument IV.2 Bildschirm- und Büro-Ergonomie

Die folgenden Informationen sollen die Bildschirmverordnung exemplarisch ergänzen. Sie wurden von einer Studierendengruppe der Universität Hamburg, Fachbereich Informatik, für eine Ausstellung 1993 erarbeitet. Aktualisierungen sind notwendig, die dort erkennbaren Problemlösungsansätze gelten auch heute noch.

1. Der Bildschirm

Kurz und knapp

Stör- und Belastungsfaktoren, verursacht durch das Bildschirmgerät, sind u. a.
- zu geringe Bildgröße
- mangelhafte Bildschirmzeichen
- schlechte Bildqualität durch Bildflimmern, fehlendes Overscanning (schwarzer „Trauerrand"), Wischeffekte beim „Blättern"
- spiegelnde Bildschirmoberfläche
- Bildschirmabstrahlungen

Wissenswertes und Hintergründe

Die visuelle Wahrnehmung ist u. a. von folgenden Faktoren abhängig:
(1) Sehschärfe: Das ist die Fähigkeit, eng benachbarte kleinste *Sehobjekte getrennt* wahrzunehmen.
(2) Unterschiedsempfindlichkeit: Fähigkeit, *Leuchtdichteunterschiede* zwischen benachbarten Flächen zu erkennen.
(3) Akkomodation: Fähigkeit zur *Anpassung der Augenlinse* (Krümmung) an die jeweilige *Entfernung* des Sehobjekts.
(4) Adaption: Fähigkeit zur *Anpassung der Pupille an die Helligkeit* von Umgebung und Objekt.

Die „angemessene" Bildschirmgröße. Die Tätigkeit einer Sachbearbeiterin erfordert in den meisten Fällen einen 17" (43 cm, Diagonale Glaskörper) Bildschirm. Diese Größe sollte angesichts der zunehmenden Verbreitung der „Fenstertechnik" und gestalterischer Arbeiten (z. B. Textlayout, Desktop Publishing) nicht unterschritten werden.

Für CAD-Arbeitsplätze sind mindestens 20" (=51 cm) Diagonale erforderlich. Der Bildschirm soll neigbar und drehbar sein.

Die Augenhöhe soll eine Horizontale mit dem oberen Rand des Bildschirms bilden.

Bildschirm-Zeichen. Zur Vermeidung unnötiger Hell-Dunkel-Anpassungen (Adaption) wird überwiegend schwarze Schrift auf weißem Hintergrund („Positiv-Darstellung") empfohlen.

*Abb. D.IV.1
Bildschirmdiagonalen von Glaskörper, sichtbarem Bereich und Anzeigefeld*

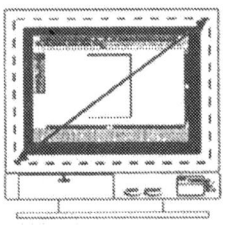
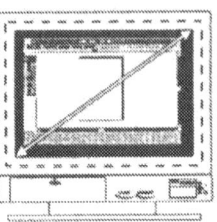
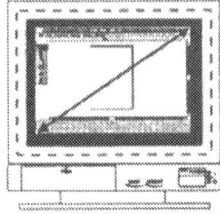

Glaskörper 17" Sichtb. Bereich > 16" Anzeigefeld > 15"

Die Zeichengröße muß mindestens 4 mm Höhe und 2,5 mm Breite aufweisen, bei einer Sehdistanz von 60–80 cm

Schrifttypen (Zeichengestalt) mit sehr schmalen oder mit sehr breiten Zeichen sind schlecht lesbar. Die beste Lesbarkeit wird bei einem Verhältnis von 3 : 4 (Zeichenbreite : Zeichenhöhe) erreicht.

Der Zeichenkontrast, d. h. das Verhältnis der Leuchtdichte zwischen Zeichen und Zwischenräumen soll, um Augenermüdung zu vermeiden, im Verhältnis 6 : 1 bis 10 : 1 betragen.

Unscharfe Zeichen beanspruchen insbesondere die Akkomodation, es ist deshalb auf gute **Trennschärfe** der Zeichenkonturen Wert zu legen.

Bewährt haben sich vor allem weiße, grüne, grüngelbe und dunkelgelbe Zeichen, ungeeignet sind rote und blaue Zeichen, sie beanspruchen den Akkomodationsmechanismus des Auges.

Bildqualität. Ob das menschliche Auge ein *Flimmern* wahrnimmt, ist von der *Bildwiederholfrequenz* abhängig. Die Bildwiederholfrequenz gibt die Häufigkeit pro Sekunde an, mit der der Phosphor auf der Bildröhre durch den Elektronenstrahl zum Leuchten angeregt wird, um ein stehendes, flimmerfreies Bild zu erzeugen. 72 Hertz Bildwiederholrate gelten als ausreichend (entspricht 72 Bildern pro Sekunde).

Die **Grafik- bzw. Videokarte** im Rechner erzeugt das Bild, das der Monitor dann abbildet. Die Grafikkarte muß also in der Lage sein, hochauflösende Bilder mit hoher Bildwiederholfrequenz zu erzeugen; der Bildschirm muß die techni-

*Abb. D.IV.2
Verschiedene Schriftgrößen und -typen*

Größe 6: abcdefghijklmnopqrstuvwxyzABCDEFGHIJKLM
Größe 9: abcdefghijklmnopqrstuvwxyz
Größe 10: abcdefghijklmnopqrstuv
Größe 12: abcdefghijklmnop
Größe 14: abcdefghijklm
Größe 18: abcdefgl
Größe 24: abc
Größe 36

Schrift: Times (Schrift im Anwendungsprogramm mit Serifen):
1-I-1 O-Q T-Y S-5 X-K U-V u-v O-0
Schrift: Helvetica (Schrift im Anwendungsprogramm ohne Serifen):
1-I-1 O-Q T-Y S-5 X-K U-V u-v O-0
Schrift: Chicago (System-Schrift ohne Serifen):
1-I-1 O-Q T-Y S-5 X-K U-U u-u O-0
Schrift: Monaco (System-Schrift mit wenig Serifen):
1-I-1 O-Q T-Y S-5 X-K U-V u-v O-0

schen Voraussetzungen erfüllen, diese darzustellen. Dabei treten Übertragungsgeschwindigkeiten von einigen zig Millionen Bildpunkten pro Sekunde auf (z.B. bei einer Auflösung von 1024x768 und einer Bildwiederholfrequenz von 81 Hz beträgt die Videofrequenz rund 70 Megahertz). Auch die Bildschirmkabel müssen gut abgeschirmt sein, da es sonst leicht zu Bildstörungen (und Farbverzerrungen) kommt.

Elektrostatisches Potential. Es kommt nach dem Auftreffen des Elektronenstrahls an der Bildschirminnenwand zu einer elektrostatischen Aufladung der Bildschirmoberfläche und einem ständigen Anziehen und Abstoßen von Staubpartikeln. Dadurch werden Augen und Gesichtshaut ständig mit kleinen Schmutzpartikeln bombardiert, die durch die elektrostatische Aufladung losgeschossen werden und mit hoher Geschwindigkeit auftreffen. Folgen wie Haut und Augenreizungen sind in Untersuchungen belegt.

Elektromagnetische Felder. Um einen angeschalteten Kathodenstrahl-Bildschirm herum entsteht ein gepulstes elektromagnetisches Feld, das den menschlichen Körper durchdringt und eine Wechselspannung in ihm hervorruft. Die Felder entstehen nicht nur vor dem Bildschirm, sondern auch an der Rückseite und an den Seiten. Internationale Untersuchungen weisen darauf hin, daß speziell die niederfrequenten elektromagnetischen Felder Wirkungen wie Veränderungen in tagesrhythmischen Abläufen, Störungen der Embryonalentwicklung und der Wundheilung im menschlichen Körper hervorrufen können.

In Kathodenstrahlbildschirmen besteht keine Möglichkeit, die Entstehung elektromagnetischer Felder vollständig zu verhindern. Allerdings können ihre negativen Wirkungen durch verschiedene Abschirmungsmaßnahmen deutlich reduziert werden. Das elektromagnetische Feld kann durch ein Metallgitter im Inneren des Bildschirmgehäuses, einem sogenannten Faradayschen Käfig, gegenüber herkömmlichen Geräten erheblich reduziert werden.

Andere Möglichkeiten sind Magnetspulen, die mit entgegengerichteten Kompensationsfeldern ausgleichend wirken, sowie geerdete Kupferfolien, die bei Kunststoffgehäusen eingesetzt werden.

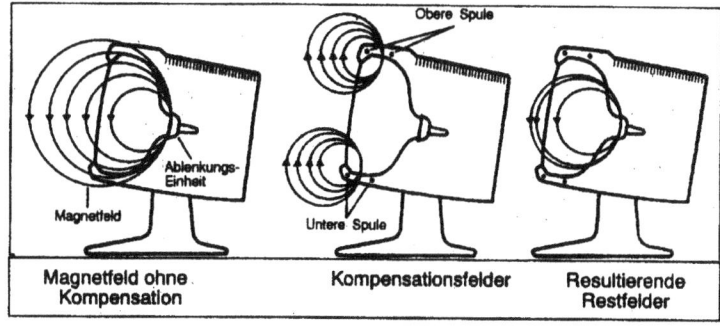

Abb. D.IV.3

Forderungen

Kathodenstrahlbildschirme haben eine große Tiefe, hohes Gewicht, ihre Strahlungsemissionen können nie ganz ausgeschaltet werden.
Flüssigkristall-Anzeigen (LCD=Liquid Cristal Displays) haben mittlerweile ihre Probleme (Wischeffekte, schwache Kontraste etc.) überwunden. Diesen LCD-Activ-Matrix-Displays kann auch im Büro die Zukunft gehören.

2. Büromaterial

Kurz und knapp
- Bei der Papierherstellung ist der Anteil der Frischfasernutzung viel zu hoch. Es wird immer noch Chlor zum Bleichen des Papiers eingesetzt.
- Schreibwerkzeuge enthalten i.d.R. die gesundheitsgefährdenden Lösungsmittel Alkohol, Toluol oder Xylol sowie schädliche Konservierungsstoffe wie Formaldehyd.
- Viele Stifte sind immer noch Einwegartikel.
- Bei Klebematerialien sind die organischen Lösungsmittel Schädiger von Umwelt und Gesundheit, insbesondere Aceton, Ethanol oder Methylacetat, die als neurotoxisch gelten.

Abb. D.IV.4
Ökobilanz von Papier

Wissenswertes und Hintergründe

Papier: Es sind drei Papierarten zu unterscheiden:

Neupapier wird aus nahezu 100% Frischfasern, d.h. Zellstoff und Holzstoff, hergestellt, dabei benötigt es höchste Mengen an Energie und Frischwasser, und ruft gleichzeitig die stärkste Abwasserbelastung hervor. Das Bleichen des Papiers mit Chlor führt zu höchster Umweltbelastung.

Recyclingpapier wird zu 100% aus Altpapier hergestellt. Die Reinigung des Altpapiers erfolgt im Wasserbad mit anschließendem „De-inking", d.h. Entfernen der Druckfarbe auf chemischem Weg. Bei seiner Herstellung entstehen im Vergleich zum Neupapier erhebliche Einsparungen im Frischwasser- und Energiebedarf.

Umweltschutzpapier wird ähnlich dem Recyclingpapier hergestellt, jedoch wird auf das „De-inking" verzichtet. Dadurch entsteht eine höhere Umweltverträglichkeit bei geringerer Qualität.

Neupapier sollte nur dort eingesetzt werden, wo es auf Grund hoher Anforderungen an Reißfestigkeit und Archivierbarkeit absolut notwendig ist.

Stifte: Viele Schreiber enthalten gesundheitsgefährdende Lösungsmittel sowie schädliche Konservierungsstoffe. Negativ zu bewerten sind alle *Faserschreiber mit organischen Lösungsmitteln* wie *Folienschreiber* und herkömmliche *Textmarker*.

Ökologisch weniger bedenklich sind alle *Faserschreiber auf Wasserbasis*, sowie *Kugel- bzw. Tintenkugelschreiber* und *Tintenentferner*, die allerdings auch noch Konservierungsstoffe enthalten und oft Einwegartikel sind.

Zu empfehlen sind *Füllhalter*, die sich über einen Glaskolben nachfüllen lassen (Vermeidung der Abfallmengen durch leere Tintenpatronen) und *Blei- bzw. Buntstifte*, *Trockentextmarker* sowie *Wachsstifte*. Grundsätzlich ist vor „in den Mund nehmen" zu warnen, da Farbstoffe, Schwermetalle oder auch Holzschutzmittel in den Körper gelangen können.

Kleinmaterial: Gesundheitsgefährdend bzw. ökologisch bedenklich sind in *Stempelfarben* und *Korrekturflüssigkeiten* insbesondere die organischen Lösungsmittel. Stempelfarben enthalten z.T. Blut- und Nervengifte (das im Teerfarbstoff Nigrosin enthaltene Anioin) bzw. Zellgifte (der Farbstoff Methylviolett).

Korrekturflüssigkeiten sind wegen des Lösungsmittels Trichlorethan bzw. Hexan und des Konservierungsmittels Formaldehyd ökologisch und gesundheitlich bedenklich.

Overhead-Folien, und *Klarsichthüllen/Prospekthüllen* bestehen häufig aus PVC, bei dessen Herstellung und Entsorgung erhebliche Umweltbelastungen entstehen. Wenn möglich, sollte ganz auf solche Hüllen verzichtet werden oder Hüllen aus Transparentpapier benutzt werden.

Radiergummis sind, soweit sie nicht aus PVC hergestellt werden, relativ unbedenklich.

Haftetiketten und *Haftnotizzettel* aus Recyclingpapier sind unbedenklich. Dies gilt in jedem Fall nicht für den benutzten Klebstoff.

Klebematerial: Hier sind die organischen Lösungsmittel die Hauptschädiger von Umwelt und Gesundheit, sie kommen vor allem in Allesklebern vor. Es sind u.a. Aceton, Ethanol oder Methylacetat, die als neurotoxisch gelten. Umweltverträglicher sind Vielzweckkleber auf Wasserbasis, die aber z.T. Formaldehyd als Konservierungsstoff enthalten. Auch Papierkleber können Gesundheitsschäden durch Chloracetamid hervorrufen. Am besten geeignet sind Klebestifte.

Transparente Film- und Paketklebebänder werden in erster Linie nach dem Trägermaterial beurteilt. Dies ist meist PVC.

3. Drucker und Kopierer

Kurz und knapp

Derzeit ist bekannt, daß von Kopierern und Laserdruckern folgende Gefahren ausgehen können:
- Ozonbildung durch Hochfrequenzspannung
- Reiz- und Giftstoffe durch Toner
- Augenschäden durch Lichtblitze
- Lärmentwicklung (s. Abschnitt Lärm)

Wissenswertes und Hintergründe

Ozonbildung. Ozon entsteht durch elektrostatische Aufladung der Luft beim Druckvorgang in Kopierern und Laserdruckern, jedoch nicht im „stand-by-Zustand" der Geräte.

Ozon ist ein starkes Reizgas, das Schädigungen des Immunsystems hervorrufen kann.

Der **MAK-Wert** (Maximale Arbeitsplatzkonzentration) liegt derzeit bei 0,1 Milligramm Ozon pro Kubikmeter Luft. Der Verband Deutscher Ingenieure (VDI) empfiehlt als Dauergrenzwert 0,06 Milligramm Ozon. Bereits bei 0,01 wird Ozon als Geruch wahrgenommen, bei 0,1 kann eine Reizung der Schleimhäute auftreten.

Risiken durch Toner.
- Die beim Erhitzen und Auftragen entstehenden Rußpartikel können Krebs hervorrufen.
- Der Feinstaub kann sich auch in Bronchien und Lungenbläschen ablagern und Lungenfunktion und Flimmerhärchen beeinträchtigen.

Augenschäden durch Lichtblitze. Durch Blick in den Lichtblitz des Kopierers können Veränderungen im Blau-Gelb- und im Komplexsehen (Dyschomatopsie) hervorgerufen werden.

Forderungen

Ozonbildung. Informieren über Ozonwerte des Gerätes durch Einsicht in die beigefügten Sicherheitsdatenblätter. Ausreichende Belüftung des zumindest 20 bis 30 Kubikmeter großen Raumes, am besten Extra-Raum. Ausreichende Luftfeuchtigkeit sicherstellen, um Ozon- und Staubbildung zu begrenzen.
Ozonfilter einbauen und regelmäßig wechseln, durchschnittlich nach 100.000 Kopien.
Jeden Druck- und Kopiervorgang *überdenken*!

Toner.
- Geschlossene Tonersysteme verwenden.

- Umfüllen und offene Behälter vermeiden, Handschuhe überziehen.
- Demnach: keine Wegwerfkartuschen verwenden, sondern sog. Hochleistungstoner (dreifache Lebensdauer), die (nicht beliebig oft) wiederaufgefüllt werden können.

Dabei auf Umweltzeichen achten.
- **UZ 55** „Mehrfach verwendbare Farbbandkassetten und Tonerkartuschen"
- **UZ 62** „Emissionsarm und abfallmindernd". Recycling durch Dienstleistungsunternehmen.

4. Luft und Klima

Kurz und knapp
- Computergebläse, Kopierer und Drucker heizen das Büro auf. Also in einen gesonderten Raum auslagern
- Klimaanlagen regelmäßig warten
- Zugluft, Zigarettenrauch und trockene Luft vermeiden
- Pflanzen gehören in jedes Büro
- Umweltfreundliche Möbel, Teppiche und Büromaterialien verwenden, um das Risiko von Gesundheitsschäden durch Formaldehyd und Lösungsmittel zu vermeiden

Wissenswertes und Hintergründe
Richtwerte, von verschiedenen Organisationen sind die eine Seite, subjektives Empfinden die andere. Wir sollten unsere Empfindungen achten, sie respektieren und nach ihnen handeln.

Eine hohe **Raumtemperatur** kann durch viele Faktoren entstehen: Sonneneinstrahlung, große Anzahl an Computern, Lampen und Menschen. (Idealtemperatur zwischen 21–22 Grad C).

Bei zu geringer **Luftfeuchtigkeit** trocknen die Schleimhäute in Hals und Nase aus und die Entstehung statischer Aufladungen wird begünstigt. (Die relative Luftfeuchtigkeit sollte zwischen 50% und 65% liegen).

Zugluft kann durch offene Fenster, ungünstig aufgestellte Trennwände/Raumteiler, Computer-Gebläse oder eine schlecht angelegte Klimaanlage entstehen. (Zugluft sollte 0,1 bis 0,15 m/sec nicht überschreiten.)

Problem Klimaanlage. Zu unterscheiden sind thermischer und hygienischer Komfort.
Thermischer Komfort: Durch ungünstige Strömungsverhältnisse kann Zugluft zwischen den Zu- und Abluftkanälen entstehen. Durch Zugluft wird die Luft als trocken, bei zu wenig Luftstrom wird sie schnell als stickig empfunden.

Je nach Bauart kann die Raumluft nur umgewälzt, jedoch nicht ausgetauscht werden.

Folgen: Kopf-/Nackenschmerzen, Augenbrennen, Frösteln etc.

Hygienischer Komfort: Eine gute Klimaanlage muß die Abluft reinigen. Viele Klimaanlagen bieten nur halbe Lösungen, die Luft wird zwar umgewälzt, aber nicht gereinigt. Oder die Luft wird durch Lüftungsschlitze im Boden in den Raum geblasen und an der Decke wieder abgesaugt. Dabei werden Dreck und Staub aufgewirbelt und konstant verteilt. Oder die Staubfilter werden jahrelang nicht gewechselt.
Folgen: Gestank, Pilzbefall, Infektionskrankheiten, „Sick-Building-Syndrom".

Staub, Rauchen und Asbest. Staub entsteht z. B. durch Abrieb von Teppichen, Holz, Stein (Asbest), Haut, Papier oder durch Toner. Die Staubkonzentration innerhalb von Büros ist immer höher als außerhalb. Das liegt nicht unwesentlich an Zigarettenrauch.
Staub wird durch Umherlaufen, Zugluft, Gebläse, Staubsauger und Klimaanlagen aufgewirbelt, durch statisch aufgeladene Bildschirme den Benutzern regelrecht ins Gesicht geschossen.

Emissionen und Ausdünstungen. Ozon, Formaldehyd und Lösemittel sind gasförmige Stoffe. Kunststofftapeten können Lösungsmittel enthalten, Teppiche mit Insektiziden behandelt (Wolle), ihre Unterlage mit FCKW oder PCP (krebserregend) aufgeschäumt sein, ältere Betonwände können Asbest enthalten, Möbel (-Polster) aufgeschäumt, Sperrholzplatten mit Formaldehydleim bearbeitet sein; Lösungsmittel Toluol, Xylanol... sind fast überall enthalten: in TippEx, Textmarkern, Klebern, vor allem Zweikomponentenklebern.

Forderungen

Temperatur, Luftfeuchtigkeit und Zugluft. Jalousien anbringen oder Computer und andere „Heizlüfter/-gebläse" in einen Extraraum verbannen, einen Luftbefeuchter und Pflanzen aufstellen.

Klimaanlage. Wenn schon eine Klimaanlage vorhanden ist, dann sollte sie auch regelmäßig gewartet werden (dabei unbedingt die Filter wechseln!), und es sollte nur gereinigte Außenluft verwendet werden.

Staub, Rauchen und Asbest. Nicht rauchen, regelmäßig lüften und Staubsauger mit Mikrofilter verwenden.

Emissionen und Ausdünstungen. Rauhfasertapeten verwenden, nur mit Naturharzlacken oder Dispersionsfarben streichen.
Beim Teppichkauf auf das Wollsiegel achten oder Kokos-Jute-Öko-Material kaufen. Grundsätzlich auf das Teppichsiegel (mit Kontrollnummer) der Europäischen Teppichgemeinschaft oder auf das „Umweltsiegel" der Gemeinschaft umweltfreundlicher Teppichböden (GUT) achten.
Möbel sollten nur aus einem Material gebaut sein, da sie so leichter zu recyceln sind. Als Material ist vorzugsweise Holz zu verwenden (kein Tropenholz), weil Holz, im Gegensatz zu Kunststoff, in der Herstellung wie auch in der Wie-

derverwertung sehr umweltfreundlich ist. Preßspanplatten können Formaldehyd enthalten.

5. Lärm

Kurz und knapp
- Lärm ist Streß. Laute Geräusche können vermieden werden, indem Nadeldrucker und Kopierer in Extraräume gestellt werden.
- Monotone Frequenzgeräusche beseitigen, z. B. Lüfter am Computer austauschen und Klimaanlage warten lassen.

Wissenswertes und Hintergründe
Lärm beeinträchtigt die Arbeitsfähigkeit in erheblichem Umfang. Die Konzentrationsfähigkeit wird herabgesetzt.

Extrem laute Geräusche erkennen wir sofort, und wir versuchen, die Ursache zu beseitigen (z.B. durch Fensterschließen bei Straßenlärm). Anders bei monotonen Geräuschen, die eher durch ihre Frequenz als durch ihre Lautstärke stören (z.B. Lüfter und Ventilatoren).

Eine normale Unterhaltung liegt bei einer Lautstärke von etwa 50 dB(A), eine Unterhaltung/Diktat über 1 m Distanz bereits bei 60-70 dB(A), eine Schreibmaschine hat eine Lärmemission von 66-79 dB(A) (74 dB(A) Nadeldrucker). Demgegenüber kommt es bereits bei 40 dB(A) zu Schlafstörungen, bei 50 dB(A) zu Gehörschäden.

Nicht immer ist Lärm meßbar und so klar klassifizierbar. Insbesondere monotone Frequenzgeräusche werden nur unbewußt empfunden und oft als subjektive Überempfindlichkeit abgetan. Trotzdem sollte man diese Störungen ernst nehmen.

Forderungen
Klimaanlagen müssen regelmäßig gewartet werden.

Die Lüfter an Computern und Druckern evtl. gegen rollengelagerte Modelle austauschen.

Besonders laute Geräte gehören in einen Extraraum. Wie wäre es da mit einem eigenen, gut belüfteten Raum für Computer, Drucker und Kopierer?! Man sollte darauf achten, daß typische Lärmspitzen im Büro vermieden werden, indem z.B. das Telefon leiser gestellt wird.

Kritik und Zukunftsvisionen
Heutzutage sind in mehrere tausend Mark teure Computer immer noch Billig-Lüfter eingebaut. Computer sollen doch den Büroalltag erleichtern und beschleunigen, so die Werbung?
Schön wäre es, wenn in Zukunft bei Bürobauten grundsätzlich gesonderte Räume für solche Zwecke eingeplant würden.

6. Beleuchtung

Kurz und knapp

- Tageslicht ist das beste Licht.
- Deshalb sollte das Kunstlicht dem Tageslicht soweit wie möglich angepaßt sein, hier eignen sich am besten Vollspektrum-Leuchtstofflampen.
- Falsche Beleuchtung kann gesundheitliche Auswirkungen haben, z.B. nachlassendes Konzentrationsvermögen, Augenbrennen, Kopfschmerzen.
- Die Bildschirmoberfläche bildet stets einen rechten Winkel zur Fensterfront!

Wissenswertes und Hintergründe
Die Raumbeleuchtung eines bildschirmunterstützten Arbeitsplatzes muß qualitativ so gut sein, daß auf dem Bildschirm keine Kontrastminderung eintritt und die Vorlage trotzdem mühelos gelesen werden kann. Hier muß also ein Kompromiß gefunden werden, denn der Bildschirmkontrast nimmt mit steigendem Beleuchtungsniveau ab. Andererseits ist für das Lesen der Vorlage ein höheres Beleuchtungsniveau als für reine Bildschirmtätigkeit erforderlich. Eine Verbesserung sind Bildschirme, die dunkle Zeichen auf hellem Hintergrund darstellen, weil diese Darstellung eher dem bedruckten Papier entspricht.

Grundregeln für die Beleuchtung eines Raumes:
- Am Arbeitsplatz nicht mit Licht geizen.
- Stets mehrere verschiedene Lichtquellen einsetzen, um das Licht nach den individuellen Bedürfnissen und nach der Art der
- Arbeit schalten zu können.

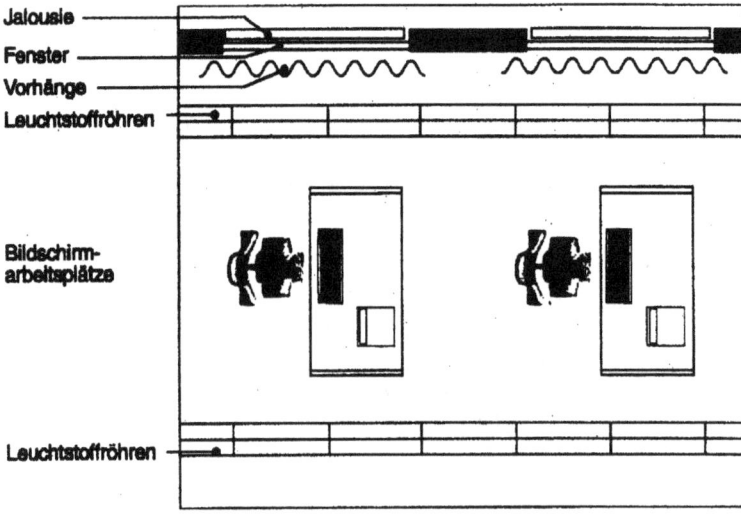

*Abb. D.IV.5
Aufstellen von Bildschirmarbeitsplätzen und Beleuchtungsanordnung in Räumen mit Fenstern*

Aufstellen von Bildschirmarbeitsplätzen:
Damit zu große Helligkeitskontraste und Reflexionen durch Fenster und Leuchten vermieden werden, ist zu empfehlen, daß
- sich vor und hinter dem Bildschirm keine Fenster befinden
- die Hauptblickrichtung parallel zur Fensterfront verläuft
- Räume mit parallel zur Blickrichtung angeordneten Lichtbändern beleuchtet werden

Tips
Im Bereich Raumbeleuchtung gibt es keine einstimmige Expertenmeinung.
Die meisten Büros werden mit Leuchtstofflampen beleuchtet. Die Geräte sollten auf jeden Fall mit Vorschaltgeräten ausgestattet sein, damit das Licht nicht flimmert.
Viele Leuchtstofflampen enthalten Schwermetalle, z.B. Quecksilber (15 – 30 Milligramm). Sie gehören deshalb auf keinen Fall in den Hausmüll. Fragen Sie beim Einkauf, welche Hersteller Recycling anbieten!

7. „Tastaturkrankheit" RSI?

Kurz und knapp
RSI steht für **R**epetitive **S**train **I**njury und bedeutet „Verletzung durch wiederholte Überanstrengung".
- Im Zusammenhang mit Bildschirmarbeit ist RSI eine chronische Schmerzerkrankung im Hand-Arm-Bereich, aufgrund derer keine noch so einfache Handbewegung, wie das Heben einer Tasse, ohne Schmerzen ausgeführt werden kann.
- Das Risiko an RSI zu erkranken ist immer dann groß, wenn geistige Anspannung und motorische Tätigkeiten verquickt sind.

Wissenswertes und Hintergründe
In den USA gehört RSI mittlerweile zu den häufig auftretenden Berufskrankheiten.
Die RSI-Symptome sind auf drei zusammenwirkende Faktoren zurückzuführen:
- hohe Informationsaufnahme und zugleich hohe Konzentration am Bildschirm
- psychomotorische Höchstleistungen
- Anzahl der Berufsjahre mit Tastaturarbeit

Die hohen Konzentrationsanforderungen bei der Bildschirmarbeit führen zu Verspannungen von Kopf, Nacken, Schultern, Rücken, Arme, Hände.
Die Verspannungen können Muskelfaserschäden hervorrufen, zugleich wird die Wahrnehmung von Schmerzen als Warnsignal des Körpers durch Konzentration auf die Bildschirmarbeit unterdrückt. Schädigungen werden zu spät bemerkt.

Insbesondere Personen, die durch Ehrgeiz und hochgradige Konzentrationsfähigkeit immer wieder über ihre persönlichen Leistungsgrenzen hinausgehen, sind gefährdet.

Frühsymptome sind alle körperlichen Funktionsänderungen im Hand- und Armbereich wie Kraftverlust, Taubheits-, Spannungs- und Steifheitsgefühle. Schwellungen, Prickeln, Muskelkrämpfe können erste Warnsignale sein.

Bei einer Untersuchung von Sorgatz hatten nach zehnjähriger Berufstätigkeit an Tastaturarbeitsplätzen über 25 Prozent RSI-typische Schmerzen.

Forderungen
Da RSI psychische und physische Ursachen hat, kann die Anschaffung einer ergonomischen Tastatur (mit zweigeteiltem Tastenfeld) nur ein erster Schritt sein. Die Arbeit sollte nicht durch konstante Anspannung, sondern den Wechsel von Konzentration und kurzen Entspannungsphasen gekennzeichnet sein.

8. Stuhl

Sünden
- Bewegungsmangel bei der Büroarbeit: auch ein noch so ergonomischer Stuhl macht Bewegung nicht überflüssig
- mangelnde Unterstützung des Körpers beim Sitzen
- Falsche Einstellungen des Stuhls vor allem in der Sitzhöhe
- Verwendung ökologisch bedenklicher Materialien

Wissenswertes und Hintergründe

Höheres Sitzen und neuartige Gestaltung der Stuhlfläche. Der Stuhl in der Abb. D.IV.6 ist an den Ecken ausgeschnitten. Dadurch wird es möglich, die Oberschenkel abzuwinkeln und den Rücken zu entlasten. Es werden mehr Sitzvarianten möglich, das Aufstehen wird erleichtert. Der Stuhl muß den Bewegungen des Menschen nach vorne und hinten folgen, der dafür nötige Kraftaufwand sollte einstellbar sein.

Ergonomische Gestaltung der Lehne. Eine mangelnde Unterstützung wichtiger Körperpartien führt zu Konzentrationsschwächen und langfristig zu Haltungsschäden. Die Rückenlehne sollte im Lendenbereich konvex geformt sein, um den gesamten Rücken abzustützen. Sie reicht bis zwischen die Schulterblätter.

Anpassung an individuelle Körpermaße. Ergonomie setzt Einstellbarkeit voraus, kein Körper gleicht dem anderen. Deshalb müssen Einstellmöglichkeiten vorhanden sein, einfach zugänglich (sonst werden sie nicht benutzt), ohne im Weg zu sein oder Verletzungsgefahr zu bergen.

Dies gilt insbesondere für die Sitzhöhe, die Höhe und den Neigungswinkel der Rückenlehne, die Neigung der Sitzfläche, den Wippwiderstand (sollte auch fixierbar sein) und die Armlehnen (falls gewünscht).

Bildschirm- und Büro-Ergonomie   351

Abb. D.IV.6

Materialien. Der Stuhl sollte weitgehend aus natürlichen Materialien hergestellt sein. Verbundwerkstoffe (insbesondere Verbundkunststoffe) sind wegen mangelhafter Recyclingmöglichkeit zu vermeiden. Die Herstellung sollte ressourcenschonend sein (Rohstoff- und Energieeffizienz). Die Materialien dürfen keine giftigen Stoffe emittieren.

Forderungen

Während die Entwicklung bei den Bürostühlen einen hohen ergonomischen Stand erreicht hat, gilt dies nicht für die Büroökologie. Über die Beschaffenheit der verwendeten Kunststoffe konnten wir nirgendwo fundierte Informationen bekommen. Gleiches gilt für die Frage nach der ressourcenschonenden Herstellung. Prospekte werden solange keine Angaben darüber enthalten, solange der Kunde nicht danach fragt.

Das muß sich schleunigst ändern. Stühle landen irgendwann auf dem Müll und müssen entsorgt werden.

9. Bürotisch

Kurz und knapp

- Die Tischplatte soll groß genug sein
- Höhenverstellbarkeit möglich
- Holzplatten dürfen keine Giftstoffe emittieren

Wissenswertes und Hintergründe

Ausreichende Tischgröße. Um die Arbeitsmittel (Bildschirm, Tastatur, Büromaterial etc.) flexibel nutzen zu können, ist eine ausreichend große und ebene Tischplatte erforderlich.

Jede Aufteilung der Arbeitsfläche fixiert einzelne Arbeitsmittel, so daß individuell erwünschte oder durch wechselnde Arbeitsabläufe erforderliche Veränderungen nicht oder zumindest unter ergonomischen Gesichtspunkten nicht mehr möglich sind.

Höhenverstellbarkeit des Tisches. Die derzeit üblichen Tische sind in der Regel nicht höhenverstellbar. Deshalb sind die dort Beschäftigten gezwungen, ihre Sitzhöhe der Tischhöhe anzupassen. Dies widerspricht ergonomischen Erkenntnissen, nach denen zuerst die Stuhlhöhe eingestellt werden sollte.

Fußstützen sind abzulehnen, weil sie zu einer fixierten Haltung beitragen. Unterschiedliche Beinhaltungen sind notwendig.

Forderungen
Wird ein Arbeitsplatz häufig von unterschiedlichen Personen genutzt, sollte eine sofortige Höhenverstellung mit einfachen Mitteln möglich sein, z.B. durch eine Kurbel oder einen Motor.

Wird der Arbeitsplatz ausschließlich von einer Person genutzt, so ist es ausreichend, ein Tischsystem zu wählen, das durch anschraubbare Unterlegscheiben auf die notwendige Höhe eingestellt werden kann.

Keine Giftstoffemissionen durch Leime und Lacke. Die geringsten Emissionen weist Massivholz auf. Spanplatten sind immer problematischer, allerdings gibt es unter ihnen erhebliche Unterschiede. Deshalb werden sie in Klassen eingeteilt (E1 bis E3). Spanplatten sollten vollständig versiegelt sein.

Bei Lacken ist ebenfalls Vorsicht angesagt, Kriterien sind dort Schwermetallgehalt und Emissionen. Besser ist eine Oberflächenbehandlung (bei Massivhölzern) mit natürlichen Wachsen.

V.
Anstelle eines Schlußwortes

Dokument V.1   „Die Krise muß noch größer werden"

Ein ZEIT-Gespräch mit dem Schweizer
Kreativitätsforscher Gottlieb Guntern

Gottlieb Guntern steht in der Schweiz für ein Thema: Kreativität. Der 47jährige Psychiater gab im Jahr 1979 seine Stelle als Chefarzt eines medizinischen Modellzentrums auf und gründete im eidgenössischen Martigny die Stiftung für Kreativität und Leadership. Guntern berät Spitzenmanager internationaler Konzerne wie ABB und Nestlé, die teilweise auch seine Forschungsarbeit fördern.

ZEIT: Allerorten in Europa wird derzeit über die mangelnde Innovationsfähigkeit von Wirtschaft und Gesellschaft geklagt. Läßt sich diese Kreativitätslücke kurzfristig beheben?

Guntern: Kurzfristig sicher nicht. Da sind seit langem strategische Fehler gemacht worden. Europas Wirtschaftselite hat sich zu lange kritiklos an den USA orientiert. Im Rahmen des sogenannten rationalen Managements wurde eine Mode nach der anderen übernommen, um Produktivität und Profitraten zu erhöhen – ob die nun *just-in-time, total-quality-management, benchmarking, customer orientation oder outsourcing* hießen. Diese in den Staaten hochgepriesenen Methoden wurden in Europa wie Fetische behandelt.

ZEIT: Und jetzt funktioniert das nicht mehr.

Guntern: Richtig. Nur ein Drittel dieser Veränderungsprogramme erreicht annähernd sein Ziel. Die Halbwertzeit dieser Handwerkszeuge wird immer kürzer, in den Unternehmen jagt eine Methode die andere. Das Resultat sind erschöpfte Mitarbeiter, denen man Imagination, Intuition und Motivation – also die Voraussetzungen für kreative Leistungen – abgewürgt hat.

ZEIT: Da muß man ja verzweifeln.

Guntern: Nötig ist eine langfristige Strategie, die Europa von dieser sklavischen Nachäfferei amerikanischer Managementmethoden wegbringt. Unsere Führungskräfte müssen wieder mit dem eigenen Kopf denken.

ZEIT: Bevorzugt das bisherige System Schwätzer und Ellenbogentypen und schreckt die intuitiv-kreativen Leute ab?

Guntern: Da ist was dran. Drei Kategorien kommen unverhältnismäßg gut weg: Einmal die frisch gefönten Bubis und ihr weibliches Pendant, die Barbiepuppe; sie gleichen in ihrem Aussehen dem gängigen Werbeklischee, deshalb werden diese Repräsentanten des Mittelmaßes gerne in Gremien gewählt. Zweitens sind da die guten Verbalisierer. Sie überdecken fehlende Ideen durch viel Rhetorik und geschicktes Name-dropping und erwecken so den Eindruck, daß heftig gedacht wird. Und schließlich ist da noch die ubiquitäre Kategorie der Hofschranzentypen, die durch ihre Unterwürfigkeit oben wohlgelitten sind.

ZEIT: Und wo bleiben die Ideenlieferanten?

Guntern: Die bleiben oft auf der Strecke. Dies gilt etwa für Menschen mit einem starken, authentischen Charakter, die den Mut haben, unbequeme Dinge zu sagen. Es gilt zudem für die intuitiven Menschen, die nicht besonders sprachmächtig sind. Die Intuitiven nehmen sich Zeit zu beobachten und zu denken, während die Macher immer gleich alles schnell im Griff haben wollen. Wenn ein Intuitiver seine Einsichten zu formulieren beginnt, wird der Macher ungeduldig. Er giert nach der schnellen Lösung.

ZEIT: Was müßten die Chefs ändern?

Guntern: Diese ideenreichen Leute sind ja häufig bereits in ihren Unternehmen, aber man läßt sie nicht zu Wort kommen. Es gibt durchaus Methoden, um Diskussionsrunden so zu gestalten, daß diese intuitiven Denker sich auch wirklich einbringen können – und gleichzeitig die Macher zu bremsen.

ZEIT: Wie schaffen Sie dieses Wunder?

Guntern: Es gibt keine Zaubertricks, aber langfristig angelegte, logisch kohärente Arbeit kann die Unternehmenskultur verändern.

ZEIT: Die heutige Managergeneration glaubt doch immer, ihre Mitarbeiter müßten nur immer mehr und immer schneller arbeiten.

Guntern: In den Managementetagen wird der Mensch immer noch als eine Art Maschine betrachtet, die man mit Energie, beispielsweise Angstinduktion, andrehen kann. Kreativität ist in diesem mechanistischen Menschenbild folglich eine Submaschine, die sich ebenfalls per Befehl und Kontrolle steigern läßt. Die Folgen dieser katastrophalen Fehleinschätzung zeigen sich in gesellschaftlichen Krisen aller Art. Paradoxerweise liegt unsere strategische Chance darin, daß sich diese Krisen noch verschärfen.

ZEIT: Wenn man sich heute die Schulen für den Führungsnachwuchs in Europa anschaut, hat man den Eindruck, daß Statussymbole wie Armani-Anzug oder Cartier-Uhr viel mehr zählen als Individualität und originelle Gedanken.

Guntern: Die jungen Leute gehen an diese Ausbildungsstätten, weil sie sich dadurch den großen Erfolg im Leben versprechen. Doch sie werden in diesen Einrichtungen genormt und geben diesen Uniformitätsdruck untereinander weiter. Der Gruppenzwang ist unheimlich stark. Bald schon haben alle die gleichen Denkmodelle und Vorlieben, sie wissen, was offiziell *in* ist, sei es im Management oder beim Outfit. Heraus kommen genormte Microprozessoren. Diese Nachwuchsschmieden, ob nun in Frankreich, Deutschland oder der Schweiz, sind eigentlich Kadaver, sie wissen es nur noch nicht.

ZEIT: Woher soll dann ein einsichtiger Topmanager weniger verformten Nachwuchs bekommen?

Guntern: Ich würde den Personalchefs raten, nicht nur Business-School-Absolventen oder Einser-Studenten zu nehmen, sondern die lebendigsten Typen einzustellen. Wer Kreativität im Unternehmen will, braucht heterogene Leute. Und auch bei der weiteren Ausbildung dürften die nicht über einen Leisten geschlagen werden. Es gibt leider überall noch zu viele Ignoranten an wichtigen Stellen, die sich hinter ihrer Amtsautorität verstecken und die jungen Talente nicht hochkommen lassen.

Lamparter 1997 in: DIE ZEIT 9/1997

Teil E
Anhang

I.
Literatur-
verzeichnis
Seite 359

II.
Index
Seite 379

I.
Literaturverzeichnis

A

Ackermann/Ulich 1991
 David Ackermann, Eberhard Ulich (Hrsg.): Software-Ergonomie '91. Stuttgart 1991

AFOS 1996
 SAP, Arbeit, Management: Durch systematische Arbeitsgestaltung zum Projekterfolg. Wiesbaden 1996

AFOS/Blume 1997
 AFOS, Andreas Blume: Projektkompass SAP. Braunschweig Wiesbaden 1997

Alexander 1964
 C. Alexander: Notes on the Synthesis of Form. Harvard University 1964

Alioth 1980
 A. Alioth: Entwicklung und Einführung alternativer Arbeitsformen. Bern 1980

Arndt/Günther 1997
 Hans-Knud Arndt, Oliver Günther: Betriebliche Umweltinformationssysteme: Konzeption und DV-technische Umsetzung. UWF 3/1997 (5. Jhg.), S. 22–25

B

Baethge/Oberbeck 1986
 M. Baethge, H. Oberbeck: Zukunft der Angestellten. Frankfurt/Main 1986

Baldwin/Clark 1998
 Carliss Y. Baldwin, Kim B. Clark: Modularisierung – Ein Konzept wird universell. Harvard Business Manager 2/1998, S. 39–48

Baumgarten 1990
 Bernd Baumgarten: Petri-Netze: Grundlagen und Anwendungen. Mannheim Wien Zürich 1990

Beck 1995
 Ulrich Beck: Utopie der Selbstbegrenzung. Süddeutsche Zeitung 71/1995, S. 13

Beck 1997
Ulrich Beck: Was ist Globalisierung? Edition zweite Moderne, Frankfurt/Main 1997

Birke u.a. 1997
Birke, Burschel, Schwarz: Handbuch Umweltschutz und Organisation. Opladen 1997

Bleicher 1988
Knut Bleicher: Die Organisation mit Zukunft. IBM Nachrichten 292/1988 (38. Jhg.), S. 7–13

Boden/Barabas 1997
K.-P. Boden, M. Barabas (Hrsg.): Internet – von der Technologie zum Wirtschaftsfaktor. Deutscher Internet-Kongreß, Heidelberg 1997

Böhm u.a. 1996
A. Böhm, W. Oberndorfer, R. Schmitz, S. Uellner: Werkzeuge für Forscher und Manager in europäischen Telekommunikationsprojekten. In: Krcmar u.a. 1996b, S. 123–137

Booch 1994
Grady Booch: Object-Oriented Analysis and Design with Applications. Redwood City, Cal. 1994

Boon 1985
H. de Boon: Bloemenesport en Bloemenlogistiek. Typoskript, Bloemenveiling Westland 1985

Brödner 1985
P. Brödner: Fabrik 2000. 2. Aufl. Berlin 1985

Brödner 1990
Peter Brödner: Facharbeit der Zukunft. InfoTech 1/1990, S. 33–37

Bruckmann/Weinert 1997
C. Bruckmann, M. Weinert: Business Process und ecoprocess in einem integrierten Informationssystem. Diplomarbeit, Fachbereich Informatik, Universität Hamburg, 1997

Buck-Emden/Galimow 1996
Rüdiger Buck-Emden, Jürgen Galimow: Die Client/Server-Technologie des SAP-Systems R/3: Basis fuer betriebswirtschaftliche Standardanwendungen. 3. Aufl. Bonn (u.a.) 1996

Bullinger 1993
H.-J. Bullinger: Geschäftsprozeßoptimierung und Informationslogistik.

Bullinger u.a. 1995
Hans Jörg Bullinger, Klaus-Peter Fähnrich, Dietmar Kopperger: Component Ware. Office Management 1–2/1995, S. 17f.

Bullinger u.a. 1997
H.-J. Bullinger, Th. Renner, S. Dormeier: Unternehmen auf dem Weg zum „knowledge-warehouse". Office Management 2/1997, S. 9–13

Buresch u.a. 1997
Martin Buresch, Manfred Kirmair, Alfred Cerny: Auswahl von Organisations-Engineering-Tools. Zeitschrift für Organisation 6/1997, S. 367–373

Bush 1945
   Vannevar Bush: As We May Think. Atlantic Monthly, Volume 176, No. 1. July 1945, S. 101–108

C
Castells 1996
   Manuel Castells: The Rise of the Network Society. Cambridge, Mass. 1996
Chen 1976
   Peter S. Chen: The Entity-Relationship-Model – Towards a Unified View of Date. In: ACM Transactions on Database Systems 1/1976 (Vol. 1), S. 9–36
Chen/Scheer 1994
   R. Chen, A.-W. Scheer: Modellierung von Prozeßketten mittels Petri-Netz-Theorie. Arbeitsbericht Heft 107, Institut für Wirtschaftsinformatik (IWi), Universität des Saarlandes, 1994
Claußen 1997
   Ingo Claußen: ComUnity – Komponentenbasierte Anwendungssoftware. HMD 197/1997, S. 98–111
Coad/Yourdon 1991
   Peter Coad, Edward Yourdon: Object-Oriented Analysis. 2nd Edition, Englewood Cliffs, New Jersey 1991
Computer Fachwissen 1997
   o.V.: Computernetze und Mitbestimmung. Computer Fachwissen 7-8/1997, S. 9–12
Conrad 1996
   G. Conrad: Mitarbeiter surfen im Firmennetz. Handelsblatt 6.3.1996
Cordes/Willems 1997
   R. Cordes, C. Willems: Intranet: Anwendungen und Perspektiven. In: Boden/Barabas 1997, S. 219–234
Cornell/Horstmann 1996
   G. Cornell, C.S. Horstmann: Core Java. Mountain View 1996
Coy 1992
   W. Coy: Für eine Theorie der Informatik! In: Coy u.a. 1992, S. 17–32
Coy u.a. 1992
   W. Coy, F. Nake, J.-M. Pflüger, A. Rolf, J. Seetzen, D. Siefkes, R. Stransfeld (Hrsg.): Sichtweisen der Informatik. Braunschweig Wiesbaden 1992
Crozier u.a. 1995
   Crozier, Friedberg, Ortmann: Formen der Produktion. Opladen 1995

D
Date 1990
   C. J. Date: An Introduction to Database Systems. Vol. 1+2, Addison-Wesley Publishing Company Inc. 1990
Davenport 1993
   T. H. Davenport: Process Innovation – Reengineering Work Through Information Technology. Boston 1993

DeMarco 1978
: Tom DeMarco: Structured Analysis and System Specification. Yourdon Press 1978

Denning 1992
: P. J. Denning: Beyond Formalism. American Scientist 79/1991

Denning u.a. 1989
: P.J. Denning, D.E. Comer, D.E. Gries, M.C. Mulder, A. Tucker, A.J. Turner, P.R. Young: A Debate on Teaching Computer Science. Communications of the ACM 32 (1989), S. 1397–1414

Der Spiegel 1998
: o.V.: Computer: Datennetz für jedermann, Interview mit Larry Ellison. Der Spiegel 8/1998, S. 164

Desborough 1996
: J. Desborough: Intranet Web Development. Indianapolis 1996

Deutsche Gesellschaft für Holzforschung 1997
: Deutsche Gesellschaft für Holzforschung (Hrsg.): Ökobilanzen Holz. In: Informationsdienst Holz, München 1997

Dijkstra 1989
: E.W. Dijkstra: On the Cruelty of Really Teaching Computing Science. Communications of the ACM 32 (1989), S. 1398–1404

Donhauser u.a. 1995
: K. Donhauser, B. Irrgang, J. Klawitter (Forum für interdisziplinäre Forschung, Hrsg.): Leitbilder für nachhaltige Technikgestaltung. Dresden 1995

Dyckhoff 1994
: Harald Dyckhoff: Betriebliche Produktion – Theoretische Grundlagen einer umweltorientierten Produktionswirtschaft. Berlin 1994

E

Ehn 1988
: P. Ehn: Work Oriented Design of Computer Artifacts. Stockholm 1988

Emery/Thorsrud 1975
: F. Emery, E. Thorsrud: Industrielle Demokratie. Bern 1982

Endres/Wehner 1993
: Egon Endres, Theo Wehner: Kooperation: Die Wiederentdeckung einer Schlüsselkategorie. In: Minssen 1993

Engelbart 1962
: Douglas C. Engelbart: Augmenting human intellect - A conceptual framework. AFOSR 3223, Stanford Research Institute, Menlo Park 1962

Engelmann 1995
: Thomas Engelmann: Business Process Reengineering. Wiesbaden 1995

Enquete-Kommission des Deutschen Bundestages 1994
: Enquete-Kommission „Schutz des Menschen und der Umwelt" des Deutschen Bundestages: Die Industriegesellschaft gestalten. Bonn 1994

Eversheim 1996
: W. Eversheim: Prozeßorientierte Unternehmensorganisation: Konzepte und Methoden. Berlin Heidelberg 1996

F

Faber u.a. 1983
M. Faber, H. Niemes, G. Stephan: Entropie, Umweltschutz und Rohstoffverbrauch – Eine naturwissenschaftlich ökonomische Untersuchung. Berlin Heidelberg 1983

Ferstl/Sinz 1991
O.K. Ferstl, E.J. Sinz: Ein Vorgehensmodell zur Objektmodellierung betrieblicher Informationssysteme im Semantischen Objektmodell (SOM). Wirtschaftsinformatik 6/1991 (33. Jhg.), S. 477–491

Ferstl/Sinz 1993
O.K. Ferstl, E.J. Sinz: Geschäftsprozeßmodellierung. Wirtschaftsinformatik 6/1993 (35. Jhg.), S. 589–592

Ferstl/Sinz 1994a
O.K. Ferstl, E.J. Sinz: Grundlagen der Wirtschaftsinformatik. Bd. 1, 2. Aufl., München Wien 1994

Ferstl/Sinz 1994b
O.K. Ferstl, E.J. Sinz: Der Ansatz des Semantischen Objektmodells (SOM) zur Modellierung von Geschäftsprozessen. Bamberger Beiträge zur Wirtschaftsinformatik Heft 21 (1994)

Ferstl/Sinz 1995
Otto K. Ferstl, Elmar J. Sinz: Der Ansatz des Semantischen Objektmodells (SOM) zur Modellierung von Geschäftsprozessen. Wirtschaftsinformatik 3/1995 (37. Jhg.), S. 209–220

Ferstl/Sinz 1997
Otto K. Ferstl, Elmar J. Sinz: Flexible Organizations Through Object-oriented and Transaction-oriented Information Systems. In
Krallmann 1997, S. 393– 412

Floyd 1995
Christiane Floyd: Software-Engineering: Kritik und Perspektiven. In: Friedrich u.a. 1995, S. 238–254

Floyd u.a. 1997
C. Floyd, A. Krabbel, S. Ratuski, I. Wetzel: Zur Evolution der evolutionären Systementwicklung – Erfahrungen aus einem Krankenhausprojekt. Informatik Spektrum 1/1997 (Bd. 20), S. 13–20

Ford 1923
Henry Ford: Mein Leben und Werk. Leipzig 1923

Frank 1994
Ulrich Frank: Multiperspektivische Unternehmensmodellierung. München Wien 1994

Friedrich u.a. 1995
J. Friedrich, T. Herrmann, M. Peschek, A. Rolf: Informatik und Gesellschaft. Heidelberg Berlin Oxford 1995

Fuchs-Kittowski 1992
K. Fuchs-Kittowski: Theorien der Informatik im Spannungsfeld zwischen formalem Modell und nichtformaler Welt. In: Coy u.a. 1992, S. 71–82

G

Gaitanides 1983
: Michael Gaitanides: Prozeßorganisation: Entwicklung, Ansätze und Programme prozeßorientierter Organisationsgestaltung. München 1983

Gaitanides 1995
: Michael Gaitanides: 2. Je mehr desto besser. Technologie & Management 2/1995 (44. Jhg.), S. 69–76

Gaitanides u.a. 1994a
: Michael Gaitanides, Rainer Scholz, Alwin Vrohlings: Prozeßmanagement – Grundlage und Zielsetzungen. In: Gaitanides u.a. 1994b, S. 1–17

Gaitanides u.a. 1994b
: Michael Gaitanides, Rainer Scholz, Alwin Vrohlings, Max Raster (Hrsg.): Prozeßmanagement: Konzepte, Umsetzungen und Erfahrungen des Reengineering. München Wien 1994

Gärtner/Wagner 1996
: Joh. Gärtner, Ina Wagner: Mapping Actors and Agendas: Political Frameworks of Systems Design and Participation. In: H-C-I 1996, S. 187–214

Georgescu-Roegen 1971
: N. Georgescu-Roegen: The Entropy Law and the Economic Process. Cambridge/USA London 1971

Giddens 1988
: A. Giddens: Die Konstitution von Gesellschaft – Grundzüge einer Theorie der Strukturierung. Frankfurt/Main New York 1988
: Anthony Giddens, „Die Konstitution von Gesellschaft, Grundzüge einer Theorie der Strukturierung", Frankfurt a.M./New York 1988

Graf 1997
: Peter Graf: Komponenten in betriebswirtschaftlicher Standardsoftware – Das Business Framework der SAP. HMD 197/1997, S. 62–75

Greenbaum 1988
: J. Greenbaum: In Search of Cooperation – An Historical Analysis of Work Organization and Management Strategies. CSCW 88 (Tagungsband), S. 102–114

Grochla 1973
: E. Grochla: Handwörterbuch der Organisation. Stuttgart 1973

Gryczan 1995
: G. Gryczan: Situierte Koordination computergestützter qualifizierter Tätigkeit über Prozeßmuster. Dissertation, Fachbereich Informatik, Universität Hamburg 1995
: Erschienen unter: Prozeßmuster zur Unterstützung kooperativer Tätigkeit. Wiesbaden DUV 1996 / Informatik

Gryczan u.a. 1996
: G. Gryczan, M. Wulf, H. Züllighoven: Prozeßmuster für die situierte Koordination kooperativer Arbeit. In: Krcmar u.a. 1996b, S. 89–103

Gryczan/Züllighoven 1992
: G. Gryczan, H. Züllighoven: Objektorientierte Systementwicklung – Leitbild und Entwicklungsdokumente. Informatik-Spektrum 15/1992, S. 264–272

H
Haasis 1997
Hans-Dietrich Haasis: Ein Überblick über Betriebliche Umweltinformationssysteme. UWF 3/1997 (5. Jhg.), S. 4–6

Haasis u.a. 1996a
H.-D. Haasis, L. M. Hilty, H. Kürzl, C. Rautenstrauch: Anforderungen an Betriebliche Umweltinformationssysteme und Ansätze zur Realisierung. In: Haasis u.a. 1996b, S. 7–25

Haasis u.a. 1996b
H.-D. Haasis, L. M. Hilty, H. Kürzl, C. Rautenstrauch: Betriebliche Umweltinformationssysteme (BUIS) – Projekte und Perspektiven.

Hammer/Champy 1993
M. Hammer, J. Champy: Reengineering the Corporation. New York 1993

Hammer/Champy 1994
M. Hammer, J. Champy: Business Reengineering – Die Radikalkur für das Unternehmen. Frankfurt/Main New York 1994

Hänisch 1996
Lars Hänisch: Konzeption eines EDV-gestützten Umweltinformationssystems. Diplomarbeit, Fachhochschule Wedel, 1996

Hansen 1996
H. R. Hansen: Wirtschaftsinformatik I. 7. Aufl., Stuttgart 1996

Hansen 1997
H. R. Hansen: Arbeitsbuch Wirtschaftsinformatik. 5. Aufl., Stuttgart 1997

Hasenack 1977
W. Hasenack: Arbeitshumanisierung und Betriebswirtschaft. München 1977

Haushofer 1874
Max Haushofer: Der Industriebetrieb. Ein Handbuch. Stuttgart 1874

Hedemann/Isbarn 1997
I. Isbarn, J. Hedemann. Computergestützte Stoffstromanalysen für Handelsunternehmen – Entwicklung eines Referenzmodells. Diplomarbeit, Fachbereich Informatik, Universität Hamburg, 1997

Heinrich 1993
L. Heinrich: Wirtschaftsinformatik: Einführung und Grundlegung. München Wien 1993

Hellige 1991
H.-D. Hellige: Leitbilder und historisch-gesellschaftlicher Kontext der frühen wissenschaftlichen Konstruktionsmethodik. artec-Papier 8/1991, Universität Bremen

Hellige 1995
Hans-Dieter Hellige: Designkonflikte bei der Umsetzung von Leitbildern: Das Beispiel der umwelt- und ressourcenschonenden Werkstoffwahl. In: Donhauser u.a. 1995

Hellige 1996
H. D. Hellige(Hrsg.): Technikleitbilder auf dem Prüfstand. Berlin 1996

Hellpach/Lang 1922
W. Hellpach, R. Lang: Gruppenfabrikation. Berlin 1922
Heuser 1997
U. J. Heuser in: Die Zeit 8/1997, S. 15
Hilty 1994
L. Hilty (Hrsg): Informatik für den Umweltschutz, 8. Symposium, Hamburg 1994. Bd. 2, Marburg 1994
Hilty 1996
L. Hilty: Betriebliche und überbetriebliche Umweltinformationssysteme als informationstechnische Infrastruktur für das Stoffstrommangement. In: Schmidt/Schorb 1996, S. 198
HMD 1997
Theorie und Praxis der Wirtschaftsinformatik, Schwerpunktheft Componentensoftware. Heft 197 (34. Jhg.) Hütig 1997
Hofmann/Saul 1996
H. Hofmann, C. Saul: Qualitative und quantitative Auswirkungen der Informationsgesellschaft auf die Beschäftigung. In: Kubicek u.a. 1996, S. 150–169
Höller/Kubicek 1990
H. Höller, H. Kubicek: Angemessener Techikeinsatz zur Unterstützung selbssteuernder Arbeitsgruppen in der öffentlichen Verwaltung. Informatik-Arbeitsbericht, Fachbereich Informatik, Universität Bremen, 1990
Holzapfel 1993
Helmut Holzapfel: Weg mit dem Billigkram. Die Zeit 11/1993
Huber 1994
Joseph Huber: Grundgedanken des produktionsintegrierten Umweltschutzes. v.v.Ms. 1994

I

IDS 1995
IDS Prof. Scheer GmbH (Hrsg.): Handbücher zum ARIS-Toolset. Buch 5: ARIS-Methodenhandbuch. Version 3.0, Stand 05/95
IDS 1996
IDS Prof. Scheer GmbH (Hrsg.): Handbuch zur ARIS-Simulation. Version 3.1, Stand 05/1996
IDS o.J.
IDS Prof. Scheer GmbH (Hrsg.): Business Reengineering mit dem ARIS-Toolset. Werbebroschüre

J

Jacobson u.a. 1995
Ivar Jacobson, Maria Ericsson, Agneta Jacobson: The Object Advantage; Business Process Reengineering with Object Technology. Reading, MA 1995
Jansen-Niedermeier 1997
C. Jansen-Niedermeier: Tuning fürs System. SAP Info 3/1997 (Nr. 53), S. 4–8

Jepsen/Lohse 1994
 D. Jepsen, J. Lohse: Anforderungen an EDV-Werkzeuge zur Unterstützung des überbetrieblichen Stoffstrom-Managements. In: Hilty 1994, S. 214–222
Johansen/Swigart 1996
 R. Johansen, R. Swigart: Upsizing the Individual in the Downsized Organization. Addison-Wesley 1996

K
Kahler u.a. 1995
 H. Kahler, M. Paetau, M. Rohde, V. Wulf: Entwicklung komplexer Systeme im Spannungsfeld von Organisation, Arbeit und Informationstechnik. FiFF Kommunikation 1/1995, S. 39
Kay/Goldberg 1977
 Alan Kay, Adele Goldberg: Personal Dynamic Media. Computer March/1977
Keller 1995
 Gerhard Keller: Strategische Herausforderung. SAP Info März/1995, S. 9–14
Keller u.a. 1992
 G. Keller, M. Nüttgens, A.-W. Scheer: Semantische Prozeßmodellierung auf der Grundlage „Ereignisgesteuerter Prozeßketten (EPK)". Arbeitsbericht Heft 89, Institut für Wirtschaftsinformatik, Universität des Saarlandes, Saarbrücken 1992
Keller/Meinhardt 1994
 G. Keller, S. Meinhardt: SAP R/3-Analyser: Optimierung von Geschäftsprozessen auf Basis des R/3-Referenzmodells. SAP Info 1994
Keller/Popp 1996
 Gerhard Keller, Karl Popp: Neue Epoche der Softwarekonfiguration. SAP Info März/1996, S. 12–18
Keller/Teufel 1997
 G. Keller, Th. Teufel: SAP R/3 prozeßorientiert gestalten. 2. Aufl., Addison Wesley 1997
Kerstan 1994
 Th. Kerstan: Stoffströme in Petrinetzen. Die Zeit 33/1994
Kieser 1996
 A. Kieser: Moden & Mythen des Organisierens. Die Betriebswirtschaft 1/1996 (56. Jhg.), S. 21–39
Kieser/Kubicek 1992
 A. Kieser, H. Kubicek: Organisation. 3. Aufl. Berlin New York 1992
Kilberth u.a. 1994
 K. Kilberth, G. Gryczan, H. Züllighoven: Objektorientierte Anwendungsentwicklung. Konzepte, Strategien, Erfahrungen. 2. Aufl. Braunschweig Wiesbaden 1994
Kirsch/Klein 1977
 W. Kirsch, H.K. Klein: Management-Informationssysteme II. Auf dem Weg zu einem neuen Taylorismus? Stuttgart Berlin Köln Mainz 1977

Kling 1993
R. Kling: Organizational Analysis in Computer Science. The Information Society 9(2) Mar-May/1993, S. 71–87
Klischewski 1995
R. Klischewski: Anarchie – ein Leitbild für die Informatik. Von den Grundlagen der Beherrschbarkeit zur selbstbestimmten Systementwicklung. Dissertation, Fachbereich Informatik, Universität Hamburg, Frankfurt/Main 1996
Klotz 1992
Ulrich Klotz: Das Ende der Kommandowirtschaft. AGE 1992, S. 20–29
Klotz 1996
Ulrich Klotz: Von der Verrichtungsorientierung zur Objektorientierung. Facetten eines Leitbildwechsels. In: Hellige 1996
Köhler/Elsässer 1997
C.O. Köhler, K.-H. Ellsässer (Hrsg.): Medizinische Dokumentation und Information - Handbuch für Klinik und Praxis. Landsberg 1997
Kosiol 1968
E. Kosiol: Grundlagen und Methoden der Organisationsforschung. 2. Aufl., Berlin 1968
Kosiol 1973
Kosiol: Aufbauorganisation. In: Grochla 1973
Krabbel u.a. 1996
A. Krabbel, I. Wetzel, S. Ratuski: Objektorientierte Analysetechniken für übergreifende Aufgaben. In: Beiträge der GI-Fachtagung Softwaretechnik '96, 12.-13. September 1996, Koblenz, S. 65–72
Krabbel/Wetzel 1997
A. Krabbel, I. Wetzel: Vorgehensweise bei der Auswahl eines integrierten Krankenhausinformationssystems. In: Köhler/Elsässer 1997, I-5
Krafft/Ulrich 1997
Alexander Krafft, Günter Ulrich: Akteure im System. In: Birke u.a. 1997, S. 92–133
Krallmann 1997
H. Krallmann (Hrsg.): Wirtschaftsinformatik 97. Tagungsband, Berlin Heidelberg 1997
Kraus/Scheer 1997
MichaelKraus, A.-W. Scheer: Integrationsaspekte betrieblicher Umweltinformationssysteme. UWF 3/1997 (5. Jhg.), S. 12–16
Krcmar u.a. 1996a
H. Krcmar u.a.: Eco-Integral. Arbeitspapiere, Lehrstuhl für Wirtschaftsinformatik, Universität Hohenheim, Nr. 100, Stuttgart 1996
Krcmar u.a. 1996b
H. Krcmar, H. Lewe, G. Schwabe: Herausforderung Telekooperation. Berlin Heidelberg 1996
Krugman 1996
P. Krugman: Pop Internationalism. Cambridge/Mass. 1996

Kubicek u.a. 1997
 H. Kubicek, D. Klumpp, G. Müller, W. Neu, E. Raubold, A. Roßnagel: Jahrbuch Telekommunikation und Gesellschaft 1997. Heidelberg 1997
Kubicek/Rolf 1985
 H. Kubicek, A. Rolf: Mikropolis – mit Computernetzen in die „Informationsgesellschaft". Hamburg 1985
Kugler 1986
 H.-J. Kugler (Hrsg.): Information Processing 86. Amsterdam
 North Holland 1986 (Proc. 10th IFIP World Computer Congress '86)
Küpper/Ortmann 1988
 W. Küpper, G. Ortmann (Hrsg.): Mikropolitik. Opladen 1988

L
Lakoff 1979
 G. Lakoff: Metaphors we live by. The University of Chicago Press, Chicago London 1987
Lamparter 1997
 Dietmar H. Lamparter: „Die Krise muß noch größer werden". Ein ZEIT-Gespräch mit dem Schweizer Kreativitätsforscher Gottlieb Guntern. DIE ZEIT 9/1997, S. 17
Langner u.a. 1996
 Peter Langner, Christoph Schneider, Joachim Wehler: Ereignisgesteuerte Prozeßketten und Petri-Netze. Arbeitsbericht, Fachbereich Informatik, Universität Hamburg, 1996
Läpple 1995
 Dieter Läpple (Hrsg.): Güterverkehr, Logistik und Umwelt. 2. Aufl. Berlin 1995 (Der Autor beruft sich auf Boon 1985)
Lazerson 1988
 M.H. Lazerson: Organizational growth of small firms: An outcome of markets and hierarchies. In: ASR, 53, S. 330–342
Lehner u.a. 1991
 F. Lehner, W. Auer-Rizzi, R. Bauer, K. Breit, J. Lehner, G. Reber: Organisationslehre für Wirtschaftsinformatiker. Hanser 1991
Lehner u.a. 1995
 F. Lehner, K. Hildebrand, K. Maier: Wirtschaftsinformatik – Theoretische Grundlagen. München Wien 1995
Liebig 1995
 D. Liebig: Business Reengineering mit der Standardsoftware R/3. Diplomarbeit, Fachbereich Informatik, Universität Hamburg, 1995
Likert 1961
 R. Likert: New Patterns of Management. New York 1961
Likert 1972
 R. Likert: Neue Ansätze der Unternehmensführung. Bern 1972
Linden 1997
 Frank A. Linden: Wachsen im Netz. managermagazin 7/1997, S. 103–113

Lucas 1996
R. Lucas: Netzwerk der Akteure. Politische Ökologie 44/1996, S. 45–48
Luhmann 1995
N. Luhmann: Die Kunst der Gesellschaft. Frankfurt/Main 1995
Luther 1994
B. Luther: Barsch aus Afrika. Hamburger Abendblatt Nr. 298/1994

M
Maan 1997
Man u.a. 1997
R. de Man, P. Claus, E. Völkle, K. Ankele, K. Fichter: Aufgaben des betrieblichen und betriebsübergreifenden Stoffstrommanagements. Forschungsbericht 203 50 302 UBA-FB 97-069, Umweltbundesamt Berlin 1997
Martin/Schumann 1993
Hans-Peter Martin, Harald Schumann: Der Feind sind wir selbst. Spiegel Spezial 4/1993, S. 14–23
Mayr 1996
Heinrich C. Mayr: Beherrschung von Informationssystemen. Oldenbourg 1996
Meinhardt 1994
Stefan Meinhardt: Wege zur Geschäftsoptimierung. SAP Info März/1994, S. 11ff.
Meinhardt 1997
Stefan Meinhardt: Einwurf. HMD 197/1997, S. 5f.
Mertens 1988
P. Mertens: Integrierte Informationsverarbeitung 1 – Administrations- und Dispositionssysteme in der Industrie. 8. Aufl., Wiesbaden 1988
Mertens 1996
Mertens, Peter: Individual- und Standardsoftware – Tertium Datur? In: Mayr 1996, S. 69
Mertens u.a. 1998
P. Mertens, F. Bodendorf, W. König, A. Picot, M. Schumann: Grundzüge der Wirtschaftsinformatik. 5. Aufl. Berlin Heidelberg 1998
METIER 1995
METIER Consortium: The Impact of Advanced Communications in European Growth and Trade. Studie im Auftrag der EU-Kommission 1995
Meyer 1990
B. Meyer: Objektorientierte Softwareentwicklung. München Wien 1990
Minssen 1993
Heiner Minssen (Hrsg.): Lean-Production-Revolution in der Automobilindustrie? Berlin 1993
Mintzberg o.J.
Henry Mintzberg: A Typology of Organizational Structure.
Möller u.a. 1997
A. Möller, A. Häuslein, A. Rolf: Öko-Controlling in Handelsunternehmen. Ein Leitfaden für das Stoffstrommangement. Berlin Heidelberg 1997

Morgan 1989a
   Gareth Morgan: From Bureaucracies to Networks: The Emergence of New Organizational Forms. In: Morgan 1989b, S. 64–67
Morgan 1989b
   Gareth Morgan (Hrsg.): Creative Organization Theory. A Resourcebook. SAGE Publications 1989
Müller-Beilschmidt 1996
   Müller-Beilschmidt: Analyse und Evaluation von Softwaresystemen zur Unterstützung der Ökobilanzierung. Diplomarbeit, Fachbereich Informatik, Universität Hamburg, 1996
Müller-Beilschmidt 1997
   Peter Müller-Beilschmidt: Software zur Unterstützung der Ökobilanzierung – ein Überblick. In: Schmidt/Häuslein 1997

N

Neitzel 1994
   H. Neitzel: Stand der Ökobilanz-Arbeiten des Normenausschusses: Grundlagen des Umweltschutzes (NAGUS) im DIN. In: Fortbildungszentrum Gesundheits- und Umweltschutz Berlin (Hrsg.): Ökobilanzen. Berlin 1994
Niederstrasz/Lange 1997
   O. Niederstrasz, M. Lange: Komponenten, Komponentenframeworks und Gluing. HMD 197/1997, S. 8–23
Nordsieck 1928
   F. Nordsieck: Die organisationtechnische Darstellung von Arbeitsabläufen in der Buchhaltung. Zeitschrift für Organisation 1928, S. 440–442
Nordsieck 1968
   F. Nordsieck: Betriebsorganisation. 3. Aufl. Stuttgart 1968
Nordsieck 1973
   F. Nordsieck: Ablaufdiagramme. In: Grochla 1973, S. 2–20
Nordsieck/Nordsieck-Schröer 1973
   F. Nordsieck, H. Nordsieck-Schröer: Aufgabengliederung. In: Grochla 1973, S. 211–222
Nurminen 1988
   M. Nurminen: People or Computers: The Ways of looking at information systems. Lund 1988
Nüttgens u.a. 1997
   M. Nüttgens, A.-W. Scheer, V. Zimmermann: Objektorientierte Ereignisgesteuerte Prozeßkette (oEPK) – Methode und Anwendung. Veröff. IWi, Universität des Saarlandes, 1997
Nygaard 1986
   Kristen Nygaard: Program Development as a Social Activity. In: Kugler 1986, S. 189–198

O

Oberquelle 1991a
: Horst Oberquelle: MCI – Quo vadis? Perspektiven für die Gestaltung und Entwicklung der Mensch-Computer-Interaktion. In: Ackermann/Ulich 1991, S. 9–24

Oberquelle 1991b
: Horst Oberquelle: Kooperative Arbeit und Computerunterstützung. Stuttgart 1991

Ortmann 1988
: G. Ortmann: Macht, Spiel, Konsens. In: Küpper/Ortmann 1988

Ortmann 1997
: G. Ortmann: Das Kleist Theorem. In: Birke/Burschel/Schwarz 1997, S. 23–91

Ortmann u.a. 1997
: G. Ortmann, J. Sydow, Türk: Theorien der Organisation – Die Rückkehr der Gesellschaft. Opladen 1997

Österle 1995
: H. Österle: Business Engineering – Prozeß- und Systementwicklung. Bd. 1, 2. Aufl., Berlin Heidelberg 1995

P

Page u.a. 1992
: B. Page, A. Rolf, L. Hilty, W. Schröder: Umwelt und Informatik. FBI-HH-M203/92, Fachbereich Informatik, Universität Hamburg 1992

Peter u.a. 1997
: Julius Peter, Martin Vollmer, Wolfgang Stripf: IBM San Francisco – Anwendungsentwicklung mit Java-Geschäftsprozeß-Komponenten. HMD 197/1997, S. 76–90

Peters/Waterman 1984
: T. J. Peters, R. H. Waterman: Auf der Suche nach Spitzenleistungen. 6.Aufl., Landsberg 1984

Petri 1962
: Carl Adam Petri: Kommunikation mit Automaten. Dissertation, Institut für instrumentelle Mathematik, Universität Bonn, 1962

Petri 1983
: C. A. Petri: Zur Vermenschlichung des Computers. GMD-Spiegel 3/4/1983, S. 42–44

Pflüger 1994
: J. Pflüger: Auf der Mauer. Informatik-Spektrum 4/1994 (Bd. 17), S 251–257

Pfriem/Hallay 1992
: R. Pfriem, H. Hallay: Ökocontrolling. Umweltschutz in mittelständischen Unternehmen. Frankfurt/Main 1992

Picot u.a. 1996
: A. Picot, R. Reichwald, R. T. Wigand: Die grenzenlose Unternehmung. Wiesbaden 1996

Piore/Sabel 1985
: M.J. Piore, Ch.F.Sabel: Das Ende der Massenproduktion. Berlin 1985

R

Rammert 1993
Werner Rammert: Technik aus soziologischer Perspektive. Opladen 1993

Randow 1992
Gero von Randow in: Die Zeit 48/1992

Ratuski 1997
Sabine Ratuski: Vorgehensweise zur Auswahl von Standardsoftware am Beispiel von Krankenhausinformationssystemen. Diplomarbeit, Fachbereich Informatik, Universität Hamburg, 1997

Rautenstrauch 1997
Claus Rautenstrauch: Perspektiven Betrieblicher Umweltinformationssysteme. UWF 3/1997 (5. Jhg.), S. 7–11

Reichwald u.a. 1996
R. Reichwald, R. Goecke, K. Möslein: Telekooperation im Top-Management – Das Telekommunikations-Paradoxon. In: Krcmar u.a. 1996, S. 107–121

Rodenhagen 1997
J. Rodenhagen: Darstellung ereignisgesteuerter Prozeßketten (EPK) mit Hilfe von Petrinetzen. Diplomarbeit, Fachbereich Informatik, Universität Hamburg, 1997

Rödiger 1993
K.-H. Rödiger: Software-Ergonomie '93. Von der Benutzungsoberfläche zur Arbeitsgestaltung. Stuttgart, 1993

Rolf 1986
A. Rolf (Hrsg.): Neue Techniken Alternativ. Möglichkeiten und Grenzen sozialverträglicher Informationstechnikgestaltung. Hamburg 1986

Rolf 1992
A. Rolf: Sichtwechsel – Informatik als (gezähmte) Gestaltungswissenschaft. In: Coy u.a. 1992, S. 33–47

Rolf 1995
A. Rolf: Neue Sichtweisen der Informatik. In: Friedrich u.a. 1995

Rolf u.a. 1990
A. Rolf, P. Berger, R. Klischewski, M. Kühn, A. Maßen, R. Winter: Technikleitbilder und Büroarbeit. Zwischen Werkzeugperspektive und globaler Vernetzung. Forschungsprojekt des Landes NRW, Arbeit & Technik, Wiesbaden 1990

Rolf u.a. 1994
A. Rolf, R. Klischewski, H. Schelhowe: Anwendung – Wirkung – Gestaltung. Konzepte und Erfahrungen zur Einführung in „Informatik und Gesellschaft" im Grundstudium. Fachbereichs-Mitteilungen, Universität Hamburg 1994

Rolf/Möller 1996
A. Rolf, A. Möller: Sustainable Development: Gestaltungsaufgabe für die Informatik. Informatik-Spektrum 4/1996, S. 206–213

Roszak 1986
Theodore Roszak: Der Verlust des Denkens. Über die Mythen des Computer-Zeitalters. München 1986

Rumbaugh u.a. 1991
> J. Rumbaugh, M. Blaha, W. Premerlani, F. Eddy, W. Lorensen: Object-Oriented Modelling and Design. Englewood Cliffs, New Jersey 1991

S

SAP 1996
> CDI: SAP R/3 Einführung: Grundlagen, Anwendungen, Bedienung. Haar bei München 1996

Schade 1997
> M. Schade: Objektorientierte Prozeßmodellierung zur integrierten Entwicklung von Organisation und Software. Diplomarbeit, Fachbereich Informatik, Universität Hamburg, 1997

Scheer 1990
> A.-W. Scheer: EDV-orientierte Betriebswirtschaftslehre. Berlin Heidelberg 1990

Scheer 1992
> August-Wilhelm Scheer: Architektur integrierter Informationssysteme – Grundlagen der Unternehmensmodellierung. 2. Aufl., Berlin et al. 1992

Scheer 1995
> A.-W. Scheer: Wirtschaftsinformatik – Referenzmodelle für industrielle Geschäftsprozesse. 6.Aufl., Berlin 1995

Scheer 1997
> A.-W. Scheer: Die Geschäftsprozesse einheitlich steuern. Harvard Business Manager 1/1997, S. 115–122

Scheer u.a. 1995
> August-Wilhelm Scheer, Markus Nüttgens, Volker Zimmermann: Rahmenkonzept für ein integriertes Geschäftsprozeßmanagement. Wirtschaftsinformatik 5/1995 (37. Jhg.), S. 426–434

Scheer/Jost 1996
> A.-W. Scheer, W. Jost: Geschäftsprozeßmodellierung innerhalb einer Unternehmensarchitektur. VB 1996, S. 29–46

Schmidt 1997
> M. Schmidt: Stofftromnetze zwischen produktbezogener und betrieblicher Ökobilanzierung. In: Schmidt/Häuslein 1997, S. 11–26

Schmidt/Häuslein 1997
> M. Schmidt, A. Häuslein: Ökobilanzierung mit Computerunterstützung. Berlin Heidelberg 1997

Schmidt/Schorb 1996
> Mario Schmidt, Achim Schorb: Stoffstromanalysen in Ökobilanzen und Ökoaudits. Heidelberg 1996

Schmidt-Klingenberg 1997
> M. Schmidt-Klingenberg: Das Kapital ist ein Chamäleon. Der Spiegel 31/1997, S. 76–89

Scholz 1997
> Christian Scholz: Strategische Organisation. Prinzipien zur Vitalisierung und Virtualisierung. Landsberg/Lech 1997

Schröder 1992
   W. Schröder: Clupproduktion und Computerschrott. In: Page u.a. 1992
Schwarz 1974
   W. Schwarz: Kundeninformationssystem in Kreditinstituten. IBM-DV-Fachserie 1974
Senge 1996
   P. M. Senge: Die fünfte Disziplin. Kunst und Praxis der lernenden Organisation. Stuttgart 1996
Siefkes 1992
   D. Siefkes: Sinn im Formalen? Wie wir mit Maschinen und Formalismen umgehen. In: Coy u.a. 1992, S. 97–114
Siefkes 1993
   D. Siefkes: Formale Methoden und kleine Systeme. Braunschweig Wiesbaden 1993
Siemens o.J.
   Siemens: Org.-Engineering. Organisations-Engineering. Zielsetzungen und Grundlagen. 58113 WS 2851, o.J., S. 24
Sloterdijk 1990
   Zur Welt kommen. Philosophieren mit Peter Sloterdijk. Fernsehfilm von Ulrich Böhm, WDR Köln 1990
Stahel 1994
   Walter R. Stahel: Gibt es eine ökologische Gesellschaft, und wie sieht die aus? UWF 5/1994
Stahlknecht/Hasenkamp 1995
   P. Stahlknecht, U. Hasenkamp: Einführung in die Wirtschaftsinformatik. 2.Aufl., Berlin Heidelberg 1995
Stehle 1997
   Ch. Stehle: Virtuelle Unternehmen – innovativ, kreativ, motivierend? Computer Fachwissen 7–8/1997, S. 9–12
Süddeutsche Zeitung 1995
   Süddeutsche Zeitung 71/1995, S. 13
Süddeutsche Zeitung 1997a
   o.V.: Die Menschen verhalten sich wie Affen. Interview mit Karl Henrik Robert. Süddeutsche Zeitung 22./23.11.1997, S. V1/1
Süddeutsche Zeitung 1997b
   o.V.: Interview mit Gunter Pauli. Süddeutsche Zeitung 18./19.10.1997 (Nr. 240), S. V3/1
Sydow 1991
   Jörg Sydow: Unternehmensnetzwerke. Begriffe, Erscheinungsformen und Implikationen für die Mitbestimmung. Düsseldorf 1991
Sydow 1992
   J. Sydow: Strategische Netzwerke: Evolution und Organisation. Wiesbaden 1992

T

Tannenbaum 1996
: A. S. Tannenbaum: Computernetzwerke. 3. Aufl., München 1996

Taylor 1919
: F. W. Taylor: Die Grundsätze wissenschaftlicher Betriebsführung. Nachdruck der Originalausgabe von 1919, 2. Aufl., München 1983

Telearbeit 1998
: Online-Forum Telearbeit (im Auftrag der Deutschen Postgewerkschaft): Basisinformation Telearbeit. Frankfurt/Main 1998

Tepper 1996
: A. Tepper: Leitende Bilder, gesteuerte Erfinder. In: Hellige 1996, S. 143–159

Thome 1997
: R. Thome: Arbeitsplatzwandel durch konsequente Organisation der Informationsverarbeitung. TA-Datenbank-Nachrichten Nr. 3/4, Nov. 1997, S. 72f.

Touraine 1984
: A. Touraine: Le retour de l'acteur. Paris 1984

U

UBA 1992
: Umweltbundesamt (Hrsg.): Ökobilanzen für Produkte – Bedeutung–Sachstand–Perspektiven. UBA-Texte 38/1992, Berlin

V

Valk 1997
: R. Valk: Die Informatik zwischen Formal- und Humanwissenschaften. Informatik-Spektrum 2/1997, S. 95–100

VDI 1991
: Verein Deutscher Ingenieure: Technikbewertung: Begriffe und Grundlagen. VDI-Richtlinie 3780, Berlin 1991

Volpert 1992
: W. Volpert: Erhalten und Gestalten – Von der notwendigen Zähmung des Gestaltungsdrangs. In: Coy u.a. 1992, S. 171–180

Volpert 1993
: W. Volpert: Von der Software-Ergonomie zur Arbeitsinformatik. In: Rödiger 1993

Volpert 1994
: W. Volpert: Wider die Maschinenmodelle des Handelns. Aufsätze zur Handlungsregulationstheorie. Lengerich Pabst Science Publishers 1994

W

Weihrauch 1996
: Weihrauch in: SAP Info März/1996

Weiszäcker 1994
: Ernst-Ulrich von Weiszäcker: Umweltstandort Deutschland. 1994

Wiedenhaus 1995
: H. Wiedenhaus: Auf dem Weg zur schlanken Bank. Hamburger Abendblatt 193/1995, S. 19

Winograd 1989
: T. Winograd: Antwort auf E.W. Dijkstras „On the Cruelty of Really Teaching Computing Science". Communications of the ACM 32/12 (1989), S. 1412–1413

Winograd/Flores 1985
: T. Winograd, F. Flores: Understanding Computers and Cognition. Norwood, N.J. 1985
: Deutsche Übersetzung: Erkenntnis Maschinen Verstehen. Berlin 1989

Wirfs-Brock u.a. 1990
: R. J. Wirfs-Brock, R. E. Wilkerson, L. Wiener: Designing Object-Oriented Software. Prentice Hall 1990

Witte 1973
: E. Witte: Ablauforganisation. In: Grochla 1973, S. 20–30

Wohland 1997
: G. Wohland: Virtuelles Unternehmen, Fraktale Organisation – Zwei Aspekte moderner Organisation. Version 2.1, v.v.Ms. 1997

Wolff 1997
: B. Wolff: Die Modellierung organisatorischer Phänomene in Verbindung mit dem Einsatz von Informationstechnologie. Diplomarbeit, Fachbereich Informatik, Universität Hamburg, 1997

Wölm 1991
: J. Wölm: Computerunterstützte Gruppenarbeit im Büro. FBI-HH-M-193/91, Fachbereichsmitteilung Informatik, Universität Hamburg 1991

WRM 1993
: The Workflow Management, The Workflow Reference Model, Version 0.6, 28th, June, 1993

Y

Yourdon 1989
: Edward Yourdon: Modern Structured Analysis. Englewood Cliffs, New Jersey 1989

Yourdon u.a. 1996
: Yourdon u.a.: Mainstream Objects. München London 1996

Z

Zemanek 1971
: H. Zemanek: Was ist Informatik? In: Rektorat der Technischen Hochschule in Wien (Hrsg.): Informatik - Aspekte und Studienmodelle. Wien New York 1971

ZfO 1901
: Zeitschrift für Organisation Jhg. III 1901, Nachdruck in ZfO 7/1977

II.
Index

A
Aalsmeer **247**
ABAP/4 112, **114**
Ablauf- und Aufbauorganisation 68, **69**, 70, 118, 176, 226
Ablaufgestaltung
    objektorientiert 74
    verrichtungsorientiert 74
Ablaufsteuerung **72**, **101**, 115, 121, 127
Abstraktifizierung 171
ActiveX 214
Add-on-System 134
Ad-hoc-Gruppen 189
AENEIS 158
Akteursanalyse
    SAP R/3 **117**
Akteurskonstellationen 24
Akteursmodell 6, **18**, **19**, 20, **21**, 25, 26, 29, 31, 34, 41, 154
    Modellbegriff 18
    sozialwissenschaftliche Einordnung **29**
Akteursnetzwerk-Ansatz 23
Akzeptanz
    bei den Beschäftigten 52
Alternativ-Szenarien 287
Alto 55
Analyse-Synthese-Konzept **70**
Analyzer 116
Anforderungsermittlung 163
anlaßgesteuerte Sachbearbeitung 80
Anwalt
    als Leitbild 35

Anwendungsentwicklung
    evolutionäre 131
    im Akteursmodell 19
    objektorientiert (WAM) **129**
Apple 57
Apple Lisa 55
Applets 60
Arbeit
    kooperative 62
Arbeits- und Arbeitsplatzgestaltung 159, 220
Arbeitsabläufe
    Ordnungskomponenten **74**
Arbeitsgruppe 82, **159**, 192
Arbeitshaltungen 337
Arbeitsmarktbilanz 241
Arbeitsmittel
    sonstige 337
Arbeitsorganisation 170
Arbeitsraum 75
Arbeitssituation
    Gestaltung 39
Arbeitsstuhl 337
Arbeitsteilung 80, 81
    Optionen 82
    tayloristische 170
Arbeitstisch 337
Arbeitsumgebung 337
    Metapher bei WAM 130
arbeitswissenschaftliche Sicht 48, 155
Arbeitszergliederung 170
Arbeitszuordnung 75

Architekt
    als Leitbild 34, 35
Arenen 20, 30
ARIS **116**
ARIS Easy Design 159
ARIS-Konzept 104
ARIS-Toolset 116, 158
Armani-Anzug 355
Attribut 92
Aufbauorganisation
    Leitbilder und Optionen 174
Aufgaben 71
    übergreifende 164
Aufgaben und Objekte 143, **176**, **179**
Aufgabenanalyse 68, **70**
Aufgabenphase 143
Aufgabensynthese 68, **70**
Aufgabenträger 143
Auftragsabwicklung 52
Ausbaustufen 207, 208
Ausbaustufenplan 228
Ausführungsverantwortung 72, 82, 129
Ausprägungskopie **109**
Außensicht 144
Auswahlprozeß 154
Automationssysteme 52
Autonomie
    kontrollierte 188

B
Banken und Sparkassen
    "Elektrifizierungsgeschichte" **239**
Basisebene 213
Beleuchtung 337, **348**
    Aufstellen von Bildschirmarbeitsplätzen 349
Benutzer
    im Akteursmodell 29
    in der Technikanwendung 16
Benutzerakzeptanz 56
Benutzeroberfläche 56
Benutzersystem 46
Benutzungsschulungen 156
Beratungsmodul 83
betriebliche Systemintegration 42, **45**, 47, 49
Betriebsökobilanz **260**, **264**
Betriebsprozeß 118

Betriebsrat 50, 121
Betriebsvereinbarungen 51, 225
Betriebsverfassungsgesetz 51
Beziehungs- und Ablauflehre **118**
Bilanzberechnung 278
Bilanzbewertung **264**
Bildqualität 340
Bildschirm- und Büro-Ergonomie **333**
Bildschirm- und Büroergonomie **339**
Bildschirmgerät und Tastatur **336**
Bildschirmgröße **339**
Bildschirmmasken 51
Bildschirm-Zeichen **339**
BIT 220
Bonapart 158
Bottom-up-Sicht 72, 148, 149, 173, 196, **198**, 220
Bottom-up-Werkzeugvision 275
BPR
    Siehe Business Process Reengineering
Brandmauer 4, **33**
Bravo 55
Bringschuld 139
Browser **215**
Brundtland-Kommission 10
BUIS 255, **257**, **259**, 267, 271, 280, 283
    kooperatives **277**
    Top-down-Ansätze 271
BUIS in der Praxis **272**
BUIS-Definition und -Klassifizierung **272**
BUIS-Kern **273**
BUIS-Leitbild 276
    vorherrschendes **273**
BUIS-Modellierungswerkzeuge 278
Bürokratiemodell 43, 174
Büromaterial **342**
Bürotisch **352**
    Giftstoffemissionen 352
    Höhenverstellbarkeit 352
    Tischgröße 352
Business Engineering **111**, 112
Business Framework 214
Business Navigator **109**
Business Objects 109
Business Process Reengineering 72, **111**
Business Workflow
    SAP 114

C

Call-Center 240
Client-Server-Architektur 59, 61, **101**, 102, 137, 215, 217
Computer
    als Kommunikationsmedium 50
    als Medium 27, 54
    als Partner 27
    als Werkzeug 27, 50, 53
    ungeplante Nutzung 53
    Siehe auch Personalcomputer
Computer Science 4
Computer-supported-cooperative-work 62, **134**, 150
„Configuration"-Ansatz 203
Contracting und Partnering **296**
CORBA 214, 216
Correctness-Problem 4, 33
CSCW
    Siehe Computer-supported-cooperative-work
Customizing **112**

D

Data Warehouse **107**
Datenbanken
    dokumentenzentriert 136
Datenbeschaffung 283
Datenflußdiagramm 88, 106
Datenmodell **86**, 105
Datenmodellierung 140
Datenschutzprobleme 100
Datensicht
    SAP R/3 **105**
Dauerhafte Produkte **295**, 298
Decision Support 135
Design/IDEF 158
Designprozeß
    im Akteursnetzwerk 23
Designtheorie 36
Desktop Conferencing 135
Desktopsoftware **206**
    evaluieren 227
Dezentralisierung **43**, 43, 44, 58, 183, 293
Diagrammhierarchie 89
Dialogverarbeitung 45, 50
Dienstleistungsgesellschaft 298

Diskursdokumente 227
Diskurswelt 140
Diskussionsforen 137
divisionale Organisation 175
Document Delivery on Demand 240
Document Management 135
Dokumentenveröffentlichung 215
Dramaturgie
    von Teil B 65
Dreierzonen-Modell 83
Drucker und Kopierer **344**
    Augenschäden durch Lichtblitze 344
    MAK-Wert 344
    Ozonbildung 344
    Risiken durch Toner 344
Durchsack-Modell 16

E

EDI
    Siehe Electronic Data Interchange
eEPK
    Siehe ereignisgesteuerte Prozeßketten, erweiterte
Einzelarbeitsplatz 149
Eisenverlader Schmidt **310**
Electronic Banking **239**
Electronic Commerce **206**, 215
Electronic Data Interchange 206, 217
Elektromagnetische Felder 341
Elektrostatisches Potential 341
E-mail 135
End-of-pipe-Sicht **253**, 255
Entity-Relationship-Modell 86, 105, 140
Entropiesatz 329
Entschleunigung 293
Entwicklungspfade **231**, 234
Entwicklungsumgebung 136
Entwurfsmetaphern
    WAM **130**
Ereignis 106
ereignisgesteuerte Prozeßketten 101, 104, **106**, 114
    erweiterte 106, **108**
    objektorientiert 110
    Semantik 110
    Syntax 110
Erhaltungssatz 329

Erklärungsmodell 18, 32, 34
ERM
   Siehe Entity-Relationship-Modell
erneuerbarer Ressourcen 234
EU-Öko-Audit **257**
evolutionäre Entwicklung
   von Organisationen 141

F
F&E
   Siehe Forschung und Entwicklung
File Transfer 135
Filtersystem 134
„Firma in der Firma" 188
Fishnet Organization **180**
flexible Muster 128
flexible Organisation **141**
„flüchtige" Organisation 141, 194, 196, **199**
Flußdiagramm 89
FORBA 220
FORBIT 220
Ford, Henry
   Mein Leben und Werk **314**
Form 34
formalisierbare Prozesse 17, **176**
Formalisierungslücke 42, 43, 52, 58, 134, 162, 167
Forschung und Entwicklung 17
Forschungspolitik 19
Fortschrittsglauben 32
Fraktale 82
fraktal-föderative Strukturen 177
Framework 209
   Business Framework 214
   Komponenten~ 211
Führungsinformationssystem 46, 47
funktionale Organisation 174
Funktionsbaum 104
Funktionsmodellierung 140
Funktionsorientierung 67, **68**, 106
Funktionssicht
   SAP R/3 **104**
Fußstütze 337

G
Gaitanides 121

Geschäftsobjekte
   allgemeine 213
Geschäftsprozesse 73
Geschäftsprozeß-Gruppen 189
Geschäftsprozeß-Komponenten 212
   Java **212**
   Kern~ 212
Geschäftsprozeßmodelle 143
Gestaltung **34**
   ~sbegriff 32
   ~sforschung 32
   ~skonzept 37
   Arbeit und Arbeitsplatz 159, 220
   der Arbeitssituation 39
   der Organisationssituation 39
   softwareergonomische 48, 62
   Siehe auch Organisationsgestaltung
Gestaltungsmodell 18, 65, 66, **147**
   Entwurf 154
   kooperativ 155
   Pfeiler 225
   Schlußfolgerungen **225**
Gestaltungsprozeß 35, 36, 154, 160
   Auslöser **161**
   idealtypisch **226**
   kooperativ 163
   zyklisch und kooperativ 155
Gestaltungsverantwortung 72, 82
Global Marketplace 27
Globalisierung 42
Glossar
   WAM 131
Gorgonzola-Beispiel 269
Groupware 62, 66, 137
Grundlage
   softwaretechnische **67**
Grundlagen
   organisatorische **67**
Grundsätze der wissenschaftlichen Betriebsführung **307**
Gruppen
   Ad-hoc-~ 189
   Geschäftsprozeß-~ 189
   Projekt~ 189
   Service~ 189

teilautonome 82, **186**
überlappende **185**
Gruppenarbeit **184**
Gruppenfabrikation 184
Gruppentechnologie
 -Konzept **186**
 Prinzipien 187
Guerilla-Teleworker 190

H
Handeln 32
Handlungen
 situierte 127
Handlungsgrenzen 28
Handlungsregulationstheorie 128
Handlungssystemtheorie 19
Handlungszentren 24
Herstellen 34, 65
Hierarchie 43, 44, 151
Hierarchisch-funktionale Organisation mit Projektgruppen 175
Holschuld 139
horizontale Komprimierung 73
HTML **215**
HTTP **215**
Hypertext 54

I
IBM San Francisco 212
Icons 55
IDES **114**
ifo Instituts
 Literaturstudie **243**
Ignoranten an wichtigen Stellen 355
ildschirmarbeitsverordnung **334**
Implementation Guide 114
INCOME 158
Individualsoftware 98, **208**
Individuum 65, 149
Informatik 4
 Entwicklung 30
 Forschung 16

Informationsflußdiagramm 106
Informationsgesellschaft **293**
 Auswirkungen Arbeitsmarkt 234, **243**
 Auswirkungen Umwelt 234, **245**
 Leitbild **233**, **239**
 magisches Dreieck der 249
 Szenario **239**
 Wirtschaftsinformatik, Technikfolgenabschätzung & -bewertung (TA) **249**
Informationsparadoxon 246
Informationssystem 48, **147**
Informationssysteme
 geographische 246
Informationstechniken 7
Innensicht 144
Innovationen
 im Akteursmodell 20
 in der Technikentwicklung 16
Innovationsdefizite 77
Innovationsprozesse
 im Konstruktionskorridor 17
Integration
 Arbeitsgestaltung, Organisations- und Personalentwicklung 220
integrierte Vorgangsbearbeitung 48, 81
Interaktion **151**
interaktionistische Ansätze 31
Internet 60, **215**
Internet-PC **60**
Intranet 60, 216, 218
 als Technikoption **214**
 Einsatzgründe **217**
 Informationssystemintegration 217
 Klassifikation 215
ISO-Norm 14.000ff **256**
IT
 Siehe Informationstechniken
„It all depends"-Ansatz 202
IT-Optionen 206, 228

J
Janusköpfigkeit
 von Personalcomputern **53**, 58

384 Anhang

Java 214, 216
Java Database Connectivity 216
Java-Geschäftsprozeß-Komponenten **212**
JDBC
    Siehe Java Database Connectivity
Joint Editing 135
Joint Viewing 135

K
Kapselung 93
Kaskaden 298
Kernfrage
    der Wirtschaftsinformatik 43
Kerngeschäftsprozeßkomponenten 212
Kernleistungen 77, 78, **228**
Kernprozesse 69, 73, 77, 78, 143, 155, 162, 228
Kernsystem 162, 206, **207**, 228
    evaluieren 227
Klasse 92
Klassifikation
    nach Kern- und Spezialsystem und Ausbaustufen **206**
    nach Optionen bei der Softwareerstellung **208**
    nach Organisationsoptionen 206
    von IT-Optionen 206
    von Verläufen 118
klassisches Organisations-Design 83
Klebematerial 343
Klein- und Mittelbetriebe 52, 59
Knopfdruck-Management 46
Kommunikation **26**
Kommunikationsflußdiagramm 106
Kommunikationsmedium
    der Computer als 50
Komplexität
    von Abläufen 43
Komplexitätsreduzierung 29
Komponenten
    anwendungsspezifisch **211**
    in flexiblen Organisationen 141
    Java-Geschäftsprozeß-~ **212**
    Kerngeschäftsprozeß~ 212
Komponentenbibliothek 211
Komponentenframework 211

Komponentensoftware **209**, 210, 216
    als Technikoption **210**
    Netzanwendungen 217
    und Organisationssituation **213**
Komponententechnologie
    SAP 214
Komponententypen 210
Komprimierung
    horizontal 73
    vertikal 73
konfigurative Technik **213**
Konflikte
    im Techniknutzungspfad 24
    in der Organisationsgestaltung 151
    in der Wirtschaftsinformatik **18**
    in Netzwerken 192
    Kollektivität/Individualität 151
Konnektoren
    logische 108
Konstruktionskorridor 15, **17**, 18, 24, 30
Kontext 34
Kooperation
    WAM **131**
Kooperationsbeziehungen 155, 176, **178**
Kooperationsbilder 157, **157**, 159, **164**
Kooperationssoftware **206**
    evaluieren 227
kooperative Arbeit 62
    WAM **132**
kooperative Organisationsgestaltung
    IT-unterstützte 156, **227**
kooperatives Netzwerk **194**, 196, **199**
Koordination
    situierte 132
    von Arbeitsplätzen und Gruppen 58
    WAM **132**
Koordinationsmechanismen
    nichthierarchisch 142
Krankenhausinformationssystem 207, 208
Kreativität **354**
kulturelle Leitbilder 42
Kundencenter-Modell 83
Kundenmodell 112
Kurzdreher 296
Kybernetik 47

L
Lamentierer 32
Lärm **347**
LCD
    Siehe Life-Cycle Design **259**
Least-cost-planning-Konzept 296
Leistungskette 118
Leistungssystem 143
Leitbilder 19, **26**, 28, 34, 35, 67, 128
    der Aufbauorganisation 174
    Informationsgesellschaft **233**
    kulturelle 42
Leitbildorientierung 220
Lenkungssystem 143
LEWIS GALOOB TOYS 198
Life-Cycle Design **259**, 302
Lisa 55
Lochkarten 45
Lotus Notes 65, 97, **134–139**, 208
    ~/Domino **218**
    Anwendungen **137**
    Einordnung und Leitbild 138
Luft und Klima **345**
    Emissionen und Ausdünstungen 346
    Klimaanlage 345
    Luftfeuchtigkeit **345**
    Raumtemperatur **345**
    Staub, Rauchen und Asbest 346

M
Machen 34
Macher 32, 354
Macht
    in Netzwerken 192
Machtspiele 22
    mikropolitische 10
Management-Informations-System 27, 42, 43, **45**, 46, **50**
Managementlehre
    amerikanische 118
Managementmoden 353
Mandantenfähigkeit **102**
Matchingprozeß 154
Material
    gemeinsames 132
    Metapher bei WAM 130

Matrixorganisation 175
Maus 54
McDonald's **195**, 197
mechanische Technik 170
mechanistisches Weltbild 46
Medium 62
    der Computer als 27, 54
    der Personalcomputer als 42, 52, 57, 58
    organisatorisches 172
    Software als ~ organisatorischer Gestaltung 8
Megakomponenten **210**
Mehrautorensystem 134
Memex 54
Mensch-Maschine-Schnittstelle 51
Message Conferencing 135
Metaphern 26, **27**, 28
    WAM **130**
METIER-Studie **244**
Microsoft 57
mikropolitische Ansätze 22
mikropolitische Machtspiele 10
Minikomponenten **210**
„minor semantic gap" 90
MIS
    Siehe Management-Informations-System
Mischarbeit 48, 82
Mitbestimmungsrecht 51
Modellierungsansatz 66
    datenorientiert **86**
    funktionsorientiert **86**, 90
    objektorientiert **87**, 90, **92**
Modellierungswerkzeug
    Grundfunktionen 279
Modellierungswerkzeuge 116
    akteursnah **157**
    benutzernah 156
    Ranking 158
Modularisierung 81, 82, **182**, 183, 188
    arbeitsplatzorientiert 189
    Bottom-up **188**
    in Informatik und Konstruktion 182
    organisationsintern und -übergreifend 200
    prozeßorientiert **83**
    Top-down **183**
    Vorläufer 184
Modulgröße **188**

Modulkonzept 101
Modultypen **189**
MS Office 208
Multimedia **233**, 233
Muster
    flexible 128

N
Nachbarschaftsbüros 190
Nachhaltige Entwicklung 293
    globale und regionale 294
    Leitbild **233**
    Option **253**
    und IT 298
    Wachstumspfade **329**
Nachhaltigkeitsprinzip 250
Navigator 116
Netzwerk 43, 44
    bottom-up 196, **198**
    diagonal 195
    horizontal 195
    kooperativ **194**, 196, **199**
    organisationsintern **191**
    regional 196, **200**
    strategisch **194**, 248
    top-down **195**, 196, 201
    vertikal 195
    Siehe auch Unternehmensnetzwerke
Netzwerkbegriff 191
Netzwerke
    Macht und Konflikte 192
New-Work-Modell **181**
Nordsiecks „Beziehungs- und Ablauflehre" **118**
Nutzungsdauerverlängerung 295

O
Object Oriented Modeling and Design 141
Objekte 92
    einer Benutzeroberfläche 56
    in Arbeitsprozessen 74
Objektmodell
    semantisches: *Siehe SOM*
objektorientierte Ablaufgestaltung 74
objektorientierte Anwendungsentwicklung
    WAM **129**
objektorientierte Prozesse **72**

Objektorientierung **92**
    SOM 140
Objektprinzip 71
Objekttechnologie 209, 210
Ökobilanzierungstools
    Überblick **279**
Ökobilanzsoftware
    Marktübersicht **280**
Öko-Controlling 260, **265**
Öko-MIS 271, 275, 290
Öko-Office 275, **275**, 290
Öko-Organisationsentwicklung 281
Öko-PPS **271**
OMT
    Siehe Object Oriented Modeling and Design
„One best way"-Ansatz 202
Operation 92
Operation im Karussel 305
Optionen 65
    bei Technikoptionen **219**
    der Arbeitsteilung 82
    der Aufbauorganisation 174
    der Technikentwicklung und -nutzung 43
    Siehe auch Organisationsoptionen
    Siehe auch Technikoptionen
Ordnungskomponenten von Arbeitsabläufen **74**
Organisation 65
    als lebensfähiges System 141
    divisional 175
    evolutionäre Entwicklung 141
    Fishnet **180**
    flexible **141**
    funktional 174
    hierarchisch-funktional mit Projektgruppen 175
    Matrix~ 175
    Rohbau 178
    Stab-Linien-~ 174
    unternehmensübergreifende 66
    unternehmensweite 66
    virtuelle, „flüchtige" 141, 194, 196, **199**
Organisations- & Wirtschaftsinformatik **9**, **11**, **12**, **152**, 205
Organisations-Design
    klassisches 83

Organisationseinheiten
    dezentral, modular 183
    modulare 188
Organisations-Engineering 79
Organisations-Entwicklung **84**, 220
Organisationsgestaltung
    IT-unterstützte **12**, **153**, 155, 156, **160**, **227**
Organisationsinformatik **11**
organisationsinterne Netzwerke **191**
Organisationslehre und -theorie **8**
    betriebswirtschaftliche 68, 70, 74
    deutsche 118
    klassisch 62
    Methoden und Modelle 169
Organisationsleitbilder 148
Organisationslernen **84**, 141
Organisationsmoden 67
Organisationsoptionen 153, **169**, 228
    Klassifikation **173**
Organisationsrezepte 169
Organisationsschätze 67
Organisationssicht
    SAP R/3 **105**
Organisationssituation **154**
    Gestaltung 39
    und Komponentensoftware **213**
    Verstehen 226
Organisationstechnologie 48
organisationstheoretische Ansätze
    „Configuration" 203
    „It all depends" 202
    „One best way" 202
    Typologie 202
Organisations-Transformation **84**
Organisationsworkshops 156, **156**, 156, 160, 178, **227**
organisatorische Grundlagen **67**
organisatorisches Medium 172
Orientierungswissen 9
Outsourcing 189
OWI
    Siehe Organisations- & Wirtschaftsinformatik

P
Papier 342
papierloses Büro 27

partizipative Systementwicklung 48
Partner
    der Computer als 27
PC
    Siehe Personalcomputer
PC-Standardsoftware 208
Personalcomputer
    als Medium 42, 52, 57, 58
    als Terminalemulation 58
    als Werkzeug 42, 52, 57, 58
    in Organisationen 42, 52
    Internet-PC **60**
    Janusköpfigkeit **53**, 58
Personalentwicklung 220
Personalinformationssystem 51
Perspektive Unternehmensorganisation 140
Perspektiven 148
    Verknüpfung 20, **150**, 151, 156, 159, 167, 188
Perspektivische Verknüpfung
    Modellierungswerkzeug für **285**
    von Arbeit und Leben 302
    von globalem und regionalem Markt 302
Perspektivische Verknüpfung durch Hierarchisierung **286**
Petrinetze 270
Pflichtenheft 225
Phänomene
    organisatorische 147
    soziale 147
Phasenkonzept
    des Software-Engineering 17, 113
Pläne 127
Pleasantness-Problem 4, 33
Polymorphie 93
Postkorb
    elektronisch 115, 133
Produkt-Biographie 261
Produktentwicklung 30
Produktionsplanungssystemen (PPS) 256
Produktlebensweg 278
Produktökobilanz **260**
Produktqualität 250
Projektgruppen 189
Projektorganisation 51
Prozeßanalyse **76**, 176
Prozeßauswahlmatrix 106, **110**

Prozeßbausteine 109
Prozeßbibliothek 278, **284**
Prozeßbibliotheken **283**
Prozeßbilanz **265**
Prozeßbildung 176
Prozesse
    allgemeine **76**, 77, 207
    Auswahl~ und Matching~ 154
    formalisierbar 17, **176**
    Gestaltungs~ 154, 155, 160, **161**, 163, **226**
    Kern~ 69, 73, 77, 78, 155, 162, 228
    objektorientierte **72**
    singuläre **76**, 208
    Sub- und Spezial~ 155
    Support~ 77, 78
    Unternehmens~ 78
Prozeßgenese 67
Prozeßketten 69
    Siehe auch ereignisgesteuerte Prozeßketten
Prozeßkosten 115
Prozeßmodellierung 69, 77
    funktionsorientiert 97
    nach Gaitanides **77**
Prozeßmuster
    WAM **131**, 132
Prozeßmusterrepertoire **133**
prozeßorientierte Modularisierung 83
Prozeßorientierung 67, **68**, 72, 80, 82, 101, 118, 191
Prozeßsicht
    SAP R/3 **106**
Prozeßsoftware **206**
    evaluieren 227
Prozeßvarianten 73, 109
Prozeßverstehen 69, **76**, 176
Pygmalion-Projekt 55

R
R/3 Repository 112, **112**
Rahmenempfehlungen
    für Diplom-Studiengänge Wirtschaftsinformatik 8
Randerscheinungen 17, 19
Rapid Prototyping 51
Rationalisierungspotential 82
reaktive Systeme 126

Rechner
    Siehe Computer
Recyclinggerechte Konstruktion 255, 256, 302
Referenzmodell 121, 159, **283**, **285**
    SAP R/3 **103**, 112
regionales Netzwerk 196, **200**
Regionalisierung 293, 294, 296, 297
Reihenfolge 74
Reparatur- und Kreislauffähigkeit 297
Replikationskonzept 137, 138
Repository 109
Repräsentation
    softwaretechnische **85**
Ressourcen 144
    erneuerbar 234
    nicht erneuerbar 234
Ressourcenspezifikation 143
Road Warriors 180
Routinefälle 80
RSI **349**
Rückkopplungen
    Kultur und Technik 42
Rufbereitschaft 190

S
SA
    Siehe Structured Analysis
Sachbearbeitung
    anlaßgesteuerte 80
Sachbilanz (life cycle inventory) **261**
SADT
    Siehe Structured Analysis and Design Technique
SAP
    Erfolgs- und Mißerfolgsfaktoren 220
    Komponententechnologie 214
    Leitbildorientierungen 221
    Mißerfolgsfaktoren **221**
SAP R/2 98
SAP R/3 65, **97–125**
    Akteursanalyse **117**
    arbeitsorientiertes Vorgehensmodell 222, 224
    Einordnung und Leitbild 98
    Gestaltungsfreiräume 219
    Referenzmodell **103**
    SERM 105
Satellitenbüros 190

Scheduler 135
Schlußwort 353
Schnittstelle
    Mensch-Maschine 51
Schreibtischmetapher 56
Scientific Management 43
Segmentbildung 73
Selbstorganisation 53, **62**, 293
semantisches Objektmodell
    Siehe SOM
Servicegruppen 189
SETAC 261
Shared Blackboard 135
Sichtweise
    ablaufsteuernde **72**, **101**, 115, 121, 126, 127
    arbeitswissenschaftlich 48, 155
    der Wirtschaftsinformatik **66**
    Siehe auch Bottom-up-Sicht 72
    unterstützende 127
    Siehe auch Systemperspektive
    Siehe auch Top-down-Perspektive
singuläre Prozesse **76**, 208
Skriptsprache **211**
„small is beautiful" 42
Softwareabstraktion 211
Software-Engineering 38
    Phasenkonzept 17
Software-Entwickler
    in der Technikanwendung 17
Softwareentwicklung und -technik 25, 30, 37, 62, 169
    Grundlagen **67**
    objektorientiert 125
Software-Ergonomie 48, 62
Software-Ergonomische Anforderungen 279
Softwarekomponenten
    Anforderungen **211**
Softwarekomposition 210
Softwarelösung
    internationale 103
Softwarelösungen
    ungeplante 271
Software-Umstellung
    durchschnittliche 122

SOM 65, 97, **140–146**
    Bewertung 144
    Grundlagen der Modellierung 142
    Leitbilder 140
    Unternehmensarchitektur 143
soziotechnisches System 42, **45**, 49, **50**
Spannungsfeld 26, 45, 58, 65
Sparteninformationssystem 47
Speicher- und Replikationskonflikt 138
Spezialkomponenten **211**
Spezialsystem 228
Spezifikation 108
Stab-Linien-Organisation 174
Standardanwendungssoftware 97, **98**, 162, **208**, 213
    Einführung unternehmensweiter 163
    integrierte **99**
Standardfälle 82
Standardmodul 83
Stanford Research Institute 54
Stapelverarbeitung 46
Stellen 269
Stellenbildung 68, 70, 71
Stellschrauben 293
Steuerungssicht
    SAP R/3 **106**
Stifte 343
Stoff- und Energiebilanz 270
Stoffstromanalysen 268
Stoffströme
    konsistente **253**
Stoffstrommanagement 259, 260, **265**
    betrieblich 266
    Handelsunternehmen **280**, 282
    Modellierungswerkzeug **277**
    organisationsorientiert 266
    produktorientiert 266
    regionales 266
    softwaregestützt **253**
    stofforientiert 266
    zwischenbetrieblich 266
Stoffstromnetze 260, **268**, 268, 269
Strahlung 337
strategisches Bottom-up-Netzwerk 196, **198**
strategisches Netzwerk **194**
strategisches Top-down-Netzwerk **195**, 196, 201

Strom- und Bestandsdaten 270
Structured Analysis 86, **88**, 89, 106, 140
Structured Analysis and Design Technique 140
StructWare 158
strukturalistische Ansätze 31
Strukturen 32
    fraktal-föderativ 177
Strukturlogik 31
Stückrechnung 260
Studie
    Arbeit ohne Zukunft **244**
Stuhl **350**
    ergonomische Gestaltung **350**
Sub- und Spezialprozesse 155
Suchen in Verzeichnissen 215
Supportleistung 77, 78
Supportprozesse 77, 78, 143
sustainable development **9**, 233, 294
System
    das neue 309
System- und Organisationstheorie
    klassisch 62
Systemanalyse
    datenorientiert 86
    Methoden der **85**
Systeme
    verteilte 59
Systementwicklung
    evolutionäre **38**
    partizipative 48
Systemintegration 58
Systemorientierung 50
Systemperspektive 25, 50
Systemtechnik 44
Systemtheorie und -begriff 25, 31
    klassisch 62
Systemvision 228
    WAM 131
Szenarien 37, 109
    WAM 131
Szenario
    Dauerhafte Produkte **295**

T
TA-Methoden **321**
    Brainstorming **322**
    Checklisten **327**
    Delphi **323**
    diskursive **322**
    Entscheidungsbaum-Analyse **328**
    graphentheoretische **327**
    historische Analogiebildung **325**
    Interview **324**
    morphologische Klassifikation **326**
    Nutzwert-Analyse **327**
    Planungszellen **324**
    Relevanzbaum-Analyse **327**
    Risiko-Analyse **328**
    Seer-Technik **323**
    Synektik **323**
    systematische **326**
    Szenario-Gestaltung **325**
    Trendextrapolation **325**
    zeitorientierte **325**
Tastatur 336
Tastaturkrankheit RSI **349**
Taylor und Ford **305**
tayloristische Arbeitsteilung 170
TCP/IP **214**
TEAM **280**
Technik
    konfigurative **213**
    mechanische 170
Technikanwendung 15, **16**
Technikentwicklung 15, **16**, 319
    im Akteursmodell 19
    Phase der 318
Technikfeindlichkeit 50
Technikfolgen
    Komplexität der 317
Technikfolgenabschätzung und -bewertung
    Sichtweisen und Methoden **317**
Technikfolgenabschätzung und -bewertung (TA) **250**
Technikfolgenabschätzungen 244
Technikgeneseforschung 318
Techniknutzungspfad **24**, **26**, **30**, **41**
    im Akteursmodell 18

Technikoption
    Intranet **214**
    Komponentensoftware **210**
Technikoptionen 153, 169, **205**
    Optionen **219**
Technikprojekte **41**
Technologiepolitik 28
teilautonome Gruppen 82, **186**
„teile und herrsche" 188
Teilsysteme
    automatisierbare und nicht automatisierbare 143
Telearbeit 60, 189
    alternierend 190
    mobil 190
Teleheimarbeit 190
Teleshopping 244
Teleworker
    Guerilla-~ 190
Telezentren 190
Terminalemulation
    der Personalcomputer als 58
Terminvereinbarungssystem 134
Terminverwaltung 139
Thermodynamik 298
    Computer und Mikroelektronik **331**
Thermodynamischen Hauptsätze
    Erklärungsmodell **329**
Tinnef 294
Top-down 24, 72, 97, 149, **195**, 196, 201, 220
Top-down-Modularisierung **183**
Top-down-Perspektive **66**, 146, 148
Top-down-Vorgehen 173
Transitionen 269
Trennschärfe 340

U
überlappende Gruppen **185**
Umberto **279**
Umgangsformen 129
Umweltbericht **265**
Umweltbetriebsprüfungen **256**
Umweltbundesamt (UBA) 261
Umweltfrage 245
Umweltkataster 246
ungeplante Computernutzung 53

unsympathisch 28
Unternehmen
    virtuelle 190, **193**, 194
Unternehmens-Datenmodell 105
Unternehmensnetzwerke **193**, 193
    Klassenbildung und Beispiele **194**
    organisationsübergreifende **193**
    Siehe auch Netzwerk
Unternehmensorganisation
    SOM 140
Unternehmensplan 143
Unternehmensprozesse 78
unternehmensübergreifende Organisation 66
unternehmensweite Organisation 66
unterstützende Sichtweise 127
Unterstützung menschlicher Arbeit **126**

V
VDI-Richtlinie 3780 **321**
VDI-Studie **250**
Verantwortungsprinzip 250
Vererbung 93
Verfügungswissen 9
Verkehrsleitsysteme 246
Verknüpfung
    von Perspektiven 20, **150**, 151, 156, 159, 167, 188
Verläufe
    Klassifikation 118
Verrichtungsorientierung 67, **68**, 71, 74
Verstehen 34
Verteilte Nationale Bibliothek für Wissenschaft und Technologie 240
verteilte Systeme 59
vertikale Komprimierung 73
virtuelle „flüchtige" Organisation 141, 194, 196, **199**
Virtuelle Bibliotheken **240**
virtuelle Unternehmen 190, **193**, 194
Vision 2000 259
Visualisierungsdokumente **157**
Vorgangsbearbeitung
    integrierte 48, 81
Vorgangsmappe
    WAM 133

Vorgehensmodell
    arbeitsorientiert 222, 224
    SAP R/3 **112**
    Selbstverständnis 225
Vorlagenhalter 337
Vorsorgeprinzip 250

W
WAM 65, 97, **125–133**
    Bewertung 133
    objektorientierte Anwendungsentwicklung **129**
Wärmebelastung 337
Weltbild
    mechanistisches 46
Werkzeug 62
    der Computer als 27, 50, 53
    der Personalcomputer als 42, 52, 57, 58
    Metapher bei WAM 130
Werkzeugmetapher 50, 55
Werkzeugtechnik 44
Wert 92
Werte **26**
Wertschöpfung **193**

Wirkungsanalyse- und Bewertungsmethoden 279
Wirkungsbilanz (impact assessment) **262**
Wirtschaftsinformatik 3, **5**, 7, **8**, 25, 65, 169
Wohlstand-light-Modell 294
Work Space Phase 180
Workflow **80**, 80, 81, 137, 139
Workflow Management 4, 8, **114**, 115, 135
Workplace-Konzept 180
Wunschpunsch
    computerökologischer **245**

X
Xerox Star 54

Y
Ypsilon 392

Z
Zeitgeist 67
Zentralisierung **43**, 44, 58
Zerlegungsstrategien **85**
Zieldefinition (goal definition) **261**
Zusammenwirken Mensch-Arbeitsmittel 337

Druck u. Verarbeitung: Druckerei Triltsch, Würzburg

GPSR Compliance
The European Union's (EU) General Product Safety Regulation (GPSR) is a set of rules that requires consumer products to be safe and our obligations to ensure this.

If you have any concerns about our products, you can contact us on

ProductSafety@springernature.com

In case Publisher is established outside the EU, the EU authorized representative is:

Springer Nature Customer Service Center GmbH
Europaplatz 3
69115 Heidelberg, Germany

www.ingramcontent.com/pod-product-compliance
Lightning Source LLC
Chambersburg PA
CBHW051611100426
42873CB00019B/425